Joachim Valentin

Zwischen Fiktionalität und Kritik

Joachim Valentin

Zwischen Fiktionalität und Kritik

Die Aktualität apokalyptischer Motive
als Herausforderung
theologischer Hermeneutik

FREIBURG · BASEL · WIEN

Bibliografische Information Der Deutschen Bibliothek

Die Deutsche Bibliothek verzeichnet diese Publikation in der Deutschen Nationalbibliografie; detaillierte bibliografische Informationen sind im Internet über http://dnb.ddb.de abrufbar.

Druckvorlage durch den Autor

Alle Rechte vorbehalten – Printed in Germany
© Verlag Herder Freiburg im Breisgau 2005
www.herder.de
Cover-Gestaltung: Finken & Bumiller, Stuttgart
Druck und Bindung: Druckpartner Rübelmann GmbH, Hemsbach 2005
Gedruckt auf umweltfreundlichem, chlorfrei gebleichtem Papier
ISBN 3-451-28625-4

Vorwort

Der vorliegende Band entspricht im Wesentlichen einer gründlich überarbeiteten Fassung meiner im Januar 2004 eingereichten und im Sommersemester 2004 von der Theologischen Fakultät der Albert-Ludwigs-Universität Freiburg angenommenen Habilitationsschrift. Nicht nur für die Habilitation, sondern auch für große Teile meiner theologischen Ausbildung, aber vor allem für die Möglichkeit, in wissenschaftspolitisch schwierigen Zeiten die Freuden theologischer Lehre und Forschung genießen zu dürfen, habe ich der Freiburger Theologischen Fakultät als ganzer sowie vielen der hier lehrenden Kolleginnen, Kollegen und Professoren von Herzen Dank zu sagen. In besonderer Weise gilt dies für meinen Doktorvater und Erstgutachter Professor DDr. em. Hansjürgen Verweyen, dem ich mehr zu verdanken habe, als in einem Vorwort niedergeschrieben werden kann. Professor DDr. Bernhard Uhde, der sich den Mühen des Zweitgutachtens unterzogen, gebührt darüber hinaus Dank als Lehrer und Ratgeber.

Wenn ich das vorliegende Opus auch mit guten Gründen als mein Werk betrachte, machte die Pluralität der methodischen Zugänge den Dialog mit Fachleuten notwendig, die wichtige Hinweise und Korrekturen beigetragen haben: Christian Bauer, Albrecht Birkelbach, Professor DDr. Thomas Böhm, Prof. Dr. Gregor M. Hoff, Stefanie Knauß, Dr. Matthias Loretan, Dr. Jan-Heiner Tück, Benno Weber und Prof. Dr. Ludwig Wenzler haben größere Passagen gelesen und kommentiert. Maria-Theresia Zeidler hat in einem frühen Stadium nahezu den gesamten Fußnotenapparat vereinheitlicht. Mein langjähriger Mitarbeiter und Freund Matthias Müller kennt die Arbeit von Beginn an und hat immer wieder entscheidende Hinweise gegeben.

Mit besonderer Freude erfüllt mich, dass der Herder Verlag, vertreten durch Herrn Lektor Dr. Peter Suchla, ohne Umschweife bereit war, die Arbeit verlegerisch zu betreuen und bereits relativ kurze Zeit nach ihrer Einreichung zu publizieren. Frau Evelyn Nebor sorgte mit bemerkenswerter Freundlichkeit und Kompetenz für die formale Abwicklung der Drucklegung.

Das Erzbistum Freiburg, vertreten durch Herrn Weihbischof Prof. Dr. Paul Wehrle, und die Wissenschaftliche Gesellschaft in Freiburg im Breisgau haben den Druck mit großzügigen Zuschüssen unterstützt.

Ich widme dieses Buch meiner Familie, die mir immer wieder neu, immer wieder anders Anregung und Zuversicht schenkt.

Freiburg im Februar 2005 *Joachim Valentin*

Inhaltsverzeichnis

VORWORT 5
INHALTSVERZEICHNIS 7

1 AUSGANGSPUNKTE DER ÜBERLEGUNGEN 11

1.1 ORTSBESTIMMUNGEN 11
    1.1.1 Ideengeschichtliche Dimension 12
    1.1.2 Kirchensoziologische Dimension 15
    1.1.3 Theologische Dimension 17
    1.1.4 Kulturhermeneutische Dimension 19
    1.1.5 Ästhetische Dimension 20
    1.1.6 Theologie und Moderne 21
1.2 SKIZZE DER STUDIE 23
    1.2.1 Begriffsklärungen 23
    1.2.2 Gliederung 26
    1.2.3 Methodik und Ausblick auf mögliche Ergebnisse 27
1.3 ZUM NEUTESTAMENTLICHEN TEXTBESTAND 33
    1.3.1 Die jüdische Vorgeschichte 33
    1.3.2 Christliche Apokalyptik? 35
1.4 ANREGUNGEN AUS DER JÜNGEREN ESCHATOLOGIE 40
    1.4.1 Zur Lehre der Kirche über den Gebrauch endzeitlicher Bilder 40
    1.4.2 Herkunft aus dem 19. Jahrhundert 41
    1.4.3 Karl Rahner 42
    1.4.4 Politische Theologien 46
    1.4.5 Hans Urs von Balthasar 50
    1.4.6 Aktuelle Entwicklungen 55

2 ANSÄTZE ZU EINER THEORIE DES FIKTIONALEN 63

2.1 FIKTION UND BILD 65
    2.1.1 ‚Fiktion' und ‚Einbildungskraft':
        Zur philosophischen Begriffsgeschichte 66
    2.1.2 Zur Rolle des Bildes in theologischen Texten 74
2.2 EXEMPLARISCHE STATIONEN CHRISTLICHER BILDTHEOLOGIE 81
    2.2.1 Verstrickt in Repräsentation? 81
    2.2.2 Christliche Bejahung des Fiktionalen 88
2.3 ISER UND DAS FIKTIONALE 113
    2.3.1 Wolfgang Isers ideengeschichtliche Herkunft 114
    2.3.2 Fiktionale Anthropologie? 118
2.4 APOKALYPTIK UND FIKTIONALITÄT 126
    2.4.1 Apokalypse und Fiktion 126
    2.4.2 Apokalypsen als fiktionale Texte 130
    2.4.3 Bilder der Apokalypse in der jüngeren exegetischen Diskussion . 138
    2.4.4 Fazit 144

8 Inhaltsverzeichnis

3 ELEMENTE EINER KRITIK APOKALYPTISCHEN DENKENS 147
   3.1   ZUM VERHÄLTNIS VON ERSTPHILOSOPHIE UND HERMENEUTIK 147
       3.1.1   Radikalisierung der ‚Exzentrierung' des Subjektes bei Iser 147
       3.1.2   Alternativen 150
       3.1.3   Subjektivität und Kritik 153
   3.2   DIE REDE VOM JENSEITS NACH KANT 160
   3.3   MICHEL FOUCAULTS KRITIK DER ‚PASTORALMACHT' 163
       3.3.1   Archäologie als Kritik 163
       3.3.2   Die Pastoralmacht 167
   3.4   EMMANUEL LEVINAS' FRAGE NACH DEM ANDEREN MENSCHEN 172
       3.4.1   Levinas' Denken des Anderen 172
       3.4.2   Eschatologie als dezidierter Messianismus? 174
   3.5   DEKONSTRUKTION UND MESSIANISMUS – JACQUES DERRIDA 183
       3.5.1   Martyrertum ohne Lohn
             als Geheimnis der ‚Geheimen Offenbarung' 184
       3.5.2   Von einem neuerdings erhobenen
             apokalyptischen Ton in der Philosophie 185
       3.5.3   Donner la mort 188
       3.5.4   Messianische Gespenster 193
       3.5.5   Ertrag 195
   3.6   MAX WEBERS UNTERSCHEIDUNG
       ZWISCHEN MASSEN- UND INTELLEKTUELLENRELIGION 198
       3.6.1   Das Problem 198
       3.6.2   Populare Religiosität heute 200
       3.6.3   Begriffsbildung bei Max Weber 201
       3.6.4   Volksreligiöse Ausprägungen der Apokalyptik 205
   3.7   FAZIT 208

4 APOKALYPSE – DUALISTISCH:
   IHRE FUNKTION IN DEN ENDZEITKIRCHEN 211

   4.1   EINLEITUNG 211
   4.2   DER SEKTENBEGRIFF
       ALS KRISTALLISATIONSPUNKT FÜR EINE KRITERIOLOGIE 214
       4.2.1   Zum Sektenbegriff in der neueren Diskussion 214
       4.2.2   Fazit 234
   4.3   KIRCHE JESU CHRISTI DER HEILIGEN DER LETZTEN TAGE 239
       4.3.1   Geschichte und Lehre 239
       4.3.2   Zur Funktion des Apokalyptischen 251
   4.4   ZEUGEN JEHOVAS 260
       4.4.1   Geschichte und Lehre 260
       4.4.2   Zur Funktion des Apokalyptischen 267
   4.5   NEUAPOSTOLISCHE KIRCHE 272
       4.5.1   Geschichte und Lehre 272
       4.5.2   Zur Funktion des Apokalyptischen 281
   4.6   VON DER ‚FIKTION' ZUM ‚DOGMA'
       ENDZEITKIRCHEN IN DER THEOLOGISCHEN KRITIK 286

Inhaltsverzeichnis 9

5 JENSEITS IM PRÄSENS – APOKALYPSE IM FILM 291
  5.1 FILMKUNST UND THEOLOGIE – METHODISCHE VORBEMERKUNGEN 291
    5.1.1 Der Film als Medium und seine Interpretation 291
    5.1.2 Der Film als religiöses Medium
           Theologie; seine Deutungsinstanz? 303
    5.1.3 Mainstream- oder Autorenkino
           als Gesprächspartner der Theologie? 315
  5.2 APOKALYPTISCHE MOTIVE IM FILM? 321
    5.2.1 Zur Abgrenzung des Genres ‚apokalyptischer Film' 321
    5.2.2 Auswahlkriterien 323
    5.2.3 Zur Vorgeschichte des zeitgenössischen apokalyptischen Films 327
  5.3 APOKALYPTIK UND VERANTWORTUNG IM AUTORENFILM 331
    5.3.1 Andrej Tarkowskij – Leben und Werk 331
    5.3.2 Apokalypse in den Filmen Tarkowskijs 344
    5.3.3 Andrej Tarkowskijs Film OFFRET 349
    5.3.4 Derek Jarman 358
    5.3.5 STRANGE DAYS (Kathryn Bigelow) 371
    5.3.6 Hal Hartleys BOOK OF LIFE 380
  5.4 US-AMERIKANER ALS ERLÖSER:
       FUNKTIONEN DES WELTUNTERGANGS IM MAINSTREAMKINO DER USA 386
    5.4.1 Exemplarische Analysen 388
    5.4.2 Kino des Erhabenen 393
    5.4.3 Biblisches ‚namedropping' 394
    5.4.4 Das Weltall als Jenseits 394
  5.5 DIE THEOLOGISCHE BRISANZ APOKALYPTISCHER FILME 397
    5.5.1 Motivgruppen 397
    5.5.2 Themenfelder 404

SCHLUSS 413

LITERATUR 417

1 Ausgangspunkte der Überlegungen

„*In jeder Epoche muß versucht werden, die Überlieferung von neuem dem Konformismus abzugewinnen, der im Begriff steht, sie zu überwältigen.*"
Walter Benjamin[1]

„*Nehmen wir an, jemand macht das zu seiner Lebensregel: den Glauben an das Jüngste Gericht. Was immer er auch tut, es schwebt ihm dabei vor. Nun denn, wie können wir wissen, ob wir sagen sollen, er glaubt, dass das Jüngste Gericht stattfinden wird, oder er glaubt es nicht? Ihn zu fragen ist nicht genug. Er wird vermutlich sagen, dass er Beweise hat. Er hat jedoch vielmehr das, was man einen unerschütterlichen Glauben nennt. Und es wird sich nicht beim Argumentieren oder beim Appell an die gewöhnliche Art von Gründen für Glauben an die Richtigkeit von Annahmen zeigen, sondern vielmehr dadurch, daß es sein ganzes Leben regelt. Das ist eine viel stärkere Sache – sich Vergnügungen zu versagen, sich ständig auf dieses Bild zu berufen. In einem gewissen Sinne muß man so etwas den festesten Glauben nennen, weil dieser Mensch für diesen Glauben Dinge wagt, die er für andere, ihm weitaus besser demonstrierte Sachen nicht riskieren würde. Obgleich er (sonst) zwischen gut begründeten und nicht gut begründeten Sachen zu unterscheiden pflegt.*"
Ludwig Wittgenstein[2]

1.1 Ortsbestimmungen

Bevor unter 1.2 eine Skizze dieser Studie quasi als ‚Cicerone' durch die Arbeit führen wird, sollen im Folgenden zunächst sechs Dimensionen genannt und charakterisiert werden, die die multiplen Entstehungshintergründe eines keineswegs aus nur einem Punkt erwachsenen und auf nur einen Punkt zielenden Forschungsprojektes darstellen.

Im Zusammenhang der Beschäftigung mit *Neuen Religiösen Bewegungen* und dem *Spielfilm* in Forschung und Lehre am Arbeitsbereich Religionsgeschichte der Freiburger Theologischen Fakultät war mir in der Zeit des ‚Jahrtausendwechsels' mit einer wachsenden Aufmerksamkeit für die Präsenz apokalyptischer Motive außerhalb der Großkirchen das Desiderat einer systematisch-theologischen Hermeneutik solcher Motive aufgegangen. Während der Beschäftigung mit diesem Thema stieß ich mit Wolfgang Isers Werk *Das Fiktive und das Imaginäre* auf ein hermeneutisches Modell, das einerseits deskriptionsmächtig und andererseits hinreichend theologiefähig zu sein

---

[1] Walter BENJAMIN: *Geschichtsphilosophische Thesen.* (1940) In: Ders.: Zur Kritik der Gewalt und andere Aufsätze. Frankfurt a.M. (Suhrkamp) 1965, 78–94, 82.
[2] Ludwig WITTGENSTEIN: *Vorlesungen und Gespräche über Ästhetik, Psychologie und Religion.* Hg. v. Cyril Barret. Göttingen (Vandenhoeck & Ruprecht) ²1971, 88.

schien, um – gestützt durch vertraute und bereits bearbeitete fundamentaltheologische und poststrukturalistische Denkansätze – eine solche theologische Hermeneutik zeitgenössischer Verarbeitungsstufen dieser Motive zu entwickeln. Bei der Frage nach der Dynamik apokalyptischer Motive in den sogenannten Endzeitkirchen mussten naturgemäß religionswissenschaftliche bzw. theologische Zugehensweisen noch stärker im Blick bleiben. Erst in der Auseinandersetzung mit solchen Motiven im zeitgenössischen Spielfilm kommt die hier entwickelte theologische Hermeneutik allerdings voll zum Tragen.

Sollen die bei diesen Einzelanalysen verwendeten Begriffe hinreichende Konturen bekommen, so erscheint es nötig, in einem ersten grundlegenden Anlauf die verwickelte *Ideengeschichte* der Apokalyptik zwischen jüdischem, christlichem und säkularem Denken zu skizzieren, um damit die nähere Bestimmung der „Hermeneutik apokalyptischer Texte" in Teil 2 und 3 vorzubereiten.

1.1.1 Ideengeschichtliche Dimension

Apokalyptisches Denken gehört zum Grundbestand des christlichen Glaubens. Die Erwartung eines ‚Jüngsten Gerichtes' ist in allen Symbola enthalten. Dass freilich die Apokalyptik „Mutter der christlichen Theologie" genannt werden könnte, wie Ernst Käsemann formuliert hat,[3] dürfte höchstens in einem historischen Sinne zutreffen. Immerhin weisen jüngere Untersuchungen darauf hin, dass „die Mitte des Neuen Testamentes, d.h. ihr hermeneutischer Zugang, anfänglich mehr in den Offenbarungsschriften und weniger in den Evangelien gesucht wurde."[4] Ob die Botschaft Jesu Christi *selbst* im historischen Sinne nur oder doch zuallererst von (futurischen) apokalyptischen Vorstellungen bestimmt ist, darf trotzdem bezweifelt werden.[5] Dass von Anfang an andere Deutungen möglich waren, zeigen bereits die in der Theologie immer wieder neu aufflammenden Debatten um die Alternative ‚futurische' oder ‚präsentische' Eschatologie.[6] Eine Vielzahl der Äußerungen

---

[3] Ernst KÄSEMANN: *Die Anfänge christlicher Theologie.* In: ZThK 57 (1960), 180.
[4] Gerbern S. OEGEMA: *Zwischen Hoffnung und Gericht. Untersuchungen zur Rezeption der Apokalyptik im frühen Christentum und Judentum.* Neukirchen/Vluyn (Neukirchner Verlag) 1999, 360.
[5] Gleichwohl ist es bemerkenswert, wenn Marius Reiser zu dem Ergebnis kommt, dass „sich über ein Viertel des überlieferten Redeguts Jesu mit dem Thema des Endgerichts" befasse. Marius REISER: *Die Gerichtspredigt Jesu. Eine Untersuchung zur eschatologischen Verkündigung Jesu und ihrem frühjüdischen Hintergrund.* Münster (Aschendorff) 1990, 295.
[6] Dass diese Auseinandersetzungen bis ins 20. Jahrhundert fortgesetzt wurden, belegen die Debatten zwischen Adolf Harnack und Albert Loisy bzw. Rudolf Bultmann und Jürgen Moltmann.

Jesu vor allem im Johannesevangelium, die das Ende der Zeit betreffen, sind zu Recht im Sinne einer ‚präsentischen Eschatologie' gedeutet worden.

Ein zeitgenössischer Blick auf die apokalyptischen Texte des Kanons, vor allem auf die Offenbarung des Johannes, muss sich zunächst durch eine selbst für ein biblisches Buch ausgesprochen amorphe Wirkungsgeschichte nicht zuletzt der letzten 150 Jahre arbeiten.[7] Dabei verdichtet sich der Eindruck, dass die jüdische Apokalyptik des zweiten Tempels *außerhalb* der großen Kirchen wirkungsreicher war als *innerhalb*. Karl Löwith hat vor mehr als fünfzig Jahren in einer allerdings nicht unumstrittenen Studie[8] zu zeigen versucht, in welcher Weise sich jüdisch/christliche Geschichtstheologie von der antiken unterscheidet und in welch fundamentaler Weise sie das Denken der säkularisierten modernen Geschichtstheorien prägte.[9] In seiner Arbeit wird deutlich, dass es zwar die Vorstellung einer von außergeschichtlichen Daten (Schöpfung und Apokalypse) bewegten Profangeschichte ist, das Modell von *Heilsgeschichte* also, das neben den Gedanken der *Sinnhaftigkeit des Leidens* und der *Nächsten- und Feindesliebe* abendländisches Bewusstsein am tiefsten geprägt hat und vielleicht bis heute prägt; gleichzeitig sind im vergangenen Jahrhundert allerdings Momente des *Untergangs* dieser abendländischen Kultur, verknüpft mit den Namen Nietzsches, Spenglers oder Toynbees, sowie der Wiederaneignung antik-griechischer Motive etwa in Odo Marquardts ‚Lob der Polymythie', und damit Ansätze für eine Verdrängung der jüdischen und christlichen Traditionen in den Vordergrund des Interesses getreten.

Der eigentliche Ertrag der Arbeit Löwiths scheint gleichwohl – entgegen ihrer Rezeptionsgeschichte – gerade in der *Destruktion* der Vorstellung zu liegen, die neuzeitliche Geschichtsphilosophie verdanke sich zuerst *christlich*[10]-apokalyptischer Geschichtsspekulation. Wie Löwith richtig feststellt,

---

[7] Vgl. als kundigen Überblick Stephen J. STEIN (Hg.): *The Encyclopedia of Apocalypticism*. Vol 3: *Apocalypticism in the modern Period and the Contemporary Age*. New York (Continuum) 1998.
[8] Vgl. u.a. die harsche (und berechtigte) Kritik Otto Pöggelers an Löwiths nicht haltbarer Trennung zwischen jüdisch-linearen und griechisch-zyklischen Geschichtskonzepten. Otto PÖGGELER: *Der Denkweg Martin Heideggers*. Pfullingen (Neske) ³1990, 359f sowie Walter JAESCHKE: *Die Suche nach den eschatologischen Wurzeln der Geschichtsphilosophie. Eine historische Kritik der Säkularisierungsthese*. München (Kaiser) 1976.
[9] Karl LÖWITH: *Weltgeschichte und Heilsgeschehen*. Stuttgart/Berlin (Kohlhammer) 1973, 1–16.
[10] Es scheint insofern ein ausdrücklich jüdisches Phänomen zu sein, das hier seinen Weg durch die Ideengeschichte angetreten hat. Neben dem jüdischen Philosophen Karl Löwith hat dies ein zweiter bedeutender Analytiker der Ideengeschichte der Apokalyptik herausgearbeitet: Jacob Taubes kommt es zu, die prägende Funktion apokalyptischen Denkens (allerdings unter dem irreführenden Titel *Abendländische Eschatologie*) für säkulare und philosophische Geschichts-Konzepte der abendländischen Geistesgeschichte noch einmal detailliert analysiert zu haben. Vor allem die massive Prägekraft der ursprünglich jüdischen Geschichtsauffassung von Linearität und (später hinzugekommenem) Abbruch weltlicher Zeit auf hegelsche und nachhegelsche,

14 1. Ausgangspunkte der Überlegungen

hatte sich ja bereits Augustinus, der Architekt des großkirchlichen Umgangs mit der Apokalyptik,[11] der konkreten Geschichte kaum gewidmet, und auch die ausdrücklich heilsgeschichtlich konzipierte frühe Kirchengeschichte des Eusebius, auf die sich Augustinus unter anderem stützt, ist kaum an Historiographie im deskriptiven Sinne interessiert.[12] Entscheidend ist für beide vielmehr die Selbstoffenbarung Gottes in der *Vergangenheit*, die durch kein historisches Datum mehr überboten werden, sondern der jede spätere Geschichte nur mehr oder weniger gerecht werden kann. Für die Theologen der römisch-katholischen Kirche gilt daher für lange Zeit Geschichte vor allem als Ort der Bewährung gegenüber dem ungeheuren Ereignis göttlicher Gegenwart auf Erden und weniger als der Katastrophe verfallender Äon. Wenngleich jüdisch/christliche Apokalyptik nachfolgend – vor allem vermittelt durch die Prophezeiungen Joachims von Fiore[13] – dennoch Wesentliches zur Entstehung des Fortschrittsgedankens beigetragen hat, so lag doch diese Säkularisierung keineswegs notwendig in ihrer biblischen Substanz oder ihrer antik-christlichen Rezeption begründet, ja sie befindet sich bis heute in einer gewissen Opposition zu ihr. Säkulare Geschichtsphilosophien mussten vielmehr von ihrem Beginn an eine radikale *Umdeutung* des bei Augustinus grundgelegten Verständnisses von Heilsgeschichte vornehmen oder gleich bei jüdisch-messianischen Modellen anknüpfen. Löwith leugnet vor dem Hintergrund dieses Befundes den Sinn einer christlichen Geschichtsphilosophie überhaupt.[14] Es erscheint also ex post nicht unverständlich, dass der dogmatische Traktat *De Novissimis* jahrhundertelang ein Schattendasein fristete, während säkulare Utopien und geschichtsphilosophische Modelle an Attraktivität gewannen und im 20. Jahrhundert schließlich in ihrer gewaltsamen Umsetzung einen vorläufigen Höhe- und Endpunkt fanden.

„In dem Maße, wie das Christentum zur Nachfolgeorganisation der römischen Staatsreligion wurde und hartnäckig deren Ansprüche vertrat, überließ man die Eschatologie und ihre mobilisierende, revolutionierende und kritische Einwirkung in die jetzt zu lebende Geschichte den enthusiastischen

---

speziell „linkshegelianische" Utopien bis hin zu Ernst Blochs Prinzip Hoffnung, wird in seiner Arbeit beschrieben: Jacob TAUBES: *Abendländische Eschatologie*. Mit einem Anhang von Jacob Taubes. München (Matthes u. Seitz) 1991.
[11] Vgl. v.a.: *De Civitate Dei*, XX und XXI.
[12] Vgl. Joachim VALENTIN: Art. *Geschichte/Historie*. In: A. Franz/W. Baum/K. Kreutzer (Hg.): Lexikon philosophischer Grundbegriffe der Theologie. Freiburg i.Br. u.a. (Herder) 2003, 164–167.
[13] Vgl. Joachim VALENTIN: *Fortschreitende Säkularisierung und Spiritualisierung. Joachim v. Fiore und Emanuel Swedenborg als Vorläufer zeitgenössischer Endzeitvorstellungen*. In: J. Valentin (Hg.): Weltuntergang oder Neue Kirche? Apokalyptisches Denken am Rande und jenseits der Großkirchen. (Arbeitstexte zur religiös-weltanschaulichen Information und Diskussion 9) Freiburg i.Br. 2001, 27–38.
[14] LÖWITH, *Weltgeschichte*, 180.

Sekten und den revolutionären Gruppen."[15] Die beschriebene Abdrängung des apokalyptischen Themas an den Rand der großen Kirchen oder in die Philosophie und Staats- bzw. Gesellschaftstheorie führte als zweiter wesentlicher Effekt des augustinischen Eingriffs jedoch auch dazu, dass an sich vorhandene Ressourcen gegen einen neuzeitlich evolutiven Machbarkeitswahn nicht mehr genutzt werden konnten: Schon im Altertum herrschte in der großkirchlichen Theologie die Überzeugung, „die Hoffnung [sei] eine Illusion, die dem Menschen das Leben zu ertragen hilft."[16] Genau diese als Illusion abgetane Hoffnung auf ein gutes Ende wider alle historischen Missstände und menschenverachtende Umwälzungen bildet aber bis heute das Potential der Apokalyptik und ihrer Reformulierungen, und sie verliert genau dann an Relevanz, wenn die Gegenwart als Zeit der Kirche zukünftiger Hoffnung scheinbar nicht mehr bedarf. Auf *solcherlei* Stillstellung biblisch grundgelegter Ressourcen trifft dann sogar die folgende Charakterisierung Löwiths zu: „Der christliche Glaube ist keine weltliche Erwartung, daß irgendetwas sich wahrscheinlich ereignen wird, sondern eine Gesinnung, die sich auf den bedingungslosen Glauben an Gottes Erlösungsplan gründet."[17]

Festzuhalten für die großkirchliche Entwicklung bleibt hier also zunächst neben der Pluralität und Zeitabhängigkeit einzelner Ausprägungen eines im weitesten Sinne apokalyptischen Denkens (1.) die relative ideengeschichtliche Isolierung einer augustinisch pazifizierten Konzeption von (Heils-) Geschichte außerhalb großkirchlicher Zusammenhänge, (2.) aber auch der Verlust der attraktiven und befreienden Dynamik apokalyptischen Denkens, die sich religiöse und politische Bewegungen bis ins 20. Jahrhundert hinein immer wieder zu Nutze machen konnten.

1.1.2 Kirchensoziologische Dimension

In jüngster Zeit hat der Religionssoziologe Michael N. Ebertz auf das Verschwinden des Jenseitsglaubens außerhalb theologischer Traktate im katholischen Milieu selbst hingewiesen.[18] Nach seiner Analyse von Gerichtspredigten des späten 19. und des 20. Jahrhunderts, die deshalb aussagekräftig sind, weil sie nicht nur einfach die kirchliche Lehre transportieren, sondern – um angenommen zu werden – auch „gesellschaftliche Plausibilitätsstrukturen"[19]

---

[15] Jürgen MOLTMANN: *Theologie der Hoffnung*. München (Chr. Kaiser) 1964, 11.
[16] LÖWITH, *Weltgeschichte*, 187.
[17] Ebd.
[18] Michael N. EBERTZ: *Die Zivilisierung Gottes und die Deinstitutionalisierung der ‚Gnadenanstalt'. Befunde einer Analyse von eschatologischen Predigten.* In: Religion und Kultur (Kölner Zeitschrift für Soziologie und Sozialpsychologie, Sonderheft 33) 1993. Hg. von Jörg Bergmann, 92–125.
[19] Ebd. 95.

mit einbeziehen müssen, stößt Ebertz auf eine Erosion der Jenseitspredigt, genauer auf eine Beschneidung des ursprünglichen Lehrbestandes um Elemente, die bereits seit dem 18. Jahrhundert mit einem bürgerlichen Weltbild nicht mehr vereinbart werden konnten. Dieser Wandel wird etwa um die Mitte des zwanzigsten Jahrhunderts signifikant: Der Himmel wird nun zwar weiterhin häufig genannt, die Rede von einer ewigen Hölle verschwindet jedoch zunehmend.

Nachdem sich Verweise auf das Jenseits bis dato auf ‚Allerseelenpredigten' konzentriert hatten, finden diese sich danach auch an diesem Feiertag nur noch in fünf Prozent der Predigten. Unter Einfluss eines typisch modernen Gottesbildes habe die ‚klassische' – gemeint ist die nachtridentinische – katholische Lehre nun für Prediger und Volk rasant an Plausibilität verloren. An die Stelle eines direkt auf den Tod folgenden göttlichen Tribunals und der Vorstellung des ewigen Lebens als Sphäre der Vergeltung schlechthin trete die Vorstellung eines auch noch nach dem Tode barmherzigen Gottes: Gott wolle die Umkehr des Sünders. Umkehrunfähigkeit und damit der ewige Verbleib in der Hölle werde – so Ebertz – auch von nachkonziliaren Theologen wie Rahner, von Balthasar und anderen zum extremen Ausnahmefall (und nicht mehr zum Normalfall) erklärt.

Auch wenn der Ausfall einer eigenen systematisch-theologischen Reflexion[20] den Soziologen Ebertz auf eine schlichte Vorher-Nachher-Logik festlegt und er dabei ältere Ansätze, wie etwa die Dogmatik Michael Schmauss', wegen ihrer (nicht belegten) engeren Bindung an die ‚Tradition' (welche?) privilegieren muss, Ebertz also der nachkonziliaren Theologie kaum gerecht wird, bleibt doch sein Fazit für unsere Arbeit nicht nur relevant, sondern birgt einen Teil auch unserer Aufgabenstellung in sich: Ebertz kommt nämlich abschließend zu dem zustimmungsfähigen Urteil, die Modernisierung versetze Kirche (und Theologie) in ein Dilemma: Einerseits führe eine Konservierung der eschatologischen Codes in die Sektenexistenz, andererseits bestehe aber auch die Gefahr, dass die „Zivilisierung Gottes" in einem „empfindlichen Funktionsverlust der Kirche als Vermittlungsinstanz des jenseitigen Heils"[21] münden könne. Ebertz erkennt, dass es hier zwar nicht einfach um den konservierenden Erhalt eines historisch kontingenten gegenreformatorischen Kirchenbildes gehen kann. Gleichzeitig weist er aber zu Recht auf die Gefahr hin, dass mit der Aufgabe der Gerichtspredigt eine wesentliche systematische Funktion der Apokalyptik verloren zu gehen droht, die selbst einem säkularen Denker wie Walter Benjamin die Notwendigkeit einer Gottesvorstellung auszuweisen schien und in jüngerer Zeit nicht zuletzt in der Eschatologie Gisbert Greshakes und der Befreiungstheologie wieder einge-

---

[20] Vgl. in dieser Arbeit 1.4.
[21] Ebd. 119.

klagt wurde: Was nämlich wird angesichts eines einfach nur barmherzigen Gottes aus denen, die Benjamin die Toten im Sinne von ‚Verlorenen der Geschichte'[22] nennt: „die einen jenseitigen Ausgleich der irdischen Ungerechtigkeiten ersehen und über eine Vergeltungshoffnung [...] vielleicht den einzigen Sinn ihres Lebens zu erblicken vermögen: eine Legitimation des Leidens?"[23] Die Relevanz von notwendig fiktionalen Jenseitsvorstellungen im Namen dieser Verlorenen der Geschichte zu erhalten, ohne sie ‚nach der Aufklärung' einfachhin als ‚Täuschung'[24] apostrophieren zu müssen, dabei aber ihren allzu menschlichen Missbrauch für innerweltliche Zusammenhänge gleichzeitig zu verhindern, ist ein Ziel der beiden einleitenden systematischen Teile unserer Arbeit.

Der rege Zulauf, den außerhalb der großen Kirchen endzeitlich orientierte Gemeinden und ‚Kirchen' erleben, und die große Attraktivität in der Regel apokalyptisch geprägter Marienerscheinungen im katholischen Raum scheinen von einer Auswanderung und Enttäuschung der Gläubigen unter anderem durch den von Ebertz beschriebenen Ausfall der apokalyptischen Predigt Zeugnis zu geben. Sie sprechen damit gleichzeitig für ein neues Ernstnehmen der Rede vom Endzeitglauben als anthropologischem Bedürfnis. Damit soll nicht diesen apokalyptischen Randerscheinungen das Wort geredet, wohl aber auf ein Defizit katholisch-theologischer Integrationsfähigkeit hingewiesen werden.

1.1.3 Theologische Dimension

Auf eine Vielzahl zeitgenössischer Diskussionen aus dem Horizont der Eschatologie kann und soll an dieser Stelle nicht näher eingegangen werden.[25] Einerseits, weil bestimmte Diskussionen, etwa um die ‚Auferstehung im Tod', vorläufig abgeschlossen zu sein scheinen,[26] andererseits, weil die Debatte um die Seele und den angeblichen platonistischen Dualismus längst nicht mehr so scharf geführt wird wie vor einigen Jahren. Berichte über sogenannte Nahtoderfahrungen sind in Gesellschaft und Theologie gegangen wie sie gekommen sind – ohne allzu große Spuren zu hinterlassen. Die sy-

---

[22] Walter BENJAMIN, Geschichtsphilosophische Thesen, 82 u. 85.
[23] EBERTZ, Zivilisierung Gottes, 119.
[24] Was es genau heißen könnte, von Gott getäuscht zu werden, darüber hat Origenes in bis heute bedeutsamer Weise nachgedacht – vgl. Kapitel 2.2.2.
[25] Vgl. zur Darstellung des Diskussionsstandes auf seinem Höhepunkt instruktiv: Hansjürgen VERWEYEN: Eschatologie heute. ThRv 79 (1983), 1–12 sowie: Wilhelm BREUNING (Hg.): Seele. Problembegriff christlicher Eschatologie. (QD 106) Freiburg i.Br. u.a. (Herder) 1985, sowie Kapitel 1.4 dieser Arbeit.
[26] Vgl. Gisbert GRESHAKE: Art. Eschatologie II. Die Geschichte des Traktates und Eschatologie III. Gegenwärtige Diskussion. In: LThK³ III (1995), 860–865 sowie Ders.: Auferstehung im Tod. Ein ‚parteiischer' Rückblick auf eine theologische Diskussion. In: ThPh 73 (1998) 538–557.

stematischen Problemlagen für die Eschatologie im Kontext der aktuellen Gesellschaft und geistesgeschichtlichen Situation scheinen woanders zu liegen. Im Verlauf unserer vorläufigen Ortsbestimmung werden einige wenige dieser markanten Einsichten, aber auch offene Fragen der nachkonziliaren Eschatologie knapp umrissen, um ihre Bezüge zum hier vorgelegten Projekt offenzulegen (1.4). Allerdings muss als Ausgangspunkt dieser Studie die in jüngerer Zeit auch von einigen Theologen und Theologinnen meiner Generation[27] bemerkte Engführung zeitgenössischer Eschatologien auf Christologie vermerkt werden, die in engem Kontext zur genannten kirchensoziologischen Diagnose zu stehen scheint. Johann Baptist Metz hatte bereits in den siebziger Jahren auf diese Schwierigkeit hingewiesen[28], und Gotthard Fuchs hat in jüngerer Zeit das allerdings noch wenig konturierte Wort vom ‚Gerichtsverlust' zeitgenössischer Theologie geprägt[29].

Vor dem Hintergrund der kirchensoziologischen und theologischen Diagnose darf man mit Michael N. Ebertz vielleicht sogar vermuten, dass auch die hohe Akzeptanz westlicher Varianten des *Reinkarnationsglaubens*[30] bis hinein in die Kernbestände großkichlich-christlicher Gemeinden eine ihrer Ursachen in einem *eschatologischen Vakuum* der zeitgenössischen christlichen Verkündigung findet.[31] Auch vor dem Hintergrund der *theologischen* Dimension scheint also eine Hermeneutik des Apokalyptischen notwendig zu sein, die nicht Gefahr läuft, problematische allzumenschliche Machtkonstellationen erneut mit einer ideologischen Eschatologie aufzuladen, sich apokalyptischen Bildwelten aber gleichwohl affirmativ nähert, ohne diese einfach als Ausdruck anderswo (etwa in der Christologie) bereits voll ausgeführter Theologoumena zu begreifen.

---

[27] Vgl. u.a. Johannes HOFF: *Fundamentaltheologische Implikationen der Apokalyptik. Annäherung an den Begriff der Offenbarung, ausgehend von Derridas dekonstruktiver Lektüre der Apokalypse des Johannes.* In: ThGl 45 (2002), 42–51; und vor dem Hintergrund des Werkes Hans Urs von Balthasars: Daniela ENGELHARD: *Im Angesicht des Erlöser-Richters. Hans Urs von Balthasars Neuinterpretation des Gerichtsgedankens.* Mainz (Grünewald) 1999.
[28] Johann Baptist METZ: *Glaube in Geschichte und Gesellschaft.* Mainz (Grünewald) [5]1992, 67f, 86ff., 165ff.
[29] Gotthard FUCHS: *Gerichtsverlust. Von der christlichen Kunst, sich recht ängstigen zu lernen.* In: KatBl 120 (1995), 160–168.
[30] Vgl. zum Thema v.a.: Helmut ZANDER: *Reinkarnation und Christentum. Rudolf Steiners Theorie der Wiederverkörperung im Dialog mit der Theologie.* Paderborn (Schöningh) 1995 sowie Rüdiger SACHAU: *Weiterleben nach dem Tod? Warum immer mehr Menschen an Reinkarnation glauben.* Gütersloh (Gütersloher Verlag) 1998.
[31] Zu diesem Ergebnis kommt jedenfalls schon 1991 Werner THIEDE: *Auferstehung der Toten – Hoffnung ohne Attraktivität? Grundstrukturen christlicher Heilserwartung und ihre verkannte religionspädagogische Relevanz.* Göttingen (Vandenhoeck & Ruprecht) 1991.

1.1.4 Kulturhermeneutische Dimension

Das Interesse an einer Rekonstruktion der jüdisch/christlichen Gerichtsvorstellungen hat um die letzte Jahrhundertwende zugenommen, jedoch eher außer- als innerhalb der Großkirchen. So wurden neben einigen Arbeiten Ende der achtziger vor allem in den neunziger Jahren des vergangenen Jahrhunderts nicht wenige Publikationen angestoßen, die zwar in ihrer Mehrzahl nicht ausdrücklich eschatologisch genannt werden können[32], das Phänomen Apokalyptik jedoch in zweifacher Weise thematisieren: einmal in der Form des lehramtlich schon früh verurteilten Chiliasmus, der derzeit vor allem in den ‚Sekten' und im US-amerikanischen christlichen Fundamentalismus vertreten wird, zum anderen im Sinne einer allgemeinen Angst[33], die nach dem Ende des Kalten Krieges weniger unter den Vorzeichen eines drohenden Atomkrieges denn als unterschwelliges Bedrohungsgefühl von einem zunächst unspezifischen Außen her sich im Bewusstsein der westlichen Gesellschaften – ausdrücklich etwa in Literatur[34] und Film[35] – niederschlägt. Dieses doppelgesichtige Phänomen ist in seiner nicht mehr großkirchlichen Erscheinungsform wohl vor allem der Tatsache zuzurechnen, dass im Rahmen einer

---

[32] Vgl. allein die ausgewählten Buchpublikationen zwischen 1996 und 2001: Harold BLOOM: *Omens of Millennium. The Gnosis of Angels, Dreams and Resurrection*. London (Fourth Estate) 1996; Wolfgang SOMMER: *Zeitenwende, Zeitenende. Beiträge zur Apokalyptik und Eschatologie*. Stuttgart (Kohlhammer) 1997; Hans GASPER/Friederike VALENTIN (Hg.): *Endzeitfieber. Apokalyptiker, Untergangspropheten, Endzeitsekten*. Freiburg i.Br. u.a. (Herder) 1997; Norman COHN: *Die Erwartung der Endzeit. Vom Ursprung der Apokalypse*. Frankfurt a.M. (Insel) 1997; Daria PEZZOLI-OLGIATI: *Zukunft unter Zeitdruck. Auf den Spuren der Apokalypse*. Zürich (Theologischer Verlag) 1998; Hugo STAMM: *Im Bann der Apokalypse*. Zürich (Pendo) 1998; Ernst HALTER/Martin MÜLLER (Hg.): *Der Weltuntergang*. Ausstellungskatalog, Zürich (Offizin) 1999; Michael N. EBERTZ/Reinhold ZWICK: *Jüngste Tage. Die Gegenwart der Apokalyptik*. Freiburg i.Br. u.a. (Herder) 1999.

[33] Vgl. dazu die bis heute lesenswerten Analyse aus dezidiert theologischer Perspektive: Ulrich H. J. KÖRTNER: *Weltangst und Weltende. Eine theologische Interpretation der Apokalyptik*. Göttingen (Vandenhoeck & Ruprecht) 1988. Auch einer weiteren Formalisierung der Apokalyptik, wie sie Klaus Vondung entwickelt, soll hier nicht widersprochen werden. Vondung fasst als Kern der Apokalyptik eine bestimmte symbolisch fungierende Verhältnisbestimmung zwischen Defizienz und Fülle, wobei es sich dabei jedoch zunächst um mehr oder weniger intensiv vorzustellende Alltagserfahrungen handelt; es bedarf also nicht einer allgemeinen Krise, um aus apokalyptischem Denken Gewinn zu ziehen: Klaus VONDUNG: *Inversion der Geschichte. Zur Struktur des apokalyptischen Geschichtsdenkens*. In: D. Kamper/Chr. Wulf (Hg.): Das Heilige. Seine Spur in der Moderne. Frankfurt a.M. (Athenäum) 1988, 600–623.

[34] Gunter E. GRIMM/Werner FAULSTICH/Peter KUON (Hg.): *Apokalypse. Weltuntergangsvisionen in der Literatur des 20. Jahrhunderts*. Frankfurt a.M. (Suhrkamp) 1986; Carsten Peter THIEDE (Hg.): *Zu hoffen wider alle Hoffnung. Endzeiterwartung und menschliches Leid in der neueren Literatur*. Paderborn (Bonifatius) 1996.

[35] Margrit FRÖHLICH/Reinhard MIDDEL/Karsten VISARIUS: *Nach dem Ende. Auflösung und Untergänge im Kino an der Jahrtausendwende*. (Arnoldshainer Filmgespräche 17) Marburg (Schüren) 2001; Charles P. MITCHELL: *A Guide to Apocalyptic Cinema*. London (Greenwood Press) 2001.

"Dispersion des Religiösen"³⁶ die religiösen Bräuche, Bildmotive etc. in den letzten Jahrzehnten aus den Kirchen fast gänzlich ausgewandert sind, sich aber gleichzeitig in einer ‚populären Religion' niederschlagen, die sich ungehemmt der modernen (bildgebenden) Medien bedient bzw. durch sie generiert wird.³⁷

Ich spreche hier von ‚Apokalyptik' und nicht von Eschatologie³⁸, weil es sich bei den genannten Ausdrucksformen in den seltensten Fällen um Ergebnisse theologischer, gar systematischer Reflexion handelt. Dafür wurde aber an ihnen jene allgemeine Krisenstimmung mit Hilfe der Vorstellung eines wie auch immer ausgelösten katastrophischen Endes der Erde explizit, die zur Moderne sowohl in einem soziologischen wie auch ideengeschichtlichen Sinne unlösbar zu gehören scheint³⁹ und sich unter Bedingungen der Globalisierung und des internationalen Terrorismus noch verschärft. Die genannten Phänomene sind mit den methodischen Mitteln der Eschatologie nicht beschreibbar, bedürfen also zunächst der religions- bzw. medienwissenschaftlichen Deskription, dann aber auch der theologisch-kritischen Reflexion.

1.1.5 Ästhetische Dimension

Bei einer näheren Beschäftigung mit der sich so abzeichnenden Thematik wurde früh deutlich, dass eine Wahrnehmungsdimension in den textorientierten Religionswissenschaften und der Theologie bisher wenig beachtet, geschweige denn kritisch reflektiert worden ist: die Tatsache, dass nicht nur die apokalyptischen Bücher der Bibel selbst in ausdrücklicher Weise Bücher der Visionen und damit der (Sprach)Bilder sind,⁴⁰ sondern dass auch ihre ideengeschichtliche Rezeption als Geschichte von sich gegeneinander verschiebenden Motivgruppen beschreibbar wäre. Was für die Apokalyptik in besonderem Maße gilt, gilt für die Beschäftigung mit Religion – sei es in

---

³⁶ Vgl. zur Genese des Begriffs: Michael N. EBERTZ: *Erosion der Gnadenanstalt? Zum Wandel der Sozialgestalt der Kirche*. Frankfurt a.M. (Knecht) 1998, 155–160.
³⁷ Vgl. zu diesem Phänomen: Hubert KNOBLAUCH: *Populäre Religion. Markt, Medien und die Popularisierung der Religion*. In: ZfR 8/2000, 143–161. Hier heißt es, die aktuelle religionssoziologische Entwicklung in Deutschland erscheine „als sozialer Formverlust: Die Kirchen, Denominationen und Sekten sind keineswegs mehr die einzigen, ja nicht einmal die unbedingt wichtigsten Gefäße, in denen das kostbare Gut der individuellen Religiosität gelagert wird. Zweitens ist diese Veränderung durch einen inhaltlich-symbolischen Formverlust gekennzeichnet: In dem Maße, wie die großen religiösen Institutionen ihr Deutungsmonopol verlieren, vermehrt sich die Zahl der sekundären, also nicht im engeren Sinne religiösen Institutionen." Ebd. 144.
³⁸ Zur Begriffsklärung vgl. Punkt 1.2.1.
³⁹ Vgl. zum Thema u.a. Rainer KOSELLEK: Art. *Krise*. In: Geschichtliche Grundbegriffe 3. (Hg. v. O. Brunner u.a.) Stuttgart (Klett) 1982; Ders./N. TSOUPOULKOS/U. SCHÖNPFLUG: Art. *Krise*. In: HWP IV (1976), 1235–1245; Günter SCHNURR: Art. *Krise*. In: TRE XX (1990), 61–65.
⁴⁰ Vgl. dazu Teil 2.

Theologie oder Religionsgeschichte insgesamt – in abgeschwächter Form und stellt bis heute ein Desiderat dar: Angesichts eines allseits diagnostizierten *iconic turn*[41] müssen sich auch Religionswissenschaft und Theologie der Relevanz von Fiktionen und Bildern bewusst werden.[42] Erst wenn die Rede von der Fiktion im Kontext von Religionswissenschaft und Theologie von dem ihr immer noch anhaftenden pejorativen Gebrauch befreit ist, kann deutlich werden, was es heißen könnte, wenn der Mystikforscher und Germanist Alois M. Haas (im Geiste Hans Urs von Balthasars) schreibt, die Apokalyptik transportiere in ihren Bildern „[d]as Imaginäre einer letztlich gerecht gerichteten, ins Lot gebrachten und in sich versöhnten Welt"[43]. Nicht zuletzt vor diesem Hintergrund bemüht sich diese Arbeit in ihrem zweiten Teil ausführlich um eine theologische Rezeption und ideengeschichtliche Verankerung neuerer Theorien der Fiktionalität.

1.1.6 Theologie und Moderne

Das Verhältnis zwischen Moderne und Theologie soll folglich nicht als adversatives verstanden werden. ‚Moderne' wird nicht kulturpessimistisch gefasst etwa im Sinne der anglophonen theologischen Schule der *Radical Orthodoxy*[44] oder bestimmter anderer zeitgenössischer Geschichtsmodelle als historischer Ort des Zerfalls eines ehemals Ganzen. ‚Moderne' als ausdrücklich affirmativer Begriff bezeichnet die Summe der historischen Bedingungen heutigen Theologietreibens nach einer im Sinne der Selbstreflexion radikalisierten Aufklärung und damit auch Ort anhaltender Ideologiekritik. Sie läuft damit aber der christlichen Tradition nicht einfach zuwider, sondern ist als

---

[41] Vereinzelt und zu Recht wird in den neunziger Jahren des vergangenen Jahrhunderts bereits von einem *iconic turn* gesprochen, der den *linguistic turn* [Richard RORTY: *The Linguistic Turn. Recent Essays in Philosophical Method*. Chicago (University of Chicago Press) 1967] abgelöst habe, dass also medial vermittelten Bildern nun die entscheidende kulturprägende Funktion zukomme. So etwa der Kunsthistoriker Gottfried BOEHM: *Die Wiederkehr der Bilder*. In: Ders. (Hg.): Was ist ein Bild? München (Fink) 1994, 11–38, 13. W.J. Thomas MITCHEL prägt, ebenfalls 1994, den Begriff *pictorial turn* [vgl. Ders.: *Picture Theory*. Chicago/London (University of Chicago Press) 1994, 11–34] und bezeichnet damit die Emanzipation von Bildern und Simulationen zur bestimmenden Ausdrucksform moderner Gesellschaften. Bereits drei Jahre früher aber hatte Ferdinand FELLMANN von einem *imagic turn* gesprochen [Ders.: *Symbolischer Pragmatismus. Hermeneutik nach Dilthey*. Reinbek b. Hamburg (Rowohlt) 1991, 26].
[42] Hans G. KIPPENBERG: *Die Entdeckung der Religionsgeschichte. Religionswissenschaft und Moderne*. München (C.H. Beck) 1997, 259–270.
[43] Alois M. HAAS: *Religions- und kulturgeschichtliche Bemerkungen zum Weltuntergangsthema*. In: E. Halter/M. Müller (Hg.): Der Weltuntergang. Ausstellungskatalog, Zürich (Offizin) 1999, 17–31, 30.
[44] John MILBANK/Catherine PICKSTOCK/Graham WARD (Hg.): *Radical Orthodoxy. A New Theology*. London (Routledge) 1999 und Graham WARD: *True Religion*. Malden, Mass. (Blackwell) 2003 sowie den Kommentar von Thomas FLIETHMANN: *Radical Orthodoxy. Zu einer neuen Bewegung in der anglo-amerikanischen Theologie*. In: HerKorr 56 (2002), 407–411.

1. Ausgangspunkte der Überlegungen

Ermöglichung radikaler Kritik in gewisser Weise ein später Teil der Wirkungsgeschichte des jüdischen Bilderverbotes bzw. der christlichen Negativen Theologie, ja vielleicht sogar deren radikalisierte Verwirklichung.[45] Dies gilt insofern, als jene seit der Zeit der Propheten in der Lage waren, Unrecht dezidiert zu benennen als einer – wenn auch nur approximativ erreichbaren – *göttlichen* Realität nicht adäquat und damit auch hinter den *menschlichen* Möglichkeiten zurückbleibend. Hintergrund der folgenden Überlegungen ist eine kritische Theorie der Moderne, in deren Namen auch Emmanuel Levinas, Jacques Derrida oder Gianni Vattimo sprechen. Diese Kritik trifft freilich auch die Diskursform des unreflexiv Apokalyptischen, wie es dem Betrachter in den Endzeitkirchen und am Rande der Großkirchen entgegentritt: Offenbarung wird hier verstanden im Sinne eines einem Menschen visionär, das heißt privilegiert zugänglichen und real verstandenen Gesamtüberblicks über alle historischen und zukünftigen Geschehnisse, ja im Sinne einer im ontologischen Sinne umfassenden Wahrheit.[46] Damit kann jedoch das schon erwähnte ‚Ende der Höllenpredigt' als dezidiert *modernes* Phänomen verstanden und darf nicht einfach übersprungen werden.

Die Geschichte kann darüber hinaus ‚nach Auschwitz' wohl nicht mehr als sich zunehmend im positiven oder negativen Sinne sättigende Fortschrittsgeschichte verstanden werden. Demgemäß soll in dieser Arbeit nach Spuren eines zeitgenössischen Vollzugs des Eschatologischen ohne Gesamtkonzept (im Rahmen eines Endes der Metaphysik) gesucht werden.

---

[45] Vgl. in jüngerer Zeit besonders prägnant Gianni VATTIMO: *Die christliche Botschaft und die Auflösung der Metaphysik*. In: K. Dethloff/L. Nagl/F. Wolfram (Hg.): Religion, Moderne, Postmoderne. Philosophisch-theologische Erkundungen (Schriften der Österreichischen Gesellschaft für Religionsphilosophie 3) Berlin (Parerga) 2002, 219–228. Sowie Ders.: *Glauben-Philosophieren*. Stuttgart (Reclam) 1997.
[46] Jacques DERRIDA: *Apokalypse*. Wien (Passagen) 1985. Vgl. dazu Kapitel 3.5. Die Problematik wurde mit Blick auf Walter Benjamin jüngst von Jürgen Brokoff prägnant formuliert: „Ob von oben oder von unten, in beiden Fällen geht es dem apokalyptischen Diskurs als politisch-theologischer Rede darum, im Namen der Transzendenz zu sprechen, selbst ein transzendenter Diskurs zu sein, um zu sich als dem Ort zu führen, von dem aus es allein möglich ist, rein und unmittelbar zu sprechen." Jürgen BROKOFF: *Die apokalyptische Vernichtung des Rechts. Zur politischen Theologie Walter Benjamins*. In: Ders./J. Jacob (Hg.): Apokalypse und Erinnerung. (Formen der Erinnerung 13) Göttingen (Vandenhoeck & Ruprecht) 2002, 39–57, 57.

1.2 Skizze der Studie

Fundamentaltheologie kommt nicht ohne die Fähigkeit aus, *deskriptiv* gesellschaftliche Entwicklungen und ‚Texte', sinnevozierende menschliche Artikulationen in ihrem Umfeld adäquat zu beobachten und mit ihren eigenen Instrumentarien zu rekonstruieren. Dies gilt zumal, wenn sie den argumentierenden Dialog mit Zeitgenossen als ihre Aufgabe erkennt – vor allem im Zusammenhang eschatologischer Fragen, die heute jenseits der Kirchengrenzen zunächst als (meist unreflektierte) Rekombination apokalyptischer Motive ‚verhandelt' werden. Nur indem Fundamentaltheologie kulturhermeneutische Methoden adaptiert, ohne dem Relativismus der bloßen Deskription zu verfallen, wenn sie also bereit und in der Lage ist, nach intensivem *Wahrnehmen* auch zu *urteilen* und so die Grundlage für ein (pastoral-diakonisches) *Handeln*[1] zu legen, wird sie ihre dienende Aufgabe gegenüber dem Volk Gottes und (als theologische Kulturhermeneutik) gegenüber den übrigen theologischen Fächern erfüllen können. Auch ein Dialog mit geistes- und kulturwissenschaftlichen Nachbardisziplinen wie der vergleichenden Religionswissenschaft und den Medienwissenschaften wird nur mit Hilfe einer kritischen Aneignung *fremder* und einer *ad extra* vermittelbaren Rekonstruktion der *eigenen* theologischen Methoden möglich sein.[2]

1.2.1 Begriffsklärungen

Mit ‚Apokalyptik' werden in dieser Arbeit zunächst in einem *exegetischen* Sinne der kanonische alt- und neutestamentliche Textbestand und seine Symbolressourcen (Drache/Tiere, Babylon, Engel, Menschensohn, Frau, Feuer etc.) bezeichnet. Die Texte sind unter bestimmten historischen Bedingungen zwischen dem dritten vor- und dem zweiten nachchristlichen Jahrhundert entstanden. Es sind die bilderreichsten der Bibel überhaupt und schon von daher sind sie für die Fragestellung nach der Fiktionalität biblischer Texte besonders ertragreich, sie verdanken sich Visionen und Auditionen. Als

---

[1] Betrachtet man den pastoralen und religionspädagogischen Umgang mit dem Medium Spielfilm in der Praxis, so wird deutlich, wie notwendig eine qualifizierte theologische Position sein könnte, die sowohl eine Verteufelung des Mediums an sich, als auch eine naive Zustimmung zu jedem (etwa von Jugendlichen geäußerten) Wunsch vermeiden kann. Ähnliches gilt für eine reflektierte Wahrnehmung *Neuer Religiöser Bewegungen*, die sich nicht selten in unmittelbarer Nachbarschaft großkirchlicher Gemeinden ansiedeln, ohne dass von Priestern und hauptamtlichen Mitarbeitern eine angemessene Form der Auseinandersetzung oder des Dialogs gefunden werden kann.

[2] Vgl. Joachim VALENTIN: *Unerlässliche dialogische Kompetenz. Horizont und aktuelle Fragestellungen der Fundamentaltheologie.* In: HerKorr 57 (2003), 237–242. Sowie: Ders.: *Zwischen Matrix und Christus. Fundamentaltheologie als kritische Religions- und Kulturtheorie.* In: Orien 68 (2004), 178–181 u. 194–197.

Gattung zeichnet sich die vorchristliche Apokalyptik darüber hinaus durch Pseudepigraphie und Geschichtsspekulationen aus. Unter massiven politischen Pressionen entstanden, liegt ihre primäre Intention in der *Machtkritik*. Eine wichtige Funktion der Texte ist darüber hinaus die des *Trostes*. Die Problematik dieser engen Bindung an emanzipatorisch-politische Zusammenhänge impliziert bereits die Möglichkeit ihres Missbrauchs im Sinne eines göttlichen Gerichts über die eigenen irdischen Feinde. Bis heute ist der *gesellschaftliche Ort*, von dem aus ‚apokalyptisch gesprochen' wird, also wesentlich für die theologische Beurteilung der apokalyptischen Rede.

Religionsgeschichtlich heißt das konkreter: Apokalyptik ist textuell vermittelte Weissagung über eine generelle Verschlechterung der Zustände in Natur und Menschenleben bis hin zur völligen Katastrophe, die Auflösung menschlicher Bindungen und zunehmende Drangsale, die Parusie eines Heilandes, Totenauferstehung und Weltgericht. Der darauffolgende Anbruch der endgültigen Heilszeit gilt oft als Wiederherstellung urzeitlich-paradiesischer Zustände.[3]

Eschatologie meint dagegen die im weitesten Sinne *theologische* Be- und Verarbeitung dieses Textbestandes, die ebenfalls in Abhängigkeit von sozioökonomischen Bedingungen und spezifischen zeitgenössischen Fragestellungen erfolgt. Sie versucht, die bisweilen amorphe und nicht unmittelbar zugängliche Textgestalt in den Zusammenhang christlicher Heilslehre zu stellen. Eine immer wieder aufgeworfene Frage ist in den mehr als 2000 Jahren ihrer Wirkungsgeschichte zum Beispiel die der *Datierung* von im Buch Daniel und in der Offenbarung des Johannes angeblich vorhergesehenen ‚Ereignisse'. Begreift man Ideengeschichte als offenen Prozess einer fortwährenden Wiederaneignung und Neuinterpretation vorliegender Symbol-, System- und Sinnressourcen unter Bedingung der jeweils herrschenden soziokulturellen und ökonomischen Umstände, so entwickeln sich eben auch für den apokalyptischen Motivbestand unter je anderen historischen Voraussetzungen je andere, von den vorausgehenden teilweise abweichende Ausdeutungen. Im Fall der Apokalyptik bietet sich eine Fülle von Texten und Bildern dar, die apokalyptische Elemente, Sinnzusammenhänge und Motivgruppen entsprechend der historischen (Krisen-)Situation umgeschrieben, unterschiedlich konnotiert und in der jeweiligen Gesellschaft systemisch verankert haben.[4] Es liegen untereinander höchst *verschiedene*, aber auch im

---

[3] Vgl. Günter LANCKOWSKI: Art. *Apokalypse. I. Religionsgeschichtlich*. In: TRE III (1978), 190.
[4] „Das apokalyptische Geschichtsverständnis dient als ‚eschatologisches Geschichtsverständnis' dazu, bestimmte eschatologische Vorstellungen in der (mythologisch geprägten) Sprache ihrer Zeit als ethisch-politische Alternativen oder ‚Programme' anzubieten. Diese Programme sind abhängig von der historischen Situation, in der sie entstehen bzw. formuliert werden, und bilden zugleich eine Analyse dieser Situation." OEGEMA, *Zwischen Hoffnung und Gericht*, 352f. Vgl. mit ähnlicher Intention bereits Edward SCHILLEBEECKX: *Einige hermeneutische Überlegungen*

Vergleich zum historisch ersten Auftreten des Phänomens Apokalyptik massiv *veränderte* Vorstellungen vom Geschehen am Ende der Zeiten vor. Von Anfang an boten die kanonischen und außerkanonischen apokalyptischen Texte der Bibel vor allem einen reichen Schatz an Zeitkonzepten und Hoffnungsgestalten, bisweilen auch nur einzelner imaginativer Bilder, die unter sich verändernden historischen Bedingungen neu aufgegriffen und als „Module" zu neuen Erzählungen vom Ablauf und Ende der Zeiten rekombiniert wurden. Gerbern S. Oegema hat etwa für die Zeit des Frühjudentums und die ersten rabbinischen Texte überzeugend gezeigt, wie die literarische Ausgestaltung zentraler Elemente der Apokalyptik – insbesondere der *Messiasgestalten*, des *Endzeitgerichtes*, der *Himmels- und Höllenreisen*, der *Rolle Jerusalems und des Tempels* sowie des *1000jährigen* oder *messianischen Reiches* – abhängig waren von der Gestalt und Struktur lokaler Herrschaftssysteme und Führerpersönlichkeiten im Nahen Osten, aber auch, wie nach der jüdischen Enttäuschung messianischer Naherwartungen 70 bzw. 136 n.Chr. ein Prozess der Eliminierung bzw. Individualisierung apokalyptischer Vorstellungen einsetzte.[5]

Wenngleich – wie dargestellt – *Apokalyptik* als exegetischer bzw. religionswissenschaftlicher und *Eschatologie* als systematisch-theologischer Begriff im Wesentlichen den Ausgangspunkt meiner Überlegungen markieren, wird in der Arbeit eine *neue Text- und Reflexionsgattung* angestrebt, die eigentlich in keines der klassischen Schemata gefasst werden kann. Es geht hier um die aktuelle Rezeption von Fragmenten aus verschiedensten Traditionen in nicht-systematischen Zusammenhängen, konkret im zeitgenössischen Spielfilm und in theologisch kaum reflektierenden, sich selbst christlich nennenden Denominationen, den sogenannten Endzeitkirchen. Für das ‚Objekt' der in dieser Arbeit angezielten Hermeneutik erscheint ein offenerer Begriff wie *fiktionale Verarbeitung apokalyptischer Traditionsbestände* also angemessener.

Fiktionalität wird im Folgenden, ausgehend von den Arbeiten Wolfgang Isers[6] allgemein begriffen als unvertretbare ‚literarische' Weise der Weltvermittlung. Basierend auf dem Zueinander von Wahrnehmung, Einbildungskraft und Vernunft leistet das ‚Fingieren', also das Erzeugen im weitesten Sinne nicht einfach illusionistischer oder nicht-realer Artefakte, einen entscheidenden Beitrag zur menschlichen Welterschließung und -vermittlung sowie zur Sinnstiftung. Daria Pezzoli-Olgiati hat in einer detaillierten Studie gezeigt, inwiefern der Gattung des apokalyptischen Textes in besonderer Weise Fiktionalität eignet: Gerade eine spezifische Relation zwischen All-

---

zur Eschatologie. In: Conc (D) 5 (1969), 18–25.
[5] OEGEMA, *Zwischen Hoffnung und Gericht*, 341–362.
[6] Vgl. v.a. Wolfgang ISER: *Das Fiktive und das Imaginäre. Perspektiven literarischer Anthropologie*. Frankfurt a.M. (Suhrkamp) 1991.

tagsrealität (Pezzoli-Olgiati spricht von ‚Geschichte') und Fiktionalität, zeichnet demnach apokalyptische Texte aus. Auf der Zeitebene findet diese Relation ihren Niederschlag als Verhältnis zwischen *Herrschaft Gottes* in einer fiktional antizipierten Zukunft und als bedrängend empfundener *Gegenwart des Lesers/der Leserin* – so besonders in der Johannes-Apokalypse: „Das Verhältnis zwischen den Zeiten in der Fiktion und den Zeiten der Menschen in Kleinasien ist nicht linear, sondern von einer dichten, mehrdeutigen Spannung bestimmt."[7] Eben diese Spannung zwischen Text bzw. Bild und gegenwärtiger Situation des Rezipienten kann auch für eine zeitgenössische Rekonstruktion apokalyptischer Motivbestände angenommen werden: Im Moment der Wahrnehmung eines Spielfilms etwa darf beim Rezipienten weder einfach von einer fiktional vermittelten Präsenz des Zukünftigen, noch von der völligen Auflösung des Geschehens einer anderen Zeitebene durch seine unmittelbare Gegenwart ausgegangen werden. Vielmehr findet ein ‚Hin- und Herlaufen' des Bewusstseins zwischen Filmgeschehen und eigener Vorstellungswelt statt. Gerade dieses Oszillieren als bildlich bzw. narrativ umgesetzte Differentialität ist letztlich jeder Literaturgattung zu eigen, darf aber, wie deutlich werden wird, als besonders charakteristisches Merkmal der Apokalyptik bezeichnet werden.

1.2.2 Gliederung

Allgemein gefasst, stellt die vorliegende Arbeit das Experiment eines geregelten Zueinanders theologischer, philosophischer, religionsgeschichtlicher sowie literatur- und medienwissenschaftlicher Methoden dar. Näherhin geht es um die Entwicklung und praktische Erprobung einer theologischen Hermeneutik (nicht nur) apokalyptischer Texte und Motivzusammenhänge außerhalb der großkirchlichen Ideengeschichte. Grundgelegt wird dieser Versuch nach einer allgemeinen und theologischen Lokalisierung *(Teil 1)* im Rahmen einer ausführlichen Verhältnisbestimmung von rezeptionsästhetisch-hermeneutischen *(Teil 2)* und kritisch-normativen Elementen *(Teil 3)*. Diese Klärung dient zwar vor allem der methodischen Grundlegung der Arbeit, versteht sich darüber hinaus aber auch als Beitrag zur aktuellen fundamentaltheologischen Diskussion um das Verhältnis von Erster Philosophie und Hermeneutik.[8]

---

[7] Daria PEZZOLI-OLGIATI: *Täuschung und Klarheit. Zur Wechselwirkung zwischen Vision und Geschichte in der Johannesoffenbarung.* Göttingen (Vandenhoeck & Ruprecht) 1997, 211.
[8] Vgl. zur Bestimmung des Diskussionsstandes: J. VALENTIN/S. WENDEL (Hg.): *Unbedingtes Verstehen?! Fundamentaltheologie zwischen Erstphilosophie und Hermeneutik.* Regensburg (Pustet) 2001.

In den folgenden Teilen der Arbeit soll also zunächst eine philosophisch-theologisch begründete Hermeneutik entwickelt werden, die einerseits eine dezidert bilderfreundliche Theorie der Fiktionalität ermöglicht, andererseits aber in der Lage ist, den (historischen und gegenwärtigen) Missbrauch dieser Bilder zu beschreiben und einzugrenzen. Einer ausgearbeiteten Theorie der Fiktionalität, die über das Themenfeld der Apokalyptik hinaus ihre theologische Relevanz erweisen kann und ihre Angelpunkte in der philosophischen (Kant, Marcuse) und christlichen Tradition (Origenes, Johannes Damascenus, Thomas v. Aquin) findet (dargestellt in *Teil 2*), folgt eine Untersuchung meist zeitgenössischer Elemente der Kritik apokalyptischen Denkens, die den Text- und Bildergebrauch eingrenzen (Kant, Foucault, Levinas, Derrida, Weber), sowie – einleitend – eine Reflexion auf deren Geltungsanspruch *(Teil 3)*.

Die konkrete Verifizierung dieser kritischen Hermeneutik kann jedoch erst in ihrem Vollzug als Durchführung der dialogischen Aufgabe der Fundamentaltheologie geleistet werden. Dazu dient die Darstellung und theologisch-kritische Reflexion des Gebrauchs apokalyptischer Bilder und Texte in den ‚Endzeitkirchen' *(Teil 4)* und im zeitgenössischen Spielfilm der letzen zwanzig Jahre *(Teil 5)*. Hier wird nach ausführlichen, je spezifischen methodischen Reflexionen und anhand reichen Anschauungsmaterials für den aktuellen Gebrauch apokalyptischer Motive jenseits der Großkirchen dessen kritische Sichtung und motivanalytische Strukturierung unternommen.

1.2.3 Methodik und Ausblick auf mögliche Ergebnisse

Das innertheologische Anliegen der Untersuchung geht aus einem dezidert nachaufklärerischen Ringen um die apokalyptischen Bildwelten der Tradition hervor. Dies impliziert vor allem, dass statt einer unreflektierten Übernahme der metaphysischen Unterscheidung zwischen *Fiktion* und *Realität*, derzufolge die biblischen Texte (und ihre jeweiligen eschatologischen Aktualisierungen) entweder als rein fiktiv bzw. illusionär (Säkularismus) oder als Realität im ontologischen Sinne (neuscholastische Höllenpredigt) verstanden wurden, das Verhältnis zwischen Realität und Fiktion neu bedacht wird. Dabei stehen vor allem *zwei Gewährsleute* Pate*:*

In seinen dramatologisch orientierten eschatologischen Texten scheint sich *Hans Urs von Balthasar* der Frage nach einer Hermeneutik explizit kaum zu stellen.[9] Dennoch impliziert er mit seinem Konzept der ‚Theodra-

---

[9] Das gilt selbstverständlich nicht für sein Gesamtwerk, für das die ‚anthropologische Wende' mit Maurice Blondel und Joseph Maréchal nachvollzogen wird: „ [...] wenn Gott sich, in Jesus Christus handelnd, für die Welt ausspricht, so muß seine Sprache der Welt verständlich sein oder ihr zumindest durch den Geist Gottes, der die Herzen der Menschen hören und sprechen lehrt, verständlich werden, so daß sie ihr Wort als Antwort mitsagen können." Hans Urs von BALTHASAR: *Theodramatik II/1. Der Mensch in Gott.* Einsiedeln (Johannes) 1976, Kap. Theo-

matik' immer wieder eine inszenatorische Deutung biblischer Texte und heilsgeschichtlicher Zusammenhänge. So vermeidet er unter anderem eine Engführung des apokalyptischen Dramas auf die Person Christi.[10] In Theodramatik III heißt es etwa, in der Apokalypse sei es möglich, zugleich auf Erden und im Himmel zu sein: „Wir haben demnach mit einer Wirklichkeit zu rechnen, die den Abstand zwischen Himmel und Erde überbrückt, ohne ihn aufzuheben; es ist die Wirklichkeit der Heiligkeit der Kirche oder der Kirche der Heiligen [...]."[11] Hier erweist sich das Balthasarsche Denken als unmittelbar anschlussfähig an Wolfgang Isers fiktionale Anthropologie. Balthasar bildet somit implizit eine wesentliche Stütze nicht nur der theologischen Ortsbestimmung in diesem ersten Teil der Arbeit.

Der zweite Gewährsmann ist der Anglist Wolfgang Iser, dessen *fiktionale Anthropologie*[12] in Teil 2 die philosophie- und theologiegeschichtlich zu verankernde hermeneutische Grundannahme für meine Arbeit liefert. Iser hat in kritischer Weiterführung von Ansätzen des Neukantianers Hans Vaihinger, aber auch unter dem Einfluss von poststrukturalistischen Texttheorien seit den frühen siebziger Jahren eine Theorie des Fiktiven und des Imaginären entwickelt, die üblicherweise der Schule der Rezeptionsästhetik zugeordnet wird. Mit Wolfgang Iser lassen sich Ansätze für eine *Hermeneutik apokalyptischer Motive* entwickeln, die deren Gebrauch nicht einfach nur ‚nachmetaphysisch' kritisieren, sondern ihn auch positiv zu beschreiben in der Lage sind.

Iser verbindet seine Überlegungen allerdings mit subjekttheoretischen Implikationen, die in ihrer radikalisierten Gestalt einer Angleichung an die postmoderne ‚Entthronung des Subjektes' entsprechen. In letzter Konsequenz droht dabei die Leugnung jeder Möglichkeit einer Selbstgegenwart und damit der Fähigkeit des Menschen, sich zu einem gelesenen Text noch einmal bewusst zu verhalten. Ebenso wie bei anderen Denkmodellen, die eine unbedingte Gründung des Subjektes rundweg ablehnen – Nietzsche greift auf das *Leben*, Heidegger auf das *Sein*, Derrida auf die durchaus kompensatorisch zu nennende *Dekonstruktion* als neue Norm zurück –, kann aber auch bei Iser ein verschwiegener *normativer Ausgriff* festgestellt werden, den er selbst nicht einzulösen vermag. Wesentliche Bestandteile seiner fiktionalen Anthropologie lassen sich deshalb argumentativ nicht ausweisen: so etwa die

---

dramatische Hermeneutik, 81–135, 81.
[10] Vgl. Hans Urs VON BALTHASAR: *Die Apokalypse*. In: „Ja, ich komme bald". Die Endzeit im Licht der Apokalypse. Hg. v. Informationszentrum Berufe der Kirche. Freiburg/Stuttgart 1985, 105–143.
[11] Hans Urs von BALTHASAR: *Theodramatik. III – Die Handlung*. Einsiedeln (Johannes) 1980, 23.
[12] Wolfgang ISER: *Das Fiktive und das Imaginäre. Perspektiven literarischer Anthropologie*. Frankfurt a.M. (Suhrkamp) 1991.

Annahmen, dass das lesende Subjekt in der Lage sei, eine jeweils sinnvolle Wahl zu treffen, oder dass eine Stillstellung des Diskurses (,Dogma') gegenüber einer Fortführung des potentiell unendlichen Prozesses des Fingierens vorzuziehen sei, und schließlich die schwerwiegende Behauptung, dass eine Unterscheidung zwischen Fiktion und Illusion nicht nur im Sinne einer Pragmatik *notwendig*, sondern auch *möglich* sei.

Knüpft man an diese Brüche innerhalb der Iserschen Theorie der Fiktionalität an, dann lässt sie sich aus ihrer subjektkritischen Engführung und einem letztlich erkenntniskritischen Relativismus befreien. Zu Beginn des dritten Teils der Arbeit soll also eine Theorie des Subjektes geboten werden, die sowohl den monadischen Solipsismus (den Iser zu Recht ablehnt) als auch einen im schlechten Sinne postmodernen Relativismus vermeidet. Vor allem, weil gerade im Kontext apokalyptischer Texttraditionen die metaphysische Geschichtsphilosophie dazu neigt, sich – gestützt auf ein menschliches Streben nach Identität – immer wieder neu ,dogmatisch' in den Diskurs einzuschreiben, also totalitär zu wirken, müssen im dritten Teil der Arbeit über eine *affirmative Darstellung* der Entstehung und Lektüre apokalyptischer Sinnzusammenhänge hinaus und vor dem Hintergrund einer Reflexion auf den Geltungsanspruch ihrer Kritik, Elemente zusammengestellt werden, die der Versuchung Einhalt gebieten, apokalyptische Motive den Bedürfnissen der Selbstermächtigung zu unterwerfen.

Diese in Teil 3 näher zu bestimmenden ,*Elemente der Kritik*' werden als Wegzeichen verstanden, als Begrenzungen, die den zum Ausufern tendierenden fiktiven apokalyptischen Diskurs in einen verantwortbaren Rahmen zurückweisen, ohne ihn vollständig zu bestimmen oder eine freie Rezeption bzw. Dekomposition traditioneller Motivbestände verhindern zu wollen. Ihren Geltungsanspruch beziehen sie in je spezifischer Reflexion auf die Möglichkeit universalen Sinns unter Bedingungen der Absurdität. Die Kriterien und ihr ideengeschichtlicher Hintergrund sollen vorweg schon stichwortartig genannt werden:

Mit *Immanuel Kant* erscheint das Aufgreifen der Erzählung vom jenseitigen Gericht als regulative Idee. Es ist nur im Kontext des Sittengesetzes erlaubt und darf nicht im Sinne einer Ökonomie von Heil und Unheil gehandhabt werden.[13] *Michel Foucault* übt Kritik an der ,Pastoralmacht', die das Jenseits gebraucht, um sich den bekennenden Sünder gefügig zu machen.[14] Foucault bezieht sich allerdings nur auf *politische* Machtsysteme, in

---

[13] Vgl. v.a.: Immanuel KANT: *Das Ende aller Dinge*. In: Ders.: Werke in sechs Bänden, Hg. v. W. Weischedel. Darmstadt (WBG) 1957, VI, 175–190.
[14] Michel FOUCAULT: *Warum ich Macht untersuche: Die Frage des Subjekts*. In: H. Dreyfus/P.Rabinow: Michel Foucault. Jenseits von Strukturalismus und Hermeneutik. Weinheim 1994, 243–250 und Ders.: *Omnes et singulatim. Zu einer Kritik der politischen Vernunft*. In: J. Vogel (Hg.): Gemeinschaften. Positionen zu einer Philosophie des Politischen. Frankfurt a.M.

denen christliche Gerichts-, Überwachungs- und Höllenvorstellungen „recycelt" wurden. Im Werk *Emmanuel Levinas'* steht der Begriff Eschatologie bereits früh im Mittelpunkt, und zwar im Sinne eines ‚Gerichtes', welches das Selbst immer schon in der Begegnung mit dem anderen Menschen ereilt.[15] Mit *Jacques Derridas* – in der Nachbarschaft der Negativen Theologie beheimateter – *Dekonstruktion* kann Kritik am Begriff einer endzeitlichuniversalen Offenbarung und ihrer politischen Ausschlachtung geäußert werden, in deren Namen hier und heute Herrschaft ausgeübt wird.[16] Derridas Ermunterung zum Offenhalten von Wesensaussagen über Gott und das Jenseits geschieht im Namen einer Messianität ohne Messianismus und betont die *Diskontinuität zwischen Diesseits und Jenseits*. Max Webers Unterscheidung zwischen *Massen-* und *Intellektuellen-* bzw. *Virtuosenreligiosität*[17] muss schließlich als Warnung vor einer allzu pauschalen Totalitätskritik ernst genommen werden: Sie führt zu einer Reflexion auf den Ort, von dem aus der (‚intellektuelle') Theologe spricht. Die Volksreligiosität, die sich sowohl im Mainstreamfilm als auch in den Endzeitkirchen Ausdruck verschafft, darf demgegenüber nicht einfachhin *verworfen*, sondern muss wenigstens *beschrieben* und auf ihre konstruktiven Inhalte untersucht werden.

In der Auseinandersetzung mit den *Endzeitkirchen* in Teil 4 bedarf zunächst die traditionelle Unterscheidung zwischen *Kirche* und *Sekte* einer eingehenden Reflexion, die einerseits zu einer Offenlegung der selbstimmunisierenden Funktion des Sektenbegriffs im Diskurs vor allem der protestantischen Großkirchen und letztlich zur Verwerfung seines pauschalen Gebrauchs führt. Anderseits stößt man in den beschriebenen Gruppierungen aber tatsächlich auf gewisse Familienähnlichkeiten in dem Verhältnis von Sozialgestalt und Lehre, insbesondere auf erstaunliche Übereinstimmungen zwischen ihrer Sozialgestalt und der je spezifischen Form der Endzeiterwartung.

Als Ergebnisperspektive wird für die *Endzeitkirchen* so ein enger Zusammenhang zwischen Endzeitorientierung und hierarchischer Struktur sichtbar. Er ist gepaart mit einem allgemeinen antiintellektuellen Affekt, der

---

1994. Diese Form der Macht sei auf das Seelenheil gerichtet, erstrecke sich auf das ganze Leben und begleite es ununterbrochen. Sie manifestiere sich vor allem in der Praxis des christlichen „Geständnisses", im Beichtstuhl also, wo sie in einer historisch einmaligen Verknüpfung von intimem Wissen und einer klaren Rollenverteilung zwischen „Hirten" und „Schafen" unter anderem zur Herausbildung einer abendländischen Sexualwissenschaft und Therapieszene geführt habe.
[15] Vgl. v.a.: Emmanuel LEVINAS: *Messianische Texte*. In: Ders.: Schwierige Freiheit. Versuch über das Judentum. Frankfurt a.M. (Jüdischer Verlag) 1992, 58–103.
[16] Etwa im marxistischen Kontext bei Walter Benjamin. Vgl. Jacques DERRIDA: *Gesetzeskraft. Der ‚mystische Grund der Autorität'*. Frankfurt a.M. (Suhrkamp) 1991.
[17] Max WEBER: *Religionssoziologie (Typen religiöser Vergemeinschaftung)*. In: Ders.: Wirtschaft und Gesellschaft. Tübingen (Mohr-Siebeck), 245–381, v.a. die §§ 4–6.

sich aus der Situierung der ‚Kirchen' in Unterschicht und unterer Mittelschicht ergibt. Auffällig sind im Zusammenhang der Endzeiterwartungen zudem, dass Biblizismus und Deutungsmonopol der religiösen Führer ein „freies Ergreifen und individuelles Deuten der biblischen Texte" im Sinne Kants verhindert. Gleichwohl sind vor allem bei den *Zeugen Jehovas* zaghafte Modernisierungsprozesse zu konstatieren, die unter anderem dazu führen, dass in letzter Zeit eine allzu wörtliche Identifizierung der endzeitlichen Ereignisse zu Gunsten metaphorischer Interpretationsmodelle abgelehnt wird. Das Element der *Fiktionalität* spielt angesichts einer weitgehend wortorientierten Kultur in diesen Kirchen keine so entscheidende Rolle. Gleichwohl kann aufgrund der – allerdings meist doktrinär erzwungenen – hohen Plastizität und Selbstverständlichkeit des Gebrauchs apokalyptischer Motive und der zunehmend metaphorisierten Hermeneutik ein mehr oder weniger ‚privates' – und damit dem wissenschaftlichen Blick entzogenes – Fingieren, das gleichzeitig eine Reflexion auf die Unbedingtheit der Forderung nach ethisch richtigem Handeln impliziert, hier mit geringerer Wahrscheinlichkeit ausgeschlossen werden als in den Großkirchen.

Vor einer eingehenden Beschäftigung mit dem *Spielfilm* (Teil 5) können seine besondere ästhetische Qualität und die Geschichte seiner theoretischen Bearbeitung nicht unreflektiert bleiben. In besonderer Weise ist der Spielfilm Medium der Fiktion. Sowohl im Sinne einer Werk- als auch einer Rezeptions-Ästhetik stellt er im gelungenen Falle ein Kunstwerk höchster Komplexität dar, das im Zueinander realer und fingierter Elemente niemals nur passiv ‚genossen' wird, sondern die aktive Mitarbeit eines deutenden Zuschauers verlangt. Vor dieser im Horizont neoformalistischer (rezeptionsästhetischer) Filmtheorie beschriebenen Medienanalyse wird deutlich werden, in *welcher Weise* sich die Theologie dem Spielfilm und *welcher Art Spielfilm* sie sich nähern kann. Der im idealtypischen Sinne verstandene Mainstreamfilm dient dabei vor allem als *Instrument der Zeitdiagnose*, der Autorenfilm wird (ebenfalls idealtypisch) verstanden als Ort, an dem sich *Irritation* und damit ein Moment der *Negativen Theologie* als zentrales Gestaltungsprinzip entwickelt hat. Er wird so zum *ernstzunehmenden Gesprächspartner* der Theologie. Demzufolge wird gerade im fünften Teil ein eher implizites Ziel der Arbeit, nämlich die Suche nach einem lebendigen und nachaufklärerisch verantwortbaren Gebrauch apokalyptischer Motive angesichts dessen Ausdünnung innerhalb der großen Kirchen, in unerwartet umfassender Weise erreicht.

Die *Diagnose* ergibt vor allem im Mainstreamfilm[18] bei allem Futurismus an der Oberfläche eine ausgesprochen starke Diesseitsorientierung. Mit dem Handeln Gottes in der Geschichte wird zwar nicht gerechnet, die subtile

---

[18] U.a.: ARMAGEDDON - DAS JÜNGSTE GERICHT, Michael Bay, USA 1998; INDEPENDENCE DAY, Roland Emmerich, USA 1996; DEEP IMPACT, Mimi Leder, USA 1998.

Angst in den USA – auch schon *vor* dem 11. September 2001 – vor einem Eindringen eines feindlichen Außen, weckt jedoch den Wunsch nach gewaltsamer Verteidigung, ja umfassender Vernichtung dieser Bedrohung durch heldenhafte menschliche Erlöser. Diese Erlösung wird – zumindest im Film – bezahlt mit einer auf subtile Weise uniformen Lebensweise, der Zementierung klassischer Geschlechterrollenklischees, einer unkritischen Heldenverehrung und einem uneingeschränkten Patriotismus, der im Namen der Nation Gottes auf die gesamte Welt ausgedehnt wird. Verantwortung gibt es hier nur gegenüber der eigenen Nation. Wer im Kampf unterliegt, kann nur auf der falschen Seite gestanden haben. Sowohl was die soziale Zugehörigkeit der Zielgruppe, als auch was eine Neigung zu dualistischen Konzeptionen angeht, lassen sich also weitreichende Strukturanalogien zwischen Mainstreamfilm und Endzeitkirchen konstatieren.

Im *Autorenfilm* dagegen finden sich Denkangebote für eine explizit theologische Eschatologie unter Bedingungen der Moderne: Die individuelle Verantwortung und der persönliche Verzicht werden in den Vordergrund gestellt. Individuelle *Metanoia* gilt etwa in den Filmen Andrej Tarkowskijs als probates Mittel zur Verhinderung einer globalen Katastrophe, die letztlich als selbstverschuldet verstanden wird. Als ‚Ressourcen' für ‚einen neuen Himmel und eine neue Erde' werden die durch Ausbeutung entstellte Natur (seufzende Schöpfung, die mit den Menschen auf Erlösung hofft, Zitation esoterischer Traditionen im Sinne einer umfassenden Kosmologie, *Creatio Continua*) und die Solidarität in gesellschaftlichen Randgruppen vorgestellt. Bei Derek Jarman und Andrej Tarkowskij speisen sich die starken Bilder in sehr unterschiedlicher Weise aus der abendländischen und biblischen Ikonographie. In fast allen Filmen treten auch weibliche Erlösergestalten auf.

Neben dem Ertrag einer theologisch-philosophisch verantworteten Hermeneutik apokalyptischer Motivsettings wird in dieser Arbeit also eine über die Grenzen der Großkirchen hinausreichende *Ortsbestimmung* und *Bewertung* der Relevanz apokalyptischer Motive und quasieschatologischer Deutungszusammenhänge Kontur gewinnen. Gleichzeitig entsteht eine *Schematik des Zueinanders* der inner- und außerkirchlichen Rezeptionsgeschichte apokalyptischer und eschatologischer Diskurse. Damit soll nicht nur ein detaillierter Beitrag zur ‚Kartierung' des Terrains im weitesten Sinne *christlich* konnotierter ‚Religionsproduktivität' in westlichen Gesellschaften geleistet werden, sondern auch ein ‚theopoetischer' Entwurf für die Art und Weise, wie im 21. Jahrhundert reflektierte christliche Praxis innerhalb eines scheinbar so ‚überholten' Themenfeldes wie dem apokalyptischen aussehen könnte.

1.3 Zum neutestamentlichen Textbestand

Wie schon angedeutet, handelt es sich bei der vorliegenden Arbeit nicht um eine eschatologische Studie im eigentlichen Sinne. Gleichwohl muss im Folgenden kurz der historische Befund der Apokalyptik in systematischer Perspektive erhoben und dargestellt werden, um Problemstellungen und schon vorliegende Verarbeitungsformen des Apokalyptischen wenigstens skizzenhaft vor Augen zu führen. Dies soll im Folgenden in der notwendigen Kürze und in der allein schon angesichts der Unmenge exegetischer und systematischer Literatur zum Thema unvermeidlichen Unvollständigkeit geschehen.

1.3.1 Die jüdische Vorgeschichte

Folgt man Max Webers letztlich hegelianischem Modell der Religionsgeschichte,[1] so steht am Ende einer zerklüfteten, vom Prinzip einer fortschreitenden Rationalisierung beherrschten Entwicklung des jüdischen Gottesbegriffs der Antike ein universaler Gott der Propheten. Diesen versteht Weber als Produkt ethischer Radikalisierung und Machtkonzentration, die nicht nur die Frage nach Möglichkeiten zur Minimierung des Leidens zugespitzt hat, sondern auch aufgrund einer durchgreifenden Magie- und Kultkritik beinahe alle Möglichkeiten einer innerweltlichen Ablenkung dieser Frage mit Hilfe von apotropäischen Ersatzhandlungen unmöglich werden ließ. Das apokalyptische Schrifttum erscheint hier primär als ein Ausweichen vor den (angesichts des kulturellen Identitätsverlustes Israels im dritten und zweiten Jahrhundert v.Chr. kaum mehr plausibel tradierbaren) Zusagen diesseitigen Heils in himmlische Regionen, in die Zwei-Äonenlehre und – daraus konsequent hervorgehend – in einen dualistisch konzipierten katastrophischen Endkampf und ein jenseitiges göttliches Gericht zur Wiederherstellung der Gerechtigkeit. Die literarische Gattung ‚Apokalyptik' wäre damit nicht einfach ein aus kontingenter,[2] historisch katalysierter Verzweiflung entstandenes jüdisches Sondergut,[3] sondern die nahezu *notwendige* Entwicklung einer fortschreiten-

---

[1] In jüngerer Zeit hat Stephen Kalberg auf die zentrale Rolle der Frage nach dem Leiden im religionssoziologischen Werk Max Webers und damit – in den monotheistischen Erlösungsreligionen – explizit der *Theodizeefrage* hingewiesen: Stephen KALBERG: *Ideen und Interessen: Max Weber über den Ursprung außerweltlicher Erlösungsreligionen.* In: Zeitschrift für Religionswissenschaft 8 (2000), 45–70.

[2] Die genauere Fassung des Begriffs ‚kontingent' berührt die schwierige Frage nach dem Verhältnis von materialistischer („Interessen") und idealistischer („Werte") Geschichtsdeutung (nicht nur) im Werk Max Webers. Dessen Situierung zwischen marxistischer Orientierung und einem eher ‚idealistisch' zu nennenden Rationalisierungsbegriff sprengt den Rahmen unserer Fragestellung. Deutlich wird an dieser Stelle aber immerhin, in welchem Maße sich in den Augen Webers die Ideengeschichte historio-politischer Bedingungen bedienen kann.

[3] Dass grundlegende Aspekte apokalyptischen Denkens ganz im Sinne Webers ausdrücklich

den Radikalisierung in Sachen Monotheismus und ethischem Radikalismus. Am Ende dieser Entwicklung hätte die Prophetie in einer geradezu ‚logisch' zu nennenden Konsequenz ihrer eigenen Struktur die Entstehung des Phänomens ‚außerweltliche Erlösungsreligion' katalysiert und sich damit selbst überholt. Besteht die Außerweltlichkeit der so entstandenen Erlösungsreligion doch nicht zuletzt in einer Entwertung diesseitiger Hoffnungen und Heilserwartungen, an denen die Prophetie noch entscheidend orientiert war, und einer zunehmenden Ausrichtung auf „innerliche religiöse Heilsgüter"[4], die zumindest einer ‚politischen' Prophetie fremd bleiben mussten: „Diese Welt konnte in der Tat nur als ein ‚Tal der Tränen' voll ‚unverdienter Leiden' und ‚heimtückischer Versuchungen' verstanden werden: also sagte man: ‚entscheidend ist das nächste Leben'."[5]

Bei diesem Weberschen Konzept handelt es sich um eine Gegenüberstellung, die Gershom Scholem bekanntlich als Opposition zwischen jüdischem Messianismus und christlicher Innerlichkeit zugespitzt hat.[6] Scholem zufolge haben wir es also mit einem Phänomen zu tun, das, ursprünglich in jüdisch-prophetischem Kontext entstanden, dort auch spätestens nach 70 n.Chr. auf seine historisch-politische, also *innerweltliche* Erlösungshoffnung wieder rückgeführt wird. Eine Tradierung des (durchweg vorneutestamentlichen) Motivbestandes im Sinne einer ‚wunderbaren' und das heißt zuerst *außerweltlichen* Erlösungshoffnung habe hingegen vor allem im Christentum stattgefunden. Dass eine solche Perspektive auf die Thematik jedoch nur einen Teil der Wahrheit transportiert, zeigt ein genauerer Blick auf den neutestamentlich-biblischen Befund.

---

jüdischer Herkunft sind, nicht von außen, gar als „Entartung" an Israel herangetragen werden mussten, sondern seine prä- und protoeschatologischen Vorformen vor allem in der Prophetie Jesajas findet, scheint in der Exegese inzwischen allgemein anerkannt zu sein. Vgl. u.a.: Hans-Peter MÜLLER: *Ursprünge und Strukturen alttestamentliche Eschatologie*. (BZAW 109) Berlin (Toepelmann) 1969.
[4] Max WEBER: Einleitung. In: Gesammelte Aufsätze zur Religionssoziologie, Bd. I (1920) Tübingen (Mohr) 1972, 238f.
[5] KALBERG, *Max Weber*, 65. Vgl. mit ähnlicher Intention auch: Elisabeth SCHÜSSLER-FIORENZA: *Das Buch der Offenbarung. Vision einer gerechten Welt*. Stuttgart (Kohlhammer) 1994, 44 sowie: John J. COLLINS: *From Prophecy to Apocalypticism: The Expectation of the End*. In: Ders. (Hg.): The Encyclopedia of Apocalypticism. Vol I. The Origins of Apocalypticism in Judaism and Christianity. New York (Continuum) 1998, 129–161; Ferdinand HAHN: *Frühjüdische und urchristliche Apokalyptik. Eine Einführung*. Neukirchen/Vluyn (Neukirchner Verlag) 1998; Hartmut STEGEMANN: *Jüdische Apokalyptik. Anfang und ursprüngliche Bedeutung*. In: M. N. Ebertz/R. Zwick (Hg.): Jüngste Tage. Freiburg i.Br. u.a. (Herder) 1999, 30–49; sowie die einschlägigen Aufsätze in TRE, RGG und LThK.
[6] Gershom SCHOLEM: *Zum Verständnis der messianischen Idee im Judentum*. In: Ders.: Über einige Grundbegriffe des Judentums. Frankfurt a.M. (Suhrkamp) 1970ff., 121–167.

1.3.2 Christliche Apokalyptik?

Das frühe Christentum greift wesentliche Elemente der jüdischen Apokalyptik auf und übernimmt sie in seine Theologien, nicht ohne sie entscheidend zu modifizieren[7]:

Paulus
Die Eschatologie des Paulus ist einerseits ursächlich bestimmt von der enttäuschten Naherwartung vor allem der Gemeinde in Thessalonich (Thess 4,13–18), erwachsen aus der Erfahrung, dass Gemeindeglieder sterben, ohne dass die Parusie eingetreten ist. Diesen sagt er die *Auferstehung*, den lebenden Gemeindegliedern die *Entrückung* zum wiederkehrenden Herrn zu. In Korinth begegnet er der *Leugnung* einer allgemeinen leiblichen Auferstehung bei den elitär-enthusiastischen Gruppen der Gemeinde. Hier erklärt Paulus eher apodiktisch die Auferstehung der Toten zum Kernbestand christlichen Glaubens, zum Erweis der todentmachtenden Macht Gottes. In Röm 8 liegt der Schwerpunkt auf dem Geist als Tote erweckendes und Leben schaffendes Pneuma, als lebendigmachende Kraft in jedem Menschen. „Auferweckung durch Gott geschieht als Verlebendigung von innen her".[8]

Inhaltlich steht im Mittelpunkt einer Verarbeitung konventioneller apokalyptischer Themen[9] bei Paulus die Gegenwart des erhöhten Herrn. In Röm 14,8 etwa („ob wir leben oder sterben, wir gehören dem Herrn") ist „das Leben in der Gemeinschaft mit Christus [...] die größere Wirklichkeit, der gegenüber die Frage des physischen Lebens und Sterbens sekundär wird."[10] In 1 Kor 15,21ff wird die Überwindung der Sünde mit der Entmachtung des Todes gleichgesetzt, und das nicht einfach als nur zukünftiges, sondern in der Hoffnungstat an Christus schon geschehenes und immer neu geschehendes Ereignis – eine Relativierung der Fixierung auf den physischen Tod, die sich bei Johannes fortsetzt. Auferstehung wird bei Paulus vor allem verstanden im Kontext des erlösten gemeindlichen Lebens in Christus,[11] „einer ebenso realistischen wie zuversichtlichen Betrachtung der Dinge [...], in der sich die

---

[7] Wo nicht anders belegt stützen sich die folgenden Ausführungen auf den Artikel *Eschatologie* von Franz-Josef NOCKE in: Handbuch der Dogmatik. Hg. von Th. Schneider, Düsseldorf (Patmos) 1992, Bd. 2, 377–478 und den material- und umfangreichen Artikel *Apokalyptik/ Apokalypsen* in: TRE III (1978), 189–289.
[8] NOCKE, *Eschatologie*, 432.
[9] Dabei ragen heraus und werden neu komponiert: Die Äonenlehre (1 Kor 10,11 u.ö.), die Botschaft von Gerechtigkeit und Gericht (Röm 1,18 u.ö.), die neue Schöpfung (2 Kor, 4,6; 5,17) und der Vollendung der Zeiten (Gal 4,4), das Verständnis von Wiederkunft, Totenauferstehung, Entrückung der Gemeinde und Endgericht. Vgl. August STROBEL: *Apokalyptik, Christusoffenbarung und Utopie. Theologisches Zeugnis im Umbruch eines Zeitalters: Das Mandat der Theologen und die Zukunft des Glaubens*. München (Chr. Kaiser) 1971.
[10] NOCKE, *Eschatologie*, 432.
[11] Vgl. dazu auch:. STROBEL, *Apokalyptik*, 252.

Freiheit gegenwärtigen Handelns mit der Offenheit für die zukünftige Offenbarung Gottes ausgewogen verband."[12]

Die Synoptiker

Auch die synoptischen Apokalypsen (v.a. Mk 13 parr) variieren wesentliche Merkmale der vorgefundenen Gattung: Die Tendenz, den Endtermin zu berechnen, wird hier ebenso kritisiert wie die typisch apokalyptische Versuchung, die Gegenwart zu Gunsten einer erhofften Zukunft zu vernachlässigen oder in Resignation (‚apokalyptischer Pessimismus') zu verfallen. Bezüglich einer prophetischen Verwerfung aktueller politischer Systeme durch Gott, oder gar der Aufforderung, sie zu bekämpfen, setzen die Synoptiker die Aussage, dass die Gottesherrschaft im Leben und Sterben Jesu Christi im Sinne einer *eschatologia crucis*[13] schon angebrochen sei, während die Johannesoffenbarung durchaus wiederum im Sinne eines bevorstehenden gesamtpolitischen Umsturzes, eines gottgefälligen apokalyptischen Endkampfes, verstanden werden kann.

Gleichwohl scheint die in den Evangelien auf breiter Basis[14] festgehaltene Verkündigung Jesu von der nahegekommen βασιλεία τοῦ οὐρανοῦ (Mt) bzw. τοῦ θεοῦ (Lk/Mk) noch eine Zeitlang nach Jesu Christi Weggang in Tod und Himmelfahrt als nahe bevorstehender universaler Umsturz der irdischen Verhältnisse verstanden und sehnsüchtig erwartet worden zu sein. Matthäus und Markus halten an dieser ‚Naherwartung' fest, bei Lukas wird solcherlei historisch verstandene Zeitlichkeit bereits punktuell überschritten: Jesus ist Mitte der Zeit, seine Gegenwart ein Dauerzustand. Die lukanische Eschatologie (Lk 21) ist folglich durch klare Bezugnahmen auf historische Fakten in ihrer Apokalyptik gedämpft und so in die Kontinuität der Heilsgeschichte eingeordnet: eine neue Epoche ist allerdings in ihr angebrochen: die Zeit des Heils auch für die Heiden.

Von der Predigt Jesu her ist die angebrochene Gottesherrschaft gleichwohl aktivisch und ethisch zu verstehen: Das Reich, in dem Gott handelt, ist hier auf Erden lebendig. In es einzutreten erfordert sittliche Voraussetzungen: getane Liebeswerke. Die konkrete Ausgestaltung dieses Reiches wird jedoch nur in Gleichnissen oder *via negativa* gefasst – es ist als solches menschlichem Zugriff unverfügbar, aber dort, wo sie vollzogen wird, „mitten unter euch" (Lk 17,20)[15]. Das Gottesreich ist in der Rede Jesu als *noch kommend*,

---

[12] Ebd.
[13] Ebd. 132ff.
[14] Insgesamt 122mal bezeugt, 99mal bei den Synoptikern und hier 90mal als Jesuswort. So vermerkt bei Joseph RATZINGER: *Eschatologie – Tod und das ewige Leben*. Regensburg (Pustet) ²1978, 34.
[15] Ratzinger verweist darauf, dass eine letztlich bei Origenes kristallisierte Tradition, die bis zum Beginn des 20. Jahrhunderts währte, diesen Satz als Apotheose der Innerlichkeit tradierte (vgl.

das heißt dem unmittelbaren Zugriff entzogen, und gleichzeitig *schon gegenwärtig* bezeugt. Als solches wurde von der frühen Christenheit „nicht mehr eine reine Theologie der Hoffnung" verkündet, sondern „auf ein Jetzt, in dem die Verheißung bereits Gegenwart wurde"[16] verwiesen. Das späte Diktum vom *eschatologischen Vorbehalt* – ein Begriff Erik Petersons[17] – trifft also recht gut bereits die biblische Balance zwischen ‚schon und noch nicht', genauer: zwischen der Gegenwart des Reiches Gottes, wie sie bei den Synoptikern in einer Vielfalt von Gleichnissen und Jesuslogien bezeugt ist, und einem am individuellen Ende und am Ende der Zeiten zu erwartenden Gericht mit nachfolgender Vollendung bei Gott. Der Glaube an die Parusie besagt beides: Er ist *präsentisch*, insofern wir nicht nur täglich mit der Ankunft Christi rechnen müssen, sondern auch in unserem Handeln von dieser Erwartung bestimmt werden und teilweise den Vorschein künftiger Herrlichkeit erleben dürfen. Er ist *futurisch*, insofern dieser Tag Christi im Glauben proleptisch vorweggenommen und in der Hoffnung als Rettung aus der Vernichtung erwartet wird, allerdings in einer Form, die vor dem Forum der menschlichen Vernunft bestehen können muss. Joseph Ratzinger hat darauf hingewiesen,[18] dass auch das für das Urchristentum so bedeutende *Maranatha* aus 1 Kor 16,22 in dieser Weise verstanden werden müsse: Es ist präsentische und futurische Aussage zugleich und kann ebenso im Sinne von „Komme Herr Jesus" wie auch von „der Herr ist gekommen" verstanden werden.

Johannes
Mit dem Verblassen der Naherwartung verliert diese Lehre allerdings an Bedeutung und wird zunehmend durch eine ausgearbeitete Christologie ersetzt, die im Verlauf der Geschichte nicht frei bleiben wird von herrschaftlichen Projektionen auf die Christusfigur: „Das Reichsthema wandelt sich in Christologie, weil von Christus her der Geist kommt, der die Herrschaft Gottes ist."[19] Bemerkenswert auch am Johannes-Evangelium ist allerdings vor allem seine präsentische Eschatologie (vgl. u.a. Joh 3,18 und 5,25). Sie mag die gemeindliche „Auseinandersetzung mit dem Gnostizismus" wiederspiegeln,[20] die als „Entscheidungsdualismus" kaum futurische Aussagen

---

Scholem). Eine zweite (von Ratzinger abgelehnte) Auslegungstradition übersetzt: „Das Reich Gottes wird plötzlich in eurer Mitte sein" (Ratzinger, Eschatologie, 40f). Eine dritte Tradition ist christologisch zentriert: Jesus ist das Reich selbst. Wo er ist und sein Geist, ist es gegenwärtig.
[16] RATZINGER, *Eschatologie*, 49.
[17] Vgl. Kurt ANGLET: *Der eschatologische Vorbehalt. Eine Denkfigur Erik Petersons*. Paderborn (Schöningh) 2001.
[18] RATZINGER, *Eschatologie*, 21.
[19] Ebd. 42.
[20] August STROBEL: Art. *Apokalyptik/Apokalypsen IV. Neues Testament*. In: TRE III (1978), 251–257, 254.

zuließ, gleichwohl dürfte das typisch johanneische „Es kommt und ist schon jetzt" auch als „Standort lebendiger Hoffnung" verstanden werden können,[21] mit dem der Evangelist einen wesentlich neuen Akzent in die Tradition der Apokalyptik einbrachte.

Die Offenbarung des Johannes

In der Offenbarung des Johannes wird dagegen der zuerst im Danielbuch (7,13) als Richter auftauchende und schon bei den Synoptikern mit Jesus identifizierte „Menschensohn" (u.a. Mk 14,62) in der (ebenfalls alttestamentlichen) Gestalt des Lammes eng mit einer augenscheinlich futurisch konzipierten Naherwartung verbunden. In einer Situation der Drangsal (θλῖψις), des Auftretens falscher Propheten (2,14f) und einer „Synagoge des Satans" (2,9; 12,9; 2,20 u.ö.), richtet er sich als Pantokrator, Weltenherrscher, dessen Einflussbereich den eines jüdischen Messias bei weitem überschreitet[22], in der Form eines kaiserlichen Edikts an sieben hellenistisch-kleinasiatische Gemeinden, um sie zur Standhaftigkeit, Geduld (ὑπομονή) und zur Buße aufzufordern (Kap. 1–3). Aus der Neufassung des Messias als Pantokrator ergibt sich konsequent der Gedanke eines universalen Gerichtes für alle Völker (nicht nur die Juden) am Ende der Zeiten, in dem auch die Frevler und Nichtchristen nicht mehr in der Schattenexistenz des Todes (Scheol) belassen werden, wie noch in der jüdischen Apokalyptik, sondern – verschärft – ewige Strafen zu erwarten haben.

In einer reichen Bildsprache,[23] die sich vor allem aus alttestamentlichen Quellen, vornehmlich der jüdischen Apokalyptik, speist, kündigt ein Seher Johannes, der selbst formal eher in prophetischer Tradition zu stehen scheint,[24] dem Gericht vorausgehende furchtbare Katastrophen (Kap 6–9, 15,16), aber auch den Sieg in einem finalen Kampf zwischen Gut und Böse (Kap 10–12; 17–19) und himmlischen Triumph für das Lamm und seine Getreuen an. In einer dramaturgisch ausgeklügelten und geradezu filmisch anmutenden ‚Schnittechnik' werden dabei aus dem Blickwinkel des Sehers einmal die Ereignisse auf der Erde, ein andermal das Geschehen im Himmel fokussiert, das in einer Thronsaalvision (4,1–5,14) die als Gerechte Besiegelten als immer schon zu Gott hin Gerettete und ihn Lobpreisende zeigt (7,1–17; 10–11,14; 12,1–14,20). Auf eine tausendjährige Friedenszeit folgt schließlich eine Rückkehr des Teufels. Nachdem dieser endgültig besiegt ist,

---

[21] Ebd.
[22] Vgl.: Bruce J. MALINA: *Die Offenbarung des Johannes. Sternvisionen und Himmelsreisen.* Stuttgart (Kohlhammer) 2002, 269.
[23] Zu einer eingehenden Analyse des fiktionalen Charakters und der Bildsprache der Offenbarung des Johannes vgl.: Kap. 2.4.2.
[24] Vgl.: *Die Offenbarung des Johannes.* Übersetzt und erklärt von Eduard LOHSE (NTD 11) Göttingen (Vandenhoeck & Ruprecht) 1993, 1–11.

kann Weltgericht gehalten werden (Kap 20). Das Buch schließt mit einer Vision des nun erstandenen Neuen Himmels, der Neuen Erde und ihres Zentrums, dem Neuen Jerusalem (Kap 21 u. 22). Aus dem Ineinander der Darstellung irdischer und himmlischer, realer und fiktionaler Geschehnisse ergibt sich die theologische ‚Botschaft' der Offenbarung des Johannes: Hinter der aktuell bedrängenden Situation der Gemeinden steht – nur dem Glaubenden wahrnehmbar – ein treuer und nach schweren Kämpfen allein siegreicher Gott, der den Christus-Gläubigen durch Tod und Auferweckung Jesu himmlisches Heil zusichert.

In ihrer bewegten Rezeptionsgeschichte unterscheidet sich die Offenbarung des Johannes vor allem durch ihren *Chiliasmus* von anderen biblischen Endzeit- und Gerichtsvorstellungen. Erst seit dem dritten Jahrhundert ist sie deshalb fester Bestandteil des römischen Kanons, vom 9. bis 14. Jahrhundert war sie in der Ostkirche aus dem Kanon verbannt. Eine frühe historisierende Lesart wurde im vierten Jahrhundert, zuerst bei Tyconius, dann, breitenwirksamer, bei Augustinus durch eine allegorische abgelöst: Das Millennium ist mit der Zeit der Kirche angebrochen, die Zahl 1000 wird metaphorisch für eine unendlich lange Dauer genommen. Seit Joachim von Fiores Weltalterlehre brechen sich jedoch immer wieder aktualisierend-historisierende Deutungen Bahn, die vornehmlich bei marginalisierten Randgruppen eine sozialrevolutionäre Dynamik entwickeln.

1.4 Anregungen aus der jüngeren Eschatologie

1.4.1 Zur Lehre der Kirche über den Gebrauch endzeitlicher Bilder

Die Dogmengeschichte kann nicht Thema dieser in ihrer Fragestellung zunächst fundamentaltheologischen Arbeit sein. Zumindest aber soll die Vereinbarkeit der zu entwickelnden systematischen Bestimmungen bezüglich des fiktionalen Charakters apokalyptischer Bildwelten mit der Lehrtradition der Kirche gewährleistet sein. In der gebotenen Kürze und in Zuspitzung auf unsere spezifische Fragerichtung nach der Fiktionalität apokalyptischer Texte muss zunächst also mindestens der jüngste lehramtliche Text zum Thema ins Auge gefasst werden:

Im Anschluss an die Debatte um eine ‚Auferstehung im Tod' waren in dem *Schreiben der Kongregation für die Glaubenslehre zu einigen Fragen der Eschatologie*[1] unter Anerkennung der Notwendigkeit der Theologie insgesamt, „deren der Glaube der Kirche durchaus bedarf"[2], und einer „Negativen Theologie" der Apokalyptik im Besonderen die wesentlichen in den Symbola festgehaltenen Kernelemente der katholischen Lehre benannt worden:

„Die Christen müssen an folgenden Punkten festhalten: einerseits müssen sie an die grundsätzliche Fortdauer – in der Kraft des Heiligen Geistes – des gegenwärtigen Lebens in Christus im künftigen Leben glauben (denn die Liebe ist das Gesetz des Reiches Gottes, und unsere auf Erden geübte Liebe wird das Maß für unsere Teilhabe an der Herrlichkeit Gottes im Himmel sein); andererseits müssen sie deutlich wissen, daß zwischen dem jetzigen Leben und dem künftigen Leben ein grundlegender Unterschied besteht, denn der Ordnung des Glaubens folgt die Ordnung des vollen Lichtes und wir werden mit Christus sein und Gott schauen (vgl. *1 Joh 3,2*); in diesen Verheißungen und in diesen wunderbaren Geheimnissen besteht wesentlich unsere Hoffnung. Wenn unsere Vorstellungskraft nicht bis dort vorzudringen vermag, so gelangt doch unser Herz aus eigenem Antrieb und zuinnerst dorthin."[3]

Bereits im letzten zitierten Satz wird deutlich, dass das Lehramt sich auch in Fragen der Eschatologie des besonderen Status gläubigen und theologischen Sprechens bewusst ist. In meiner Arbeit wird die Vorstellungs- oder genauer: die Einbildungskraft allerdings insofern als ein ‚Vehikel des Herzens' verstanden, als das Herz ohne Rückbindung an eine kritische Vernunft

---

[1] *Schreiben der Kongregation für die Glaubenslehre zu einigen Fragen der Eschatologie* (Verlautbarungen des Apostolischen Stuhls 11) Bonn 1979.
[2] Ebd. 4.
[3] Ebd. 6.

allzuleicht ‚herzschädigende' Ausflüge zu Scharlatanen der Hoffnung unternimmt, die Vertröstungen bieten statt wirklichen Trostes. Auch das römische Lehrschreiben spricht aber den der Vorstellungskraft entsprungenen oder diese beim Leser wieder anregenden (apokalyptischen) Bildern durchaus eine wesentliche Rolle zu: „Jene Bilder hingegen, welche wir in der Heiligen Schrift verwandt finden, verdienen eine besondere Ehrfurcht. Man muß ihren tieferen Sinn verstehen und die Gefahr vermeiden, sie allzusehr abzuschwächen, weil das oft die Wirklichkeit selbst verflüchtigt, die in diesen Bildern angedeutet wird."[4] Genau in diesem Sinne soll nun in einem kurzen Streifzug durch einige ausgewählte Zeugnisse die jüngere Eschatologie, vor allem deren Umgang mit apokalyptischen Bildern exploriert werden.

1.4.2 Herkunft aus dem 19. Jahrhundert

Wie vielfach bemerkt wurde,[5] ist an der Wende vom 19. zum 20. Jahrhundert im Hinblick auf den Stellenwert der Eschatologie innerhalb der systematischen Theologie ein markanter Umbruch zu verzeichnen: War die am Ende der theologischen Traktate stehende Eschatologie bis dato nur von marginaler Bedeutung,[6] so sorgten die auf aufklärerische und kulturprotestantische Engführungen der Eschatologie reagierenden Arbeiten einer „konsequenten Eschatologie" von Johannes Weiß und Albert Schweitzer[7] mit ihrer These, Inhalt und Wirkkraft der Predigt Jesu seien wesentlich von seiner Naherwartung und damit *apokalyptisch* bestimmt gewesen, geradezu für einen Paradigmenwechsel. Etwa gleichzeitig mit Gershom Scholem, der das Judentum aus der „dumpfen Luft der jüdischen Conventikel"[8] holte, befreite Ernst Käsemann mit seinem Diktum von der „Apokalyptik als der Mutter der christlichen Theologie"[9] die Apokalyptik endgültig aus der Gefangenschaft ihres Entstehungskontextes, dem – *sit venia verbo* – „Spätjudentum", in das sie Hermann Gunkel und andere Vertreter der religionsgeschichtlichen Schule mit ihrer verdienstvollen Entdeckung verbannt hatten[10].

---

[4] Ebd.
[5] Hans Urs VON BALTHASAR: *Eschatologie*. In: J. Feiner/J. Trütsch/F. Böckle (Hg.): Fragen der Theologie heute. Einsiedeln u.a. (Benziger), 403–424; RATZINGER, *Eschatologie*, 17ff; VERWEYEN, *Eschatologie heute*.
[6] RATZINGER, *Eschatologie*, 17.
[7] Johann WEISS: *Die Predigt Jesu vom Reiche Gottes*, 1892; Albert SCHWEITZER: Das Messianitäts- und Leidensgeheimnis. Eine Skizze des Lebens Jesu. Tübingen (Mohr) 1901; DERS.: Von Reimarus zu Wrede. Tübingen (Mohr) 1906.
[8] René BUCHHOLZ: *Erlösung und Destruktion. Zur Dialektik des Messianischen bei Gershom Scholem*. In: LebZeug 52 (1997), 183–211, 192.
[9] KÄSEMANN, *Anfänge*, 180.
[10] Hermann GUNKEL: *Schöpfung und Chaos in Urzeit und Endzeit. Eine religionsgeschichtliche*

Joseph Ratzinger spricht von einer „eschatologischen Hektik", die nun in der evangelischen Theologie das abrupte Ende eines „Dornröschenschlafes" ausgelöst habe. Neuansätze Bernhard Galuras,[11] Marian Dobmayers[12] und der Tübinger Schule blieben in der *katholischen* Theologie „durch die auf spätscholastischer Linie liegende neuscholastische Eschatologie" bis auf Weiteres – so Gisbert Greshake – „abgewürgt".[13] Bei Karl Barth etwa heißt es nun, „ein Christentum, das nicht ganz und gar und restlos Eschatologie ist, hat mit Christus ganz und gar und restlos nichts zu tun".[14] Der große reformierte Theologe konkretisiert diese Behauptung damit, dass im Kern des Christentums ein „Akt der Entscheidung, des Sich-Aussetzens an das Ganz-anderssein-Gottes"[15] stehe. Eschatologie ist für Barth also kein Zeitbegriff, sondern Existenzbegriff. Genau diese radikale Operation bereitete paradoxerweise das Feld für Rudolf Bultmanns Entmythologisierung und seine existentiale Konzentration auf den Menschen als „Seinkönnen im Offensein für die Zukunft"[16]. Gleichwohl krankt schon die Barthsche Eschatologie an ihrem (ebenfalls gegen die Identifikation von Gottesreich und Menschenreich im Kulturprotestatismus gerichteten) Supranaturalismus.[17] Ratzingers Kritik lautet hier zu Recht: „Ein Glaube, der mit der Geschichte [...] nicht mehr in Konflikt kommen kann, hat der Geschichte auch nichts mehr zu sagen."[18]

1.4.3 Karl Rahner

In der katholischen Theologie ist die genannte These seit Mitte des 20. Jahrhunderts noch einmal anders akzentuiert worden: Die Eschatologie wird nun zunehmend von Anthropologie und Christologie bestimmt. Karl Rahner schreibt in seinem so kurzen wie wirkungsvollen Text *Theologische Prinzipi-*

Untersuchung über Gen 1 und ApJoh 12. Göttingen (Vandenhoeck & Ruprecht) 1985, 396. Zur Kritik des Begriffs vgl.: Karlheinz MÜLLER: *Das Judentum in der religionsgeschichtlichen Arbeit am Neuen Testament. Eine kritische Rückschau auf die Entwicklung einer Methodik bis zu den Qumranfunden* (Judentum und Umwelt 6). Frankfurt a.M. (Lang) 1983.
[11] 1764–1856, Begründer einer katholischen Reich-Gottes-Theologie.
[12] 1753–1803, Vertreter der Reich-Gottes-Theologie.
[13] GRESHAKE, *Eschatologie III*, 862. Auch die fleißige Studie von Elmar FASTENRATH [,*In Vitam Aeternam'. Grundzüge christlicher Eschatologie in der ersten Hälfte des 20. Jahrhunderts* (MThS 2). St. Ottilien (Eos) 1982] kann mit Blick auf die Werke von Josef Zahn, Karl Adam, Bernhard Bartmann und Michael Schmaus vor 1950 nur äußerst zaghafte Neuansätze vermelden.
[14] Karl BARTH: *Der Römerbrief.* München (Kaiser) ²1922, 298.
[15] RATZINGER, *Eschatologie*, 51.
[16] Rudolf BULTMANN: *Geschichte und Eschatologie.* Tübingen (Mohr-Siebeck) 1958.
[17] GRESHAKE, ,*Eschatologie III*, 863.
[18] RATZINGER, *Eschatologie*, 53. Ebenso GRESHAKE, *Eschatologie III*, 863: „durch die generelle Uminterpretation von zeitlicher Zukunft in theologische oder existentiale Zukünftigkeit [wurde] die Dimension der konkreten ausständigen Zukunft eliminiert."

en der Hermeneutik eschatologischer Aussagen,[19] dessen Titel allein schon seine Relevanz für unsere Themenstellung markiert: „Der Christ, der die Offenbarung Christi annimmt, weiß, um Christus zu kennen und *weil* er ihn kennt, dass die Vollendung eben die Christi ist, und sonst weiß er von ihr eigentlich nichts. Anders ausgedrückt: Der Mensch als Christ weiß von seiner Zukunft, weil und indem und darin, dass er durch die Offenbarung Gottes von sich selbst und seiner Erlösung in Christus weiß. Sein Wissen um die Eschata ist nicht eine zusätzliche Mitteilung zu der dogmatischen Anthropologie und Christologie, sondern nichts anderes als eben *deren* Transposition in den Modus der Vollendung".[20] Hier spiegelt sich Rahners gleichzeitig anthropologische und christologische Wende, die bis heute die katholische Theologie prägt: Was über das Ende der Welt und des Menschen auch immer im Kontext des Christentums ausgesagt wird, muss sich am gegenwärtigen Verständnisvermögen des Menschen sowie an der Person Christi und seiner ein-für-allemal geschehenen Erlösungstat messen lassen. So wirksam dieser Befreiungsschlag einer „Entapokalyptisierung"[21] gewesen ist und so notwendig die Kritik an einer „Auffassung der eschatologischen Aussagen als einer antizipierten Reportage künftiger Ereignisse"[22] angesichts spätscholastischer Petrifizierungen auch war, so wenig beendet er – zumal unter veränderten ideengeschichtlichen und gesellschaftlichen Bedingungen – das Fragen nach einer Hermeneutik endzeitlicher Texte.

Rahner wollte sich – wie mehr oder weniger die gesamte deutschsprachige Theologie nach ihm[23] – von einer zuvor allzu konkret und extrinsezistisch vorgestellten Bilderwelt der ‚letzten Dinge' abstoßen, die in den Höllenpredigten der ‚Gemeindemissionen' bis in die sechziger Jahre hinein vor allem die Drohung mit Gericht und Verdammnis als Mittel der Pädagogik im Diesseits instrumentalisiert hatte, und rückte zu Recht den Christus der Evangelien in den Mittelpunkt der Eschatologie. Das ausdrückliche Reden von einer „*Hermeneutik* theologischer Aussagen über die Zukunft" unterstreicht die Auslegungsbedürftigkeit nicht nur der biblischen Texte, sondern auch der auf diesen fußenden Theologien im Namen einer zeitgemäßen Interpretation ihrer Botschaft. Damit fordert Rahner gleichzeitig den Bezug apokalyptischer Aussagen auf den historischen bzw. kerygmatischen Christus hin, wie ihren

---

[19] Karl RAHNER: *Schriften zur Theologie IV*. Einsiedeln u.a. (Benziger) 1960, 401–428. Erstveröffentlichung: ZkTh 82 (1960), 137–158.
[20] Ebd. 415.
[21] Ebd. 418.
[22] Ebd. 407f.
[23] Vgl. in diesem Punkt mit ähnlicher Intention Medard KEHL: *Eschatologie*. Würzburg (Echter) 1986, 25–33; Herbert VORGRIMLER: *Hoffnung auf Vollendung. Aufriß der Eschatologie*. Freiburg (Herder) ³1997, 83–99 sowie Hansjürgen VERWEYEN: *Gottes letztes Wort. Grundriß der Fundamentaltheologie*. Düsseldorf (Patmos) 1991, 362.

Entzug aus einem allzu wörtlichen Verständnis, das nur allzuoft mit einer Instrumentalisierung dieser Aussagen einhergeht.

Gleichzeitig werden damit jedoch neue Probleme aufgeworfen: Wenn „Christus das hermeneutische Prinzip aller eschatologischen Aussagen ist", kommt der genauen Fassung dieses Prinzips ein neues Gewicht zu, und es stellen sich weitreichende Fragen, die auch im Zusammenhang unserer Untersuchung nur bedingt beantwortet werden können: Was kann man tatsächlich von Jesus Christus wissen; inwiefern ist dieses Wissen historisch bedingt; welche Aussagen über Zukunft lässt es zu? Aber auch: Welches (gegenüber den Evangelien in einer spezifischen Gemeindesituation reformulierte) Bild hatte insbesondere der Autor der Offenbarung des Johannes von Jesus dem Christus und welche sich erneut wandelnden Bilder haben dieses Bild im Verlauf der Rezeptionsgeschichte abgelöst oder doch überlagert? Im Anschluss daran ergibt sich dann die Frage nach einer angemessenen Anwendung dieses Wissens als eines hermeneutischen Schlüssels für zeitgenössische Verarbeitungsstufen der Apokalyptik.

„Christus, das hermeneutische Prinzip aller eschatologischen Aussagen" – lässt sich diese systematische These tatsächlich mit dem historisch-kritischen Befund hinsichtlich der Endzeitpredigt Jesu selbst in Einklang bringen? In welcher Weise kann Christus tatsächlich in allen apokalyptischen Aussagen präsent gedacht werden? Kommt apokalyptischen Motiven, die auf den ersten Blick nicht mehr in eine Christologie im Sinne Rahners integriert werden können, nicht doch eine anthropologische Relevanz zu, oder müssten sie entweder allegorisch entschärft oder (wie in ihren Anfängen) in ihrer Kanonizität problematisiert werden? Verschärft stellt sich die Frage nach einer angemessenen Anwendung dieses ‚Wissens' um das Christusereignis als hermeneutischem Schlüssel für *solche* kanonischen apokalyptischen Texte, die nicht nur in der Katechese der Großkirchen, sondern innerhalb der Universitätstheologie merkwürdig in den Hintergrund getreten sind. Es scheint unausweichlich, mit Hilfe klar zu ermittelnder Kriterien zu bestimmen, was begründet als Kern der christlichen Botschaft zumal unter Bedingungen unserer heutigen Lebenswelt betrachtet werden darf, bzw. inwiefern dieser Kern die Auslegung kanonischer Bildwelten einschränkt oder selbst von diesen in die Schranken gewiesen wird. Das führt letztlich zur Notwendigkeit einer kritischen Hermeneutik, die es ermöglicht, den Eigenwert apokalyptischer Bilder zu erkennen, gleichzeitig aber die fundamentalistische Spreu vom auch nach der Aufklärung noch gerechtfertigten Weizen zu trennen.

Rahner hat mit dem Verweis auf „Christus allein" in der Rede von den letzten Dingen Bedeutendes geleistet[24], aber auch bestimmte Traditions-

---

[24] RAHNERS wesentlicher Beitrag zur Eschatologie als Anthropologie soll keineswegs geschmälert werden, entwickelt er doch die *Vorstellung des Sterbens als bewußte Tat*, als „tätige Vollen-

stränge des christlichen Glaubens gekappt und ihre Anhänger mit dem offenen Ende in der Hand allein gelassen. Wie soll man z.b. mit der breiten Tradition der abendländischen Ikonographie und Architektur des ‚Jüngsten Gerichts' umgehen? Schon 1975 hatte Jacques Ellul auf diese Problematik hingewiesen und vor der Gefahr gewarnt, „die ganze Sache mit dem Hinweis abzutun, die Wahrheit der Apokalypse sei ja doch keine andere als die der Evangelien" und sich „ganz von ihr und ihrer Bildwelt ab[zuwenden]." [25] Ellul verweist darüber hinaus auf die Schwierigkeit einer Deutung der Apokalypse überhaupt wie auch auf den Verlust ihrer Bildsprache durch eine Reduktion auf die Person Christi. Bisherige Deutungen im Sinne einer Leitidee (Erweckung von Hoffnung, Infragestellung der Macht des Kaisers) ließen unerklärt, warum man dazu einen solchen literarischen Aufwand betrieben hat. Auch die Beschreibung der Elemente aus anderen Apokalypsen hülfe letztlich nicht weiter, weil die Offenbarung des Johannes ein in sich stimmiges System sei, das den einzelnen Motiven intratextuell neue Bedeutungen zuweise.

In einer Wiederaufnahme seiner frühen Überlegungen zur Hermeneutik apokalyptischer Texte wird Rahner in der ‚kleinen Summe' seiner Theologie ein wenig deutlicher: Nachdem er erneut ausgeführt hat, dass Bilder zwar durchaus „etwas Wesentliches und Eigentliches sagen wollen, aber eben das, was durch die christliche Anthropologie von den Eschata gesagt werden kann und sonst nichts" (!) heißt es: „was sich von den Eschata so nicht erreichen läßt, das gehört in das Darstellungsmaterial, in die bildhafte Sphäre der eschatologischen Aussagen hinein, aber nicht in ihren Inhalt."[26] Darf man aber eine solche Unterscheidung zwischen Form und Inhalt unbefragt stehen lassen? Ist nicht genau hier eine reduzierende Rationalisierung, eine Geringschätzung des je spezifischen, individualisierenden Material- und Bildbestandes von Religion im Gange, die in jüngerer Zeit mit gewissem Recht beklagt wurde?[27] Gewiss, Rahners Anliegen ist zeitgeschichtlich verständlich, und die Gefahren einer Instrumentalisierung dürfen weiterhin nicht unterschätzt

---

dung von innen, als aktives Sich-zur-Vollendung-Bringen, aufwachsende, das Ergebnis des Lebens bewährende Auszeugung und totales Sich-in-Besitz-Nehmen der Person" [*Zur Theologie des Todes. Mit einem Exkurs über das Martyrium* (QD 2) Freiburg i.Br. u.a. (Herder) 1958, 30]. Abgesehen davon, dass es fraglich bleibt, wie ein solches Sich-zur-Vollendung-Bringen im christlichen Sinne ohne eine ausgearbeitete affirmative Hermeneutik apokalyptischer Bildwelten geschehen kann, scheint in diesem existentialen Todesverständnis der Abbruch-Charakter des Todes, auf den schon Balthasar insistierte (s.u.) unterbestimmt. Vgl. dazu: Helmut HOPING: *Die Negativität des Todes. Zur philosophisch-theologischen Kritik der Vorstellung vom natürlichen Tod.* In: Theologie und Glaube 86 (1996), 296–312.
[25] Jacques ELLUL: *Apokalypse. Die Offenbarung des Johannes – Enthüllung der Wirklichkeit.* Neukirchen/Vluyn (Neukirchner Verlag) 1981, 2.
[26] Karl RAHNER: *Grundkurs des Glaubens.* Freiburg u.a. (Herder) 1984, 416.
[27] Vgl. u.a. Johannes HOFF: *Spiritualität und Sprachverlust. Theologie nach Foucault und Derrida.* Paderborn u.a. (Schöningh) 1999.

werden. Seine begrenzte Perspektive fordert aber dazu auf, die Frage nach dem Verhältnis von Form und Inhalt des Glaubens gerade mit Blick auf apokalyptische Motive noch einmal differenzierter anzugehen.

1.4.4 Politische Theologien

In zunehmendem Maße reagierte die evangelische Theologie seit den sechziger Jahren des vorigen Jahrhunderts auf die „Entweltlichung"[28] der Eschatologie in der dialektischen und existentialen Theologie. Auf je unterschiedliche Weise stellten Wolfhart Pannenberg und Jürgen Moltmann heraus, „daß die Heilsgeschichte [...] durch Antizipationen der verheißenen Zukunft ausgezeichnet ist, die sich in eben diesen ihren Antizipationen vorwegentwirft und – jetzt noch unabgegolten – zum Stimulus sowohl universalgeschichtlichen Verstehens (Pannenberg) wie auch menschlichen Einsatzes in Welt und Geschichte (Moltmann) wird."[29]

Neue Politische Theologie
Was hier relativ abstrakt formuliert wurde, vollzog sich analog ebenfalls in den sechziger Jahren in einer Denkbewegung von Johann Baptist Metz, die, schließlich in der Neuen Politischen Theologie mündend, als historischkritische Erkenntnis im mehrfachen Sinn des Wortes auch für den Umgang mit apokalyptischen Texten von hoher Bedeutsamkeit ist: Von ihrem historischen Auftreten an markiert apokalyptische Literatur nicht nur die unausweichliche Wahrnehmung einer irreduziblen und je historisch speziellen Krisenhaftigkeit irdischer Existenz, die nur noch von Gott her im Sinne universaler Gerechtigkeit bzw. eines Gelingens des ‚Projektes Schöpfung' saniert werden kann. Apokalyptik muss nicht nur als literarischer Ausdruck historisch konkret leidender Menschen in den letzten Jahrhunderten vor Christi Geburt gelesen werden, sondern ist auch immer wieder neu von augenscheinlich chancenlosen kirchlichen und gesellschaftlichen Randgruppen, Schwärmern und ‚Sekten' als Widerstands- und Hoffnungsbuch entdeckt worden[30].

Bereits in einem Vortrag, auf dem Internationalen Theologenkongress in Toronto 1967,[31] benennt Johann Baptist Metz erstmals zwei zentrale Aufga-

---

[28] RATZINGER, *Eschatologie*, 58.
[29] GRESHAKE, *Eschatologie III*, 864. Vgl. außerdem: Wolfhart PANNENBERG u.a. (Hg.): *Offenbarung als Geschichte*. Göttingen (Vandenhoeck & Ruprecht) 1961; Ders.: *Systematische Theologie III*. Göttingen (Vandenhoeck & Ruprecht) 1993, 569–694 und MOLTMANN, *Theologie der Hoffnung*. Zur Relevanz des Messianischen in der jüngeren evangelischen Theologie: Ulrich H.J. KÖRTNER: *Theologia Messianica. Zur Kategorie des Messianischen in der gegenwärtigen dogmatischen Diskussion*. In: Jahrbuch für biblische Theologie 8 (1993), 347–370.
[30] Vgl. SCHÜSSLER-FIORENZA, *Buch der Offenbarung*, 21–38.
[31] Der Vortrag fand Eingang in: Johann Baptist METZ: *Zur Theologie der Welt*. Mainz/München

ben der sich hier langsam entwickelnden „politischen Theologie" – ein Begriff, den Metz bereits einige Jahre vorher bei Gesprächen der Paulus-Gesellschaft verwendet hatte[32]: *Negativ* habe politische Theologie auf eine Entprivatisierung der zeitgenössischen Theologie hinzuarbeiten, *positiv* versteht Metz sie „als Versuch, die eschatologische Botschaft unter den Bedingungen unserer gegenwärtigen Gesellschaft zu formulieren".[33] Die eschatologische Dimension stellt also von Anfang an kein *Epiteton* der Politischen Theologie dar, sondern ist ihr von ihren ersten Anfängen an zutiefst eingeschrieben.

Wenn Johann Baptist Metz dann in seinen erstmals 1977 publizierten „Unzeitgemäßen Thesen zur Apokalyptik"[34] die Gottlosigkeit des allseits verbreiteten Evolutionismus[35] der reichen westlichen Gesellschaften anprangerte und vor allem den Verlust eines typisch apokalyptischen „Katastrophenbewußtseins"[36] beklagte, so darf hier gewiss seine Kritik an Rahners Reduktion der Eschatologie auf Anthropologie und Christologie mitgehört werden. Metz bemerkt, dass apokalyptische Texte den Menschen an die Begrenztheit seiner Zeit erinnerten, damit seinen Machbarkeitswahn begrenzten und so in gewisser Weise als Anfragen an nachindustrielle Subjektkonzeptionen zu verstehen seien. Neben diesem im weitesten Sinne ideologiekritischen Zugang hat für Metz die Erwartung eines jüngsten Gerichts allerdings nicht nur eine fiktiv-textuelle Relevanz, es muss vielmehr als *jederzeit zu erwarten* und damit als konkrete Realität im Lebensentwurf des christlich lebenden Menschen ernstgenommen werden. Ein solches Denken der Apokalypse als ‚Zeitbruch' wurde vor allem angestoßen von dem offensichtlichen Messianismus im Werk Walter Benjamins[37], der das Kommen des Messias vor allem als Kreuzungspunkt, als Ort der Diskontinuität zwischen Zeit und Ewigkeit begreift.[38]

(Grünewald/Kaiser) 1968, 99–121.
[32] Vgl. Rosino GIBELLINI: *Handbuch der Theologie im 20. Jahrhundert*. Regensburg (Pustet) 1995 (Brescia 1992), 290.
[33] METZ, *Theologie der Welt*, 99.
[34] Johann Baptist METZ: *Hoffnung als Naherwartung oder der Kampf um die verlorene Zeit. Unzeitgemäße Thesen zur Apokalyptik*. In Ders.: Glaube in Geschichte und Gesellschaft. Studien zu einer praktischen Fundamentaltheologie. Mainz (Grünewald) [4]1984, 149–160.
[35] Ebd. 152f.
[36] Ebd. 155.
[37] Dessen Diktum, dass jede Sekunde „zu der Pforte wird, durch die der Messias in die Geschichte tritt", zitiert Metz wörtlich (METZ, *Glaube in Geschichte*, 154). Vgl. zur Ambivalenz der Benjaminrezeption in der Neuen Politischen Theologie: Jan Heiner TÜCK: *Christologie und Theodizee bei Johann Baptist Metz. Ambivalenz der Neuzeit*. Paderborn u.a. (Schöningh) [2]2001, 106–117, zur kritischen Funktion des Messianismus die Passagen zu Emmanuel Levinas und Jacques Derrida in Teil 3 dieser Arbeit.
[38] Vgl. Ottmar JOHN: *„... Und dieser Feind hat zu siegen nicht aufgehört". Die Bedeutung Walter Benjamins für eine Theologie nach Auschwitz* (Religion – Geschichte – Gesellschaft 6).

1. Ausgangspunkte der Überlegungen

Im weitesten Sinne an marxistische und prophetische Traditionslinien anknüpfend, konzentriert sich Metz wie Benjamin auf jene aus der jüdischen und christlichen Tradition in die abendländischen Ideenressourcen eingeflossenen utopischen Potentiale einer gerechten Gesellschaft. Dies geschieht allerdings bereits auf einer zweiten, neomarxistischen Reflexionsstufe der Utopie, nämlich in dem zuerst von Adorno artikulierten Bewusstsein, dass sich „im Kontext der universellen Verblendung positive Maßstäbe für eine angemessene Praxis nicht formulieren lassen, ohne sie der Gefahr einer ideologischen Vereinnahmung zu unterwerfen"[39].

Wenn Metz in der Linie dieses Gedankens allerdings die „Katastrophenbilder der Apokalyptik" vor allem als „Vorstellungsverbote im Blick auf Zukunft"[40] versteht, geraten – wie schon früh bemerkt wurde[41] – die klassischen Themen der Lehre (Himmel/Hölle, Fegefeuer, Gericht, Tod und Auferstehung) und damit ein nicht zu unterschätzendes Potential der apokalyptischen Bilder aus dem Blick. Aufgrund einer mangelnden Reflexion auf den textuellen und fiktionalen Charakter der Apokalyptik drohen nicht nur einzelne Inhalte der Tradition verloren zu gehen, sondern auch eigentlich unvermeidbare Fragen menschlicher Existenz nach einem Schicksal nach dem Tod, nach der universalen Gerechtigkeit Gottes und nach der Möglichkeit von Sinn zur Seite geschoben zu werden.

Theologie der Befreiung
„Das endzeitliche Klima einer akuten Erwartung oder eines tausendjährigen Reiches oder des Endes der Zeit hat überdauert und dauert mit Sicherheit bis in unsere Tage an. Dieses Klima darf daher weder in der theologischen Reflexion noch in der Pastoral vernachlässigt werden."[42] Aus diesen Worten spricht weniger der Geist reflexiver Eschatologie oder eines theologisch gewendeten Neomarxismus, den man in Europa gleichwohl lange in ihnen finden wollte, sondern eher eine aktuelle Betroffenheit von der Präsenz millenaristischen Gedankengutes in katholischen Basisgemeinden und den zu dieser Zeit gerade rasant wachsenden ‚Pfingstkirchen' in Lateinamerika[43]. Sie

---

Münster (LIT) 2000.
[39] TÜCK, *Christologie und Theodizee*, 97.
[40] METZ, *Glaube in Geschichte*, 155.
[41] RATZINGER, *Eschatologie*, 59ff. Ratzingers Kritik an der Politischen Theologie, sie redupliziere lediglich den Machbarkeitswahn der von ihr kritisierten Fortschrittsideologien: „Der Mensch will Gott sein, aber er will es in der Weise des Prometheus" (63), geht jedoch angesichts der ausdrücklichen Theozentrik der Metzschen Thesen zu weit und steht zudem in Spannung zu der ausdrücklichen Aufforderung zur Mitarbeit am künftigen Reich Gottes in *Gaudium et Spes* 39 (vgl. Anmerkung 50).
[42] João B. LIBÂNIO/Maria C. LUCCHETTI BINGEMER: *Christliche Eschatologie. Die Befreiung in der Geschichte*. Düsseldorf (Patmos) 1987, 54.
[43] Die zuerst von Reinhold NIEBUHR [*Moral Man and Immoral Society*. New York (Scribner's

wenden sich explizit gegen eine Theologie, die versucht, von einer „endzeitlichen Woge" Abstand zu gewinnen, die „in alle Richtungen brandet und dabei den Erdteil der Armen und Enterbten dieser Erde überspült"[44].

Der wesentliche *theologische* Impuls einer Neufassung der Eschatologie im befreiungstheologischen Kontext dürfte von Leonardo Boffs Büchlein *Was kommt nachher?*[45] ausgegangen sein. Sie entstand aber offenbar vor allem vor dem Hintergrund einer *pastoralen* Situation, die stärker als in einem von „Indifferenz gegenüber der Problematik der Transzendenz und Eschatologie"[46] geprägten Europa von volks- oder massenreligiösen Elementen[47] bestimmt war und es noch ist: „wenn auch nicht immer in ganz entfalteter Form [ist] das Bewußtsein des christlichen Volkes in seinen Kämpfen [durchzogen] von [...] der Verheißung, die schon auf Erden eingelöst wird, aber auch in Gestalt des Zeichens und Unterpfandes für ein endgültiges Reich jenseits des Auf und Ab der Geschichte."[48]

Angesichts der zunehmend an Kontur gewinnenden Opposition von apokalyptischem und messianischem Denken[49] müsste man die Eschatologie der Theologie der Befreiung wohl ebenfalls messianisch nennen. Sie nimmt ausdrücklich die Geschichte als einen Ort wahr, an dem das Reich Gottes bereits heranreift, eine Aussage, die seit der Pastoralkonstitution des II. Vatikanischen Konzils[50], aber vor allem auch deshalb vom Ruch des Millenarismus befreit ist, weil die Theologie der Befreiung selbst „einen klaren Unterschied [macht] zwischen innergeschichtlich-realsymbolischer Vorwegnahme und

---

Sons) 1932, 62] geäußerte Vermutung einer soziologischen Prägung theologischer Konzepte in dem Sinne, dass evolutionistische Interpretationen bzw. Umdeutungen des Chiliasmus oder Millenarismus, wie sie auch von Origenes und Augustinus bis hin zu Karl Rahner repräsentiert werden, stets die Hoffnungen privilegierter Statusgruppen zum Ausdruck gebracht haben, Modernisierungsverlierer dagegen auch heute noch zur Erwartung eines blitzartigen Eintreffens der apokalyptischen Wende neigen, findet hier neue Nahrung und soll unter 3.6 noch einmal ausführlich thematisiert werden.

[44] LIBÂNIO/BINGEMER, *Christliche Eschatologie*, 55.
[45] Leonardo BOFF: *Was kommt nachher? Das Leben nach dem Tode*. Salzburg (Otto Müller) 1982.
[46] LIBÂNIO/BINGEMER, *Christliche Eschatologie*, 79.
[47] Vgl. zu dieser Problematik Kapitel 3.6 in dieser Arbeit.
[48] LIBÂNIO/BINGEMER, *Christliche Eschatologie*, 78.
[49] Vgl. KÖRTNER, *Theologia Messianica*, 347f.
[50] GS 39: „Alle guten Erträgnisse der Natur und unserer Bemühungen nämlich, die Güter menschlicher Würde, brüderlicher Gemeinschaft und Freiheit, müssen im Geist des Herrn und gemäß seinem Gebot auf Erden gemehrt werden; dann werden wir sie wiederfinden, gereinigt von jedem Makel, lichtvoll und verklärt, dann nämlich, wenn Christus dem Vater ‚ein ewiges allumfassendes Reich übergeben wird: das Reich der Wahrheit und des Lebens, das Reich der Heiligkeit und der Gnade, das Reich der Gerechtigkeit, der Liebe und des Friedens. Hier auf Erden ist das Reich schon im Geheimnis da; beim Kommen des Herrn erreicht es seine Vollendung."

geschichtstranszendent-endgültiger Vollendung des Reiches Gottes"[51]. Diese Eschatologie entspringt jedoch nicht zuerst theologischer Spekulation, sondern nimmt, wie Libânio/Lucchetti-Bingemer eindrücklich zeigen, eine an apokalyptischen Bildern und Ritualen reiche Volkstradition des ‚katholischen Kontinents' Lateinamerika auf.

Allerdings ist in dem Band Libânios und Lucchetti-Bingemers, der nach wie vor für das eschatologische Schlüsselwerk der Theologie der Befreiung gehalten werden darf, eine auffällige Konzentration auf das Jenseits festzustellen, und zwar nicht selten im Sinne einer Verlängerung oder Verklärung irdischer Utopien.[52] Dies dürfte jedoch der Tatsache geschuldet sein, dass die Situation apokalyptischer Plagen und Kämpfe es dem leidenden Volk in Lateinamerika nicht ermöglicht, diese als Teil einer ihre Würde im Diesseits bewahrenden Hoffnung wahrzunehmen. Gerade extreme Unrechtssituationen lassen die Frage nach der Zukunft der Peiniger und damit die nach Purgatorium und Hölle (sowie nach dazu ‚passenden' Bildern und Ritualen) relevant werden. Sie werden in dieser Arbeit im Zusammenhang des Denkens von Emmanuel Levinas, aber auch in den beiden folgenden Abschnitten theoretisch behandelt und anhand der endzeitkirchlichen Jenseitsvorstellungen im vierten sowie diverser Spielfilmsequenzen im fünften Teil der Arbeit exemplifiziert. Dieser Fragestellung auszuweichen, wie es bei Libânio/Lucchetti-Bingemer geschieht[53], bedeutet, totalitären Wiederaneignungen der Eschatologie ‚von unten', etwa im Sinne uneingestandener, ins Jenseits transponierter Rachephantasien, zu wenig entgegenzusetzen.

1.4.5   Hans Urs von Balthasar

Hans Urs von Balthasar gehört neben Johann Baptist Metz, Wolfhart Pannenberg und Jürgen Moltmann zu den großen Theologen der zweiten Hälfte des 20. Jahrhunderts, die die mit der Kanonisierung apokalyptischer Texte aufgegebene eschatologische Themenstellung unter Bedingungen der Moderne nicht an den Rand, sondern in den Mittelpunkt ihres Theologietreibens gestellt haben[54]. Der Kernbestand dieses so einmaligen wie umfangreichen

---

[51] KEHL, *Eschatologie*, 197.
[52] Dies scheint den Autoren auch selbst bewusst zu sein, wenn sie am Ende ihres Werkes bemerken: „Ein eiliger Leser könnte [...] irrigerweise schließen, das endgültige Reich Gottes sei nichts anderes als die bloße Enthüllung des bereits Geschaffenen", dann aber im Duktus einer negativ-theologischen Theozentrik hervorheben: „Der harte Kern der Ewigkeit ist Gott selbst, und unsere endgültige Welt – unser Himmel ist nur verständlich als Ergebnis dieser einzigartigen und verwandelnden Beziehung zu Gott." LIBÂNIO/BINGEMER, *Christliche Eschatologie*, 135.
[53] Ebd. 131.
[54] „Die beiden Punkte in seinem [Origenes] immensen Werk, die mich fesseln, sind genau angebbar: der eine ist seine (im Gegensatz zu Augustinus stehende) Eschatologie mit ihrer Tendenz zur ‚All-Erlösung'. Mir war klar, daß eine eindeutige Apokatastasislehre mit kirchlicher

und – vor allem was die explizite Interpretation apokalyptischer Bilder innerhalb einer systematische Theologie angeht – für diese Arbeit ausdrücklich relevanten Themas in Balthasars Werk muss deshalb im Folgenden wenigstens knapp skizziert werden. Dabei soll die Eschatologie im Werk von Balthasars ausgehend von der Diagnose eines *iconic* oder *pictorial turn* im Kontext seines Begriffs von Fundamentaltheologie als Erblickungslehre – also als „Ästhetik im kantischen Sinne als Lehre von der Wahrnehmung der Gestalt des sich offenbarenden Gottes"[55] – verstanden werden. Balthasar führt dieses Projekt einer *theologischen Ästhetik*[56], die allerdings eine dramatische, eine Handlungsdimension im Sinne eines Gegenübers von trinitarisch-göttlicher und menschlicher Freiheit ausdrücklich umfasst[57], wie folgt aus: „in der Theologie gibt es keine ‚bloßen Fakten', die man ohne jede (objektive und subjektive) Ergriffenheit und Teilnahme *(participatio divinae naturae)* wie irgendwelche weltlichen Fakten sonst feststellen könnte, in der angeblichen Objektivität des Teilnahmslosen, Unbeteiligten, Sachlichen"[58] und verweist auf 2 Kor 3,18 als *locus classicus* der theologischen Ästhetik des Paulus, die „,Schau des Glanzes des Herrn mit aufgehülltem Antlitz', durch die ‚wir in das nämliche Bild umgeformt werden.'"[59]

Lehre unvereinbar war, aber mir schien auch die augustinische Gewißheit einer (dicht?) bevölkerten Hölle unbiblisch. [...] Das andere Thema, das mich bei diesem Meister fesselte, war der von ihm mehrfach geäußerte Gedanke, daß Christus seine [...] Braut Kirche als Dirne vorfand, sie aber durch seine Erlösung in eine Jungfrau zurückzuverwandeln vermocht hat." Hans Urs von BALTHASAR: *Unser Auftrag. Bericht und Entwurf.* Einsiedeln (Johannes) 1984, 34f.

[55] Hans Urs von BALTHASAR: *Herrlichkeit I.* Einsiedeln (Johannes) ³1988 (1961), 118.

[56] Vgl. dazu insgesamt: Marcello NERI: *La testimonianza in Hans Urs von Balthasar. Evento originario di Dio e mediazione storica della fede.* Bologna (EDB) 2001.

[57] „Gottes Offenbarung ist ja kein Gegenstand zum Anschauen, sondern ist sein Handeln in und an der Welt, das von der Welt nur handelnd beantwortet und so ‚verstanden' werden kann." Hans Urs VON BALTHASAR: *Theodramatik I. Prolegomena.* Einsiedeln (Johannes) 1973, 15.

[58] Ebd. Gleichzeitig droht freilich genau diese hochindividuelle Erblickungsqualität sich dem Zugriff einer ‚wissenschaftlichen', und das heißt zuvörderst ohne Verlust kommunizierbaren Theologie zu entziehen und bietet zudem keinen Schutz vor dem Missbrauch der Energien, die Religion immer (noch) freizusetzen in der Lage ist. Folglich wird ‚zeitgenössische' Theologie nicht umhin können, eine Theorie (bzw. Anthropologie) der Empfänglichkeit für nicht-objektive Sinnesdaten (Fiktionen – ohne die pejorative Bedeutung, die diesem Begriff auch bei Balthasar ganz gegen die französische und angelsächsische Wortbedeutung anhaftet) zu entwickeln. Darüber hinaus fordert der Missbrauch gerade apokalyptischer Bilder und Inhalte Kriterien, die diese noch unqualifizierte und immer von eigenen Begierden und zeitgenössischen Verstellungen gefärbte Empfänglichkeit zu reinigen in der Lage sind. Der von Balthasar an dieser Stelle propagierten Vereinigung von Erblickungslehre und Entrückungslehre, Fundamentaltheologie und Dogmatik kann deshalb und aus verschiedenen weiteren Gründen nicht zugestimmt werden. Vgl. dazu Joachim VALENTIN: *Unabdingbare dialogische Kompetenz. Horizont und aktuelle Fragestellungen der Fundamentaltheologie.* In: HerKorr 57 (2003), 237–242.

[59] BALTHASAR, *Herrlichkeit I,* 119.

Im Folgenden kann es nur um eine *Skizze* der Eschatologie Balthasars als Erblickungslehre gehen. Dies scheint auch deshalb statthaft, da in jüngerer Zeit drei ausführliche Monographien zu Balthasars Eschatologie aus dezidiert systematischer Perspektive vorgelegt wurden[60].

Ausgangspunkt meiner ästhetisch-eschatologischen Überlegungen ist Balthasars subtile Theologie des Todes, denn diese schließt systematisch unmittelbar an seinen Ansatz einer theologischen Ästhetik an: In *Theodramatik III* schlägt er vor, mit Heidegger zu einem bewussten (personalen, nicht individuellen) „mich zu meinem eigenen Sterben Verhalten"[61] zu finden, sich nicht wie im „klassischen Judentum" hinter dem Volksganzen zu verstecken, anders als Plato an eine Erschaffenheit der Seele zu glauben und die völlige Einmaligkeit der Existenz einzusehen, aber sich gleichzeitig nicht mit der Vorstellung eines „natürlichen Todes" zu beruhigen (Stoa). Gleichzeitig darf für Balthasar aber auch der Anspruch auf persönliche Würde im Tod nicht aufgegeben – und damit auf ein Ernstnehmen und „Gelten" des eigenen Lebenswerkes verzichtet werden. Letzteres gilt wegen der dann möglich werdenden „fabrikmäßige[n] Vernichtung"[62] gesichtloser Individuen. Balthasar kommt schließlich angesichts der Unvermeidbarkeit und scheinbaren Sinnlosigkeit des Todes auf den Kantschen Postulatsbegriff zu sprechen. Diesen versteht er anders als Rahner im *buchstäblichen* Sinne als „Forderung", dass das Dasein „in seiner Endlichkeit ernstgenommen und angesichts des Absoluten gerechtfertigt werde".[63] Der Tod, ernsthaft betrachtet, lässt sich nämlich nicht befrieden. Er bleibt eine unheilbare Wunde, ein Riss, bildet das Ende jedes Sinnkonzeptes und wird deshalb zum Entstehungsort diesen Riss immerfort kompensierender narrativer und fiktionaler Zugänge zum Thema.[64]

Wie bereits angedeutet, lässt Balthasars Modell, was die Frage nach der Objektivität und einer intersubjektiv ausweisbaren Kritik apokalyptischer Bilder angeht, Fragen offen. Unbeeindruckt von der exegetischen Diskussion liegt für ihn darüber hinaus, wo er sich diesen Bildern ausdrücklich zuwen-

---

[60] L. SABBIONI: *Giudizio e salvezza nell' escatologia di Hans Urs von Balthasar.* Mailand (Istituto Propaganda Libraria) 1990; Robert NANDKISORE: *Hoffnung auf Erlösung. Die Eschatologie im Werk Hans Urs von Balthasars* (Tesi Gregoriana, Serie Teologia, 22). Roma 1997 sowie ENGELHARD, *Erlöser-Richter*.
[61] BALTHASAR, *Theodramatik III*, 112f.
[62] Ebd. 119.
[63] Ebd. 121.
[64] Eine ähnliche „Ästhetik des Todes" formuliert Paul VALÉRY in *Eupaulinos oder der Architekt* [Frankfurt a.M. (Suhrkamp) 1990]. Valérys (freilich atheistische) Theorie der ästhetischen Erfahrung mündet in ein entschiedenes Lob der Endlichkeit und Gegenwärtigkeit des Daseins der Sterblichen. Dieser ihrer Begrenztheit werden sie in der ästhetischen Erfahrung auf eine ekstatische Weise inne. Sie erleben, dass gerade in dieser Begrenzung unbegrenzte Möglichkeiten der Anschauung und der Gestaltung liegen. Wo hingegen alles ewig währt, ist die Erfahrung der Einmaligkeit und Vielgestaltigkeit der Welt verloren. Nur ein endliches Dasein ist für den Augenblick des Hier und Jetzt offen.

det, die Apokalyptik auf einer Linie mit der alttestamentlichen Prophetie. Alle Propheten haben in ihren Visionen Anteil an einer „in Gott bestehende[n] objektive[n] Bilderwelt", aus der „in der Johannesapokalypse eine Art Summa" gezogen wird[65]. Vor dem Hintergrund dieser Objektivität erscheinen ihm sowohl die Darstellungen Dürers als auch der Gegenwartskunst verfehlt[66]. Kriterien für die Richtigkeit einer Darstellung der Apokalypse werden meines Wissens an keiner Stelle genannt, wohl aber wird in Balthasars Spätwerk eine autoritative Deutung der Bilder der Offenbarung des Johannes geboten, die an eine zeitgeschichtliche Einordnung oder Darstellung der immanenten Logik, wie sie Böcher bietet, weitgehend anschlussfähig bleibt, sie aber an einigen Stellen ausdrücklich überschreitet und in einen größeren biblischen Zusammenhang stellt.[67]

Die ausführliche Auslegung der Bilder kann hier nicht wiedergegeben werden. Festgehalten werden soll jedoch, dass Balthasar hier implizit ein Modell der Oszillation zwischen Eindeutigkeit und Verborgenheit des Sinns der Bilder entwickelt, das sowohl eine scharfe negative Theologie, die die Bilder letztlich zur Bedeutungslosigkeit verdammt, als auch die naiv identifizierende oder historisierend-datierende Interpretation vermeidet. So hält er gemäß dem Text der Offenbarung ausdrücklich *drei Mysterien* fest, die sich unter irdischen Bedingungen nicht auflösen lassen: *Christus* – die geheimnisvollen Namen des Lammes und des vom Lamm Auserwählten, *das Antichristliche* – das widergöttliche Böse (Hure Babylon) und *die katholische Kirche* – in der organischen Vielfalt von sieben Gemeinden, die sich selber nur von Christus her kennen (7 Sendschreiben).[68]

„Die wiedergeborenen Bilder aber bleiben, aller Realisierung der alten Prophetie im Evangelium zum Trotz, noch immer Bilder und mahnen den Gläubigen, dass der prophetische Gehalt der evangelischen Worte und Taten Jesu und der Apostel sich in Dimensionen hin öffnet, die der christliche Glaube nie in beruhigten Besitz verwandeln kann."[69] Hier werden die Bilder selbst zum Teil einer neuen ‚Negativen Theologie', die allerdings nicht schweigt, sondern im Gegenteil eine Fülle von Bildern produziert, die sich gegenseitig „tiefer auslegen".[70] Wie genau ein solches Oszillieren im Text

---

[65] BALTHASAR, *Theodramatik III*, 16.
[66] BALTHASAR, *Apokalypse*, 140.
[67] Einen Satz wie „Das alte Gottesvolk, die Mutter Gottes und die Kirche bilden zusammen eine einzige Realität nicht in einer Gleichzeitigkeit, sondern in einem Prozeß, worin die Fruchtbarkeit Israels sich in Maria zugleich sammelt und übersteigt, und die neue Fruchtbarkeit Marias sich in die Mütterlichkeit der Kirche hinein entfaltet" (ebd. 126) wird man allerdings wenigstens mit einem Fragezeichen versehen wollen.
[68] Ebd. 108.
[69] BALTHASAR, *Theodramatik III*, 45.
[70] Ebd. Vgl. zum Zueinander von *Schweigen* und *preisendem Gebet* und dessen überbordenden Bildwelten im Werk Jacques Derridas: Joachim VALENTIN: *Atheismus in der Spur Gottes*.

markiert und dem Leser/der Leserin plausibel gemacht wird, darüber schweigt Balthasar beredt: „Das Zentrum der Apokalypse besteht, wie sich zeigt, aus einer Folge von Bildern, die ,in Spiegel und Rätsel' [...] die zwischen Himmel und Erde, Zeit und Ewigkeit sich entfaltenden Folgen des evangelischen Christusgeschehens zeigen. Aber die Apokalypse steht diesem Geschehnis nicht einfach als visionäre der realen Wirklichkeit gegenüber."[71]

Einen schroffen Dualismus zwischen Alltagsrealität und täuschender oder diese überhöhender apokalyptischer Vision gibt es bei Balthasar also nicht.[72] Die Apokalypse ist real, insofern sie dem Christen/der Christin ,theodramatisch'[73] das Kreuzesopfer Christi nachzuvollziehen hilft. Sie zeigt die Welt nach Christi Himmelfahrt im Kampf zwischen Gut und Böse, in einer spirituellen Perspektive, die existentiell in die Entscheidungssituation zwischen Lamm und Tieren, zwischen Christ und Antichrist zwingt, ohne diese als historisch-gegenwärtige Entitäten oder Personen definieren zu müssen. Sie kann nicht einfach ein Trostbuch sein, weil der Kampf noch nicht zu Ende gekämpft und folglich auch noch nicht entschieden ist, auf welcher Seite der Leser zu stehen kommen wird. Dass allerdings vor dem Hintergrund von Matthäus 25,31–46 die Rede vom ewigen Feuer der Hölle zugunsten eines auf Apokatastasis zulaufenden Purgatoriums („wie durch Feuer hindurch", 1 Kor 3,12–15) entschärft werden muss, ist Balthasar gewiss[74], wie er auch an vielen anderen Stellen ausgeführt hat.[75]

Gericht ist bei Balthasar zudem zutiefst interpersonal angelegt. Es stehen sich – anders als in der Johannes-Apokalypse – augenscheinlich[76] nicht ein-

---

Theologie nach Jacques Derrida. Mainz (Grünewald) 1997, 187–191.

[71] BALTHASAR, *Theodramatik III*, 43.

[72] Wie sehr er an dieser Stelle mit zeitgenössischen Literaturtheorien konvergiert, wird unter 2.2 deutlich werden.

[73] Vgl. dazu instruktiv: ENGELHARD, *Erlöser-Richter*, 93–124.

[74] Ausdrücklich wendet sich Balthasar gegen die doppelte Prädestination des Augustinus (BALTHASAR, *Apokalypse*, 143). Karl Rahner beharrt dagegen auch an dieser Stelle und angesichts der Problematik der Prädestinationslehre auf einer Negativen Theologie *ohne Bilder* und versteht Apokatastasis als „Indiskretion" (*Grundkurs*, 418). An anderer Stelle (*Hermeneutik*, 420) heißt es: „eine richtige eschatologische Rede [müsse] sowohl das angemaßte Wissen um eine universelle Apokatastasis wie um das sichere Heil eines einzelnen *vor* seinem Tod ausschließen wie auch das sichere Wissen um eine sicher eingetretene Verdammnis." Er fährt an dieser Stelle jedoch ganz im Sinne Balthasars fort: „Von der möglichen Verdammnis kann nur gesprochen werden [...], insofern so, und nur so, dem Menschen verwehrt ist, den sicheren Sieg der Gnade in der Welt als für ihn selbst schon fixen und vorausgenommenen Posten in die Rechnung seiner noch zu wagenden freien Existenz zu stellen." (*Hermeneutik*, 422).

[75] Vgl. u.a.: Hans Urs von BALTHASAR: *Kleiner Diskurs über die Hölle.* Ostfildern (Schwabenverlag) ²1987; *Was dürfen wir hoffen?* (Kriterien 75). Einsiedeln/Trier (Johannes) ²1989; *Apokatastasis.* In: TThZ 97 (1988), 169–182.

[76] Balthasar versteht – vor allem im Lichte der Evangelien – die drastisch dargestellten Strafen für die Verworfenen als Ausdruck eines Zornes Gottes, diesen jedoch als „jene Bestimmtheit der Liebe Gottes, mit nichts, was ihrem lauterstem Feuer widerspricht, paktieren zu können und zu

fach zwei Fronten gegenüber[77]: „Einem kann um eines anderen willen das Gericht erspart oder erleichtert werden."[78] Mit Verweis auf Joh 12,48[79] legt Balthasar darüber hinaus nahe, dass Christus und die Heiligen eher als Katalysatoren und Echo auf die eigenen Handlungen, denn im buchstäblichen Sinne, richten: eine Denkbewegung, die in jüngeren Debatten um Vergebung nach Auschwitz eine wichtige Tür geöffnet hat.[80] Insgesamt kann die Offenbarung des Johannes vor allem nicht die Aussage „Gott ist Liebe" (1 Joh 4,8) zurücknehmen. Balthasars Eschatologie ist also (gegen Ebertz und andere) im Ganzen weniger als *christo-* denn als *theozentrisch* zu bezeichnen. Die Zornes- und Gerichtselemente versteht er denn auch als Verfremdungen, die ein vorschnelles Verstehen dessen, was man für Liebe halten könnte, verhindern: „Wir können das Feuer der Liebe Gottes nicht nach unserem armseligen irdischen Flämmchen bemessen. [...] die Liebe des dreieinigen Gottes bleibt ewig größer und unbegreiflicher als alles, was in unsere Begriffe eingeht".[81]

1.4.6   Aktuelle Entwicklungen

In jüngster Zeit reüssiert die Eschatologie als pastoraltheologischer Traktat. Dies verwundert insofern nicht, als auch der Anstoß für die hermeneutischen Überlegungen Karl Rahners im Wesentlichen ein pastoraltheologischer gewesen war. Und auch in den Auseinandersetzungen um die ‚Auferstehung im Tod' sollte bekanntlich die Tatsache, dass das Denken (Greshakes und Lohfinks) „die Verkündigung sprachlos mach[e]"[82], ein wesentliches Argument für die Verabschiedung dieses Denkens darstellen.

Vergebung im Angesicht der Opfer
Ottmar Fuchs, dem wichtige jüngere Beiträge zu ‚Neuen Wegen einer eschatologischen Pastoral'[83] zu verdanken sind, knüpfte 1995 zum 90. Geburtsjahr von Hans Urs von Balthasar an dessen Eschatologie an[84], wenn er

---

wollen. Das Böse, das sich in die Herzen der Menschen eingefressen hat, muß um jeden Preis weg und aus der Welt so hinausgeworfen werden, daß es nichts mehr zu verzehren hat als sich selbst: aufsteigender Rauch von Ewigkeit zu Ewigkeit." BALTHASAR, *Apokalyptik*, 142.
[77] Es gibt zwar zwei Heerlager, aber das Lamm übersteigt von Anfang an beide in der Gnade, deshalb haben die Zeugen in der Offenbarung des Johannes auch keine Angst.
[78] Hans Urs von BALTHASAR: *Eschatologie im Umriss*. In: Pneuma und Institution (SkTh IV). Einsiedeln (Johannes) 1974, 410–455, 440.
[79] „Das Gericht aber ist dieses: Das Licht ist in die Welt gekommen, aber die Menschen hatten die Finsternis lieber als das Licht."
[80] Vgl. Kap. 1.3.5.
[81] BALTHASAR, *Apokalypse*, 142.
[82] RATZINGER, *Eschatologie*, 99.
[83] Ottmar FUCHS: *Neue Wege einer eschatologischen Pastoral*. In: ThQ 180 (2000), 260–288.
[84] Ders.: *Gerechtigkeit im Gericht. Ein Versuch. Zum 90. Geburtsjahr von Hans Urs von*

seine Rede von der Eschatologie als „Wetterwinkel in der Theologie unserer Zeit"[85] zunächst aufgriff, dann aber im Rahnerschen Sinne an die Christozentrik zurückband und mit diesem eine allzu genaue Kenntnis und Bebilderung jenseitiger Welten in der Eschatologie (nicht zuletzt im Namen derer, die als Preis für ein ewiges Leben ihr irdisches gewaltsam hingeben mussten) zurückwies.[86] Wiederum in Balthasarscher Tradition und mit Verweis auf die historisch fatalen Folgen der Annahme einer ‚ewigen Hölle für die Andern'[87] führte Fuchs mit totalitätskritischer Intention einen Jesus der Evangelien ein, der angeblich von einer Ewigkeit der Hölle nichts und ansonsten „nichts über das traditionell Verfügbare hinaus" wissen wollte, sondern in einer Art ‚Pädagogik der Höllendrohung' lediglich „eine diesseitige Steigerung von Mitmenschlichkeit und Gewaltlosigkeit"[88] angezielt habe.

Auch für Fuchs muss es freilich dennoch eine endzeitliche Gerechtigkeit geben, jedoch keine abgrundtiefe, ewige, denn: Für endlichen Schmerz in endlicher Zeit soll kein unendlicher Schmerz Vergeltung sein. Es braucht also keine Hölle, Gott selbst ist Feuer. Eine wirkliche Wiedergutmachung ist

---

Balthasar. In: Anzeiger für die Seelsorge 104 (1995), 554–561.
[85] BALTHASAR, Eschatologie, 415ff.
[86] FUCHS, Gerechtigkeit, 554.
[87] Dankenswert ist in diesem Kontext Fuchs' Verweis auf Jürgen Werbicks Kritik [vgl. allerdings früher: VERWEYEN, Christologische Brennpunkte. Essen (Ludgerus) ^{2}1985, 119] an der historisch zwar als Kritik lesbaren, letztlich aber doch erschreckend teilnahmslosen Höllenbesichtigung Vergils in Dantes Divina Comedia, die hier richtig als „nicht einmal als poetische Lizenz theologisch erträglich" genannt wird (FUCHS, Gerechtigkeit, 557). An anderer Stelle hat Ottmar Fuchs im Rückgriff auf Michel Foucaults Begriff der Pastoralmacht (vgl. dazu ausführlich Kap. 3.3) auf den vor allem in der frühen Neuzeit angesichts von Erosionserscheinungen des Höllenglaubens angeschärften pastoralen Missbrauch und die fatale Übernahme apokalyptischer Bilder in reale Strafverfahren (Verbrennungen) und die damit verbundenen hierarchischen Selbstermächtigungsphantasien hingewiesen [Ottmar FUCHS: Deus semper maior: auch im Gericht. Von der Pastoralmacht zur Pastoralgnade. In: ThPQ 144 (1996), 131–144]. Solche möglichen Fehlentwicklungen gehören zu den Gründen, aus denen auf eine Kriteriologie der Hermeneutik apokalyptischer Texte und Motivbestände etwa in der bildenden Kunst und in der Literatur bis heute nicht verzichtet werden kann.
[88] Ebd. 555. So neuerdings auch Alfons FÜRST [Identität und Toleranz im frühen Christentum. In: Orien 66 (2002), 26–31] „Während in den apokalyptischen Endzeit-Vorstellungen des Frühjudentums die Gottesherrschaft durch einen militärischen Sieg über die Feinde aufgerichtet wird, ist sie bei Jesus ohne blutigen Kampf und Sieg schon verborgen präsent. Nur die ‚Dämonen' werden ausgetrieben (Lk 11,20) und den Armen (Mt 5,3), die Kinder (Mk 10,4), die Zöllner und Dirnen (Mt 21,32) werden als erste hineinkommen." Auch die sogenannte ‚Feindesliebe' proklamiere, so Fürst „eine grundsätzliche Option gegen Gewalt, gegen Machtdemonstrationen und öffentliche Beleidigung". Dass für Origenes auch die finale Dämonenaustreibung noch ein Scheitern des Schöpfungsprojektes bedeutet hätte, darf allerdings ebenso vermerkt werden wie der hier drohende implizite Antijudaismus: Denn Fürsts etwas pauschale Gewaltkritik dürfte er ja nicht nur gegen die ‚frühjüdische Apokalyptik, sondern müsste sie konsequent auch gegen die (‚christliche') Offenbarung des Johannes richten. Eine Reflexion auf die konstituive Funktion von Gewalt wäre hier also vonnöten, die Fürst leider schuldig bleibt.

nur möglich „im Lebenszusammenhang mit Gott und den Opfern selbst".[89] Der originäre Beitrag von Ottmar Fuchs zur zeitgenössischen Debatte liegt darin, dass er, was bei Balthasar als freiheitliches Gerichtsgeschehen der Läuterung durch Gott und die Heiligen angelegt war, durch eine Stärkung der Position der ‚Verlorenen der Geschichte' durchaus im Sinne der Politischen Theologien *konkretisiert*, damit die Frage nach der Möglichkeit einer universellen Vergebung unter Ausschluss der Opfer[90] ausdrücklich *verneint* und ein neues Gedankenelement organisch in die Eschatologie *integriert* hat: „Ein vom Gesicht der Opfer abgewandtes und abgespaltetes Strafleiden wäre sinnlos, weil dann die Sühne nicht an dem Ort eingeklagt und fruchtbar würde, wo die Schuld verursacht wurde und Leid zugefügt hat."[91]

In einer späteren Publikation wendet sich Fuchs noch expliziter der *Täter*seite zu, und zwar erneut in direktem Anschluss an von Balthasars ‚„personaldialogische' Konzeption der Eschatologie". Fuchs spricht hier von einem „Reueschmerz", der die „Würde der Opfer auf der Seite der Täter als konstruktives responsorisches Gegenleid erlebbar" mache.[92] Ausgereift erscheint die Balthasarsche Vorgabe jedoch erst dort, wo Fuchs nicht nur die unübersehbare Verstrickung von Täter und Opfer in Prozesse der Anklage, Reue und Versöhnung annimmt, sondern mit Verweis auf 1 Kor 4,4f auch denen, die mit der ruhigen Gewissheit eigener Reinheit dem Gericht entgegenblicken, ins Stammbuch schreibt: „Siegerbewußtsein der Guten ist nicht am Platz. Als potentielle Täter werden sie wohl für die Rettung der faktischen Täter eintreten: daß es bei ihnen Gnade ante factum war und daß die Täter jetzt diese Gnade post factum nicht vorenthalten bekommen"[93].

In einem bemerkenswerten Beitrag hat Jan-Heiner Tück 1999 die skizzierten Vorgaben von Ottmar Fuchs aufgenommen[94] und sie an mehreren Punkten präzisiert: Zum Ersten stellt Tück das Modell eines interpersonalen Gerichts, nicht zuletzt angestoßen von Johann Baptist Metz' drängenden Fragen, in den weiterhin einer systematisch-theologischen Klärung bedürftigen Zusammenhang der ‚Theologie nach Auschwitz'. Zum Zweiten klärt er

---

[89] Ebd. 556.
[90] ... wie sie von Emmanuel Levinas so eindringlich gestellt wurde – vgl. Abschnitt 3.4 in dieser Arbeit.
[91] FUCHS, *Gerechtigkeit*, 557.
[92] FUCHS, *Eschatologische Pastoral*, 279f.
[93] Ottmar FUCHS: *Unerhörte Klage über den Tod hinaus. Überlegungen zur Eschatologie der Klage*. In: M. Ebner u.a. (Hg.): Klage (JBTh 16). Neukirchen/Vluyn (Neukirchner Verlag) 2001, 347–380 (Lit.). Das sind freilich Spekulationen, die man endlos weitertreiben könnte, und die in ihrer Vorahnung bzgl. Komplexität und Singularität der Begegnungen bereits approximativ dem nahe kommen, was Jacques Derrida Messianität ohne Messias nennt, nämlich „das Kommen des anderen [...] dieser immer anderen Singularität". Jacques DERRIDA: *Marx' Gespenster*. Frankfurt a.M. (Fischer) 1995, 110.
[94] Jan-Heiner TÜCK: *Versöhnung zwischen Tätern und Opfern? Ein soteriologischer Versuch angesichts der Shoa*. In: ThGl 89 (1999), 364–381.

die von Fuchs bereits in weitreichender Komplexität entwickelten mögliche Täter-Opfer-Relation insofern, als „auch die Opfer solange unerlöst bleiben, als sie über das Trauma ihres Leidens nicht hinwegkommen"[95] und „man die Identität des Täters nicht auf seine Untaten reduzieren kann"[96]. Zum Dritten weist er schließlich in einem Rückgriff auf Hans Urs von Balthasar und Paulus ausdrücklich auf die zentrale Rolle *Jesu Christi* in einem ergebnisoffenen Versöhnungsgeschehen hin,[97] eine Perspektive, die sich deshalb eröffnet, weil Tück diesen aus der Rolle des zunächst und vor allem *Anklagenden* befreit, in die Fuchs ihn zunehmend zu drängen scheint. Der vorauszusetzenden Freiheit von Tätern und Opfern wird Christus als mit unendlicher Geduld Wartender gerecht, dem ungeheuren Leid, das es rückblickend zu ertragen gilt, begegnet er als derjenige, der „den Weg der Leidenden bis in die äußerste Ohnmacht des Todes mitvollzogen hat"[98].

Der wartende Christus
Tück greift auf ein von Fuchs schon einmal kurz angedeutetes Theologoumenon zurück, dessen Bedeutung in der gegenwärtigen eschatologischen Diskussion zunimmt, das sich allerdings, wie deutlich werden wird, aus mehreren Quellen speist. Allein literarisch und nicht theologisch etwa mit dem Satz des Symbolons „herabgestiegen in das Reich des Todes" oder mit Mt 26,29 begründet, hatte Fuchs erstmals 1995 vor dem Hintergrund des Hörspiels *Festianus, Märtyrer* von Günter Eich[99] den höllensprengenden Herabstieg eines Unschuldigen aus dem Himmel mit der Bemerkung zitiert: „Ich bin zu den Sündern zurückgegangen, ich kann nicht im Paradies leben, solange es noch Menschen gibt, die leiden". In einem Beitrag von 2001 legt Fuchs eine soteriologische Vertiefung dieses Gedankens vor, nicht zuletzt in einer impliziten Antwort auf Tück[100]: Ein Gott, der überhaupt der von Fuchs weiterhin angenommenen übermächtigen (Gottes-An-)Klage am Jüngsten Tag gewachsen sein soll, muss seine Allmacht vor allem als *Allmacht des Mitleidens* erweisen[101]. Doch anstatt diese Allmacht (mit Balthasar) *trinitarisch* zu be-

---

[95] Ebd. 366.
[96] Ebd. 368.
[97] „In der Begegnung mit Christus, dem auferweckten Gekreuzigten, werden die Täter zugleich mit ihren Opfern konfrontiert, da Christus sich mit diesen rückhaltlos identifiziert hat und deren Anwalt beim Vater ist." Ebd. 374 „*Indem die Opfer sich mit Christus identifizieren, treten sie ein in dessen Verhältnis zum Täter. Christus aber sieht im Täter – trotz seiner Untaten – den Nächsten und sucht ihm einen Weg der Versöhnung zu eröffnen.*" Ebd. 380.
[98] Ebd. 379.
[99] Günter EICH: *Fünfzehn Hörspiele*. Frankfurt a.M. (Suhrkamp) 1966, 524–563. Das Hörspiel Günter Eichs und Fuchs' Rezeption darf als besonders prägnanter Fall einer substantiellen (und nicht bloß illustrativen) Inspiration der Theologie von der Kunst her gelesen werden.
[100] TÜCK, *Theodizee und Christologie*, 295.
[101] „Angesichts des wohl nicht an Zeit, aber an Intensität unendlichen Leidens in der Geschichte kann es wohl nur ein allmächtiger Gott sein, der ein derart allumfassendes Mitleiden aufzubrin-

greifen, führt bei Fuchs am Jüngsten Tag „Jesus [...] die Klage gegen Gott an". Muss man aber Jesu Klage am Kreuz allein als „rückfragenden Schrei"[102] und damit letztlich als Scheitern des Gottesverhältnisses des Menschensohnes (also seiner Gottessohnschaft?!) verstehen, oder sollte man nicht eher auf die Worte des römischen Hauptmanns bei Markus (15,39) hören, der genau diesen Schrei als Erweis der Gottessohnschaft Jesu interpretiert.

Doch der Gedanke eines wartenden Christus ist nicht neu, auch wenn er erst in der letzten Dekade nach jenem langwierigen Sich-Abarbeiten am Pantokrator der Tradition auf breiter Front ins Bewusstsein systematischer Theologie getreten zu sein scheint. Schon 1977 hatte aber Hansjürgen Verweyen mit Bezug auf 1 Kor 15,22 prägnant formuliert: „Wer mit der Möglichkeit auch nur eines auf ewig Verlorenen *außer seiner selbst* rechnet, der kann nicht vorbehaltlos lieben."[103] und im weiteren Fortgang der Überlegungen wie nebenbei geschrieben: „Sieht man die Dinge so, dann bedeutet Himmel für alle [...d]en Entscheid für eine Geduld, die grundsätzlich niemals aufgibt, sondern unendlich lange auf den andern zu warten bereit ist."[104] Was hier als Aufforderung an den Glaubenden gemeint war, taucht in der ersten Auflage seines Hauptwerkes *Gottes letztes Wort* – diesmal mit Rückgriff auf seinen ideengeschichtlichen Ursprung im von Henri de Lubac neu zugänglich gemachten Levitikuskommentar des Origenes[105] (bezogen auf Mt 26,29) – erneut auf. Dabei verweist Verweyen nicht nur auf analoge (und einer Eschatologie, die den Gedanken des wartenden Erlösers ausklammert, überlegene) Traditionen in der Bodhisattva-Tradition des Mahayana-Buddhismus[106] und einer Legende über den Rabbi Hayim von Volozhyn[107], sondern fasst den Gedanken des Wartens auch erstmals explizit christologisch.

Erst in *Botschaft eines Toten?*[108] finden sich weiterführende Überlegungen zum Thema[109]: Verweyen verweist hier explizit darauf, dass ein Gott, der

---

gen vermag." FUCHS, *Unerhörte Klage*, 361.
[102] Ebd. 363.
[103] Hansjürgen VERWEYEN, *Christologische Brennpunkte*, 120.
[104] Ebd. 121f.
[105] Origenis in Leviticum Homilia VII 2, ed. M. Borret, Paris 1981, SC 286, 308–322, zit. Henri de LUBAC: *Glauben aus der Liebe*. Einsiedeln (Johannes) 1970 (frz.: Catholicisme, 1938), 368–373.
[106] Dieser Hinweis stammt ursprünglich aus RATZINGER, *Eschatologie*, 155f.
[107] Ausgehend von Cathérine CHALIER: *La persévérance du mal*. Paris 1987, bes. 163f. Beides zit.: VERWEYEN, *Gottes letztes Wort*, 410. Die gesamte Passage findet sich wortidentisch in der aktuellen 4. Auflage, 311–313.
[108] Hansjürgen VERWEYEN: *Botschaft eines Toten? Den Glauben rational verantworten*. Regensburg (Pustet) 1997, 42–51.
[109] In Bälde wird eine von H. Verweyen betreute Dissertation vorliegen, die vor allem die Bemerkung „Aus jüdischer Erfahrung kann man am ehesten lernen, was Warten heißt" (VERWEYEN, *Botschaft*, 47) im Rückgriff auf talmudische Quellen ausbuchstabiert: Matthias

der Origeneischen Idee entspricht, in der Lage wäre, nicht nur die Heideggersche Sorgestruktur zu durchkreuzen, sondern auch den Anfragen des Sisyphos Albert Camus` standzuhalten, Becketts scheinbar sinnlosem *Warten auf Godot* einen – freilich ins Unendliche verschobenen – Sinn zu verleihen und dem entschieden ‚Nein' sagenden Camillo Paul Claudels etwas Substantielles – nämlich unendliche Geduld – entgegenzusetzen. Darüber hinaus wird hier das Wartenkönnen aber erneut nicht zuerst als eine Eigenschaft des Erlöserrichters (Balthasar) dargestellt, auf die sich der säumige Sünder verlassen könnte, etwa, um nur umso länger in seiner eigenen Bösartigkeit zu verharren, sondern zuerst als *sein* nachfolgendes Ja-Sagen, das auf die Wartenszusage Jesu in Mt 26,29 in Freiheit antwortet: „‚Ewig' ist allein die durch nichts verrückbare Entschiedenheit Gottes, unendlich lange auf das Ja seiner Kreatur zu warten. Wer Ja zu diesem Warten sagt, hat teil an dieser ewigen Entschiedenheit Gottes. [...] Der wirklich entschieden Wartende hat alles auf ihn zukommende Leiden bereits aktiv entgegengenommen. Er ist nicht mehr der rein Passive in seiner Passion."[110] Warten-Können ist damit zuerst eine *Handlungskategorie* der liebenden Nachfolge und nicht – wie in der dargestellten jüngeren Debatte – ein göttliches Attribut und damit Objekt (zu) weit reichender Spekulation.

Die Sinnspitzen der in diesem Abschnitt referierten Überlegungen werden diese Studie im Ganzen begleiten. Eine zeitgenössische Rekonstruktion der Apokalyptik jenseits der Großkirchen, die als ernstzunehmende Gesprächspartnerin der Theologie gelten will, wird diese beiden Momente wenigstens *in nuce* enthalten müssen: Eine erlösend-richtende Vermittlung der Opfer- und Tätergeschichten im Sinne eines geduldig auf das freie Ja zur Versöhnung wartenden und in diesem Sinne zur Nachfolge auffordernden Gottes: Die liebende Zuwendung Gottes endet nicht mit dem irdischen Tod, der für die Allmacht und Ewigkeit Gottes keine wirkliche Grenze darstellt. Nach dem Sterben des *Leibes* hat (in der Ewigkeit, und damit nach Gisbert Greshake ‚im Tod')[111] die mit den leiblichen Prägungen eines gelebten Lebens gesättigte *Seele* die Konfrontation mit eben diesem Leben zu erwarten. Dies geschieht in der Frage nach ihrer Übereinstimmung mit einer von Beginn an guten Schöpfung bzw. nach der gelungenen Jesusnachfolge (Mt 25). Das Geschehen, welches allgemein als ‚Gericht' bezeichnet wird, stellt der Schuld und oft genug abgründigen Niedertracht des Menschen eine geradezu ‚logische' Notwendigkeit dar, die in vielen Hochreligionen zu ähnlichen

---

MÜLLER: *„Gemeinsames Warten"* – *Fundamentaltheologie im Angesicht des Judentums* (Arbeitstitel). Diss. Masch. 2005.
[110] VERWEYEN, *Botschaft*, 49.
[111] Vgl. Gisbert GRESHAKE: *Das Verhältnis ‚Unsterblichkeit der Seele' und ‚Auferstehung des Leibes in problemgeschichtlicher Sicht.* In: Ders/Lohfink, Naherwartung, 82–130.

Vorstellungen einer außerirdischen Gerechtigkeit geführt hat. Die Annahme eines Zwischenzustandes – seit dem 11. Jahrhundert katholisch: ‚Purgatorium', d.h. ‚Reinigungsort oder -situation' – steht für die Gelegenheit, sich zu eben diesem Leben und der darin vollzogenen Abwendung von Gott noch einmal neu zu verhalten. ‚Gericht' soll in unserem Zusammenhang dabei als die Begegnung mit den Opfern des eigenen Verhaltens im Angesichte Christi als eines Raumes der Versöhnung begriffen werden. Insgesamt geht es um einen Prozess, der wegen der Schau auf eigene und fremde Abgründe sich durchaus auf das Feuerwort des Apostels Paulus (1 Kor 3,12–15) stützen könnte. Nach dem Zuendekommen aller Spätfolgen menschlicher Schuld und nach der in unbedingter Freiheit der Menschen vollzogenen Reinigung darf als Ergebnis eines komplexen Prozesses der Begegnung von ‚Tätern' und ‚Opfern', der sich in einem von der unendlichen Geduld des Erlösers eröffneten Raum abspielt, Allversöhnung *(Apokatástasis pánton)* erhofft werden.[112]

---

[112] Vgl. VERWEYEN, *Gottes letztes Wort,* 311ff sowie: Ders., *Botschaft,* 45ff.

2 Ansätze zu einer Theorie des Fiktionalen

> *„In ihrem erwartungsvollen und vergesslichen Sein, in dieser Fähigkeit des Verbergens, die jede bestimmte Bedeutung und selbst noch die Existenz des Sprechenden auslöscht, in dieser grauen Neutralität, die das wesenhafte Versteck jeglichen Seins darstellt und damit den Raum des Bildes freisetzt, ist die Sprache weder die Wahrheit noch die Zeit, weder die Ewigkeit noch der Mensch, sondern die stets aufgelöste Form des Außen; sie stellt eine Verbindung her zwischen dem Ursprung und dem Tod oder lässt vielmehr das beständige Oszillieren zwischen ihnen sichtbar werden, den Augenblick ihrer Berührung in einem unermesslichen Raum."*[1]
>
> Michel Foucault

Unter nachkantischen Bedingungen stehen wir vor der Herausforderung, Träume, Visionen und Vorstellungen von einem Jenseits menschlicher Erfahrung generell als wesentliche Momente religiöser Phänomenalität einer neuen Einschätzung zu unterziehen. Dies gilt, weil sich die Theologie hier zwischen zwei Alternativen zu lokalisieren hat: Einerseits wird man mit guten Gründen, die im Laufe dieses und des folgenden Teils noch auszuführen sind, die behauptete reale Existenz des empirisch nicht Erfahrbaren, wohl aber visionär Geschauten im Sinne Husserls „einklammern" müssen. Andererseits sind die konkreten, empirisch sehr wohl erfahrbaren *Auswirkungen* solcher ‚Visionen' und Vorstellungen nicht zu ignorieren. Aus psychologischen, religionswissenschaftlichen, theologischen und nicht zuletzt literaturwissenschaftlichen Gründen wird man sich also hüten müssen, eine empiristische Position einzunehmen, die reduktionistisch die Relevanz dieser Phänomene für die Psyche eines Menschen, für die Religionen der Welt, für einen theologischen Begriff von Offenbarung und allgemeiner für eine theologie-offene Anthropologie einfachhin abstreitet oder zumindest eine wissenschaftliche Beschäftigung mit ihnen für überflüssig hält.

Eine solche Anthropologie wird nur dann in der Lage sein, sich den Erscheinungsformen des Apokalyptischen adäquat, das heißt ohne übertriebene Abwehr, aber auch ohne Naivität, zu nähern, wenn sie das Visionäre und ‚Fiktionale', nicht einfach als Wahn, als nichtreal und deshalb vernachlässigbar abtut, sondern nach Gründen für seine Wertschätzung sucht. Eine derartige theologische oder doch zumindest theologie-offene Anthropologie wird aber auch eine Kriteriologie bieten müssen, die in der Lage ist, den Missbrauch solcher ‚Widerfahrnisse' zu vermeiden. Der *theologische* Ort, von dem aus am Beginn des 21. Jahrhunderts dieses Fragen ausgeht, ist im ersten Teil der Arbeit umschrieben worden. Im Folgenden soll vor allem unter phi-

---

[1] Michel FOUCAULT: *Schriften I.* Frankfurt a.M. (Suhrkamp) 2001, 696.

losophischen und literaturwissenschaftlichen Aspekten eine Theorie des Fiktionalen entwickelt werden, die dem skizzierten Phänomen wie auch den naheliegenden kritischen Anfragen gerecht wird.

Eine scharfe Trennung zwischen der *Vision* als religiösem Phänomen, ihrem Niederschlag in biblischen, mystischen und anderen Texten, sowie der Fiktion im literarischen Werk, das der Einbildungskraft des Autors und den in ihr verarbeiteten Elementen der sinnlichen Wahrnehmung entstammt, kann im Folgenden nicht immer durchgehalten werden. Dies ist mit Blick auf unser Thema, die zeitgenössische Verwendung apokalyptischer Motive, aber auch nicht notwendig, geht es doch zunächst ‚nur' um eine Phänomenologie der Wechselbeziehung zwischen Alltagsrealität einerseits und Geschautem oder Fingiertem andererseits. Genauerhin wird man in einem *theologischen* Text kaum umhin kommen, zwischen der im Begriff „*visio*" – *Geschautes* enthaltenen Behauptung eines „objektiven" Widerfahrnisses und dem Begriff „*fictio*" – *aktiv Erstelltes, Gebildetes* zu unterscheiden. Auch objektive Visionen enthalten – für einen dritten Betrachter kaum von ihrem objektiven Gehalt unterscheidbar – ja immer schon Interpretationen von Wirklichkeit und können gleichwohl nicht als ‚bloß imaginär' abgetan werden. Damit tritt aber auch ein zentrales Anliegen dieser Arbeit deutlicher in den Vordergrund: Es geht letztlich anhand des Phänomens des Apokalyptischen um eine Erforschung der wahren humanen Bedeutung jener ernst zu nehmender Fiktionen, die menschliche Existenz zutiefst bestimmen. Eine Gratwanderung, die allerdings nur im Durchhalten der Unterscheidung zu bestehen sein wird zwischen solchen *Elementen* literarischer, künstlerischer und anderer menschlicher Äußerungen, die existentiell herausfordern, und solchen, die bloß zerstreuen, unterhalten oder gar verführen wollen. Insgesamt wird der in diesem Gang zu entwickelnde Begriff des Fiktionalen vor allem durch die Vermeidung seiner pauschalen Abwertung im Sinne des Nicht-Realen zugunsten eines neuen, nichtdualistischen und gleichwohl geregelten Verhältnisses von Fiktion und Realität bestimmt.

Insofern es sich um eine theologische Arbeit handelt, ist es naheliegend, an dieser Stelle auch nach einem *Religionsbegriff* zu fragen, der (A) die skizzierte Interdisziplinarität und (B) die unbefangene nicht-pejorative Rede von ‚Fiktionalem' zulässt. Unter Absehen von der unerschöpflichen Diskussion zum Begriff ‚Religion'[2] soll eine für unser spezifisches Projekt hinreichende Umschreibung grundgelegt werden:

---

[2] Vgl. neben den Klassikern von William JAMES, Emile DURKHEIM, Max WEBER und Keiji NISHITANI als wesentliche deutschsprachige Beiträge der letzten Jahre: Bernhard UHDE: *Gegenwart und Einheit. Versuch über Religion.* Unveröff. Habil. Schr. Freiburg i. Br. 1982; Detlev POLLACK: *Der Begriff Religion. Probleme der Definition.* ZfR 3/1995, 163-190; Fritz STOLZ (Hg.): *Homo naturaliter religiosus. Gehört Religion notwendig zum Mensch-Sein?* Frankfurt a.M./New York (Lang) 1997; Theo SUNDERMEIER: *Was ist Religion? Religionswissenschaft im*

Religion ist eine Weise der Weltdeutung, die mit Hilfe von Vorstellungen nicht alltagsrealer wirkmächtiger Zusammenhänge die Rede von einer jenseitigen Wirklichkeit und die Alltagsrealität des Menschen in einer Weise in Verbindung zu bringen vermag, die zu einem emotional valenten, rational verantwortbaren und das heißt der Möglichkeit nach freien Handeln führt.

2.1 Fiktion und Bild

Der Begriff ‚Fiktion' hat, aus der antiken Rhetorik kommend und in der Philosophie der Neuzeit heftig diskutiert, in deren Jenseits Karriere gemacht. In der zweiten Hälfte des 20. Jahrhunderts ist er nämlich zu einem „zentralen Terminus der Literaturwissenschaft, insbesondere der internationalen Diskussion literaturtheoretischer Fragestellungen avanciert"[3].

Gerade diese Entwicklung im französischen, angelsächsischen und deutschen Sprachraum hat jedoch erwartungsgemäß nicht zu einer einheitlichen Methode, sondern – selbst was die grundlegenden Begriffe angeht – zu einem pluralistischen Zugriff auf literarische Phänomene geführt. Ein Überblick über diese Vielfalt erübrigt sich an dieser Stelle[4]. Vielmehr soll – nach einer

---

theologischen Kontext. Gütersloh (Kaiser/Gütersloher) 1999; Hans-Michael HAUßIG: *Der Religionsbegriff in den Religionen. Studien zum Selbst- und Religionsverständnis in Hinduismus, Buddhismus, Judentum und Islam.* Bodenheim/Berlin (Philo) 1999; Ernst FEIL (Hg.): *Streitfall „Religion". Diskussionen zur Bestimmung und Abgrenzung des Religionsbegriffs.* Münster (LIT) 2000.

[3] Franz ZIPFEL: *Fiktion, Fiktivität, Fiktionalität. Analysen zur Fiktion in der Literatur und zum Fiktionsbegriff in der Literaturwissenschaft.* Berlin (Erich Schmidt) 1999, 13.

[4] Zumal er bereits vorliegt: Zipfel schreibt über die Konjunktur der literaturwissenschaftlichen Beschäftigung mit dem Thema: „Im deutschen Sprachraum liegt der Höhepunkt der Diskussion um den Fiktionsbegriff sicher in den 70er und 80er Jahren: Zu nennen sind neben einer großen Anzahl von Artikeln und Auseinandersetzungen in allgemeinen literaturtheoretischen Abhandlungen vor allem einige Monographien wie die von GABRIEL, LANDWEHR, KASICS und ANDEREGG und der Sammelband *Funktionen des Fiktiven.* In den 90er Jahren scheint das Interesse an der Problematik abzuflauen; neben ISERs ausladender Arbeit *Das Fiktive und das Imaginäre,* die jedoch in Idee und Grundbegriffen auf einen schon in *Funktionen des Fiktiven* veröffentlichten Artikel zurückgeht, sind hauptsächlich die semiologisch ausgerichtete Arbeit von NEDZA *Wort und Fiktion* und PETERSENs spekulativer *Versuch über Fiktionalität und Ästhetik* zu nennen. Im französischen Sprachraum scheint sich das Interesse an der Fiktion gerade in den letzten Jahren erst stärker entwickelt zu haben, von GENETTEs *Fiction et diction* über TADIÉs *La fiction et ses usages* und SCHAEFFERs *Pourquoi la fiction?* bis hin zu PETITs eher poetischem Essay *Éloge de la Fiction.* Im anglo-amerikanischen Bereich jedoch ist das Interesse am Thema Fiktion seit längerem ungebrochen. Seit den Anfängen der sprachanalytischen Philosophie werden fiktionstheoretische Fragestellungen behandelt." (*Fiktion,* 63, Hervorhebungen: J.V:) Im weiteren Verlauf der Arbeit wird deutlich, dass sich Zipfel damit vor allem auf die Arbeiten von Nelson GOODMAN (*Ways of Worldmaking* bzw. *Of Mind and other Matters*), Kendall L. WALTON (*Mimesis as Make-Believe. On the Foundations of the Representational Arts*) und David LODGE (*Language of Fiction. Essays in Criticism and Verbal Analysis of the English Novel*) bezieht. Gleichwohl werden wir uns in unseren Überlegungen zur Apokalypse als Fiktion auf eine Arbeit stützen, die weiter zurückliegt, und die – erstaunlicherweise – den anglo-

knappen Philosophiegeschichte der Begriffe ‚Bild', ‚Fiktion' und ‚Einbildungskraft' und der Frage nach ihrer theologischen Valenz – eines der zeitgenössisch profiliertesten und wirkmächtigsten literaturwissenschaftlichen Modelle zum Thema vorgestellt, kritisch diskutiert und bezüglich seines Ertrages für eine theologische Theorie des Fiktionalen bezogen auf das Apokalyptische untersucht werden: der rezeptionsästhetische Ansatz des deutschen Anglisten Wolfgang Iser.

2.1.1 ‚Fiktion' und ‚Einbildungskraft': Zur philosophischen Begriffsgeschichte

Der Begriff *Fiktion*[5] wird in Deutschland üblicherweise zur Bezeichnung des Erfundenen, Nichtrealen und damit in Opposition zu Begriffen wie ‚Realität' oder ‚Wirklichkeit' gebraucht. Diese Verwendung hat eine lange Tradition: Hebt die abendländische Ideengeschichte des Begriffsfeldes doch bei Platon mit dem Verächtlichmachen der Mythendichter an. Der Begriff *Fiktion*[6] selbst verdankt sich allerdings erst der lateinischen Sprache *(fingere)*. Es gibt zwar ein Pendant im Griechischen (ὑπόθεσις), wirkmächtig sind jedoch die *lateinischen* Texte, wenn auch zunächst nicht in der bildenden Kunst: In Quintilians Rhetorik werden Argumentationsfiguren *fictiones* genannt, insofern sie sich nicht auf reale, sondern auf (‚nur') vorgestellte Tatsachen beziehen. Nachdem der Begriff Fiktion in der Neuzeit *philosophisch* valent wurde, erkennt Leibniz die Notwendigkeit, zwischen „faulen" (wie etwa dem Wunderglauben) und „einsichtigen" Hypothesen (wie der prästabilierten Harmonie) zu unterscheiden[7]. „Heuristische Fiktionen" nennt Kant die Vernunftbegriffe unsterbliche Seele, Gott und Freiheit. Sie haben „keinen Gegenstand in irgendeiner Erfahrung, aber bezeichnen darum doch nicht gedichtete und zugleich dabei für möglich angenommene Gegenstände."[8] Sie zu denken, als

---

amerikanischen Diskurs über Fiktion bereits im Jahre 1965 mit einer Reflexion auf die Eschatologie anheben lässt: Frank KERMODEs *Sense of an Ending*, ein Werk, das Zipfel gar nicht bekannt zu sein scheint.

[5] Wortbedeutung laut Duden (Mannheim u.a. 1991): „Erdachtes, falsche [!] Annahme. Fiktional: Auf einer Fiktion beruhend, fiktiv: nur [!] angenommen, erdacht." Die deutsche Bedeutung unterscheidet sich hier wahrnehmbar sowohl von der angelsächsischen („invented idea or statement or narrative literature describing imaginary events and people; conventionally accepted [!] falsehood", *Oxford Dictionary of Current English*, Oxford 1985) wie auch von der französischen Wortbedeutung: („1. Fait imaginé (opposé à réalité); construction imaginaire 2. Création de l'imagination, en littérature; genre littéraire que représentent ces œuvres", *Le Robert Collège*, Paris 1997). Vor allem im Französischen tritt das pejorative Element offenbar stark zurück.
[6] „Tätigkeit [!] des Bildens, Dichtens, Vorstellens, Entwerfens, sodann das Produkt dieser Tätigkeit, die Erdichtung, die fingierte Annahme, das imaginative Gebilde." F. LÖTZSCH: Art. *Fiktion*. In: HWP II (1972), 951–953, 951.
[7] LEIBNIZ, *Akademieausgabe* 6/6, 66.
[8] KANT, *KrV*, B 799 (Werke II, 653).

ob ein Erfahrungsganzes gegeben wäre, ist legitim, ihre supranaturalistische Ausweitung im Sinne einer physischen Realität oder „Verdinglichung" lässt sie jedoch zu Prinzipien einer „faulen Vernunft ohne jeglichen Realitätsgehalt"[9] werden. Seit Beginn des 20. Jahrhunderts wird der Begriff in der kontintentalen Philosophie entscheidend vom ‚Fiktionalismus' Hans Vaihingers geprägt[10], ansonsten aber – zumindest in der deutschsprachigen Philosophie – zunehmend im ‚uneigentlichen', alltagsprachlichen und damit pejorativen Sinn verwendet.

Für unsere Fragestellung noch interessanter ist der Begriff der *Vorstellungs-* oder *Einbildungskraft* (griech. φαντασία). Denn er ist philosophiegeschichtlich weitaus breiter bezeugt und bildet zudem den Anknüpfungspunkt für Wolfgang Isers fiktionale Anthropologie. Ist die Fiktion ursprünglich eher der Produktions- und Werkästhetik zuzurechnen, gehört die Einbildungskraft zur Rezeptionsästhetik und zur allgemeinen Erkenntnistheorie: Von Aristoteles als Rekapitulation erfolgter Wahrnehmung und kreativer Resynthetisierung von Vorstellungen verstanden und so mit einer Mittelstellung zwischen Wahrnehmung und Denken geadelt[11], behält die Einbildungskraft bei Albertus Magnus und Thomas von Aquin trotz platonischer Einflüsse diese zentrale Bedeutung als eine der Seelenkräfte – allerdings nur der *compositio,* nicht der *creatio* fähig[12] –, und zwar „insofern die von ihr aus der gegenständlichen Wahrnehmung zurückbehaltenen Vorstellungen (phantasmata) dem Intellekt einen [abwesenden, bzw.] von aller Materialität freien Gegenstand repräsentieren, die jener zu der ihm eigenen Intelligibilität läutert".[13] Muss Descartes die Einbildungskraft für eine entbehrliche, ja gar immer der Lüge verdächtige Instanz halten, der höchstens die reine intellektuelle Anschauung etwa geometrischer Gebilde zu Gute gehalten werden kann, tritt sie in der Ästhetik des 18. Jahrhunderts in den Mittelpunkt des Interesses und wird hier kontrovers diskutiert (Bodmer, Breitinger, Godsched u.a.).

In Immanuel Kants *Kritik der reinen Vernunft* kommt der Einbildungskraft eine wesentliche Rolle zu: Sie ist – ähnlich wie in ihrer aristotelischen und mittelalterlichen Fassung – „das Vermögen, einen Gegenstand auch ohne dessen Gegenwart in der Anschauung vorzustellen".[14] Darüber hinaus hat sie bei Kant aber die Funktion, die Sinnlichkeit „den Kategorien gemäß" a priori zu bestimmen und das Material für die „Wirkung des Verstandes auf die Sinnlichkeit und die erste Anwendung desselben [...] auf Gegenstände der

---

[9] KANT, *KrV*, B 800 (Werke II, 654).
[10] Vgl. 2.3.1.
[11] ARISTOTELES, *De Anima*, III, 427.
[12] Vgl. meine Überlegungen zu Thomas von Aquin unter 2.2.2.
[13] J.H. TREDE: Art. *Einbildung, Einbildungskraft*. In: HWP II (1972), 346–358, 346.
[14] KANT, *KrV* B 151, (Werke II, 148).

uns möglichen Erfahrung"[15] zur Verfügung zu stellen. Sie kann damit „reine Form aller möglichen Erkenntnis"[16] genannt werden. Reproduktive und kreative Eigenschaften kommen ihr also potentiell gleichermaßen zu, wenn erstere in diesem Zusammenhang auch überwiegen[17]: Die Einbildungskraft ist die Instanz der subjektiven Wirklichkeitszurichtung, eine Tätigkeit des Verstandes, der „selbst kein Vermögen der Anschauungen ist"[18]. Ohne sie kann nicht gedacht werden, da über die Wahrnehmung eingespielte Sinnesdaten noch „ohne Verbindung des Mannigfaltigen" auflaufen. Erst die „transzendentale Handlung der Einbildungskraft [als] synthetischer Einfluß des Verstandes auf den inneren Sinn" bietet eine „bestimmte Anschauung".[19]

In der *Kritik der Urteilskraft,* die bekanntlich die Autonomie von Kunst und Ästhetik als eigenständige Erkenntnisweise von ‚subjektiver Allgemeinheit' neben wissenschaftlicher Erkenntnis und Moral neu begründet, wird dieses fundamentale Zueinander von Anschauung, Einbildungskraft und

---

[15] „Da nun alle unsere Anschauung sinnlich ist, so gehört die Einbildungskraft, der subjektiven Bedingung wegen, unter der sie allein den Verstandesbegriffen eine korrespondierende Anschauung geben kann, zur Sinnlichkeit; so fern aber doch ihre Synthesis eine Ausübung der Spontaneität ist, welche *bestimmend, und nicht, wie der Sinn, bloß bestimmbar* ist, mithin a priori den Sinn seiner Form nach der Einheit der Apperzeption gemäß bestimmen kann, *so ist die Einbildungskraft so fern ein Vermögen, die Sinnlichkeit a priori zu bestimmen,* und ihre Synthesis der Anschauungen, den Kategorien gemäß, muß die transzendentale Synthesis der Einbildungskraft sein, welches eine Wirkung des Verstandes auf die Sinnlichkeit und die erste Anwendung desselben (zugleich der Grund aller übrigen) auf Gegenstände der uns möglichen Anschauung ist. Sie ist, als figürlich, *von der intellektuellen Synthesis* ohne alle Einbildungskraft *bloß durch den Verstand unterschieden.*" KANT, *KrV,* B 152. (Werke in sechs Bänden III, 148–149, Hervorh. J.V.).

[16] KANT, *KrV,* A 118 (Werke II, 274).

[17] Hartmut und Gernot BÖHME weisen zu Recht darauf hin, dass die Hochschätzung der Einbildungskraft bei Kant durch den Primat des Verstandes von der 2. Auflage der KrV an relativiert worden sei. Gleichzeitig finden sie (mit Heideggers Kant-Schrift) an anderer Stelle von Kants Spätwerk einen „faszinierenden Gedanken", nämlich den, dass im Traum „der Körper für die animalischen Bewegungen abgespannt, für die Vitalbewegung aber innigst agitiert wird, und zwar durch Träume, [...] weil sonst bei gänzlicher Ermangelung derselben [...] das Leben sich nicht einen Augenblick erhalten könnte." KANT, *Streit der Fakultäten,* A 183f (Werke VI, 381) zit. H. BÖHME/G. BÖHME: *Das Andere der Vernunft.* Frankfurt a.M. (Suhrkamp) 1985, 234.

[18] KANT, *KrV,* B 154 (Werke III, 150).

[19] Ebd. Betrachtet man, wie Kant gleich im Anschluss an diese Überlegungen die Frage nach einer fundamentalen Selbstgewissheit des Subjekts im Denken diskutiert, so kann eine Abhängigkeit der Selbstgewissheit von der Einbildungskraft, wie sie etwa von Husserl in *Zur Phänomenologie des inneren Zeitbewußtseins* [R. BOEHM (Hg.): *Husserliana X,* Den Haag 1966, 47 und passim] heftig geleugnet wird, kaum von der Hand gewiesen werden. Kant schreibt: „Ich, als Intelligenz und denkend Subjekt erkenne mich selbst als gedachtes Objekt, so fern ich mir noch über das in der Anschauung gegeben bin, nur, gleich andern Phänomenen, nicht, wie ich vor dem Verstande bin [!], sondern wie ich mir erscheine [...]." Ebd. 151. Vgl. zur aktuell schärfsten Kritik einer von Kontingenz freien „reinen inneren Anschauung": Jacques DERRIDA: *Die Stimme und das Phänomen.* Frankfurt a.M. 2003 (Suhrkamp) 2003 sowie zur gleichwohl notwendig anzunehmenden, allerdings streng formal gedachten präreflexiven Selbstevidenz unsere Überlegungen unter 3.1.

Verstand zunächst noch einmal rekapituliert, insofern „eine jede Erkenntnis [...] immer auf jenem Verhältnis als subjektiver Bedingung beruht."[20] Der Fragestellung dieses Werkes gemäß tritt die Erkenntniskritik der *Kritik der reinen Vernunft* zurück zugunsten von Fragen der Ästhetischen Theorie, die im Kontext dieser Arbeit besonders interessieren: Kant führt eine erstaunlich schöpferische Einbildungskraft ein, die „über die Schranken der Erfahrung hinaus [...] dem Vernunft-Vorspiele in Erreichung eines Größten nacheifert" und so „den Begriff selbst auf unbegrenzte Art ästhetisch erweitert"[21]. Gleichwohl ist es Kant hier um ein geregeltes Zueinander von Einbildungskraft und Urteilskraft[22] als „reflektierte Wahrnehmung"[23] ebenso zu tun wie um eine Hochschätzung der sinnlichen Wahrnehmung: „Die ästhetische Urteilskraft ist Statthalterin sowohl rein sinnlicher als auch rein intellektueller Eigenschaften, indem sie in einer Weise über die Regel, nach der Einbildungskraft und Verstand bei der Begriffsbildung ins Verhältnis gesetzt sind, reflektiert, daß sie jede gegebene Vorstellung auf die Zusammenstimmung von Einbildungskraft und Verstand hin untersucht."[24]

Für die *Dramentheorie* findet sich auch bei Friedrich Schiller im direkten Anschluss an Kant die für unsere Arbeit leitende Frage nach dem Verhältnis von Fiktion bzw. Einbildungskraft und kritischer Vernunft (und eine analoge Antwort)[25]: Die Einbildungskraft ist in ihrem „gestaltlosen Spiel ein Akt der Selbstdeutung"[26]. Wenngleich Schiller sich niemals von einem idealistischen Kunstbegriff distanziert hat, plädiert er nach seiner ‚Kantkrise' doch für eine klare Trennung der beiden Bereiche im Sinne einer quasi verborgenen Wirksamkeit der Vernunft in der Kunst als – mit Kant *emphatisch* begriffene – Freiheit des darstellenden Spieles und erteilt damit dem Bild und Schauspiel als *bloßer Illustration* von Vernunftideen eine Absage, nicht ohne gleichzeitig vor einem „Terror der Tugend" im Drama zu warnen: „Frey wird die Darstellung, wenn der Verstand den Zusammenhang der Ideen zwar bestimmt, aber mit so versteckter Gesetzmäßigkeit, daß die Einbildungskraft

---

[20] KANT, *Kritik der Urteilskraft*. (KU), B 29 (Werke V, 296).
[21] Ebd. 314, zit. TREDE, *Einbildungskraft*.
[22] Diese fasst Kant als subjektives Vermögen, das ebenso wie Vernunft und Verstand eine gesetzgebende Leistung a priori erbringt, nämlich „das Besondere als enthalten unter dem Allgemeinen zu denken." (KANT, *KU*, H 7,8, Werke, V, 179). Als bestimmende Urteilskraft subsumiert sie das Besondere unter ein gegebenes Allgemeines, als reflektierende soll sie zum gegebenen Besonderen das Allgemeine finden. Entscheidend ist darüber hinaus die mit Urteilskraft gegebene Möglichkeit einer Verbindung von Natur und Moral bzw. Freiheit.
[23] KANT, *KU* B XLVI (Werke V, 265).
[24] Hans FEGER: *Die Macht der Einbildungskraft in der Ästhetik Kants und Schillers*. (Probleme der Dichtung. Studien zur deutschen Literaturgeschichte. Begründet von Hans Pyritz, Bd. 25) Heidelberg (Universitätsverlag) 1995, 10.
[25] Vgl. FEGER, *Einbildungskraft*, v.a. die Seiten 282–333.
[26] Ebd. 283.

dabey völlig willkürlich zu verfahren [...] scheint."[27] Dabei spielen allerdings „Konturen der Negativität" eine Rolle, denn die Einbildungskraft „tut in allen Fällen erst das Furchtbare hinzu"[28]. Erst das Leiden fordere unweigerlich die Vernunft des Menschen, will er von dieser Negation loskommen.[29]

Während Kant die Einbildungskraft eng an die praktische Vernunft, und damit an die Idee einer Freiheit, die nur als positive gedacht werden kann, gekoppelt hatte, ist „die Einbildungskraft bei Schiller zunächst und vor aller Reflexion das Vermögen, etwas Unvorstellbares, Nichtwahrnehmbares hervorzubringen. Mit dieser Macht ist sie die erste Dissonanz, die mit dem Menschen in die Natur tritt."[30] Die Einbildungskraft erscheint bei Schiller als Wirkungsweise eines als Seelenkraft naturgegebenen Freiheitstriebes, in welchem „die Möglichkeit, uns vom Zwang der Natur loszusagen"[31] begründet liegt. Ja, sie wird ihm als quasi-apriorisches Faktum zum „Anfangspunkt der Autonomie menschlicher Vernunft"[32]. Dass die Vernunft nicht von einer bloß illusorischen Kunst überschwemmt wird, ist nicht selbstverständlich, liegt aber durchaus im Bereich ihrer Möglichkeiten als reflektierte Erschließung und Entwurf unserer selbst und der Welt. Die Einbildungskraft und die von ihr erzeugten (dramatischen) Fiktionen beherrschen die Vernunft nicht; vielmehr beschreibt Schiller einen „wechselseitig belebenden" Austausch zwischen Vernunft und Einbildungskraft, der im Idealschönen zu seinem Höhepunkt kommt.[33]

Vor allem die Tatsache, dass in Ludwig Feuerbachs breitenwirksamer Religionskritik die Einbildungskraft als Quelle von ‚Projektionen' verstanden wurde, sowie die folgende starke Differenzierung von Human- und Geisteswissenschaften und das damit wachsende Selbstbewusstsein einer nicht mehr ausdrücklich *philosophischen* Kunsttheorie scheint seit Ende des 19. Jahrhunderts die Weiterentwicklung einer kohärenten philosophischen Theorie der Einbildungskraft nicht mehr nahegelegt zu haben. Heidegger lehnt sie als Bestandteil seiner Kunsttheorie eindeutig ab,[34] Adorno bietet eine kritisch-

---

[27] Friedrich SCHILLER: *Nationalausgabe*. Unter Mitwirkung von H. Koopmann hg. von B.v.Wiese. Weimar (Hermann Böhlau) 1962, XXI, 8f.
[28] Ebd. XX, 188. Zit. FEGER, *Einbildungskraft*, 284.
[29] Ebd.
[30] Ebd. 289. Ein Gedanke, der auch bei Adorno auftaucht und in unseren Überlegungen zur *Irritation* und zum *Choque* (Walter Benjamin) im Filmkapitel dieser Arbeit wieder aufgenommen wird.
[31] F. SCHILLER, *Nationalausgabe* XX, 216. Zit. Feger, Einbildungskraf*t*, 289.
[32] FEGER, *Einbildungskraft*, 290.
[33] Friedrich SCHILLER, *Nationalausgabe*, XX, 396. Zit. Feger, Einbildungskraft 300. Vgl. auch: ebd. 331ff.
[34] Vgl. bes. Martin HEIDEGGER: *Der Ursprung des Kunstwerks* [1935/36]. In: Holzwege. Frankfurt a.M. (V. Klostermann) 1950f, 1–72, 60.

hermeneutische Theorie des Ästhetischen und seiner gesellschaftlich/politischen (*vulgo:* kulturindustriellen[35]) Instrumentalisierung mit hohem (kulturpessimistischen) Objektivitätsanspruch, aber keine Theorie der Hervorbringung oder Rezeption künstlerischer Äußerungen[36].

Dabei hatte Herbert Marcuse bereits 1957 in deutlichem Rückgriff auf Schiller und Kant in *Triebstruktur und Gesellschaft* eine ästhetische Theorie der Einbildungskraft entwickelt, die in besonderer Weise auf eine Befreiung der Phantasie durch (und zur) *politische(n) Praxis* abhebt.[37] Darüber hinaus kommt bei Marcuse Sigmund Freuds[38] metapsychologische Theorie der Phantasie sozusagen philosophisch zu sich selbst. Auch Adorno hielt diese Theorie für den neben Kant grundstürzendsten Neuansatz zu dieser Thematik in der Moderne,[39] jedoch ohne ihr eine substantielle Rolle in der eigenen *Ästhetischen Theorie* zuzubilligen. Bei Marcuse heißt es nun: „Die Phantasie spielt eine höchst entscheidende Rolle in der gesamten seelischen Struktur: sie stellt die Verbindung zwischen den tiefsten Schichten des Unbewußten und den höchsten Hervorbringungen des Bewußtseins (in der Kunst) her, zwischen dem Traum und der Wirklichkeit, sie bewahrt den Archetypus der Gattung, die fortdauernden aber verdrängten Vorstellungen des kollektiven und individuellen Gedächtnisses, der tabuierten Urbilder der Freiheit."[40] Marcuse interpretiert die Problemlage des Menschen zu Beginn der zweiten Hälfte des 20. Jahrhunderts ausdrücklich als Ergebnis einer ursprünglichen Spaltung zwischen Lust- und Realitätsprinzip und der „repressiven Ausnutzung der Primärtriebe"; der Kunst kommt so die Schlüsselfunktion zu, dieser Spaltung und ihrer partiellen Aufhebung Ausdruck zu verschaffen. Die Aufgabe einer philosophischen Reflexion, wie Marcuse sie verstand, liegt hingegen in einer Anerkenntnis der *phantastischen* Anteile vernünftiger Äußerungen einer- und der ‚veritablen' internen *Logik* der Phantasie andererseits.[41] In unserem Zusammenhang bedeutsam sollen die von Marcuse betonten kriti-

---

[35] Vgl. dazu v.a.: Theodor W. ADORNO/Max HORKHEIMER: *Dialektik der Aufklärung.* Frankfurt a.M. (Fischer) 1971 (1944). Hier heißt es u.a.: „Aufklärung ist Massenbetrug" (108) oder „Geistige Gebilde kulturindustriellen Stils sind nicht länger *auch* Waren, sondern sie sind es durch und durch." (62).
[36] Theodor W. ADORNO: *Ästhetische Theorie.* Frankfurt a.M. (Suhrkamp) 1973ff. Gleichwohl soll in Kapitel 5.1.1 mit dem Begriff der *Irritation* und des *Negativen* auch ein wesentlicher Gedanke Adornos wieder aufgenommen sein.
[37] Bezeichnenderweise trägt das einschlägige Kapitel von MARCUSEs *Triebstruktur und Gesellschaft* [Frankfurt a.M. (Suhrkamp) 1957ff] den Titel *Phantasie und Utopie* (140–158).
[38] Vgl. besonders: Sigmund FREUD: *Der Dichter und das Phantasieren* (1908). In: Ders.: Studienausgabe X, 169–180.
[39] Vgl. ADORNO, *Ästhetische Theorie,* 22ff.
[40] MARCUSE, *Triebstruktur,* 140 mit Bezug auf Sigmund Freuds *Zwei Kinderneurosen* (Studienausgabe Band VIII, 234).
[41] vgl. ebd. 147, wo mit Verweis auf Carl Gustav JUNG von der „erkennenden Kraft der Phantasie" die Rede ist.

schen Potentiale der Phantasie gerade im Hinblick auf die Utopie hervorgehoben werden: „Die kritische Funktion der Phantasie liegt in ihrer Weigerung, die vom Realitätsprinzip verhängten Beschränkungen des Glücks und der Freiheit als endgültig hinzunehmen, in ihrer Weigerung, zu vergessen, was sein könnte."[42]

Als Ergebnis dieses sicher nicht vollständig zu nennenden ideengeschichtlichen Rückblicks soll die Relation zwischen den reflektierten Begriffen im Sinne einer vorläufigen Arbeitshypothese folgendermaßen gefasst werden:

Es gibt im Menschen neben seiner Fähigkeit zur *sinnlichen Wahrnehmung* und der *kritisch reflektierenden Vernunft* eine dritte Kraft, die *Imaginations-* bzw. *Einbildungskraft* oder *Phantasie*[43]. Sie ist in der Lage, mehr zu leisten als die bloße „Vergegenwärtigung des Abwesenden"[44]. Unter Verwendung sinnlicher Eindrücke vermag sie Sinnzusammenhänge zu konstituieren und kreativ zu rekonstruieren, die einem internen *Bedürfnis zur Alterierung* der unter Maßgabe von ‚Transzendentalien' wie Gerechtigkeit, Schönheit, Wahrheit unvollkommen erfassten Alltagsrealität entsprechen.[45] Diese Abläufe geschehen zunächst mehr oder weniger unwillkürlich,[46] stehen jedoch der bewussten ‚redaktionellen' Gestaltung offen. Ihren konkreten Ausdruck findet sie in verschiedenen, mit dem Titel ‚*Fiktion*' belegten *Gerinnungsformen*, die nicht einfach nur nach Maßgabe einer unmittelbaren (oder verschobenen) Triebbefriedigung entstehen, sondern auch einer eigenen, anderen Logik und damit auch ‚Vernünftigkeit' nicht entbehren.[47] Zu nennen sind hier Vision/Audition, (Tag)Traum, Wahn und Mythos, Literatur, Spielfilm, virtuelle Räume etc.

---

[42] Ebd. 148.
[43] Heinrich POPITZ [*Wege der Kreativität*. Tübingen (Mohr Siebeck) ²1997] unterscheidet zwischen *erkundender, gestaltender* und *sinnstiftender* Phantasie (93ff).
[44] POPITZ, *Kreativität*, 85.
[45] Wenn die Einbildungskraft immer schon auf Vollkommenheit ginge, bedürfte es nicht der Vernunft. Genauso wie die Maßgabe der genannten Transzendentalien kann auch – wie etwa im Werk des Marquis de Sade – die Abweichung der Realität gemäß eigener Mächtigkeit, Hässlichkeit, Bösartigkeit etc. imaginär ausgestaltet werden. Solcherlei Fiktionen sind nicht unmittelbar zu verwerfen, sondern ebenso wie etwa Höllendarstellungen auf ihre Funktion im Sinne der in Kap. 3 zu entwickelnden Kriteriologie zu prüfen.
[46] „Wir führen unsere Vorstellungen, wohin wir wollen, und sie führen uns, wohin wir nicht wollen. Wir steuern sie mit gebundenen Händen. Dieser Zwiespalt überträgt sich auch auf das Vermögen zur Kreativität. Weil wir uns über alle Erfahrungen hinaus etwas vorstellen können, gewinnen wir die Freiheit zur Kreativität. Doch jede Kreativität ist durch Vorstellungslasten beschwert, über die das Ich nicht verfügt." POPITZ, *Kreativität*, 91.
[47] Vgl. zu dieser Problematik, den Dualismus von Einbildungskraft und Vernunft meist nicht überwindend: BÖHME/BÖHME, *Das Andere der Vernunft*.

Für die folgenden Überlegungen ist so eine Integration der Einbildungskraft neben der Wahrnehmung und der Vernunft und mit diesen in einem korrelativen Wechselverhältnis stehend in ein Modell von Subjektivität des Menschen einzubeziehen. Vereinseitigungen, die eine vollkommene Beherrschung der Einbildungskraft und der von ihr hervorgebrachten Fiktionen durch die Vernunft bzw. deren Unabhängigkeit von ihr annehmen, sind als *rationalistisch*, solche, die – wie in der strukturalistischen Literaturtheorie oder im Radikalen Konstruktivismus – eine Unterscheidung zwischen Realität und Fiktion für unmöglich halten bzw. eine Referenz der Zeichen auf ein Signifikat schlichtweg leugnen, als *relativistisch* zurückzuweisen.[48]

Natürlich bilden die Kunst, die Vision, der Traum, die Wahnvorstellung auch Wahrgenommenes und damit Natur im weitesten Sinne ab, wie dies vor allem die platonisch geprägte Tradition herausgestellt hat. Aber das ist nicht ihre einzige Funktion. Jede Engführung des Fiktionsbegriffs auf Repräsentation verkennt den je eigenen Stil des Kunstwerks, der Vision, des Traumes, und die je eigene Welt, die hier entsteht, aber auch schon die irreduzible realitätserschließende Kraft, die den genannten Phänomenen innewohnt. Wo – wie bei Jacques Derrida[49] und Wolfgang Iser[50] – das platonische Repräsentationsmodell kritisiert wird, geschieht dies nicht im Namen eines Relativismus, sondern der Autonomie des Kunstwerks, das beim Betrachter eine *je neue* Lektüre auslöst, beziehungsweise im Namen der irreduziblen Wirkmacht eines Traumes oder einer Vision. Die Vorstellung eines in der Interpretation notwendig zu entdeckenden ‚authentischen' Verweises des (künstlerischen) Abbildes auf sein ‚natürliches' Urbild darf für dem Phänomen inadäquat gehalten werden. Gerade der Blick auf die Apokalyptik und die unter anderem aus ihr hervorgegangenen Himmels- und Höllendarstellungen zeigt die vielfältige Problematik, die ein solches Urbild-Abbild-Denken wirkungsgeschichtlich auszulösen in der Lage war.[51]

---

[48] Als prominentester zeitgenössischer Ansatz soll Jean BAUDRILLARDS Werk *Simulacres et simulation*. [Paris (Galilée) 1981] genannt werden, in dem unter Berufung auf eine neue Epoche der ‚Postmoderne' oder der ‚Simulacren' das Realitätsprinzip in eine Hyperrealität ohne Wirklichkeitsbezug verabschiedet wird: „Il s'agit d'une substitution au réel des signes du réel, c'est-à-dire d'une opération de dissuasion de tout processus réel par son double opératoire [...] qui offre tous les signes du réel et en court-circuite toutes les péripéties." Ebd. 11.
[49] Vgl. zur Repräsentationskritik ausführlich: Jacques DERRIDA: *Die zweifache Séance I*. In: Ders. Dissemination. Wien (Passagen) 1995, 193–253, v.a. 204ff.
[50] Vgl. 2.3.2.
[51] Vgl. u.a.: Peter DINZELBACHER: *Angst im Mittelalter: Teufels-, Gottes- und Todeserfahrungen: Mentalitätsgeschichte und Ikonographie*. Paderborn u.a. (Schöningh) 1996; Jacques LE GOFF: *Die Geburt des Fegefeuers*. Stuttgart (Klett-Cotta) 1984; Georges MINOIS: *Die Hölle. Zur Geschichte einer Fiktion*. München (Diederichs) 1994; Herbert VORGRIMLER: *Geschichte der Hölle*. München (Fink) ²1994.

2.1.2 Zur Rolle des Bildes in theologischen Texten

Mit dem Begriff ‚Fiktion' ist, wie gesehen, zunächst auch der des Bildes und der Einbild-ungskraft angesprochen und damit eine Tradition, die seit Platon einen breiten Strom der Reflexionen auf die Natur des Bildes und das Zueinander von Wahrnehmung und Bildverarbeitung hervorgebracht hat.[52] Was mit Hilfe der Einbildungskraft fingiert wird, sind Bilder und Texte, die Sprach-Bilder enthalten. Man stößt hier also auf eine Melange aus zwei ideengeschichtlich und wissenschaftlich zwar streng getrennten Bereichen: Kunst- bzw. Literaturwissenschaft, deren strikte Trennung aber bei genauerem Hinsehen nicht aufrechterhalten werden kann:[53] Das Bild, die Vision, der Traum drängen zur Erklärung, und gegebenenfalls auch zur theologisch geprägten Hermeneutik. Kein Text kommt ohne Bilder aus, die bei der Lektüre von Leser und Leserin immer wieder neu visualisiert werden, so dass von nicht-fiktionalen Texten kaum gesprochen werden kann.[54]

Jürgen Bräunlein[55] fragt zu Recht: „ist das vermeintliche Konkurrenzverhältnis [zwischen Bild und Text] nicht eher ein Wechselbezug – und ein fruchtbarer zumal – auf der Basis innerer Ähnlichkeit?", um dann als Visualisierung ganz in unserem Sinne „nicht nur die optische Wahrnehmung der empirischen Wirklichkeit" zu nennen, „sondern ebenso die Erzeugung von Bildern im Kopf, also inneren Bildern. Visualität ist hier das Ergebnis der Einbildungskraft."[56] Nicht nur ist die Sprache als zeichenhaftes Darstellungsmedium bereits ‚Bild', wird dem gut gelungenen Text gerne ‚Anschaulichkeit' (also die besonders leichte Umsetzung seines Inhaltes in innere Bilder) attestiert. Zunehmend wird der Text auch als ein Medium erkannt, das bei der Lektüre einen *Bild-Raum* erzeugt. „Infolgedessen wird die Struk-

---

[52] Einen schönen Überblick gibt die Textsammlung von Ralf KONERSMANN: *Kritik des Sehens.* Leipzig (Reclam) 1997, sie umfasst Texte von Platon bis Maurice Merleau-Ponty.
[53] Bereits mehrfach wurde die Trennung der verschiedenen Disziplinen Philosophie, Literaturwissenschaft, Kunstgeschichte, und man möchte hinzufügen: „Theologie", beklagt und die Begründung einer neuen ‚Bildwissenschaft' gefordert. Vgl. prominent: Hans BELTING: *Bild-Anthropologie. Entwürfe für eine Bildwissenschaft.* München (Fink) ²2002. Zur Behebung dieses Übels wurde jüngst eine Buchreihe *Bildwissenschaft* ins Leben gerufen, deren erster Band den Titel trägt *Bildgrammatik. Interdisziplinäre Forschungen zur Syntax bildlicher Darstellungsformen.* [Hg. von Klaus SACHS-HOMBACH und Klaus REHKÄMPER, Magdeburg (Scriptum) 1998].
[54] „Die Umsetzung einer Textvorgabe in ein Bild ist immer, vorgängig zu allen Qualitätsfragen, allein bedingt durch die Differenz der Darstellungsmittel, ein Verlust-Gewinn-Prozeß. Daß überhaupt eine Umsetzung möglich ist, ist bedingt durch die Bildreferenz von Sprachelementen und die Nennbarkeit von Bildelementen einerseits, die sinnkonstituierende Relationalität sei es in der Sukzession des sprachlichen Textes, sei es in der Komposition der Bildfläche andererseits." Alex STOCK: *Wozu Bilder im Christentum?* St.Ottilien (Eos) 1990, 179.
[55] Jürgen BRÄUNLEIN: „*Bilde Künstler, rede nicht!" Der Dichter als homo pictor oder Warum Literalität auch Visualität ist.* In: B. Flessner (Hg.): Die Welt im Bild. Wirklichkeit im Zeitalter der Virtualität. Freiburg (Rombach) 1997, 157–174.
[56] Ebd. 159

tur des Raumes eines Textes zum Modell der Struktur des Raumes der ganzen Welt, und die interne Syntagmatik der Elemente innerhalb des Textes zur Sprache der räumlichen Modellierung."[57]

Es gibt also einen wechselseitigen Verkehr zwischen Text und (inneren) Bildern, aber dieser ist erschwert; es muss übersetzt, eine Schwelle muss übertreten werden, Bild und Text gehen nicht restlos ineinander auf. Es gibt einen unvertretbaren Rest der Bildwirkung, den kein Text einfangen kann, und eine inhaltliche Qualität von Texten, die nie in Bilder übersetzt werden wird. Dies gilt zumal, da Bild und Text jeweils neue und je eigene Rezeptionsvorgänge in Gang setzen. Theologisch sind dabei insbesondere die Themenkreise von bildlichen oder textuellen Visionen sowie von Bilderverbot und Bilderkritik relevant.

Visionsbilder und Theologie
Insofern in einer Vision das Verhältnis zwischen Gott und Mensch zur Sprache (und zum Bild) kommt, ist der religiöse (und theologische) Diskurs besonders an der *Herkunft* der Bilder aus einem göttlich apostrophierten Jenseits interessiert. Mit dem Aufkommen akademischer Theologie bewirkt diese – zunehmend mit der Bewertung der Bilder nach Maßgabe der Rechtgläubigkeit befasst – eine Verdrängung, ja Reduktion der Bilder in ihrem eigenen Diskurs und damit ein Entstehen der Kunstwissenschaften.[58] Dabei spielen weniger die skizzierten Begriffe der Philosophiegeschichte als die Begriffe *Traum, Vision* bzw. *Erscheinung* eine Rolle. Sie kann man als ‚einbildliche'[59] ‚Vergegenwärtigungen' beschreiben, die explizit nicht in der Welt der Dinge *wahrgenommene* und dennoch als in einer bestimmten Weise real *geglaubte* Entitäten je nach historischem Ort und individueller Gestimmtheit beinhalten.

Allgemein wird die Befähigung zu Visionen bzw. traumartigen Wahrnehmungen (nicht nur Schau) von „Gestalten, Gegenständen, Vorgängen oder Zusammenhängen aus einer der phänomenalen Welt nicht angehörenden oder sie übersteigenden Realität, die einzelnen, häufig religiösen Spezialisten, sichtbar werden, ohne dass dadurch der Unterschied zwischen der alltäglichen und außeralltäglichen Wirklichkeit aufgehoben wäre,"[60] für eine biophysische Konstante in der Natur des Menschen gehalten. Visionen

---

[57] Jurij M. LOTMAN: *Die Struktur literarischer Texte.* Stuttgart (UTB) 1993, 310.
[58] So die zentrale These von Hans BELTINGs Werk *Bild und Kult. Eine Geschichte des Bildes vor dem Zeitalter der Kunst* [München (Beck) 2000]. Die Thematik wird im 5. Teil dieser Arbeit unter der Überschrift *Theologie gegen Bilder. Bilder gegen Theologie* noch einmal im Horizont des Spielfilmes vertieft.
[59] Eine Begriffsprägung, die auf Teresa von Avila zurück geht und von Karl RAHNER wieder aufgegriffen wurde. Vgl.: Ders.: *Visionen und Prophezeiungen. Zur Mystik und Transzendenzerfahrung.* Freiburg i.Br. u.a. (Herder) Neuausg. d. 2. Aufl. 1989 (1952), 39ff.
[60] H. WISSMANN: Art. *Vision, Religionswissenschaftlich.* In: LThK^3 X (2001), 811.

begleiten Religionsstiftungen, sind in Initiationsprozesse integriert oder dienen der Zukunftsvorhersage. Mit Hilfe von Drogen, Tanz, asketischen Übungen etc. können sie gezielt herbeigeführt werden. Ihre lebensweltliche Wirksamkeit hängt wesenlich davon ab, ob und in welchem Maße ihnen als Retroskopie, Kryptoskopie oder Präkognition gesellschaftlich Bedeutung beigemessen wird, oder ob sie als Halluzination, also Trugwahrnehmung verworfen werden.

Im *Alten Testament* finden sie ihren literarischen Niederschlag in erster Linie in den Prophetenbüchern. Älteste Belege gehen bis ins Buch Genesis zurück (z.B. die Träume der Patriarchen). Prophetische Visionen, die nicht selten eine Audition des authentischen Gotteswortes begleitet, beinhalten Berufungserlebnisse, Theophanien sowie die bildhaft ausgemalte Ankündigungen von Strafgerichten. Visionsberichte im Rahmen der frühjüdischen Apokalyptik zeigen nach der bereits in den Prophetentexten (Ezechiel) aufweisbaren reflexiven Stilisierung zunehmend Phänomene literarischer Gestaltung (Zitate aus dem mythologischen Bildgut, Spannungsaufbau) und verlieren so ihre ursprüngliche Einfachheit und Übersichtlichkeit. Ihre Autoren sind Intellektuelle, Weise (Daniel, Henoch, Esra) mit viel Bücherwissen.[61]

Im *Neuen Testament* spielen Visionen eine geringere Rolle. Die Verkündigung Mariens und die Vision des Zacharias sind hier zu nennen, aber noch expliziter die Träume des Josef und der drei Weisen in der Kindheitsgeschichte, die Widerfahrnisse Jesu in der Wüste, bei seiner Taufe und seine Verklärung, wenngleich Jesus insgesamt weniger als Visionär oder Ekstatiker gekennzeichnet werden kann. Auch die Begegnungen mit dem Auferstandenen sind unter die Visionen zu zählen (gekennzeichnet durch das auffällige ὤφθη des Erscheinungsvorganges). Paulus darf sowohl in der Eigen- wie der lukanischen Fremdperspektive als visionär besonders begabt angesehen werden, wie die Vision in der pneumatisch veranlagten Urgemeinde überhaupt ein gängiges Phänomen gewesen sein dürfte: Seine Himmelsreise (2 Kor 12,2ff), die Ekstase (2 Kor 5,13), seine Begegnung mit dem Auferstandenen (1 Kor 9,1; 15,8; Apg 9,1-19), diverse Nachtgesichte und Traumvisionen (Apg 16,9f; 18,9f; 23,11; 27,23f), aber auch die Vision des Stephanus (Apg 7,55f) bezeugen, dass die Vision als Form der religiösen ‚Praxis' in neutestamentlicher Zeit nicht völlig verschwunden sein kann. Inwiefern die Gattung der Apokalypsen visionär genannt werden darf, und inwiefern sie deshalb dem Genre fiktionaler Texte zugerechnet werden muss, wird unter 2.4 erörtert.

---

[61] Gerhard VON RAD: *Theologie des Alten Testaments*. München (Chr. Kaiser) 1960ff., 318.

Visionen begleiten dann die gesamte christliche Tradition und spielen eine besondere Rolle in der Mystik des Mittelalters und der frühen Neuzeit.[62] Hier scheint ähnlich wie in der Zeit des charismatischen Prophetentums das Element der *Autorisierung* eines hierarchisch nicht absicherbaren religiösen Diskurses eine wichtige Rolle zu spielen. Ähnlich wie bei Paulus[63] dient die Vision als innerkirchlich gewichtiges Argument für die Orthodoxie der Botschaft des Visionärs. Als Mittel der spontanen, *eo ipso* nicht rational abgesicherten oder lehramtlich bestätigten religiösen Erkenntnis steht die Vision bis heute unter Verdacht und muss sich ausweisen[64].

Die Metapher als Sprach-Bild im theologischen Diskurs
Die übliche Trennung zwischen literaturwissenschaftlichem Diskurs und Bildender Kunst, Vision und Traum übersieht – wie gesehen –, dass auch jeder *Text* unausweichlich mit Bildern arbeitet. Ebenso wie das Bild der bildenden Kunst ist ein Text in der Lage, innere Bilder auszulösen, ja er ist auf sie angewiesen und modifiziert sie. Dies gilt vor allem für fiktive, poetische und erzählende, weniger für wissenschaftliche Texte. Doch selbst für den abstrakten philosophischen Text gilt diese Aussage noch.

In einer relativ uneinheitlichen Begriffsentwicklung deren wichtigste Inspiratoren Aristoteles, Cicero und Quintilian gewesen sein dürften, hat sich in der klassischen Antike letztlich die Definition durchgesetzt: *metaphora brevior est similitudo*, die Metapher ist ein verkürzter Vergleich. Aristoteles hatte noch differenzierter formuliert: „Metapher [ist] die Übertragung eines fremden Nomens, entweder von der Gattung auf die Art oder von der Art auf die Gattung oder gemäß der Analogie."[65]

Bei der Charakterisierung dessen, was mit der seit dem 18. Jahrhundert im Deutschen gebräuchlichen Metapher vom ‚Sprachbild' bezeichnet wurde, stößt man dann auf ein noch breiteres Tableau von Varianten: „Im einzelnen sind [Sprach]Bilder Ergebnis von Übertragung (translatio; Sprung aus dem einen in den anderen Bereich) oder von Vergleichung (comparatio; Analogie

---

[62] Vgl. zur mystischen Vision als originärem Ausdrucksmittel in der beginnenden Krise der Repräsentation: Michel DE CERTEAU: *La fable mystique*. Paris (Gallimard) 1985.
[63] Ernst BENZ: *Paulus als Visionär. Eine vergleichende Untersuchung der Visionsberichte des Paulus in der Apostelgeschichte und in den paulinischen Briefen.* Mainz/Wiesbaden (Akad. d. Wiss. u. d. Lit.) 1952 sowie Bernhard HEININGER: *Paulus als Visionär. Eine religionsgeschichtliche Studie.* Freiburg i. Br. u.a. (Herder) 1996.
[64] Ein Phänomen, das uns im Blick auf das visionär-euphorische Frühstadium der Endzeitkirchen in Teil 4 der Arbeit noch beschäftigen wird. Vgl. dazu auch: RAHNER, *Visionen und Prophezeiungen*. Vgl. zur Aktualität des Wunder und Visionsglaubens inner- und außerhalb der Kirche auch: Joachim VALENTIN (Hg.): *Wunder als Quelle des Glaubens? Untersuchungen zur ungebrochenen Wunderbegeisterung inner- und außerhalb der katholischen Kirche.* (Arbeitstexte zur religiös-weltanschaulichen Information und Diskussion 10) Seelsorgeamt Freiburg 2003.
[65] ARISTOTELES, *Poetik* 21 (1457b 6–9).

aufgrund von Ähnlichkeit, similitudo), und zwar punktuell (Metapher) oder strukturell (Allegorie). Daneben steht das Vorstellungsbild kraft Imagination bzw. Phantasie. Bildliche Darstellungen wirken durch Anschaulichkeit, sinnliche durch Konkretion und Lebendigkeit."[66] An dieser Stelle wäre freilich eine weit ausführlichere Reflexion über den Gebrauch von Sprachbildern und Metaphern innerhalb verschiedener Textsorten und ihre unvertretbare Valenz[67] notwendig. Aus Gründen der Konzentration kann hier nur auf bereits vorliegende Arbeiten verwiesen werden[68].

Um die Offenheit dieses literaturwissenschaftlichen und philosophischen Diskurses für theologische Fragestellungen zu erweisen, soll aber doch nicht unerwähnt bleiben, wie vor allem Hans Blumenberg in einem seiner vielfach rezipierten Texte zur Metapherntheorie und in einer Linie mit einem regelrechten Boom der Hochachtung metaphorischer Sprache, der seit etwa dreißig Jahren anhält,[69] die innovatorisch-inspirierende und damit transzendierende Wirkung der Metapher im Text hervorhebt. Er spricht davon, „mit welchem ‚Mut' sich der Geist in seinen Bildern selbst voraus ist und wie sich im Mut zur Vermutung seine Geschichte entwirft."[70] An anderer Stelle schreibt er: „Die Metapher konserviert den Reichtum ihrer Herkunft, den die

---

[66] Ulfert RICKLEFS: Art. *Bildlichkeit*. In: Ders (Hg.): Fischer Lexikon Literatur. Frankfurt a.M. (Fischer) ²2002. I, 260–320, 262. Vgl. auch: Gerhard KURZ: *Metapher Allegorie, Symbol*. Göttingen (Vandenhoeck und Ruprecht) ⁴1997.
[67] „Even where metaphor does function as an ornament, it does so by virtue of making some addition to significance, be that ever so light." SOSKICE 1985, 25. Zit. Stefanie KNAUSS: *Drachenfrau und Geistfeuer. Neue Metaphern für Gott in der jüdischen feministischen Theologie und Praxis*. (PONTES Philosophisch Theologische Brückenschläge 11) Münster (LIT) 2002, 18.
[68] Vgl. u.a.: Jacques DERRIDA: *Der Entzug der Metapher*. In: V. Bohn (Hg.): Romantik, Literatur und Philosophie. Frankfurt a.M. (Suhrkamp) 1987, 317–355. und Ders.: *Weiße Mythologie*. In: Ders.: Randgänge der Philosophie. München (Fink) 1999, 229–290; Paul DE MAN: *Epistemologie der Metapher* (1978) in: A. Haverkamp (Hg.): Theorie der Metapher (Wege der Forschung 384). Darmstadt (WBG) 1983, 414–437; Odo MARQUARD: *Frage nach der Frage, auf die die Hermeneutik eine Antwort ist*. In: Ders.: Abschied vom Prinzipiellen. Stuttgart (Reclam) 1991, 117–146. Vgl. für die Theologie: Jean-Pierre VAN NOPPEN (Hg.): *Erinnern um Neues zu sagen. Die Bedeutung der Metapher für die religiöse Sprache*. Frankfurt a.M. (Athäneum) 1988. Hier v.a. (52–67): Eberhard JÜNGEL: *Thesen zur theologischen Metaphorologie*, ein Text dem vor allem in seiner Sinnspitze nur zugestimmt werden kann: Vgl. etwa These 23: „Indem Gott mit den Mitteln der Welt dadurch Raum gewinnt, daß er zur Sprache kommt, erweitert sich der Horizont der Welt so, daß die Wirklichkeit der Welt (in ihren Problemen, Konflikten, Werten) *schärfer* erfaßt wird. Die Sprache des Glaubens schärft den Wirklichkeitssinn, indem sie den Menschen auf mehr anspricht, als wirklich ist. Strukturell geschieht dies in der metaphorischen Rede." Ebd. 64.
[69] Vgl. den im schönen Dreischritt der klassische Theorien (Substitutionstheorie/Vergleichstheorie, Interaktionstheorie, kognitive semantische Theorie) gegliederten Überblick bei KNAUSS, *Drachenfrau*, 14–30. (Lit.)
[70] Hans BLUMENBERG: *Paradigmen zu einer Metaphorologie*. In: Haverkamp, *Theorie der Metapher*, 285–315, 290.

Abstraktion verleugnen muß"[71], um schließlich auf eine Wahrheit zu verweisen, die als sie selbst „in der Sprache der Wissenschaft [...] nicht mehr ausgesagt werden kann und wohl auch niemals ausgesagt worden ist."[72] Allein die Metapher spricht über den Sinn der Welt, der gleichwohl immer auch außerhalb ihrer selbst liegen muss. Wenngleich die Sinnspitze von Blumenbergs Texten in der Widerlegung eines Metaphernverdikts in der Philosophie, besonders bei Heidegger und Kant zu suchen ist, wird auch die theologische Rede nur um den Preis der ruinösen Reduktion eigener Ausdrucksmittel den Wert der Metapher gering schätzen können.

Gerade angesichts dieser Angewiesenheit theoretischer Diskurse auf Metaphern soll mit Derrida festgehalten werden, dass niemals *eine* Metapher die *ganze* Wahrheit auszudrücken in der Lage ist. Es bleibt immer ein unbestimmbarer Rest, der dem *Entzug der Metapher*[73] vor letztgültiger Deutung und der Unmöglichkeit, den Kontext gegenwärtiger und zukünftiger Deutungen endgültig und umfassend zu bestimmen, immer wieder neu entspringt; eine Leerstelle, die nicht betrauert werden muss, sondern als endlos sprudelnde Quelle weiterer Text- und Sinnproduktionen begriffen werden darf.[74]

Darüber hinaus muss hier darauf hingewiesen werden, dass es eine bedingte Übersetzbarkeit von literarisch evozierten Bildern in die bildende Kunst hinein gibt. Eine solche Aussage darf aber auch den großen Spielraum der Variabilität und Verschiebungen im Rahmen eines solchen Übersetzungsprozess nicht verkennen. Er geht über den üblichen Spielraum hermeneutischen Deutens hinaus, da Bilder im Text weniger konkret sind und dem Rezipienten mehr Spielraum lassen, ihm aber auch mehr an Einbildungskraft abverlangen.[75] Auch hier mag die inzwischen unüberschaubare Wirkungsgeschichte der apokalyptischen Bilder in der bildenden Kunst als Beispiel dienen.

---

[71] Hans BLUMENBERG: *Ausblick auf eine Theorie der Unbegrifflichkeit*. In: Haverkamp, Theorie der Metapher, 438–454, 441.
[72] Ebd. 443.
[73] So der Titel des DERRIDA-Aufsatzes: *Le retrait de la métaphore*. In: Poésie 6, 1979. Dt.: Der Entzug der Metapher.
[74] „Die Metapher kann Eigenschaften [...] zum Ausdruck bringen, kann die dem Wesen verschiedener Dinge entnommenen Eigenschaften aufeinander beziehen, kann sie aufgrund deren Ähnlichkeit erkennbar machen, ohne jedoch das Wesen auf direkte vollständige eigentliche Weise auszudrücken, ohne ihrerseits die Wahrheit von etwas selbst aufzuzeigen." DERRIDA, *Weiße Mythologie*, 268.
[75] „Unsere mentalen Bilder entfalten sich bekanntlich umso ungehinderter, je weniger sie durch physische oder sichtbare Bilder eingeschränkt werden." BELTING, *Bild-Anthropologie*, 85.

Inwiefern Alex Stocks eher resignativer Einsicht von der Bildresistenz der Theologie zugestimmt werden muss, soll in einem zweiten kleinen Exkurs über eher dem Repräsentationsdenken verpflichtete (2.2.1) bzw. fiktionsfreundliche (2.2.2) christliche Traditionen gezeigt werden, der sich aus Gründen der Ökonomie auf wenige Fixpunkte konzentrieren muss.

2.2 Exemplarische Stationen christlicher Bildtheologie

> *„Das Ursprüngliche ist weder ein Geist ohne Leib, der sich nach einem Ausdrucksfeld umsieht, eines findet und zurechtrückt (wie man eine Schreibmaschine zurechtrückt) und dann wieder verlässt – noch ein Leib ohne Geist, der sich aus unerklärlichen materiellen Kräftespielen (Strebungen wäre schon zuviel) so oder anders zusammenklittert, um sich alsbald wieder aufzulösen."*[1]   Hans Urs von Balthasar

2.2.1 Verstrickt in Repräsentation?

Bilder im frühen Christentum
Die pagane Bilderverehrung und der Kaiserkult waren eine wichtige Quelle für die Abstinenz gegenüber bildlichen Darstellungen im frühen Christentum.[2] Darüber hinaus wirkt auch im Christentum zunächst das jüdische Bilderverbot. Selbstverständlich ist der Mensch Jesus Christus darstellbar – wie aber soll seine göttliche Natur dargestellt werden? Die Lösung stellt für den Fall der Christusdarstellung im frühen Christentum zunächst eine Pluralität von oftmals symbolischen Bildern dar. Der Fisch, das Schiff, der gute Hirte, das ‚Christusmonogramm' und andere Symbole, biblische Rettungs- und Heilungsszenen in Rom (Alt St. Peter, Maria Maggiore) vermeiden eine unmittelbare Darstellung Christi oder anderer Heiliger der Bibel und der Märtyrer der frühen Kirche. Noch Eusebius widersetzt sich im vierten Jahrhundert einer Abbildung Christi. Epiphanios von Salamis weigert sich zur selben Zeit, Heilige oder Engel zu malen und kämpft erbittert gegen bildliche Darstellungen in Kirchen.

Bald darauf beginnt sich jedoch eine eigenständige christliche Kunst zu entwickeln. Die Erhebung des Christentums zur Staatsreligion 381 hatte zur endgültigen Emanzipation von der älteren Schwester, dem Judentum, geführt. Die bilderkritische Tradition der Judenchristen war weitgehend verschwunden. Das Christentum erscheint nun zunehmend, in der *Adversus Judaios*-Literatur seit dem 6. Jahrhundert explizit,[3] bilderfreundlich und wirkt damit

---

[1] Hans Urs von BALTHASAR: *Herrlichkeit. Eine theologische Ästhetik.* Einsiedeln (Johannes) ³1988 (1961), 18.
[2] Vgl. die schöne Zusammenstellung von Zeugnissen für die Ablehnung von Literatur und Theater im antiken und frühmittelalterlichen Christentum sowie hilfreiche weiterführende Literaturangaben bei Erich GARHAMMER: *Erzählen statt Zählen. Eine kleine Apologie der Fiktionalität.* In: Bibel und Liturgie 75 (2002), 13–19.
[3] Hans Georg THÜMMEL: *Bilderlehre und Bilderstreit. Arbeiten zur Auseinandersetzung über die Ikone und ihre Begründung vornehmlich im 8. und 9. Jahrhundert.* Würzburg (Augustinus) 1991, 31

prägend für das gesamte Abendland. Auslöser sind vor allem Entwicklungen in Konstantinopel, seit 330 Sitz des christlichen römischen Kaisers: Hatten die Christen in spätantiker Zeit die römische Verehrung des Kaiserbildes bis in die fernsten Provinzen noch als Provokation wahrgenommen und abgelehnt, ja diese Weigerung bisweilen sogar mit dem Märtyrertod bezahlt, wird die Bilderverehrung nun durch *interpretatio romana* – eine integrierende Aneignung des Fremden – aufgenommen und verändert: Die Bischöfe orientieren sich in der Liturgie zunehmend am byzantinischen Hofzeremoniell, stellen ebenfalls ihre Bilder auf, tragen die Tracht der hohen Reichsbeamten und haben Anspruch auf Thron, Einzug mit Kerzen und Kniefall (etwa seit dem 7. Jhd.)[4]. Den Heiligenbildern in Ostrom werden die Füße gewaschen, sie werden verehrt wie der Kaiser selbst, mit dem der Papst und die Bischöfe zunehmend konkurrieren.

Der Bilderstreit[5]

Diese Bilderverehrung stößt schließlich auf den Widerstand der oströmischen Kaiser. Bereits 726 begann Kaiser Leon III. sich gegen die Bilder zu wenden. Konstantins V. Neid gegenüber den Heiligenbildern und den Bischöfen, die zunehmend seine Machtbezeugungen übernehmen (besonders deutlich in den Darstellungen Christi als Pantokrator), könnte der Anlass dafür gewesen sein, dass er 754 auf der Synode von Hiereia die Verehrung von Ikonen, ja sogar ihre Herstellung vollständig verbot und damit dem griechischen Mönchtum den spirituellen und wirtschaftlichen Boden gleichzeitig unter den Füßen wegzog. Die anschließende Debatte ging darum, ob das Bild eikon oder eidolon, Bild oder Idol sei: Wenn nur die Eucharistie ein angemessenes Bild der göttlichen Natur Christi sein kann, darf ein Bild Christi nicht Objekt der Anbetung (proskynesis), sondern nur der Verehrung (latreia) sein.

Ideengeschichtlicher Hintergrund der überbordenden Bilderverehrung in Ostrom war zunächst der Neuplatonismus und seine Vorstellung von Analogie bzw. Ähnlichkeiten zwischen Urbild und Abbild, mit Hilfe dessen dem Bild ein große Ähnlichkeit, ja Identität mit dem Urbild zugesprochen werden konnte.[6] Jesus Christus ist selbst in der Ikone gegenwärtig, sie hat Teil an der

---

[4] Kurt BAUCH: *Imago*. In: G. Boehm (Hg.): Was ist ein Bild? München (Fink) 1994, 275–299, 282.
[5] Vgl. zum Bilderstreit auch: Hans Georg THÜMMEL, *Bilderstreit* (Lit.). Thümmel bietet in einem Überblick über die Forschungsliteratur wichtige sozialpolitische Hintergründe. Unter anderem werde in jüngerer Zeit der Einfluss jüdischer bzw. islamischer Traditionen auf die Ikonoklasten sowie die Relation zwischen einer erstarkenden ikonenfreundlichen Spiritualität unter schwacher weltlicher Macht (z.B. vor Leon III.) und deren Zurückdrängung bei einem Erstarken der kaiserlichen Macht diskutiert.
[6] Vgl. BAUCH, *Imago*, 280ff. Dies gilt allerdings nur *cum grano salis*: Hans Georg THÜMMEL betont, dass ebenso neuplatonisch-ikonoklastische und aristotelisch-ikonenfreundliche Ansätze bekannt sind. (*Bilderstreit*, 34ff)

Gnade des Heiligen (analog zur Reliquie und zur geweihten Hostie) – eine Aussage, die vom zweiten, nicht-ökumenischen Konzil in Nicaea 787[7] auf Druck der starken Mönchsfraktion hin und unterstützt von Kaiserin Eirene schließlich ausdrücklich gebilligt wurde, der die (west-)römische Kirche allerdings nur formal, nicht aber faktisch zugestimmt hat.

Mit den Aussagen des zweiten Konzils von Nicaea wurden Entscheidungen gefällt, die einen wesentlichen Schritt zum abendländischen Schisma darstellen dürften: Im Westen gelten Bilder nach dem Bilderstreit und bis heute nicht als Objekt der *Verehrung*, sondern lediglich als Mittel der *Lehre* für die Schriftunkundigen *(biblia pauperum)* und Schmuck für die *eigentliche* Gegenwart Gottes in (Schrift-)Wort und Sakrament.

In den *Libri Carolini* Karls des Großen, denen zwar keine explizite, aber doch implizite Rezeption in der mittelalterlichen Theologie zuteil wurde[8], wurde diese westliche Position zum ersten Mal dargestellt und gut begründet: Die Bilder kommen nicht aus heiligem, sondern nur aus künstlerischem Ursprung; ihr Gebrauch stammt aus heidnischem (griechisch platonischem) Zusammenhang. Bilder zu haben wird hier – aufgrund einer unglücklichen Übersetzung ins Lateinische allerdings dezidiert gegen den Text des Konzils – sogar als Bruch mit der Tradition verstanden. Gleichwohl kommen auch im Westen im Mittelalter Gnadenbilder und Wallfahrten auf und die Kreuzesdarstellung war auch im Westen niemals umstritten.

Die Pädagogik Gregors des Großen

Dilettare, insegnare, movere heißen die Funktionen des Bildes in der ausgesprochen wirkmächtigen Epistula XIII Gregors des Großen[9]. Hier wurde zum ersten Mal eine Akzeptanz des Bildes für Westrom lehramtlich verfügt und in ihrer Wirkung gleichzeitig antiontologisch begrenzt: Bilder dienen allein als Informationsträger für die des Lesens Unkundigen (Bücher der Ungelehrten)

---

[7] 754 hatte die Synode von Hiereia von kaiserlich/bischöflicher Seite gerade das Bilderverbot stark gemacht, der Kaiser diesen Beschluss aber überzogen und auch Ikonen*herstellung* und Reliquienverehrung verboten, Klöster in Kasernen umgewandelt etc. Es folgte starker Widerstand von Seiten der Mönche, der schließlich zum gegenteiligen Urteil des 2. Konzils von Nicaea führte, nachdem Konstantin 775 gestorben war und die ikonenfreundliche Witwe seines frühverstorbenen Sohnes Leon VI. die Regentschaft für den minderjährigen Konstantin VI. übernommen hatte. [Hubert JEDIN: *Handbuch der Kirchengeschichte*. Freiburg i.Br. u.a. (Herder) Bd. 3,1, 37ff]. Es waren in Nicaea keine herausragenden Theologen vor Ort. Wundergeschichten zählten mehr als das Alte Testament – ein Tiefstand der östlichen Theologie. Zu einer endgültigen Klärung führte die Synode 843, die den Bilderstreit zu Ende brachte und endgültig für die Ikonodoulen entschied, allerdings in Abschließung der Orthodoxie gegen den Westen.
[8] Vgl.: Alex STOCK: *Bilderstreit als Kontroverse um das Heilige*. In: Stock, Wozu Bilder, 63–86.
[9] „Nam quod legentibus scriptura, hoc idiotis praestat pictura cernentibus, quia in ipsa etiam ignorantes vident quid sequi debeant, in ipsa legunt qui litteras nesciunt" St. GREGORIUS MAGNUS: *Epistola* XIII (PL77, Sp. 1128).

und sollen „den Gläubigen die Taten und Leiden Christi und der Heiligen näherbringen"[10], nicht aber Gegenstand der Verehrung sein.

In dieser so einfachen wie eingängigen und unmittelbar überzeugenden Relationierung von Lehre, Bild und Gläubigem liegt der gesamte Problemhorizont christlich theologischer Bildrezeption im Westen bis heute beschlossen: Das Bild dient zunächst und vor allem als Transportmedium des immer schon feststehenden *depositum fidei*, dessen eigentliches Medium letztlich der theologische Traktat oder die lehramtliche Äußerung darstellt. Ihm wird kaum eine davon unabhängige, eigenständige Wirkung zugesprochen. Seine Wirkung beim Gläubigen ist vielmehr jederzeit durch Texte kontrollier- und beeinflussbar. Deshalb bekommt eine traditionelle theologisch motivierte Ikonographie den Kunstwert eines Kunstwerks bis heute nur selten in den Blick, ja Theologie in dieser Spur interessiert sich legitimerweise für Kunst überhaupt nur, insofern „*ea res agitur*"[11].

Jesuitische Bildtheologie
Einen zweiten Höhepunkt dürfte dieser lehrhafte Bildgebrauch in der Bildtheologie des *Trienter Konzils* und der darauf fußenden Pädagogik des jungen und einflussreichen Jesuitenordens erlebt haben. Weil dem Sehen eine höhere Affektabilität als dem Hören zugetraut wird, sollen nun Bilder die nach protestantischem Vorbild in Mode kommenden Predigten unterstützen. Gute Bilder wirken auf allen Ebenen (sinnlich, intellektuell, spirituell). So ist das Motto „*docere et movere*" der jesuitischen Bildtheologie zu verstehen. Ihre Grundlage sind die im Trienter Konzil wiederholten Einsichten des Bilderstreites des 7./8. Jahrhunderts und die damit verbundene (begrenzte) Hochschätzung des Bildes: „Gott und Christus allein [gebührt] Anbetung *(adoratio)*, den Heiligen Verehrung *(veneratio)*, den Bildern steht hingegen nur Ehre *(honos)* zu."[12]

Die Hochschätzung des Bildes in der Pädagogik der Jesuiten ergibt sich in der Tradition Gregors des Großen aus der lehrhaften Wirkung der Bilder, die gegenüber den protestantischen Bilderstürmern nun anders als im frühmittelalterlichen Bilderstreit auch im Text der 25. Sessio des Trienter Konzils besonders positiv hervorgehoben wurde.[13] Allerdings wird jetzt unter Auslas-

---

[10] Ilse VON ZUR MÜHLEN: *Imaginibus honos – Ehre sei dem Bild. Die Jesuiten und die Bilderfrage.* In: Rom in Bayern. Kunst und Spiritualität der ersten Jesuiten. Katalog zur Ausstellung des Bayrischen Nationalmuseums München, 30.4.–20.7.1997. Hg. von Reinhold Baumstark (München 1997), 161–170, 161.
[11] STOCK: *Ist die bildende Kunst ein locus theologicus?* in: Stock, Wozu Bilder, 175–181.
[12] MÜHLEN, *Imaginibus honos*, 161.
[13] „Illud vero diligenter doceant eposcopi, per historias mysteriorum nostrae redemptionis, picturis vel aliis similitudinibus expressas, erudiri et confirmari populum in articulis diei commemorandis et assidue recolendis. [...] quia Dei per Sanctos miracula et salutaria exempla oculis fidelium subiciuntur, ut pro iis Deo gratias agant, ad Sanctorumque imitationem vitam

sung der historisch bisher wichtigen Unterscheidung zwischen *Istoria* (Historienbild) und *Icona* (Kultbild) dem Gläubigen die enge Bezogenheit der Bilderverehrung auf die Person Christi bzw. Gottes verschleiert und so bildmagischen Praktiken wieder Tür und Tor geöffnet. Auch die Tatsache, dass die Kontrolle über die Korrektheit künftiger künstlerischer Abbildungen (nur biblische Inhalte, nichts Laszives und Unehrenhaftes) aus organisatorischen Gründen den Bischöfen übertragen wurde, tut dieser Entwicklung keinen Abbruch.

Plötzlich finden sich starke biblische Gründe für einen exzessiven Bildgebrauch. Louis Richeome, mehrfacher Jesuitenprovinzial, legitimiert in seiner wirkmächtigen Schrift *Trois Discours pour la Religion Catholique. Les Miracles, les Saints, les images* (1597) die Malerei mit (A) der Erschaffung des Menschen nach dem *Bilde* Gottes und (B) mit den *Visionen* der Propheten, die ja schließlich auch ein „vom unsichtbaren Pinsel Gottes gemaltes Bild" seien.[14] Solchen Aussagen darf ungeachtet ihrer ungebrochen dominierenden didaktischen Prägung durchaus der Versuch unterstellt werden, eine gewisse Eigenständigkeit der Bildwirkung beizubehalten und die Theologie auch für künftige ‚*visiones*' offen zu halten.

Fraglich wird die barocke Bildtheorie angesichts der wenig deutungsoffenen Bildprogrammatik etwa eines Rubens. Bei dessen Höllendarstellungen, die allerdings in gewisser Weise die konsequente Fortsetzung der gregorianischen Maßgaben mit den Mitteln neuzeitlicher Bildgestaltung und unter den Bedingungen konfessioneller Anschärfung darstellen, ist vor allem zweierlei angezielt: Der Ansporn, nicht zu den Höllenbewohnern zu gehören (Angst und Entsetzen, Nähe zum Beichtsakrament), und die Genugtuung und Erleichterung, angesichts der höllischen Grausamkeiten bei den Seligen zu sein.[15] Dies gilt zumal angesichts der Konfessionalisierung, die mit dem Zwang der Zugehörigkeit zur rechten Konfession eine gewisse „konfessionelle Selbstgefälligkeit" unterstützte.[16]

Peter Burschel[17] schreibt über Märtyrerdarstellungen des Barock, Peter Nadal, Schüler von I. von Loyola, sei überzeugt gewesen, „daß sich das Ich im psychodramatischen Rollenspiel themengebundener asketischer Medita-

---

moresque suos component, excitenturque ad adorandum ac diligendum Deum, et ad pietatem colendam. KONZIL VON TRIENT, *Sessio XXV*, Tit,2. DH 1824.

[14] Louis RICHEOME: *Trois Discours pour la Religion Catholique,* 549–550, zit. Mühlen, Imaginibus honos, 162.

[15] Vgl. in diesem Zusammenhang die Ausführungen Michel Foucaults zur Pastoralmacht unter 3.3.

[16] Vgl. zum Wandel der Höllendarstellungen Mareike HARTMANN: *HÖLLEN-Szenarien. Eine Analyse des Höllenverständnisses verschiedener Epochen anhand von Höllendarstellungen.* Münster (LIT) 2005.

[17] Peter BURSCHEL: *Paradiese der Gewalt. Martyrium, Imagination und die Metamorphosen des nachtridentinischen Heiligenhimmels.* In: Jahrbuch des Historischen Kollegs 2001, 139–181.

tionen seiner selbst bewußt werden und auf diese Weise sein Leben vor Gott ordnen kann" sowie, „daß individuelle Gotteserfahrung über den Weg der Aktivierung, Dynamisierung und Disziplinierung der Einbildungskraft möglich ist. Die sinnliche Vergegenwärtigung von biblischen oder heilsgeschichtlich relevanten Szenen, welche durch die Tradition bildhaft vorgeprägt sind, [...] stellt dabei einen entscheidenden Schritt dar, dem schließlich die Integration des Meditierenden in das Imaginierte, in das innere Bild folgen soll."[18] Ignatius von Loyola geht in den Exerzitien allein von *inneren Bildern* aus; Nadal bringt dagegen in seinen *Meditationen* 153 Kupferstiche aus dem Jesus- und Marienleben. Das scharfe Fazit Burschels lautet: „Die Martyrerfresken waren Schulen bildgestützter, bildgelenkter und bildkontrollierter Meditation, in deren Verlauf jene, die das Martyrium Christi und seiner Nachfolgerinnen und Nachfolger in ihren Seelen und über ihre Seelen in ihre Herzen aufnahmen, indem sie sich in die Passionsdarstellungen versenkten, ihren eigenen Tod imaginieren sollten."[19] Selbstdisziplin und Affektkontrolle entstehen so in einer „Schule des Sehens, die zugleich eine Schule der zweckrationalen Disziplinierung der Phantasie war."[20]

Diese bei aller Orientierung an der Tradition typisch neuzeitliche (weil am Subjekt und seiner Kontrolle orientierte)[21] Neukonzeption einer Didaktik der Bildwirkung hat ihre Wurzeln bereits bei den Gefährten des Ignatius: Peter Faber hatte 1543 in sein Tagebuch notiert: „Wie ich mich dem Kruzifix zuwandte, um zu Christus zu beten, verspürte ich ein tiefes Verständnis für den Nutzen solcher Bilder, die man deshalb [...] als Dar-stellungen bezeichnet, weil sie die dargestellten Personen wieder da sein lassen und sie gegenwärtig vor uns hinstellen."[22] Man kommt vermutlich kaum umhin, solche Aussagen als Ausdruck eines naiven Repräsentationsdenkens zu werten, doch auch ein anderer Zugang ist immerhin möglich: in dem Sinne nämlich, dass die Realität des Holzkreuzes Faber deutlich macht, was Gottes *Gegenwart* bedeutet – immerhin betet er nicht das Kreuz an, sondern die dargestellte Person.

---

[18] BURSCHEL, *Paradiese*, 175f. Vgl. dazu auch: Josef SUDBRACK: *„Die Anwendung der Sinne' als Angelpunkt der Exerzitien.* In: Ignatianisch. Eigenart und Methode der Gesellschaft Jesu. Hg. von Michael Sievernich u. Günter Switek. Freiburg i.Br. u.a. (Herder) 1990, 96–119, sowie: Sibylle APPUHN-RADTKE: *Visuelle Medien im Dienst der Gesellschaft Jesu. Johann Christoph Storer (1620-1671) als Maler der Katholischen Reform* (Jesuitica. Quellen und Studien zu Geschichte, Kunst und Literatur der Gesellschaft Jesu im deutschsrprachigen Raum 3) Regensburg 2000.
[19] BURSCHEL, *Paradiese*, 177f.
[20] EBD. 181.
[21] Vgl. die Ausführungen zu Michel Foucault unter 3.3.
[22] Peter FABER: *Memoriale. Das geistliche Tagebuch der ersten Jesuiten in Deutschland.* Peter Henrici (Übers.) Einsiedeln (Johannes) 1963, 259. (zit. Appuhn-Radtke, Visuelle Medien, 28).

Die Exerzitien des Ignatius, die seit dem 17. Jahrhundert nicht mehr allein innerhalb des Ordens, sondern auch in Laienkreisen praktiziert wurden, bedienen sich auf zwei Ebenen der bildlichen Vorstellungskraft des Übenden: „Am Beginn der Meditationen wurde meist die *Compositio loci*, die detaillierte Herrichtung eines ‚Schauplatzes' in der Imagination gefordert" (szenische Darstellungen als Anhaltspunkte und damit eine Wechselwirkung mit der bildenden Kunst). Der zweite Nexus ist die „*Applicatio sensuum*, die ‚Anwendung der Sinne' auf das Gewußte und imaginativ Geschaute. [...] Neben Gesicht und Gehör sind jetzt auch Geruch, Geschmack und selbst der Tastsinn angesprochen."[23] Meditation und Mnemotechnik werden dabei zur Deckung gebracht. Die Societas Jesu nahm offenbar, so Appuhn-Radtke „die Mechanismen heutiger Werbung und ‚Imagepflege' vorweg."[24] Josef Sudbrack redet bezüglich der *Applicatio Sensuum* wohlwollend von einer umfassenden pneuma-somatischen Hermeneutik, die nur bei den ersten Weggefährten des Ignatius und deren Schüler (Faber, Nadal, Polanco) valent gewesen sei, schon bald jedoch einer Entleiblichung und schließlich bereits im jesuitischen *Directorium* von 1599 ihrer Verharmlosung bis zur Karikatur weichen musste,[25] um im 19. Jahrhundert schließlich als „nur im Sinnenhaften steckenbleibend"[26] denunziert zu werden.

Gleichwohl birgt die ignatianische Tradition auch heute noch Elemente, die für einen nichtdualistischen Selbstentwurf mit Hilfe der Einbildungskraft in christlicher Tradition fruchtbar gemacht werden könnten. Sudbrack denkt etwa an das allabendliche *Exercitium Generale*, wenn „die Erfahrungen des Tages gleichsam gebündelt in das ‚Schatzhaus' der bleibenden Erinnerung (*memoria* – augustinisch zugleich Selbst- und Gottfindung) eingebracht werden." Ignatius habe aus den Quellen der Volksfrömmigkeit die neuplatonische Theologie der Leib-Seele-Trennung überwunden.[27] „Die Wahrheit also ist, daß die Exerzitien, die den Diskurs der distanzierten Abwesenheit verabscheuen, dies (die Distanz) durch eine (zeitliche, dramatische) Spannung zu heilen versuchen (also durch die Entfaltung der Meditation in einen geschichtlichen Vorgang hinein). [...] Der Gegenstand der Exerzitien-Kontemplation ist zweifelsohne ein Drama, aber (nicht eines auf der Bühnen

---

[23] Für beide Zitate: APPUHN-RADTKE, *Visuelle Medien*, 29. – Letztlich steht hinter all dem ein neuplatonisches Konzept: Über die Treppe (Bellarmin) der erschaffenen, sinnlich wahrnehmbaren Welt, dem Abbild kann man gewiss zu Gott, dem Urbild gelangen. Dazu: Klaus MÜLLER: *Thomas von Aquins Theorie und Praxis der Analogie. Der Streit um das rechte Vorurteil und die Analyse einer aufschlußreichen Diskrepanz in der ‚Summa theologiae'.* Frankfurt a.M (Lang) 1983.
[24] APPUHN-RADTKE, *Visuelle Medien*, 35.
[25] SUDBRACK, *Anwendung der Sinne*, 97f.
[26] J. MARÉCHAL: *Études sur la psychologie des mystiques*. II, 365–382, 367 bei Sudbrack, Anwendung der Sinne, 98.
[27] SUDBRACK, *Anwendung der Sinne*, 101.

sondern eines, das) vorgestellt (wird) in geschichtlichen Kategorien eines Diskurses."[28]

Wenngleich also der Gedanke einer unverfälschten *Repräsentation* göttlicher und heiliger Personen und Geschehnisse nach einer ersten Phase der weitgehenden *Bildlosigkeit* in der christlichen Tradition auch bestimmend war, so findet doch im Westen, etwa in der ignatianischen Meditationspraxis, zumindest punktuell eine lebendige *Verschränkung von Lebenswelt und Bildtradition* statt, die die Vorstellung von kreativer Neuschöpfung aufgenommener und in einer Leib-Seele-Einheit fiktional dekomponierter Bilder zulässt. Dies kann jedoch nur gelingen, wo die allgegenwärtige theologisch-lehrhafte ‚Antizipation' überwunden und den Bildressourcen der Tradition wie der individuellen Einbildungskraft eine Eigenständigkeit zugetraut wird, die lehrhafte Inhalte nicht einfach nur illustriert.

Wie aus den Ausführungen deutlich wurde, finden sich solche Modelle einer Hingabe an fiktionale Prozesse auch in der jesuitischen Tradition allerdings nur *implizit* und nicht zuletzt unter dem beziehungsreichen Titel ‚Drama'. Im Folgenden sollen drei augenscheinlich bilderfreundliche Ansätze der christlichen Tradition in ausführlicherer Lektüre vorgestellt werden. Sie wurden deshalb ausgewählt, weil sie entweder von der Überlieferung zu Unrecht übersprungen (Origenes) oder nur verfälscht aufgenommen wurden (Johannes Damascenus). Die Ästhetik Thomas v. Aquins dagegen tritt bereits seit einiger Zeit (zu Recht?) als Quelle einer bilderfreundlichen Theologie auf.

2.2.2 Christliche Bejahung des Fiktionalen

Zur ‚Pädagogik' Gottes bei Origenes
Mit den Äußerungen des Origenes zur *Pädagogik Gottes* im Anschluss an die Jeremiaperikope: „Du hast mich getäuscht/betrogen, Herr, und ich ließ mich täuschen/betrügen" (Jer 20,7) speziell im Zusammenhang seiner *Apokatastasislehre* tritt ein Themenkomplex in den Focus, der weit über den Horizont dieser Arbeit hinausreicht. Nach der epochalen Deutung Henri de Lubacs[29] hat zuletzt Alfons Fürst in einer kenntnisreichen Studie[30] anhand entschei-

---

[28] Georges BATAILLE: *L'expérience intérieure*. Paris (Gallimard) 1978, 30f. zit. Sudbrack, Anwendung der Sinne, 105.
[29] Henri DE LUBAC: „*Tu m'as trompé, Seigneur"*. *Le commentaire d'Origène sur Jérémie 20,7*. In: Ders.: Recherches dans la foi. Trois études sur Origène, saint Anselme et la philosophie chrétienne. Paris (Éd. Beauchesne) 1979. Dt.: „*Du hast mich betrogen, Herr!" Der Origenes-Kommentar über Jeremia 20,7*. Johannes Verlag (Einsiedeln) 1984. Im Folgenden wird, wenn nicht genauer angegeben, aus dieser zuverlässigen deutschen Übersetzung von Hans Urs von Balthasar zitiert.
[30] Alfons FÜRST: *Laßt uns erwachsen werden. Ethische Aspekte der Eschatologie des Origenes.* ThPh 75 (2000), 321–338, 336.

dender Passagen im kolossalen Werk des Origenes wichtige neue Akzentsetzungen vorgenommen. Im Sinne einer Indizienliste sollen im Folgenden die wesentlichen Aspekte der Jeremiahomilie (JerH) dargestellt, in den Zusammenhang der Forschungsdiskussion gerückt und für unser Projekt aufgeschlossen werden.

Fürst bemerkt zu Recht, dass in der Jeremiahomilie[31] in eigentlich themenfremdem Zusammenhang „einige wichtige eschatologische und ethische Überlegungen"[32] vorkommen. In einer Auslegung des für den Interpreten bis heute „schwierigen" Verses Jer 20,7 liefere Origenes folgende Erklärung:

„Im Rahmen der antiken Tradition der nützlichen Täuschung[33] – meist spricht man von Nutzlüge – macht Origenes sich die für den konventionellen Gottesbegriff unmögliche biblische Aussage, Gott täusche den Menschen, so verständlich, daß es sich bei einem Betrug Gottes um einen pädagogisch motivierten Scheinbetrug handle, der in Wahrheit darauf ziele, dem Kind, das der Mensch vor Gott ist, gleichsam auf einem Umweg eine Erkenntnis zu vermitteln, die es auf direktem Wege noch nicht hätte begreifen können oder sogar abgelehnt hätte (JerH 19,15; 20,3). Erwachsen geworden durchschaut der Mensch den Trick, dankt wie Jeremia Gott für die heilsame Täuschung und bittet sogar um eine solche, wenn sie ihm nützlich ist (ebd. 20,3.4)"[34]

Fürst weist vorsichtig darauf hin, dass hier moralische Kategorien zur Bewertung des göttlichen Handelns fehl am Platz seien. Und tatsächlich geht es Origenes um Fragen der Erkenntnislehre bzw. der Hermeneutik einer zunächst auf der Ebene des Literalsinnes befremdlichen Textpassage, oder genauer: Es geht ihm um die Einsicht, dass nicht in allen Fällen eine Wahrheit direkt erkannt wird, sondern vielmehr Umwege und Irrtümer, aber auch Narration und Fiktion dabei eine Rolle spielten[35]. Gleichwohl darf bemerkt werden, dass Fürst Origenes als Pädagogen der Täuschung nicht auf der Höhe seines zugegebenermaßen verworrenen und zur Abschweifung neigenden Argumentationsganges antrifft.

Was bedeutet es nämlich für den Gläubigen, sich dieser ‚Pädagogik Gottes' auszusetzen – muss er sich mit einem allmächtigen Lügengeist konfron-

---

[31] Ed. Erich Klostermann GCS 6; Origenes Bd. 3 (Leipzig 1901).
[32] FÜRST, Ethische Aspekte, 334.
[33] Vgl. LUBAC, Du hast mich betrogen, 26.
[34] FÜRST, Ethische Aspekte, 335.
[35] Platon, auf den sich Origenes hier indirekt stützt, verweist im Zusammenhang der musischen Erziehung der Wächter im zweiten Buch der Politeia (2,376e–383c) ausdrücklich auf das *Märchen* als (nicht im engeren Sinne *philosophisches*, wohl aber auch im Kontext der rechten Erziehung für Kinder *notwendiges*) Erkenntnismittel, in dem sich im Falschen auch Wahres finde (377a), „um so noch weit sorgfältiger die Seele durch Erzählungen zu bilden, als mit Händen den Leib." (377c); wenngleich zwischen guten Fabeln, die zur Tugend dienen, und solchen, die „behaupten, daß Gott irgendjemandem Ursache des Bösen geworden ist, da er doch gut ist" (380b) streng unterschieden werden müsse. (Übers. nach F. Schleiermacher).

2. Ansätze zu einer Theorie des Fiktionalen

tiert sehen, auf den im Ernstfall möglicherweise kein Verlass ist? Ist damit nicht die Quelle aller Wahrheit überhaupt versiegt? In den Augen Fürsts scheint Origenes nur zur vertrauensvollen (oder gar fideistischen?) Annahme dessen aufzufordern, was als Offenbarung Gottes begegnet: „Nimmt man sie [die Androhung ewiger Strafen] als Täuschung und sündigt ungeniert, tritt unausweichlich ein, was angedroht ist. Lässt man sich täuschen wie Jeremia und die Niniviten, dann lernt man dazu und wird erwachsen vor Gott."[36] Geht es also darum, einfachhin alles, was als Offenbarung angeboten wird (von wem?), anzunehmen, in der Hoffnung, *so* im Glauben erwachsen zu werden? Oder doch nicht vielmehr darum, in aufgeklärten Rückkehr zur biblischen Narration zu etwas zu finden, was man vielleicht „zweite Naivität"[37] nennen könnte? Hören wir dazu Origenes selbst:

„Auch du, solange du Kind bist, fürchte die Drohungen, um nicht erleiden zu müssen, was über jede Drohung hinaus ist: die ewigen Strafen, das unauslöschliche Feuer oder vielleicht noch etwas Ärgeres, das denen vorbehalten ist, die meist im Gegensatz zur rechten Vernunft gelebt haben [!]. Möchten wir doch keinerlei Erfahrung von alldem machen, sondern als erwachsen Gewordene in Christus Jesus gewürdigt werden, die himmlischen Feste mitzufeiern, um vom irdischen Pascha zum Pascha droben überzugehen, das dort gefeiert wird in Christus Jesus, dem die Herrlichkeit gebührt und die Macht in alle Ewigkeit. Amen."[38]

In dieser Passage wird deutlich, dass Origenes keineswegs zu einer Naivität gegenüber echten oder vorgeblichen Offenbarungen rät. Was meines Wissens in keiner der jüngeren Deutung zur Sprache kommt: Die fehlende *rechte Vernunft* ($\grave{o}\rho\theta\grave{o}\varsigma$ $\lambda\acute{o}\gamma o\varsigma$) ist es, die diejenigen, die den ewigen Strafen verfallen, von den im Glauben erwachsen Gewordenen unterscheidet. Origenes geht es also um ein geregeltes Zueinander von einem Sich-Überantworten an die metaphorisch ausgemalten Höllenqualen[39] (oder andere nicht unmittelbar verifizierbare ‚Täuschungen Gottes') einer- und einem vor der Vernunft gerechtfertigten (ethischen) Handeln andererseits.

---

[36] FÜRST, *Ethische Aspekte*, 337.
[37] Lubac spricht im Anschluss an die lateinische Übersetzung von Origenes' Levitikus-Homilie durch Rufin von „höherer Einfalt", die jedoch nicht positiv durch den Vernunftgebrauch, sondern negativ durch Vermeidung sowohl „aller Sophismen der Philosophie" als auch des „jüdischen Aberglaubens" qualifiziert wird. (42). Insgesamt scheint die Lubacsche Auslegung von einer spiritualistischen Grundtendenz gekennzeichnet zu sein, die im Text des Origenes eher eine „friedliche Ironie" als die „hohen Ziele, die die Philosophen anstreben" zu finden sucht (Lubac, Du hast mich betrogen, 43).
[38] *JerH* 19,15, Übers.: Balthasar, ebd. 16f.
[39] Joseph W. TRIGG (*Divine Deception and the Truthfullness of Scripture*. In: Origen of Alexandria. His World and His Legacy. Charles Kannengieser and William Petersen (Hg.). University of Notre Dame Press. 1988, 147–164, 160f) weist darauf hin, dass Origenes auch an anderen Stellen das Höllenfeuer als Metapher versteht. So etwa in *Contra Celsum* (p 276 der engl Übers.), *Peri Archon* aber auch im *Römerbriefkommentar*.

Die Schwierigkeit, der sich Origenes stellt, liegt also nicht, wie auch ein anderer Interpret dieser Homilie, Joseph W. Trigg, hervorhebt, darin, dass der Mensch von Gott willentlich getäuscht werden könnte, um sich so blind einem von Gott angezielten Lerneffekt auszuliefern – dass bereits Jeremia diese Täuschung benennt, zeigt ja, dass es sich nicht um eine *absolute*, sondern nur um eine *relative* Täuschung handelt, also eine, zu der sich der Mensch bewusst verhalten kann („und ich *ließ* mich täuschen", Jer 20,7). Die Schwierigkeit liegt vielmehr in der Frage nach der empirischen Nicht-Erfahrbarkeit (und dem damit verbundenen Ausfall vernünftiger Reflexion) angedrohter jenseitiger Qualen und anderer nicht überprüfbarer Offenbarungsinhalte. Erst wenn diese als *metaphorische* identifiziert oder als die Folgen eines unvernünftigen Lebens (und damit vermeidbar) enttarnt sind, gibt sich Origenes zufrieden und spricht sein ‚Amen' am Ende der 19. Homilie.

Er festigt diesen seinen Standpunkt erneut, wenn er in der nächsten Predigt (JerH 20), die sich erneut der Jeremiaperikope widmet, explizit die Vernünftigkeit der Offenbarung einklagt und in der Tradition der platonischen Götterkritik die häufig anthropomorphe Rede von Gott in der Bibel metaphorisch deutet:

„Alles was in der Schrift über Gott gesagt wird, muss auch vernünftig sein, auch wenn es unvernünftig scheint, als eines guten Gottes würdig erachtet werden. Wer würde es nicht als unsinnig ansehen, anzunehmen, Gott sei aufgebracht, er sei zornig, er bereue etwas, ja er falle sogar in Schlaf?"[40]

Trigg bemerkt zu dieser Stelle richtig, dass die göttliche Täuschung zunächst auf die Notwendigkeit allegorischer Schriftdeutung hinweise[41]. Aussagen über Gott sind stets äquivok, haben also zwar den Namen, nicht aber die Definition dessen, was der Name meint, gemein. Ist aber auch das Wort ‚täuschen' oder ‚betrügen' (ἠπάτησάς με)[42] in diesem Sinne in Bezug auf Gott nur äquivok gebraucht? Origenes verweist zunächst auf eine jüdische Deutungstradition, die die Jeremiaperikope als „fabula" versteht. Im Anschluss daran wird jedoch deutlich, dass es ihm hier weniger um die Rechtfertigung einer allegorischen Deutung, als um das Zueinander von Gnade und Freiheit, von Offenbarung und Vernunft geht:

„Gott ist kein Tyrann, sondern ein König; herrschend tut er niemandem Gewalt an, sondern sucht zu überzeugen, er will, daß seine Untertanen sich freiwillig seiner Vorsehung anheimstellen, damit keines Wohlfahrt sich aufgrund von Notwendigkeit, sondern aufgrund freien Willens ergebe. [...] So

---

[40] *JerH* 20,2, Übers.: Balthasar, 17.
[41] TRIGG, *Divine Decption*, 148.
[42] Lubac belegt in einer ausführlichen philologischen und wirkungsgeschichtlichen Argumentation, dass Täuschen und Betrügen, ja sogar Überlisten die einzig angemessenen Übersetzungen zumindest des griechischen ‚Originals' darstellen (37ff).

sucht denn Gott, wenn man so sagen darf, einen Weg, daß wir freiwillig vollbringen, was er will."[43] Im Folgenden wendet Origenes sein Konzept des Zueinanders zweier Freiheiten, der göttlichen und der menschlichen, auf die Berufungsgeschichte Jeremias an und zeigt, wie Gott auch hier die pädagogische Täuschung anwandte: Jeremia hatte sich bereit erklärt, Unheil über alle (anderen) Völker zu verkünden, bis er merkte, dass seine eigene Botschaft zuerst Jerusalem treffen würde (Jer 32). Trigg schlägt hier als Deutung dafür, wie das Verständnis des Origenes von einer Täuschung durch Gott zu fassen wäre, vor: „God acts like a physician, who hides the bitter in the sweet."[44] Dies gelte – so Origenes – auch für *die Witwe* aus dem Umfeld des Origenes, die aus Angst, in die Hölle zu kommen, nicht wieder heiratet – obwohl es ihr eigentlich gestattet wäre –; sie tut das moralisch Bessere aufgrund einer Täuschung. Aber auch *der missionierende Christ* selbst täusche sein paganes Gegenüber, indem er die Lehre, die er vertritt, zunächst einmal als säkulare Lehre ausgebe und dann, am Ende, wenn er ihn überzeugt hat, ihm offenbare, dass es das Christentum war, in das er ihn eingeführt habe. (vgl. JerH 20,5)[45]. Als weiteres Beispiel dient Origenes *Judith*, die für das Überleben des auserwählten Volkes vortäuscht, die Nacht mit Holofernes verbringen zu wollen (JerH 20,7). Nachdem sich Origenes in diese und andere Beispiele ein wenig verloren zu haben scheint, leuchtet kurz noch einmal sein ‚fundamentaltheologisches' Problem auf, er fällt aber an dieser Stelle in das Modell einer entmündigenden Pädagogik zurück, resigniert also vor der Notwendigkeit, zwischen der ‚Schlange' und einem ‚von Gott gemischten Irrtumsgeist' zu unterscheiden:

„Indem wir dies einsehen, wünschen auch wir für Gegenwart und Zukunft von Gott getäuscht zu werden [etwa wie Holofernes, oder wie die Witwe?], wenn uns nur die Schlange nicht täuscht! Es gibt anderswo noch ein verwandtes Wort, denn bei Jesaja steht: Der Herr hat ihnen einen Geist des Irrtums gemischt' (Jes 19,14). Bemerke auch hier, was dieser von Gott gemischte Irrtumsgeist hervorbringt, und es ist gut, daß Gott ihm diesen nicht unvermischt verabreicht hat."[46]

Leider kommt hier die menschliche Vernunft nicht mehr im oben gezeigten Sinne vor. So steht Origenes selbst ratlos vor dem Problem, zwischen

---

[43] *JerH* 20.2, Übers.: Balthasar, 19. Vgl. im gleichen Sinne zur menschlichen Willensfreiheit bei Origenes als Verweis auf einen langmütigen und menschenfreundlichen Gott sowie zu einem „dialogischen Entwurf von Freiheit und Vorsehung" bei Origenes mit ausführlichen Belegen auf das gesamte Werk des Origenes: Eberhard SCHOCKENHOFF: *Zum Fest der Freiheit. Theologie des christlichen Handelns bei Origenes*. Mainz (Grünewald) 1990, 131–137.
[44] TRIGG, *Divine Deception*, 155.
[45] Ebd. 158.
[46] *JerH*, 20,3; Übers.: Balthasar, 23.

Täuschungen der Schlange und einem von Gott gemischten Irrtumsgeist unterscheiden zu müssen.

Weil Trigg der offenbarungskritische Aspekt in Origenes' Überlegungen verborgen bleibt, kann er am Ende seines Aufsatzes allein dessen Plädoyer *für* eine allegorische Schriftauslegung (und damit nicht zuletzt *gegen* Augustins Inerrantismus) als Ertrag festhalten, muss aber die Gefahr, den Irrtum in Gott selbst hineinzutragen, der aufgrund einer „philosophical confusion"[47] in Origenes' Text lauere, streng zurückweisen. Fürst dagegen scheint die Stoßrichtung des Origenes mehr zu *erspüren*, als im Text *verifizieren* zu können.[48] Auch ich folge nicht der Annahme einer pauschalen Offenbarungskritik des Origenes. An dieser Stelle interessiert für unsere Fragestellung eher das konstruktive *Zueinander* von ‚Täuschung' Gottes und menschlicher Kritik. Diese hebt ja die Täuschung Gottes, auf die sie sich bezieht, nicht auf, ja es scheint für Origenes eines narrativen, schillernden, geradezu illusionistischen (oder in unserem Zusammenhang eben: ‚fiktionalen') Impulses von Gott in seiner Offenbarung unbedingt zu *bedürfen*, um den Menschen zuerst anzulocken, ihn durch positive (Jeremia) oder negative (Höllendrohung) Bilder zu bewegen.

Doch Origenes' Pädagogik bleibt dabei nicht stehen. Erst wo sich der Adressat *kritisch und frei* zur göttlichen ‚Fabel' verhält, wird er erwachsen. Der sowohl von Trigg[49] als auch von Fürst[50] unwillig zur Seite geschobene Deutungsansatz von Lubac hat diese erkenntnistheoretische Dimension des Origenestextes (und seinen hervorragenden Stellenwert) brillant erfasst, wenn er unter der Überschrift *Im Herzen des Origenischen Denkens* zwischen zwei Arten der Kritik „gewisser Vorstellungen" unterscheidet. Die erste sei „enttäuschend und verderblich" und lande entweder in „einem verfeinerten Rationalismus" oder in einem „groben Skeptizismus",

„Die andere Kritik dagegen ist erhellend *(éclairante)* und positiv. Sie entstammt einem sich läuternden und vertiefenden Glauben. In dem Maße, in dem sie das Illusorische der ersten Vorstellung *(représentation)* zurückweist, erkennt sie die darin sich verbergende Wahrheit besser, die jene wenigstens provisorisch rechtfertige. Weit entfernt, das Ressentiment dessen, der sich

---

[47] TRIGG, *Divine Deception*, 163.
[48] So schreibt er ganz am Ende, ohne Textbeleg: „Unverdrossen und engagiert hat Origenes unablässig die Menschen umworben, sich nicht länger wie unmündige Kinder zu benehmen, die ihre Freiheit infantil mißbrauchen und sich dann immer neu schaden, sondern reife Erwachsene zu werden, die im Bewußtsein ihrer Verantwortung für sich und für andere die von Gott durch seinen Logos [!] ständig eröffnete Möglichkeit zu ergreifen versuchen, an der Veränderung zum Besseren mitzuarbeiten." FÜRST, *Ethische Aspekte*, 338.
[49] TRIGG, *Divine Deception*, 153.
[50] Fürsts Hinweis, dass es Lubac vor allem darum gehe, „Origenes' Ansicht über die Hölle doch als orthodox ausgeben zu wollen" (336), trifft nicht den von Lubac selbst als Mittelpunkt seiner Überlegungen apostrophierten Kern der Deutung.

als Betrogener erkennt, zu erzeugen, bringt sie die Dankbarkeit für die Wohltat dieses unvermeidlichen und nur scheinbaren ‚Betruges' hervor *(provoque)*. Sie gehört mehr der geistlichen *(spirituel)* als der intellektuellen Ordnung an."[51]

Genau in diesem Sinne soll nach der in 2.3 folgenden fiktionalen Anthropologie die Hochschätzung des Narrativen, der Illusion bei Origenes mit den Mitteln zeitgenössischer Literaturtheorie rekonstruiert und für eine Hermeneutik apokalyptischer Texte fruchtbar gemacht werden. Die doppelte Bewegung im Rezeptionsprozess (Affirmation der Offenbarung und deren Kritik), die Origenes implizit beschreibt, hat – wie Lubac ebenfalls ausführt – hingegen bei einer Vielzahl von Autoren[52] zum Bild eines „doppelten Origenes" geführt, „einem ‚intellektualistischen' [bzw. hellenistischen], der nur die Betrachtung der ‚intelligiblen Wirklichkeiten' suche, und einem ‚Jünger Jesu', der ‚voll Eifer und Gemüt und keineswegs doktrinär' sei"[53]. Beide Seiten des Origenes sowie die beiden Aspekte christlicher Tradition – kurz Fiktion/Narration/Vision und Vernunft, die hier getrennt vorliegen, in einem geregelten Zueinander zu verbinden, ist Anliegen auch unserer Arbeit.

Bemerkenswert ist in unserem Zusammenhang darüber hinaus der besondere Status, der der Täuschung bezüglich der Existenz und genauen Beschaffenheit von Himmel, Hölle (und Fegefeuer) im Konzept des Origenes zukommt: Erst am Ende der Zeiten lässt sich erweisen, ob sie als bloße Täuschung enttarnt werden müssen, vorher entfalten sie ihre heilsame Wirkung als *pädagogische Maßnahme* für unreife Menschen, die aufgrund der Begrenztheit ihres Erfahrungshorizontes von der Möglichkeit grausamer Strafen und herrlicher Belohnungen als Konsequenzen ihres konkreten irdischen Handelns ausgehen müssen, und dieses so nach göttlichen Gesetzen ausrichten.

„Mach die Materie nicht schlecht" – *Johannes von Damaskus*[54]

Johannes von Damaskus[55] lebte im achten Jahrhundert im Mar-Saba Kloster bei Jerusalem, also eigentlich weit entfernt vom byzantinischen Bilderstreit. Und doch hat er als Stichwortgeber für das 2. Konzil von Nicaea sowie als Ausgangspunkt eines neuen Interesses an den Ikonen im Russland des 19. und frühen 20. Jahrhundert eine bedeutende Wirkungsgeschichte gehabt. Wie

---

[51] LUBAC, *Du hast mich betrogen*, 59/49f, eigene Übersetzung.
[52] In mehr oder weniger starker Ausprägung bei Adolf von HARNACK, M. William SESTON, Jean HERING, Jules LEBRETON oder Valdimir LOSSKY, aber auch Rudolf BULTMANN.
[53] LUBAC (*Du hast mich betrogen*, 49) zitiert hier ablehnend Vladimir Lossky.
[54] Im Folgenden stütze ich mich noch einmal vor allem auf die Arbeiten von Hang Georg THÜMMEL, gesammelt in *Bilderlehre und Bilderstreit. Arbeiten zur Auseinandersetzung über die Ikone und ihre Begründung vornehmlich im 8. und 9. Jahrhundert*. Würzburg (Augustinus) 1991 („Bilderstreit"), hier v.a. das Kapitel: Positionen im Bilderstreit (40–54).
[55] *650/675 in Damaskus, †750 Mar-Saba.

bekannt die drei „*ΛΟΓΟΙ*"[56], das Hauptwerk des Johannes von Damaskus gegen die Bildergegner[57], zu seinen Lebzeiten tatsächlich waren, ist umstritten. Sie seien wenig verbreitet gewesen, meint etwa Hans Georg Thümmel[58]. Solcherlei Spekulationen sind jedoch für unsere Überlegungen nicht sehr bedeutsam.

Vielmehr interessiert, wie Johannes in diesem in immer neuen Redaktionsstufen dreimal herausgegebenen Werk auf starke ikonoklastische Impulse seiner Umgebung mit einem subtilen Plädoyer für eine gestufte Teilhabe der bildtragenden *Materie* am Sein des Abgebildeten reagiert, ohne dabei die strukturelle Unähnlichkeit zwischen Schöpfer und Geschöpf aus dem Blick zu verlieren und so einem Repräsentationsdenken zu verfallen. Johannes knüpft offenbar an Leontios von Neapolis an und verbindet dessen Ansatz mit einer weitgehend bei Dionysios Areopagita entlehnten neuplatonischen Argumentation: „Die Gottheit teilt sich als göttliche ἐνέργεια oder χάρις in abgeleiteter Weise (und nicht ihrem Wesen nach) mit und ist in den Gnadenmitteln dementsprechend geringer zu verehren. Gottes Wesen selbst (οὐσία) ist Anbetung (λατρεία) zu erweisen, der Ikone (wie anderen Gnadenträgern) ‚nur' Verehrung (τιμή)."[59] Gegen eine ungebrochene Bilderfreundlichkeit spricht für Johannes (negativ-theologisch) die Betonung der Gebrochenheit, in der das Intelligible nur im Sensiblen abgebildet werden kann.[60] Johannes nennt Gott in seinem *Wesen* ausdrücklich ἀπερίγραπτος, undarstellbar.[61] Nur nach seiner *Menschheit* ist er darstellbar, sodass das jüdische Bilderverbot nur für den als aufgehoben gelten kann, der an die Inkarnation glaubt.[62] Gleichwohl weist Johannes auch darauf hin, dass bereits die alttestamentli-

---

[56] ΛΟΓΟΙ ΑΠΟΛΟΓΗΤΙΚΟΙ ΠΡΟΣ ΤΟΙΣ ΔΙΑΒΑΛΛΟΝΤΑΣ ΤΑΣ ΑΓΙΑΣ ΕΙΚΟΝΑΣ.
[57] Die Schriften des Johannes DAMASCENUS. III *Contra imaginum caluminatores orationes tres.* Hg. v. Byzant. Inst. der Abtei Scheyern. Bes. von Bonifatius Kotter. Berlin/New York (de Gruyter) 1975. Eine neuere Übersetzung bietet neuerdings Wolfgang HRADSKY: *Johannes von Damaskus. Drei Verteidigungsschriften gegen diejenigen, welche die heiligen Bilder verwerfen.* Leipzig (St. Benno) ²1996.
[58] THÜMMEL, *Bilderstreit*, 35.
[59] Ebd. 33f.
[60] Ebd. 34.
[61] Nicht zuletzt diese Feststellung des Damasceners hat in der christlichen Kunst des Ostens wie des Westens zu einer Vermeidung bzw. zu einer Christomorphie der Gottvaterdarstellungen (selbst in Trinitätsdarstellungen, in denen Christus so ‚zweimal' zu sehen ist) geführt. Erst die Bezugnahme auf den „Hochbetagten" aus Buch Daniel 7 hat vom 14. Jahrhundert an nach und nach eine nicht-christomorphe Darstellung Gottvaters katalysieren können. So Thomas STERNBERG: *Bilderverbot für Gott, den Vater.* In: Eckhard Nordhofen (Hg.): Bilderverbot: Die Sichtbarkeit des Unsichtbaren. Paderborn u.a. (Schöningh) 2001, 59–116.
[62] „In alter Zeit wurde Gott, der keinen Körper und keine Gestalt besitzt, bildlich überhaupt nicht dargestellt. Jetzt aber, da Gott im Fleische sichtbar wurde und mit den Menschen umging, kann ich das an Gott sichtbare Bild darstellen. Ich bete nicht die Materie an, sondern ich bete den Schöpfer der Materie an, der um meinetwillen selbst Materie wurde [...]. Mach die Materie nicht schlecht (μὴ κάκιζε τὴν ὕλην)." Joh. DAMASCENUS, *Contra Imaginum* I,16,32f. Ed. Kotter, 90.

chen Bestandteile des Stiftszeltes (Lade, Leuchter, das Zelt selbst etc.) in gewissem Sinne als verehrungswürdig galten, das Bilderverbot also differenziert zu fassen sei.

Johannes Damascenus schreibt zum Kernpunkt seiner ikonoklasmuskritischen Position wörtlich: „Ich verehre (προσκυνῶ) nicht die Schöpfung statt des Schöpfers, sondern ich verehre den Schöpfer, der als das, was ich bin, geschaffen wurde und ohne Schwächung oder Verlust der göttlichen Natur in die Schöpfung kam, um meine Natur zu verherrlichen (δοξάσῃ) und sie zur Gemeinschaft mit der göttlichen zu bringen. [...] Die Gottheit wurde dabei nicht zur Fleischesnatur, sondern wie der Logos auf unveränderliche Weise Fleisch wurde, bleibend, was er ist, so wurde auch das Fleisch Logos, ohne dass sein Wesen zu Grunde ging (ἀπολέσασα)."[63]

Hier wird die Zwei-Naturen-Lehre im Analogieschluss dazu genutzt, die Anwesenheit Gottes im Bild nicht zu leugnen, sie aber auch nicht unkritisch zu affirmieren, sondern mit ihrer Hilfe das Zueinander von göttlichem Geist und Materie im Bild (nicht-dualistisch) zu beschreiben. Wie vorsichtig Johannes Damascenus die Gefahr der einlinigen ungebrochenen Repräsentation des göttlichen Sein im Bilde umschiffte, verrät vor allem folgende Formulierung: Die Ikone sei „von der Gnade des göttlichen Geistes überschattet (ἐπισκιαζομένων χάριτι)"[64]. Auf den Urheber dieser *auf ihr ruhenden* Gnade bezieht sich die Verehrung, nicht auf ein *in ihr präsentes* Wesen, und erst recht nicht auf ihre Materie.

Theodoros Studites hat die Argumentation des Damaszeners, stärker aristotelisch gefärbt, weitergeführt und zu größerer Bekanntheit gebracht.[65] Das Nicaenum II dagegen hat 787 in Anlehnung an Formulierungen des Damasceners, „ohne jedoch dessen Grundprinzip zu übernehmen"[66], die Anwesenheit des Urbildes im Abbild (sakramental gewährleistet durch den Weiheakt der Ikone) festgeschrieben.[67]

Dass das Bild nicht *nur eine* mögliche, sondern unter Bedingungen irdischer, d.h. materieller Existenz *die einzig* mögliche (und damit notwendige) Weise ist, zur Anschauung der Dinge der Welt und schließlich nach Prüfung durch die Urteilskraft, in einem platonisch gedachten Aufstieg, zur Kenntnis (nicht unmittelbaren Anschauung) Gottes zu kommen, legt Johannes freilich ebenfalls dar:[68] Die Natur des Menschen braucht die Bilder zur Erkenntnis

---

[63] Joh. DAMSCENUS, *Contra Imaginum* III, 6,54f. ed. Kotter, 77.
[64] Joh. DAMSCENUS, *Contra Imaginum* II, 14, 31ff. ed. Kotter, 106.
[65] THÜMMEL, *Bilderstreit*, 46–51.
[66] Ebd. 51.
[67] „Ἡ γὰρ τῆς ε″κόνος τιμὴ ἐπὶ τὸ πρωτότυπον διαβαίνει." DH 601.
[68] In großer Nähe zur παιδεῖα Gottes bei Origenes. Vgl. v.a.: Joh. DAMASCENUS, *Contra Imaginum*, III,4,21ff. ed. Kotter, 74. Hier heißt es: „Denn wie ein verständiger Arzt nicht jederzeit bei allen dieselbe Methode anwendet, sondern wie er jedem die nötige und nützliche Medizin darreicht [...]; so hat auch der beste Seelenarzt den noch Unmündigen und denen, die zum Göt-

der Dinge. „Obwohl der Geist (νοῦς) viel Mühe darauf verwendet, aus dem Leiblichen auszusteigen (ἐκβῆναι τὰ σωματικά), ist es [das Aussteigen] ihm doch gänzlich unmöglich."[69] Die Seele des Menschen ist vom Leib wie von einer Hülle bedeckt, die eine unmittelbare Schau erschwert[70], „infolge des Wahrnehmens bildet sich in der vorderen Hirnkammer eine gewisse Vorstellung (φαντασία), wird so an die Urteilskraft (τῷ κριτικῷ) weitergeleitet und im Gedächtnis gespeichert."[71] Die Schau des Wesens Gottes ist der Vernunft zwar verwehrt, „wir sehen aber Bilder in den Geschöpfen, die uns von ungefähr die göttlichen Bilder kundtun."[72]

Der Hinweis auf die Urteilskraft ist an dieser Stelle eher schwach und steht im Schatten des Erweises einer Bildlichkeit der gesamten Schöpfung im Zusammenhang einer von Dionysios Areopagita geprägten Aufstiegsmystik. Dennoch sei hier darauf hingewiesen, wie es Johannes von Damaskos gelingt, mit (neu)platonisch geprägter Begrifflichkeit ein differenziertes und materiefreundliches Zueinander von Imagination, Urteilskraft und Gotteserkenntnis zu entwickeln. Darauf, dass mit einer differenzierten Wahrnehmung der Damascenischen Position auch ein gelingendes Zueinander der auseinandergedrifteten westlichen und östlichen Ikonologien möglich wäre, kann hier nur hingewiesen werden.

adoratio / delectatio – Thomas von Aquin
Bisher scheint es noch nicht unternommen worden zu sein, „die Bildtheologie" des Thomas als solche zu rekonstruieren.[73] Eine solche Rekonstruktion kann auch hier nicht geboten werden; zumal sie dadurch erschwert wird, dass sich Thomas für das Bild nicht sonderlich zu interessieren scheint, und sich dort, wo er das Thema streift, an die Tradition des Repräsentationsmodells anschließt, ohne einen eigenständigen Beitrag zu leisten.[74] Selbstverständlich findet sich auch bei Thomas eine Theorie der fantasia bzw. imaginatio, die,

---

zendienst hin kranken [...], Bilder herzustellen verboten."
[69] Joh. DAMSCENUS, *Contra Imaginum*, I,11,20f, ed. Kotter, 85.
[70] Joh. DAMSCENUS, *Contra Imaginum*, III, 12, 9ff., ed. Kotter, 123f.
[71] Joh. DAMSCENUS, *Contra Imaginum*, I,11, 16–19, ed. Kotter, 84ff.
[72] Joh. DAMSCENUS, *Contra Imaginum*, I,11, 23f, ed. Kotter, 85
[73] Vereinzelt vorliegende Arbeiten zur Ästhetik des Aquinaten liegen entweder relativ weit zurück [so etwa Albert ZIMMERMANN: *Der Begriff der Repraesentatio im Mittelalter. Stellvertretung, Symbol, Zeichen, Bild*. (Miscellanea Mediaevalia) Berlin u.a. (de Gruyter) 1971] oder konzentrieren sich auf dessen tatsächlichen Schwerpunkt: Eine allgemeine Erkenntnislehre und dabei die Frage nach der Objektivität des pulchrum. So (kritisch): Umberto ECO: *Il Problema estetico in Tommaso d'Aquino*. Milano (Fabbri, Bompiani, Sonzogo) 1970 [engl. Übers., aus der im Folgenden zitiert wird: *The Aesthetics of Thomas Aquinas*. Transl. by Hugh Bredin. Cambridge (Harvard University Press) 1988].
[74] Kunst ist für Thomas das Handwerk, der „recta ratio factibilium" (STh I-II, 57, 4c); es gilt aber auch: „ars imitatur naturam in sua operatione" STh I, 117, 1c. Vgl. ECO, *Aesthetics*, 163–190.

2. Ansätze zu einer Theorie des Fiktionalen

traditionell gefasst als eine der fünf Seelenkräfte[75], „est quaedam operatio animae in homine quae dividendo et componendo format diversas rerum imagines, etiam quae non sunt a sensibus acceptae."[76] An anderer, etwas abgelegenerer Stelle nimmt die imaginatio sogar neben fides (!) die entscheide Rolle in einer duplex operatio intellectus ein.[77]

Trotz dieser auch an neuere Theorien der Imagination (vgl. 2.3) anschlussfähigen Formulierungen bekommt Thomas den Eigenstand dieser imaginativen Kraft und ihrer Erzeugnisse, vor allem in der bildenden Kunst, kaum in den Blick[78]. Vielmehr bleibt Kunst bei Thomas das Kunst*handwerk* im Sinne einer bloßen Rekombination real existierender Dinge den *artes liberales* als *„servile"* nachgeordnet; [79] ja selbst die Verbindung zum *pulchrum*, die Thomas neben den Naturdingen auch der Poesie und der Musik zugesteht, bleibt der bildenden Kunst im Prinzip verwehrt.[80]

Dennoch soll auf zwei Passagen im Werk des Aquinaten eingegangen werden, die in jüngerer Zeit diskutiert wurden und eine ausdrücklich affirmative Haltung der hochscholastischen Theologie des Thomas gegenüber den Bildern zu belegen scheinen.

(1.) Zunächst wird in der *Summa Theologiae* die Bilderverehrung im Kontext der Frage *De oratione Christi* (STh III q25) thematisiert. Vor dem Hintergrund der in *De Memoria et Reminiscentia* entwickelten Aristotelischen Bildlehre konstatiert Thomas zwei Weisen der Bildwahrnehmungen: Die erste richtet sich auf das Bild, insofern es ein bestimmtes Ding ist (z.B. bemaltes Holz), die zweite geht auf das Abgebildete selbst. Thomas' Fazit lautet scheinbar selbstverständlich: „Cum igitur Christus adoretur adoratione latriae, consequens est quod eius imago est adoratione latriae adoranda" (STh III q 25 a3 resp). Dabei unterscheidet auch Thomas streng zwischen *Darstellungen Gottes* in Bildern Christi und seinem Kreuz einerseits, denen *adoratio latriae*, also die gleiche Anbetung wie Gott selbst, gebührt und andererseits *Bildern von bloßen Geschöpfen* im heidnischen Götzendienst, deren

---

[75] „sensus, imaginatio, ratio, intellectus, intelligentia, facultés, qui ne sont que des exercices variées d'une seule et identique âme." So zählt Marie Dominique CHENU in seinen grundlegenden Ausführungen anhand der Schrift *De potentiis animae* des karolingischen Theologen Alcuin auf. [*Imaginatio. Note de lexicographie philosophique*. Miscellanea Mercati. 2 (1946) 593–602, 595]. Alcuin formuliert analog zu Thomas: Imaginatio est vis animae quae figuram corporearum rerum absente corpore sine exteriori sensu dignoscit." (*De potentiis animae* cap. 38, zit. ebd.).
[76] *STh* I, 84, 6 ad 2.
[77] In I Sent., d. 19, q. 5, a 1, ad 7. Chenu findet hier den Einfluss eines in Toledo aus dem Arabischen (Avicenna) vermittelten ARISTOTELES (*De Anima* III, 6, 430 a 26 ss).
[78] Kunst ist von der *compositio*, nicht der *creatio* geprägt und damit ein gegenüber der Natur vernachlässigbares Phänomen: „omnes formae artificiales sunt accidentales" *STh* III, 66 4c.
[79] Vgl. ECO, *Aesthetics*, 181ff.: „The distinction between servile and liberal arts typified an intellectualistic mentality, for which the highest good was knowledge and contemplation."
[80] Francis J. KOVACH [*Die Ästhetik Thomas von Aquins. Eine genetische und systematische Analyse*. Berlin (de Gruyter) 1961] nennt eine Ausnahme: *Simulacra*, In I. Cor 12,2 Lert.1.

Verehrung der Gipfel der Dummheit wäre[81], bzw. Bildern Marias[82] und den Reliquien der Heiligen[83], denen er ‚nur' eine *veneratio duliae* zubilligt. Genau diese Unterscheidung sei zu achten, wenn die Bilderverehrung nicht in *heidnische* Idolatrie[84] zurückfallen wolle. Mit Blick aus das *Judentum* versteht Thomas die Menschwerdung Christi als begrenzte Aufhebung des Bilderverbotes.

Alex Stock hat darauf hingewiesen, dass „die Lehrmeinung des Thomas, daß den Christusbildern göttliche Verehrung *(latria)* zu bezeugen sei, weder der Auffassung des Johannes Damascenus noch der des siebten ökumenischen Konzils" entspreche[85]. Der Versuch, in dem von Thomas aufgegriffenen Basiliuszitat des Damasceners, das sich auch in der *Definition über die heiligen Bilder* des 2. Nicaenischen Konzils findet, *„Imaginis honor ad prototypum pervenit"*[86], „ein griechische und lateinische Theologie verbindendes Kontinuum der Bilderlehre" finden zu wollen, muss also als gescheitert gelten.[87] Wie Stock richtig bemerkt, stützt sich Thomas allerdings auch nicht auf die drei *Logoi* des Johannes Damascenus, sondern (in STh ausgesprochen häufig) auf dessen einzige ihm (in lateinischer Übersetzung) vorliegende Schrift *De fide orthodoxa*[88]. Dass Thomas offenbar gerade mit einer aristotelischen Zugehensweise zur Bilderfrage hier die Materialität der Bilder selbst – anders als Johannes Damascenus – von jeder Verehrung ausnehmen muss (sie wäre nach seiner Definition Idolatrie), gleichzeitig aber, nicht mehr zwischen Urbild und Abbild unterscheidend, „dem Christusbild ohne Bedenken göttliche Verehrung" zuerkennt, „was im Bildverständnis des Johannes Damascenus zwangsläufig Idolatrie wäre"[89], mag verblüffen, verweist aber auch erneut auf die Originalität der Gedanken des Johannes (und ihre widersprüchliche Rezeptionsgeschichte).

Stock kann jedoch selbst auch keinen an Johannes Damascenus anknüpfenden Lösungsvorschlag anbieten, der über die Komplexität der hochschola-

---

[81] Interessanterweise belegt Thomas just diesen Punkt, an dem er sich dezidiert von der Position des Johannes entfernt, ausgerechnet mit einem Zitat des Damasceners: „Insipientiae summa(e) est et impietatis figurare quod est divinum. Sed quia in novo Testamento Deus factus est homo, potest in sua imagine corporali adorari." *STh* III, a 3 ad 1.
[82] *STh* III, q 25, a 5.
[83] *STh* III, q 25, a 6.
[84] Auch hier unterscheidet Thomas zwei Modi: Der eine ist idolatrisch, weil er beim materiellen Ding selbst verweilt, ohne zu seinem Urbild vorzustoßen, im anderen wird im Bild eine dämonische Kreatur verehrt. *STh* II/II, 94 bzw. *STh* III, q 25 a 3 ad 2.
[85] Alex STOCK: *Die Ehre der Bilder. Thomas von Aquin – Johannes von Damaskus*. In: J. Wohlmuth (Hg.): Streit um das Bild. Das Zweite Konzil von Nizäa (787) in ökumenischer Perspektive. Bonn (Bouvier) 1989, 67–78, 74.
[86] *STh* III, q 25 a 3 cp.
[87] STOCK, *Bilder*, 67.
[88] Ebd. 69.
[89] Ebd. 74.

stischen Version hinausginge, weil er weder die Unterscheidung zwischen οὐσία und χάρις noch die Bedeutung der Urteilskraft in dessen Bildtheologie nachvollzieht.[90] Die (erneut gegen Panofski) mit W. Schöne bereits für das Mittelalter zu konstatierende Tatsache, dass „die abendländische Theologie die Entwicklung der abendländischen Kunst innerlich nicht begleitet, sondern eben sozusagen aus den Augen verloren hat"[91] – angesichts einer im Westen sich ausbreitenden Verehrung von Marien- und Heiligenbildern, die mit den drei *Logoi* des Damaszeners, nicht aber mit Thomas theologisch hätte gefasst (und gegebenenfalls kritisiert) werden können –, bleibt so zunächst ohne Folgen auch im Werk Alex Stocks.

(2.) Thomas Hausmanninger hat in seiner *Kritik der medienethischen Vernunft*[92] eine Lanze für die Unterhaltungsfunktion der neuen Medien gebrochen und sich dabei zur Widerlegung des Argumentes, der ‚unterhaltene' Rezipient verhalte sich lediglich passiv, die Überlegungen Thomas von Aquins zur *delectatio* (Ergötzung, Lust) in STh I–II, 31,1ff ins Feld geführt. Tatsächlich führt Thomas hier (vornehmlich mit dem Aristoteles von *De Anima* und der *Physik*) aus, dass die *delectatio* kein *moveri* sei; vielmehr gilt: *delectatio* est *operatio* (31,1). Allerdings bezieht sich die Reflexion des Thomas hier keineswegs allein[93] auf die Wahrnehmung von Bildern. Die Ergötzung, die aufgrund von sinnlichen Eindrücken erfolgt *(delectatio corporalis et sensibilis)*, wird vielmehr der geistigen Ergötzung *(delectatio spiritualis et intelligibilis)* trotz deren geringerer Heftigkeit *nachgeordnet* (31,5),[94]

---

[90] Er spricht einfach davon, dass für Johannes „den Bildwerken selbst eine numinose Qualität innewohnt" (STOCK, *Bilder*, 75), sodass die im Sammelband dokumentierte Diskussion des Stockschen Beitrages zu Recht auf die Frage nach dieser *unterlassenen Differenzierung* sowie auf die Frage nach einer *Kriteriologie* für die Angemessenheit der Darstellung in all *jenen* Bildern zuläuft, die sich nicht wie das Turiner Grabtuch oder das Schweißtuch der Veronika dem unmittelbaren Kontakt mit dem Körper Christi verdanken, sondern der Phantasie der Maler (vgl. STOCK, *Bilder*, 76ff).

[91] Wolfgang SCHÖNE: *Die Bildgeschichte der christlichen Gottesgestalten in der abendländischen Kunst*. In: Das Gottesbild im Abendland. Witten/Berlin ²1959, 7–55, 20, zit. Stock, Bilder, 75.

[92] Thomas HAUSMANNINGER: *Kritik der medienethischen Vernunft. Die ethische Diskussion über den Film in Deutschland im 20. Jahrhundert*. München (Fink) 1992.

[93] ..., ja vielleicht gar nicht, Thomas bringt jedenfalls an dieser und den folgenden Stellen keine konkreten Beispiele.

[94] Umberto ECO fasst die sich hier offenbarende zentrale Systematisierung des ästhetischen Wahrnehmungsvorganges *(aprehensio* bzw. *visio)* als Zueinander von *sensus* und *ratio* treffend folgendermaßen zusammen: „a kind of seeing or looking which is mediated by the senses but is of an intellectually cognitive order, and which is both disinterested and yet produces a certain kind of pleasure." (*Aesthetics*, 58). „The senses, then, give us an intuitive knowledge of the sensible and the intellect gives us knowledge of the universal. Taking them together, we could refer to their operations as visio." (ebd. 62).

wenngleich auch Thomas darauf hinweist, dass niemand leben könne ohne jede sinnenhafte und leibliche Lust[95].

Insgesamt gilt für Thomas: „Zur Ergötzung ist ein Doppeltes erforderlich: nämlich die Gewinnung eines *zuträglichen* Gutes und die Erkenntnis dieser Erlangung." (32,1) Nicht nur scheint es also so zu sein, dass die von Hausmanninger an dieser Stelle angestrebte Legitimation der Unterhaltung (durch neue Medien) als geistiger Tätigkeit von Thomas nur als zweitbeste Variante anerkannt werden kann; die Frage nach der *Zuträglichkeit* des spezifischen in der Lust gewonnenen Gutes (also die nach einer kritischen Beurteilung der Quelle der Lust mit Hilfe der Urteilskraft) wird von Hausmanninger erst gar nicht gestellt – und das, obwohl Thomas sich mit diesen Fragen in quaestio 34 ausführlich beschäftigt und dabei (typisch aristotelisch, aber auch im Anschluss an Platon) eine *mittlere Position* (zwischen der zeitgenössischen Vorstellung der Lehren von Epikureismus und Stoa) einnimmt, die weder alle *delectationes* verwirft, noch alle gutheißt. Entscheidungskriterien sind Nützlichkeit, Ehrenhaftigkeit, Angemessenheit und Tugendhaftigkeit.

Unsere weiteren Überlegung müssen sich also auf die bei Origenes und Johannes Damascenus entwickelten Relationen zwischen (affirmierter) Imagination, Narration bzw. religiöser Kunst als irreduziblen Instanzen einer in ihrer Materialität (und Begrenztheit) bejahten menschlichen Existenz einerseits und der Urteilskraft des Individuums als Instanz einer konstruktiven (nicht-relativistischen) Kritik auf dem Weg in die Freiheit vor Gott andererseits stützen.

In den Fragmenten einer Thomanischen Bildtheologie kann die strenge Unterscheidung zwischen Bildern Christi und den Bildern anderer Heiligen und die unkritische Verehrung der Ersteren ebensowenig überzeugen wie der Ausfall einer angemessenen Reflexion auf die Anwesenheit Gottes bzw. seiner Gnade *auf* (nicht *in*) den Bildern. Auch die kurzschlüssige Referenz auf scinen Begriff der *delectatio* im Sinne einer zeitgenössischen ‚Unterhaltungskultur' wie bei Thomas Hausmanninger überzeugt nicht: Widmet sich doch Thomas am allerwenigsten jenen sinnlichen Freuden (und Erkenntnisfortschritten), die sich aus dem Betrachten von Bildern ergeben könnten. Zudem zieht er die geistigen und spirituellen Freuden den sinnlichen ausdrücklich vor.

In jüngerer Zeit sind es nun vor allem *drei theologische Ansätze*, die sich bemühen, die Bildkraft des Fiktionalen als eigenständige theologische Größe

---

[95] „Cum enim nullus possit vivere sine aliqua sensibili et corporali delectatione" *STh* I–II, 34,1.

zu beschreiben und systematisch zu verankern. Im Folgenden soll es darum um die Arbeiten von Paul Avis, Alex Stock und Gerhard Larcher gehen.[96]

Creative Imagination: Paul Avis
1999 hat der anglikanische Theologe Paul Avis mit seiner Arbeit God and the Creative Imagination[97] den Versuch vorgelegt, die Frage nach der Gegenwart Gottes in menschlicher Rede vor allem in Metapher, Symbol und Mythos und damit nach der Möglichkeit von Offenbarung „in modernity and postmodernity"[98] zu beantworten. Die zentrale These lautet dabei im Anschluss an Coleridge und von Balthasar „that the creative human imagination is one of the closest analogies to the being of God"[99]. Gerade diese Nähe zu Gott in den von Avis offenbar durchweg als poetisch verstandenen Texten der Bibel, der Tradition, der christlichen Kunst und Liturgie legt den Schluss nahe „that the Christian Religion is best understood as the truth of imagination."[100] Gleichzeitig wendet sich Avis gegen den Verdacht, er bringe die Religionskritik Feuerbachs, Marx' und Nietzsches zu neuen Ehren – es geht ihm durchaus um Wahrheit: „I am defending the truth and reality of what the Christian faith postulates."[101] Allerdings geschieht dies ausdrücklich gegen einen ‚fiktiven' „transcendental Platonic dualism", den Avis auch bei den Vertretern des deutschen Idealismus am Werk sieht und der ihm mit den zentralen (leider nicht sehr genau bestimmten) Eigenschaften des Christentums: „creational, incarnational and sacramental" nicht vereinbar zu sein scheint.[102]

Insgesamt geht es ihm um eine Vermittlung zwischen dem, was er *figurativen Realismus* nennt, also der nichtspekulativen Bilder- und Formensprache der christlichen Tradition einerseits und *philosophischer Reflexion* andererseits.[103] Doch welche Philosophie kann das leisten, wenn Platon und der

---

[96] Die mit einigem Wortwitz und stupender Literaturkenntnis als buchgewordene Explosion eines Gemischs aus zeitgenössischen Medientheorien und zusammengezappten Film- und Tonschnipseln daherkommende, auf vier Bände angelegte *Ästhetische Theologie* Klaas HUIZINGS entzieht sich bereits durch ihre Machart einer wissenschaftlichen Auseinandersetzung. Bd. 1: *Der erlesene Mensch*, 2000; Bd. 2: *Der inszenierte Mensch*, 2002; Bd. 3: *Der dramatisierte Mensch*, 2004 alle Stuttgart/Zürich (Kreuz Verlag).
[97] Paul AVIS: *God and the Creative Imagination. Metaphor, Symbol, and Myth in Religion and Theology.* London (Routledge) 1999.
[98] AVIS, *God*, vii.
[99] Ebd. ix.
[100] Ebd. 7.
[101] Ebd. 8.
[102] Ebd. 10.
[103] „That judgement, as to the truth of an insight, can only be made on other grounds, by applying criteria that bring our fresh insights into contact with our overall worldview and assess them by references to science, history, experience, ideological criticism and so on." Ebd. 11.

deutsche Idealismus in gleicher Weise verworfen werden wie Nietzsche und Derrida?
   Der richtigen Diagnose, eine radikalisierte Postmoderne stehe wegen unkritischer Bilderfreundlichkeit und Verdammung der Ratio dem angezielten „realist concept of imaginative truth" ebenso feindlich gegenüber wie die einseitig vernunftfreundliche und bilderskeptische Moderne, folgen keine Konsequenzen. Die Bezugnahmen auf romantische ästhetische Theorien sowie auf Coleridge und Polanyi lassen höchstens an *Fideismus* als rettenden Ausweg denken – aber wo bleibt da die Ratio? Zur Wahrheit gehört Glaube, so schreibt Avis, wir streben immer nach Einheit unserer Anschauungen, nach einer Ordnung des Symbole. *Grace, Love, Freedom, Truth* etc. sind in der Lage, den menschlichen Geist zu erwecken. Hier hat die neue Strömung der *Radical Orthodoxy*[104] Pate gestanden, ohne doch in ihrer intellektuellen Brillanz etwa in ihrer *relecture* von Thomas sichtbar zu werden. Die Arbeit mündet bei J.H. Newmans *illative sense*: „we arrive at a judgement without being able to specify how we have reached it"[105] – aber was hat das mit Imagination zu tun, wo hat hier die *ratio* bleibende Relevanz und welche Bedeutung kommt dem *judgement* zu?
   Insgesamt erstaunt die Selbstverständlichkeit, mit der Avis in der begrüßenswerten Intention, der Imagination zu neuer theologischer Valenz zu verhelfen, den Mythos repristiniert. Der immer wieder vorgetragene Wunsch, den garstigen Graben zwischen Mythos und Logos zu überbrücken, endet hier in einer Belobigung des Mythos, der gleichzeitig die Begriffe fehlen, das zu benennen, was der Mythos überhaupt sei (auf jeden Fall macht er für Avis einen Großteil der biblischen Texte aus), an was es ihm also überhaupt gebreche, damit der Logos ihm etwas hinzufügen müsste. Obwohl Avis weiß, dass er Barth, Childs, Pannenberg und Balthasar gegen sich hat (die Mythenkritik des Alten Testaments lässt er zudem unerwähnt), will er unbedingt den *Mythos* in der Bibel verankert sehen.[106]
   Die drängende Frage, wie die Thesen, die der zustimmungswürdigen Intention einer Überwindung des fraglichen Dualismus folgen, rational ausgewiesen werden, bleibt offen. Eine im Ton an William James erinnernde, teilweise geradezu erweckungsähnlich vorgetragene persönliche Spiritualität reicht jedenfalls im theologischen Diskurs nicht aus. Allgemeine anthropologische Reflexionen und eine Diskussion neuerer Sprachtheorie sucht man vergeblich. Mit Formulierungen wie „The truth of Christian Theology cannot be understood from outside the circle, but only by committing oneself in

---

[104] Vgl.: Thomas FLIETHMANN: *Radical Orthodoxy. Zu einer neuen Bewegung in der angloamerikanischen Theologie*. In: HerKorr 56 (2002), 407–411.
[105] AVIS, *God*, 46.
[106] Ebd. 114–136.

praxis to the symbolic process"[107] wird die Funktion systematischer Theologie schließlich als Ganze oder doch zumindest in ihrer ‚apologetischen' Funktion in Frage gestellt. Wo allein Glaube oder liturgische Praxis über Wahrheit und Unwahrheit der christlichen Religion entscheiden, wo keine Rechenschaft über den „Glauben, der in uns ist" (1 Petr 3,15) mehr für möglich gehalten wird, hat theologische Reflexion ihren legitimen Ort innerhalb des Glaubenslebens verloren.

Gleichwohl plädiert Avis an anderer Stelle für ein Verhältnis zwischen symbolisch-imaginativer Praxis und ‚Fundamental-Theology' – er nennt sie in Anlehnung an Cassirer *Theologie der symbolischen Formen* –, das unserem Vorhaben recht nahe kommt:

„Most worship is probably unreflective and uncritical: it is content to assume that the objects it evokes (divine beings, angels, miracles, prophecies, historical revelations, eschatology) reside precisely as described out there in the sacred realm. It is the task of theology, and specifically of that branch of theology known as Fundamental Theology, to ask whether that realist assumption is justified and how it needs to be qualified."[108]

In unserem Zusammenhang interessiert besonders einer der drei „test cases", an denen Avis seine (zumindest was die zitierte Literatur angeht) weit ausgreifenden Überlegungen schließlich durchführt: die Eschatologie. Avis, der hier den Reichtum an Symbolischem und Mythischem (!) trotz der von ihm zitierten warnenden Stimmen besonders betont, erkennt in der (nicht exakt gegen Apokalyptik abgegrenzten) Eschatologie eine Vorahnung des ästhetischen Elements in der Theologie. Gerade das Jüngste Gericht könne nur geglaubt werden in einem „intuitive, almost aesthetic assent to the symbolism and by allowing ourselves to be caught up into the self-involving narrative in which those powerful symbols are embedded."[109] Wenn er das Gedicht *The Dream of Gerontius* von John H. Newman interpretiert, wendet sich Avis zwar gegen Masochismus und Platonismus, den er in Newmans Kritik zu erkennen glaubt, stimmt jedoch in anderen Punkten zu[110] – dies freilich, ohne seine Kriterien entwickelt zu haben. Berlioz' Vertonung des Hymnus *Dies Irae* kann Avis gar rückhaltlos zustimmen – wer hier kritisch nachfragt, ist ein ‚philistine'.[111]

Die Vor- und Nachteile des Ansatzes von Avis sollten deutlich geworden sein: Sein Plädoyer für eine Theologie, die symbolische und metaphorische

---

[107] Ebd. 137.
[108] Ebd. 157.
[109] Ebd. 170f.
[110] „total dependence on the mercy of God, the need for a process of purification and education to prepare us to see God, and the progressive nature of our journey after death, ever nearer to the heart of Gods love." Ebd. 171.
[111] Ebd. 172.

Zeugnisse des Glaubens nicht als bloßen Aus-druck, Re-Präsentation eines tiefer liegenden Eigentlichen abwertet, sondern als originären ‚*locus theologicus*' wertschätzen will, ist zu begrüßen und soll mit Blick auf unser Vorhaben festgehalten werden. Auch seiner Feststellung, dass damit nach einem Ort jenseits von dem ausgegriffen werden müsse, was gemeinhin Moderne oder Postmoderne genannt wird, ist zuzustimmen. Es hapert jedoch beim Vollzug: Die Unterbestimmtheit eines formal eingeforderten zweiten fundamentaltheologischen Schrittes, der die Übereinstimmung für christlich ausgegebener Imaginationen, Symbole, gar Mythen mit der christlichen Tradition garantieren soll, kann nicht vollzogen werden, weil die Wahrheit des Christentums nicht auch als rationale, sondern nur als imaginative („creational, incarnational and sacramental") bestimmt wurde.

Alex Stocks Poetische Dogmatik
In den letzten Jahrzehnten hat der Kölner Theologe Alex Stock in einem nicht anders als epochal zu nennenden Werk[112] sich dem gewidmet, was in Jahrhunderten in den weiten Räumen von bildender Kunst, Literatur und Musik an Ausdrücken entstanden ist, die nicht im engen Sinne theologisch, sondern eher Echo von Religiosität, Frömmigkeit und vor allem Liturgie genannt werden dürfen, aber auch solchen Werken, vornehmlich des 20. Jahrhunderts, die als völlig eigenständig und dennoch christlich und damit als Inspirationsquelle heutiger Theologie gelten dürfen. Bereits der Titel seiner inzwischen in vier Bänden vorliegenden und damit für die Christologie abgeschlossenen *Poetischen Dogmatik*[113] begreift die gesamte Spannung in sich, die darin liegt, Bilder und Literatur selbst zu Wort kommen zu lassen und ihnen gleichwohl theologische Aussagekraft zusprechen zu wollen.

Ein *Programm* seines umfangreichen Vorhabens hat er außerhalb seiner *Poetischen Dogmatik* formuliert[114]: Das Leichte und Schwebende (Poesie) soll mit dem für ‚starrsinnig' und ‚ideologisch' Gehaltenen (Dogmatik) zusammengebracht werden. Karl Rahner und die Historisch-Kritische Exegese werden als Abstoßungspunkte, die Ansätze Hans-Georg Gadamers, Walter

---

[112] Alex STOCK: *Bildtheologie und Bilddidaktik. Studien zur religiösen Bildwelt*. Düsseldorf (Patmos) 1981; Ders.: *Gesicht, bekannt und fremd. Neue Wege zu Christus durch Bilder des 19. und 20. Jahrhunderts*. München (Kösel) 1990; Ders.: *Zwischen Tempel und Museum. Theologische Kunstkritik, Positionen der Moderne*. Paderborn u.a. (Schöningh) 1991; Ders.: *Keine Kunst. Aspekte der Bildtheologie*. Paderborn u.a. (Schöningh) 1996; Ders. (Hg.): *Wozu Bilder im Christentum? Beiträge zur theologischen Kunsttheorie*. St. Ottilien (Eos Verlag) 1990.
[113] Alex STOCK: *Poetische Dogmatik. Christologie, 1. Namen* [Paderborn u.a. (Schöningh) 1995]; *Christologie, 2. Schrift und Gesicht* (1996); *Christologie, 3. Leib und Leben* (1998); *Christologie, 4. Figuren* (2001). Für eine kundige Würdigung vgl.: Stefan ORTH: *Bilderschatz der Tradition. Alex Stocks Poetische Dogmatik*. In: HerKorr 56 (2002) 141–146.
[114] Alex STOCK: *Über die Idee einer poetischen Dogmatik*. In: G. Larcher (Hg.): *Gott-Bild. Gebrochen durch die Moderne?* Graz/Wien/Köln (Styria) 1997, 118–128.

Benjamins und Theodor W. Adornos als methodische Hintergründe einer ersten Annäherung an eine biblisch gegründete theologische Hermeneutik genannt, die bereits die Dissertation von 1969 thematisiert hatte.[115] Letztlich ging es schon hier darum, „die Arbeitsweise der religiösen Einbildungskraft zum Vorschein [zu] bringen, den Vorgang der christlichen Kreativität, die aus Vorgegebenem etwas Neues hervorbringt."[116] Von einer ursprünglich ins Auge gefassten fundamentaltheologischen Methodenreflexion wendet sich Stock aber schon bald ab, um sich ganz dem „Experiment selbst" zu widmen, also an einer „Konfiguration[117] von Fundstücken zu einer anschaulichen Gesamtgestalt" zu arbeiten und nicht zuletzt die „Liturgie als Quelle theologischer Erkenntnis" [118] zu nutzen. Entscheidend für die Methodik in Stocks *Poetischer*[119] *Dogmatik* ist dabei das Ziel, theologischen Ertrag im engeren Sinne aus einer Art kommentierter[120] Phänomenologie des Liturgischen und Paraliturgischen zu gewinnen, wobei Letzteres sich auf den gesamten Bereich der *christlichen* oder, wie Stock mehrfach betont, (poetisch- und nicht polemisch-) *katholischen*[121] Bild- und Textproduktion zu erstrecken scheint.

Auch aus den jeweils knapp ausfallenden Vorreden zu den einzelnen Bänden seiner Christologie lässt sich kaum mehr an systematischem Gehalt ziehen[122]: Stock versteht sich ausdrücklich als Sammler und Bewahrer vielfältiger (teilweise auch mit guten Gründen aus der Tradition ausgesonderter) poetischer Äußerungen[123]. Und das gelingt ihm tatsächlich: Stocks vierbändige Christologie darf als nahezu unerschöpflicher Schatz für eine Motiv- und Ideengeschichte christlicher Lieder, Bilder und Texte aller Epochen angesehen werden.

---

[115] STOCK, *Idee*, 119.
[116] Ebd. 121.
[117] An anderer Stelle spricht er von Collage, Strauß, Anthologie (STOCK, *Schrift und Gesicht*, 7).
[118] STOCK, *Idee*, 123.
[119] Poetisch „nicht zu verstehen als freischweifende Energie, die – im Sinne des griechischen Wortsinns von ‚poiesis' – etwas ins Werk setzt, Werke hervorbringt, mit den Mitteln der Sprache, Musik, bildender Kunst. Werke („poiemata"), die im Inspirationsraum des Christentums entstanden sind, stellen je für sich und miteinander Verkörperungen dar, in denen der vielfach gefächerte/gesplitterte Sinn und die Gestaltungskraft dieser Religion in sinnlicher Fassung wahrnehmbar werde." STOCK, *Namen*, 8.
[120] „Die Verfahrensformen eines solchen Kommentars kennen heuristische Regeln der Aufmerksamkeit, aber keine prozedurale Mechanik. Es geht [...] um eine Art produktiver Beteiligung aus der Nähe gegenwärtiger Wahrnehmung." STOCK, *Namen*, 10.
[121] STOCK, *Idee*, 126 u.ö.
[122] Mit stärker systematischem Anspruch tritt der eindrückliche Beitrag seines Schülers Johannes RAUCHENBERGER auf: *Biblische Bildlichkeit. Kunst – Raum theologischer Erkenntnis.* Paderborn u.a. (Schöningh) 1999.
[123] „Wer dies weitläufige, in Kammern verwinkelte Haus der christlichen Überlieferung schätzt und darin umherschweift, stößt auf Stücke, die ihn berühren, kann oft nicht sagen, warum genau, kann sie aufheben, ans Licht halten, ihnen Geltung ansinnen ohne zwingenden Beweis." (STOCK, *Namen*, 11).

Die Frage allerdings, ob so das angestrebte Ziel, nämlich ein Ertrag für eine systematisch arbeitende Theologie, erbracht werden kann, ob es sich bei Stocks Vorhaben tatsächlich auch im weiteren Wortsinn um eine ‚Dogmatik' und nicht (nur) um eine Fundgrube christlicher Poesie im weitesten Sinne des Wortes handelt, kann nur eine ‚Tiefenbohrung' dort beantworten, wo Stock unseren Themenbereich einer Hermeneutik apokalyptischer Motive explizit berührt: im vierten Band der Stockschen Christologie *Figuren*, und hier im Kontext der Figur des Richters[124].

Dass Stock hier bei den relevanten Passagen der Evangelien und nicht bei der Johannes-Apokalypse einsetzt, bringt zwei erste systematisch relevante Erträge: Es wird deutlich, dass Jesus Christus hier nicht zuerst oder doch nicht nur als Richter, sondern vor allem als Angeklagter, als Opfer begegnet; ein Perspektivenwechsel, von Stock in einer treffend gewählten Karikatur von Honoré Daumier[125] bebildert, der es bis heute erlaubt, gegenüber dem (ungerechten) Richter Barmherzigkeit einzuklagen. Gerichtsanaloge Szenen aus dem Leben und den Gleichnissen Jesu gewinnen so ‚vom Kreuz her' im Spiegel einer Karikatur des 19. Jahrhunderts neue Sinngehalte: Jesu Umgang mit der ‚Ehebrecherin', seine Gleichnisse vom Barmherzigen Samariter und vom Barmherzigen Vater.

Das ‚Weltgericht', vor allem in Darstellungen aus der Zeit zwischen dem 12. und 16. Jahrhundert zu hoher Präsenz gekommen, entpuppt sich in Stocks kundigem Kommentar ebenfalls als aus den Evangelien (v.a. Mt 24,29–25,46) und weniger aus der ‚Geheimen Offenbarung' inspiriert, so dass erneut das Kreuz im Mittelpunkt steht: „Ein Hingerichteter ist der Richter. Der gekreuzigte Menschensohn, er, ‚den sie ans Holz gehängt und getötet' haben, ist ‚der von Gott bestimmte Richter der Lebenden und der Toten' (Offb 10,40.42)"[126] und damit „*Corpus iuris* und *Corpus delicti* in einem"[127]. Schön ist es zu sehen (und ein Argument gegen eine ikonographische Engführung der Theologie), wie Fermente der biblischen Tradition, wie etwa das ‚Buch des Lebens' als ‚Beweisgrundlage' für das Gericht, zugunsten der bildlichen Umsetzung von spätmittelalterlich aktuellen Todsünden und Kardinaltugenden in den Hintergrund treten.

Der zweite bemerkenswerte Ertrag betrifft die Rolle der Kirche in den Darstellung aus der genannten Epoche[128]: Petrus wird mit seinem Himmels-

---

[124] STOCK, *Figuren*, 165–212.
[125] In *Pardon* (1865–67) verweist ein Verteidiger den Richter auf das hinter ihm hängende Kruzifix, das – wie Stock treffend bemerkt – nun nicht mehr nur als „Hoheitszeichen einer Justiz von Gottes Gnaden" gelesen werden kann, sondern durch den ‚Fingerzeig' eine zweite Bedeutungsebene erhält: „Der Herr des Gerichtssals ist eine Verurteilter" (STOCK, *Figuren*, 175).
[126] STOCK, *Figuren*, 177.
[127] Ebd. 181.
[128] Ebd. 182ff.

schlüssel, der einmal die Macht im Himmel zu binden und zu lösen repräsentiert hatte, zum freundlichen Himmelspförtner ohne administrative Macht. Päpste und andere hohe kirchliche Würdenträger tauchen in der Hölle (wie auch im Himmel) auf, und machen so ikonographisch Ernst mit der zu dieser Zeit schon in Vergessenheit geratenen augustinischen Lehre von den beiden *civitates*.

Hier wird deutlich, warum Stock in den Bildern keine Dogmatik finden will und kann. Sie bilden selber bereits weniger ein eigenes *System* als einen kritischen *Kommentar,* wenn nicht gar eine *Neu-* und *Dekomposition* des historischen Materials; sie verhalten sich also in gewisser Weise ‚parasitär' zur jeweils zeitgenössischen Theologie und Lehre und sind nicht etwa nur deren Bebilderung, wie man nach der Lektüre von Panofskis wirkmächtigem Werk[129] hätte meinen könnte. Man lernt aus diesem Kommentar, nach dem Weggelassenen und Neuakzentuierten zu fragen.

Damit entwickeln sich die Weltgerichtsbilder nicht nur zu Spiegeln zeitgenössischer weniger *theologisch* als *frömmigkeitsgeschichtlich* ausweisbarer Jenseitsbilder, sondern auch zu Fermenten einer spätmittelalterlichen/ frühneuzeitlichen Praxis des Selbstentwurfs[130]: Die Heilsgewissheit ergibt sich in einer beinahe umfassend christianisierten Gesellschaft nicht mehr einfach aus einer Mitgliedschaft in der Kirche. Vielmehr induziert die Wahrnehmung diverser moralischer Entgleisungen ernsthafter Kirchenmitglieder und Würdenträger ‚am grünen Holze' einen höheren Grad moralischer Reflexion, charakterisiert durch eine neue Bezugnahme auf interpersonale Beziehungen und die internen Aspekte der menschlichen Natur. Dass dies gerade im Sinne einer Kritik der gesellschaftlich Mächtigen und Reichen geschieht, zeigt, dass die apokalyptische Motivik zu diesem Zeitpunkt ihre gesellschaftskritische Funktion[131] noch nicht verloren hatte, bzw. dass diese doch unter neuen Bedingungen anhand spezifischer, nicht zu verleugnenden Gattungseigenschaften wieder entdeckt (das alte Thema der Gerechtigkeit) und modifiziert worden war (neue Themen der Fürsprache der Heiligen der ‚*Deesis*', des Fegefeuers etc.).

---

[129] Erwin PANOFSKI: *Gotische Architektur und Scholastik. Zur Analogie von Kunst, Philosophie und Theologie im Mittelalter.* Köln (duMont) 1989 (1951).

[130] Andachtsbilder mit Weltgerichtsmotiven bezeugen ihre Rolle in der persönlichen Frömmigkeit. Schön, wie STOCK anhand von Jan Vermeers van Delfts Frau mit Waage (1662–1663) zeigt, wie eine solche „Verinnerlichung der hintergründig präsenten großen Vision der christlichen Religion" (*Figuren,* 189) quasi metareflexiv umgesetzt wurde. Ob hier bereits Kants Vorstellung des Weltgerichts als regulativer Idee (vgl. Teil 3) ikonographisch vorweggenommen wurde, wie Stock meint, wäre zu prüfen, Stocks Einschätzung, damit würden „finale Figurationen, die dem imaginativen Haushalt einer bestimmten Religion entstammen, als Richtmaß überflüssig" (ebd.), kann aus noch auszuführenden Gründen so auf jeden Fall nicht zugestimmt werden.

[131] Weltgerichtsbilder fanden sich nicht nur an den Portalen von Kirchen und auf Lettnern, sondern auch in Ratsstuben und Gerichtssälen. STOCK, *Figuren,* 187.

Auch der Gerichtsdarstellung in der Sixtinischen Kapelle gewinnt Stock in einer ausführlichen Lektüre neue Nuancen ab: In der stark gedrängten Darstellung im Wortsinne vor dem Richter ‚nackter' Personen sind bei Michelangelo die Stockwerke zwischen Heiligen und einfachen ‚Bürgern' des Jenseits aufgehoben. Darüber hinaus wird auch die in ihrer Striktheit kaum überbietbare Trennung zwischen geretteten Himmelsbewohnern und Höllenopfern der mittelalterlichen Ikonographie relativiert: „Nicht als Ehrensenat eines thronenden Richters erscheinen hier die Heiligen, sondern als betroffener Teil eines in allen Fugen erschütterten Universums."[132] Ihre Erschütterung und die wie unter Spannung stehende Richtergestalt transportieren einen dramatischen Ernst, die Positionierung der Gruppen und die Verschlingungen der Figuren ineinander eine Verwobenheit der Schicksale, die geradezu eine neue Theologie zu fordern scheint – weder die alte dichotomische Erlösungs- und Verdammnisgewissheit noch unser eschatologischer Optimismus wird der reflektierten Darstellung Michelangelos gerecht. Stock unterlässt es an dieser Stelle leider, ‚dogmatische' Konsequenzen zu ziehen. Gleichwohl scheinen gerade die Vorstellungen einer notwendigen prozessual/dramatisch imaginierten Versöhnung zwischen Tätern und Opfern und eines wartenden Christus, wie sie zu Beginn unserer Arbeit als Status Quo der theologischen Debatte skizziert wurden, merkwürdig gut zu Michelangelos Darstellung zu passen.

Stocks Kapitel schließt mit einer werkgeschichtlichen Analyse und ausführlichen Interpretation des Textes *Dies Irae*. Die christologische Hinsicht, die in diesem Zusammenhang vor allem interessiert, ergibt allerdings trotz einiger philologischer Volten schließlich doch nur den bekannten Dualismus zwischen *ira* und *pietas* des göttlichen Richters, die den monadisch nur mit Gott (und nicht mit seinem Nächsten konfrontierten) Beter um die einzig rechtfertigende Gnade flehen lässt und ihn so als noch Lebenden in die Arme kirchlicher Pastoralmacht (Foucault) treibt. Dass hier „emotionale Intensität" begegne, mag man Stock noch glauben, doch zu welchem Behufe? Dass hier ein Beter im „Ernst der Subjektivität [...] zur letzten Verantwortung gerufen" werde, könnte angesichts der im Text vorherrschenden Rechtfertigungslehre nur nach wenigstens knapper Reflexion auf die historisch belasteten und aktuell kontrovers diskutierten Begriffe ‚Subjektivität' und ‚Verantwortung' behauptet werden. Das wäre aber bereits eine systematische Grundsatzreflexion, die Stock ja konsequent vermeidet.

Stock positioniert sich insgesamt nicht in einem zeitgenössischen theologischen Diskurs, in dem er freilich unwiderruflich steht. Die beschriebene theologische Valenz seiner Überlegungen scheint sich wie von selber einzustellen und kann sich doch, wie eine Erhebung des theologischen Ertrages

---

[132] STOCK, *Figuren*, 193.

zeigt, nur aktuellen Fragestellungen und Debatten verdanken. Die Texte mögen sich genetisch entwickelt haben, ihr Ertrag ist unzweifelhaft. Gleichwohl bleibt unter methodischer Hinsicht der schale Nachgeschmack einer Arbeitsweise, die trotz der großen kunstgeschichtlichen Kompetenz des Autors unhistorisch genannt werden könnte, weil er nicht offenlegt, von welchem Ort aus er selbst eigentlich spricht – als Theologe oder als Kunstwissenschaftler, als Zeitgenosse des jeweiligen Kunstwerks, oder eben doch als systematischer Theologe des 21. Jahrhunderts? Was das für eine Bildtheologie, wie Stock sie vorlegt, heißt, wüsste man gerne genauer.

Ästhetik als Chance einer ‚modernen' Theologie: Gerhard Larcher

Der nicht in einer Monographie, sondern in immer neuen Anläufen kleinerer Arbeiten vorliegende Ansatz Gerhard Larchers steht unserem Anliegen vielleicht am nächsten.[133] Nicht nur, dass Larcher die Entwicklung der Fundamentaltheologie und der Ästhetik in der Moderne knapp aber treffsicher skizziert als Fermente eines ‚Todes Gottes', der sich nicht nur in der Geistesgeschichte, sondern auch in der Kunst zugetragen habe. Darüber hinaus versteht Larcher diese Entwicklung ebenfalls nicht im Sinne des Niedergangs, sondern als (ideologie-) kritische Markierung, als „Dekonstruktion" des schon früh einsetzenden Bruchs einer „ontotheologisch fundierten Perichorese des Bonum, Verum und Pulchrum"[134], einer „Schieflage von Gottesbildern"[135]. Resignativ stimmen ihn daher eher die Folgen der neuscholastischen Abwehrbewegungen gegen diese konstruktiv-kritischen Kräfte, die eine Selbsterneuerung des Katholizismus aus dem Geist der Selbstkritik verhinderten und letztlich zu einer Historisierung, Heroisierung und Musealisierung der

---

[133] Im Sinne eines durchgeführten Zueinanders von Begründungsfragen und Hermeneutik. Der Ansatz ist am deutlichsten entfaltet in: Gerhard LARCHER: *Subjekt – Kunst – Geschichte. Chancen einer Annäherung von Fundamentaltheologie und Ästhetik*. In: K. Müller (Hg.): Fundamentaltheologie. Fluchtlinien und gegenwärtige Herausforderungen. Regensburg (Pustet) 1998, 299–322. An diesem Text orientiert sich die folgende knappe Darstellung. Weiterführende Überlegungen mit wechselnden Schwerpunkten finden sich in: Gerhard LARCHER: *Vom Hörer des Wortes als ‚homo aestheticus'. Thesen zu einem vernachlässigten Thema heutiger Fundamentaltheologie*. In: K. Müller/Th. Pröpper/G. Larcher (Hg.): Hoffnung, die Gründe nennt. Regensburg (Pustet) 1996, 99–111; Ders.: *Brüche und Wandlungen. Zu einer Hermeneutik theologischer Kunstbegegnung in der Moderne*. In: T. Kölbl/G. Larcher/J. Rauchenberger (Hg.): ENT-GEGEN. Religion Gedächtnis Körper in Gegenwartskunst. Ostfildern (Ruit) 1997, 21–25; Ders.: *Bruch und Innovation. Thesen und Fragen zum hermeneutischen Problem*. In: Ders. (Hg.): Gott-Bild. Gebrochen durch die Moderne? Graz (Styria) 1997, 47–56; Ders.: *Fundamentaltheologie und Kunst im Kontext der Mediengesellschaft. Neue Herausforderungen für eine alte Beziehung*. In: J. Valentin/S. Wendel (Hg.): Unbedingtes Verstehen?! Fundamentaltheologie zwischen Erstphilosophie und Hermeneutik. Regensburg (Pustet) 2001, 161–181, sowie in verschiedenen anderen Sammelbänden.
[134] LARCHER, *Subjekt*, 300.
[135] Ebd. 302.

christlichen Kunst[136] geführt haben – eine Entwicklung, welche die Kurskorrektur des II. Vaticanums nicht rückgängig machen, wohl aber begrenzen konnte. Dass die Zeit für einen Dialog zwischen zeitgenössischer Kunst und Theologie reif sei, dafür spreche auch eine Abschwächung des säkularistischen Gestus' auf Seiten der nicht-kirchlichen Kunst und die Moderne-Kritik im Namen des ‚Ganz-Anderen' in der Philosophie.

Insgesamt sieht Larcher seine Dialogbemühungen „im Kontext einer Theorie umfassender Suche nach Sinn und nach Vollendungsbedingungen freier Subjektivität"[137] und fasst Sinn und Subjektivität im Rahmen einer an Maurice Blondels *L'action* angelehnten fundamentaltheologischen Anthropologie, die die prekäre Existenz des Menschen zwar als solche ernstnimmt, gleichzeitig aber mit einer „definitiv-sich-erschließenden (heiligen) Macht [...] eine andere als absurde Lösung des Problems Mensch"[138] erhofft.

Ein Rückgriff auf Franz Rosenzweig[139] lässt die Künste als Darstellungsmittel des Unverfügbaren erscheinen. Einerseits vermittelt Kunst Trost angesichts von Diskrepanz, symbolisiert eine anfängliche Bejahung, inchoative Erfahrbarkeit des definitiv Verheißenen, dient als Sinnspeicher etc. Andererseits gilt aber: „Indem die gegenwärtige Kunst die ihr eigene Negation zum Thema macht, ist sie auch hervorragend disponiert, ein Moment der Interruption, der Appellation als Dezentrierung des Rezeptors auf ein Anderes hin zu vermitteln."[140]

Es steht an, den von Hansjürgen Verweyen theologisch fruchtbar gemachten Begriff einer Bildwerdung gegenüber dem Absoluten als Sinn menschlicher Existenz in einer theologischen Ästhetik durchzubuchstabieren. Larcher bieten sich hier – für die bildende Kunst naheliegend – besonders die Werke von Barnett Newman, Marc Rothko und Ben Willikens an. Die *ethische Dimension*, die bei Verweyen diesem Bildwerden notwendig inhärent ist, verwirklicht sich freilich in besonderem Maße im Medium des Spielfilms, wie im fünften Teil unserer Arbeit deutlich werden soll[141].

Larcher nennt – im Anschluss an von Balthasars in *Herrlichkeit* entwickelte *Erblickungslehre* – einige biblische Beispiele, die trotz ihres ursprüng-

---

[136] Vgl. dazu u.a.: Alex STOCK: *Tempel der Toleranz. Zur Musealisierung der Religion.* In: Ders.: Keine Kunst. Aspekte der Bildtheologie. Paderborn u.a. (Schönigh) 1996, 123–128.
[137] LARCHER, *Subjekt*, 307.
[138] Ebd. 309.
[139] Dieser schreibt: ohne die Künste fehlte „die Sprache vor der Offenbarung, durch deren Dasein allein die Offenbarung ja die Möglichkeit hat, als historische Offenbarung in die Zeit einmal einzutreten." Franz ROSENZWEIG: *Stern der Erlösung*. Frankfurt a.M. (Suhrkamp) 1988, 212.
[140] LARCHER, *Subjekt*, 313.
[141] Auch Larcher ist sich dieser Fähigkeit bewusst und hat sich an anderer Stelle dazu ausführlich geäußert: vgl.: u.a.: Ders.: *Gewalt. Opfer. Stellvertretung. Ästhetisch-theologische Spiegelungen im zeitgenössischen Film.* In: J. Niewiadomski/W. Palaver (Hg.): Vom Fluch und Segen der Sündenböcke. Innsbruck (Thaur) 1995, 179–198.

lich literalen Charakters bis heute in ihrer Bildwirkung unübertroffen sind, insofern sie ihre eigene Durchkreuzung bereits selbstreflexiv in sich tragen und sich so einer Erschöpfung durch lehrhafte Reformulierung entziehen: Der brennende Dornbusch (Ex 3f), das prophetische Lied vom leidenden Gottesknecht (Jes 52,13–53,12), das Gottesbekenntnis des Hauptmanns angesichts des Gekreuzigten (Mk 15,39) oder das ‚Brennen der Herzen' in der Brust der Emmausjünger (Lk 24,32). Ein solches Bedenken biblischer Bilder öffnet den Blick für zeitgenössischen Kunstwerke, für Bilder also, die ebenfalls nicht ängstlich-historistisch Bewährtes wiederholen, „sondern Unabgegoltenes der Jesusgeschichte in heutigem Kontext visuell wachrufen."[142]

Aus der sich von (christlicher) Religion abstoßenden Moderne dürfen für Larcher „fremdprophetische" Äußerungen ihrer eigenen Herkünftigkeit erwartet werden, die eine bis heute in Abwehrbewegungen verharrende Theologie in eine dialektische Vermittlung im Sinne einer *„théologie expérimental"* (Blondel) zurücklocken sollten.[143]

In der Reflexion auf gegenwärtige Ansätze einer theologischen Ästhetik ist ebenso wie in der kursorischen philosophie- bzw. theologiegeschichtlichen Rückschau deutlich geworden, in welch reichem Maße die Tradition Ansätze für eine Theorie des *reflektiert* rezipierten Kunstwerks bietet, aber auch wie sehr in den bedeutendsten zeitgenössischen Zugängen die rationale Reflexion doch zu Gunsten einer Überbetonung des (gleichwohl bisweilen meisterhaft dargestellen) Rezipiendum Desiderat bleibt. Einzig Gerhard Larcher bietet, soweit ich sehe, Ansätze für eine Reflexion der zeitgenössischen Krise der Spätmoderne mit den Mitteln einer ‚Negativen Theologie zeitgenössischer Kunst'[144]. Dies geschieht im Rückgriff auf theologische Theorieansätze, die dem Subjekt den nötigen Status zu einer rationalen Deutung von Selbst, Welt und Gott mit den Mitteln der Ästhetik weder aus der Hand nehmen, noch es zum bloßen Empfänger einer künstlerisch (oder besser kunsthandwerklich) illustrierten *biblia pauperum* der Moderne degradieren.

---

[142] LARCHER, *Subjekt*, 318.
[143] Vgl. Ebd. 320f.
[144] Vgl. zu einer Durchführung dieses Zugangs im Kontext der Filmkunst 5.1.

2.3 Iser und das Fiktionale

> *„In theologischer Perspektive indizieren Fiktionen den Abstand der göttlichen Wirklichkeit von den Verhältnissen der Lebenswelt, wie er im prophetischen Glaubensbegriff gefaßt worden ist. Sie erweisen sich damit als Zugang zur Inkommensurabilität des Glaubens, indem ihr Bildcharakter die Welt transfiguriert und dadurch die Verdinglichung des Religiösen genauso abweist wie die illusionistische Verdoppelung welthafter Realität. So vermittelt sich im Fiktiven die kontrafaktische Natur des Glaubens mit einer Irrealität in der Lebenswelt."*[1]
>
> Wolfgang Iser

Es mag auf den ersten Blick genügen zu konstatieren, dass es biblische, visionäre und künstlerische Äußerungen von Menschen *gibt*, um sie zum Thema einer theologischen Arbeit über Apokalyptik und Fiktionalität zu machen. Gleichwohl hat der kursorische Überblick über die Geschichte des christlichen Bildgebrauchs gezeigt, dass trotz alternativer, aber wenig rezipierter Ansätze bei Origenes und Johannes Damascenus hier das *Repräsentationsmodell* und damit der Gebrauch gegenständlicher Abbildungen dominiert, welche die menschliche Eigenart, Bilder hervorzubringen, nur als sekundäre, einer geistigen, literarischen, vor allem aber lehrhaften Ver-mittlung von Satzwahrheiten[2] nachgeordnete Ausdrucksform auffasst.

Es steht also an, den Umgang mit Bildern als der Lehre in Wort und Schrift gleichberechtigte christliche Praxis zu begreifen und ihn als solchen zu analysieren. Erste Ansätze zu einer affirmativen Fassung der Einbildungskraft vor allem im Anschluss an Aristoteles, Kant, Schiller und Marcuse sind unter 0 bereits hervorgetreten. Es gilt aber heute, angesichts des Abbruchs einer theologischen Bildtheorie eine *kritische* Theorie des Fiktionalen zu entwickeln, die den Bildgebrauch als Praxis des verantwortbaren Fremd- und Selbstentwurfs nicht nur billigt, sondern seine allgemeine anthropologische Dimension offenlegt und den Rückfall in ein Repräsentationsdenken dezidiert vermeidet.

---

[1] Wolfgang IsER: *Das Fiktive im Horizont seiner Möglichkeiten.* In: Ders./Dieter Henrich (Hg.): Funktionen des Fiktiven. (Poetik und Hermeneutik X) München (Fink) 1983, 553/554.
[2] Dieses extrinsezistisch anmutende Verhältnis von Lehre und Bild hat eine überraschend lange Lebensdauer entwickelt und scheint v.a. in der Religionspädagogik durchaus weiterzubestehen, wenn Bilder vor allem als *Illustration* von Glaubensinhalten verwendet und nicht mehr nach ihrer Machart und Eigenlogik befragt werden.

2.3.1 Wolfgang Isers ideengeschichtliche Herkunft

Wolfgang Iser (* 1926) lehrte Anglistik an der Universität Konstanz und an der University of California. Wenn er auch gemeinsam mit Hans Robert Jauß vor allem als Vertreter der Konstanzer Schule und Mitbegründer der Rezeptionsästhetik bekannt wurde[3], entwickelt sich seine Literaturtheorie im Spätwerk zunehmend im Sinne einer fiktionalen Anthropologie[4], die nun im Mittelpunkt unserer Überlegungen stehen soll.

Isers Ansatz integriert eine Vielfalt zeitgenössischer und älterer Theoriemodelle (nicht nur) literaturwissenschaftlicher Relevanz. Neben Sigmund Freud[5], dessen Handschrift im Iserschen Grundmodell, der Trias von Imaginärem, Fiktion und Realität deutlich sichtbar wird, und dem in der philosophischen Tradition zunächst positiv besetzten Begriff der *Einbildungskraft* sind neben den Theoriemodellen von Bentham und Coleridge vor allem drei Ansätze des 20. Jahrhunderts von besonderer Bedeutung: Hans Vaihingers bereits am Ende des 19. Jahrhunderts entwickelte und 1911 publizierte *Philosophie des Als-Ob*[6], Michael Polanyis Werk *Implizites Wissen* und Nelson Goodmans Arbeit *Fact, Fiction and Forecast*[7]. Diese Hintergründe von Isers Ansatz sollen im Folgenden kurz skizziert werden. Dies geschieht unter anderem deshalb, weil dabei bereits die Problemfelder, die links und rechts am Weg einer ausgewogenen Theorie des Fiktionalen lauern, deutlich werden.

---

[3] Vgl. dazu v.a.: Wolfgang ISER: *Die Appellstruktur des Textes. Unbestimmtheit als Wirkungsbedingung literarischer Prosa*. In: R. Warning (Hg.): *Rezeptionsästhetik. Theorie und Praxis* München (Fink) 1085 (UTB 303), 228–252; Ders.: *Der Akt des Lesens*. München (Fink) 1976.
[4] Wolfgang ISER: *Das Fiktive und das Imaginäre*. Frankfurt a.M. (Suhrkamp) 1991 (im Folgenden einfach zitiert als „Iser").
[5] Iser stützt sich allerdings weitgehend auf FREUDs *Traumdeutung*. Dabei wäre gerade für die im Folgenden bedeutsame Unterscheidung Hans VAIHINGERs zwischen *Dogma* und *Fiktion* aus Freuds (früherem) Text *Der Dichter und das Phantasieren* Analoges zu gewinnen gewesen. Freud schreibt nämlich (deskriptiv): „Die Produkte dieser phantasierenden Tätigkeit, die einzelnen Phänomene, Luftschlösser oder Tagträume dürfen wir uns nicht als starr und unveränderlich vorstellen. Sie schmiegen sich vielmehr den wechselnden Lebenseindrücken an, verändern sich mit jeder Schwankung der Lebenslage, empfangen von jedem wirksamen neuen Eindrucke eine sogenannte ‚Zeitmarke'." Allerdings wird die Unwillkürlichkeit bzw. der Anteil unbewusster Triebregungen bei Freud stark betont und eine Differenzierung wie sie Iser vornimmt ist bei Freud kaum vorzufinden. Dies wird auch aus den sich an die zitierte Passage direkt anschließenden Reflexionen Freuds über den Zeitbegriff des Phantasierens deutlich, die Iser als einzige übernimmt. Sie gipfeln in der Aussage: „Vergangenes, Gegenwärtiges, Zukünftiges wird an der Schnur des durchlaufenden Wunsches aneinandergereiht." Sigmund FREUD: *Der Dichter und das Phantasieren* (1908). In: Ders.: Studienausgabe X, 169–180, 174, zit. Iser, 352.
[6] Hans VAIHINGER: *Philosophie des Als-Ob. System der theoretischen, praktischen und religiösen Fiktionen der Menschheit aufgrund eines idealistischen Positivismus. Mit einem Anhang über Kant und Nietzsche*. Berlin 1911.
[7] London 1955.

Vaihinger und Polanyi
In seiner *Philosophie des Als-Ob* unterscheidet Hans Vaihinger abstraktive, schematische, paradigmatische, utopische, typische, analogische, personifikative sowie heuristische Fiktionen und trennt vor allem den Begriff der Fiktion *selbst* erstmals streng von dem der Hypothese. Hypothesen sind (vorläufige) Resultate, Fiktionen methodische Mittel des Denkens[8], ohne die ein erfolgreiches Agieren in der Realität undenkbar ist.[9] Wahrnehmungs- und Deutungsprozesse stellen sich dar als ein Wechsel („Ideenverschiebung") aus ‚Hypothesenbildung', ‚Fiktion' und ‚Dogma'[10]: Eine aus bisherigen Realitätseindrücken durch psychische Prozesse konstituierte *Hypothese* verfestigt sich zum statuarischen Realitätsbild des Subjekts – zum *Dogma*, bis Anstöße von Außen (die jedoch als solche nicht qualifiziert werden können) eine Rekonstruktion oder besser: ‚Verflüssigung' des Dogmas hin zu einer *Fiktion* nötig machen, um ein adäquates Handeln zu ermöglichen, indem sich das Bewusstsein auf die „unabänderlichen Successionen und Koexistenzen der Phänomene"[11] einstellt.

Indem Vaihinger aber auch Ideen für Fiktionen hält und gleichzeitig allein dem *Empfinden* eine transfiktionale Realität zuspricht[12], verliert er das Bewusstsein als erkenntniskritische Instanz. Selbst auf ein *agens* des Fingierens reduziert, wird dem Bewusstsein eine Unterscheidung zwischen Realität und Fiktion schlechterdings unmöglich: „Das Begreifen der Welt ist also ein widersinniger Wunsch: denn alles Begreifen besteht in der faktischen oder bloß eingebildeten Reduktion auf Bekanntes; worauf soll nun aber dieses Bekannte selbst reduziert werden, zumal da sich schließlich dieses Bekannte doch als ein Unbekanntes herausstellt?"[13] Iser bemerkt hier zu Recht kritisch: „Wird die Sprache als ausschließliche Referenz der Fiktion aufgegeben, so bedarf es anderer Rahmenbedingungen um Fiktionen zu identifizieren".[14] Letztlich endet dieser Denkweg in einem Konstruktivismus: „Die Empfindungen gehen innerhalb der Psyche rein subjektive Prozesse ein, denen in der Wirklichkeit nichts entsprechen kann."[15] Damit ist die Realität für das Bewusstsein nicht mehr das „Entgegenstehende", sondern wird gestaltlos, nur noch als ‚unqualifizierter' ‚Anstoß' für Empfindungen relevant.[16]

---

[8] Vgl. VAIHINGER, *Philosophie des Als-Ob*, 124.
[9] Ebd. XX.
[10] Ebd. 223.
[11] Ebd. 94, 97, 106.
[12] „wirklich ist nur das Empfundene, das in der Wahrnehmung uns Entgegentretende, sei es innerer oder äußerer Natur." VAIHINGER, *Philosophie des Als-Ob*, 186.
[13] Ebd. 287.
[14] Iser, 230.
[15] Iser, 231.
[16] Andrea WELS weist in ihrer lesenswerten Arbeit auf eine Reihe weiterer Inkonsistenzen hin: *Die Fiktion des Begreifens und das Begreifen der Fiktion. Dimensionen und Defizite der Theorie*

2. Ansätze zu einer Theorie des Fiktionalen

Um Wissbarkeit zu garantieren, also die Gewissheit, dass eine *Fiktion* nicht einfach eine *Täuschung* darstellt, sondern eine funktionale Relation zur *an sich* allerdings nicht wahrnehmbaren Realität, bedarf es laut Iser eines ‚stummen [i.e. vorbewussten] Wissens'. Diesen *terminus technicus* entnimmt er dem breit rezipierten Ansatz Michael Polanyis[17]. ‚Stummes Wissen', geschöpft aus dem Erfahrungsschatz des Subjektes, verhilft dazu, sich der Realität affirmativ und motiviert zu nähern. Es befähigt, Einzelnes als Teil eines Ganzen zu sehen und wird stillschweigend auf den jeweils neuen Stoff übertragen, ohne dass es an ihm als ein ‚Mehr' sichtbar würde. Worin es genau besteht, bleibt offen. Es existiert auf jeden Fall als etwas nicht Sprachliches, nicht Gestalthaftes, Artikuliertes an der neu erschlossenen Realität. Damit stellt es aber auch den subjektiven Anteil an jeder Interaktion mit wahrnehmbarer Außenwelt dar, der allerdings nicht auf Erfahrung von Wirklichkeit beruhen muss.[18]

Dabei darf der Akt des Fingierens bzw. der Rezeption eines fiktionalen ‚Textes' in seiner Relation zu diesem Stummen Wissen nicht als statuarischer Akt verstanden werden. Vielmehr fasst Iser ihn als Oszillation zwischen dem Wahrnehmen von Differenz (‚Spannungen') und dem Versuch, Identität herzustellen, ein beständiges Abgleichen der Vorstellung mit dem zu ihrer Klärung aufgerufenen Hintergrundwissen. Dabei fungiert die mangelnde Übereinstimmung der Fiktion mit dem aktuellen innerpsychischen Modell von Realität nicht als ‚Motor' für eine fortschreitende Angleichung (diese ist nicht möglich, soll ein Eigenstand von ‚Stummem Wissen' und Fiktion angenommen werden), sondern: „mangelnde Realitätsentsprechung besagt, daß sich die Vorstellung mit allerlei Inhalten zu füllen vermag."[19] Gerade eine unausweisbare Differenz ist es also, die eine Füllung dieses Risses mit immer neuen Ausgriffen ins Nichtgesichterte, Kreative erst ermöglicht.

Wie Iser sich hier zur Frage der Unterscheidung zwischen Realität und Fiktion verhält, bleibt leider unklar. Einerseits scheint er wie gesehen Vaihingers Aufgeben der Fähigkeit des Bewusstseins, erkenntniskritisch zu arbeiten, zu bedauern und greift deshalb auf Polanyis Modell eines unartikulierbaren ‚stummen' Wissens über Realität zurück. Andererseits begreift er die Annahme einer ‚tatsächlichen' Realität (im Sinne eines ‚Dings an sich'?) als *Setzung* und lehnt die Unterscheidung zwischen Täuschung und Fiktion ab. Als kritische Instanz scheint also bisweilen allein die *Fiktion* im Verständnis Vaihingers (!) übrig zu bleiben: „Folglich gibt es Täuschung immer

---

der Fiktionen in Hans Vaihingers Philosophie des Als Ob. Frankfurt a.M. (Lang) 1997.
[17] Michael POLANYI: *Implizites Wissen.* Frankfurt a.M. (Suhrkamp) 1985.
[18] Vgl. ISER, 243. Hier mag eine Strukturanalogie das Verständnis unterstützen: Man denke etwa an Cassirers Symbolbegriff und die hier angesprochenen Spuren des Nichtgegebenen am Gegebenen.
[19] ISER, 241.

nur dort, wo man zu gründen bestrebt ist, und das heißt: Eine historisch internalisierte Fiktionskritik – wie sie die Erkenntnistheorie praktiziert hat – läßt die Fiktion kritisch gegen alle Vorstellungen und Annahmen werden, die Anspruch erheben, Grund einer Sache zu sein."[20] Wie auch immer ihr Verhältnis zur Realität sich gestalten mag – die Fiktion wird in ihrer Bewahrung der Differentialität hier doch immerhin die Funktion eines kritischen Gegenparts zu ‚gründenden Denkmodellen' einnehmen können, die von Iser etwas vorschnell als ‚Ideologien' bezeichnet werden. „Denn die Fiktion gibt sich [im Gegensatz zu diesen ‚Ideologien'] als inauthentische Setzung zu erkennen."[21]
Die Fiktion entzieht sich somit letztendlich einer Reflexion, ist selbst also transzendental, ontologisch oder epistemisch nicht zu fundieren, weil dies „eine Erklärung der Fiktion [und damit eine Zerstörung ihres fiktionalen Charakters] bedeuten würde". Stattdessen lädt sie „zu einer Vielfalt von Besetzungen ein"[22]. Der Erweis ihrer Brauchbarkeit stellt sich (im Gegensatz zu gründenden Verfahren) *pragmatisch* ein. Die Fiktion überzeugt, indem sie im Lektüreprozess ‚funktioniert'[23]; und zwar in einem nicht näher bestimmten Dreiecksverhältnis zwischen Pragma (Erfordernis), Gebrauch (Zweckmäßigkeit) und Einstellung (Zustimmung).

In seiner Darstellung des Vaihingerschen Denkens hat Iser auf die Leistungsfähigkeit und die Schwächen der bisher einzigen ausgearbeiteten Theorie des Fiktionalen hingewiesen. Es bleibt für seinen eigenen Ansatz zu fragen, ob es ihm gelingt, die Gefahr des Panfiktionalismus oder Radikalen Konstruktivismus zu vermeiden.

Nelson Goodman
Für die schon erwähnte pragmatische Wendung in Isers Fiktionalitätstheorie ist die Auseinandersetzung mit Nelson Goodman[24] zentral. Goodman ist

---

[20] ISER, 244.
[21] ISER, 249. Eine Formulierung, der in ihrer ideologiekritischen Funktion hier ausdrücklich zugestimmt werden soll. Vgl: Joachim VALENTIN: *Das Komische als Dekonstruktion des Schreckens*. In: S. Orth/J. Valentin/R. Zwick (Hg.): Göttliche Komödien. Marburg (Schüren) 2001, 125–143.
[22] ISER, 259.
[23] Es ist kein ‚Beweis' der Adäquatheit einer Fiktion in allgemeiner Form möglich, sondern nur ihr ‚Erweis' für den Einzelfall der Lektüre.
[24] Der amerikanische Philosoph Nelson GOODMAN (1906–1998) ist bekannt durch seine Arbeiten auf dem Gebiet der Induktionslogik [vgl. v.a.: *Fact, fiction, and forecast*. Indianapolis (Bobbs-Merrill) 1965, dt. Ausg.: Frankfurt a.M. (Suhrkamp) 1975]. Er steht unter Einfluss von Carnaps frühem Phänomenalismus. Konsequent argumentiert Goodman gegen die Existenz von objektiven, sprachunabhängigen Ähnlichkeiten als vorgegebene Charakteristika der Wirklichkeit. Unser ‚Glaube' an die Existenz von Eigenschaften und individuellen Gegenständen in Raum und Zeit beruhe darauf, dass wir objektivieren, d. h. durch die Sprache dazu verleitet werden, bestimmte Ähnlichkeiten als objektive Charakteristika der Wirklichkeit auszulegen.

(nominalistischer) Konstruktivist, der den Konstruktivismus schon bei Kants Ersetzung „der Struktur der Welt durch die Struktur des Geistes"[25] anheben sieht. Der *einen* realen Welt folgen *viele* von einzelnen Subjekten hervorgebrachte irreduzible Welten. Innovation geschieht durch Umbildung alter Welten. – Auch Goodman kann (und will) also nicht zwischen Wirklichkeit und Fiktion unterscheiden. „Fiktion handelt, wenn sie von etwas handelt, von etwas Tatsächlichem"[26]. Eine entscheidende Rolle kommt für ihn aber dem *Kunstwerk* zu, das die Weltherstellung *selbst* zu exemplifizieren vermag. Um die Unterscheidbarkeit des Kunstwerks von anderen ‚Welten' zu gewährleisten, führt Goodman fünf Kriterien ein. Isers Fazit: Kunst gibt es dort, wo die gleitende Differenz optimiert wird, wo sich das „Spiel von ‚decomposition' und ‚recomposition' als es selbst repräsentiert"[27]. Dies unterscheidet das Kunstwerk von anderen Welten: dass es sein ‚Pragma' ist, Weltentstehung zu exemplifizieren, und dass es den Prozess dieser Entstehung thematisiert.

Wichtig erscheint für Isers Ansatz also vor allem Goodmans pragmatische Umdeutung des Fiktions-Begriffs, die ihn für eine Kunsttheorie öffnet: „Statt Reparatur der Erkenntnistheorie zu sein, wird die Fiktion in der Geschichte ihrer Affirmierung zur handlungspragmatischen Voraussetzung."[28] Auch Iser sieht in der geschilderten philosophiegeschichtlichen Entwicklung die *Eigenschaft der Fiktion, Grenzüberschreitung (auf ein Imaginäres hin) zu sein*, hervorgetrieben. Damit wird sie nicht mehr als Modell einer allgemeinen Erkenntnistheorie überlastet und erhält gleichzeitig als literaturwissenschaftliche bzw. hermeneutische Kategorie ihren Platz in einer allgemeinen Anthropologie: Sie beschreibt ein „Hineindehnen des Menschen in eine ihm entzogenen Realität durch deren massives Zurechtmachen [...] Wenn Erkenntnis und Referenz in der Fiktion ihre Grenze finden, dann beginnt die Kognition, anthropologische Notwendigkeiten aufzudecken"[29].

2.3.2 Fiktionale Anthropologie?

Wirkliches, Fiktives und Imaginäres
Isers Zugriff unterscheidet sich deutlich von den dargestellten konstruktivistischen Ansätzen Vaihingers und Goodmans und nimmt zugleich wesentliche Elemente aus diesen Denkmodellen in seinen Ansatz auf. Dies gelingt ihm, weil er mit Polanyi im Alltagsverstand (Wissenssoziologie) ein „Stummes Wissen" von der Unterscheidung zwischen Fiktivem[30] und Wirklichkeit an-

---

[25] *Iser*, 262.
[26] Ebd. 272.
[27] Ebd. 277f.
[28] Ebd. 288.
[29] Ebd. 291.
[30] Iser versteht das Fiktive zunächst als Ergebnis des Fingierens, eines literarischen Aktes, aller-

nimmt, die allerdings im Gegensatz zur platonisch durchwirkten Tradition nicht mehr exklusiv, sondern relational gedacht wird. Der Begriff des Wirklichen oder Realen bleibt bei Iser bis zum Schluss schillernd, wie bereits aus einer Definition zu Beginn seiner Arbeit deutlich wird: „Das Reale ist für den vorliegenden Zusammenhang als die außertextuelle Welt verstanden, die als Gegebenheit dem Text vorausliegt und dessen Bezugsfelder bildet. Diese können Sinnsysteme, soziale Systeme und Weltbilder genauso sein wie etwa andere Texte, in denen eine je spezifische Organisation bzw. Interpretation von Wirklichkeit geleistet ist. Folglich bestimmt sich das Reale als die Vielfalt der Diskurse, denen die Weltzuwendung des Autors durch den Text gilt."[31] All das heißt auch, daß es eigentlich nichts rein Wirkliches oder rein Fiktives gibt, sondern dass das eine immer auf das andere differentiell verweist bzw. von ihm abhängt. Bereits in jeder Selektion und Komposition als vorbereitenden Akten der Textkomposition sind für Iser Akte des Fingierens enthalten, aber andererseits in den jeweiligen Elementen (Motivgruppen) auch ‚Wirkliches', also Elemente der Alltagsrealität. In der bukolischen Lyrik der englischen Renaissance etwa, mit der sich Iser in *Das Fiktive und das Imaginäre* ausführlich beschäftigt, treten gesellschaftliche Welt und fiktionale Welt in ein komplexes Wechselverhältnis, lesen einander, entziffern, projizieren, decken auf, bestreiten, phantasieren im jeweils anderen Text. So entwickelt sich ein referentielles Verhältnis zwischen Texten und Realität, das kritisch Leerstellen aufdeckt und die Anwesenheit des Abwesenden evoziert[32]. Die so eröffneten Differenzen legen das System nicht fest, sondern spezifizieren und erweitern seine Möglichkeiten.[33]

Das Imaginäre vervollständigt mit dem Realen und dem Fiktiven die Triade aus Wirklichem, Fiktivem und Imaginärem. Das Imaginäre ist das „unwillkürlich Überfallende" und damit bei aller Verschiedenheit, die auch aus dem spezifischen Interesse Isers, zunächst eine Literaturtheorie zu entfalten, entstammt, strukturanalog zu Heideggers Ereignis und Derridas différance; etwas, das sich dem reflexen hermeneutischen Vermitteln zunächst entzieht, dem aber im Fingieren Gestalt gegeben wird.[34] Immer hat es den

---

dings nicht im Sinne einer Opposition zum Realen „Das Fiktive ist hier als intentionaler Akt verstanden, um es in der Betonung des Aktcharakters vom seinem landläufigen, wenngleich schwer bestimmbaren Seinscharakter zu entlasten. Denn als das Nicht-Wirkliche, als Lüge und Täuschung, dient das Fiktive immer nur als Oppositionsbegriff für anderes, das seine Eigentümlichkeit eher verdeckt als hervorkehrt." Ebd. 20, Anm. 3.
[31] Ebd. 20, Anm. 2. Problematisch würde diese Definition allerdings, wenn Iser eine textuelle Referenz auf eine nichttextuelle Entität grundsätzlich ausschließen würde, was m.W. nirgends geschieht.
[32] Ebd. 388 – ein Phänomen, das in der neueren literaturtheoretischen Diskussion (Julia KRISTEVA) als *Intertextualität* gefasst wird.
[33] Ebd. 392.
[34] Vgl. ISER, 292ff.

Charakter eines Ereignisses, ist Funktion, nicht Substanz. Insofern ist es nicht zu zähmen, sondern entwickelt außerhalb eines pragmatischen Zusammenhangs auch (auto-)destruktive Eigenschaften.

Vorsichtig formuliert und unter Vermeidung des Radikalen Konstruktivismus heißt das für Iser, dass weder Wahrnehmung noch Denken ohne imaginäre Anteile zustande kämen. Zudem nimmt Iser unterschiedliche Grade des Imaginären in verschiedenen autoaffektiven Akten des Vorstellens an: Von Tagträumen, über den Traum, die Vision und die Halluzination steigt der Anteil des Imaginären an, im Wahn kommt es vielleicht zur reinen unvermittelten Gegenwart. Das Imaginäre wird also als basaler Akt verstanden, der gleichwohl als Teil des Weltverhältnisses begriffen werden muss. Das Imaginäre ist materia prima, die als solche aber nicht isoliert werden kann. Imaginäres ist nicht auf einen Effekt des Fingierens oder des Realen zu reduzieren oder normativ einzuholen[35], wohl aber seine literarische, ästhetische, materiegewordenen Fassung – das Ergebnis der fiktionalen Verarbeitung.

Alle Ansätze, auf die Iser an dieser Stelle zurückgreift, wie die von Coleridge, Sartre oder Castoriadis, verbindet, dass das Imaginäre selbst kein aktivierendes Potential hat, sondern der Mobilisierung von außen bedarf, der Aufladung durch eine Intentionalität sei es durch das Subjekt (Coleridge), das Bewusstsein (Sartre) oder das Gesellschaftlich-Geschichtliche (Castoriadis).[36] Auch für Iser kann das Imaginäre selbst nicht als etwas Bestimmtes hervortreten, es braucht ein Medium, das, durch äußere Anlässe angeregt, das Imaginäre im Text zur Entfaltung bringt. „Nichten und Hervorbringen gehören zusammen", weil nur in der Absetzung voneinander Artikulation geschieht.[37]

Das Imaginäre als innerpsychisches Ursprungsereignis muss also wohl verstanden werden als Begriff für eine potentiell unendliche Menge an sich nicht expressiver hochindividueller „Schlüsselerlebnisse". Diese wären bereits im Moment ihres konkreten Erscheinens nur als multipel „verspannt" zu denken mit der jeweiligen Lebensrealität des ‚Autors' wie auch mit verschiedenartigen historisch vermittelten Bild-Ressourcen.

Fingieren als Spiel

Spiel, ein weiterer zentraler Begriff für Iser, ist im Prozess des Fingierens zugleich Bedingung und Ergebnis oder – wie Iser formuliert – „Erzeugungs-

---

[35] Vgl. dazu ausführlich: Wolfgang ISER: *Das Imaginäre: Kein isolierbares Phänomen*. In: Ders./D. Henrich (Hg.): Funktionen des Fiktiven, 479–486. Hier (480) heißt es: „1. Das Imaginäre ist kein isolierbares Phänomen, das als es selbst vorhanden wäre und sich als solches bestimmen ließe." Vielmehr handelt es sich um eine Zusammenspiel von Komponenten; „daraus folgt 2., daß Imaginäres nur in solchen Verbindungen existiert [...]."
[36] *ISER*, 377.
[37] Ebd. 403 mit Verweis auf HEIDEGGERs „Riß" in *Der Ursprung des Kunstwerks* [(1935/36). In: Holzwege. Frankfurt a.M. 1950f, 1–72].

matrix". Es wird näher gefasst als Gleiten und Kippen (so produziert es wechselnde Bewusstseinseinstellungen), als Interferenz (so treibt es die Psyche in ihr Anderswerden), als Oszillation (in der immer neu eine Selbstkonstitution des Subjekts geschieht) und als Figuration (so reguliert es die Selbstveränderung der Gesellschaft).[38] Je zweckorientierter das Spiel genutzt wird, umso variantenreicher wird das Fiktive. Es handelt sich also nicht um eine Philosophie des Spiels, die die transitorische Bewegung des Spiels verdinglicht, sondern das Spiel funktioniert als Instanz, Imaginäres über seinen Gebrauch erfahrbar zu machen, ohne von ihm überschwemmt zu werden.[39]

Geht man mit Iser davon aus, dass die fiktiven Möglichkeiten des Menschen ihren Realisierungen vorausliegen, so erscheint menschliche Identität als zwischen diesen Möglichkeiten dezentriert, labil. Nur wenn diese Möglichkeiten als in einem ständigen Prozess der „Zerspielung von Wirklichkeit" befangen angenommen werden, erscheint allerdings „Inszenierung [als] die transzendentale Bedingung dafür, einer Sache ansichtig zu werden, die ihrer Natur nach gegenstandsunfähig ist, und sie wäre zugleich auch ein Ersatz dafür, etwas zu erfahren, wovon es kein Wissen gibt."[40] Weder die Worte ‚Ersatz', noch ‚kein Wissen' sollten im Auge des Theologen/der Theologin allerdings einen pejorativen Beigeschmack bekommen – beschreibt Iser hier doch sehr treffend die Bedingungen der Endlichkeit.

Der hier geschilderte unendliche Prozess menschlichen Selbst- und Weltentwerfens vollzieht sich in einem Spiel ohne Substrat und Ziel[41]: „Das Spiel ist folglich die Ko-Existenz von Fiktivem und Imaginärem"[42] im Umschlagenlassen eines Mangels, der dem kognitiven Zugriff entzogen bleibt, in eine seriell variable Ausdifferenzierung von Spielmöglichkeiten. So bleibt eine endgültige Gewissheit zwar als Versprechen (und Motor?) im Prozess des Fingierens enthalten, entzieht sich aber auch fortwährend. Das „Bevorstehen einer Offenbarung, zu der es nicht kommt, ist vielleicht das Ästhetische an sich".[43] In der Rezeption des Ästhetischen findet sich also für Iser so etwas wie eine Gemengelage von Bevorstehen, Erfüllen und Vergessen. Gewiss bleibt allein ein reflexiv nicht einholbares Bewusstsein der eigenen Existenz und der Unterscheidung zwischen Täuschung und Fiktion. Wer mehr will, entzieht dem Spiel Energien: Am Ende ist ein auf Gewinn (instrumentell)

---

[38] Ebd. 379.
[39] Ebd. 381.
[40] Ebd. 406.
[41] Mit Verweis auf Hans-Georg GADAMER: *Wahrheit und Methode. Grundzüge einer philosophischen Hermeneutik.* (GW I) Tübingen (Mohr/Siebeck) 1960ff., 109, sowie Jacques DERRIDA: *Die Schrift und die Differenz.* Frankfurt a.M. (Suhrkamp) 1972ff., 441.
[42] *ISER*, 408.
[43] Ebd., Jorge Luis Borges zitierend.

spielender Leser zwar im Besitz einer Bedeutung, die aber gerade deshalb nicht mehr im Spiel ist.[44]

Der Akt des Fingierens
Literatur- und Textbegriff sind in dieser „Anthropologie des Fiktionalen"[45] denkbar weit gefasst, wenn Iser sich auch, wie es seiner Profession entspricht, ausschließlich mit Texten der angelsächsischen Tradition befasst: Literatur ist Weltzuwendung via Dekomposition und nicht einfach defiziente Mimesis, bloßer Schein gegenüber der Wirklichkeit. Fiktiv sind dabei nicht die einzelnen oder gar alle Elemente[46] – sie können, ja müssen wie gesagt der Anschauung der Wirklichkeit entnommen sein – sondern der Akt des Fingierens, der neue Grenzen zwischen den Bezugsfeldern zieht. Wesentliches Movens der Textgestaltung ist Relationierung, die Wahl des Vorzeichens vor der Klammer der literarischen Gattung. Diese literarische Vorentscheidung versteht Iser als Entgrenzungsvorgang, der das Terrain der Handlung eröffnet und die Beziehungshaftigkeit der lexikalischen Elemente steigert.[47]

„Nun enthält aber der fiktionale Text sehr viele identifizierende Realitätsfragmente, die über die Selektion der soziokulturellen Textumwelt wie auch der dem Text vorangegangenen Literatur entnommen sind. Insofern also kehrt im fiktionalen Text eine durchaus erkennbare Wirklichkeit wieder, die nun allerdings unter dem Vorzeichen des Fingiertseins steht. Folglich wird diese Welt in Klammern gesetzt, um zu bedeuten, daß die dargestellte Welt nicht eine gegebene ist, sondern nur so verstanden werden soll, als ob sie eine gegebene sei. [...] Im Kenntlichmachen des Fingierens wird alle Welt, die im literarischen Text organisiert ist, zu einem Als-Ob. Die Einklammerung zeigt an, daß nun alle ‚natürlichen' Einstellungen zu dieser dargestellten Welt zu suspendieren sind." Anders in den Fiktionen, die ihren Charakter verschleiern, „denn dort bestehen die ‚natürlichen' Einstellungen fort. Ja es mag geradezu eine Funktion der Verschleierung sein, die ‚natürlichen' Einstellungen unbeeinträchtigt zu lassen, damit die Fiktion für eine Realität gehalten werden kann"[48]

Der Autor eines fiktiven Textes setzt also Andeutungen, die einen Text als fiktionalen erkennen lassen[49]. Franz Zipfel ist dieser Frage detaillierter

---

[44] Hier schließt Iser an die Vaihingersche Relationierung zwischen Hypothese, Dogma und Fiktion sowie an das ‚Stumme Wissen' Polanyis an, das eine vage Unterscheidung zwischen Realität und Fiktion und damit auch zwischen Täuschung und Fiktion zulässt.
[45] Nicht zuletzt gerade *weil* Iser eine literarische ‚Anthropologie' bietet.
[46] Sonst wäre der Text weder artikulierbar noch in der Rezeption konstituierbar. So äußert sich Karlheinz STIERLE: *Was heißt Rezeption in fiktionalen Texten?* In: Poetica 7 (1975), 345–387, 378.
[47] *ISER*, 34.
[48] Ebd. 37f (Hervorh. J.V.).
[49] Vgl. VALENTIN, *Das Komische als Dekonstruktion*; Umberto ECO: *Lector in Fabula*. Harvard

nachgegangen. Er nennt als textuelle Fiktionssignale solche, die die Phantastik der Zeit und des Raumes markieren, charakterisierende Namen der ‚Ereignisträger' und Orte sowie ein überdurchschnittliches Maß an Unwahrscheinlichkeit des Handlungsablaufs. Bei heterodiegetischen[50] Erzählungen gelten „Verben, die innere Vorgänge in Bezug auf Dritte, die erlebte Rede oder die Vermengung von Erzähler- und Figuren-Perspektiven"[51] signalisieren (also Anzeichen für einen direkten Zugriff des Erzählers auf die Psyche der Figuren) sowie die Einmischung des Autors in die Geschichte, sofern er damit ihre Fiktionalität ausdrücklich thematisiert. Von den textuellen sind paratextuelle Fiktionssignale zu unterscheiden: die Form des Textes, seine Gattungsbezeichnung, Kommentare des Autors bisweilen auch sein Erscheinungsort weisen ebenfalls auf die Fiktionalität eines Textes hin. Was unter diesen Bedingungen der Gattungsname ἀποκάλυψις heißen könnte, muss weiter unten erörtert werden.

Rezeption und Repräsentation
Ein weiteres wichtiges Stichwort im Iserschen Theoriesetting ist die Semantisierung. Er meint damit die Übersetzung eines Lektüre-Erlebnisses in Verstehbarkeit auf der Rezipientenseite. Hier kommen zwei Begriffe ins Spiel, die Iser ursprünglich einmal bekannt gemacht haben[52]: Rezeptionsästhetik und der implizite Leser.

Dieser terminus technicus bezeichnet eine Position innerhalb des Textes, die vom Autor gesetzt werden kann, um den Leser zu einer bestimmten Lesart anzuleiten, etwa durch eine Figur, die sich vor allem durch ihr rezeptives Verhalten auszeichnet[53]. Eine wesentliche Art der Rezeption (nicht nur fiktionaler Texte) scheint die Identifikation mit einer der handelnden Figuren, also eine bewusst erlebte ‚Horizontverschmelzung' zwischen dem Leser und ihren Handlungen und Empfindungen zu sein.[54]

Für den ‚realen' Leser ist zu bemerken, dass dem Akt der Vergegenwärtigung des Textes zwar ein hoher Grad von Irrealität zukommt, insofern er die

---

Vorlesungen. München (Hanser) 1994.
[50] Also solchen, die das Erleben fiktionaler Zusammenhänge durch einen fiktiven Erzähler zum Thema haben. Vgl. dazu: Gérard GENETTE: *Die Erzählung*. München (Fink) ²1998, 175–177, bzw. GENETTE: *Figures III*. Paris (Seuil) 1972, 91f.
[51] ZIPFEL, *Fiktion*, 235.
[52] Vgl. ISER: *Der implizite Leser*. München (Fink/UTB 163) 1972.
[53] Vgl. etwa die Rolle des Adson von Melk in Umberto ECOs *Der Name der Rose*.
[54] Der ‚implizite Leser' ist jedoch nicht identisch mit Ecos ‚Modell-Leser': Den ‚Modell-Leser' gibt es für jeden Text, er ist ein „Ensemble von textimmanenten Instruktionen, die an der Oberfläche des Textes erscheinen (mit dem Text geschaffen und in ihm gefangen genießen sie soviel Freiheit, wie der Text ihnen zubilligt)", während der ‚implizite Leser' „bewirkt, dass der Text die potentielle Vielfalt seiner Verknüpfungen preisgibt". Umberto ECO: *Im Wald der Fiktionen. Sechs Streifzüge durch die Literatur.* Harvard-Vorlesungen 1992–93. München (Hanser) 1994, 26f.

Irrealität des Geschehens und der Personen strukturell fordert („Als-Ob"); gleichzeitig jedoch lehrt die Psycholinguistik, „daß jedwede sprachliche Äußerung von der Erwartung der Sinnkonstanz begleitet ist"[55]. Das heißt: Der Rezipient sucht in einem hochindividuellen (und kaum rekonstruierbaren) Akt trotz der ihm durch die genannten Signale bewusst gewordenen Fiktionalität des Textes, das Gesehene mit Vertrautem aus Realität und Fiktion zu verknüpfen, wenn auch das Ereignis eigentlich gerade erst im Überschreiten der greifbaren Realität zu einem solchen wird. Umberto Eco spricht an diesem Punkt von einem ‚Fiktionsvertrag', den der Leser stillschweigend mit dem Fiktionssignale setzenden Autor schließe: „Der Leser muß wissen, daß das, was ihm erzählt wird, eine ausgedachte Geschichte ist, ohne darum zu meinen, daß der Autor ihm Lügen erzählt."[56] Karlheinz Stierle[57] spricht genauer von einer Verschiebung der Perspektive beim Leser eines fiktiven Textes, die ihn in die Situation versetzt, nicht mehr die fiktive Geschichte vor dem Hintergrund der realen Welt, sondern die Welt vor dem Hintergrund der Fiktion zu betrachten. Mit Hilfe einer rezeptionsästhetischen Herangehensweise ist Stierle auch in der Lage, die Trennungslinie zwischen ‚Konsumliteratur' und ‚großen Werken der fiktionalen Literatur' zu rekonstruieren[58], die im 5. Teil der Arbeit zum Thema Apokalypse im Film als Unterscheidung zwischen Autoren- und Mainstreamfilm noch einmal thematisiert wird: ‚Große Literatur' thematisiert ihre Fiktionalität noch einmal und ermöglicht damit nicht nur eine fiktionserfassende Rezeption durch den Leser, sondern legt eine solche Metareflexion (bzw. Selbstreflexivität) auf das Genre und seine literarischen Mittel auch nahe und erleichtert sie.

Die Einsicht in derlei Rezeptionsvorgänge, die Isers Ansatz gemeinsam mit den Arbeiten von Hans Robert Jauß[59] weniger als Theorie der Fiktionalität, sondern vor allem als rezeptionsästhetischen Ansatz bekannt gemacht hat, stellt sich in einem wesentlichen Punkt logisch konsequent gegen das traditionelle Modell der Repräsentation: Die identische Nachahmung eines Gegenstandes im Rezeptionsprozess im strengen Sinne ist gar nicht möglich,

---

[55] ISER, 45.
[56] ECO, *Lector in Fabula*, 103. ZIPFEL, der sich ebenfalls mit dem Autor-Leser-Verhältnis beschäftigt (*Fiktion*, 243) kann dagegen nicht gefolgt werden, da er nahe an Modellen der analytischen Philosophie und in deutlicher Abgrenzung zu Iser an der Grundannahme einer möglichen Täuschung des Lesers durch den Autor festhält und damit den positiven Ertrag einer durch Autor und Leser ‚frei und gezielt gewählten' Fiktionalität verfehlt. Dies scheint vor allem Ergebnis seines Bemühens zu sein, die in zeitgenössischen Ansätzen sicher übertrieben minimalisierte Referenz der Texte auf Alltagsrealität („alles ist Fiktion") nun durch eine übertrieben scharfe Trennung zwischen Realität und Fiktion zu bannen.
[57] STIERLE, *Rezeption*, 366.
[58] Ebd. 358.
[59] Vgl. v.a.: Hans Robert JAUSS: *Ästhetische Erfahrung und literarische Hermeneutik*. Frankfurt a.M. (Suhrkamp) 1982.

weil jeder Betrachter ihn als etwas anderes wahrnimmt. Die dauernde Veränderung im Akt des Lesens wird unter anderem durch die veränderte Situation des Rezipienten bestimmt: „Immer wieder neue Codes des Leserbewußtseins bringen im Text auch neue semantische Schichten zum Vorschein."[60]

Bezogen auf die Hermeneutik und ihre Abfolge von Präfiguration (Vorverständnis), Konfiguration (Text) und Transfiguration (Lesevorgang) bleiben die Umschlagstellen vom einen ins andere leer, bzw. werden vom oben dargestellten Spielbegriff besetzt. Dadurch wendet sich die Performanz gegen eine rein abbildende Mimesis[61] und vollzieht den Bruch mit der Objektwelt, der als Riss im Kunstwerk präsent ist[62]. Wenn heute vom Ende der Repräsentation (Foucault/Derrida) die Rede ist, so ist damit ebenfalls weniger eine völlige Infragestellung der Tradition, sondern eben diese „Unzulänglichkeit gemeint, durch den Repräsentationsbegriff das fassen zu können, was in [zeitgenössischer] Kunst und Literatur geschieht". Identifizierung im Sinne einer adaequatio geschieht zwar dennoch, aber vornehmlich durch den Rezipienten, denn „Rezeption ist darauf bedacht, eine nicht wahrnehmbare – wenngleich aus Gewohnheit vermutete – Gegenständlichkeit zu entdecken." die dann allerdings punktuell die Differenz zwischen Fiktion und Realität aufhebt und das Spiel stillstellt[63].

Folglich sind „Formen [...] weniger Konstitutionsbedingungen der Natur, sondern eher Erinnerungsbilder des Künstlers, der dieser so in die Gegebenheiten hineinsieht, daß auch dem Betrachter die Natur im Sinne der gehegten Absicht erscheint. Daher sind selbst die Farben, die es zur Wiederholung der Naturphänomene zu mischen gilt, auf die im Geist abgelagerten Formen bezogen, deren Nachahmung über das Mischungsverhältnis verfügt."[64]

---

[60] LOTMANN, *Die Struktur literarischer Texte*, 108 zit. ISER, 470.
[61] Hervorbringung statt Nachahmung, so u.a. in Adornos Ästhetischer Theorie. Auch für Roland Barthes sind für die Lust am (modernen) Text v.a. zwei Punkte zentral: Das Loch, der Riss und was ihm entsteigt, wenn der Leser in den Text hineingerissen wird, das lesende Subjekt mit dem ‚Subjekt des Textes zusammenfällt'. Vgl. ISER, 478ff. Vgl. neuerdings in theologischem Kontext: Veronika SCHLÖR: *Hermeneutik der Mimesis. Phänomene, begriffliche Entwicklungen, schöpferische Verdichtung in der Lyrik Christine Lavants*. Düsseldorf (Parerga) 1998, v.a. das letzte Kapitel: *Mimesis: Schöpferisch. In der Mitte das Loch* (Ebd. 265–178).
[62] ISER, 497.
[63] Ebd. 504.
[64] Ebd. 487f.

2.4 Apokalyptik und Fiktionalität

In einem eher historischen (2.1) und einem eher systematischen (2.2) Anlauf ist eine theologie-offene Theorie der Fiktionalität als Zueinander von Einbildungskraft und Urteilskraft bzw. hermeneutischen und kritischen Lektüreinstrumenten sichtbar geworden. Bevor nun in Teil 3 der Arbeit die zur nachaufklärerischen Interpretation eines zeitgenössischen Gebrauchs apokalyptischer Motive notwendigen Elemente der Kritik entwickelt werden, muss gefragt werden, welche Rolle der apokalyptische Text als *apokalyptischer* im Rahmen einer fiktionalen Anthropologie einnehmen kann. Implizit wird auf diese Weise deutlich werden, wie die Hermeneutik eines biblischen apokalyptischen Textes unter Maßgabe des modifzierten Iserschen Ansatzes arbeiten müsste. Anschließend wird ein kritischer Blick auf bereits existierende exegetische Ansätze geworfen.

2.4.1 Apokalypse und Fiktion

Eine ,finale Anthropologie' – Frank Kermode
Wie Iser eine fiktionale Anthropologie bietet, legt Frank Kermode[1] eine finale Anthropologie vor, das heißt: eine Bestimmung des Menschen von seiner Sehnsucht nach einem sinnstiftenden, integrierenden Abschluss einer Erzählung, seines Lebens, der Geschichte als ganzer her und erklärt so die ungebrochene Aktualität des Apokalyptischen in unterschiedlichen literaturgeschichtlichen Ausprägungen. Vor allem Shakespeares Macbeth und Sartres La Nausée werden, verbunden mit Anspielungen auf eine Vielzahl großer Werke der Weltliteratur, zu Exempeln dieser Sehnsucht nach einem die gesamte Geschichte integrierendes ,Ende' in der Literatur: „As the theologians say, we ,live from End', even if the world should be endless. We need ends and kairoi and the pleroma, even when the history of the world has so terribly and so untidily expanded its endless successiveness. [...] In apocalypse there are two orders of time and the earthly [order] runs to a stop; the cry of woe to the inhabitants of the earth means the end of their time; henceforth ,time' shall be no more. In tragedy the cry of woe does not end succession; the great crises and ends of human life do not stop time."[2]

Fiktionen, die als endzeitliche nicht im kontradiktorischen Widerspruch zur übrigen Realität stehen, da sie sich auf Bereiche jenseits der Empirie beziehen, nennt Kermode concord fictions[3]; sie befriedigen das Begehren des

---

[1] Frank KERMODE: *The Sense of an Ending. Studies in the Theorie of Fiction*. London (Oxford University Press) 1967ff.
[2] Ebd. 89.
[3] „Apocalypse depends on a concord of imaginatively recorded past and imaginatively predicted future, achieved on behalf of us, who remain ,in the middest'." Ebd. 8.

Menschen nach Konkordanz und Harmonie, sind also in der Lage, eine temporale Totalität sinnstiftend zu umgreifen[4]. Vom Ende her wird die irreduzible Vielfalt kontingenter Geschichtsdaten (ähnlich einer finalen allegorischen oder typologischen Schriftauslegung) sinnvoll zusammengebracht. „We achieve our secular concords of past and allowing for the future, modifying the past without falsifying our own moment of crisis. We need, and provide, fictions of concord."[5] So erklärt sich die Existenz literarischer Konzepte[6] von Finalität, aber auch der Zulauf zu Endzeitsekten gerade unter Bedingungen der Moderne, die von Kermode pauschal als Zeit der zugespitzten Krise und der Katastrophen definiert wird: Der Mensch benötigt eine „figure for the coexistence of the past and future at the time of transition."[7]

Ursprünglich leistete in der westlichen Welt die Bibel mit ihrer konkordanten Struktur diese Integration, insofern sie Aussagen sowohl über den Anfang (Genesis) als auch über das Ende der Welt (Offenbarung des Johannes) macht. Diese Struktur sei jedoch – so Kermode – zu ‚simpel‘, um die von tiefgreifenden Fragmentierungen geprägte Gegenwart noch abbilden zu können[8]. Komplexere und aktualisierte Formen der konkordanten Vermittlung müssen also gefunden werden müssen: „Our ways of filling the interval between the tick [als Anfang qualifizierter, an sich unqualifizierter physischer Zeit-Punkt] and the tock [als Ende qualifizierter Zeit-Punkt] must grow more difficult and more self critical, as well as more various; the need we continue to feel is a need of concord, and we supply it by increasingly varied concord fictions."[9]

Wie für Iser ist für Kermode die Vaihingersche Unterscheidung zwischen ‚myth‘ (Dogma) und ‚fiction‘ (Fiktion) dabei entscheidend: „Fictions[10] can degenerate into myths[11] whenever they are not consciously held to be fictive."[12] Und: „If we forget that fictions are fictive we regress to myth (as when the Neo-Platonists forgot the fictiveness of Plato's fictions [...]) litera-

---

[4] „We hunger for ends and for crises. [...] We are like some abnormal children, such as the autistic, who invent the most arbitrary and painful fictions." Ebd. 55.
[5] Ebd. 59.
[6] KERMODE (*Sense of an Ending*, 29) zählt auf: Apokalypse, Millennium, Übergang zwischen Zusammenbruch und Erneuerung, Dekadenz und Aevum. Die Bezeichnung *fiction* trägt freilich bereits die Signatur der Moderne.
[7] Ebd. 100.
[8] „In their general character our fictions have certainly moved away from the simplicity of the paradigm; they have become more ‚open‘." Ebd. 6.
[9] Ebd. 63.
[10] „Fictions are for finding things out, and they change as the needs of sense-making change." Ebd. 39.
[11] „Myth operates within the diagrams of ritual, which presupposes total and adequate explanations of things as they are and were; it is a sequence of radically unchangeable gestures." Ebd. 39.
[12] Ebd. 39.

ture achieves only so long as we remember the status of fictions."[13] Eine Unterscheidung, die Iser wieder aufgreift, und die für die folgenden Überlegungen über Apokalypsen als fiktionale Texte bedeutsam sein wird. Dass Kermode dabei anders als Vaihinger ein geregeltes Verhältnis zwischen Realität und Fiktion bevorzugt[14], andererseits aber der Literatur – gerade was ihren integrativen Charakter angesichts der potentiell unendlichen Weltzeit angeht – eine wesentliche Bedeutung zumisst, ist in unserem Zusammenhang besonders bedeutsam.[15]

Wolfgang Iser weist im Anschluss an Kermode darauf hin, dass Erzählungen über Anfang und Ende des Lebens im Verhältnis zur Gattung des fiktionalen Textes insgesamt eine besondere Rolle zukommt: Einerseits legen es vor allem Geburt und Tod beziehungsweise Anfang und Ende des menschlichen Lebens nahe, durch imaginative Besetzungen definiert und so ‚bewältigt' zu werden. Schließlich ist über das Herkommen und Hingehen des Menschen keinerlei empirische Aussage zu machen.[16] Andererseits eignet der Fiktion im Gegensatz zum Vaihingerschen Dogma zwar die Offenheit für neue Besetzungen und Deutungen, der Mensch wünscht sich jedoch Gewissheit, was seine Herkunft und Zukunft angeht. Iser konstatierte konsequent gerade für die – wie er es nennt – ‚Kardinalpunkte' menschlicher Existenz eine Tendenz zur Stillstellung der fiktionalen Prozesse: Anfang und Ende der Welt, Geburt und Tod des einzelnen Menschen, die sich als unfassbare, unbeschriebene nicht aushalten lassen, werden „massiv besetzt", wie er es nennt; besetzt mit religiösen Ursprungsmythen einerseits und mit prophetischen bzw. apokalyptischen Aussagen über das Ende andererseits, die vor allem darin bestehen, das Ende als Absolutes aufzuheben: Einerseits, so Iser, könnten apokalyptische Texte „phantastische Bewältigung des Unauslotbaren"[17] sein, andererseits liest man: „Aitiologische Geschichten sind der Anfang und die Prophetien sind das Ende" – sie haben also die Ungewissheit und Offenheit der reinen Phänomenologie stillgestellt.[18] Dies unterscheidet sie von der Inszenierung, die nie verschweigt, dass sie das Unbetretbare beschreibt, also deutungs- und verschiebungsoffen bleibt. Sie beschreibt – ‚eingehegt' und angetrieben vom besetzten Anfang bzw. Ende – das mannigfalti-

---

[13] Ebd. 41.
[14] „any novel, however realistic, involves some degree of alienation from reality." Ebd. 50.
[15] „virtual time of books [...] is a kind of man-centred model of world-time. And books are indeed world-models. [...]." (KERMODE, Sense of an Ending, 52, mit Verweis auf Augustinus' 11. Kapitel der Confessiones.) „So we may call books fictive models of the temporal world. They will be humanly serviceable as models only if they pay adequate respect to what we think of as ‚real' time, the chronicity of the waking moment." (54).
[16] ISER, 158.
[17] W. ISER in: Das Ende. Schlußdiskussion des Kolloquiums. (Poetik und Hermeneutik XX, 1997), 640–667, 665.
[18] ISER, Doppelungsstruktur, 506.

Apokalyptik und Fiktionalität 129

ge Leben dazwischen. „Wenn das Ende nicht mehr als neuer Anfang zu denken ist, dann beginnt es, imaginäre Besetzungen zu verweigern; statt dessen wird es als endgültiges Aufhören imaginär uneinholbar [...]."[19] Eine zum Millenarismus verkümmerte Utopie, „ausgezehrte Figurationen des Endes" sind die Folge des Phänomens, das Iser auch „Telosschwund" nennt; Folgen die im Teil 4 dieser Arbeit in den im schlechten Sinne ‚kirchlich' stillgestellten, ehemals deutungsoffenen Ursprungsfiktionen der Endzeitkirchen elaboriert werden.

Nachdem im ersten Teil unserer Arbeit die biblische apokalyptische Literatur und entscheidende eschatologische Fragestellungen der letzten Jahrzehnte im groben Überblick skizziert wurden, steht nun allein die innere Struktur apokalyptischer als *fiktionaler* Texte im Mittelpunkt. Dabei soll anhand von exegetischen Arbeiten, die sich auf diese Dimension des Textes einlassen, der Ertrag eines solchen Verfahrens skizziert werden. Dass solche ‚neuen' Verfahren der Schriftauslegung nicht ohne eine Klärung der zeitgenössischen Bedeutung der Bilder, also ohne historisch-kritische Verfahren auskommen wollen (und können), ist klar, wird aber etwa auch z.b. von der dezidiert symbolisch orientierten Arbeit von Heinz Giesen[20] eindrücklich deutlich gemacht.

Ausgehend von der in diesem Teil der Arbeit geleisteten Übertragung des Iserschen Modells von Fiktionalität, Realität und Imaginärem auf theologische Konzepte könnte eine Lektüre apokalyptischer Texte als fiktionaler Folgendes bedeuten: Weder die Festschreibung im Sinne einer Datierung der historisch erwarteten apokalyptischen Ereignisse, noch eine Geschichtsphilosophie oder die Petrifizierung des apokalyptischen Textes als Endzeitreport hätten Bestand. Trotzdem müsste ein fiktionaler Zugang den apokalyptischen Text nicht als doktrinär verwerfen. Vielmehr könnte der spielerische Umgang mit einzelnen Motivgruppen aus dem historischen Bestand der Apokalypsen verstanden werden als immer neu anlaufender, letztlich aber so notwendiger wie unabschließbarer Versuch eines Selbstentwurfs des Menschen unter den Bedingungen seines eigenen Todes und eines Endes der Welt, aber auch angesichts der unmittelbar unbeantwortbaren Frage nach universaler Gerechtigkeit und universalem Sinn. Nach Kermode, also unter den Bedingungen einer zunehmend als krisenhaft wahrgenommenen Moderne, erschienen die biblischen Texte und Motivzusammenhänge zudem als ‚Ressource' für neue Reliteralisierungen und Aktualisierungen. Eine Rückbindung an die normative Gesamtheit christlicher Lehre und Theologie ist auf dieser Ebene (noch)

---

[19] ISER, *Das Ende*, 664.
[20] Heinz GIESEN: *Symbole und mythische Aussagen in der Johannesapokalypse und ihre theologische Bedeutung*. In: Karl Kertelge (Hg.): Metaphorik und Mythos im Neuen Testament. (QD 126) Freiburg i.Br. u.a. (Herder) 1990, 255–277.

nicht zu erwarten, wohl aber die Offenheit eines Modells der Hermeneutik des Apokalyptischen für Elemente einer Kritik (Teil 3), die wesentliche Elemente einer grundlegend als *aufklärerische* zu rekonstruierenden Tradition repräsentieren müssen.

2.4.2 Apokalypsen als fiktionale Texte

Grundsätzlich begegnen innerhalb des biblischen Kanons die unterschiedlichsten Textgattungen. Sie reichen vom individuellen Gebet in den Psalmen über die Chronik und Fabel bis hin zum Tatsachenbericht, als welcher vor allem wohl – *cum grano salis* – die Evangelien gelesen werden wollen, wenngleich hier, etwa in den Gleichnissen, Träumen und Visionen, ebenfalls ‚Fiktionssignale' gesetzt sind. Immer wieder wird in der Exegese betont, bei der Bibel handele es sich um Literatur. Dass Literatur – zumindest nach den Diskussionen der letzten dreißig Jahre in der Literaturwissenschaft – aber vor allem *Fiktionalität* eignet, eine Eigenschaft, die einer Mehrheit der Bibeltexte ihrer eigenen Intention nach zumindest nicht explizit zukommt, wird dabei zuwenig bedacht. Inwiefern apokalyptische Texte nach ihrer eigenen Zurichtung fiktional genannt werden dürfen, ist also an dieser Stelle zu fragen.

Nach Einschätzung der Literaturwissenschaft[21], aber auch vereinzelter Exegeten[22] sind apokalyptische Texte in das Genre der *Phantastik* einzuordnen. Dies gilt, insofern sie „Ereignisträger (im weitesten Sinn), Orte oder Zeitpunkte enthalten, welche nicht mit dem herrschenden Wirklichkeitskonzept in Übereinstimmung gebracht werden können."[23] Dazu kommt, dass sie – zumindest in Teilen – in der Zukunft spielen und asynchrone Abläufe und Visionen enthalten. Das einzig wirklich reale Element der Apokalypse scheint zunächst ihr Ereignisträger, der berichtende Visionär zu sein, dessen reale Existenz jedoch immer von der Phantastik der übrigen Elemente des Textes infiziert zu werden droht – eine Bedrohung, gegen die etwa der Text der Johannesapokalypse – wie noch deutlich werden soll – verschiedene Abwehrstrategien entwickelt.

Insgesamt muss man wohl Zipfel zustimmen, wenn er schreibt: „Die Realisationsmöglichkeiten von Fiktivität als Nicht-Wirklichkeit auf der Ebene der Geschichte sind vielfältig durch die verschiedenen Kombinationen der Fiktivitätsfaktoren untereinander und mit Elementen der Realität. Grundlegend ist jedoch, *daß die Fiktivität von Geschichten letztlich mit der Fiktivität der Ereignisträger einhergeht, bei denen es sich in den meisten Fällen um fiktive (nicht-reale oder pseudo-reale) menschliche oder menschenähnliche*

---

[21] Als Schlüsselwerk für phantastische Literatur darf nach wie vor gelten: Tzvetan TODOROV: *Einführung in die phantastische Literatur.* München (Hanser) 1972.
[22] So etwa Erhard GÜTTKEMANNS – vgl. 3.5.1.
[23] ZIPFEL, *Fiktion,* 110.

Figuren handelt."[24] Um dies für den Fall der Offenbarung des Johannes zu exemplifizieren und Missverständnisse zu vermeiden, genügt es zunächst im Sinne Isers zwischen dem realen (bzw. historischen) Erzähler der Johannesapokalypse und dem impliziten Autor, nämlich dem Visionär Johannes zu unterscheiden.

Nun wird im Text der Johannesapokalypse *selbst* allerdings mehrfach betont, dass gerade *kein* Unterschied zwischen dem ‚realen' und dem impliziten Autor gemacht werden dürfe. Auf diese Schwierigkeit hat Hartmut Raguse in der Auseinandersetzung mit Eugen Drewermann[25] zu Recht hingewiesen. Dem Leser wird gar eine Strafe angedroht, wenn er die Apokalypse nicht als Bericht über wahre Tatsachen (im Sinne der Alltagsrealität?) liest. Er müsste sich also, um diesen Text wirklich kreativ lesen zu können, aus der Macht des Erzählers ebenso befreien wie vom autorinduzierten impliziten Leser. Diese Distanzierung, dürfte sich dem zeitgenössischen Leser gleichwohl gerade *wegen* der gezielten Interpretationslenkung im Text und damit gegen die ursprüngliche Intention des Autors aufdrängen.

Die These von einer ‚Feststellung' der Bedeutungs- und Interpretationsoffenheit der Texte über das Ende scheint also zunächst (gegenläufig zu den synoptischen Apokalypsen) für die Offenbarung des Johannes in besonderem Maße zu gelten: Im Vorwort wird betont, die Visionen zeigten, „was bald geschehen muß" und weiter: „Selig, wer diese prophetischen Worte vorliest und wer sie hört und wer sich an das hält, was geschrieben ist; denn die Zeit ist nahe." (Offb 1,3). Am Ende des Textes sagt der Engel: „Diese Worte sind zuverlässig und wahr. Gott, der Herr über den Geist der Propheten, hat seinen Engel gesandt, um seinen Knechten zu zeigen, was bald geschehen muss." (22,6). Der Visionär (Johannes) beendet seine Vision mit den Worten: „Ich bezeuge jedem, der die prophetischen Worte dieses Buches hört: Wer etwas hinzufügt, dem wird Gott die Plagen zufügen, von denen in diesem Buch geschrieben steht. Und wer etwas wegnimmt von den prophetischen Worten dieses Buches, dem wird Gott seinen Anteil am Baum des Lebens und an der heiligen Stadt wegnehmen." (22,18–19).

Die Offenbarung des Johannes als Buch visionärer Bilder
In unserem Zusammenhang interessiert jedoch jenseits der sich hier zunächst scheinbar aufdrängenden kritischen Lektüre das Buch der Offenbarung des Johannes jedoch ausdrücklich als Ressource für spätere Rezeptionen. In der

---

[24] Ebd. 113f (Hervorh: J.V.).
[25] Hartmut RAGUSE: *Psychoanalyse und biblische Interpretation. Eine Auseinandersetzung mit Eugen Drewermanns Auslegung der Johannesapokalypse.* Stuttgart/Berlin/Köln (Kohlhammer) 1993.

jüngeren Literatur erscheint die Offenbarung des Johannes darüber hinaus bereits selbst als „Collage verschiedener Materialien"[26].

Eine eingehende Untersuchung der verwendeten Motive lässt etwa Daria Pezzoli-Olgiati zu dem Schluss kommen, „der Seher [habe] mit großer Freiheit einzelne Motive aus disparaten literarischen Zusammenhängen [entnommen], um eine neue, ganz an der christlichen Botschaft orientierte Komposition für die sieben Gemeinden in Kleinasien zu verfassen."[27] Die Vokabel εἶδον (41x) übernimmt dabei insofern wesentliche Funktionen, als sie den Text strukturiert, ihn als prophetisch-visionären charakterisiert und einen Bezug zum Leser/zur Leserin herstellt[28]. Von ‚Vision' als einem homogenen Phänomen zu sprechen, erweist sich jedoch insofern als schwierig, als εἶδον heterogene Textgattungen einleiten kann: von *distanzierten Berichten* über *Hymnen* und *Dialoge* bis hin zu *deutenden Antworten* und zur *direkten Anrede der* Adressaten. Pezzoli-Olgiati begreift Visionen deshalb als „mehrdimensionale Sprachbilder"[29], die sich durch Paradoxiefähigkeit auszeichnen[30]. Sie sind als solche in der Lage, traditionelle Motive unter neuen Bedingungen zu rekonstruieren. Die Vision als innerpsychisches Phänomen bleibt der Exegese als Textwissenschaft freilich verschlossen.

Gleichwohl gelingt es Pezzoli-Olgiati zu erläutern, warum die Offenbarung des Johannes gerade als *Buch der Visionen* – und das heißt für sie vor allem als Austragungsort einer *spezifischen Text-Leser Relation* – gelesen werden sollte. Wie vor dem Hintergrund der Literaturtheorie Wolfgang Isers deutlich wurde, ist es gerade eine spezifische Relation zwischen Alltagsrealität (Pezzoli-Olgiati spricht von ‚Geschichte') und Fiktionalität, die apokalyptische Texte auszeichnet. Auf der Zeitebene findet diese Relation ihren Niederschlag als Verhältnis zwischen der Herrschaft Gottes in einer fiktional antizipierten Zukunft und der – aus welchen Gründen auch immer[31] – als

---

[26] Daria PEZZOLI-OLGIATI: *Täuschung und Klarheit. Zur Wechselwirkung zwischen Vision und Geschichte in der Johannesoffenbarung.* Göttingen (Vandenhoeck & Ruprecht) 1997, 188.
[27] Ebd. 189.
[28] Ebd. 190ff.
[29] Ebd. 201.
[30] Ebd. 198.
[31] In jüngerer Zeit hat in Deutschland vor allem Heinz Giesen darauf hingewiesen, dass der zeitgeschichtliche Hintergrund der Entstehung der Offenbarung des Johannes wohl kaum – wie lange Zeit angenommen – systematische ‚Christenverfolgungen' gewesen sein dürften, sondern dass für die potentiellen Leser vor allem die Gefahr bestand, „in die Isolierung" zu geraten und zu „gesellschaftlichen Außenseitern" zu werden. Die Intention des biblischen Buches sieht Giesen demgemäß darin, „die Christen zur Glaubenstreue zu ermutigen und sie vor der großen Attraktivität, die der Götter- und Kaiserkult auch auf sie ausübt, zu warnen." Vor dem Hintergrund dieser Annahme würde das letzte biblische Buch in erstaunliche Nähe zum entschiedenen Christentum heute rücken. Heinz GIESEN: *Die Offenbarung des Johannes. Endzeitbilder von gestern oder Botschaft für heute?* In: Ebertz/Zwick, Jüngste Tage, 50–81, 56.

bedrängend empfundenen Gegenwart der Leser der Apokalypse: „Das Verhältnis zwischen den Zeiten in der Fiktion und den Zeiten der Menschen in Kleinasien ist nicht linear, sondern von einer dichten, mehrdeutigen Spannung bestimmt."[32]

Um welche Bilder und Motivzusammenhänge geht es aber im Einzelnen? Otto Böcher spricht von „einer Abfolge von Bildern, zu denen die übrigen Bücher des Neuen Testamentes kaum etwas Vergleichbares bieten", von einem Bilderreichtum, der „nicht nur die bildende Kunst, sondern auch die religiöse Phantasie aller Jahrhunderte" immer wieder neu angeregt habe.[33] Auch für Böcher liegt die Leistung des Autors weniger in der Neuentwicklung, sondern deutlich in der *Sammlung, Ordnung* und *christianisierenden Aneignung* vorliegender Motive.[34] Zur subjektiv-biographischen Herkunft sowie zur Wirkung des apokalyptischen Bilderreichtums kann er jedoch – wie ein Großteil der übrigen Literatur – wenig sagen. Gleichwohl gelingt ihm eine in ihrer Kürze treffende Fassung des Zueinanders von aus der natürlichen bzw. gesellschaftlichen Realität sowie der Literatur und Kunst entnommenen Motiven und ihrer visionären Aneignung:

„Wie bei den Visionärinnen des christlichen Mittelalters, die ihre – echten, nachträglich verschriftlichten – Gesichte aus dem ihnen geläufigen Material nicht zuletzt der Offenbarung des Johannes speisten, stand für den Seher von Patmos ein Fundus von Bildern bereit, der seinem Gedächtnis tief eingegraben und auch in Visionen stets verfügbar war. Aus dem Reichtum prophetischer und mystischer Traditionen assoziierte, erlebte und deutete Johannes, nicht anders als die jüdischen Apokalyptiker vor, neben und nach ihm, was zu den Problemen seiner Leser am besten paßte. ‚Erlebnisechtheit' und der Rückgriff auf Traditionsgut schließen sich nicht aus."[35]

Visionäre Texte dieser Art müssen freilich ihre Konkretheit und Vorstellbarkeit gleichzeitig mit einer gewissen Vagheit verbinden, um dem Leser Möglichkeiten der *individuellen* Aneignung in der Lektüre zu bieten[36]: „Alles bleibt im Schwebezustand des Bildhaften und Ungefähren; der Leser erhält nur Vorstellungshilfen. Auch wo die distanzierenden Ausdrücke fehlen, ist deutlich, daß der Visionär lediglich Bilder anbietet; der Leser soll nicht über die Form (Offb 21,6) und das Material (Offb 21,18–21) der Gottesstadt nachdenken, sondern über ihre Harmonie und strahlende Schönheit."

Die von Böcher geleistete Strukturierung der Bilderwelt des Johannes lässt die innere Logik der Relationierung zwischen erfahrener Welt und evo-

---

[32] PEZZOLI-OLGIATI, *Täuschung*, 211.
[33] Otto BÖCHER: *Die Bildwelt der Apokalypse des Johannes*. In: Die Macht der Bilder (JBTh 13) Neukirchen/Vluyn (Neukirchner Verlag) 1998, 77–105, 77.
[34] Ebd. 78.
[35] Ebd. 80.
[36] Ebd. 81.

ziertem Bildkosmos noch deutlicher werden[37]: *Gott* wird mit alttestamentlichen Bildern (Jes 6) der dem Autor auch zeitgenössisch bekannten königlichen Regierungsform dargestellt, als thronender Herrscher in einem himmlischen Schloß (Offb 4,3b), mit Engeln und Ältesten als Hofstaat, Sängern und Instrumentalisten, Knechten und Untertanen. Dabei wird eine Überhöhung des Bildmaterials, das dem Kult um den als Antichrist karikierten römischen Imperator entnommen wurde, durch Rückgriff auf den Astralbereich, also Sonne (Offb 21,23) und Sternbilder, erreicht. Gleiches gilt für den erhöhten Christus, bei dessen Darstellung zudem die überwältigende Vielfalt der verwendeten Bilder und die paradoxe Gleichzeitigkeit von *Herrschaft*szeichen und solchen der *Niedrigkeit* und Ohnmacht auffällt: Dem wie ein Himmelskörper (Offb 21,23; 22,5) über der Stadt thronenden Kosmokrator (Offb 1,5. u.ö.), dem Feldherrn hoch zu Roß (Offb 17,14) steht das Opferlamm gegenüber.

Auch in der den Text beherrschenden Darstellung von *Engeln und Dämonen* kann Johannes auf reiche Ressourcen zurückgreifen. Dabei fällt erneut die Technik der Überhöhung alltäglicher Gegenstände und Naturmotive durch *paradoxe Rekombination* und Verbindung mit *Katastrophen- und Astralphänomenen* auf.[38] Besonders tritt hier der in einer komplexen Darstellungweise gebrochene, jedoch zentral von der bekannten Licht[39]-Finsternis[40], Oben-Unten, Leben-Tod bzw. Gut-Böse (Christ-Antichrist)[41] Metaphorik bestimmte *Dualismus* der Offenbarung des Johannes zu Tage.

Dieser bestimmt sich, wie Pezzoli-Olgiati gezeigt hat, jedoch nicht einfach nur als schroffes Gegenüber zweier unvereinbarer Größen, wie die dichotome Relation ‚Licht und Finsternis' eigentlich nahelegt. Daneben weisen die Darstellungen Gottes und des Antichristen[42], des Lammes und der apo-

---

[37] Ebd. 80–87.
[38] Ebd. 83 bzw. 88. Erwähnenswert ist hier besonders die Gestalt des Drachen, der – wirkungsgeschichtlich in beinahe allen Kulturen präsent – das ideale Exempel für den visionär-kreativen Umgang und das Zueinander von Realität und Fiktion abgibt: Aus der Welt der Reptilien stammend wird er durch Vergrößerung, Verbindung mit dem Element des Feuers und der Projektion an den Himmel zu einem bedrohlich-faszinierenden Motiv eigener Valenz.
[39] Veranschaulicht durch eine Vielfalt von Leuchtern, Fackeln, Edelmetallen, Edelsteinen, Feuerflammen, strahlenden Himmelskörpern und weißen Gewändern (Offb 1,12.14.16.20; 4,2–5; 19,12–14; 21,18–24; 22,5 u.ö.). Ebd. 86.
[40] Bebildert durch Sonnen- und Mondfinsternisse, Sternenstürze, Erdlöcher und Rauchphänomene (Offb 6,12; 8,10–12; 9,1f; 12,4a u.ö). Ebd.
[41] Böcher macht gar eine „dämonische Anti-Trinität (Offb 16,13; 20,10)" aus, „bestehend aus dem drachengestaltigen, siebenköpfigen Teufel selbst (Offb 12,3–18), seinem ‚Sohn' – dem ‚ersten Tier' und römischen Imperator [...] und dem ‚zweiten Tier', dem ‚falschen Propheten' [...]". Ebd. 83f.
[42] Pezzoli-Olgiati verweist auf das Vorkommen identischer Grössen zur Kennzeichnung gegensätzlicher Kräfte: „θρόνοσ, δύναμις, προσκυνέω kommen sowohl in Bezug auf Gott als auch auf den Drachen vor [...] der eine ist der Allmächtige, der Herr der Geschichte; das andere ist mächtig, bestimmt die Geschichte auf der Erde mit." PEZZOLI-OLGIATI, *Täuschung*, 202.

kalyptischen Tiere[43], Jerusalems und Babylons[44] sowie der Heiligen und der Anbeter des Tieres[45] auffallende *Parallelen* auf. Allerdings werden die Gegensätze in der spiegelbildlichen Konfrontation bei aller so erzeugten Verwechselbarkeit[46] nicht eigentlich geschwächt, sondern eher noch bekräftigt und durch den endgültigen Sieg, ja die niemals gebrochene, bisweilen aber verborgene Souveränität des positiv besetzten Teils schließlich überwunden: „Transparenz, Liebe und Lebendigkeit sind eigentlich nicht mit Undurchschaubarkeit, Gewalt und Tod vergleichbar, denn sie sind ihnen überlegen."[47] Die Stärke der *Offenbarung des Johannes* scheint also gerade darin zu liegen, auch dem Bösen, Dunklen und Verabscheuungswürdigen auf der Höhe seiner Möglichkeiten zu begegnen, ihm in seiner ganzen Macht und Verführungskraft stärkste Bilder zur Verfügung zu stellen, und es damit für den Leser als berückendes Identifikationsangebot mit negativem Vorzeichen vor Augen zu führen.

Über eine Analyse der *Handlungsräume* kommt Pezzoli-Oligiati zu einer weiteren hilfreichen Einsicht in Sachen Dualismus: „die Erde ist ein Ort der Mischung, des Gemenges zwischen verschiedenen Kräften. [...] das Leben auf der Erde ist von starken Spannungen gekennzeichnet."[48] Angesichts des damit einhergehenden Zueinanders von Gut und Böse fungiert die Offenbarung des Johannes nun tatsächlich in gewisser Weise als *Trostbuch*, insofern sie nämlich den über weite Strecken authentisch inszenierten Kampf zwischen verwechselbaren Mächten in heilsgeschichtlicher Dimension entwirrt. Dies geschieht jedoch nicht in einem autoritativen Gestus, sondern in einem Dialog zwischen Autor und Leser(in), wie ihn in dieser Weise nur ein als solcher gekennzeichneter aber nicht ‚enttarnter' fiktionaler Text ermöglicht.[49]

---

[43] „Auch das Lamm gehört zu den mächtigen Gestalten und als solches ist es Gott, dem Drachen und dem Tier ähnlich [...], beide sind theriomorphe Gestalten, haben Hörner, sind geschlachtet und trotzdem Sieger. Ihre Macht umfasst den gleichen Bereich: Nationen, Völker, Sprachen und Stämme." Ebd.
[44] „Es sind Städte mit alten berühmten Namen, die als Frauengestalten personifiziert werden; beide verfügen über sagenhafte Kostbarkeiten wie Gold, Edelsteine und Perlen, haben weitere besondere Namen, ziehen viele Menschen und Könige an." Ebd.
[45] „beide Gruppen bestehen aus Menschen, die auf der Erde wohnen und den Wirkungen der negativen Kräfte ausgeliefert sind." Ebd.
[46] Ebd. 206.
[47] Ebd. 203.
[48] Ebd. 208.
[49] „Die Adressaten der Offenbarung werden aufgefordert, ihre eigene Geschichte zu deuten: Dies ist die einzige Möglichkeit, welche einen Ausweg aus der Täuschung und der Undurchschaubarkeit eröffnet. Die Visionen leiten zu einer neuen Art des Sehens angesichts der von Bedrängnis gekennzeichneten Existenz an. Leser und Leserinnen der Offenbarung sollen den Unterschied zwischen dem, was sie aus den fiktiven Visionen erfahren, und dem, was sie in der Geschichte erleben, erkennen und deuten." Ebd. 213.

Bilder der ‚Kirche' in der Offenbarung des Johannes fallen zunächst durch ihre Nähe zu explizit jüdischer Symbolik auf: Wie die sieben Gemeinden durch sieben Leuchter symbolisiert werden, kann das endzeitliche Israel von der Kirche, der Braut Christi und der ‚Himmelsfrau' (Offb 12) kaum unterschieden werden. Dazu kommen Naturmotive wie das der Lebensbäume (Offb 22,2 nach Ez 47,12) und des Stromes von Lebenswasser (Offb 22,1 nach Ez 47,1–11).

Analysiert man die Bilder, insofern sie dezidiert *apokalyptische Zusammenhänge* transportieren, fällt erneut die starke Prägung durch alttestamentliche Motive – vor allem das himmlischen Jerusalem (Offb 21,–22,5 nach Ps 48 u. 76 sowie Jes 28,16ff) – und die ebenfalls von hierher ererbte (allerdings noch rein diesseitige) Heilsperspektive[50] ins Auge. Böcher bemerkt, dass die zweifache Siebener-Reihe (Posaunen, Schalen) und die jeweils folgenden Plagen sich einer zahlenmäßigen Reduktion der zehn ägyptischen Plagen (Ex 7,1–12,36) verdanken. Insgesamt kommen aber in seiner Schilderung die bei der Lektüre der Offenbarung dominierenden *apokalyptischen Schrecken* zu Gunsten der bei Böcher[51] unausgewiesenen und angesichts ihrer Wirkungsgeschichte damit unpassend wirkenden Deutungsperspektive, „die Apokalypse des Johannes [sei] ein Trostbuch, keine Quelle apokalyptischer Ängste"[52] deutlich zu kurz.

Für die Wirkungsgeschichte, vor allem für millenaristische Datierungsversuche ebenso bedeutsam ist die *Zahlensymbolik* der Offenbarung, die sich nach Böcher pythagoreischen Quellen verdankt. Hervorzuheben sind hier vor allem die auf Vollkommenheit verweisende Dreier-[53] und den Kosmos symbolisierende Viererreihen[54], die gemeinsam die Sieben ergeben – ebenfalls eine Zahl der Vollkommenheit und Endgültigkeit. Die Siebenzahl begegnet positiv in den (auch die gesamte Kirche symbolisierenden) sieben Gemeinden und ihren Engeln (Offb 1,20 u.ö.), in den Posaunen- (Offb 8,2–14,20) und Schalenengeln (Offb 15,1–19,10), negativ und dämonisch in den beiden Siebener-Reihen der Plagen, in den sieben Siegeln (Offb 6,1–8,1) und sieben Donnern (Offb 10,3), den sieben Köpfen des Drachens (Offb 10,3f) und seines antichristlichen Sohnes (Offb 13,1). Sieben Sterne, Leuchter oder Fakkeln[55] verweisen auf die sieben damals bekannten Planeten bzw. ein siebenteiliges Sternbild. Die ebenfalls häufig auftauchende Zwölf trägt die bekann-

---

[50] „Das Ende von Leid, Tod und Trauer (Offb 21,4), von Durst (Offb 21,6) und Frevel (Offb 21,8.27, 22,15), von Nacht und Dunkelheit (Offb 21,23; 22,5), statt dessen [sic] Harmonie (Würfelgestalt [Offb 21,16]) und der strahlende Glanz edelster Baustoffe (Offb 21,11.18–21), sind sie Bilder für das Glück und die Schönheit der künftigen Welt." BÖCHER, *Bildwelt*, 85.
[51] Anders als bei Pezzoli-Olgiati, vgl. oben.
[52] Ebd.
[53] Vgl. Offb 1,4f.; 14,10; 12f; 16,13; 12,12; 14,7; 21,1; 8,13; 9,12; 11,14; 12,12.
[54] Vgl. Offb 5,13; 7,1; 20,8; 6,1–8; 4,6.8; 5,6.8.14 u.ö.
[55] Offb 1,12f;16.20; 2,1; 4,5.

ten Bezüge auf die zwölf Monate und Sternzeichen und auf die Stämme Israels bzw. die Apostel. Sie begegnet konkret als Zahl der Tore der Himmelsstadt und der Torwächter, der Edelsteine und Perlentore sowie der Seitenlänge der himmlischen Stadt (12 000 Stadien). Mit sich selbst multipliziert erscheint sie als Höhe der Mauern (144 Ellen) und Gesamtzahl der Versiegelten (144 000).

In den Ausführungen Böchers, die eine im Hinblick sowohl auf die Bedeutsamkeit als auch auf die Herkunft der Motive umfassende und klare Darstellung der Bildelemente der Offenbarung des Johannes bieten, wird schließlich die nicht zu unterschätzende Wirkungsgeschichte dieses Textes in der bildenden Kunst neu deutlich: Böcher bringt zu Bewusstsein, dass die Offenbarung des Johannes nicht nur ornamentale Elemente in Reliefs, Mosaiken und Teppichen in eine an sich anderswo herkommende Architektur eingetragen hat, sondern dass das ottonische, romanische und teilweise auch noch das gotische Konzept des ‚himmlischen Jerusalem' sich *als Ganzes* der Offenbarung des Johannes quasi als „Baubuch der Sakralarchitektur"[56] verdankt.[57]

Jüngere psychoanalytische Interpretationen knüpfen zwar ebenfalls an den visionären Charakter der Offenbarung des Johannes an, wirken jedoch angesichts der nicht zu unterschätzen Deutungsoffenheit der Motivgruppen merkwürdig engeführt, vor allem insofern sie – auf den Dualismus der Gesamtkonzeption fixiert – deren von Pezzoli-Olgiati bemerkte paradoxe Durchkreuzung übersehen.[58]

---

[56] BÖCHER, *Bildwelt*, 92. Vgl. zu einem Thema, das hier in seiner Bedeutsamkeit auch für die systematische Theologie nur angemahnt werden kann, die Artikel *Apokalypse des Johannes* von R. CHADRABA; *Apokalyptisches Weib* von J. FONROBERT; *Jerusalem, himmlisches* von G. JASZAI; und *Weltgericht* von B. BRENK im Lexikon der christlichen Ikonographie, hg. von E. Kirschbau SJ, Freiburg i.Br. u.a. (Herder) 1968ff sowie die Ausführungen zur *Poetischen Dogmatik* Alex STOCKS in dieser Arbeit.
[57] „Kubische Elemente im Gesamtaufriß des Kirchengebäudes und als Grundform des Gewölbejochs [...] Türme und Portale [...] Lang- und Querhaus [als] sich kreuzende Straßen der Gottesstadt. In der Ostung der Kirche spiegelt sich die Rolle Christi als des Helios [...]. Da man nach Jerusalem stets hinaufsteigt [...] führen im Inneren Stufen in das Sanktuarium mit dem Altar empor. [...] Wörtlich umgesetzt wird die Aussage vom apostolischen Fundament der Himmelsstadt (Offb 21,14) durch mehrteilige Grundsteine mit den Namen der Apostel oder gar mit den Namen der zwölf Stämme Israels und der ihnen zugeordneten Apostel (Offb 21,12)." Ebd. 92f.
[58] Hartmut Raguse etwa, der in seiner Auseinandersetzung mit Eugen Drewermann eine Freudianische Interpretation wagt, benennt als Sinnspitze der Apokalypse: „Wer sich dem Gesetz christlicher Identität nicht fügt, wird in jenen Feuerpfuhl geworfen, der eine neue ‚Identität' schafft, die nach den Regeln der Analität konzipiert ist." Hartmut RAGUSE: *Psychoanalyse und biblische Interpretation. Eine Auseinandersetzung mit Eugen Drewermanns Auslegung der Johannesapokalypse.* Stuttgart/Berlin/Köln (Kohlhammer) 1993, 198.

2.4.3 Die Bilder der Apokalypse in der jüngeren exegetischen Diskussion

Partielle Rezeption von Fiktionalitätstheorien in der Exegese
Auch andere Autoren, etwa *Peter Trummer*[59], betonen, der Text der Johannesapokalypse – selbst eine visualisierende Lektüre des AT (580 Bezüge werden gezählt) – weise besonders deutlich auf eine notwendig *metaphorische* Lektüre hin. Die Häufigkeit der Zahl Sieben symbolisiere die Sinnhaftigkeit des irdischen Geschehens und seine end-gültige Einbindung in eine himmlische Heilsgeschichte[60]. Die Johannes-Apokalypse ist von der Mitte des Textes her, dem *Kreuzestod* Jesu und seine erst von daher ihren Sinn erhaltenden *Inkarnation* (11,8, 12,5) *dramatisch*[61] (und nicht etwa als zeitliche Abfolge) gestaltet und kann so (ganz im Sinne Kermodes) als sinnstiftendes ‚*ending*' der Geschichte in Christus und von ihm her verstanden werden. Zeitgeschichtliche Bezüge, etwa auf den Kaiserkult, werden von Trummer nicht geleugnet, aber in psychoanalytischer Diktion als „Tagesreste", die eher zufällig an den imaginierten „inneren Bildern" haften, verstanden[62].

Wo Trummer sich 1990 noch weitgehend unkritisch an die psychologisierende Lektüre Eugen Drewermanns angeschlossen hatte,[63] spricht er 1997 offener von einer fiktionalen Markierung des Textes durch den Autor. So seien Darstellungskonventionen der Apokalyptik nur unter Voraussetzung des Bilderverbotes der jüdischen Tradition möglich, es finde sich auch explizit der dauernde Verweis auf das Imaginäre des Vorhabens (71mal das Wort „wie", 21 mal „ähnlich" (ὅμοιος, ὁμοίωμα, ὁμοίως).[64] Wichtigere Indizien stellen das Bild einer doppelt (auf Vorder- und Rückseite) beschriebenen Schriftrolle (Literal- und allegorischer Sinn?!) aber auch die Tatsache dar, dass der Sinn vieler Aussagen nicht gleich entschlüsselt werden kann. Der Himmel wird aufgerollt wie ein Buch – könnte auch dies als Hinweis auf die Fiktionalität des Textes verstanden werden? Die Vielzahl der Christusbilder[65] wirkt einerseits durch ihre Pluralität im Sinne des Bilderverbotes detotalisierend, zeigt für Trummer aber andererseits auch die Vielfalt der Facetten eines

---

[59] Peter TRUMMER: *Offenbarung in Bildern – Die Bilder der Offenbarung*. In: Larcher, GottBild (1997), 384–393 sowie Ders.: *Einige Aspekte zur Bildersprache der Johannesapokalypse*. In: Karl Kertelge (Hg.): Metaphorik und Mythos im Neuen Testament (QD 126). Freiburg u.a. (Herder) 1990, 278–290.
[60] Ebd. 279.
[61] „Der Verfasser gebraucht einfallsreiche Verknüpfungstechniken, verdoppelt und verschränkt die Bilder, verzögert und steigert, so daß sich trotz der wiederholten Siebener-Reihen bis zum Ende des Werkes ein ungemein dramatischer Effekt durchhält." Ebd. 280.
[62] Ebd. 283.
[63] Die Apokalypse biete „Bilder für die zunächst völlig desorientierte Weltsicht eines Menschen, der sich aufmacht, neue Perspektiven für sein Leben zu suchen." (Ebd. 285).
[64] Damit ist jedoch zunächst die Verwendung bildhafter Sprache angezeigt.
[65] Auch die himmlische Frau zählt für Trummer dazu. 29 mal wird Christus als Lamm dargestellt. Ebd. 286ff.

(innerpsychischen) Entwicklungs- und Selbstfindungsprozesses, der durch helle und dunkle Phasen führt.

Jörg Frey[66] entscheidet sich als erster Exeget für eine *explizite* Aufnahme rezeptionsästhetischer Ansätze zur Deutung der Johannesapokalypse in ihrer aktuellen Relevanz. Er stellt heraus, dass es in der Johannesapokalypse eine bestimmte *Leserführung* gibt, die mit Isers Modell des impliziten Autors bzw. Lesers gut beschrieben werden kann.

Die Visionen sind ‚anschaulich' und laden dazu ein, sich das Geschilderte vorzustellen, die Rezipienten in die Welt dieses Buches einzubeziehen. Gleichzeitig sind sie von theologischem Gestaltungswillen geprägt. Der Seher ist impliziter Autor „und seine Leser nehmen mit ihm Anteil an dem, was sich vor ihren geistigen Augen und Ohren abspielt."[67] Frey spricht aber auch von einem Surrealismus, einem Sprengen der Vorstellungskraft[68], und trägt damit Elemente der Negativen Theologie in den apokalyptischen Text ein. Dies gilt vor allem für die Schilderung des *himmlischen Jerusalems:* Die Seitenlänge dieses Kubus beträgt umgerechnet 2000 km! Andere Funktionen solcher Irritationen können sein: Das Projekt des Textes insgesamt: eine Darstellung des Undarstellbaren, das Freilassen von Leerstellen für die Leserimagination, die Vermeidung einer Stillstellung der Zeichen im Sinne Isers. Auch Frey bemerkt die dramatische Wirkung, die durch die Verschachtelung von drei Siebenerreihen (Siegel, Posaunen und Schalenvisionen mit auffälligen Entsprechungen) entsteht: „Die Wiederholung ähnlicher Bilder und Handlungsfolgen bewirkt eine dramatische Intensivierung der Gerichtsaussagen, die schließlich auf das große Babylon und seinen Sturz hinzielen."[69]

Die *drei Frauengestalten* rufen in der Sonnenfrau eine Himmelskönigin (Isis, Artemis, Atargatis), in der Braut Jerusalem das Gottesvolk und in der Hure Babylon eine transhistorische Chiffre für seine Gegner auf. Insgesamt fallen die kosmischen Dimensionen dieser Bilder auf. Das *Tier* ist die Summe der vier Tiere bei Daniel. Frey versteht es als ‚Abklatsch Christi': Die Sieben Häupter und die auf dem Tier sitzende *Dea ROMA* verweisen eindeutig auf Rom als zeitgenössisches Identifikationsangebot. Gleichzeitig aber ist es ein Kontrastbild des himmlischen Jerusalem und stellt allgemein die Welt dar, die sich selbst genug ist und Gott nicht die Ehre gibt.

Auch Frey glaubt, seine Ausführungen machten bereits deutlich, dass es sich bei der Johannesapokalypse weder um eine System von Zeichen handelt,

---

[66] Jörg FREY: *Die Bildersprache der Apokalypse.* In: ZThK, 98 (2001), 161–185, 168ff.
[67] Ebd. 175.
[68] „Bilder werden anschaulich vor Augen geführt, aber gleichzeitig durch störende Elemente gebrochen, so dass sie bei den Rezipienten besondere Aufmerksamkeit hervorrufen und diese zu einer aktiven Deutung der vorgeführten Visionsbilder anregen." Ebd. 177.
[69] Ebd. 178.

das eins zu eins in Realität übersetzbar wäre, noch um das Abbild einer fortschreitenden Ereignisfolge, die man in die Zukunft prolongieren könne. Vielmehr „treten die in diesem Werk vorgeführten Bilder in vielfältiger Weise mit der Welt ihrer Leser und Leserinnen in Beziehung [...]. Babylon war die Wirklichkeit, zu erwarten war nur noch ihr Niedergang, und die Adressaten sollten schon jetzt gemäß dieser Erwartung leben und sich auf die kommende und bleibende Stadt Gottes hin ausrichten."[70] Damit erscheint die Johannesapokalypse als *produktive Imagination einer Alternative zur abgelehnten Gegenwart im Licht der Gestalt und der Botschaft Christi*. Wie würde eine Welt aussehen, die unmittelbar mit der richtenden Stärke des Gekreuzigten und Auferstandenen konfrontiert wäre? Der Text des Johannes könnte verstanden werden als über seine Entstehungszeit hinaus immer wieder als Projektionsfolie und Experimentierfeld genutzter Text, mit dessen Hilfe genau diese Frage jeweils neu spielerisch beantwortet wurde.

So meint auch Frey, seine Bilder sprächen Rezipienten aller Zeiten an. Eine allzu wissenschaftliche Zugehensweise[71] führte oft zu einer unnötigen Beschränkung der Applikabilität des Apokalypsetextes an zeitgenössische Lesesituation. Ihre Wirkung dürfte „weniger durch exegetische Erklärung als durch poetische, dramatische oder musikalische Transformationen zustande kommen".[72] Gleichzeitig bedarf auch für Frey ihre Wirkung der kritischen Reflexion, denn zwei Gefahren, die in der Rezeptionsgeschichte apokalyptischer Motive immer wieder aufgefunden werden konnten, seien *Weltdistanz* und *Rachephantasien*. Andererseits sei die kathartische und therapeutische Wirkung der Johannesapokalypse nicht zu unterschätzen. Rezeptionsästhetische Exegese kann also dazu dienen, gegenwärtige Applikationen an der ursprünglichen kommunikativen Intention des Textes zu messen und so zu verantwortlicher Lektüre beitragen.

Grenzen der historisch-kritischen Exegese
Nicht nur rezeptionsästhetisch orientierte Arbeiten widmen sich der Bildersprache der Johannesapokalypse.[73] Heinz Giesen zeigte bereits 1990[74], wie bedeutsam die Kenntnis des zeitgenössischen Bildgebrauchs für die Deutung der Intention des realen Autors auch der Johannesapokalypse sein kann. Anhand der Bilder vom Buch mit sieben Siegeln[75], von Christus dem Lamm[76],

---

[70] Ebd. 183.
[71] Frey hatte zu Beginn seines Aufsatzes die meisten historisch kritischen Kommentare als anschlussunfähig an eine zeitgenösssische Lektüre kritisiert und einzig die Arbeiten von Jacques Ellul und Elisabeth Schüssler Fiorenza ansatzweise adäquat genannt.
[72] FREY, *Bildersprache*, 184.
[73] Vgl. mit ähnlicher Intention: Thomas SCHMIDT: *Das Ende der Zeit. Mythos und Metaphorik als Zugangsweisen zu apokalyptischen Texten*. Bonn (Philo)1997.
[74] GIESEN, *Symbole*.
[75] Das endzeitliche Geschick der Menschen wird im Lichte von Jesu Sieg am Kreuz beleuchtet

von den apokalyptischen Plagen[77], den Frauengestalten in Offb 12[78], vom Drachen[79], dem Sohn der Frau[80] sowie dem abschließenden Kampf im Himmel und dem Satanssturz auf die Erde[81] wird eine innere Logik des endzeitlichen Geschehens deutlich, wenngleich auch Giesen immer wieder auf Lükken in der Darstellung und logische Brüche verweisen muss, die mit Iser als Einladung zur Imagination an den Leser zu je neuen Rekontextualisierungen gelesen werden könnten, die eine lückenlose historisch-kritische Exegese aber beinahe gewaltsam schließen muss. So reduziert sich Giesens Blick auf die apokalyptischen Bilder zwar nicht auf eine bloße historisch-kritische Analyse antiker Quellen, aber auf eine *in extenso* ‚banale' soteriologische Aussage, deren biblische Ausgestaltung in den erwähnten Bildern nach seiner eigenen Lektüre geradezu überflüssig erscheint: „Auch Offb 12 steht ganz im Dienst der Soteriologie, insofern die christliche Existenz, die sich vor den Anschlägen Satans und seiner weltlichen Gehilfen bewähren muß, theologisch und christologisch begründet wird."[82] Hier erweist sich erneut – diesmal im exegetischen Kontext – wie eine vorschnelle Reduktion der apokalyptischen Bilder auf ihre Christologie bzw. Soteriologie ihren Deutungs- und Rekombinationsspielraum unnötig einschränkt.

---

und damit zur Ermutigung für diejenigen, „die ihrem Herrn in der Bedrängnis nachfolgen." Ebd. 260.

[76] Anknüpfend an das geschlachtete Paschalamm erhält dieses Bild vom Löwen Judas und der Wurzel Davids (5,5) eine zusätzliche Bedeutungsfülle: Christus ist „in seiner Schwachheit stark". Ebd. 262.

[77] Sie treffen die Gottlosen, während die Taten der treuen Christen im Buch des Lebens festgehalten sind. Sie stehen nach Durchleiden ihre Martyriums auf der Seite des siegreichen Lammes. Ebd. 263ff.

[78] Sie durchlief im Laufe der jüngeren Forschungsgeschichte verschiedene (metaphorische) Deutungen: Maria, die (empirische) Kirche, die endzeitliche Heilsgemeinde, die Einheit des atl. und ntl. Gottesvolkes, ja gar als Urbild der Menschheit und himmlische Partnerin Gottes, die den himmlischen Sohn gebiert. Giesen deutet sie in einer Melange der vorliegenden Ansätze als „Volk Gottes, das seine Herkunft – wie das neue Jerusalem (21,2) – bei Gott hat." Ebd. 268.

[79] Er ist in der Antike und im AT Bild des Dämonischen schlechthin und verkörpert den Widersacher Gottes. Seine genaue Ausgestaltung verdankt sich vielfältiger meist apokrypher Bezugsquellen und qualifiziert ihn als mörderisch und mit großer weltlicher Macht ausgestattet.

[80] Er ist eindeutig der Messias (also ein weiteres Bild für Christus neben Lamm, Löwe, Wurzel Davids, Menschensohn) und wird durch seine Entrückung in den Himmel vor dem Drachen geschützt.

[81] Christi sühnender Kreuzestod und die Macht Gottes entschieden den Kampf im Himmel, der Sturz des Satan auf die Erde fordert Entscheidungskraft und Opfermut bei den Christen auf der Erde, wo der Kampf (verstanden im Anschluss an die Wüstenwanderung Israels und der Schreckensherrschaft des Antiochus Epiphanes) weitergeht. Schließlich ist auch auf Erden die Existenz der Kirche gesichert.

[82] GIESEN, *Symbole*, 276. Dies gilt ungeachtet der Tatsache, dass Giesen im letzten Abschnitt die Bildhaftigkeit des Textes wieder als irreduzibel beschwört: „Bildhafte Sprache ist dagegen gefeit, Gott und geistliche Wirklichkeiten so in den Griff bekommen zu wollen, daß sie verfügbar sind" (ebd. 270).

Kritik oder Mythos?

Thomas Schmidts voluminöse Arbeit[83] situiert sich schließlich in einem völlig anderen, erstaunlichen Theoriesetting – allerdings auch in so großer Nähe zu unserem Anliegen, dass es etwas ausführlicher dargestellt (und kritisiert) werden muss: Bei Schmidt wird der (eigentlich im AT schon verabschiedete) *Mythos* zur zentralen „sprachphilosophischen" (!) Kategorie der Deutung[84], nachdem die Eschatologie mit religionswissenschaftlichen Mitteln (!) soteriologisch[85] charakterisiert wurde[86]. Wenn das Vorwort dann auch noch mit der *Magna Charta* der Fundamentaltheologie 1 Petr 3,15 anhebt, ist die methodische Verwirrung perfekt.

Auch dass der Mythosbegriff im NT nur fünfmal, und dann *abwehrend* zur Bezeichnung von (gnostischen) Irrlehren gebraucht wird, schreckt den Autor nicht davon ab, ihn in den Mittelpunkt seiner Arbeit zu stellen[87] und einen „dritten Weg [...] zwischen der Trivialisierung und der Heroisierung des Mythos"[88] zu suchen. Letztlich weitet Schmidt, indem er im Folgenden in die „Mythenfreundlichkeit" der Geisteswissenschaften der neunziger Jahre einstimmt, den Mythosbegriff auf *Narrativität* im allgemeinen beziehungsweise auf *das Geheimnisvolle* in der alltagssprachlichen Bedeutung des Wortes aus und nimmt ihm damit jede begriffliche Schärfe.[89] Wenn schließlich auch noch die Grenze zwischen Mythos und Logos fällt (ohne, dass einer von beiden Begriffen vorher exakt bestimmt worden wäre), hat die Kategorie ‚Mythos' jeden Gebrauchswert verloren und kann so auch auf neutestamentliche Texte angewendet werden. Das magere Fazit nach 86 Seiten intensiver Textbefragung „Mythen sind Sinnstrukturen" kann nicht überraschen.

Interessant für unser Vorgehen ist so nur noch Schmidts Schlusskapitel *Mythos und Metapher. Zur Hermeneutik biblischer Eschatologie.* Hier schließt sich Schmidt zunächst vollständig Paul Ricoeur an, der mit Hilfe seiner Rezeption hermeneutischer und strukturalistischer Instrumentarien in der Lage ist, die Mythenbildung als transformatorisch-kreativen Prozess zu begreifen, an dem die Mythenkritik und die Polysemie der verwendeten Bilder und Metaphern einen wesentlichen Anteil hat[90]; das geschieht freilich, ohne dass der Mythos als hermeneutische Leitkategorie aufgegeben würde.

---

[83] SCHMIDT, *Ende der Zeit.*
[84] Anders als Giesen, der in der Johannesapokalypse den antiken Mythos nurmehr als Symbolressource zitierter alttestamentlicher Erzählweise am Werk sah.
[85] ... eine *theologische* Kategorie, wo doch ausdrücklich der *dogmatische* Eschatologie-Begriff vermieden werden soll?! (17).
[86] SCHMIDT, *Ende der Zeit,* Klappentext.
[87] Ebd. 25ff.
[88] Ebd. 30.
[89] Ebd. 43 ff.
[90] Paul RICOEUR: *Die Interpretation. Ein Versuch über Freud.* Frankfurt a.M. (Suhrkamp) 1969, 516, zit. ebd. 346.

Die Angst, einer Illusion zu verfallen[91] ist bezeichnend für einen Ansatz, der die Rolle des Fiktionalen und der Realität im Textentstehungsprozess nicht geklärt hat. Immerhin soll die Theologie nun in ihrer kritischen Funktion „vor diese [symbolische] Konstruktion eine Dekonstruktion (!) der illusorischen und damit in ihrer Wirkung ideologischen Interpretation des Mythos setzen."[92] Jedoch: Es ist für Schmidt nur eine *Interpretation* des Mythos, die es hier zu kritisieren gilt, nicht der Mythos selbst. Auch der Verweis auf Gerd Theissens These von einer christlichen Werterevolution im Kontext der Eschatologie kann nicht überzeugen, weil hier versucht wird, aus biblischen Kategorien allein kritische ‚Funken' zu schlagen, die doch nur eine Reflexion auf Subjektivität und Vernunft als kritische Instanz hätte erbringen können. *Historisch* überzeugt allerdings Schmidts Anknüpfung an Josef Blanks Untersuchung der Theologien von Johannes und Paulus als vertane Chance einer Institutionalisierung einer charismantischen Mythenkritik in der frühen Kirche.[93] Doch der Leser versteht hier nicht, warum denn eigentlich eine „Kirche als Hoffnungsgemeinschaft [...] über sich selbst hinaus" weisen soll oder wie sich die „Pflicht" begründet, „Freiräume zu schaffen, in denen auch heute noch symbolisch kommuniziert wird"[94]. Die Reduktion jeder schriftsprachlichen Artikulation auf den Mythosbegriff und der Ausfall einer Reflexion auf Vernunft und Kritik lässt diese Formulierungen als willkürliche Setzungen erscheinen.

Abschließend wird Blumenbergs (mythenkritisches) Werk *Arbeit am Mythos* referiert beziehungsweise so reduziert, dass einfach „der Mythos [...] nicht stattfinden" kann[95] und die eben noch gelobte Narrativität, die „das Beste am Mythos"[96] sei, „auf das Humanum reduziert"[97] werden muss. Aber auch dem bisher hofierten Odo Marquardt[98] kann man nicht mehr trauen, hält der doch das Christentum für einen Monomythos. Angesichts von soviel Unklarheit und „im Kreuz besiegelter" Sinnlosigkeit, die allein die Ostererscheinungen mit Sinn erfüllen können, bleibt schließlich kaum etwas anderes, als „trotzig [...] an der Macht der Liebe" festzuhalten[99].

---

[91] Ebd. 366ff.
[92] Ebd. 399.
[93] Ebd. 408–412.
[94] Ebd. 412.
[95] Hans BLUMENBERG: *Arbeit am Mythos*. Frankfurt a.M. (Suhrkamp) 1990, 682, zit. ebd. 417.
[96] Ebd. 417.
[97] Ebd. 418.
[98] ... ob seines *Lob des Polytheismus* [Odo MARQUARDT: *Lob des Polytheismus. Über Polymythie und Monomythie*. In: Ders.: Abschied vom Prinzipiellen. Stuttgart (Reclam) 1981, 91–117], das, „das Anerkennen und Ertragen der eigenen Kontingenz" erlaube. Schmidt, 420.
[99] Ebd. 422.

2.4.4 Fazit

Die vorangehenden Lektüren haben gezeigt, in welcher spezifischen Weise das vorgestellte Iserrsche Modell von Fiktionalität an christliche Traditionen anknüpfen und für eine Hermeneutik biblisch-apokalyptischer Texte dienstbar gemacht werden kann, ohne eine historisch-kritische Auswertung zeitgenössischer Verstehenshorizonte ersetzen zu wollen. Aber auch eine Ergänzungsbedürftigkeit der historisch-kritischen Lektüre der Offenbarung des Johannes dürfte sichtbar geworden sein. Als Ergebnis der methodischen Analyse soll – nicht zuletzt im Kontrast zu den gerade vorgestellten exegetischen und hermeneutischen Zugängen zum apokalyptischen Text – darüber hinaus festgehalten werden: Der als traditionell erwiesenen Unterscheidung zwischen Mythos, Fiktion und Logos kann (und muss) in der Definition Isers und Kermodes gefolgt werden. *Fiktion* steht dabei für eine bildorientierte, kreative bzw. imaginative Welterschließung mit Hilfe vorhandenen symbolischen und narrativen Materials; der *Mythos* (bzw. das ‚*Dogma*')für dessen (ideologische) Erstarrung, die keineswegs ohne sinnvolle Funktion sein muss, wenn sie als *Übergangsstadium* begriffen wird, und der *Logos* für die kritische Reflexion auf beides mit den Mitteln menschlicher Vernunft.

Was hier mit Blick auf den wirkungsgeschichtlich starken biblischen Text der Johannesapokalypse kursorisch vollzogen wurde, kann in den Teilen 4 und 5 anhand zweier Beispiele aktueller Verarbeitung der apokalyptischen Motivressourcen – der Geschichte und Textbasis einiger Endzeitkirchen sowie am zeitgenössischen Spielfilm – weitergeführt werden. Denn die Konzeptionalisierung des Fiktionalen beschreibt in analoger Weise sowohl die Entstehung der im Teil über die Endzeitkirchen beschriebenen Gründungszusammenhänge (Texte wie das Buch Mormon, charismatische Führerfiguren, brennende Naherwartung etc.) als auch den künstlerischen Prozess der Filmentstehung (Teil 5) und beide Erscheinungsweisen des Apokalyptischen bedürfen dort, wo sie zum Mythos oder Dogma zu erstarren drohen, der Kritik.

Nachdem das Verhältnis zwischen Theologie und *Bildlichkeit* in einer kritischen Sichtung der Tradition in einem affirmativen Sinne geklärt und nachdem ein theologiefähiger Begriff von *Mythos/Dogma* und *Fiktion* entwickelt wurde, steht nun an zu zeigen, wie eine solche *kritische* Reflexion auf apokalyptische Motivsettings aussehen könnte, die die Bildlichkeit der Darstellungen achtet, also nicht beansprucht, sie aus eigener Kraft rekonstruieren zu können und doch zugleich deren Missbrauch verhindert, indem sie ihre Strukturen reflexiv ‚vom Es zum Ich' führt.

Das Ergebnis dieser Betrachtung, die das Imaginäre auf rationale, wie auch soziale und andere transrationale Vorgänge öffnet, könnte sein, dass im Hinblick auf Texte der apokalyptischen Tradition die Wirkweise des Fiktionalen im Realen und die Anwesenheit des Realen im Fiktionalen als Korrelate des Imaginären beschrieben würden. Daraus folgt ein reflektierter Gebrauch der apokalyptischen Texte als Fiktion einerseits, andererseits aber auch eine ethische Entschiedenheit, die sich (in welcher Weise auch immer, sicher aber nicht unmittelbar) der Kenntnis der liturgischen, spirituellen und anderer – etwa auch der cineastischen – Lektürepraxis solcher biblischer Texte und ihres Echos verdankt. Damit entsteht ein Verständnis von apokalyptischen Text- und Bildwelten, das sie als möglichen Teil einer autonomen Selbstbildung, eines freien Sich-Verhaltens zur eigenen Zukunft erscheinen lässt.

3 Elemente einer Kritik apokalyptischen Denkens

> *„In solchen neuen Verbildlichungen liegt an sich nichts Verkehrtes, ja es wäre töricht eine völlig bildlose Frömmigkeit anzustreben, die dem Wesen des Menschen widerspricht. Um so wichtiger ist freilich, dass die Bilder immer wieder an ihrem Maß gemessen, an dieses rückgebunden werden und sich nicht in eine mythologische Selbständigkeit hinein auflösen [...] Aufgabe der Verkündigung ist es demgemäß nicht, die Bilder überhaupt auszutreiben, wohl aber, immer wieder die Bilder zu reinigen."*[1]
>
> Kard. Joseph Ratzinger

> *„Reinige die Gottheit und du reinigst den Menschen."*[2]
>
> Thomas Mann

3.1 Zum Verhältnis von Erstphilosophie und Hermeneutik

3.1.1 Radikalisierung der ‚Exzentrierung' des Subjektes bei Iser

Begreift man Inszenierung – wie Iser – auch als *anthropologische* Kategorie, erlaubt man ihr also, auf den *Menschen als Ganzen* auszugreifen und bezweifelt damit dessen Fähigkeit, sich auf einen archimedischen Punkt zu stützen, der eine Verankerung des Subjekts in der Realität sicher gewährleistet, so kann nicht mehr nur das *Fingierte*, sondern auch *der Mensch selbst* sich niemals gegenwärtig werden. Gewiss veranschaulicht – wie Iser richtig bemerkt – die Vielfalt literarischer Inszenierungen die große Plastizität des Menschen, der sich zwar nicht ein für allemal vor sich zu bringen, aber dennoch in immer neuen Anläufen und aus unterschiedlichen Perspektiven zu fingieren vermag. Eine vorschnelle Festlegung auf einen eindimensionalen Realismus oder Naturalismus würde sicher einen großen Teil der Literatur und Kunst ihrer wesentlichen Dimensionen berauben.

Tatsächlich verknüpft Iser mit den für die Charakterisierung der Entstehung und Rezeption fiktiver Texte für das Anliegen unserer Arbeit ausgesprochen hilfreichen Ausführungen aber anthropologische oder genauer subjekttheoretische Implikationen, die nicht notwendig sind, sondern in ihrer radikalisierten Gestalt eher einer modischen Angleichung an die ‚postmoderne' Entthronung des Subjektes entsprechen. Dabei zeichnet sich doch Isers

---

[1] Josef RATZINGER: *Eschatologie – Tod und das ewige Leben*. Regensburg (Pustet) ²1978, 113. Ähnlich äußern sich beinahe alle zeitgenössischen Theologen zum Bildergebrauch im Zusammenhang der Eschatologie ohne jedoch ihre Position über die bedingte Relativierung üblicher Sprachbilder wie ‚Fegefeuer', ‚ewige Hölle' etc. weiter zu spezifizieren.

[2] Thomas MANN: *Josef und seine Brüder*. Frankfurt a.M. (Fischer) 1971ff.

3. Elemente einer Kritik apokalyptischen Denkens

Ansatz insgesamt gerade dadurch aus, dass er – stärker an der *Rezeption* des Textes und, anders als etwa Mc Luhan, weniger an der *Medialität* der Informationsquelle interessiert – den Anteil des Subjekts an ästhetischen Produktions- und Lektürevorgängen gerade *stärkt*. In letzter Konsequenz droht die Leugnung jeder Möglichkeit einer Selbstgegenwart – gerade dessen also, was Iser gegenüber Vaihinger retten wollte – die Fähigkeit des Menschen, sich zu einem gelesenen Text noch einmal bewusst zu verhalten, unwiderruflich zu zerstören. Nur wer um sich selbst weiß, kann aber einen „Fiktionsvertrag" mit dem Autor schließen.

Zunächst formuliert Iser die Chancen, die für das autonom seine eigene Welt gestaltende Subjekt im Umgang mit dem Fiktiven (und in der als ‚stummes Wissen' vorausgesetzten Unterscheidung zwischen Alltagsrealität und Fiktionalität) liegt: „In dieser wirkungsreichen Defizienz [des Fiktiven] spiegelt sich etwas von der Endlichkeit des Menschen, der im Fiktiven über die Chance gebietet, jenseits gesetzter Begrenzungen operieren zu können, wobei ihm der ungedeckte Vorgriff hilft, Fiktives niemals für ein Endgültiges zu nehmen. Um diesen Preis immunisiert er sich gegen die Verdinglichung seiner eigenen Erfindungen und eröffnet dadurch die unendliche Exploration seiner Endlichkeit."[3] Eine Antwort auf die Frage, ob sich hier mit Hilfe der Erinnerung so etwas wie Geschichtlichkeit manifestiert, also auch Entwicklungsprozesse möglich werden, oder ob das seine Endlichkeit explorierende Subjekt immer wieder bei Null anfängt, wird bei Iser nicht gegeben.

Das Fingieren scheint gerade an den Punkten der Unverfügbarkeit ein endloser Prozess zu sein, dessen Endlosigkeit Iser zutreffend als Chance und nicht als Problem thematisiert.[4] Das Problem liegt anderswo, nämlich bei der apodiktischen Behauptung einer fundamentalen ‚Unmöglichkeit, sich gegenwärtig zu werden'. Dass Isers Denkmodell in dieser subjektkritischen Zuspitzung nicht nur seinem eigenen Anliegen widerspricht, sondern auch mit unserem Anliegen einer rationalen Reflexion des religiösen (genauerhin apokalyptischen) Diskurses nicht überein zu bringen ist, fällt ins Auge. Isers Anthropologie trägt an diesem Punkt Merkmale der Postmoderne im schlechten Sinne und ist in der Verve, mit der sie das Subjekt als Bezugsgröße verwirft, a) nicht notwendig und b) für die Theologie nur unter äußersten Schwierigkeiten zu übernehmen.

Das Subjekt ist sich selbst für Iser unverfügbar.[5] Gleichzeitig gesteht er aber zu, dass „Evidenzerfahrungen"[6] (z.B. Liebe) mit dem Begriff ‚Unverfügbar-

---

[3] ISER, *Das Fiktive im Horizont seiner Möglichkeiten,* 553/554.
[4] „Das macht die Unmöglichkeit, sich gegenwärtig zu werden, zur Chance des Menschen." ISER, 505.
[5] Vgl. dazu, was Hansjürgen Verweyen im Zusammenhang analog zu Isers Evidenzerfahrung lesbaren These HEIDEGGERs: „Die Bestimmung des Wesens des Menschen ist nie Antwort, sondern wesentlich Frage." [*Einführung in die Metaphysik.* Heidegger-Gesamtausgabe Bd. 40,

keit' nur bedingt gefasst werden können. Er formuliert die Problematik schließlich auf den letzten Seiten seines Hauptwerkes folgendermaßen: Was evident ist, davon hat man kein (inhaltliches) Wissen, weshalb ein solches Phänomen endlose Inszenierungen gerade evoziert. Evidenz (etwa auch die Evidenz der eigenen Existenz) zeichnet sich also gerade durch einen durch sie ausgelösten Drang zur Fiktionalisierung des sprachlich nicht endgültig Fassbaren aus. Iser versteht – bei typisch ‚hermeneutischem' Überspringen der Frage nach formaler Selbstevidenz – Inszenierung als „Institution menschlicher Selbstauslegung", die gerade wegen ihrer Folgenlosigkeit (da ja fiktiv) in eine ständige Erweiterung der dafür notwendigen Spielräume zu treiben vermag. Das Simulacrum[7], solcherart als fundamentales anthropologisches Ferment verstanden, breche – so Iser in ausdrücklicher Abwehrstellung gegen (transzendental-)philosophische Subjektmodelle – Konzepte auf, „die den Menschen als Monade, Subjekt oder transzendentales Ich bestimmt haben".[8] Im Simulacrum zeige der Mensch seine „Selbstgegenwart [...] als verlorene" auf. Statt im „Plenum seiner Möglichkeiten" zu verweilen, vermag der Mensch immer wieder die Möglichkeiten des „Verschenkens, Verlierens und Verspielens"[9] zu nutzen. „Inszenierung wäre dann der unablässige Versuch des Menschen, sich selbst zu stellen; denn sie erlaubt zum einen, durch Simulacra die Flüchtigkeit des Möglichen zu Gestalten zu erwecken, und zum anderen, dem ständigen Entfalten zu möglicher Andersheit zuschauen zu können."[10]

Hier werden bei aller Faszination für das endlose Spiel mit Selbstentwürfen und ‚Simulacren' die Grenzen rein hermeneutischer Texttheorien deutlich, die sich bei Iser sicher auf der Höhe der aktuellen Diskussion finden. Die Frage, ob das Subjekt, das sich hier fortwährend selbst entwirft, nicht

---

Frankfurt a.M. (Klostermann) 1983, 109] geschrieben hat: „Setzt man das Wesen des Menschen in solchem sich gegen konkrete Antworten immunisierenden Fragen an, so liegt der Verdacht nahe, daß hier ein Ich im Spiel mit der Fülle geistiger Sinngehalte [...] auf immer unbehelligt bleiben möchte von dem möglicherweise durch ein begegnendes Wort ergehenden Anspruch, sich ernsthaft engagieren zu müssen." VERWEYEN, *Gottes letztes Wort*, 69. Zum notwendigen Postulat einer präreflexiven Selbstgegenwart des Ich vgl.: Klaus MÜLLER: *Wenn ich ‚ich' sage: Studien zur fundamentaltheologischen Relevanz selbstbewußter Subjektivität*. Frankfurt a.M. (Lang) 1994. (Regensburger Studien zur Theologie 46).
[6] An anderer Stelle, zwanzig Jahre früher, erklärt Iser bereits – in Rückgriff auf Maurice Merleau-Ponty und im Zusammenhang der End-Spiele Becketts, was er unter Evidenz versteht: „Erfahrungen, die man nur machen, in die man aber keine Einsicht haben kann. Dazu gehört der absolute Kontakt des Ich mit sich selbst." MERLEAU-PONTY wird mit folgenden Worten (*Phänomenologie der Wahrnehmung*, 343f) zitiert: „Nicht allein als philosophische Behauptungen, sondern auch als Erfahrungen sind absolute Evidenz und Absurdität einander äquivalent" (ISER, *Der implizite Leser*, 399).
[7] Hier etwa verstanden als ‚fingiertes Selbstbild'.
[8] *ISER*, 514.
[9] Ebd.
[10] Ebd. 515.

wenigstens eine *Ahnung* von seiner eigenen Existenz haben müsste – eine Ahnung, die den Drang zum fortwährenden Selbstentwurf in seiner Bedeutung in keiner Weise abschwächen, sondern ihn vielmehr erklären würde –, sowie, ob es nicht auch zwischen *sinnvollen* und *sinnlosen* Selbstentwürfen unterscheiden können müsste, darf gestellt werden.[11]

Ebenso wie bei anderen Denkmodellen, die eine unbedingte Gründung des Subjektes rundweg ablehnen (Nietzsche greift auf das Leben, Heidegger auf das Sein, Derrida auf eine kompensationalistische Bewegung in der Dekonstruktion als neue Norm zurück), muss darüber hinaus auch bei Iser ein verschwiegener und argumentativ nicht ausgewiesener Ausgriff auf Normen konstatiert werden, den er selbst nicht einlösen kann. Denn wie wollte er begründen, dass das Subjekt in seinen Akten des Fingierens eine jeweils adäquate Wahl trifft, wie, dass eine Stillstellung des Diskurses gegenüber einer Fortführung des Prozesses des Fingierens vorzuziehen sei, und wie schließlich, dass die Vaihingersche Panfiktionalisierung abzulehnen sei, eine Unterscheidung zwischen Fiktion und Täuschung also nicht nur – im Sinne einer Pragmatik – *notwendig*, sondern auch *möglich* wäre?

3.1.2 Alternativen

Eine Theorie des Subjektes, die sowohl den monadischen Solipsismus (der zu Recht Iser schreckt) als auch den Relativismus (der bei Iser zu drohen scheint) vermeidet, ließe sich in aller Kürze folgendermaßen fassen: Die immer mitgedachte Rationalität des Fingierens bei der Rezeption eines fiktionalen Textes legt das Postulat einer transzendental bestimmten Selbstevidenz nahe. Qua transzendentaler Gewissheit kann dieser Evidenz nicht mehr als ein formaler Charakter zugesprochen werden, der aber durchaus hinreicht, um von ihr die Regulation kreativer Fiktionalität zu erwarten. Die Ausfaltung von verschiedenen im weitesten Sinne literarischen Selbstentwürfen ist von Iser in exemplarischer Weise beschrieben worden. In seinem Ansatz bleiben jedoch sowohl die Frage nach dem Grund für eine freie Gestaltung als auch die Frage nach einer Instanz, die den Übergang von dem streng formalen ‚Dass' einer leeren Selbstgewissheit und der konkret inhaltlichen Entscheidung einer zwar hochindividuell, aber doch nach Kriterien ablaufenden Wahl zwischen verschiedenen Möglichkeiten des Selbstentwurfes unbeantwortet.

---

[11] Immerhin ist Iser bewusst, dass von einem propositional unerreichbaren Voraus nicht gesprochen werden kann, ohne in inhaltlich unbestimmter, streng formaler Weise reflexiv auf es Bezug zu nehmen: „Nun beinhaltet Inszenierung, daß ihr etwas vorausliegen muß, welches durch sie zur Erscheinung kommt. Dieses Vorausliegende vermag niemals vollkommen in Inszenierungen einzugehen, weil sonst dieses selbst das Vorausliegende wäre. Anders gewendet ließe sich auch sagen, daß jede Inszenierung aus dem lebt, was sie nicht ist." ISER, 511.

Bezüglich des Erweises der unhintergehbaren Notwendigkeit eines streng formalen ‚Dass' der Selbstgewissheit und ihrer philosophischen Rekonstruktion sei auf die Arbeiten von Klaus Müller verwiesen. Müller hat in mehreren Anläufen[12] – leider oft mit einer überzogenen Polemik gegen den angeblichen „Tod des Subjektes" in der Postmoderne – dargestellt, in welche Aporien die radikale Ablehnung der Möglichkeit einer fundierenden Selbstgewissheit des Subjektes führt, und kritisiert treffend Ansätze, die „triftige Resultate [ihrer] Subjektanalyse nicht zum Anlaß [nehmen], nach einer alternativen Phänomenbeschreibung zu suchen, sondern den Subjektgedanken als solchen"[13] aufgeben.

Nach einer Diskussion der Valenz des Retorsionsargumentes, die zu seiner Verwerfung führt, formuliert Müller in Anschluss an Bernhard Waldenfels durchaus im Sinne unseres Argumentationsganges: „Was der postmodernen Kritik am Vernunftsubjekt philosophisch ihr Recht rettet, ist das von ihr selbst Ungedachte und Unvordenkliche, das sie als ihren eigenen Ermöglichungsgrund mit sich führt, ohne es als es selbst irgend zur Geltung zu bringen."[14]

In einer sich an der Debatte zwischen Johann Baptist Metz und Jürgen Habermas um die angebliche Hellenisierung des Christentums orientierenden Rekapitulation dessen, „was am Subjekt nicht egozentrisch, manipulativ, verfügend und beherrschend wirkt"[15], nennt Müller mit Habermas „den Begriff der subjektiven Freiheit [...], den Begriff der Autonomie, [...] des vergesellschafteten Subjekts, [...] der Befreiung, [...] auch das Bewußtsein von der Fallibilität des menschlichen Geistes, von der Kontingenz der Bedingungen, unter denen dieser gleichwohl unbedingte Ansprüche erhebt."[16] Eine rasche historische Rekonstruktion des Subjektdenkens erweist Augustinus, Descartes und andere als in ähnlicher Weise nicht-totalitär an einer Absicherung subjektiver Urteile arbeitende Denker. Müller schreibt mit Bezug auf De-

---

[12] Vgl. v.a.: MÜLLER: *Wenn ich ‚ich' sage;* Ders.: *Subjektivität und Theologie. Eine hartnäckige Rückfrage.* In: ThPh 70 (1995), 161–186 sowie Ders.: *Das etwas andere Subjekt. Der blinde Fleck der Postmoderne.* In: ZKTh 129 (1998), 137–163 *(„Subjekt").*
[13] MÜLLER, *Subjekt,* 141. Dass mit dieser Kritik allerdings nicht, wie Müller meint, Derrida getroffen wird, hat Johannes HOFF überzeugend gezeigt: *Fundamentaltheologie zwischen Dekonstruktion und erstphilosophischer Reflexion. Zur Ortsbestimmung theonomer Vernunftautonomie.* In: Valentin/Wendel, Unbedingtes Verstehen, 115–129.
[14] MÜLLER, *Subjekt,* 143.
[15] Ebd. 148.
[16] Jürgen HABERMAS: *Israel und Athen oder: Wem gehört die anamnetische Vernunft? Zur Einheit der multikulturellen Vielfalt.* In: Diagnosen zur Zeit. Mit Beiträgen von J.B. Metz, G.B. Ginzel, P. Glotz, J. Habermas, D. Sölle. Düsseldorf (Patmos) 1994, 51–64, 56. Im nächsten Teil unserer Arbeit wird deutlich, dass auch ausdrücklich hermeneutische bzw. posthermeneutische Autoren wie Foucault, Levinas und Derrida, sich in ihrem Rückgriff auf die von Habermas genannten nicht-totalitären Facetten von Subjektivität implizit innerhalb der abendländischen Tradition des Subjektdenkens situieren.

scartes' dritte Meditation: „Auf diese Weise wird [...] der Geltungsanspruch des Subjektgedankens aus seinem Rückbezug auf den Begriff des Unendlichen gesichert, der seinerseits transzendentallogisch über die Mangelstruktur des Subjekts erschlossen wird."[17] Müller selbst fasst Subjektivität als präreflexives „Mit-sich-vertraut-Sein [...], das von der vegetativen bis zur intellektuellen Dimension reicht und anderen prinzipiell unzugänglich ist"[18]. Neben der instrumentellen Notwendigkeit einer solchen Argumentationsform, etwa zur Sicherung des Lebensrechtes von Embryonen, Behinderten und Todkranken und zur Unterscheidung von Virtualität und Realität (!) in der Cyberphilosophie und der Mind-and-Brain-Debatte führt er zur Begründung einer solchen Annahme das über den methodischen Einsatz des Zweifels gewonnene cogito-Argument an sowie sprachanalytische Untersuchungen, die in der Nachfolge Wittgensteins[19] die logische Unvertretbarkeit des Ichs in ‚Ich'-Sätzen erwiesen haben.

An Wittgenstein anknüpfende sprachanalytische Denkansätze der jüngere Zeit, vor allem Shoemakers[20], Quines[21] und Nagels[22], die Müller in seiner Habilitationsschrift untersucht hatte, konvergieren darin, dass sie „zulaufen auf eine detaillierte Analyse des Personalpronomens der ersten Person Singular hinsichtlich seiner Bedeutung, seiner Funktion, seiner Stellung im Gesamtsystem einer Sprache sowie seines Konnexes mit anderen indexikalischen Ausdrücken."[23] Hier komme mit Mitteln der sprachanalytischen Philosophie das Selbstbewusstsein als etwas zur Geltung, „was nicht auf anderes zurückgeführt werden [könne], also unhintergehbar sei."[24] Dem so entwikkelten eigenständigen Selbstbewusstsein eignet konsequent Unhintergehbarkeit aber auch (entscheidend!) Vorpropositionalität. Es handelt sich also nicht um ein inhaltliches oder normatives Wissen, sondern um ein gedachtes präreflexives Bewusstsein eines bloßen Dass des eigenen Daseins als ‚Ich' und eben dieser Selbstgewissheit, einer Gewissheit, die sich nicht zuletzt konkretkontingenten Ausdruck verschafft, sich ‚zeigt', wenn „Ich ‚Ich' sage"[25].

In Müllers hilfreichem Klärungsversuch wird freilich sowohl die Frage nach dem Woher einer material-inhaltlichen Bestimmung – anders als in

---

[17] MÜLLER, *Subjekt*, 154.
[18] Ebd. 159.
[19] Vgl.: Ludwig WITTGENSTEIN: *Ethik. Ein Vortrag.* In: Ders. Geheime Tagebücher 1914–1916. Hg. u. dok. v. W. Baum. Mit e. Vorwort v. H. Albert. Wien (Turia & Kant) ²1991. 77–87.
[20] Sydney SHOEMAKER: *Self-Knowledge and Self-Identity.* Ithaca/NY (Cornell University Press) 1974.
[21] Willard V.O. QUINE: *Wort und Gegenstand.* Stuttgart (Reclam) 1980.
[22] Thomas NAGEL: *Über das Leben, die Seele und den Tod.* Koenigstein/Ts. (Hain) 1984.
[23] MÜLLER, *Subjektivität und Theologie*, 168.
[24] Ebd. 171.
[25] Eine instruierende Zusammenschau der konvergierenden philosophischen Positionen findet sich ebd. 173f.

hermeneutischen Ansätzen wie dem Isers – als auch nach einem konstitutiven Bezug auf den anderen Menschen ins Sekundäre (und damit Historisch-Kontingente) verwiesen. Es bleibt vorerst also fraglich, ob sich die Kritik Müllers an Pannenberg und Ratzinger, diese verschafften sich „über die These, daß sich das Ich vom Du her finde, einen kurzgeschlossenen Zugang zu einer Gottverwiesenheit des Menschen"[26], nicht auch gegen sein eigenes Denkmodell richten könnte. Andererseits verweist Müller aber an dieser Stelle zu Recht auch auf Hansjürgen Verweyens Versuch, zwischen Ich-orientierten Ansätzen und einem „Humanismus des anderen Menschen", wie ihn Levinas vorgeschlagen hat,[27] zu vermitteln. Dieser setzt bei seinen Bemühungen, unter Bedingungen der Moderne ‚Erste Philosophie' zu betreiben zwar „analog zu dem bei Augustinus und Descartes durchgeführten ‚transzendentallogischen Gottesbeweis'"[28] auch bei einem ausdrücklich vordualistischen Begriff von Einheit an, weist aber in einer gewichtigen Fußnote ausdrücklich darauf hin, dass Anderes „mir nur scheinbar dergestalt gegenüber[stehe], daß ich mich dahin wenden oder davon abwenden und es schließlich links liegen lassen kann. Es erweist seine Macht als anderes und Fremdes vielmehr in der innersten Immanenz meines Selbst."[29] Das Ich ist also von einer schier unüberwindlichen Paradoxie gleichzeitiger Vertrautheit mit sich selbst und einer unaufhebbaren Differenz geprägt, die ins Bewusstsein tritt, sobald das Ich seine Aufmerksamkeit auf sich selbst richtet. Die „Spur des Anderen" ist unabweislich in etwas eingeschrieben, das doch gleichwohl im Sprachgeschehen als ein Ich wahrgenommen werden wird und als Voraussetzung eines solchen Einschreibungsprozesses logisch notwendig gesetzt werden muss.

3.1.3 Subjektivität und Kritik

Kritik als bestimmte Negation
Die so gefasste fundamentale Unsicherheit menschlicher Existenz, die vielleicht erst in der späten Moderne in ihrer ganzen Schärfe und Absurdität wahrgenommen wird, fragt insgeheim nach einer Möglichkeit, den garstigen Graben zu überwinden zwischen fundamentaler Paradoxie und der Notwendigkeit, recht zu handeln, genauer der Möglichkeit einer begründeten Kritik dessen, was dem Menschen und seinem Gegenüber nicht zuträglich ist. An dieser Stelle soll für diese Leerstelle ein Vorschlag gemacht werden:

Bezüglich des Übergangs von einem formalen ‚Dass' der Selbstgewissheit zu einer inhaltlichen Fassung von Identität muss eine propositionale

---

[26] Ebd. 183.
[27] Vgl. 3.4.
[28] VERWEYEN, *Gottes letztes Wort*, 147.
[29] Ebd. 149.

154   3. Elemente einer Kritik apokalyptischen Denkens

Setzung aus Gründen des Totalitätsverdachtes zurückgewiesen werden[30].
Dabei ist Iser Recht zu geben: Im potentiell unendlichen, nur durch den biologischen Tod begrenzten Vorgang des Fingierens wird aus einem ‚natürlichen' und weitgehend unbewussten Spannungsverhältnis zwischen Vorstellung und Realität heraus immer neu positiv gesetzt und verworfen. Eine Konstellation, ähnlich der Derridaschen Relation zwischen *vouloir dire* und der Dekonstruktion. So wichtig das affirmativ-fingierende Drängen sein mag, so wenig ist von ihm eine Begrenzung des Diskurses, eine Grundlage für Kritik zu erwarten. Aus einer transzendentallogisch entwickelten Selbstgewissheit lässt sich aber unmittelbar auch keine konkrete Norm gewinnen. Eine Verwerfung unangemessenen Verhaltens bzw. einer verfehlten Wirklichkeitsdeutung kann also auf der Basis eines streng formal (d.h. ohne inhaltliche Bestimmung) gewonnen ‚Dass' der Selbstgewissheit bezüglich seiner inhaltlichen Fassung nur via negativa gewonnen werden. Hinweise darauf geben Sokrates' δαιμόνιον, Derrida und die Tradition Negativer Theologie[31], aber auch einige Strukturen der letztlich auf phänomenologischer Ebene operierenden Hermeneutik Hans-Georg Gadamers.

Platon beschreibt in der Apologie, wie Sokrates seine (offenbar auch für ihn selbst naheliegende) Entscheidung, „dem Staate zu raten" [...] rückgängig macht aufgrund von „etwas Göttliche[m] und Daimonische[m]", das ihm seit seiner Kindheit geschieht: „eine Stimme nämlich, welche jedesmal, wenn sie sich hören lässt, mir von etwas abredet, was ich tun will, zugeredet aber hat sie mir nie."[32] Worum handelt es sich hier? Um eine mythisch eingekleidete Rede von der Vernunft? – Diese würde doch nicht einfach nur „Nein" sagen. Um das Gewissen?[33] – Von diesem wäre wenigstens manchmal ein „Ja" zu erwarten. Romano Guardini glaubte im δαιμόνιον „eine primär religiöse Erfahrung"[34] entdecken zu können.

Sokrates' Bescheidenheit, vor allem aber die zuletzt von Klaus Müller betonte Unvertretbarkeit von Ich-Aussagen, verbietet es, im δαιμόνιον ein-

---

[30] Vgl.: Joachim VALENTIN: *Atheismus in der Spur Gottes. Theologie nach Jacques Derrida.* Mainz (Grünewald) 1997.
[31] Vgl die unter 3.5 folgenden Ausführungen zu Derrida sowie VALENTIN, *Atheismus in der Spur Gottes,* 149–217.
[32] PLATON: *Apologie,* 31, c u. d. Als „das gewohnte göttliche Zeichen" benennt er das Phänomen auch in *Eutyphron* 2763 und im *Phaidros* (242b).
[33] Der naheliegende Begriff ‚Gewissen' wird an dieser Stelle vor allem wegen seiner geringen Trennschärfe vermieden. In aktuellen Darstellungen gehen oft verschiedene Traditionen von Hieronymus bis Kant bunt durcheinander, in der Vergangenheit nicht selten in gewaltsamen Harmonisierungsversuchen zusammengebunden und im Sinne der Pastoralmacht missbraucht. Zudem ist eine auch nur annähernd angemessene Behandlung dieses ausgreifenden Themas an dieser Stelle nicht möglich. Gleichwohl soll die Möglichkeit einer Rekonstruktion des ‚Gewissens' aus dem ‚Geiste' des δαιμόνιον nicht ausgeschlossen werden.
[34] Romano GUARDINI: *Der Tod des Sokrates. Eine Interpretation der platonischen Schriften Eutyphron, Kriton und Phaidon.* Reinbek bei Hamburg (Rowohlt) 1956ff., 58ff.

fachhin ein Phänomen zu sehen, das allen Menschen zukommt. Folglich fällt es hier nicht nur schwer, mit dem Wagemut Romano Guardinis von allgemeinmenschlicher Religiosität zu sprechen, sondern auch seiner Vermutung zuzustimmen, im sokratischen δαιμόνιον trete eine zur Subjektivität grundlegend hinzugehörende Fähigkeit zutage. Sie befähige, so meint er, allgemein dazu, in Situationen, die die eigene Aufgabe und Existenz substantiell betreffen, der darin gegebenen „gefährliche[n] Verantwortung" gerecht werden zu können. „Wodurch ist er als lebender und fühlender Mensch seinem eigenen Tun gewachsen? Seine Haltung hat etwas Schwebendes. Er erschüttert die Festigkeit des Alten, setzt aber an dessen Stelle keine neue Konstruktion, sondern ein Zweifeln, Fragen, Suchen."[35] Wenn es sich entgegen Guardinis weitreichenden Folgerungen beim δαιμόνιον um ein Einzelwissen des Sokrates handelt, darf aber doch vermutet werden, dass etwas Ähnliches auch bei anderen Menschen vorkommt. Die Konvergenz dieses Phänomens mit dem, was Derrida mit dem Begriff Dekonstruktion als textuelles Phänomen zu fassen versuchte, legt sich immerhin nahe. Die Aussage bleibt also zwar gewagt und kann bestenfalls den Status eines Postulats der praktischen Vernunft für sich beanspruchen, doch es ist auch nicht völlig auszuschließen, dass bereits hier, am Ort des Anhebens abendländischer Philosophie, eine nicht im strengen Sinne propositional normative Subjektkonstante beschrieben worden ist, die ein relativistisches Sich-Verlieren in immer neuen gleichwertigen Selbstentwürfen zu verhindern in der Lage wäre.

Für Hans Georg Gadamer werden im Bewusstsein vorliegende Verallgemeinerungen „durch die Erfahrung widerlegt. [...] Wenn wir an einem Gegenstand eine Erfahrung machen, so heißt das, daß wir die Dinge bisher nicht richtig gesehen haben und nun besser wissen, wie es damit steht. Die Negativität der Erfahrung hat also einen eigentümlich negativen Sinn. [...] Die Negation, kraft deren sie das leistet, ist eine bestimmte Negation. Wir nennen diese Art der Erfahrung dialektisch." Gadamer meint hier von Hegel[36] bzw. von Heideggers Deutung von Hegels Erfahrungsbegriff in den *Wegmarken* herzukommen. Es zeigt sich „der Erfahrene [...] als der radikal Undogmatische[37], der, weil er so viele Erfahrungen gemacht und aus Erfahrungen gelernt hat, gerade besonders befähigt ist, neue Erfahrungen zu machen und aus Erfahrungen zu lernen. Die Dialektik der Erfahrung hat ihre eigene Vollendung nicht in einem abschließenden Wissen, sondern in jener Offenheit für Erfahrungen, die durch Erfahrung selber freigespielt wird."[38] Weiter heißt es

---

[35] Ebd. 59.
[36] Georg Wilhelm Friedrich HEGEL: *Phänomenologie des Geistes*. Neu hg. v. H.-F. Wessels u. H. Clairmont m. e. Einl. v. W. Bonsiepen. Hamburg (F. Meiner) 1988, 73.
[37] Vgl. den Dogmabegriff bei Vaihinger.
[38] GADAMER, *Wahrheit und Methode*, 361.

bei Gadamer: „Jede Erfahrung, die diesen Namen verdient, durchkreuzt eine Erwartung. So enthält das geschichtliche Sein des Menschen als ein Wesensmoment eine grundsätzliche Negation, die in dem wesenhaften Bezug von Erfahrung und Einsicht zutage tritt."[39] Gadamers Überlegungen scheinen Anklänge an Sokrates' δαιμόνιον zu enthalten, erinnern aber auch an die entscheidende Rolle, die in der Ästhetik Schillers das Furchtbare, Negation und Leiden[40] spielen: Alle Denkbewegungen sind getragen von einer Skepsis gegenüber ‚dogmatischen' Festschreibungen von Sinnzusammenhängen, einer milden Skepsis, die in zunehmendem Maße die Unabgeschlossenheit menschlicher Sinnentwürfe und Pläne mitdenkt und so für alternative Wege offen bleibt. Auch zum Verhältnis von Hypothese, Dogma und Fiktion bei Vaihinger erscheinen Strukturanalogien, allerdings liegt in der Möglichkeit einer bestimmten Negation, des δαιμόνιον, in besonderer Weise ein Gegengift gegen den Relativismus. Ein Gegengift, das im jüdisch/christliche Kontext auch als eschatologischer Vorbehalt reformuliert werden könnte: Die Erwartung eines in jeder Hinsicht vollkommenen Gottesreiches erleichtert es gewiss, unvollkommene Entwürfe in der Gegenwart als solche zu erkennen und gegebenenfalls von ihnen abzulassen.

Um eine Kritik unangemessener fiktionaler Texte zu gewährleisten, wie sie in diesem Teil der Arbeit versucht und an dieser Stelle gerechtfertigt werden soll, müsste also eine formale Selbstgewissheit des Subjektes auch und gerade einem hermeneutischen Ansatz wie dem Isers eingetragen werden. Der Übergang von einem in einem streng formalen Akt die eigene Existenz als gegebene wahrnehmenden Ich zum empirischen Ich lässt sich angemessen und nicht-metaphysisch[41] wohl nur darstellen als Reflexion auf den Widerstand der Realität, der eine Formung des empirischen Subjekts via negativa wahrscheinlich erscheinen lässt. Darüber hinaus darf mit Platon der Einspruch eines δαιμόνιον als anthropologische Möglichkeit angenommen werden, das den Fluss der Imaginationen unterbricht, vor einer vorschnellen Umsetzung der imaginierten Tat warnt und so ein Widerstand gegen die phänomenale Realität darstellt, ohne sie selbst untrüglich verhindern zu können. Entsprechend erscheinen die im weiteren Verlauf des Kapitels dargestellten Elemente einer Kritik vor allem in Gestalt eines „Nein" zu vorliegenden eschatologischen Konzepten, ohne vorerst eine ‚eigene' Eschatologie formulieren zu können.

---

[39] Ebd. 362.
[40] Vgl. die Ausführungen unter 2.1.1.
[41] Und das heißt an dieser Stelle ‚nicht-identifizierend' im Levinasschen Sinne, d.h. ohne die irreduzible Vielfalt möglicher Identitäten durch eine positiv gesetzte „Ideal-Sozialisation" einzuschränken.

Apokalyptik und Kritik

Im vorhergehenden zweiten Teil der Arbeit wurde eine theologie-offene fiktionale Anthropologie vor dem Hintergrund der christlichen Tradition entwickelt. Dabei wurde deutlich, dass die Einbildungskraft, eine vermittelnde Größe zwischen Wahrnehmung und Vernunft, in der abendländischen Geistesgeschichte zu Unrecht in Vergessenheit geraten ist. Unter nicht ausdrücklich christlichen Denkern können Schiller und Kant, in jüngerer Zeit Herbert Marcuse als Zeugen genannt werden. In der christlichen Tradition bieten vor allem Origenes und Johannes Damascenus Ansätze für eine Theorie der Fiktionalität, die sich als geordnetes Zueinander von Wahrnehmung, Bildlichkeit/Fiktionalität und Vernunft beschreiben ließe und weder innere oder äußere Bilder als bloße Repräsentation von Vernunftwahrheiten marginalisiert (Rationalismus/Platonismus), noch die Referenz dieser Bildwelten auf eine tatsächlich existierende Realität leugnen (Konstruktivismus/Relativismus).

Der Ansatz von Wolfgang Iser vermeidet von seiner Anlage her beide Gefahren, und ist in der Lage, eine Vielfalt von widerstrebenden Ansätzen kritisch zu integrieren. Vor allem eine Konstellation von Realität und Fiktion wie sie Iser bietet, scheint gerade im Dialog der Fundamentaltheologie mit anderen hermeneutischen Fächern (Historie und Exegese) das Gebot der Stunde zu sein. Aus dem oftmals schroffen und unvermittelten Gegenüber einer apodiktischen Forderung nach erstphilosophischer Begründung einerseits[42] und dem augenscheinlich unausgewiesenen hermeneutischen Ausgriff auf Kriteriologien andererseits ergibt sich die Hoffnung, dass Ergebnisse eines Vermittlungsangebotes zwischen Erstphilosophie und Hermeneutik auch über das Feld der apokalyptischen Texttraditionen hinaus von Belang sind. Gleichwohl musste Iser in dem einen, aber wesentlichen Punkte kritisiert werden, dass er sich mit der Übernahme ‚postmoderner' Subjektkritik selbst außerstande setzt, zwischen Täuschung und Fiktion wirksam zu unterscheiden. Damit vermag er aber auch nicht das selbst gesteckte Ziel einer Überwindung des Dualismus zwischen Realität und Fiktion zu erreichen, und muss gleichzeitig intuitiv auf Normen ausgreifen, die er selbst nicht garantieren kann. Weder eine wirksame Kritik von apokalyptischen Motivsettings oder Strukturen, die der christlichen Botschaft im Kern widersprechen, noch

---

[42] Vgl. u.a.: Klaus MÜLLER: *Theologiestudium unter Reformdruck. Ein wissenschaftstheoretischer Zwischenruf.* In: Stimmen der Zeit 128 (2003), 463–472. Müllers prägnanter Analyse der gegenwärtigen Ausbildungs- und Forschungssituation in der Theologie ist ausdrücklich zuzustimmen, ebenso wie seiner Frage nach einer adäquaten theologischen Hermeneutik als die „fundamentale methodische Perspektive" (467) der Theologie und seiner Überzeugung von der Notwendigkeit einer – mit Verweis auf neuere Arbeiten von Abel und Sandkühler [vgl. u.a.: G. ABEL: *Zeichen der Wirklichkeit.* In: DZph 50 (2002), 537–548] – eingeführten „Instanz, die deutend mit den Zeichen umgeht" (Ebd.).

3. Elemente einer Kritik apokalyptischen Denkens

die Beschreibung einer Botschaft wie der christlichen, die für sich beansprucht, den Menschen ‚unbedingt anzugehen', wäre sonst möglich.

Gerade apokalyptische Texttraditionen, für die hier eine angemessene Hermeneutik entwickelt werden soll, neigen dazu, metaphysische Geschichtsphilosophien immer wieder neu in den Diskurs einzuschreiben, also totalitär zu wirken. Deshalb müssen über eine affirmative Darstellung der Entstehung und Lektüre apokalyptischer Sinnzusammenhänge hinaus, wie sie Isers fiktionale Anthropologie ermöglicht (Teil 2), vor dem Hintergrund einer zurückhaltenden erstphilosophischen Reflexion[43] zumindest Grundlinien einer Kriteriologie entworfen werden, die der Versuchung Einhalt gebieten, apokalyptische Motive den Bedürfnissen der Selbstermächtigung zu unterwerfen (Teil 3).

Eine stark philosophische Orientierung, wie sie in der jüngeren deutschsprachigen Fundamentaltheologie vorkommt, wird in den folgenden Teilen der Arbeit um eine deskriptiv-religions- bzw. medienphänomenologische Arbeitsweise ergänzt. Damit soll unter anderem der Erkenntnis Rechnung getragen werden, dass jeder systematisch-theologische Text sich seiner jeweiligen Verhaftung in hermeneutische Zusammenhänge bewusst bleiben muss, will er nicht in Metaphysik zurückfallen.[44] Die dezidiert philosophische Frage nach einer Kriteriologie des vernunftgemäßen Gebrauchs apokalyptischer Bilder bleibt als in rein hermeneutischem Kontext nicht eigentlich beantwortbare erhalten und soll über die bisher durchgeführten Überlegungen zu ihrer formalen Fundierung hinaus auf den folgenden Seiten durchbuchstabiert werden.

Es geht dabei vor allem um Elemente einer Kritik, die dem im apokalyptischen Diskurs besonders naheliegenden Missbrauch von Texten und Bildwelten zum Zwecke der Herrschaft von Menschen über Menschen Einhalt gebieten. Diese ‚Elemente' können als Pfähle eines Zaunes aufgefasst werden, die durch ihr „Nein" den zum Ausufern tendierenden apokalyptischen Diskurs in verantwortbare Grenzen zurückdrängen, ohne ihn vollständig zu bestimmen oder eine freie Rezeption beziehungsweise Dekomposition an sich verhindern zu können. Ihren Geltungsanspruch beziehen sie aus dem Festhalten an der Forderung nach einer erstphilosophischen Reflexion auf die Möglichkeit universalen Sinns unter Bedingungen der Absurdität.[45] In der

---

[43] Hansjürgen Verweyen spricht von Erstphilosophie als *ancilla hermeuticae*: „Eine vor der Vernunft zu verantwortende Erstphilosophie darf nicht mehr als eine ‚ancilla hermeneuticae' sein wollen. Sobald sie in Konkurrenz zur Hermeneutik tritt oder gar Herrschaftsgelüste an den Tag legt, ist sie fristlos aus dem Dienst zu entlassen. VERWEYEN: *Gottes letztes Wort*, 61.
[44] Vgl.: Joachim VALENTIN: *Différance und autonome Negation. Zur (Un)Vereinbarkeit von idealistischer Philosophie und Dekonstruktion.* In: J. Valentin/S. Wendel (Hg.): Unbedingtes Verstehen?! Fundamentaltheologie zwischen Erstphilosophie und Hermeneutik. Regensburg (Pustet) 2001, 103–114.
[45] Vgl. bes. VERWEYEN, *Gottes letztes Wort,* 133–185.

Auseinandersetzung mit dem Ansatz von Wolfgang Iser wurde bereits deutlich, dass von einer vorreflexiven Selbstgewissheit des fingierenden oder rezipierenden Individuums ausgegangen werden muss, um die Grundannahme einer kreativen Wechselwirkung zwischen Realität und Fiktion aufrecht erhalten zu können.

Die im Folgenden vorgestellten ‚Elemente einer Kritik' unterscheiden sich darüber hinaus insofern von bisherigen nachkonziliaren Theologien, als sie sich nicht zentral einer ausgeführten Christologie verdanken, sondern in einem spezifischen Sinne philosophisch-kritisch bzw. (im letzten Punkt) soziologisch-pastoral durchgeführt werden. Eine Engführung der Eschatologie auf Christologie scheint doch zu sehr die Gefahr einer Reduktion der apokalyptischen Bilder in sich zu bergen. Ein nicht geringer Teil dieser Motive ist schon aufgrund seiner Herkunft aus dem Alten Testament aus der Christologie allein nicht zu entwickeln, sondern trägt in diese einen zusätzlichen Mehrwert ein, der nicht als ‚bloße Form' ignoriert werden kann. Es braucht daher übergreifende Kriterien, die den Missbrauch christlicher Glaubensinhalte zur Macht von Menschen über Menschen einzugrenzen in der Lage sind.

Die nun vorzustellenden Denkansätzen von Immanuel Kant, Michel Foucault, Emmanuel Levinas, Jacques Derrida und Max Weber verdanken sich nicht explizit einer Erstphilosophie; es handelt sich aber um Modelle, die auch nicht einfach in einem relativierenden, bloß hermeneutischen Zugriff auf textuelle Realität aufgehen, sondern die inhaltliche Aspekte einer Kriteriologie bereitstellen und so deren Notwendigkeit – und sei es im Sinne einer Leerstelle – bezeugen. In allen Modellen wird darüber hinaus deutlich, dass sie jeder Esoterik eines Anspruches im Sinne einer universal nicht ausweisbaren Privatsprache eine deutliche Absage erteilen.

Mit Hilfe der folgenden Elemente soll einerseits der Missbrauch bestimmter eschatologischer Modelle etwa in der Pastoral vermieden werden, andererseits aber auch die fiktionale Rekombination apokalyptischer Bildelemente über eine vorschnelle Engführung der Eschatologie auf Christologie nicht ausgeschlossen werden. Die Kriteriologie wird auf der Theorie-Ebene paradigmatisch durch fünf Begriffe bestimmt: Freiheit (Kant), Macht (Foucault), der andere Mensch (Levinas), Undarstellbarkeit (Derrida); auf der sozialen bzw. praktischen Ebene wird sie bestimmt durch die Relation zwischen Massen- und Intellektuellenreligiosität (Weber). Alle Ansätze bieten bereits in sich eine Vermittlung zwischen der messianischen bzw. apokalyptischen Thematik, einer je spezifischen Kritik und einer Reflexion auf ihren Geltungsanspruch.

3.2 Die Rede vom Jenseits nach Kant

Eine entscheidende Wende in der Ideengeschichte des Jüngsten Gerichts geschieht zwischen Kant und Hegel: Insofern Kant den christlichen Jenseitsglauben aufgrund seiner Trennung zwischen noumenaler und phänomenaler Welt beibehält, macht die notwendige Vereinigung von Glückswürdigkeit und Glückseligkeit ein Jenseits nötig (und sinnvoll), in dem ein allmächtiger Gott diese Einheit (als Gerechtigkeit) herstellt. Die Unsterblichkeit der Seele und die Existenz Gottes sind notwendige Postulate der praktischen Vernunft. Hegel hingegen will die Trennung zwischen Diesseits und Jenseits aufheben, indem er das bei Kant unvermittelte Verhältnis von Welt und Gott dialektisch denkt.

Bereits in der vorletzten vorkritischen Schrift *Träume eines Geistersehers erläutert durch die Träume der Metaphysik*[1], die gegen den schwedischen ‚Vater des Spiritismus', Emanuel Swedenborg, gerichtet war, findet sich bei Kant eine Fassung der Metaphysik als „Wissenschaft von den *Grenzen* der menschlichen Vernunft"[2]. Den damals weitverbreiteten Swedenborg-Begeisterten rät er am Ende: „daß es wohl am ratsamsten sei, wenn sie sich zu gedulden beliebten, bis sie werden dahin [in die Geisterwelt] kommen."[3] Diese Aussage, lässt sich auf jede Annahme und Schilderung jenseitiger, das heißt empirisch nicht beschreibbarer Welten mit quasi-empirischem Anspruch und damit auch auf eine solche Sicht des christlichen Jenseits übertragen.[4]

Doch nicht nur die in der bereits hier sich ankündigenden *kritischen Wende* scharf gefassten Grenzen menschlicher Erkenntnismöglichkeiten, sondern auch Kants Ethikotheologie, also die Deduktion der regulativen Ideen Gottes, der Unsterblichkeit der Seele und der menschlichen Freiheit aus der Annahme eines absoluten Sollens und eines unbedingt geltenden Sittengesetzes, hat Auswirkungen auf sein Konzept vom Jenseits. Kant schreibt in der *Kritik der praktischen Vernunft*: Eine als „Maschinen Werk in der Hand einer höheren Macht" funktionierende Vergeltung im Jenseits sei „ein alle Freiheit aufhebender Mechanism"[5] und deshalb sogleich zu verwerfen. Keine einfache Ökonomie von Vergeltung und Bestrafung also darf im Gerichtsglauben erwartet werden, denn sie entspräche einer Heteronomie, dem genauen Ge-

---

[1] Immanuel KANT, *Werke in sechs Bänden*, hg. von Wilhelm Weischedel, Darmstadt (WBG) 1983ff., I, 923–992.
[2] KANT, *Werke*, I, 983.
[3] Ebd. 989.
[4] „Deshalb ist Kants Verdikt gegen die Geisterseher, ihre Verbannung ins Hospital, zugleich seine Wende gegen die traditionelle Metaphysik, die kritische Wende." BÖHME, *Das Andere der Vernunft*, 241.
[5] KpV, KANT, *Werke*, IV, 150f.

genteil von Kants Freiheitsbegriff, der sich gerade über die unmittelbare Straf- (bzw. Todes-)drohung zu erheben in der Lage ist[6].

In seiner Spätschrift *Vom Ende aller Dinge,* in der er die christliche Eschatologie *more ratione* rekonstruiert, schreibt Kant schließlich, ein Ende der Welt ohne Gericht sei „wie ein Schauspiel, das gar keinen Ausgang hat und keine vernünftige Absicht zu erkennen gibt."[7] Das Bild ist sicher nicht ohne Grund gewählt und impliziert sowohl die *Notwendigkeit einer Vorstellung vom Jenseits* als auch deren *fiktionalen* („Schauspiel-") und einen *regulativen Charakter.* Der Mensch ist nämlich für Kant zwar der Möglichkeit, nicht aber der Wirklichkeit nach völlig frei, er bedarf somit in einem Prozess der Selbstleitung zunächst noch der Vorstellung, dass sein Mühen um das Glück des anderen auch für ihn selbst nicht völlig umsonst war, oder – mit anderen Worten – dass die so erworbene *Glückswürdigkeit* im Jenseits mit tatsächlicher *Glückseligkeit* zusammenfällt: Ein solcher Zustand sei der Vernunft in dem Sinne verwandt, als „die Vorstellung eines unendlichen Fortschreitens zum Endzweck [...] doch zugleich ein Prospekt in eine unendliche Reihe von Übeln"[8] ist. Zufriedenheit entsteht nur, wenn der Endzweck erreicht wird. „Alles lediglich darum, damit die Menschen sich endlich doch einer ewigen Ruhe zu erfreuen haben möchten, welche denn ihr vermeintes seliges Ende aller Dinge ausmacht; eigentlich ein Begriff, mit dem ihnen zugleich der Verstand ausgeht und alles Denken selbst ein Ende hat."[9]

Für Kant ist also spätestens seit den *Träumen eines Geistersehers* die Annahme eines Jenseits als materiale, ja am Ende quasi ‚geographisch' verortbare Entität im physischen Sinne undenkbar geworden. Gleichwohl ist es erstaunlich, mit welcher Selbstverständlichkeit er dennoch an der christlichen Bildtradition festhält. Entscheidend für unser Projekt sind jedoch vor allem zwei Verschiebungen gegenüber der metaphysischen Tradition der Spekulationen über den ‚Jüngsten Tag' bei Kant:

(1.) Das Gericht muss als Geschehen unbedingter Freiheit gedacht werden, gute Taten sollen getan werden nicht um einer Ökonomie willen, sondern als freier Vollzug des Sittengesetzes, woraus sich eine bestimmte Kriteriologie für Jenseitsschilderungen ergibt, und (2.) die Erzählungen vom Gericht werden unter den Vorbehalt menschlich-endlicher Rede gestellt, sie müssen also selbstreflexive bzw. fiktionssignalisierende Elemente enthalten, die den eigenen experimentellen, fiktionalen oder regulativen Charakter kennzeichnen. Ihre *Notwendigkeit* als ‚didaktische Maßnahme' (Origenes) bleibt davon unbetroffen.

---

[6] Vgl. ebd. 140.
[7] KANT, *Werke,* VI, 179.
[8] Ebd. 184.
[9] Ebd. 185.

3. Elemente einer Kritik apokalyptischen Denkens

An dieser Stelle wird auch deutlich, inwiefern Wolfgang Isers Anthropologie an Kant anschließt, bzw. eine bei Kant belassene Lücke füllt: Kant ‚verbietet' die Spekulation über jenseitige Welten, erkennt aber zugleich die Notwendigkeit einer kritischen Reflexion auf die Angemessenheit vorliegender (christlicher) Vorstellungen unter Maßgabe des unbedingt geltenden Sittengesetzes, ohne aber an dieser Stelle zu beschreiben, wie solche Vorstellungen entstehen.

3.3 Michel Foucaults Kritik der ‚Pastoralmacht'

3.3.1 Archäologie als Kritik

Michel Foucault war Atheist, und sein Denken steht nicht unmittelbar im Kontext christlicher Theologie. Ihn etwa als Vertreter der Negativen Theologie zu verstehen, würde bedeuten, anhand minimaler Hinweise in seinem Werk eine einseitige Vereinnahmung vorzunehmen. Gleichwohl gilt: „Religion after Foucault can never be the same – there is a distinctive break with the historical location and understanding of religion."[1] Das Werk Foucaults zielt auf eine subtile Kritik eines jeden, also auch des theologischen Diskurses, insofern er notwendig Teil eines ‚Machtdispositivs' ist. Versteht man Foucault zuerst als Historiker bzw. Methodologen der Historiographie, so wird man diese Aussage vor allem als *methodische* verstehen. Eine Aufarbeitung der Herausforderungen, die er der Theologie über die Kirchengeschichte hinaus *methodologisch* aufgegeben hat, beginnt in Deutschland gerade erst.[2]

Da in diesem Kapitel sowohl *formale* wie *material-inhaltliche* Fragestellungen behandelt werden, interessiert an dieser Stelle, wie Foucault mit einer durchaus innovativen historiographischen Methodik der Archäologie bzw. Genealogie, die sich nicht zuletzt durch ihre dezidiert nachaufklärerisch-kritische Positionierung auszeichnet[3], das Verhältnis zwischen ‚Pastor' und ‚Laie' als konstitutiv für Subjektivität im neuzeitlichen Mitteleuropa beschreibt. Vor allem wird aber die Frage zu stellen sein, welche Rolle christliche Jenseitserwartungen, genauer Himmels- und Höllenvorstellungen dabei spielen, und welche Kriterien sich daraus ergeben.[4]

---

[1] Jeremy R. CARRETTE: *Foucault and Religion. Spiritual corporality and political spirituality.* London/NewYork (Routledge) 2000, xi.
[2] Vgl u.a. Johannes HOFF: *Spiritualität und Sprachverlust. Theologie nach Foucault und Derrida.* Paderborn u.a. (Schöningh) 1999; Karlheinz RUHSTORFER: *Konversionen. Eine Archäologie der Bestimmung des Menschen bei Foucault, Nietzsche, Augustinus und Paulus.* Paderborn u.a. (Schöningh) 2004; Christian BAUER/Michael HÖLZL (Hg): *Gottes und des Menschen Tod? Die Theologie vor der Herausforderung Michel Foucaults.* Mainz (Grünewald) 2003.
[3] Vgl. dazu v.a.: Michel FOUCAULT: *Was ist Kritik*. Berlin (Merve) 1992 sowie Ders.: *Was ist Aufklärung*. In: E. Erdmann/R. Forst/A. Honneth (Hg.): Ethos der Moderne. Foucaults Kritik der Aufklärung. Frankfurt/New York (Campus) 1990, 35–54.
[4] Leider bezieht sich Ottmar FUCHS *(Deus semper maior)* nur auf Texte, in denen sich Foucault lediglich am Rande und im Kontext der politischen Transformation der Pastoralmacht mit dem christlichen Phänomen beschäftigt, und kommt so, von Tilman MOSERs *Gottesvergiftung* ausgehend, zu einer einseitig negativen Beurteilung des Phänomens, die – wie im Folgenden zu zeigen sein wird – von Foucaults Analyse nicht gedeckt ist. Ja, Fuchs projiziert Aussagen, die FOUCAULT in *Überwachen und Strafen [Die Geburt des Gefängnisses]*. Frankfurt a.M. (Suhrkamp) 1976] ausdrücklich über das Bestrafungs- und Gefängniswesen macht, zurück auf Höl-

Zu der hier nur knapp zu skizzierenden Methodik des späteren Foucault heißt es in seinem 1984 entstandenen Text *Was ist Aufklärung?* prägnant: „Alles in allem geht es darum, die [...] Kritik in [die] Form einer möglichen Überschreitung zu transformieren. Das hat [...] zur Konsequenz, dass Kritik nicht länger als Suche nach formalen Strukturen mit universaler Geltung geübt wird, sondern eher als *historische Untersuchung der Ereignisse, die uns dazu geführt haben, uns als Subjekte dessen, was wir tun, denken und sagen, zu konstituieren und anzuerkennen.*"[5]

Dieses historiographische Verfahren steht für Foucault zunächst unter der Vorgabe, ein ‚Außen' der abendländischen Geistesgeschichte, markiert durch den Wahnsinnigen[6], den Verbrecher[7], den Patienten[8] etc. zu explorieren und seine Ausgrenzung und kontrollierende Beherrschung durch ein je aktuelles ‚Machtdispositiv' mit Hilfe von exakter (Diskurs-)Analyse zumindest zu *beschreiben,* wobei der *systematisch-kritische* Status dieser Deskription zunächst ungeklärt bleibt.[9] Von der ‚Repressionshypothese', die zu einer als universal begriffenen Kritik notwendig gehört, hat er sich jedenfalls explizit distanziert. Eine simple kirchenkritische theologische Rezeption, welche – anstatt Foucaults eigentliches Objekt, die postchristliche neuzeitliche Gesellschaft und ihre Humanwissenschaften, in den Blick zu nehmen – die ‚Schuld' an diversen zeitgenössischen säkularen Problemfeldern einseitig der Kirche, ja gar ihren jeweiligen Vertretern in die Schuhe schiebt, ist von Foucaults Text also nicht gedeckt.[10]

Foucault hatte ganz im Gegenteil vor dem Hintergrund des universalen Nietzscheanischen Machtbegriffs gefragt: „Gehört die Mechanik der Macht [...] tatsächlich im wesentlichen zur Ordnung der Unterdrückung" und „unterbricht der gegen die Unterdrückung gerichtete kritische Diskurs den Lauf

---

lendarstellungen und pastorale Beziehungen und kehrt damit die von Foucault festgestellte Entwicklungsrichtung einer Übertragung kirchlicher auf politische Beherrschungssysteme um.
[5] FOUCAULT, *Was ist Aufklärung?* 48f. Erstveröffentlichung: Paul RABINOW (Hg.): *The Foucault Reader.* New York (Pantheon) 1984, 32–50.
[6] Michel FOUCAULT: *Wahnsinn und Gesellschaft. Eine Geschichte des Wahns im Zeitalter der Vernunft.* Frankfurt a.M (Suhrkamp) 1973ff.
[7] FOUCAULT, *Überwachen und Strafen.*
[8] Michel FOUCAULT: *Die Geburt der Klinik. Eine Archäologie des ärztlichen Blicks.* Frankfurt a.M. (Fischer) 1993.
[9] Die Frage, ob *der/die Religiöse* auch in die Reihe solcherart stigmatisierter und ausgegrenzter Gestalten gehören könnte, wie der in vielfältiger Weise mit Foucault im Dialog stehende Michel de Certeau SJ [vgl. v.a.: Michel DE CERTEAU: *La fable mystique.* Paris (Gallimard) 1982] in seinen Forschungen zur Frömmigkeitsgeschichte herausarbeitete, hat Michel Foucault nicht weiter verfolgt. Vgl. Joachim VALENTIN: *Schreiben aufgrund eines Mangels. Zu Leben und Werk von Michel de Certeau SJ.* In: Orien 61 (1997), 123–129.
[10] Vgl. etwa: Hermann STEINKAMP: *Die sanfte Macht der Hirten. Die Bedeutung Michel Foucaults für die praktische Theologie.* Mainz (Grünewald) 1999 sowie meine Rezension des Bandes in: Journal Phänomenologie 15/2001, 81f.

eines bis dahin unangefochten funktionierenden Machtmechanismusses oder gehört er nicht vielmehr zu demselben historischen Netz wie das, was er anklagt (und zweifellos entstellt), indem er es als ‚Unterdrückung' bezeichnet?"[11] Spätestens hier wird auch deutlich, dass es für den späten Foucault kein *Außen* der Macht mehr gibt. Sie erscheint als eine allgegenwärtige Produktivkraft, die sich der Subjekte als Fermente ihrer eigenen Dynamik bedient, und kein Vakuum der unbedingten Emanzipation duldet. Genau in diesem Punkt greift nun auch Jürgen Habermas' scharfe Kritik am „stoischen Blick des Archäologen" und dem „zynischen Blick des Genealogen"[12] im Namen einer kritischen Theorie, die unbedingte Freiheit doch immerhin als mögliche mitzudenken habe. Leider nur vor dem Hintergrund von Sekundärliteratur bemerkt Habermas weiter, Foucault denke Macht *zusammen* „mit dem transzendentalen Sinn von synthetischen Leistungen, die [...] der Strukturalismus als anonymes Geschehen, nämlich als rein dezentriertes, regelgeleitetes Operieren mit geordneten Elementen eines übersubjektiv aufgebauten Systems versteht."[13] Wie sich die Habermassche Rede von ‚Zynismus' und ‚Stoizismus' (über die Unangemessenheit dieser alltagssprachlichen Zuschreibungen angesichts der antiken Philosophien, die damit gemeint sind, ließe sich viel sagen) allerdings vor der folgenden Aussage Foucaults rechtfertigen will, bleibt schleierhaft: „Ich unternehme meine Analysen nicht, um zu sagen: seht, die Dinge stehen so und so, ihr sitzt in der Falle. Sondern, weil ich meine, daß das, was ich sage, geeignet ist, die Dinge zu ändern. Ich sage alles, was ich sage, damit es nützt."[14] Der wahre Grund für Habermas' Aversion könnte jedoch darin liegen, dass Foucault eben unter Aufgabe der ‚linken' Repressionshypothese eine genaue Untersuchung der Spezifika verschiedener Macht- und das heißt für ihn vor allem Rationalitätstypen anzielte, von denen die kritische Theorie eben auch einer ist.

Gleichwohl liegt in der Nähe des von Habermas markierten Punktes tatsächlich eine Missverständlichkeit des Foucaultschen Ansatzes. In der Tat steht nämlich der aufklärerische Impetus seines Werkes nicht gerade in dessen Zentrum, oder wurde doch unter den sehr spezifischen Rezeptionsbedingungen der späten siebziger und frühen achtziger Jahre gerne überlesen.[15]

---

[11] Michel FOUCAULT: *Der Wille zum Wissen*. Frankfurt a.M. (Suhrkamp) ²1988, 20.
[12] *Vernunftkritische Entlarvung der Humanwissenschaften: Foucault*. In: Jürgen HABERMAS: Der philosophische Diskurs der Moderne. Frankfurt a.M. (Suhrkamp) 1985ff., 279–312.
[13] Ebd. 300.
[14] Michel FOUCAULT: *Der Mensch ist ein Erfahrungstier*. Frankfurt a.M. (Suhrkamp) ²1997, 117.
[15] Erst jüngst hat Jürgen Habermas' Schüler Axel Honneth eine einseitige Rezeption Foucaults in Deutschland konzediert: „Insofern hat die Rezeption zunächst, ich will nicht sagen eine falsche, aber doch eine recht einseitige oder schiefe Entwicklung genommen: Obwohl Foucault doch gerade auf dem Weg einer Wissensgeschichte zu einer subversiven Historisierung der Rationalität beitragen wollte, bringt der Mainstream der Interpreten die heterogenen Schriften auf einen

3. Elemente einer Kritik apokalyptischen Denkens

Tatsächlich scheint jedoch das nur vereinzelt und beinahe verschämt eingestandene Movens und Telos seiner nomadischen Arbeit, wie oben schon anklang, in einer *Befreiung* des – allerdings gegenüber der idealistischen Tradition ‚schwach' zu nennenden – Subjektes von der „Regierung durch Menschen"[16] zu liegen; durchaus im Sinne der Aufklärung also, in deren Namen ja auch Habermas agiert: „Befreiung kann nur ein Angriff bringen, der [...] auf die Wurzeln der politischen Rationalität selbst zielt."[17] In *Was ist Aufklärung?*[18] formuliert Foucault: „moderne Philosophie ist die Philosophie, die versucht, die vor zwei Jahrhunderten so unvorsichtig aufgeworfene Frage zu beantworten: *Was ist Aufklärung?*". Foucault stellt seine eigene Arbeit hier aber nicht nur formal, sondern auch, was das Objekt seiner Forschungen angeht, in die Kantsche Tradition: Für eine Definition von ‚Unmündigkeit' als Vermeidung des eigenen Vernunftgebrauchs bringe Kant drei Beispiele: „Wir sind in einem Zustand der Unmündigkeit, wenn ein Buch die Stelle unseres Verstandes einnimmt, wenn ein Seelsorger den Ort unseres Gewissens einnimmt und wenn ein Arzt für uns entscheidet, was unsere Diät zu sein hat."[19] Damit sind in der ausdrücklichen Replik auf Kant einige der zentralen Forschungsprojekte Foucaults selbst bezeichnet.

Am Ende dieses für Foucaults Methodik und als Argument gegen das weit verbreitete Missverständnis einer relativistischen ‚Postmodernität'

---

dürren gemeinsamen Nenner, der nicht selten einem Leitmotiv der vernunftkritischen Tradition nachempfunden ist." Im Folgenden spezifiziert er die „wechselseitige Ergänzung und Befruchtung", die zwischen Neuer Frankfurter Schule und dem Werk Foucaults „im Dreieck der Begriffe Macht, Wissen und Subjekt" eigentlich möglich gewesen wäre. Axel HONNETH: *Foucault und die Humanwissenschaften. Zwischenbilanz einer Rezeption.* In: Ders./Martin Saar (Hg.): Michel Foucault. Zwischenbilanz einer Rezeption. Frankfurter Foucault-Konferenz 2001. Frankfurt a.M. (Suhrkamp) 2003, 15–26, 18ff. Da leider auch die theologische Rezeption von den genannten Schieflagen betroffen ist und sich bis heute an der angeblich fundamentalen Subjektkritik Foucaults reibt (vgl. Saskia WENDEL: *Foucault und/oder Theologie? Chancen und Gefahren einer theologischen Rezeption der Philosophie Michel Foucaults.* In: Bauer/Hölzl, Gottes und des Menschen Tod?, 51–64), sei eine weitere markante Passage aus der Feder Honneths zitiert: „[...] weder wird hier die Aktionsfähigkeit des individuellen Subjekts global bestritten, noch gar in der menschlichen Vernunftfähigkeit eine negative, zerstörerische Größe gesehen. Von dem Modell regulativer Macht, wie es Foucault implizit entwickelt hat, läßt sich vielmehr mit einigem Recht behaupten, daß es den Versuch einer ‚materialistischen' Transformation jener Vorstellungen über soziale Lebensformen darstellt, die sich in der Spätphilosophie Wittgensteins finden." Ebd. 21. Sowie (für unseren Zusammenhang bedeutsam): „Das Ziel Foucaults war die Subversion der gegebenen Gesellschaftsform, nicht die Überwindung eines bis auf Platon zurückgehenden Denksystems." Ebd. 26.

[16] In der Arbeit *Was ist Kritik?* definiert Foucault ausdrücklich als „die Kunst nicht dermaßen regiert zu werden." Ebd. 12.
[17] Michel FOUCAULT: *Omnes et singulatim. Zu einer Kritik der politischen Vernunft.* In: J. Vogl (Hg.): Gemeinschaften. Positionen zu einer Philosophie des Politischen. Frankfurt a.M. (Suhrkamp) 1994, 65–93, 93.
[18] FOUCAULT, *Aufklärung*, 35ff.
[19] Ebd. 37.

Foucaults bedeutenden Textes weist er, wie zur Erinnerung, noch einmal auf die Allgemeinheit jener Erkenntnisse hin, die er mit Hilfe der genealogischen Methode zu erzielen hofft. Diese Allgemeinheit existiere in den Problemen „insofern als sie bis zu uns immer wiederkehrten; zum Beispiel als Probleme der Beziehung zwischen Vernunft und Wahnsinn, Krankheit und Gesundheit oder Verbrechen und Gesetz, das Problem der Rolle sexueller Beziehungen und so weiter."[20] Um schließlich zuzuspitzen: „Die kritische Ontologie unserer selbst [...] muß als eine Haltung vorgestellt werden, ein Ethos, ein philosophisches Leben, in dem die Kritik dessen, was wir sind, zugleich die historische Analyse der uns gegebenen Grenzen ist und ein Experiment der Möglichkeit ihrer Überschreitung."[21]

3.3.2 Die Pastoralmacht

Im Sinne einer solchen Kritik subtiler staatlicher Machtausübung gewinnt für Foucault das *Pastorat*, oder die *Pastoralmacht* an Interesse: als Vorläufer staatlicher zeitgenössischer Beherrschungspraktiken, deren Struktur ihm in den Schriften einiger Kirchenväter als unverblümt offengelegtes spirituelles Verhältnis zwischen Hirt und Herde im Sinne eines Ersetzens des eigenen Gewissens durch den Seelsorger entgegentritt. Der Katholik Michel Foucault hat der römisch-katholischen Kirche zumindest einen gewissen ironischen Respekt für ihren unverschleierten Machtgebrauch und die Sinnlichkeit ihrer Vollzüge entgegengebracht. So hatte er etwa in einem Gespräch aus dem Jahr 1978 lachend geantwortet: „Da bleibe wohl nur noch ich übrig"[22] auf die Feststellung, es gäbe nicht mehr viele Leute, die sich noch für die Kirche interessierten. Foucault fährt fort: „Ich finde die Kirche ganz wunderbar. [...] [Sie] ist ein großartiges Instrument der Macht [...]. Gänzlich aus Fäden gewoben, die imaginativ, erotisch, effektiv, körperlich, sinnlich und so weiter sind, einfach großartig!"[23]

Über solch ironische Affirmation hinaus dürfte Foucault in seiner exakten Charakterisierung der Pastoralmacht (oder -technologie)[24] eine Bestimmung des Anteils christlicher Zugänge zum abendländischen Projekt von Subjektivität, aber auch ein bis heute wirksames Instrument der *Kritik* an einer der

---

[20] Ebd. 52.
[21] Ebd. 53.
[22] Michel FOUCAULT: *On religion.* In: Religion and culture by Michel Foucault (Manchester Studies in Religion, Culture and Gender). Selected and edited by J. R. Carrette. Manchester (Manchester University Press) 1999, 106–109, 109.
[23] Ebd., 106f. Den Hinweis auf diese Passage verdanke ich Christian Bauer.
[24] So nennt er sie in FOUCAULT, *Kritik politischer Vernunft,* 70.

subtilsten Formen der Machtausübung oder eben ‚*formatio*' diesseits und jenseits der Kirchenmauern gelungen sein:

„1. [...] Wir haben gesehen, daß der Hirte die Verantwortung für das Schicksal der ganzen Herde und jedes einzelnen Schafes auf sich nehmen muß. Nach christlichem Verständnis muß der Hirte Rechenschaft ablegen – nicht nur über jedes Schaf, sondern über all ihre Handlungen, über alles Gute und Böse, für das sie empfänglich sind, das sie anzurichten wußten, über alles was ihnen zustößt. [...]

2. Die zweite wichtige Abwandlung betrifft das Problem der Obedienz oder des Gehorsams. [...] Dies ist zweifellos einer der Punkte, in denen das christliche Pastorat radikal vom griechischen Denken abwich. Hatte ein Grieche zu gehorchen, so tat er es, weil es Gesetz oder Wille der Stadt war. Folgte er einmal dem Willen einer besonderen Person [...], dann hatte ihn diese Person auf vernünftige Weise davon überzeugt. [...] im Christentum ist die Verbindung mit dem Hirten individuell. Sie bedeutet persönliche Unterwerfung. Sein Wille wird befolgt, nicht bloß weil und soweit er dem Gesetz entspricht, sondern grundsätzlich, weil es sein *Wille* ist. [...] Wie der heilige Benedikt sagt, leben Mönche nicht nach ihrem eigenen freien Willen; es ist ihr Wunsch, dem Befehl des Abtes zu unterstehen: *ambulantes alieno judicio et imperio*. [...]

3. Das christliche Pastorat unterstellt eine eigentümliche Art der Kenntnis zwischen dem Pastor und jedem seiner Schafe. Diese Kenntnis individualisiert [!]. Es reicht nicht, den Zustand der Herde zu kennen. Es muß auch der eines jeden Schafes gekannt werden. Dieses Thema existiert lange vor einem christlichen Pastorat, aber auf drei verschiedene Weisen wurde es beträchtlich erweitert: der Hirte muß die materiellen Bedürfnisse jedes Mitglieds der Herde kennen und sie wenn nötig befriedigen. Er muß wissen, was vor sich geht, was jeder von ihnen tut – seine offenbaren Sünden. Endlich muß er wissen, was in der Seele eines jeden vorgeht, das heißt seine heimlichen Sünden, sein Fortschritt auf dem Weg zur Heiligkeit. Um sich dieser individuellen Kenntnis zu versichern, machte sich das Christentum zwei wesentliche, in der hellenistischen Welt gebräuchliche Instrumente zu eigen: Selbstprüfung und Gewissenslenkung. [...] Wer keine Belehrung erduldet, vergeht wie ein welkes Blatt. [...]

4. Es gibt noch eine weitere Umformung, die vielleicht die wichtigste ist. Alle christlichen Prüf-, Beicht-, Lenkungs- und Gehorsamstechniken haben ein Ziel: Individuen zu veranlassen, ihr eigenes Absterben von dieser Welt zu betreiben. Natürlich ist ‚Absterben' nicht der Tod, wohl aber Verzicht auf diese Welt und Selbstverzicht: eine Art alltäglicher Tod. Ein Tod, der in einer anderen Welt angeblich Leben verschafft. [...] Es geht nicht um ein Opfer für

die Stadt; das christliche ‚Absterben ist eine Art Selbstbeziehung. Es ist ein […] konstitutiver Teil der christlichen Identität."[25] Wenngleich man sich von Foucault an dieser Stelle ein ausführlicheres Quellenstudium gewünscht hätte, um seine weitreichenden Aussagen tatsächlich zu verifizieren und auf eine breitere Basis zu stellen, kommt doch seinen Analysen eine hinreichende intuitive Adäquanz zu. Außerdem sind sie so klar, dass sie nicht noch einmal eigens paraphrasiert werden müssen. Es soll aber wohl darauf hingewiesen werden, dass etwa die Bereitschaft des christlichen ‚Hirten', sich für seine ‚Herde' hinzugeben oder die individualisierende Wirkung der Seelenerforschung hier weder kritisch gegen die Pastoralmacht ins Feld geführt, noch positiv gegenüber einem ebenfalls skizzierten ‚griechischen Modell von Hirt und Herde' hervorgehoben werden,[26] sondern dass sie einfach als wesentliche Fermente bis heute nachwirkender *religiöser* (und allgemein *administrativer*) Praktiken benannt werden als „not necessarily negative manifestations of power but points of resistance and tension for the shaping of a particular way of living and understanding of life"[27].

In unserem Zusammenhang verdient nun vor allem der *Jenseitsbezug* der Pastoralmacht Aufmerksamkeit, eine Dimension, die Foucault zwar erst am Ende seiner Darstellung explizit berührt, aber gleichzeitig als „vielleicht die wichtigste" bezeichnet. Schon zu Beginn hatte er darauf hingewiesen, dass die Hirten zur Rechenschaft gezogen werden, nicht nur bezüglich des materiellen Wohlergehens der ihnen anvertrauten Schafe, sondern auch was deren Tun angeht. Foucault versteht, wie im vierten Absatz des Zitates deutlich wird, die Jenseitsorientierung vor allem im Zusammenhang eines ‚Absterbens für die Welt' und hat damit ein Element christlicher Pastoral im Blick, das ursprünglich der stoischen Philosophie entnommen wurde. Die aus der antiken Lebenskunst übernommene Regelung leiblich-sinnlicher Genüsse wird in einer bestimmten Beicht- und Gehorsamstechnik gelehrt mit Hinblick auf und motiviert durch einen jenseitigen Gewinn an Lebensqualität. Worauf man im Diesseits verzichtet, das wird man im Jenseits im Übermaß erhalten. Ein Spezifikum des Christentums, das sich jedoch mindestens in gleichem Maße der Entwicklung eines dezidierten Gerichtsglaubens im sogenannten

---

[25] Ebd. 75ff.
[26] Was freilich dezidiert religionskritische Autoren nicht daran hindert Foucaults Begriff der Pastoralmacht als Element einer neuen These vom Priesterbetrug zu missbrauchen. So Zygmunt BAUMANN: *Unbehagen in der Postmoderne*. Hamburg (Hamburger Edition) 1999, 299–301. Albrecht BIRKELBACH hat 1992 in seiner unveröffentlichten Zulassungsarbeit *Subjekt und Macht. Eine Konfrontation der Politischen Theologie von Johann Baptist Metz und des philosophischen Werks Michel Foucaults* (32–38) darauf hingewiesen, in welch großer Nähe sich Foucault hier zum Heideggerschen Begriff der „einspringende Fürsorge", einer Verfallsform der Sorgestruktur, bewegt, wie sie in *Sein und Zeit* (122) grob umrissen wurde.
[27] CARETTE, *Foucault*, 149.

Spätjudentum verdankt und sich so im griechischen Kontext so vermutlich nicht hätte entwickeln können.

In Verbindung mit seinen erwähnten Ausführungen zum Thema „Was ist Aufklärung?" gewinnen Foucaults Analysen nun eine durchaus kritische Spitze: Die pastorale Beziehung erscheint als eine Form der Leitung oder Lenkung, die das Individuum, sofern es sich nicht von ihr emanzipiert, in einem Zustand der Heteronomie unterhalb der Höhe seiner Möglichkeiten hält. Ob eine im skizzierten christlichen Sinne ‚verantwortungsvolle' Pastoral bis zu einem gewissen Entwicklungsstand im guten Sinne individualisierende Folgen zeitigen könnte, dazu schweigt Foucault.

Zwar hatte Foucault mit seiner „Genealogie" für das Problem der Pastoralmacht nur „einen Weg der Annäherung an ein Problem vorzuschlagen" beabsichtigt[28], gleichwohl liegt aus seiner Feder doch auch der Hinweis auf eine Alternative vor: Ebenfalls innerhalb einer ausdrücklich historischen Analyse versteht er die *Mystik,* als eine konkrete Reaktion auf das instrumentelle Verhältnis zwischen Diesseits und Jenseits der frühneuzeitlichen Pastoral, als Alternative zum Pastorat also. Foucault fasst Mystik und die für sie typische Beziehung zwischen Myste und Gott, die im Prinzip auf eine Vermittlung durch den Pastor zu verzichten in der Lage wäre, als ein Sich-Losreißen aus dem pastoralen Zusammenhang und bezeichnet sie hier als „eine der ersten großen Revolten im Abendland":

„Alle Auseinandersetzungen um die Pastoral in der zweiten Hälfte des Mittelalters haben die Reformation vorbereitet und waren sozusagen die Schwelle, auf der sich jene kritische Haltung entwickelt hat. [...] Was mich überrascht [...] ist dies: wenn man die Matrix der kritischen Haltung in der mittelalterlichen Welt in religiösen Einstellungen im Umfeld der pastoralen Machtausübung suchen muss, so ist es sehr erstaunlich zu sehen, dass die Mystik als individuelle Erfahrung und die institutionelle politische Auseinandersetzung ganz eng zusammengehören. Eine der ersten großen Revolten im Abendland war die Mystik, und alle Widerstandsnester [...] gegen die Vermittlung durch den Pastor haben sich entweder in den Klöstern oder außerhalb der Klöster bei den Laien entwickelt. [...] Eine fundamentale Sache."[29]

Die Äußerungen Foucaults bleiben hier gleichwohl deutungsbedürftig. Klären sich aber beim Weiterlesen: „Wenn man diese Bewegung der Regierbarmachung der Gesellschaft und der Individuen historisch angemessen einschätzt und einordnet, dann kann man ihr, glaube ich, das *zur Seite stellen,* was ich die *kritische Haltung* nenne. Als Gegenstück zu den Regierungskünsten, *gleichzeitig ihre Partnerin und ihre Widersacherin,* als Weise ihnen zu mißtrauen, sie abzulehnen, sie zu begrenzen und *sie auf ihr Maß zurückzu-*

---

[28] Ebd. 78.
[29] FOUCAULT, *Was ist Kritik?,* 44/53f.

führen, sie zu transformieren, ihnen zu entwischen oder sie doch immerhin zu verschieben zu suchen, als Posten zu ihrer Hinhaltung und doch auch als Linie der Entfaltung der Regierungskünste ist damals in Europa eine Kulturform entstanden, eine moralische und politische Haltung, eine Denkungsart, welche ich nenne: die Kunst nicht regiert zu werden [...]."[30]

In der gegenwärtigen großkirchlichen Pastoral mag – wie Foucault selbst bemerkt[31] – die enge Bindung zwischen Hirt und Herde und erst recht die Hinsicht auf Belohnung oder Bestrafung im Jenseits keine wesentliche Rolle mehr spielen – sie ist in die Machtdispositive der ‚Biopolitik' abgewandert, wirkt hier aber analog hin auf ein „Sichern, Unterstützen und Verbessern des Lebens eines jeden einzelnen"[32]. Gleichwohl hat Foucault in der knappen und treffenden Offenlegung der historischen Struktur ‚Pastoralmacht' die Problematik einer Instrumentalisierung der Drohung mit einem dualistisch profilierten Jenseits im Kontext einer Kettung des Gläubigem an den Hirten aufgezeigt und damit bleibende Kriterien für eine Sprache von apokalyptischen Bildwelten im Kontext politischer Vernunft aufgestellt. Ja, er hat die Grundlage für ein konkret verändernde Kritik gelegt, die nur innerhalb des kritisierten institutionellen Raumes und mit seinen Instrumentarien formuliert und durchgeführt werden kann. Im Kontext der Endzeitkirchen wird – teilweise ebenfalls im historischen Rückblick – ihre bleibende Relevanz als Ferment einer Kriteriologie apokalyptischen Denkens jenseits der Großkirchen noch deutlicher werden.

---

[30] Ebd. 12, Hervorhebungen: J.V.
[31] FOUCAULT, *Kritik politischer Vernunft*, 75.
[32] Ebd.

3.4 Emmanuel Levinas' Frage nach dem anderen Menschen

Das Denken von Emmanuel Levinas hat in den letzten zwei Jahrzehnten weltweit, in besonderem Maße aber in der deutschsprachigen Theologie, große Aufmerksamkeit erfahren. Die in diesem Zusammenhang geführten Debatten sollen und können hier nicht rekonstruiert werden.[1] Für unseren Zusammenhang interessiert das Denken Levinas' allerdings in zweifacher Weise: Einmal birgt sein *philosophisch* erarbeiteter *Humanismus des anderen Menschen*[2], kristallisiert in dem von ihm in spezifischer Weise gebrauchten Terminus ‚Eschatologie‘, bestimmte allgemeine Implikationen für eine Kriteriologie des apokalyptischen Denkens in anderen als politischen Zusammenhängen oder Machtdiskursen, zum anderen aber liegt von Levinas selbst eine instruktive Auslegung der entscheidenden messianischen Passagen des Babylonischen *Talmud* im Traktat Sanhedrin 97–99 vor, die nicht übergangen werden können, wenn nach Elementen eines kritischen Umgangs mit apokalyptischen Motiven gefragt wird.[3] Bemerkenswert erscheint darüber hinaus, welche weitreichenden Analogien der von Levinas entwickelte Eschatologiebegriff mit der dargestellten Funktion der postulierten Unsterblichkeit der Seele im Kantischen System aufweist.[4]

3.4.1 Levinas' Denken des Anderen

Zentrales Anliegen der Arbeit von Levinas ist es, in Auseinandersetzung mit der seiner Einschätzung nach im Denken Husserls und Heideggers kulminie-

---

[1] An neueren Publikationen sollen erwähnt werden: Josef WOHLMUTH (Hg.): *Emmanuel Levinas – eine Herausforderung für die christliche Theologie.* Paderborn u.a. (Schönigh) 1998, sowie die Arbeiten von Ulrich DICKMANN, Erwin DIRSCHERL, Thomas FREYER, Susanne SANDHERR und Georg SCHWIND. Eine ausführliche Diskussion des „verschwiegenen Dialogs zwischen J. Derrida und E. Levinas" liegt vor in: VALENTIN, *Atheismus in der Spur Gottes*, 87–110 (Lit.).
[2] Emmanuel LEVINAS: *Humanismus des anderen Menschen.* Übersetzt und mit einer Einleitung versehen von L. Wenzler. Hamburg 1989.
[3] Auf die Schwierigkeit der Verhältnisbestimmung zwischen philosophischen und talmudischen Texten aus dem Werk Levinas' ist in jüngerer Zeit vor allem von David Plüss mahnend hingewiesen worden. Ich schließe mich seinem Vorschlag an, Levinas als jüdischen Denker und seine Texte zu jüdischen Themen sowie seine Talmudkommentare als Zeugnisse einer nichtphilosophischen Vorerfahrung zu werten, die seine Philosophie bestimmen. Die beiden ‚Sprachspiele‘ sind schon aufgrund ihrer unterschiedlichen Konstitutionsbedingungen zwar nicht harmonisierbar aber aufeinander zu beziehen. In diesem Sinne wird im Laufe unserer Lektüre sowohl eine Initiierung talmudischer Texte für Levinas' Begriff der ‚Eschatologie‘ als auch eine Rückwirkung seines philosophischen Denkens auf seine Talmudauslegung deutlich werden. Vgl.: David PLÜSS: *Das Messianische – Judentum und Philosophie im Werk Emmanuel Lévinas.* Stuttgart (Kohlhammer) 2001, 21ff u.ö.
[4] Ausgeführt wird diese Analogie bei Steven SCHWARZSCHILD: *On Jewish Eschatology.* In: E.N. Dorff/L.E. Newman (Hg.): Contemporary Jewish Theology. New York/Oxford (Oxford University Press) 1999, 199–220.

renden griechisch-christlichen Ideengeschichte, eine im massenhaften Morden von Auschwitz gipfelnde „ontologische Tradition" zu ‚verwinden' zugunsten eines in ihr immer schon anwesenden Denkens des „ethischen Apriori". Er selbst versteht diese Option als Plädoyer für ‚Ethik als erste Philosophie', für ein Denken der Transzendenz vom Anderen her und gegen ein identifizierendes Denken des Selben *(le même)*. Dieses Denken beinhaltet in seinem Kern die Hoffnung, das von sich selbst als *Totalität* ausgehende Selbe könne in der als solcher vollzogenen singulären Begegnung mit dem anderen Menschen zum Selbst *(le soi)* werden.[5]

Die nicht identifizierbare Andersheit des Anderen kann weder als bloße Negation des Selben, noch vom Sein her als Seiendes bestimmt gedacht werden. Im Antlitz *(visage)*, also in der ethischen Forderung, die von der Existenz des anderen Menschen ausgeht, begegnet vielmehr eine *Unbedingtheit*, die vom Subjekt nicht eingeholt oder antizipiert werden kann und die deshalb eine als vorgängige gedachte ‚Souveränität' des Subjekts unweigerlich in Frage stellt. Diese Unbedingtheit öffnet in Levinas' erstem Hauptwerk noch eine Dimension des Unendlichen, die jener ‚Totalität' entgegensteht, die aus dem Willen eines jeden Ich zu allseitiger Bemächtigung und Beherrschung hervorgeht und der eben dieses Ich zugleich unterworfen ist. Levinas denkt Subjektivität also radikal unter der Bedingung der Beziehung zum anderen Menschen. Die adäquate Reaktion des Selbst auf jene Begegnung, die es konstituiert, ist die der ‚Gastlichkeit' *(hospitalité)*[6].

Schon in seinen ersten Überlegungen zum Thema hat sich im Werk Levinas' der Begriff ‚*Eschatologie*' als Bezeichnung für ein Jenseits zu der ‚Ontologie' herauskristallisiert, der er bisweilen recht pauschal die Verunmöglichung eines Denkens des Anderen vorwirft.[7] Der Begriff ‚Eschatologie' fungiert hier in zweifacher Weise: (1.) als Ursprung einer „Beziehung zum Unendlichen des Seins[8] [...], das die Totalität überschreitet"[9], allerdings nicht in ein imaginiertes Jenseits, sondern als „Gericht all der Augenblicke in der Zeit, in der man über die Lebenden urteilt"[10], und (2.) als Verweis auf eine Objekti-

---

[5] Vgl. zu dieser Problematik treffend: Emmanuel LEVINAS: *Die Spur des Anderen*. In: Ders.: Die Spur des Anderen. Untersuchungen zur Phänomenologie und Sozialphilosophie. Freiburg/München (Alber) ³1998, 209–235.
[6] Emmanuel LEVINAS: *Totalität und Unendlichkeit. Versuch über die Exteriorität*. Freiburg/München (Alber) 1987, 28.
[7] So heißt es etwa in die *Spur des Anderen*, 211 zu Beginn einer längeren Passage zum Thema: „Die Abendländische Philosophie fällt mit der Enthüllung des Anderen zusammen; dabei verliert das Andere, das sich als Sein manifestiert, seine Andersheit."
[8] ‚Sein' wird hier von Levinas missverständlich gebraucht. Eigentlich müsste es heißen: „des ethischen Gebietens, des ‚Sagens' *(dire)*". Diesen Hinweis verdanke ich Ludwig Wenzler.
[9] LEVINAS, *Totalität*, 23.
[10] Ebd.

vität, ein ‚Wissen', kein ‚Glauben' der Subjektivität, „die in der Idee des Unendlichen gegründet ist."[11] Außerdem ist entscheidend für unsere Kriteriologie, dass Levinas ‚Eschatologie' in einem schon früh kritisierten ‚Pazifismus'[12] offenbar ausdrücklich im Sinne des hebräischen *Shalom* versteht, als jene Größe also, an der „das harte Gesetz des Krieges zerschellt"[13], die aber unter irdischen Bedingungen zugleich unerreichbar, eine U-topie genannt werden muss.

Es braucht also die Annahme eines ‚Anderswo', um die Vorstellung, *jede* Begegnung mit dem anderen Menschen beinhalte bereits diese ungeheure Möglichkeit und sei demnach zugleich Gericht, sagbar zu machen oder doch zu stabilisieren. Zugleich bindet sie die abstrakte und vielfach missbrauchbare Rede vom ‚Gericht' radikal an den anderen Menschen: An ihm vorbei kann das Selbst das Gericht nicht bestehen, ja, der andere Mensch wird selbst, sozusagen ohne es zu wissen, zur richtenden Instanz.[14]

3.4.2 Eschatologie als dezidierter Messianismus?

In *Messianische Texte*[15], einem bereits 1963, also parallel zu *Totalität und Unendlichkeit*, publizierten und schließlich im Sammelband *Difficile Liberté* erschienenen Vortrag[16], kommentiert Levinas mit aller gebotenen Vorsicht eines Philosophen ohne lebenslanges Talmudstudium die Passagen Sanhedrin 97b, 98a/b und 99a, welche die bei weitem wirksamsten der wenigen ausdrücklich messianischen Passagen des ansonsten weitgehend von Apokalyptik frei gehaltenen Babylonischen Talmud[17] enthalten.

---

[11] Ebd. 27.
[12] Vgl. Jacques DERRIDA: *Violence et Métaphysique*. Zuerst veröffentlicht in: Revue de métaphysique et de morale. 1964, Nr. 3 und 4. Dt.: Gewalt und Metaphysik. In: Ders.: Die Schrift und die Differenz. Frankfurt a.M. (Suhrkamp) 1972, 121–235, sowie meine Darstellung dieser Kritik und Levinas' Reaktion in: VALENTIN, *Atheismus in der Spur Gottes*, 87–101.
[13] LEVINAS, *Totalität*, 27.
[14] Vgl. u.a.: Emmanuel LEVINAS: *Jenseits des Seins oder anders als Sein geschieht*. Freiburg/München (Alber) 1992, 244f: „In der Besessenheit *(obsession)* wandelt sich die Anklage der Kategorie in einen absoluten ‚Anklagefall' oder Akkusativ, in den das Ich des freien Bewußtseins gerät: Anklage ohne Grund, gewiß, die jeder Willensregung vorausgeht, bedrängende, verfolgende, obsessionelle Anklage. Sie reißt das Ich aus seinem Hochmut und seinem herrscherlichen Imperialismus, den es als Ich ausübt."
[15] Emmanuel LEVINAS: *Messianische Texte*. In: Ders.: Schwierige Freiheit. Versuch über das Judentum. Frankfurt a.M. (Jüdischer Verlag) 1992, 58–103.
[16] Gehalten 1960 und 1961 auf dem dritten und vierten Kolloquium der jüdischen Intellektuellen der französischen Sektion des Jüdischen Weltkongresses.
[17] Vermutlich darf man in dieser weitgehenden Abstinenz eine Distanzierung von den christlich-hellenistischen Weiterentwicklungen der sog. frühjüdischen Apokalyptik sehen. Gleichwohl ginge es zu weit, von einem völligen Ausfall der messianischen Spekulation im rabbinischen Judentum spätestens nach der Enttäuschung durch Bar Koziba zu sprechen. Vgl. u.a.: Günter STEMBERGER: *Das Fortleben der Apokalyptik in der rabbinischen Literatur*. In: A. Vivian (Hg.):

Levinas liest zunächst entgegen der Seitenfolge Sanhedrin 99a. Dabei fällt auf, dass er offenbar bewusst, sozusagen als ‚Vorzeichen vor der Klammer', – hier vertreten von Rabbi Jochanan – das Postulat eines rabbinischen Bilderverbotes in Sachen Apokalyptik setzt: „Alle Propheten weissagten nur von den messianischen Tagen. Von der zukünftigen Welt aber heißt es: ‚Kein Auge außer Dir, o Gott, hat je geschaut, was er dem bereiten wird, der auf ihn harrt'„ [Sanhedrin 99a][18]. Während in der messianischen Zeit alle Prophezeiungen in Erfüllung gehen – „[d]ie Ungerechtigkeit und die Entfremdung, die die Willkür der politischen Mächte in jedes menschliche Unternehmen einführt, werden verschwinden."[19] –, versteht Levinas die ‚zukünftige Welt' *(olam ha ba)* als eine „persönliche und intime Ordnung außerhalb der Erfüllung der Geschichte"[20] beziehungsweise als den „Lebensplan, zu dem das Individuum durch die Möglichkeit des inneren Lebens gelangt und den kein Prophet ankündigt"[21].

Die beiden Rabbinen, deren Dialog der Talmud hier wiederzugeben scheint, sprechen fürderhin von den messianischen Tagen. Gleichzeitig changiert ihre Rede bisweilen zwischen beiden Ebenen – messianische Tage und zukünftige Welt –, und zwar deshalb, weil der messianische Zustand, das Ende aller Ungerechtigkeiten, und das heißt für das geknechtete jüdische Volk vor allem: die Überwindung der politischen Gewalt durch das Kommen des Messias, im Bewusstseinszustand des „den Widersprüchen der Welt entrissenen Frommen" *(Chassid)*[22] quasi präfiguriert gedacht wird:

„Rabbi Jochanan glaubt gewissermaßen an das Ideal eines materiefreien Geistes, einer totalen Harmonie und Gnade, frei von dramatischen Elementen [insofern als der andere nicht mehr als Armer erscheint, sondern als Freund, und Ökonomie damit irrelevant wird]; Schemuel dagegen hat ein Gespür für das permanente Bemühen um Erneuerung, das dieses geistige Leben verlangt."[23] Levinas deutet hier darauf hin, dass der Talmud die Differenz zwischen zwei irreduziblen Positionen über das Leben der messianischen Zeit wie auch in anderen Zusammenhängen nicht auslöscht. Die Vorstellungen einer geradezu an buddhistische Ideale der Erleuchtung gemahnenden reinen

---

Biblische und judaistische Studien. (FS Paulo Sacchi). Frankfurt a.M. u.a. (Lang) 1990, 335–347. Darauf hat zuerst und zu Recht bereits 1963 Gershom SCHOLEM hingewiese: *Zum Verständnis der messianischen Idee im Judentum.* In: Ders.: Über einige Grundbegriffe des Judentums. Frankfurt a.M. (Suhrkamp) 1970ff., 121–167.
[18] LEVINAS, *Messianische Texte*, 59.
[19] So paraphrasiert Levinas die Position Rabbi Schemuels: „zwischen dieser Welt und den messianischen Tagen gibt es keinen anderen Unterschied, als die Knechtschaft der Regierungen." LEVINAS, *Messianische Texte*, 60.
[20] Ebd.
[21] Ebd. 62.
[22] Ebd. 64.
[23] Ebd. 63.

Geistigkeit, die keinerlei ethisch-moralischer Anstrengung mehr bedarf (Rabbi Jochanan), wird ebenso referiert wie das Festhalten an einer fortwährenden ethischen Beziehung zum anderen Menschen und dem damit verbundenen möglichen Scheitern auch unter messianischen Bedingungen (Rabbi Schemuel). Damit ist zunächst die endgültige Unentscheidbarkeit von Aussagen über jenes „Scharnier zwischen zwei Epochen"[24] festgeschrieben, nicht aber eine völlige Beliebigkeit solcher Aussagen, denn die beiden rabbinischen Positionen sind nicht ‚vom Himmel gefallen', sondern Ergebnis langer und ausführlicher theologischer Reflexion. Zudem ist in beiden Aussagen das Recht des Anderen auf Anerkennung und Versöhnung nicht nur *material*, sondern auch *formal* zugestanden, der Streit geht lediglich um die Widerstände, die sich einer solchen Anerkennung entgegenstellen könnten.

Eine zweite Reflexion innerhalb dieses ersten Anlaufs betrifft die Frage nach *Kontinuität* oder *Bruch* zwischen beiden Welten – messianischer und zukünftiger – und lässt die bisherigen Überlegungen als Reflexion auf das Verhältnis zwischen den Möglichkeiten menschlicher Freiheit und göttlicher Gnade erkennen: Entsteht der Status dieser frommen Menschen, die sich gemäß dem rabbinischen Ideal entweder vollständig dem Studium widmen oder doch den Ertrag ihrer Arbeit für andere Schriftgelehrte und deren Familien zur Verfügung stellen, organisch aus einer frei und *aus eigener Kraft gewählten moralischen Stärke*, die sich allein durch ihre gerechten Werke entwickeln konnte (Jochanan), oder bedeutet das Kommen des Messias vor allem einen *Bruch* mit dem gelebten Leben, der jeden in einen völlig neuen, umfassend *von der Person des Messias bestimmten Zustand* versetzt (Schemuel)?[25] Bedarf also der Mensch der gnadenhaften Unterbrechung von außen, ist er nicht in der Lage, aus eigener Kraft messianische, das heißt befreite, Verhältnisse herbeizuführen? Oder ist ein spezifisches Verhältnis zwischen Gnade und Freiheit beschreibbar? Auch die grundlegende Differenz zwischen *diesen* beiden Spekulationen wird an dieser Stelle noch offen gehalten.

Der zweite von Levinas kommentierte Text, der einen impliziten ‚Entscheid' zwischen den bisher offengelassenen Positionen im Sinne des philosophisch entwickelten Begriffs ‚Eschatologie' enthält, findet sich in Sanhedrin 97b. Hier wird nach der Bedingung dafür gefragt, dass der Messias kommt: Levinas referiert die bekannte Passage, in welcher der mit anderen Bettlern am Tor von Rom sitzende Messias auf die Frage Rabbi Jehoschuas, wann er denn komme, mit Ps 95,7 antwortet: „Heute, wenn ihr meine Stimme hör[en

---

[24] PLÜSS, *Das Messianische*, 282.
[25] LEVINAS, *Messianische Texte*, 64f.

würde]t!"²⁶ Ein unauffällig leidender Messias wartet in Levinas' Lesart dieser Perikope darauf, dass die ganze Welt oder doch das Volk der Juden sich in Gesetzesobservanz bzw. in Buße und Versöhnung übt, dass die Schöpfung durch ethische Anstrengung zur Vollkommenheit gelangt. Erst dann haben seine Leiden ein Ende. Rabbi Elieser zitiert Mal 3,7: „kehrt um zu mir, dann kehre ich um zu euch" und ent-deckt dieses ethische Apriori damit als biblische, nicht ‚nur' talmudische Denkfigur.²⁷ Alle errechenbaren Fristen sind schon verstrichen, in denen eine ‚bequeme' Erlösung von außen noch möglich gewesen wäre. Für uns Heutige gilt: „die guten Handlungen sind wirksam. Eben das ist der Messias."²⁸

Eine andere Position will dagegen bereits im *Leiden des Volkes Israel* jene Kraft erkennen, die das Kommen des Messias zu bewirken in der Lage wäre – doch Levinas lehnt eine solche fatalistische Position ab, weil sie die Unbedingtheit der Verantwortung des Einzelnen ebenfalls absolvieren würde. Für ihn steht die *Freiheit* der unvertretbaren Begegnung zwischen Selbst und Anderem im Vordergrund. Sie bedarf keiner entfremdeten Tröstung oder Belohnung von außen und kann bei ausbleibender Umkehr sogar auf das Kommen des Messias verzichten: „Die Moral fordert die absolute Freiheit, aber in dieser Freiheit liegt bereits die Möglichkeit einer unmoralischen Welt, das heißt das Ende der Moral; die Möglichkeit einer unmoralischen Welt ist also in den Bedingungen der Moral eingeschlossen."²⁹ Umgekehrt ist jeder wirklich guten Tat die Antizipation eines Kommens des Messias eingeschrieben. So wirkt sogar die Sündhaftigkeit der Welt in gewisser Weise mit am Glauben an den Messias und die Motivation des einzelnen gut zu handeln.

Ebenfalls anlässlich Sanhedrin 97b spitzt Levinas diese These schließlich noch einmal zu im Sinne einer Bereitschaft zur völligen Hingabe: Seine Position enthält, wie er betont, einen „antichristlichen Einschlag" und gipfelt vor dem Hintergrund diverser biblischer Bezüge (Jer 30,9.21; Jes 53,4) in der Identifikation eines jeden Ich, das leidet, mit dem Messias: „Wer lädt letztlich das Leid der anderen auf sich, wenn nicht das Sein, das ‚Ich' sagt? [...] Der Messianismus ist nichts anderes als jener Höhepunkt des Seins, den die Zentralisation, die Konzentration oder das Wenden des Ichs auf sich bildet. Und das bedeutet konkret, daß jeder so handeln muß, als wäre er der Messias."³⁰ Die bisherigen Ausführungen scheinen also auf eine weitgehende Kohärenz zuzulaufen, konkret auf eine dezidiert talmudische Herkunft des bei Levinas zentralen Gebrauchs des Begriffs ‚Eschatologie' bereits im Jahr

---

[26] Vgl. ebd. 74.
[27] Ebd. 75.
[28] Ebd. 71.
[29] Ebd. 80.
[30] Ebd. 94f.

1960/61, aber auch auf einen ‚Entscheid' von im Talmud offengelassenen Fragen im Sinne dieses zuerst *philosophisch* erhobenen Begriffs. Gleichwohl bleibt am Ende ein Rest Unversöhnbarkeit beider Traditionen, dessen Vermittlung nur implizit aus der Levinasschen Argumentation erschlossen werden kann: Gott muss „im messianischen Augenblick die Bösen den Guten opfern"[31] heißt es mit Bezug auf den Talmudtext. Wenn Levinas der jüdischen Tradition so konsequent folgt, ergibt sich eine explizite Spannung zwischen seinem ‚Humanismus des anderen Menschen', der eine endgültige Verwerfung eigentlich nur für das Selbst denken kann, nicht aber für den Anderen, und der jüdischen Lehre, die ausdrücklich bestimmte Menschengruppen, ja sogar namentlich genannte Könige und Privatpersonen, von der Teilhabe an der kommenden Welt ausschließt: Im Mischnatraktat Sanhedrin, Kap. 10, 1–4, eben jenem Text also, den die bisher von Levinas referierten Gemara-Passagen kommentieren wollten, werden sie genannt (und diskutiert) als diejenigen, die „keinen Anteil haben an der kommenden Welt": der Leugner der Auferstehung und der Thora von Gott, der Epikuräer, der, der häretische Bücher liest, derjenige, der den Namen Gottes mit seinen Buchstaben ausspricht. Die drei Könige Jerobeam, Achab und M^{e}nasse, die vier Privatmänner: Bileam, Do'eg, Achitophel und Gechasi. Außerdem die Generation der Sintflut, die Leute aus Sodom, die Generation der Wüste, die Rotte Korachs sowie die zehn Stämme.[32] Und auch Levinas selbst bezieht sich in seinen Überlegungen ausdrücklich auf eine Passage (Sanhedrin 98b–99a), in der Chillak und Billak, identifiziert als Ratsherren von Sodom, vom Genuss der messianischen Zeit ausgeschlossen werden: „sie sind in jedem Augenblick reif für das absolute Gericht. Kein historischer Relativismus zur Entschuldigung des Menschen."[33]

Es befremdet zunächst, dass ein Denker, dem so an der Würde und dem Apriori des anderen Menschen liegt, diesen so ohne weiteres und ohne der Tradition zu widersprechen der Gottferne hinzugeben bereit zu sein scheint. Sollte die scharfe Kritik am abendländischen Subjekt und der von ihm beanspruchten Totalität zu schweigen verdammt sein, wenn an die Stelle dieses Subjektes das auserwählte Volk tritt?

Levinas bleibt aber nicht beim Partikularismus der *Auserwählung* einer- und *Verwerfung* andererseits stehen. Er stellt stattdessen am Ende seines Textes vielmehr genau die erwähnte schroffe Gegenüberstellung von Partikularismus und Universalismus in Frage, indem er auf einen Universalismus verweist, der im jüdischen Partikularismus verborgen liege. Einem christlichen, ja „katholischen" Universalismus, der sich für Levinas in der allgemei-

---

[31] Ebd. 83.
[32] Übersetzung: Maria Theresia Zeidler.
[33] LEVINAS, *Messianische Texte*, 85.

nen politischen Ordnung niederschlägt, „[d]arin, vielfältige Glaubensinhalte – eine Vielfalt kohärenter Reden – zu konfrontieren, um nach einer kohärenten Rede zu suchen, die sie alle umfaßt und die gerade die universale Ordnung ist"[34], wird der jüdische Messianismus gegenübergestellt. Dieser stelle gerade eine nichtkatholische Form der Universalität dar: Sie besteht in einem Plädoyer für die Abgetrenntheit des „Volk[es], das abseits wohnt [...], fähig außerhalb zu bleiben, allein und verlassen"[35]. Unabhängigkeit von politischer Ratio, Plädoyer für das universale Recht des nichtvereinnahmbaren Einzelnen, für die Autonomie und Partikularität des Einzelnen, die seit der Assimilation und Emanzipation, spätestens aber seit der Gründung des Staates Israel zutiefst fragwürdig geworden seien.

Als Denken der Andersheit der möglich/unmöglichen Begegnung mit dem universalisierbaren Anderen ausdrücklich durch den Begriff ‚Eschatologie' benannt, scheint der Levinassche Ansatz, obwohl an keiner Stelle des philosophischen Werkes in seiner ‚theologischen' Konsequenz ausgeführt, eine endgültige Verurteilung des Anderen auszuschließen. Ganz im Sinne der Überlegungen Hans Urs von Balthasars verbietet Levinas' Totalitätskritik nicht nur *nicht das Gericht* im Sinne einer endgültigen Gerechtigkeit, ja, diese muss sogar bereits in jeder Begegnung mit dem Anderen wirksam verborgen angenommen werden, sondern schließt auch *die Erwartung einer endgültigen Verwerfung* jener, die nicht an die Auferstehung glauben, der Rotte Korachs etc. nicht aus.

Damit ist dem christlichen Theologen, der Versöhnung und endgültige Erlösung nur allzu gerne als von Christus bereits vollzogen verstehen möchte, die Unvertretbarkeit der Reue auf Seiten der Täter und der Vergebung durch die Opfer als unbedingt notwendige Elemente einer endzeitlichen Versöhnung ins Stammbuch geschrieben. Wie Levinas hier nur andeutet und an anderer Stelle im Kontext der Theodizeeproblematik ausführt[36], markiert die Aufrechterhaltung der Verwerfung der Rotte Korachs und anderer die Notwendigkeit, nach Auschwitz eine universale Vergebung ohne Befragung der Opfer und/oder ohne Reue der Täter zu postulieren.[37]

Gleichwohl wird an dieser Stelle deutlich, warum Levinas seine talmudischen Schriftauslegungen seit je streng von den philosophischen Schriften

---

[34] Ebd. 100.
[35] Ebd.
[36] „Niemand, nicht einmal Gott, kann sich an die Stelle des Opfers setzen. Die Welt, in der die Vergebung allmächtig ist, wird unmenschlich. [...] Gott ist geduldig, das heißt, er läßt dem Menschen Zeit, wartet auf seine Rückkehr, auf seine Trennung oder seine Wiederherstellung." Emmanuel LEVINAS: *Eine Religion für Erwachsene.* In: Ders., Schwierige Freiheit, 21–37, 33.
[37] Vgl. zum Thema auch: Joachim VALENTIN: *Relative Gotteskrise. Fundamentaltheologische Anmerkungen zur Diskussion um Theologie nach Auschwitz.* In: H. Hoping/J.-H. Tück (Hg.): Streitfall Christologie. Theologische Vergewisserungen nach der Shoa. (QD) Freiburg u.a. (Herder) 2005.

180   3. Elemente einer Kritik apokalyptischen Denkens

gesondert hat: Seine geburtliche Verwurzelung in der jüdischen Tradition gebietet eine nicht-einseitige Auslegung der (wenigen) talmudischen Passagen zum Kommen des Messias, das traditionelle „*audiatur et altera pars*", von dem die christliche Theologie so viel lernen könnte. Sie erlaubt auch nicht und vielleicht gerade nicht ‚nach Auschwitz' die Aufgabe oder Aufweichung des jüdischen Erwähltheitsglaubens, die ihren Gipfelpunkt in der jüdischen Eschatologie findet.

Auch Jacques Derrida hat die Schwierigkeit der engen Verbindung zwischen Auserwähltheitsgedanken und Messianismus im talmudischen Judentum an einer anderen Bibelauslegung Levinas problematisiert: Derrida liest in Jerusalem[38] Emmanuel Levinas' Toraauslegungen[39], in deren Verlauf Jerusalem als eine während ihrer gesamten Geschichte und auch in einem eschatologischen Kontext begehrte weibliche Gestalt erscheint. Begehrt von Gott (Derrida zitiert Psalm 132,13) und in einer mimetischen Geste immer wieder auch von (männlichen) Eroberern. Gemeinsam mit Levinas identifiziert er die im Talmud geforderte ‚Asylstadt' kontrafaktisch mit Jerusalem, nennt Jerusalem den Ort umfassender verheißener messianischer *Gerechtigkeit*[40], ja er konstatiert, die Tora müsse „die Verheißung auch *in* das irdische Jerusalem einschreiben"[41], und thematisiert gleichzeitig die aktuelle politische Lage in Israel.

Derrida vernimmt aber „mitten im Rufen" der Verheißung ein Schweigen. Dieses Schweigen entspringt der Tatsache, dass zwischen Verheißung und Gegenwart ein Abgrund klafft, ein Riss, eine Unmöglichkeit der Vermittlung zwischen pragmatischer Ethik und „der Heiligkeit messianischer Gastlichkeit"[42]. Ein Abgrund, der die Grenze zwischen Diesseits und Jenseits menschlicher Sprache markiert, ebenso aber den unüberbrückbaren Unterschied zwischen den Diskursen Ethik, Politik und Recht. Das Kantische „Höre" klingt angesichts dieser Verweigerung metaphysisch begründeter Normen zusammen mit dem ebenso inhaltsleeren „Gehe", das aus „einer Stimme verschwebenden Schweigens" dem Elia am Berg Horeb gesagt wird[43]. Dazu tritt das apokalyptische „Komm" und unterminiert jeden eindeutigen, weil metaphysisch-biblizistisch begründeten Nationalismus und Zionismus, der die Singularität aktueller politischer Entscheidungen in Israel, die Verpflich-

---

[38] Jacques DERRIDA: *Das Wort vom Empfang*. In: Ders.: Adieu. Nachruf auf Emmanuel Levinas. München (Hanser) 1998, 31–170.
[39] Emmanuel LEVINAS: *Jenseits des Buchstabens I. Talmud Lesungen*. Frankfurt (Verlag Neue Kritik) 1996. Derrida liest die Zweite Lektion. Asylstädte (ebd. 51–78), der einen Auszug aus dem Traktat Makkot behandelt.
[40] DERRIDA, *Wort vom Empfang*, 138.
[41] Ebd. 141.
[42] Ebd. 143.
[43] 1 Kön 19, 13–15, Übersetzung: M. Buber/F. Rosenzweig.

tung, sie persönlich zu verantworten, ohne sich auf eine Regel oder ein geltendes Recht zu berufen, zum Verschwinden bringen will[44].

Wie aber dann messianische Hoffnung (für Israel) so fassen, dass sie über jeden Verdacht des Partikularismus (und das heißt für Derrida auch der Kumpanei mit dem Nationalismus) erhaben und dennoch sagbar bleibt? Derrida findet eine Antwort auf diese Frage in Levinas' Rede von einer Offenbarung der Tora noch *vor* dem Sinai: „ein strukturelles Messiastum, eine unwiderlegbare und bedrohende Verheißung, eine Eschatologie ohne Teleologie, von jedem bestimmten Messiastum zu trennen: ein Messiastum noch vor einem Messianismus – oder ohne ihn – verkörpert durch eine an einem bestimmten Ort mit dem Namen Sinai oder Berg Horev gegebene Offenbarung."[45]

An dieser Stelle, in einer Reflexion über die historischen, ethnischen, religionspolitischen Paradoxien um Jerusalem und den Sinai, schießen unwillkürlich die Levinasschen Reflexionen über ein universelles *À-Dieu*[46], das unbedingt verpflichtende Antlitz des Anderen[47] und Derridas Überlegungen über einen unbedingten Anruf vor jeder Sprache zusammen zu einer eigentlich unnennbaren ‚Einheit' von Singularität und Universalität, Freiheit und Verpflichtung, einer Größe jenseits dualistischer Konzepte. Es handelt sich um eine Einheit, die ein Sprechen beinahe unmöglich macht, weil die Sprache der fundamental-differentiellen Artikulation bedarf, und gleichzeitig um die hoch individuelle, irreduzible Verantwortung, die – der Gerechtigkeit und nicht dem geltendem Recht verpflichtet – den nächsten Schritt blind und sprachlos gehen muss, um überhaupt gehen zu können. Derrida vollzieht also unter der Hinsicht messianischer Verheißung alles nach, was sich bei Levinas unter dem Aspekt ‚Eschatologie' finden lässt, legt aber den Finger in die Wunde eines dualistisch ausgestalteten Verhältnisses zwischen Partikularität und Universalität – eine unnötige Kritik, wie ein Blick in Levinas' *Messianische Texte* von 1961/63 ergeben hätte.

Für unser Projekt wäre dieser Partikularismus ein Merkpunkt für die besondere Rolle, die Israel und seinem niemals gekündigten Bund mit JHWH in jedem apokalyptischen Denken, das sich seiner Verwurzelung in den alttestamentlichen Traditionen bewusst bleibt, auch im Namen einer mit keinem Universalismus vereinbaren Partikularität zukommen müsste. Darüber hinaus

---

[44] DERRIDA, *Wort vom Empfang*, 147. Zur Unterscheidung zwischen Recht und Gerechtigkeit vgl.: Jacques DERRIDA: *Gesetzeskraft. Der „mystische" Grund der Autorität.* Frankfurt a.M. (Suhrkamp) 1991.
[45] Ebd. 148.
[46] Emmanuel LEVINAS: *Wenn Gott ins Denken einfällt.* Mit einem Vorwort von B. Casper. Freiburg u.a. (Alber) ²1988.
[47] LEVINAS, *Totalität*, 267–365.

bleibt Levinas' konsequente Umdeutung der zukünftigen Welt im Sinne einer präsentischen Eschatologie im Gedächtnis. Es kann nur angemessen von einem angenommenen endzeitlichen Gericht reden, wer jede Begegnung mit dem anderen Menschen als irreduziblen Verweis auf eine Eschatologie im Levinasschen Sinne ernst nimmt. Dabei bedarf es sowohl der Vorstellung einer unbedingt freien Begegnung zwischen Gott und dem Menschen, die diesen als im vollen Sinne Verantwortlichen antrifft und als Reaktion auf diese Begegnung allein Buße und Umkehr kennt, als auch des Einbruchs eines ganz Anderen, eines Anstoßes von außen, der das Element des Messianischen immer wieder neu ins Bewusstsein der Menschen bringt.

Unter den Bedingungen der Ethik als erster Philosophie gewinnen die apokalyptischen Bilder also eine neue und positive Relevanz und einen wenn auch schwachen Geltungsanspruch. Doch vor alledem steht eine Klammer, die im nächsten Kapitel im Mittelpunkt stehen wird: die Negative Theologie der Apokalyptik.

3.5 Dekonstruktion und Messianismus – Jacques Derrida

> *"Eine Hoffnung, die man sieht, ist keine Hoffnung; denn was einer sieht, weshalb hofft er noch? Wenn wir dagegen hoffen, was wir nicht sehen, so warten wir darauf in Geduld"* (Röm 8,23–25)

Bereits an anderer Stelle[1] wurde angedeutet, dass das Denken Jacques Derridas spezifische Konsequenzen im Sinne einer eschatologischen An-Ökonomie und einer ausdrücklichen Herausforderung des Gläubigen „auf dem Schauplatz der Geschichte" und weniger in einem „‚geistlichen' Bereich und im Unsichtbaren"[2] hat. Konsequenzen, die – ausgehend vor allem von der Pastoralkonstitution des II. Vatikanischen Konzils, *Gaudium et Spes* – in den verschiedenen Ausprägungen der politschen Theologie bereits weitgehend gezogen wurden[3]. Auch war bereits dort die Problematik eines Auslebens falscher Harmoniesehnsüchte in der Figur des Pantokrator angeklungen[4].

Damals wie heute ist in keiner Weise impliziert, Derrida als Kryptotheologen zu vereinnahmen. Vielmehr wird hier die Auffassung vertreten, dass auch ein dezidiert nicht-theologisches Denken, welches wie das Derridasche mit implizitem universalem Geltungsanspruch im Sinne eines „Negativen Universalismus", einer „Universalität im Kommen" auftritt[5], von einer Theologie herangezogen werden muss, die nicht in Ontotheologie zurückfallen, sondern in einem von Aufklärung im guten Sinne geprägten geisteswissenschaftlichen Diskurs Gehör finden will. Im Kontext unserer Kriteriologie werden die genannten Ansätze nun mit Hilfe einer Untersuchung des jüngeren Derridaschen Werkes auf Kriterien der Darstellung des Apokalyptischen weitergeführt.

---

[1] VALENTIN, *Atheismus in der Spur Gottes*, 266–271.
[2] SCHOLEM, *Messianische Idee*, 121.
[3] Vgl. die entsprechenden Ausführungen in Teil 1 dieser Arbeit.
[4] VALENTIN, *Atheismus in der Spur Gottes*, 268.
[5] Die fortwährende Selbstdekonstruktion Derridas durch die Verwendung von Konjunktiven und dem Partikel „vielleicht" tut jenem Anspruch keinen Abbruch, vertritt doch Derrida selbst die (universalistische) These, nur jene Rede entgehe der Dekonstruktion, die es ihm in dieser Hinsicht gleichtue. Eine hilfreiche Reflexion auf die Technik der Derridaschen Rede und ihren philosophischen Status findet sich (leider ebenso wie der undifferenziert vorgebrachte Vorwurf einer theologischen Vereinnahmung) bei: Peter ZEILLINGER: *Nachträgliches Denken. Skizze eines philosophisch-theologischen Aufbruchs im Ausgang von Jacques Derrida. Mit einer genealogischen Bibliographie der Werke von Jacques Derrida*. (Religion – Geschichte – Gesellschaft, Fundamentaltheologische Studien, Bd. 29) Münster (LIT) 2002, 116, 137 u.ö. Von ihm stammt auch die Formulierung „Negativer Universalismus" (ebd. 218f) bzw. „Universalität im Kommen" (ebd. 220f).

3.5.1 Martyrertum ohne Lohn als Geheimnis der ‚Geheimen Offenbarung'

Bereits 1987 hat der Exeget Erhardt Güttkemanns in einer wenig beachteten Studie[6] eine linguistisch motivierte Kritik der in der Offenbarung des Johannes verborgenen Selbstermächtigungsphantasien vorgelegt. Nach einer Problematisierung des (in seinen Augen ‚naiven') Metapher/Metonymie-Diskurses in der Theologie bzw. Exegese[7] führt Güttkemanns alle theoretischen Ansätze im Kontext der Metapherntheorie auf Jacques Lacan bzw. Sigmund Freud zurück. Vor dem Hintergrund des durch Jacques Lacan hindurch neu gelesenen Freud erscheint der (apokalyptische) Text als Austragungsort psychischer Wunschbilder des eigenen und fremden Körpers. Der Schlüsselbegriff für die Subjekttheorie Lacans, das ‚Spiegelstadium', bezeichnet dabei jenen Stand der Entwicklung, in dem das kindliche Ich sich selbst erstmals als Ganzes im Spiegel ‚imaginiert' (nicht ‚sieht', denn diese Ganzheit des eigenen Körpers ist ein Konstrukt, ein ‚Phantasma', wie Lacan sich ausdrückt).

Vor diesem Theoriehintergrund erwächst für Güttkemanns im Laufe einer linguistischen Analyse der Offenbarung des Johannes und in direkter Bezugnahme auf 1 Kor 13,12 und 2 Kor 3,9ff die These, dass die apokalyptische Vision den Wunsch markiere nach einer Überwindung des Spiegelstadiums im Eschaton hin auf zukünftige „göttliche" Herrlichkeit.[8] Der eigentliche (latente) Sinn werde jedoch auf der manifesten Ebene, also im apokalyptischen Text, ausdrücklich geleugnet. Apokalyptische Texte seien damit anfällig für die Sehnsucht, das Begehren nach dem Gericht, einem herrscherlichen Idol und einem dualistisch strukturierten Jenseits. Güttkemanns analysiert diese Sehnsucht als Ergebnis eines fundamentalen Mangels an Identität (Lacan), der sich mit Hilfe der syntaktischen Operationen der Traumarbeit als Metapher oder Metonymie manifestiere.[9]

Apokalyptik ist auch für Güttkemanns *phantastische Literatur* im Sinne Todorovs, denn der Leser bleibt unschlüssig, ob die Handlung imaginär oder real ist und kann sich frei zum Imaginierten verhalten. Es handelt sich dabei jedoch um eine Freiheit, die so lange theoretisch bleibt, wie sich der Mensch seiner uneingestandenen Allmachtssehnsüchte nicht bewusst geworden ist.

Eine entscheidende Rolle kommt der apokalyptischen Imago des Menschensohns zu, den Güttgemanns als insofern phantastisch beschreibt, als in

---

[6] Erhardt GÜTTKEMANNS: *Die Semiotik des Traums in apokalyptischen Texten am Beispiel der Apokalypse Johannis 1*. In: Linguistica Biblica, Bonn 1987, 7–54.
[7] Ebd. 7–13.
[8] „Gewünscht wird ‚am Ende' genau das, was ‚man selbst' nicht auszudenken und auszusprechen wagt, sondern lieber einem ‚anderen' zuschreibt. Wenn z.B. die Apokalyptik das ‚Sein-Wollen-wie-Gott' oder den ‚Willen zur Macht' in ihren Träumen als widergöttlich ablehnt, dann geschieht diese von Freud gemeinte ‚Verdrängung'." GÜTTKEMANNS, *Semiotik des Traums*, 38.
[9] Ebd. 43.

ihm der Unterschied zwischen Gott und Mensch ausgelöscht wird. Er ist von menschlicher Gestalt und doch *Pantokrator*, Signifikant der Allmacht Gottes, und lädt den Träumenden bzw. den Leser zur Identifikation geradezu ein. Als Fazit von Güttkemanns ungewohnten Überlegungen ließe sich formulieren: Der Christ wünscht sich den Märtyrer (sich selbst) als Weltherrscher. Dieser Wunsch ist jedoch genauso widergöttlich, wie die uneingeschränkte Herrschsucht der apokalyptischen Tiere. Nur ein Martyrium ohne Lohn würde die Ökonomie der eigenen Endlichkeit anerkennen. Diese Möglichkeit wird in der Apokalypse in der Imago des Menschensohnes gleichzeitig offenbart und verhüllt.

Die jüdische Kritik an der Apokalypse als Textgattung und die Kritik an den falschen Messiassen die bereits im Kontext des Messianischen bei Levinas aufgetaucht sind, ist, historisch entstanden vor allem im Gefolge der Enttäuschung durch den Fall Bar Koziba/Bar Kochba. Ihre kritische Rezeption bei Levinas und Derrida kann analog durchaus auf die in der Gestalt des Menschensohnes lauernden Allmachtsphantasien übertragen werden. Im Lichte der linguistisch geprägten Psychoanalyse Erhardt Güttkemanns' erscheint damit Derridas Durchbrechung der Ökonomie in der ‚unmöglichen Gabe' und Levinas' Zur-Geisel-Werden als wirksames Gegengift gegen in die Johannesoffenbarung projizierte Selbstermächtigungssehnsüchte eines der Ökonomie verhafteten christlichen Märtyrertums.

3.5.2 Von einem neuerdings erhobenen apokalyptischen Ton in der Philosophie

Ausdrücklich hat sich Derrida erstmals 1983 mit der Apokalyptik als Textgattung beschäftigt, aber zunächst ohne Bezugnahme auf den jüdischen Messianismus. Vielmehr geht es hier ihm um „Aufklärung", um das Verlagen „nach hellsichtiger Aufmerksamkeit, nach Erhellung, nach Kritik und Wahrheit [...], aber nach einer Wahrheit, die zugleich in sich ein apokalyptisches Verlangen bewahrt [...], um den apokalyptischen Diskurs zu entmystifizieren."[10]. Dieser wird im Anschluss an Kants Text von einem *Neuerdings erhobenen vornehmen Ton in der Philosophie*[11] primär als der selbstmächtigende Diskurs vom ‚Ende aller Dinge' qualifiziert: „Die Wahrheit ist das Ende und die Instanz des jüngsten Gerichts. Die Struktur der Wahrheit wäre hier also apokalyptisch, und aus diesem Grunde gibt es keine Wahrheit der

---

[10] Jacques DERRIDA: *Von einem neuerdings erhobenen apokalyptischen Ton in der Philosophie*. In: Ders. Apokalypse. Wien (Passagen) 1985, 9–90, 59f.
[11] Immanuel KANT: *Von einem neuerdings erhobenen vornehmen Ton in der Philosophie*. Werke III, 377–397.

Apokalypse, die nicht wieder Wahrheit der [oder: über die] Wahrheit wäre."[12] Derrida arbeitet hier zunächst eine – wie er selbst sagt – spezifisch sektenhafte Version der Apokalyptik heraus, die, um einer durch die Rede vom ‚Ende der Welt' künstlich erzeugten Auserwähltheit des Sprechers und der dadurch erzeugten Macht über seinen Zuhörer willen auf die übrige Welt gerne verzichtet.[13] Dabei kristallisiert sich der Anspruch der Aufklärung und die Behauptung des Besitzes einer letzten Wahrheit, verbunden mit der Denunziation anderer Wahrheitsbesitzer als allgemeinmenschliches Phänomen der Aufmerksamkeitslenkung heraus[14], die so lange ideologisch bleibt, wie keine Einsicht in die apokalyptische Struktur von Sprache, Text und Kommunikation *überhaupt* vorliegt.[15]

Doch Derrida ist trotz solcher notwendiger Kritik bzw. Selbstkritik des Projektes ‚Aufklärung' und seines Gebrauchs des Wahrheitsbegriffs nicht an einer undifferenzierten Einebnung der Unterschiede zwischen Propheten und Scharlatanen gelegen. In Bezug auf sein eigenes Werk gilt es den Unterschied zwischen *clôture* und *fin* zu wahren, zwischen einer Abgeschlossenheit und Beschreibbarkeit eines Phänomens bei gleichzeitiger Fortdauer seiner Relevanz einerseits *(clôture)* und dessen tatsächlichem Ende *(fin)* andererseits.[16] Der Anschein einer undifferenzierten „Vermischung der Gattungen" in früheren Schriften wie *Glas* oder *Die Postkarte* wird erstmals in *Apokalypse* mit Hilfe einer ausdrücklichen Bezugnahme auf Blanchot und Levinas zurückgenommen, und der Eindruck einer Unentschiedenheit in der Wahrheitsfrage durch eine Analyse des apokalyptischen „Komm" im Sinne eines universalen Messianismus korrigiert. Dabei handelt es sich um ein Thema, das an früheste Publikationen anknüpfen kann, aber erst in späteren Arbeiten als solches explizit werden wird (s.u.). Es ist also nicht die Sinnspitze des Textes, sich erstmals oder endgültig zum Thema des Endes, der Wahrheit oder einer fundamentalen apokalyptischen Struktur der Sprache zu äußern – dies ist vorher und nachher mehr oder weniger verdeckt immer wieder

---

[12] DERRIDA, *Apokalypse*, 64.
[13] „Wir sind allein auf der Welt, ich bin allein, um Dir die Wahrheit und die Bestimmung offenbaren zu können. Und ich sage sie Dir, ich gebe sie Dir, komm laß uns, die wir noch nicht wissen, wer wir sind, für einen Augenblick vor dem Ende die einzigen Überlebenden sein, die einzigen, die wachen, das wird uns um so mehr stärken." Ebd. 65.
[14] „Wir Aufklärer [i.O.d.] der modernen Zeiten fahren also fort, die betrügerischen Apostel, die ‚angeblichen Gesandten'. Die niemand gesandt hat, die Lügner und Treulosen, die Aufgeblasenheit und Schwülstigkeit all der mit historischen Missionen Beauftragten, die niemand um etwas gebeten oder mit etwas beauftragt hat, zu denunzieren." Ebd. 74.
[15] Auf diese Sinnspitze des Textes und auf ihre Geschichte im Werk Derridas hat vor allem Johannes HOFF hingewiesen: *Fundamentaltheologische Implikationen der Apokalyptik. Annäherungen an den Begriff der Offenbarung, ausgehend von Derridas dekonstruktiver Lektüre der Apokalypse des Johannes.* In: ThG 45 (2002), 42–51, 107–120.
[16] DERRIDA, *Apokalypse*, 77.

geschehen. Vielmehr geht es Derrida darum, eine Wende in seinem Werk zu markieren, eine Wende, die weg von der Texttheorie hin zu einer ethischen Entschiedenheit in ausdrücklicher Anknüpfung an Levinas führt.

Entscheidend für die angekündigte Deutung des „Komm" sind Aussagen aus der Offenbarung des Johannes, die sich auf den Status der zu erwartenden Offenbarung beziehen. Derrida zitiert aus Buch 5: „Und niemand im Himmel und auf Erden und unter Erden vermag das Buch zu öffnen noch hineinzublicken." Hier ist ein jedem menschlichen Blick entzogener Text angesprochen, ein nicht näher bestimmtes Jenseits der Sprache, das doch das gesamte apokalyptische Geschehen bestimmt. Wahrheit als Buch existiert, doch kein Mensch kann es lesen. Außerdem verweist er auf Offb 22,10: „Und er sagte zu mir: „Versiegle die Worte der Weissagung dieses Buches nicht: Ja die Zeit ist nahe..." Hier ist eine Aktualität markiert, die jede Rede vom Ende unterminiert: Es soll gerade *nicht* versiegelt, *nicht* abgeschlossen werden, vielmehr wird die *Offenheit* auf ein bald bevorstehendes Ereignis postuliert. Beide Bewegungen, die *Nicht-Darstellbarkeit* eines Jenseits der Sprache wie die irreduzible *Aktualität* eines nahe bevorstehenden Ereignis, das ungeteilte Aufmerksamkeit für sich beansprucht, kulminieren für Derrida in dem Wort „Komm". Ähnlich dem „Ja"[17] gehe es jeder Lektüre, ja der Existenz voraus: „Komm ins Jenseits des Seins, so kommt es aus dem Jenseits des Seins und ruft jenseits des Seins [...]. Komm ist *allein* ableitbar, absolut ableitbar, aber nur vom anderen, d.h. von nichts, das einen Ursprung oder eine verifizierbare, entscheidbare, aneigenbare Identität hätte, von nichts, das nicht wieder ableitbar und uferlos erreichbar wäre."[18]

Die sich hier ankündigende Leere, die Verweigerung eines propositionalen Sprechens über den Herkunftsort jenes „Komm" ist Derrida zufolge jeder apokalyptischen Rede nicht nachträglich eingeschrieben, sondern immer schon in ihr enthalten, geht ihr voraus und relativiert sie als abgeschlossene Offenbarung, die vom Empfänger einfach nur zu rezipieren wäre: „Und wenn dieses Draußen der Apokalypse in der Apokalypse anzutreffen wäre? Wenn es die Apokalypse selbst wäre, das heißt das, was in das ‚Komm' einbricht? [...] Von jenem Buch, dass ‚innen und außen' [...] beschrieben war, wird ganz am Ende gesagt: Versiegle nicht, ‚versiegle die Worte dieser Weissagung nicht in diesem Buch... '„[19]

---

[17] Jacques DERRIDA: *Nombre de Oui*. In: Psychè. Inventions de l'autre. Paris 1987, 639–650.
[18] DERRIDA, *Apokalypse*, 86f.
[19] Ebd. 90.

3.5.3 Donner la mort

In seinem 1992 publizierten Text *Donner la mort*[20] wird Derridas Anschluss an Levinas explizit. Darüber hinaus wird eine bestimmte, kritisch von ihren Fehlformen abzugrenzende Eschatologie im Herzen des christlichen Denkens, ja als seine *differentia specifica* ausgemacht. Zunächst erscheint hier in einer Paraphrase eines Werkes des tschechischen Philosophen und Dissidenten Jan Patočka[21] die Geschichte der Religion als „Genealogie des ich-sagenden Subjektes" aber auch als „Sein gegenüber dem Anderen [...]: dem Anderen in seiner unendlichen Andersheit, einer Andersheit, die erblickt, ohne gesehen zu werden, aber einer Andersheit auch, deren unendliche Güte *gibt* in einer Erfahrung, die darauf hinauskäme, *den Tod zu geben.*"[22] Vor dem Hintergrund einer bestimmten Souveränität des Subjektes gegenüber jener unendlichen Andersheit des Anderen bleibt eine ganze Weile offen, ob und in welcher Weise hier auf ein Opfer, einen Mord oder einen Suizid angespielt werden soll.

Nach einer ausführlichen Lektüre Patočkas vor dem Hintergrund von Heideggers ‚Sein zum Tode' und der Verdrängung des platonischen Mysteriums durch das christliche, treten Sokrates und Christus als mögliche Exemplare dafür auf, „für den Anderen zu sterben". Die anfangs gestellte Frage bleibt jedoch weiter offen: Welche Beziehung besteht „[...z]wischen dem Opfer, dem Selbstmord und der Ökonomie der Gabe?"[23] Schließlich kristallisiert sich die Verantwortung als das fehlende Bindeglied heraus – allerdings eine dissidente, ja ‚häretische' Verantwortung, die im Ernstfall nicht irgendeiner Lehre treu bleibt, sondern dem anderen Menschen.[24] Derrida nimmt Patočkas These auf, dass ein solches Verständnis der Verantwortung zwar im „Christentum den bisher größten, noch niemals überschrittenen (wenngleich bis heute nicht zu Ende gedachten) Aufschwung [...] zum Kampf gegen den Verfall"[25] genommen habe, spitzt jedoch die unausgedachte Möglichkeit der

---

[20] *Donner la mort.* In: J.-M. Rabaté/M. Wetzel (Hg.): L'éthique du don. Jacques Derrida et la pensée du don. Paris 1992, 11–108. Dt.: Jacques DERRIDA: *Den Tod geben.* In: A. Haverkamp (Hg.): Gewalt und Gerechtigkeit. Derrida – Benjamin. Frankfurt a.M. (Suhrkamp) 1994, 331–445.
[21] 1907–1977. Patočka geriet ins Licht der westeuropäischen Öffentlichkeit, als ihn die Unterzeichner der *Charta 77* zu ihrem Wortführer machten. 1936 mit einer Arbeit über *Die natürliche Welt als philosophische Problem* habilitiert war Patočka einen Großteil seines Lebens, nämlich 1939–1945 und 1949–1968 sowie seit 1972 mit Lehrverboten der jeweiligen totalitären Regime in Tschechien belegt. Die *Ketzerischen Essais zur Philosophie der Geschichte*, auf die sich Derrida bezieht, entstanden in den Jahren 1973–1975 (Deutsche Übersetzung Stuttgart 1988).
[22] DERRIDA, *Den Tod geben*, 333.
[23] Ebd. 340.
[24] „keine Verantwortung ohne den dissidenten und erfinderischen Bruch mit der Tradition, der Autorität, der Orthodoxie, der Regel oder der Doktrin." Ebd. 356.
[25] Jan PATOČKA: *Ist die technische Zivilisation zum Verfall bestimmt?* In: Ders.: Ketzerische

Verantwortung im Horizont des Christlichen bezüglich der Frage nach der Gabe des Todes weiter zu: „Die Gabe, die mir durch Gott widerfährt, insofern er mich unter seinen Blick und in seine Hand nimmt, während er mir unzugänglich bleibt, die furchtbar dissymetrische Gabe dieses *mysterium tremendum* gibt mir zu antworten, erweckt mich zu der Verantwortung, die sie mir gibt, indem sie mir den Tod, das Geheimnis des Todes, eine neue Erfahrung des Todes gibt."[26]

Worin genau aber besteht diese Gabe Gottes, der Tod? Sie besteht in Individualität als Unvertretbarkeit und Freiheit, in einer „Autonomie im kantischen Sinne", wie es wenig später heißt[27], allerdings – in einer erstaunlichen Brechung des ‚Seins zum Tode' – im Sinne einer Verantwortung nicht für mich, sondern für den Anderen: „der Tod ist genau das, was niemand an meiner Stelle erleiden oder erdulden kann. Meine Unvertretbarkeit wird also vom Tod verliehen, gestiftet, man könnte sagen, gegeben."[28] Um Heidegger an dieser Stelle endgültig zu entkommen, müsste man wohl formulieren: „von *Gott im* Tod gegeben", und Derrida ist diese mögliche Perspektive durchaus bewusst: „Gott ist die Ursache des mysterium tremendum, und der gegebene Tod ist stets das, was zittern macht, oder von dem, was weinen macht."[29]

In einem nun naheliegenden Rückgriff auf Kierkegaards *Furcht und Zittern*[30] reflektiert Derrida im Folgenden jenes ‚Opfer', die ‚Bindung' Isaaks, die für ihn die Verbindung zwischen *sacrifice, sacré* und *secret* erstmals explizit macht: Im Mittelpunkt steht hier die Reaktion Abrahams auf die Frage Isaaks nach dem Opfertier. Abrahams ausweichende Antwort (vgl. Gen 22,8) wahrt – so Derrida in Übereinstimmung mit Kierkegaard – das Geheimnis des göttlichen Gebotes und seine eigene Verantwortung vor diesem, eröffnet aber zugleich einen Raum für ein zukünftiges Handeln Gottes, das weder die Verantwortung Abrahams vor Gott noch die vor seinem Sohn auflöst. Die heimliche Aporetik, die durch das Offenlassen eines zukünftigen Eingreifens Gottes in die Isaakerzählung eingetragen wird und die sie gleichzeitig als kanonische rettet, dient Derrida im Folgenden dazu, eine Engführung des Levinasschen Ethik-Aprioris zu unterminieren. „Die Erzählung vom Opfer

---

Essays zur Philosophie der Geschichte und ergänzende Schriften. Stuttgart 1988 (Klett-Cotta), 121–145, 134, zit. ebd. 357.
[26] DERRIDA, *Den Tod geben*, 362.
[27] Ebd. 373.
[28] Ebd. 369.
[29] ebd. 382.
[30] Vgl. für eine ausführliche Würdigung des Verhältnisses zwischen Derrida und Kierkegaard anhand von „Donner la mort": Tilman BEYRICH: *Ist Glauben wiederholbar? Derrida liest Kierkegaard.* (Kierkegaard Studies. Monograph Series 6) Berlin/New York (De Gruyter) 2001, 129–320.

3. Elemente einer Kritik apokalyptischen Denkens

Isaaks könnte als der narrative Gehalt des Paradoxons gelesen werden, das dem Begriff von Pflicht oder absoluter Verantwortung innewohnt. Dieser Begriff setzt uns in Beziehung [...] mit dem absoluten Anderen, mit der absoluten Einzigartigkeit des Anderen, für den Gott hier der Name ist."[31]
Im weiteren Verlauf der Lektüre wird deutlich, dass „das Geheimnis" der ‚Fabel' von der Opferung Isaaks, einer Fabel, deren Eigenlogik für Derrida quasi-philosophischen Status erhält, hier für ein *allgemeines Paradoxon* stehen soll, für die Grenze des begrifflichen Denkens und die Durchkreuzung der *Ökonomie* als des Antizipierbaren. Die Paradoxie, in die Abraham zwischen zwei nicht zugleich erfüllbaren Forderungen getrieben wird – und dieses Getriebensein kann mit Derrida und Kierkegaard nicht als Akt eines willkürlich handelnden Gottes, sondern nur als anthropologische Urszene des sterblichen Menschen zwischen mehreren unabweisbaren Ansprüchen verstanden werden –, führt ihn in eine Passivität, in ein erwartungsvolles Schweigen: „Abraham kann weder sprechen noch teilen, weder weinen noch klagen. Er ist im absolut Geheimen."[32]
Derrida zeigt im Folgenden auf, wie ein in unseren Tagen seinen Sohn angeblich auf den Befehl irgendeines ‚ganz Anderen' opfernder Abraham unmittelbar zum Objekt des ethischen, juristischen, psychoanalytischen Diskurses würde, Opfer all jener Diskurse also, die paradoxiefrei eine Eindeutigkeit des Ethischen auf ihre Fahnen geschrieben haben.[33] Eine Paradoxiefreiheit, die allerdings erkauft werde durch Ignoranz gegenüber den Spätfolgen des im Namen des eigenen Systems geschehenden Unrechts außerhalb der eigenen Grenzen. Die Spätfolgen werden auf das Konto eines angeblich im Außen lauernden Chaos gebucht, welches noch der Ordnung durch das eigene System harrt. „Daß diese Ordnung auf der Nicht-Grundlage eines Chaos (Abgrund und offener Mund) gegründet ist, das wir denen eines Tages zwangsläufig in Erinnerung rufen werden, die es mit gleicher Zwangsläufigkeit vergessen."[34] Die Bibel, genauer das Alte oder Erste Testament wird Derrida hier also zum Erscheinungsort einer Wahrung dieses Geheimnisses,

---

[31] DERRIDA, *Den Tod geben*, 393.
[32] Ebd. 400. Elisabeth STROWICK [*Passagen der Wiederholung. Kierkegaard – Lacan – Freud.* Stuttgart u.a. (Metzler) 1999] formuliert treffend: „Im Einspruch gegen den Gehorsam und in Treue zu seiner Liebe/seinem Begehren entscheidet sich Abraham ‚kraft des Absurden' für Israel *und* für Gott."
[33] Wie Tilman Beyrich richtig bemerkt, handelt es sich hier um einen impliziten Verweis auf Kants Verurteilung Abrahams im *Streit der Fakultäten, 103 Werke, VI, 333* (Beyrich, *Ist Glauben wiederholbar,* 147f). Kant schreibt in einer Fußnote, welche ein Beispiel für eine nicht der praktischen Vernunft entsprechende (und deshalb als Täuschung zu entlarvende) Bibelpassage bieten soll: „Abraham hätte auf diese vermeintlich göttliche Stimme antworten sollen: ‚daß ich meinen guten Sohn nicht töten soll, ist ganz gewiß; daß aber du, der du mir erscheinst, Gott sei, davon bin ich nicht gewiß, und kann es auch nicht werden, wenn sie mir auch vom sichtbaren Himmel herabschallete'."
[34] DERRIDA, *Den Tod geben*, 412.

einer anthropologisch fundamentalen grundlegenden Paradoxie. Derrida beharrt mit der jüdischen und christlichen Religion auf der Valenz dieses Geheimnises gegen den Zugriff eines bestimmten philosophischen, juridischen und psychologischen Denkens und gegen seine Extermination.

Abschließend stellt sich die Frage, welche Rolle den Texten des *Neuen Testamentes* im Kontext dieser Phänomenologie des Geheimnisses zukommt. Hier taucht der Gott des Matthäus-Evangeliums auf, der „ins Verborgene schaut" (Mt 6) und mit diesem Schauen, ohne gesehen zu werden eine Neufassung der Dissymmetrie zwischen Ich und Anderem ins Spiel bringt: „dieser Blick sieht mich, ohne daß ich ihn mich sehen sehe. Er kennt mein eigenes Verborgenes, da wo ich selbst es nicht sehe, und da, wo das ‚Erkenne dich selbst' das Philosophische im Trug der Reflexivität, in der Leugnung eines Verborgenen zu errichten scheint."[35] Heißt es nun von diesem Vater, der in das Verborgene schaut, er „wird es Dir vergelten" (Mt 6,18), so kommt nicht nur endlich die Eschatologie auch explizit ins Spiel, sondern ebenso eine himmlische Ökonomie, die allem bisher Entwickelten Hohn zu sprechen scheint, indem sie ein in sich stimmiges System wiederherstellt: „So wird sich der wahre Schatz des Himmels bilden, ausgehend vom Lohn oder vom für das Opfer oder den Verzicht auf dieser Erde gezahlten Preis."[36] Doch Derrida entdeckt Spuren der Paradoxie, der Anökonomie auch in der Bergpredigt: „Wenn dich aber dein rechtes Auge zur Sünde verführt, so reiß es aus und wirf es von dir, denn es ist besser für dich, daß eins deiner Glieder verlorengeht und nicht dein ganzer Leib in die Hölle geworfen wird." (Mt 5,29) „Ein solches ökonomisches Kalkül schließt den absoluten Verlust mit ein. Es bricht mit dem Tausch, der Symmetrie oder der Reziprozität."[37]

Da ist er also gefunden, der „noch niemals überschrittene (wenngleich bis heute nicht zu Ende gedachte) Aufschwung [...] zum Kampf gegen den Verfall", der zu Beginn angekündigt worden war: Hier werden zweierlei Arten von Lohn versprochen, einer, der im Sinne der klassischen Ökonomie ‚funktioniert' und der den „Pharisäern und Schriftgelehrten" zukommt und ein anderer, „den man durch uneigennütziges Opfer oder die Gabe erlangt"[38]. Die vielfach diskutierte Derridasche „Gabe"[39] verdankte sich also hier der Reflexion des Evangeliums auf das Verhältnis zwischen Diesseits und Jenseits und

---

[35] Ebd. 418. Patočka, den Derrida hier ausdrücklich zitiert, formuliert aus dezidiert christlichem Kontext das gleiche Phänomen: „In letzter Instanz ist die Seele nicht eine Beziehung zu einem noch so erhabenen Gegenstand (wie dem platonischen Guten), sondern zu einer Person, die die Seele mit dem Blick durchdringt, während sie selbst außer Reichweite des Blicks der Seele bleibt." PATOČKA, *Technische Zivilisation*, 133.
[36] DERRIDA, *Den Tod geben*, 426.
[37] Ebd. 428.
[38] Ebd. 431.
[39] Vgl. v.a.: Jean-Marie RABATÉ/Michael WETZEL (Hg.): *Ethik der Gabe. Denken nach Jacques Derrida*. Berlin 1993.

3. Elemente einer Kritik apokalyptischen Denkens

der in der Bergpredigt markierten Dis Symmetrie zwischen Ich und ganz Anderem, den sich Derrida hier nicht scheut ‚Gott' zu nennen.[40] Doch Derrida geht noch weiter: Nach einem Verweis auf die Aufforderung *Wahrung des Geheimnisses* im Beten, Almosengeben, Fasten, Gerechtigkeit-Üben (Mt 6,1–18) dringt Derrida zur Gottesfrage vor:

„Man darf nicht länger an Gott als an jemanden denken, der dort, sehr weit oben, transzendent und [...] besser als jeder Satellit fähig ist, alles zu sehen [...] Gott ist der Name der Möglichkeit für mich, ein Verborgenes, ein Geheimnis zu wahren, das im Innern sichtbar ist, aber nicht im Äußeren. Sobald es diese Struktur eines Bewußtseins, eines Mit-Sich-Seins, eines Sprechens, das heißt einer Hervorbringung unsichtbaren Sinns gibt, sobald ich, *dank dem unsichtbaren Sprechen als solchem*, einen Zeugen in mir habe, den die anderen nicht sehen und der folglich *zugleich anders als ich und mir innerlich näher ist als ich selbst*, [...] gibt es das, was ich Gott nenne, (gibt es) was ich Gott in mir nenne [...] Gott ist in mir, er ist absolutes ‚ich', er ist diese Struktur des unsichtbaren Innerlichkeit, die man im Kierkegaardschen Sinne die Subjektivität nennt. Und er offenbart sich, er zeigt sein Sich-Nicht-Offenbaren, wenn in der Struktur des Lebendigen oder des Existierenden im Verlauf der phylo- und ontogenetischen Geschichte die [...] Möglichkeit des Geheimnisses auftaucht."[41]

Derrida schließt ein ausführliches Zitat aus Baudelaires *École païenne* an, das es sowohl in seiner Aktualität als auch in seiner Schärfe mit der Dilettantismuskritik Maurice Blondels aufnehmen kann und spitzt seine bisherigen Ausführungen damit auf ihr eigentliches Thema, nämlich das *Bilderverbot* zu. Hier nur ein kurzer Auszug aus dem langen Zitat, das als Exposé auch unseres Projektes zu Apokalyptik und Fiktionalität herhalten könnte: „Die Leidenschaft und die Vernunft verabschieden heißt die Literatur töten. Die Anstrengungen der vergangenen christlichen und philosophischen Gesellschaft verleugnen heißt Selbstmord begehen [...] sich ausschließlich mit den Verführungen der physischen Kunst umgeben heißt sich mit großer Wahrscheinlichkeit dem Untergang ausliefern. [...] Ich begreife die Wut der Ikonoklasten und Muselmanen auf die Bilder. Alle Gewissensbisse des heiligen Augustinus über die allzugroße Augenlust scheinen mir gerechtfertigt. [...] Die Zeit ist nicht mehr fern, wo man begreifen wird, daß jede Literatur, die

---

[40] „Im durch diese Ökonomie der Maßlosigkeit eröffneten Raum beruft sich eine neue Lehre der Gabe oder des Almosens auf ein Zurückgeben (rendre), auf einen Ertrag (rendement), wenn man so sagen darf, ja sogar auf eine Rentabilität gewiß, doch eine, die für Geschöpfe nicht kalkulierbar und der Bewertung des Vaters, insofern er ins Verborgene sieht, überlassen ist." DERRIDA, *Den Tod geben*, 432.
[41] Ebd. 434.

sich weigert, mit Wissenschaft und Philosophie in brüderlicher Gemeinschaft zu leben, eine menschenmörderische und selbstmörderische Literatur ist."[42]

3.5.4 Messianische Gespenster

Die Berufung auf die Universalität eines Messianismus im Werk Derridas ist nicht neu. Bereits in seiner ersten Auseinandersetzung mit Levinas' gerade erschienenem Werk *Totalität und Unendlichkeit* hatte Derrida die prophetische bzw. messianische Dimension in Levinas' Denken hervorgehoben.[43] Danach verschwindet dieser Begriff 30 Jahre lang, um schließlich – nach einer Vielzahl von impliziten Ankündigungen – 1995 in *Marx' Gespenster*[44] als systematisch bedeutsamer Terminus im Zusammenhang der Frage, „was wird bleiben vom Marxismus?" wieder aufzutauchen: Er begegnet hier als Widerstand gegen die „Für-tot-Erklärung" des Marxismus, genauer gegen Francis Fukuyamas Rede vom Ende der Geschichte, als prekäre „Erfahrung der Unberechenbarkeit des Ereignisses"[45]. Was man für tot erklärt, droht als Gespenst, als Untoter (und damit als Infragestellung des Dualismus zwischen Tod und Leben) wiederzukehren.

Im Namen des mit Benjamin gelesenen Messianischen und der Eschatologie kritisiert Derrida sowohl jede Teleologie als auch eine Hoffnung, die einfachhin eine Stillstellung der Geschichte erwartet. Derrida spricht hier im Namen einer „radikalen und unabschließbaren [...] unendlichen Kritik" (!). Bei der Erfahrung, die der Hoffnung im Namen dieser Kritik entgegengesetzt wird, handelt es sich um eine Erfahrung, „die für die absolute Zukunft dessen, was kommen wird, offen ist, das heißt der Bewegung einer notwendig

---

[42] Dt. *Die heidnische Schule*. In: Charles BAUDELAIRE: Sämtliche Werke/Briefe. Hg. v. F. Kemp u. C. Pichois. München 1983 Bd. 2, 189ff.
[43] DERRIDA, *Gewalt und Metaphysik*, 121. Matthias Müller weist in seiner noch nicht publizierten Dissertation darauf hin, dass ein grundlegendes Oszillieren zwischen Präsenz und einem erwarteten Abwesenden sich auch an anderen Stellen in den frühen Texten von Derridas Denken findet, so etwa auf den letzten Seiten von *Die Struktur, das Zeichen und das Spiel im Diskurs der Wissenschaften vom Menschen*. [In: Ders.: Die Schrift und die Differenz. Frankfurt a.M. (Suhrkamp) 1972, 422–442, 441f.] oder in *Grammatologie* [Frankfurt a.M. (Suhrkamp) 1972, 15], wo von einer „Irre *(errance)* eines Denkens" die Rede ist „das treu und aufmerksam auf eine unaufhaltsam kommende Welt gerichtet ist [...]. Für diese künftige Welt und für das, was die Werte von Zeichen, gesprochenem Wort und Schrift in ihr erschüttert haben wird, was uns hier vollendete Zukunft setzen läßt, gibt es noch keine Devise." Johannes Hoff fasst Derridas Sprachphilosophie ausgehend von den ersten Schriften über Husserl und verdichtet in seiner Schrift *Von einem neuerdings erhobenen apokalyptischen Ton in der Philosophie* ebenfalls ausdrücklich als Explikation allgemeiner irreduzibel apokalyptischer Elemente im Phänomen Sprache: „Die Apokalyptik ist nicht in erster Linie als Reaktion auf eine ‚außersprachliche' Krise zu deuten, sondern muss als ‚Selbstdarstellung' (auto-présentation) eines Krisen-Apriori der Sprache gelesen werden." HOFF, *Fundamentaltheologische Implikationen der Apokalyptik*, 49.
[44] Jacques DERRIDA: *Marx' Gespenster*. Frankfurt a.M. (S. Fischer) 1995.
[45] Dana HOLLANDER: *Messianische Gespenster*. In: Die Philosophin 11 (2000), H 21, 22–42, 25.

3. Elemente einer Kritik apokalyptischen Denkens

unbestimmten, abstrakten, wüstenhaften, ausgelieferten, exponierten Erfahrung, die ihrer Erwartung des anderen und des Ereignisses ausgesetzt bleibt."[46] Diese Wendung, die ihre enge Verwandtschaft mit Levinas kaum verleugnen kann, sollte in jede kommende und alle vergangenen Eschatologien eingetragen zu werden. Denn sie erneuert die Kritik am Begriff einer endzeitlichen großen Offenbarung, in deren Namen hier und heute Herrschaft ausgeübt werden kann. Im Namen einer Negativen Theologie plädiert sie für ein Offenhalten von Wesensaussagen über Gott und das Jenseits und betont die Diskontinuität zwischen Historie und Transzendenz.[47]

Derrida spricht hier statt für eine ‚Hoffnung‘[48], die ihrer grandiosen Erfüllung entgegenharrt, für das Messianische als ein unendliches, gastfreundliches[49] Warten auf jemanden oder etwas noch Unbestimmtes, und fordert damit zugleich etwas Unmögliches, ist doch der Mensch auch in seinen Zukunftsvorstellungen unweigerlich dem Zwang der Sprache, der Artikulation und damit dem identifizierenden Dualismus ausgeliefert. Vorstellungen von der eigenen und einer universalen Zu-Kunft gälte es also immer wieder durch ein so verstandenes Messianisches durchkreuzen zu lassen.

Derrida unterscheidet in *Marx' Gespenster* zwischen einem solchen allgemeinen Messianismus als Öffnung der Geschichte auf Zukunft hin und dem speziellen historischen Messianismus etwa der Abrahamitischen Religionen, der entweder eine allgemeine Sensibilität für das Phänomen Messianismus oder aber eine Verstellung der Universalität des Messianismus bewirken kann. Man muss dem Messianismus also zwar weiterhin ‚Namen geben‘,[50] sich der Logik partikulärer Diskurse überlassen, dies allerdings in dem Bewusstsein der *Universalität* des Messianischen und der Möglichkeit einer Durchkreuzung aller konkreten Hoffnungen. Derrida unterscheidet sich

---

[46] DERRIDA, *Marx' Gespenster*, 146.
[47] Auch Ottmar Fuchs schreibt: „Ohne der Einbildung zu erliegen, übergeschichtlich und überzeitlich die gläserne Wahrheit zu verkünden, ist mit dem kontextuell vorgegebenen Figurativen aus der Logik des Glaubens und aus der darin aufgehobenen Logik der Überfülle der Gnade heraus umzugehen. Der Logik der Äquivalenzen (zwischen diesseitigen und jenseitigen Vorstellungen) steht dann die Vorstellung unendlicher ‚Verschwendung‘ und Versöhnung Gottes gegenüber." FUCHS, *Deus semper maior*, 141.
[48] Bereits Franz Rosenzweig, auf den sich Derrida hier implizit bezieht, verweist darauf, dass sich Messianismus in Hoffnung erschöpfen darf (vgl. Franz ROSENZWEIG: *Der Mensch und sein Werk*. Ges. Schr. IV.1, 202f).
[49] „Erwartung ohne Erwartungshorizont, Erwartung dessen, was man noch nicht oder nicht mehr erwartet, vorbehaltlose Gastfreundschaft und Willkommensgruß, der absoluten Überraschung des Eintreffenden im Vorhinein gewährt werden, ohne das Verlangen einer Gegenleistung oder einer Verpflichtung gemäß den Hausverträgen irgendeiner Empfangsmacht [Familie, Staat, Nation, Territorium, Boden oder Blut, Sprache, Kultur im allgemeinen, selbst Menschheit], gerechte Öffnung, die auf jedes Besitzrecht verzichtet [...]." DERRIDA, *Marx' Gespenster*, 110.
[50] Wie in *Glaube und Wissen. Die beiden Quellen der Religion an den Grenzen der bloßen Vernunft* [in: J. Derrida/G. Vattimo (Hg.): Die Religion. Frankfurt a.M. (Suhrkamp) 2001, 9–106] ausgeführt.

in seinem Plädoyer für eine reflektierte Aufrechterhaltung partikularer messianischer Diskurse ausdrücklich vom *Prinzip Hoffnung* Ernst Blochs, indem er nicht einfach annimmt, er könne ein messianisches Element frei von kultureller Prägung isolieren. Derrida redet von diesem Universalen als von einem ‚leeren' Messianismus, einem Messianismus der Wüste,[51] und schließt so an seine Überlegungen zur Wüste in *Post-Scriptum*. *Aporias Ways and Voices*[52] an, wo im Kontext der Negativen Theologie des Angelus Silesius von einer beinahe atheistischen Trockenheit aber auch von der Abstraktion als Verödung *(desertification)* die Rede war.

Bei all dem scheint es Derrida nicht einfach um die Kritik eines ideengeschichtlichen Phänomens, des Messianismus zu gehen, sondern gleichzeitig um eine Garantie, um eine Gründung dessen, was er Gerechtigkeit nennt in einer Erfahrung des Unmöglichen: „Ohne diese Erfahrung des Unmöglichen täte man besser daran, sowohl auf die Gerechtigkeit als auch auf das Ereignis zu verzichten."[53] Doch diese Gerechtigkeit kann nicht, wie in der Geschichte des Christentums immer wieder geschehen im Einzelnen antizipiert werden. Das Kommen oder die Zukunft der Gerechtigkeit ist „das Kommen des anderen [...] dieser immer anderen Singularität".[54]

3.5.5 Ertrag

Die hier nur ansatzweise ausgeführte Exploration der Derridaschen Texte im Umfeld der Apokalypse ergibt folgende Elemente einer Kritik für den Umgang mit apokalyptischen Motiven:

Die Interpretation der Johannesapokalypse von Erhardt Güttkemanns hatte einzig das *Martyrium ohne Lohn* als Möglichkeit aufgewiesen, einen Gebrauch des Textes der Johannesoffenbarung zu vermeiden, der diesen als Antwort auf ein Wunschdenken versteht, als imaginäre Befriedigung letztlich infantiler Selbstermächtigungsphantasien. Derrida knüpft in verschiedenen Anläufen in diversen ideengeschichtlichen Kontexten, aber immer mit einem (in *Apokalpyse* noch einmal kritisch reflektierten) kritisch-aufklärerischen Interesse implizit an diese Fragestellung an:

Einer zuerst von Johannes Hoff offengelegten apokalyptische Struktur von Textualität überhaupt wohnt zunächst in einer im Wortsinne ‚sektenhaften'[55] Abschottung zwischen Autor und Leser die Behauptung des Besitzes

---

[51] DERRIDA, *Marx' Gespenster*, 54.
[52] Jacques DERRIDA: *Außer dem Namen* (Post-Scriptum). In: Ders.: Über den Namen. Drei Essays. Wien (Passagen) 2000, 63–121. Vgl. auch: VALENTIN, *Atheismus in der Spur Gottes*, 191–212.
[53] DERRIDA, *Marx' Gespenster*, 110.
[54] Ebd.
[55] Vgl. dazu die einleitenden Reflexionen auf den Sektenbegriff in Teil 4 dieser Arbeit.

einer exklusiven ‚offenbarten' Wahrheit inne; einer Wahrheit also, die nicht allgemein, sondern nur durch die Lektüre *dieses* Textes zugänglich wird. Begreift man dieses Phänomen als eines, das der Textualität und dem Sprechen *strukturell* innewohnt, werden die Begriffe ‚Wahrheit' und ‚Aufklärung' *an sich* und die mit ihnen historisch immer wieder verbundene Denunziation Andersdenkender zunächst problematisch.

Derrida hält trotzdem an seinem eigenen aufklärerischen Projekt der Dekonstruktion fest, indem er (in einer ausdrücklich an Levinas' Denken des Anderen anschließenden Volte) auf eine Durchkreuzung des umfassenden Wahrheits- und Aufklärungsdranges im ‚aufklärerischen Text *par excellence*', der Johannesoffenbarung *selbst* hinweist: In Offb 5 und 22 findet sich der Verweis auf ein Buch, in das niemand hineinzublicken vermag bzw. die Aufforderung dieses Buch nicht zu versiegeln. Damit ist im Namen einer umfassenden Offenbarung gerade auf die *Nicht-Darstellbarkeit eines der Sprache vorgängigen Jenseits* hingewiesen und zu einer *irreduziblen Offenheit* auf ein nahe bevorstehendes, aber eben (von diesem Jenseits her?) ausstehendes Ereignis hin aufgefordert. Die Erkenntnismöglichkeiten eines auch durch die Bindungen an die Aktualität scheinbar nicht begrenzten Subjektes werden hier im Zentrum der ‚Offenbarung schlechthin' und im Namen eines dem Ich heterogen entgegentretenden Anderen begrenzt und im Namen eines unspezifischen „Komm" auf die Begegnung mit diesem Anderen offengehalten.

Neun Jahre später reflektiert Derrida in einer ausladenden Lektüre eines Werkes Jan Patočkas auf das ‚Wesen des Christentums' und stößt hier in einer dem in *Apokalypse* Entwickelten zunächst sehr ähnlichen Reflexion über das Geheimnis auf die Erzählung von der ‚Bindung Isaaks in Gen 22: Eine erst durch das Phänomen des Todes gegebene Verantwortung ist nicht ohne die Aporie mehrseitiger Verpflichtungen zu denken, auf die das Ich nur mit Schweigen und Passivität – oder genauer: einer Wahrung des Geheimnisses – reagieren kann, in einem zunächst radikal uneingelösten Warten auf eine erlösende Begegnung. Es handelt sich um ein Warten, das einzig *Akt* ist, das heißt spekulativ nicht antizipiert werden kann – also erneut eine Durchkreuzung zu weit reichender Erkenntnisinteressen. Die Rede vom ‚Vater der das Verborgene schaut' und die damit verbundene gleichzeitige Errichtung und Durchkreuzung einer Ökonomie diesseitiger Opfer und jenseitigen Lohnes in Mt 6 ist Derrida Anlass, Gott als Ferment einer zwischen Heteronomie und Autonomie dezidiert *christlichen* Subjektivitätskonzeption zu entwickeln, einen Gott, dessen Undarstellbarkeit das Abgleiten in eine Ökonomie im Sinne einer platten Werkgerechtigkeit immer wieder verhindert.

Erst in *Marx' Gespenster* stellt Derrida die bis hierher entwickelte ‚Eschatologie' in einen messianischen Kontext. Ausdrücklich im Namen einer „radikalen und unabschließbaren Kritik" plädiert er erneut für ein Offenhalten propositionaler Aussagen über Gott und für eine Partikularität unter anderem der monotheistischen endzeitlichen Diskurse, die unter irdischen Bedingungen zunächst nicht – wie etwa in Blochs *Prinzip Hoffnung* – in eine Universalität münden können, wohl aber alle im Sinne der geschichtsphilosophischen Thesen Walter Benjamins jederzeit ihre Duchkreuzung durch ein singuläres Ereignis gewärtigen müssen.

3.6 Max Webers Unterscheidung zwischen Massen- und Intellektuellenreligion

3.6.1 Das Problem

Bereits in Teil 1 der Arbeit ist deutlich geworden, dass eine theologische Hermeneutik apokalyptischer Motive weitgehend ins Leere läuft, wenn sie sich gegen popularreligiöse Elemente dieser Bildwelt sperrt. Christliche populare Religiosität, Religion des Volkes (K. Rahner)[1] oder Volksfrömmigkeit ist der Ort, an dem – vor allem jenseits Westeuropas und Nordamerikas – stark bildhafte und quasirealistische Vorstellungen von Auferstehung, Gericht und jenseitigem Leben in Hölle und Himmel quer durch die Konfessionen bis heute verwurzelt sind. Rahner weist darauf hin, dass vor dem Hintergrund der Kirchenkonstitution des II. Vatikanischen Konzils „diese Volksreligion immer wieder aufs neue und unreflex von der ursprünglichen Offenbarung inspiriert und getragen ist"[2] und demzufolge „wissenschaftliche Theologie, um ihrem eigenen Wesen gerecht zu werden, viel mehr auf die Religion des Volkes reflektieren müßte, als sie es faktisch zu tun pflegt"[3]. Entscheidend in unserem Zusammenhang ist auch die von Rahner im Sinne einer Ermahnung der Theologie vorgebrachte „lebendigen Verbindung" des *sensus fidelium* „mit den übrigen Teilen und Ämtern der Kirche"[4]. Das im Jahr 2001 vom Vatikan veröffentlichte *Direktorium über die Volksfrömmigkeit und die Liturgie*[5] regelt neuerdings umfassend die im Katholizismus gebrauchten Formen popularer Frömmigkeit. Es anerkennt, dass in den Kulturen eine Volksreligiosität existiere, die „sich nicht notwendig auf die christliche Offenbarung" bezieht (Nr.10, S.19). Das Papier spricht weiterhin konsequent von „eine [r] Art ‚Volkskatholizismus', in dem Elemente, die aus dem allgemeinen religiösen Sinn des Lebens, aus der Kultur eines Volkes und aus der christlichen Offenbarung kommen, mehr oder weniger harmonisch nebeneinander existieren." (ebd.). Eine Wahrnehmung und (kritische) theologische Reflexion solcher Phänomene stellt zur Zeit ein Desiderat dar.

Die im weiteren Verlauf der Arbeit zu untersuchenden Endzeitkirchen sind mit Ausnahme der Mormonen soziologisch in der Unter- und unteren

---

[1] Karl RAHNER: *Einleitende Überlegungen zum Verhältnis von Theologie und Volksreligion*. In: Ders. u.a. (Hg.): Volksreligion, Religion des Volkes. Stuttgart u.a. (Kohlhammer) 1979, 9–16.
[2] Ebd. 14.
[3] Ebd. 9.
[4] Ebd. 15.
[5] KONGREGATION FÜR DEN GOTTESDIENST UND DIE SAKRAMENTENORDNUNG: *Direktorium über die Volksfrömmigkeit und die Liturgie. Grundsätze und Orientierungen*. 17. Dezember 2001 (Verlautbarungen des Apostolischen Stuhls 160).

Mittelschicht zu situieren. Auch das unter 5.4 fokusierte Mainstreamkino ist nicht zuerst ein Ort der Sinnstiftung für Akademiker. Mit der Beleuchtung der Dichotomie *Massenreligiosität* versus *Intellektuellenreligiosität*, die ihre früheste und stärkste Prägung in den Arbeiten Max Webers gefunden hat, soll nun der scharfen und nicht selten hochabstrakten Kriterioloige, die vor dem Hintergrund der Arbeiten von Kant, Foucault, Levinas und Derrida entwikkelt wurde, ein ‚pastoral-konkretes' Element zur Seite gestellt werden. Läuft doch die akademische Theologie – in der Regel eine Diskursform hoch gebildeter, intellektuell orientierter Personen, und damit auch das Ergebnis ihrer spezifischen Fragestellungen – nicht selten Gefahr, die religiösen Interessen weniger oder anders gebildeter sozialer Milieus zu verfehlen, indem sie die eigene Diskursform verabsolutiert. Auf die Problematik einer radikalen intellektuellen Kritik des Volksglaubens hatte schon Kant in seiner Religionsschrift in heute hochaktueller Klarsichtigkeit hingewiesen: „Den Volksglauben zu vertilgen ist nicht ratsam, weil vielleicht ein dem Staat noch gefährlicherer Atheismus entstehen könnte".[6]

Insgesamt muss ein hochkomplexes und historisch wechselhaftes Verhältnis zwischen Theologie und Volksglauben konstatiert werden, dessen Exploration den Rahmen dieser Arbeit sprengt aber gleichwohl als Desiderat der zeitgenössischen Theologie markiert werden soll. Immerhin soll darauf hingewiesen werden, dass bereits die Paulusbriefe die Problematik einer „Erfahrung von Niveau-Unterschieden in den christlichen Gemeinden" kannten und darauf auch reagierten.[7] In 1 Thess 5,14 oder Röm 14,1 lautet der Tenor: „Nehmt euch der Schwachen an [...]. Es gibt eine Gemeindefrömmigkeit auf dem Boden sehr einfacher Theologie und es gibt [...] gebildete Theologie"[8]. Die Alternative zu solcher Toleranz, die Annahme unverrückbarer Grenzen zwischen ‚Pneumatikern' und ‚Sarkikern' wird schlicht als gnostisch verworfen und dagegen ein Modell der gestuften Komplexität gesetzt: Milch für die Unmündigen, feste Speise für die Mündigen (1 Kor 3,1–3; Hebr 5,11–14). Unter den Integratoren angesichts dieses sich in der Zeit der alten Kirche eher noch zuspitzenden Konfliktes dürfen nach Paulus Augustinus (*simplicitas* als *imitatio veritatis*), Irenäus (Lob des *idiota religiosus*) aber auch Origenes und seine mehrstufige Pädagogik gerechnet werden, die im vorhergehenden Teil dieser Arbeit bereits thematisiert wurden. Ein Lob für die *simplices* führte aber offenbar zunehmend zu einer Verteufelung der philosophischen Theologie, so dass schon Origenes schließlich klagte, die Unwissenden hielten „diejenigen für töricht und überflüssig [...], die sich in

---

[6] Immanuel KANT: *Religion in den Grenzen der reinen Vernunft.* Werke, IV, 649–879, 772.
[7] Vgl. Norbert BROX: *Der einfache Glaube und die Theologie. Zur altkirchlichen Geschichte eines Dauerproblems.* In: Kairos. Zeitschrift für Religionswissenschaft und Theologie 14 (1972) 161–187, 163.
[8] Ebd. 164.

Wort und Lehre plagen. [...] deren Bemühungen nennen sie Wortschwall, ihre Ungelehrtheit und Unwissenheit aber Einfachheit als Tugend."[9] Dabei bedarf doch die geachtete πίστις (des Volkes) der Korrektur durch die γνῶσις (der Theologen).[10] Einerseits kann der Ausfall theologischer Reflexion verbunden mit der Aufnahme volksreligiöser Elemente zugunsten individueller Machtinteressen auch und gerade im Bereich apokalyptischer Motive eine gefährliche Radikalisierung des populären Dualismus zwischen Gut und Böse bedeuten, wie die Untersuchung der Endzeitkirchen zeigen wird.

3.6.2 Populare Religiosität heute

Doch was ist heute genau mit populärer Religiosität oder Voksfrömmigkeit bzw. Virtuosen- oder Intellektuellenreligiosität gemeint?

Michael N. Ebertz und Franz Schultheis haben in einer geographisch breit angelegten Sammlung von Beiträgen zum Thema den Begriff der Volksfrömmigkeit in jüngerer Zeit mit religionssoziologischer Methodik untersucht[11]. In gewisser Weise deutet sich hier bereits 1986 ein Ende der nicht zuletzt auf dem Feld des Traditionsbegriffs ausgetragenen Grabenkämpfe zwischen einer progressiven und einer konservativen Auslegung bzw. Kritik der pastoralen und liturgischen Aussagen des II. Vatikanischen Konzils an, deren Auswirkungen auf die – v.a französischen – inner- und außertheologischen Diskussionen der siebziger und frühen achtziger Jahre in der Einleitung des Bandes knapp skizziert werden.[12]

Ebertz und Schultheis skizzieren das Phänomen ‚populare Religiosität', das sich trotz der gesamteuropäisch hohen Pluralität und historischen Variabilität der Phänomene einer „konsensfähige(n) sozialwissenschaftlichen Konzeptualisierung"[13] annähere, auf folgende Weise: In allen Fällen ist das Phänomen populare Religiosität Teil eines relationalen Konzeptes, wird also sozialwissenschaftlich begriffen in jeweils unterschiedlichen dichotomischen Relationen. Als ‚Adversativa' zur popularen Religion treten u.a. auf: „offizielle kirchliche Religion", „religiös spezifische Institutionen", die „Religion der Eliten und Spezialisten", „‚konventionelle[s]' religiöse[s] Verhalten",

---

[9] Homilie zu Psalm 36, 1, zit. Ebd. 175.
[10] Ebd. 183.
[11] Michael N. EBERTZ/Franz SCHULTHEIS (Hg.): *Volksfrömmigkeit in Europa. Beiträge zur Soziologie popularer Religiosität aus 14 Ländern*. München (Chr. Kaiser) 1986. Vgl. zum gleichen Thema: Michael N. EBERTZ: *Die Organisierung von Massenreligiosität im 19. Jahrhundert. Soziologische Aspekte zur Frömmigkeitsforschung*. In: Jahrbuch für Volkskunde. Neue Folge 2 (1979), 38–72 sowie ders: *Von der ‚Religion des Pöbels' zur ‚popularen Religiosität'*. In: Handbuch für Volkskunde. Neue Folge 19 (1996), 169–183.
[12] Ebd. 11ff.
[13] Ebd. 23.

„gereinigte' christliche Religiosität oder wahre Religion"[14]. Im Verhältnis zu solchen Normgrößen gewinnt populare Religiosität in der Regel vor allem als Negativfolie Kontur. Ebertz und Schultheis definieren schließlich – in begrifflicher Nähe zu Pierre Bourdieus Konzept des *champ religieux*[15]: „Unter ‚popularer Religiosität' sind spezifische Konfigurationen religiöser Vorstellungen und Praktiken zu verstehen, die sich infolge einer Monopolisierung der Definition von und Verfügung über ‚Heilsgüter' bzw. über das ‚religiöse Kapital' bei den von der Definition von und der Verfügung über diese Heilsgüter Ausgeschlossenen herausbilden."[16] Dass bei den nachfolgenden Reaktionen von Ein- oder Ausschließung solcher Konfigurationen durch die religiösen Eliten historisch ebenfalls eine Vielfalt von Reaktionsmöglichkeiten wie Absorption, Bekämpfung, Duldung, Stigmatisierung, Instrumentalisierung oder Ignorierung zur Verfügung stehen, sollte hier immerhin erwähnt werden.[17]

3.6.3 Begriffsbildung bei Max Weber

Max Weber, auf dessen begriffsbildende Kraft solcherlei Konkretionen zurückgehen, wurde zwar immer wieder und wohl zu Recht fehlende Systematik vorgeworfen. Gleichwohl hat er aber in einem „titanischen Bemühen ins Leere hinein" (Jaspers) eine Materialfülle durchgearbeitet und zu Thesen mit universalgeschichtlichem Anspruch kondensiert, die eine eher kleinteilig operierende kulturwissenschaftliche Forschung bis heute inspiriert und die dennoch leider zumindest in der deutschsprachigen Theologie bisher keine größere Monographie angestoßen hat. Vor allem Webers von Hegel und Marx geschichtsphilosophisch motivierten Thesen zu Prozessen einer menschheitsgeschichtlich von magischen über polytheistische und monotheistische[18] zu säkularen Weltbildern fortschreitenden *Rationalisierung*

---

[14] Ebd. 23f.
[15] Pierre BOURDIEU: *Das religiöse Feld. Texte zur Ökonomie des Heilsgeschehens.* Konstanz (Universitätsverlag) 2000.
[16] EBERTZ/SCHULTHEIS, *Volksfrömmigkeit in Europa*, 25.
[17] Darauf dass die Relation zwischen Priestern und Laien keineswegs niemals – wie aktuelle Auseinandersetzungen gerne suggerieren – eine der einseitigen Beherrschung war (und ist), hatte bereits Max Weber hingewiesen: „Der großen Machtstellung der Priester, je mehr die Organisation spezifischen Gemeindecharakter trägt, desto mehr die Notwendigkeit gegenüber, im Interesse der Erhaltung und Propagierung der Anhängerschaft den Bedürfnissen der Laien Rechnung zu tragen. [...] Die drei im Kreise der Laien wirksamen Mächte aber, mit welchen das Priestertum sich auseinanderzusetzen hat, sind 1. Die Prophetie, 2. der Laientraditionalismus, 3. Der Laienintellektualismus. Max WEBER: *Wirtschaft und Gesellschaft* (ca. 1914–1924). Tübingen (Mohr-Siebeck) ^{5}1972, 278.
[18] Wobei der Apokalyptik als Manifestationsform außerweltlicher Erlösung und weit entwickelter Antwort auf die für Weber religionskonstituierende Frage nach der Verhinderung oder doch Erklärung von Leid eine wesentliche Bedeutung zukommt. Vgl. u.a.: ebd. 322, 325, 348.

(vulgo *Entzauberung*), aber auch seine ausgearbeitete religionssoziologische *Typenlehre* wirken in der Religionssoziologie bis heute prägend fort. Man kann die vor allem im Werk *Wirtschaft und Gesellschaft* allein sozioökonomische Kausalität akzeptierende Methodik des selbst erklärtermaßen „religiös unmusikalischen" Weber reduktionistisch nennen, die Erklärungskraft seiner Ausführungen bleibt dennoch frappierend. Frappierend zumal, da Weber in der stark rezipierten *Protestantischen Ethik*[19] genau umgekehrt, nämlich mit einem Primat religionsgeschichtlicher Ideen über ökonomische Bedingungen argumentiert und so das Zueinander von Interessen (Materialismus) und Werten (Idealismus)[20] in seinem Gesamtwerk in der Schwebe bleibt.[21]

Für unsere Fragestellung ausgesprochen hilfreich, charakterisiert Weber die in seinem Zugriff auf die Thematik bereits dichotomisch, ja konfliktiv[22] einander zugeordneten drei Grundtypen religiöser Grundphänomene *Massen-, Virtuosen-* und *Intellektuellenreligiosität* vor dem Hintergrund unterschiedlicher Erlösungserwartungen.

Zunächst zur *Massenreligiosität*, die Weber zuerst als eine Religiosität der Unterprivilegierten fasst: „Jedes Erlösungsbedürfnis ist Ausdruck einer ‚Not', und soziale oder ökonomische Gedrücktheit ist daher zwar keineswegs die ausschließliche, aber naturgemäß eine sehr wirksame Quelle seiner Entstehung. Sozial und ökonomisch positiv privilegierte Schichten empfinden unter sonst gleichen Umständen das Erlösungsbedürfnis von sich aus kaum. Sie schieben vielmehr der Religion in erster Linie die Rolle zu, ihre eigene Lebensführung und Lebenslage zu ‚legitimieren'. [...] Entgegengesetzt entsprechend ist die Lage der negativ Privilegierten. Ihr spezifisches Bedürfnis ist die Erlösung vom Leiden. Sie empfinden dieses Erlösungsbedürfnis nicht immer in religiöser Form, so z.B. nicht das moderne Proletariat. Und ihr religiöses Erlösungsbedürfnis kann, wo es besteht, verschiedene Wege einschlagen. Vor allem kann es sich in sehr verschieden ausgeprägter Art mit dem Bedürfnis nach gerechter ‚Vergeltung' paaren. Vergeltung von eigenen guten Werken und Vergeltung von fremder Ungerechtigkeit. Nächst der Ma-

---

[19] Max WEBER: *Die protestantische Ethik und der Geist des Kapitalismus*. In: Gesammelte Aufsätze zur Religionssoziologie Bd. I. Tübingen (Mohr-Siebeck) 1972 (1920).
[20] Am einleuchtendsten formuliert WEBER das Verhältnis zwischen Materialismus und Idealismus in *Wirtschaft und Gesellschaft*: „die Rationalisierung des Religiösen hat durchaus ihre Eigengesetzlichkeit, auf welche ökonomischen Bedingungen nur als ‚Entwicklungswege' wirken, und sie ist vor allem an die Entfaltung einer spezifisch priesterlichen Bildung geknüpft." (704).
[21] Erst in jüngerer Zeit scheint – nicht zuletzt angestoßen von einer ‚linken' Rezeption durch Pierre Bourdieu – eine differenziertere Reflexion auf die Webersche Methodik auch in Deutschland einzusetzen. Vgl. dazu v.a.: Stephen KALBERG: *Ideen und Interessen: Max Weber über den Ursprung außeralltäglicher Erlösungsreligionen*. In: ZfR 8 (2000), 45–70.
[22] Kalbergs hilfreichen Überlegungen ist auch zu entnehmen, dass Weber „ein wichtiger ‚Konflikttheoretiker' war" (Ebd. 47).

gie und verbunden mit ihr ist daher eine meist ziemlich ‚rechenhafte' Vergeltungserwartung und Vergeltungshoffnung die verbreitetste Form des Massenglaubens auf der ganzen Erde."[23]

Der Terminus ‚Masse' bezieht sich bei Weber nicht unbedingt auf die *Quantität* der Gläubigen, sondern eher auf einen bestimmten *Modus* der Religiosität, so dass er sowohl auf (quantitativ abnehmende) volksreligiöse Strömungen in den christlichen Großkirchen als auch auf die zwar großen, aber an die übrigen christlichen Konfessionen quantitativ nicht heranreichenden Endzeitkirchen im Sinne einer einfachen, wenig Bildung voraussetzenden Religiosität anwendbar bleibt. Der Terminus bezeichnet bei Weber zudem zunächst ein zu versorgendes Laientum, das nicht genügend Energie aufbringen kann, um die Lebensführung der religiösen Eliten und ihrer Sonderethiken zu teilen.[24]

Als religiöse *Heroen* oder *Virtuosen* dagegen charakterisiert Weber diejenigen Charismatiker[25] oder religiös „Höchstbegabten", deren „Ansprüche [...] Höchstansprüche [sind], aber für die Alltagsethik nicht maßgebend."[26] Konkret nennt Weber die „ausdrücklich als besonderer Stand in der Gemeinde anerkannten altchristlichen ‚Asketen', die paulinischen und erst recht die gnostischen Pneumatiker, die pietistische ‚ecclesiola', alle eigentlichen Sekten, das heißt soziologisch: Verbände, welche nur die religiös Qualifizierten in sich aufnehmen, endlich alle Mönchsgemeinschaften"[27]. Gerade in jüngerer Zeit wird betont, dass, wer unter sogenannten postmodernen Bedingungen religiös bleiben wolle, unter Bedingungen des ‚Zwangs zur Häresie'[28], kaum anders denn als ein religiöser Virtuose (oder, mit den Worten Karl Rahners, als ‚Mystiker') leben könne. Hier handelt es sich jedoch um einen – bezogen auf Max Weber – uneigentlichen Gebrauch des Begriffs: Solcherlei Virtuosentum kann nicht mit dem Weberschen Begriff des Charismas erfasst werden und wird wohl auch in Zukunft noch vorwiegend im Rahmen des institutionalisierten Christentums als Intellektuellen- oder Massenreligiosität gelebt

---

[23] WEBER, *Wirtschaft und Gesellschaft*, 299f.
[24] Vgl. u.a.: Ebd. 310.
[25] Weber definiert *Charisma* als „außeralltäglich [...] geltende Qualität einer Persönlichkeit [...], um derentwillen sie als [...] gottgesandt oder als vorbildlich und deshalb als Führer gewertet wird." Ebd. 140. Mit der Veralltäglichung mündet die charismatische Herrschaft in die Formen der patrimonialen, ständischen oder bürokratischen Herrschaft (ebd. 146). Bei Papst und Bischöfen sowie (davon abgeleitet) Königen und Kaisern findet sich das Muster des institutionalisierten Charismas: Designation seitens des Klerus und Akklamation durch das Volk. Antiautoritäre Umdeutungen etwa im Sinne des freigewählten oder bürokratisch bestimmten Führers sind ebenfalls möglich (ebd. 156).
[26] Ebd. 310.
[27] Max WEBER: *Gesammelte Aufsätze zur Religionssoziologie I*. Tübingen (Mohr-Siebeck) 1963, 259.
[28] Peter L. BERGER: *Der Zwang zur Häresie. Religion in der pluralistischen Gesellschaft*. Frankfurt a.M. (Suhrkamp) 1980.

werden. Michael Hochschild hat zwar vor einigen Jahren die ‚neuen geistlichen Bewegungen' als einen Ort solcher Virtuosität ausmachen wollen. Bisher scheint aber die Situation innerhalb der Kirchen trotz der Neuentstehung sogenannter *Neuer Geistlicher Bewegungen* eher durch einen Mangel, denn durch einen Überfluss an religiösen Virtuosen im Weberschen Sinne gekennzeichnet zu sein. Will man zeitgenössisch-großkirchliches Christentum in Mitteleuropa charakterisieren, so wird man trotz zurückgehender Kirchenmitgliedszahlen und Ansätzen zu von Hochschild diagnostizierten Dekonstruktionstendenzen[29] kaum von „volkskirchliche[n] Resten des Christentums als historisch erfolglose[r] Massenreligiosität"[30] sprechen können.

Die Dichotomie, die die Situation der christlichen Kirchen und Denominationen im Westen und Norden noch immer wesentlich bestimmt, ist die zwischen *Massen-* und *Intellektuellenreligion*. Weber macht den *religiösen Intellektuellen* als Träger der ‚jüdischen Aufklärung', also des Phänomens einer vernunftorientiert-kritischen Reflexion überlieferten Traditionsgutes, aus und sieht ihn im Typen des *Propheten*[31] in besonderer Weise verwirklicht. Auch sein Erlösungskonzept ist ein spezifisches und in den Augen Webers letztlich sozioökonomisch katalysiert:

„Stets ist die Erlösung, die der Intellektuelle sucht, eine Erlösung von ‚innerer Not' und daher einerseits lebensfremderen, andererseits prinzipielleren und systematischer erfaßten Charakters, als die Erlösung von äußerer Not, welche den nicht privilegierten Schichten eignet. Der Intellektuelle sucht auf Wegen, deren Kasuistik ins Unendliche geht, seiner Lebensführung einen durchgehenden ‚Sinn' zu verleihen, also ‚Einheit' mit sich selbst, mit dem Menschen, mit dem Kosmos. Er ist es, der die Konzeption der ‚Welt' als eines ‚Sinn'-Problems vollzieht. Je mehr der Intellektuelle den Glauben an die Magie zurückdrängt, und so die Vorgänge der Welt entzaubert werden, ihren magischen Sinngehalt verlieren, nur noch ‚sind' und ‚geschehen', aber nichts mehr ‚bedeuten', desto dringlicher wächst die Forderung an die Welt

---

[29] „Zum einen erfolgt über den Erfahrungstopos eine De-Intellektualisierung religiöser Kommunikation, und zum andern kommt es zur De-Professionalisierung innerhalb des Religionssystems." Michael HOCHSCHILD: *Was leisten religiöse Bewegungen?* in: ZfR 6 (1998), 65–78, 71.
[30] Ebd. 70.
[31] Hier werden allerdings auch die typischen Schwächen der allzustarken Typisierung Webers sichtbar: Keineswegs alle Propheten des AT sind einfachhin als Intellektuelle zu charakterisieren. Ganz zu schweigen davon, dass der Begriff ‚Intellektueller' nur aus der soziologischen Situation der ersten Hälfte des 20. Jahrhunderts verständlich wird und die zentrale Intention des Weberschen Werkes offenlegt, die nicht zuerst eine historische war, sondern darin bestand, „to come to grips with the fate of the individual in modernity". Vgl. Tomas EKSTRAND: *Max Weber in a Theological Perspective.* Leuven u.a. (Peeters) 2000, 5 sowie zum Begriff „Intellektueller": Martin MEYER (Hg.): *Intellektuellendämmerung? Beiträge zur neuesten Zeit des Geistes.* München/Wien (Hanser) 1992.

und ‚Lebensführung' je als Ganzes, daß sie bedeutungshaft und ‚sinnvoll' geordnet seien."[32]

Bis hierher ist deutlich geworden, dass die Webersche Unterscheidung zwischen Massen- und Intellektuellenreligion eine grundlegende ist, die als Ergebnis je spezifischer soziokultureller Schicht- oder Milieubildung auch und gerade beim Blick auf außerweltliche Erlösungsvorstellungen immer mitbedacht werden sollte.

3.6.4 Volksreligiöse Ausprägungen der Apokalyptik

Im ersten Teil dieser Arbeit war bereits auf verschiedene frühkirchliche und aktuelle Tendenzen hingewiesen worden, den Millenarismus, genauer also eine buchstäbliche, oder konkrete Lektüre der Daniel-Apokalypse und der Offenbarung des Johannes[33] zugunsten einer eher evolutionistischen bzw. in jüngerer Zeit christozentrischen Lesart zu verwerfen. Michael N. Ebertz[34] hat mit Verweis auf die zitierten Kategorien Webers sowie auf Publikationen von Reinhold Niebuhr[35] und Rudolf Schlögl[36] auf den Bildungsfaktor als Hintergrund solcher „Zensurierungen" hingewiesen, der „das Feld der Frömmigkeitsmuster in einigen Bereichen nachhaltiger als sozioökonomische Determinanten" strukturiere.[37] Dabei ist jedoch noch einmal scharf zwischen volkstümlichen Jenseitsvorstellungen und einem neueren (genauer: dezidiert *modernen*) Phänomen zu unterscheiden: Es gehört offenbar zu den bis heute unverheilten Wunden einer schnellen Verabschiedung theologisch offensichtlich veralteter kirchlicher Sozialformen, Bild- und Frömmigkeitskonzepte in den Jahren nach dem II. Vatikanischen Konzil, die das hervorgebracht haben, was heute „Marien-Apokalpytiker" (Ebertz) oder marianischer Maximalismus (Kohle) genannt werden muss. In rechts- oder pseudokatholischen Gruppierungen inner- und außerhalb der Kirche, wie den Marienkindern, dem Engelwerk, der marianischen Priesterbewegung Don Gobbis oder

---

[32] WEBER, *Wirtschaft und Gesellschaft*, 307.
[33] Hier v.a. ausgehend von der in der Mitte der Offenbarung des Johannes (Offb 12) platzierten Vision von der Himmelsfrau: „Typisch für die Auslegung dieser Vision, die in neun Bildern die Geburt des Messiasknaben, seine Gefährdung durch den Chaosdrachen, dessen Sturz durch den Erzengel Michael, die himmlische Siegesfeier, die Verfolgung der Frau durch den Drachen, ihre Flucht und ihre Bewahrung in der Wüste dramatisch darstellt und in der westlichen Kirche als Fundus diente, die Marienfrömmigkeit üppig auszugestalten." Michael N. EBERTZ: *Heilige Reste und ihre Eigensinn. Protestantische und katholische Apokalyptiker*. In: Ders./R. Zwick (Hg.): Jüngste Tage. Die Gegenwart der Apokalyptik. Freiburg u.a. (Herder) 1999, 120–149, 145.
[34] Ebd.
[35] Reinhold NIEBUHR: *Moral Man and Immoral Society. A study in Ethics and Politics*. London (SCM Press) 1963 (1932).
[36] Rudolf SCHLÖGL: *Glaube und Religion in der Säkularisierung. Die katholische Stadt – Köln, Aachen, Münster – 1700–1840*, München (Oldenbourg) 1995.
[37] Ebd., 28, zit. EBERTZ, *Heilige Reste*, 127.

der Katholischen Pfadfinderschaft Europas werden vor dem Hintergrund eines mehr oder minder ausdrücklichen Sedisvakantismus[38] und oftmals mit Bezugnahme auf Marienerscheinungen in Lourdes, Fatima, La Salette, Amsterdam, Medjugorje und anderswo[39] Lehren von einer marianischen „Kirche in der Endzeit" verbreitet.

Eigenschaften der für solcherlei Randgruppen der katholischen Kirche typischen, nicht selten an einen spezifischen Marienglauben gebundenen konkreten *Zukunftserwartung* sind das Schema *Katastrophe – Triumph,* oder genauer: eine „Schilderung gegenwärtiger Übel, die die Kirche derzeit bedrängen". Die Auffindung der Ursachen für diese Übel gelingt üblicherweise bei sündhaften Klerikern und Ordensleuten, in jüngerer Zeit auch bei „modernistischen Bischöfen" und ungläubigen Theologen; die darauf folgenden Ermahnungen, offenbart durch Marienerscheinungen, versprechen schließlich der Kirche eine glänzende Zukunft, „wenn der Klerus nur wieder zum ursprünglichen Eifer und richtigen Glauben zurückkehrt"[40].

Gerade mit Blick auf das von Karl Rahner und der altkirchlichen Tradition vorgetragene geregelte Zueinander von *Theologie, Lehramt* und *sensus fidelium* wird man sicher nicht so weit gehen wie Michael N. Ebertz, der schließlich vor dem Hintergrund der Untersuchungen Gerhard Schulzes[41] die Marienkinder dem aus der klassischen „Unterschicht" hervorgegangenen ‚Harmonie- und Integrationsmilieu' zurechnet und sie als „innerkirchliche ‚Modernisierungsopfer' [...] gewissermaßen religiös Enteignete und kulturell Enterbte" bezeichnet. Eine sozialwissenschaftliche Methodik, die in der Lage ist, zu beschreiben, wie in diesen Schichten ökonomische und kulturelle Umbrüche gemeinsam mit einer gewissen ‚Logik' der „heroische[n] Infantilisierung", das Konzept einer „elitären Religion, das zugleich die ‚Armen und Einfältigen' prämiert"[42] hervorbringen, darf aber immerhin auch eine systematische Theologie ins Nachdenken bringen, die nur allzu oft stillschweigend die sozioökonomische Unabhängigkeit der eigenen Diskurse voraussetzt.

Ähnlich wie Michel de Certeau in seinen mikrosoziologischen Untersuchungen im Alltagsleben der Großstadt auf eine zerklüftete Landschaft von Taktiken und Strategien gestoßen ist, die es ermöglichen, innerhalb vorgegebener Normen individuelle Bedürfnisse dennoch zu befriedigen und herr-

---

[38] Behauptung einer Sedisvakanz nach dem Tode Pius' XII.
[39] Vgl. Hubert KOHLE: *Fundamentalistische Marienbewegungen.* In: W. Beinert (Hg.): Handbuch der Marienkunde. Bd. 2 Regensburg (Pustet) ²1997, 60–106.
[40] Hubert KOHLE: *Gottes Zorn gegen Verstockte. Apokalyptische Vorstellungen in katholischen Randgruppen.* In: H. Gasper/F. Valentin (Hg.): Endzeitfieber. Apokalyptiker, Untergangspropheten, Endzeitsekten. Freiburg (Herder) 1997, 70–87, 75.
[41] Gerhard SCHULZE: *Die Erlebnis-Gesellschaft. Kultursoziologie der Gegenwart.* Frankfurt a.M/New York (Campus) 1991, 293.
[42] EBERTZ, *Heilige Reste,* 147ff.

schende (Sinn)Systeme im Eigeninteresse zu nutzen[43], weisen auch Ebertz und Schultheis auf Relationen zwischen (Pastoral)Theologie bzw. kirchenoffizieller Normvorgabe einerseits und alltagsreligiöser Praxis in Europa hin[44]. Zumindest die Möglichkeit „herrschaftssoziologisch verstehbare[r] Balanceakt[e]", welche jeder Seite geben, was sie brauchen, „der einen ein schlechtes theologisches Gewissen zugunsten der Aufrechterhaltung ihrer religiös spezifischen Organisation und Verwaltung, der anderen ein gutes Gewissen zugunsten der Aufrechterhaltung und ‚Sakralisierung' ihrer [...] Identität"[45] sollte also auch die Theologie ins Kalkül ziehen (und nicht vorschnell als ‚Uneigentliches' oder ‚Sekundäres' verwerfen).

---

[43] Vgl. Michel DE CERTEAU: *Die Kunst des Handelns*. Berlin (Merve) 1988.
[44] „In der Primärerfahrung auffällig sind [...] ‚defensive Distanzen' [...] von Eltern gegen theologisch entschiedene Versuche, die Taufe ihrer Kinder zur Angelegenheit der kirchlichen Gemeindereligiosität zu erklären und dies durch den Vollzug der Taufe in einem sonntäglichen Gottesdienst zum Ausdruck zu bringen." EBERTZ/SCHULTHEIS, *Volksfrömmigkeit in Europa*, 33.
[45] Ebd. 34.

3.7 Fazit

Als Elemente einer Kritik apokalyptischer Motivzusammenhänge haben sich in diesem Teil der Arbeit ergeben:

1.) Das Gericht muss nach Kant als *Geschehen unbedingter Freiheit* gedacht werden.

2.) Die Erzählungen vom Gericht müssen *selbstreflexive* und *fiktionssignalisierende Elemente* enthalten Sie kennzeichnen den experimentellen, fiktionalen bzw. regulativen Charakter der Texte.

3.) Unbeschadet der individualisierenden Wirkung typisch christlicher Pastoralmacht darf nach Foucault ein ‚pastorales' Verhältnis die Gerichtssituation nicht als *Drohmaßnahme* zur engeren Bindung *an* und besseren Lenkung *durch* den Pastoren benutzen. Vielmehr ist Pastoral als ein wechselseitiges Geschehen zwischen Heteronomie und Autonomie zu verstehen.

4.) Das Festhalten an der Verwerfung der Rotte Korachs und anderer in der jüdischen Tradition gebietet es, nach Auschwitz *keine universale Vergebung ohne Befragung der Opfer* und/oder ohne Reue der Täter zu postulieren.

5.) Das Anliegen einer universalen Erlösung aller verbietet gerade ‚nach Auschwitz' das *Aufgeben oder die Aufweichung des jüdischen Erwähltheitsglaubens*, der seinen Gipfelpunkt in einer spezifisch jüdischen Eschatologie findet. Für unser Projekt bildet dieser jüdische Partikularismus einen Merkpunkt im Sinne jener besonderen Rolle, die Israel und seinem niemals gekündigten Bund mit JHWH in jedem apokalyptischen Denken zukommen muss, das sich seiner Verwurzelung in den alttestamentlichen Traditionen bewusst bleiben will. Dies gilt insbesondere im Namen einer Partikularität, die durch keinen egalitären Universalismus eingelöst werden kann.

6.) Aus Levinas' Plädoyer für ‚Ethik als erste Philosophie' folgt konsequent ein Verständnis der zukünftigen Welt im Sinne einer *präsentischen Eschatologie*: Es kann nur angemessen von einem endzeitlichen Gericht reden, wer jede Begegnung mit dem anderen Menschen als Möglichkeit einer Eschatologie im Levinasschen Sinne ernst nimmt.

7.) Erhardt Güttkemanns hat allein das *Martyrium ohne Lohn* als Möglichkeit aufgewiesen, einen Gebrauch des Textes der Offenbarung des Johannes zu vermeiden, der diesen als Antwort auf ein Wunschdenken versteht, als imaginäre Befriedigung letztlich infantiler Selbstermächtigungsphantasien.

8.) Jacques Derrida verweist auf eine *apokalyptische Struktur von Textualität überhaupt*. Dieser wohnt zunächst in einer im Wortsinne ‚sektenhaften'[1] Abschottung zwischen Autor und Leser die Behauptung des Besitzes einer exklusiven ‚offenbarten' Wahrheit inne; einer Wahrheit also, die nicht allgemein, sondern nur durch die Lektüre *dieses* Textes zugänglich wird.

---

[1] Vgl. dazu die einleitenden Reflexionen auf den Sektenbegriff in Teil 4 dieser Arbeit.

9.) Im Text der Offenbarung des Johannes selbst finden sich Gegenbewegungen zu totalisierenden Tendenzen im Sinne einer *Negativen Theologie:* In Offb 5 und 22 liest man einen Verweis auf jenes Buch, in das niemand außer dem Erlöser selbst hineinzublicken vermag. Damit ist zu einer irreduziblen Offenheit für ein nahe bevorstehendes, aber eben aus-stehendes Ereignis aufgefordert. Zudem werden alle Zukunftsentwürfe im Namen eines unspezifischen „Komm" auf die Begegnung mit einem Anderen offengehalten.

10.) Auch die Rede vom ‚Vater, der das Verborgene schaut,' und die damit verbundene Affirmation und Durchkreuzung einer Ökonomie diesseitiger Opfer und jenseitigen Lohnes in Mt 6 kann mit Jacques Derrida Anlass sein, Gott als Ferment einer dezidiert christlichen Subjektivität zwischen Heteronomie und Autonomie zu denken, deren Undarstellbarkeit das Abgleiten in eine Ökonomie im Sinne platter Werkgerechtigkeit verhindert.

11.) Die von Max Weber angestoßene begriffliche und religionssoziologische Reflexion auf das Verhältnis von Massen-, Virtuosen- und Intellektuellenreligiosität schließlich fordert die Wahrnehmung und kritische Würdigung auch solcher Jenseitsvorstellungen, die zunächst der entwickelten Kriteriologie nicht entsprechen, jedoch in besonderer Weise einen lebendigen Gebrauch apokalyptischer Bilder ermöglichen.

Die genannten Elemente einer Kritik werden in der nun folgenden analytischen Durchführung am apokalyptischen Bildmaterial und der inhärenten ‚Eschatologie' der Endzeitkirchen und des zeitgenössischen Spielfilms umgesetzt. Gleichzeitig hat sich für die jeweiligen Themenfelder aber die Notwendigkeit eines *je spezifischen Kriteriums* ergeben. Dieses wird in den folgenden Teilen der Arbeit jeweils noch weiter entwickelt werden:

Beschäftigt man sich mit dem *Film*, kann seine besondere ästhetische Qualität und die Geschichte ihrer theoretischen Reflexion nicht ungenannt bleiben, darüber hinaus muss beschrieben werden können, in *welcher Weise* sich die Theologie dem Spielfilm und *welcher Art Spielfilm* sie sich nähern kann. Kurz gesagt: Der Mainstreamfilm dient vor allem als Instrument der Zeitdiagnose, der Autorenfilm wird verstanden als Ort, an dem sich Irritation und damit ein Moment der Negativen Theologie als zentrales Gestaltungsprinzip entwickelt hat.

In der Beschäftigung mit den *Endzeitkirchen* bedarf die Unterscheidung zwischen Kirche und Sekte einer eingehenden Reflexion, die einerseits zu einer Offenlegung der selbstimmunisierenden Funktion des Sektenbegriffs im Diskurs der (protestantischen) Großkirchen und damit letztlich zu seiner Verwerfung führt, andererseits aber auf gewisse Familienähnlichkeiten in Sozialgestalt und Lehre zwischen den beschriebenen Gruppierungen führt, die erstaunliche Verbindungen zu der spezifischen Form der Endzeiterwartung der jeweiligen Gruppe aufweisen.

4 Apokalypse – dualistisch: Ihre Funktion in den Endzeitkirchen

„Die Aufgabe des 21. Jahrhunderts wird sein, Gott von der Politik mit Gott zu trennen."[1]   Edgar L. Doctorow

4.1 Einleitung

Es zeichnet die jüdisch/christliche Tradition aus, nicht nur die Vorstellung einer linearen Geschichte entwickelt zu haben, sondern auch, dass sie diese Linie über den überschaubaren Zeit-Raum hinaus in eine nicht mehr materiale, nicht mehr vom historischen Zufall bestimmte, sondern verheißungsvolle und in jeder Beziehung ‚andere' Sphäre hinein ausgezogen hat. Davon künden nicht nur die apokalyptischen Schriften jüdischen Ursprungs, die sich im christlichen Kanon finden und – wenn auch eher subkutan – bis heute in den Großkirchen wirksam sind, nicht nur die Vorstellung eines Zeitalters des Heiligen Geistes oder einer Neuen Kirche wie sie Joachim von Fiore und Emanuel Swedenborg erwartet haben. Auch das ‚Neue Zeitalter' der New Age Bewegung, die Geisterwelt der Spiritisten, das Reich Jehovas und seiner Zeugen sowie die Verwandlung des Weltraums in ein Reich der nichtmenschlichen Intelligenz und damit der Verheißung außerirdischer Erlösung sowie des Scientologen Ron Hubbards Hoffnung auf eine *Cleared Earth* sind Ergebnis einer typisch abendländischen Entwicklung, deren eindrückliche Bilder bis heute eine nicht zu unterschätzende emotionale und institutionelle Ressource darstellen.[2]

Dass die apokalyptische Erhitzung, die zu Beginn des 19. Jahrhunderts die dezidiert gegenaufklärerischen Erweckungsbewegungen in Großbritannien und den USA hervorgebracht hat,[3] bis heute nicht nur fortexistiert, sondern die drei großen ‚Endzeitkirchen'[4], die hier entstanden, auch und gerade in den letzten 50 Jahren einen eklatanten Zuwachs an Mitgliedern erfahren konnten, ist Indiz für ein Interesse, das die traditionellen christlichen („main-

---

[1] Edgar L. DOCTOROW, Autor des Romans *City of God* [London (Little Brown) 2000].
[2] Vgl. Joachim VALENTIN (Hg.): *Weltuntergang oder Neue Kirche? Endzeitglaube am Rande und jenseits der Großkirchen.* (Arbeitstexte zur religiös-weltanschaulichen Information und Diskussion 9) Seelsorgeamt Freiburg 2001.
[3] Vgl. G. A. BENRATH/R. DEICHGRÄBER/W. HOLLENWEGER: Art. „*Erweckungsbewegungen*" in: TRE 10, 205–227 sowie U. GÄBLER: „*Auferstehungszeit". Erweckungsprediger des 19. Jahrhunderts.* München (Beck) 1991, hier v.a. das Kapitel: „Erweckung" Historische Einordnung und theologische Charakterisierung (161–187).
[4] Der Begriff wird im Folgenden noch geklärt werden.

line"-) Kirchen vor allem in den USA offenbar immer weniger befriedigen können.

Bereits Augustinus hatte nämlich – fußend auf Texten des Neuen Testaments (vor allem auf dem lukanischen Doppelwerk) – jedem Millenarismus endgültig eine Absage erteilt, indem er die Zeit der Kirche mit dem in der Offenbarung des Johannes angekündigten tausendjährigen Friedensreich identifizierte und – zu seiner Zeit noch ohne Not – eine metaphorisch-spirituelle Deutung der Zahl 1000 sowie der Inhalte der Johannesoffenbarung vorschlug.[5] Gleichzeitig war damit die (katholische) Kirche als Ort jenes Friedensreiches etabliert und die Unterscheidung zwischen Kirche und Sekte in die abendländische Ideengeschichte eingeführt, die im nächsten Kapitel (4.2) ausführlicher thematisiert werden soll. Auch wenn die großkirchliche Theologie als Kristallisationspunkt abendländischer ‚Intellektuellenreligion' (Max Weber) spätestens von diesem Zeitpunkt an diese frühe eschatologische ‚Aufklärung' aufgriff, ist doch die abendländische Ikonographie, aber auch die politische Geschichte Europas auf Schritt und Tritt erfüllt von apokalyptischen ‚Motiven' im mehrfachen Sinne des Wortes, nämlich als *Bild* des Gerichts und des Untergangs in der Kunst und als *Legitimation* und *Antriebskraft* der großen europäischen Reiche wie auch der bedeutendsten politischen Umstürze.

Die ‚massenreligiöse Energie' (Max Weber) der apokalyptische Bilder ist seit der Aufklärung und der mit ihr verbundenen Rationalisierung und Marginalisierung, auf jeden Fall aber Säkularisierung des Religiösen als gesellschaftliche Kraft in andere Kanäle geflossen. Einer dieser Kanäle soll im Folgenden näher betrachtet werden: die Endzeitkirchen der *Heiligen der letzten Tage* (Mormonen), der *Zeugen Jehovas* und der *Neuapostolischen Kirche*.[6] Erkenntnisleitend ist hier die Vermutung, dass mit der Radikalisierung der sich schon in neutestamentlicher Zeit andeutenden Spaltung zwischen präsentischer und futurischer Eschatologie nicht nur Wertloses aus

---

[5] Zuletzt hat Karla POLMANN gezeigt, wie Augustinus in den Büchern XXI und XXII von *Civitas Dei*, fußend auf Origenes' Matthäus-Kommentar für eine *allegorische Lektüre* der eschatologischen Passagen der Bibel plädierte und sie damit *spiritualisierte* und *entpolitisierte*. Von nun an wird der Kampf zwischen Gut und Böse als fortwährender Kampf in den Herzen der Menschen bzw. innerhalb der Kirche verstanden. *Moulding the present. Apocalyptic as Hermeneutics in City of God 21–22.* In: Augustinian Studies 30/2 (1999), 154–181.

[6] Inzwischen hat sich die lange Jahre nur als Unterströmung wahrnehmbare Endzeitorientierung der großen baptistischen und methodistischen Kirchen der USA sowie der unzähligen freikirchlich und pentekostal orientierten Kleingemeinschaften in den USA (‚*Christian Right*') als ernstzunehmende religionshistorische, ja politische Größe entpuppt. Diese Entwicklung unter der Präsidentschaft George W. Bushs konnte in dieser Arbeit nicht mehr in angemessener Weise berücksichtigt werden. Vgl. dazu jedoch meinen Beitrag: *Apokalyptik statt Politik. In den USA boomen Endzeit-Romane.* In: HerKorr 59 (2005), 30–34 sowie Josef BRAML: Die religiöse Rechte in den USA. Basis der Bush-Administration? Stiftung Wissenschaft und Politik. Berlin 2004.

dem Traditionsbestand der großen Kirchen abgeflossen ist. Von daher verdienen die verhältnismäßig großen Endzeitkirchen (jeweils 6–11 Millionen Mitglieder weltweit) eine genauere Betrachtung, was ihre institutionelle Struktur und vor allem, was die Funktion des Apokalyptischen und ihrer – im weitesten Sinne – futurischen Eschatologie angeht.

Gleichzeitig sind Jenseitsvorstellungen nicht ohne ethische Implikationen zu betrachten. Was ein Mensch nach seinem Tode oder dem Ende der Zeiten erwartet, kann massive (positive wie negative) Auswirkungen auf seine Lebensgestaltung und seine psychische Befindlichkeit haben. Die nach der Aufklärung unbedingt notwendige Frage nach anthropologischen und ethischen Implikationen bestimmter Jenseitserwartungen soll deshalb auch an die großen Endzeitkirchen gestellt werden. Dies ist keine Marginalie; es wird sich nämlich herausstellen, dass die christlichen Großkirchen zwar mit der basalen Orientierung an einem jenseitigen Gericht einen nicht unwesentlichen Motor ethischen Handelns aus dem Fokus der Aufmerksamkeit gerückt haben, dass dies jedoch nicht unbedacht, sondern mit Konsequenz geschah, nämlich im Sinne der Betonung einer an der freien Glaubensentscheidung des Einzelnen orientierten Eschatologie. Wenn zeitgenössische Theologie aber die Drohung mit Höllenstrafen ein für alle Mal als nicht mit der Reich-Gottes-Botschaft Jesu kohärent ablehnt, ist eine Rückkehr zum nur scheinbar unbefangenen und meist instrumentalisierenden Umgang mit der Rede vom nahe bevorstehenden Ende der Welt für die Großkirchen versperrt. Das Ausblenden apokalyptischer Motivik geschah also in den letzten Jahrzehnten, weil sie die Anfragen der nachaufklärerischen Religionskritik in die eigene Tradition integrieren konnten, anstatt sie mit einem antiintellektuellen Affekt auszuschließen und damit nicht nur der Emotionalität, sondern eben auch einem unkontrollierbaren Machtmissbrauch Tür und Tor zu öffnen.

4.2 Der Sektenbegriff als Kristallisationspunkt für eine Kriteriologie

4.2.1 Zum Sektenbegriff in der neueren Diskussion

Die Diskussion um den Umgang mit dem was man – undifferenziert, je nach religionspolitischer Tageslage – als „Sekten" bezeichnet (hat), war und ist hochkomplex und scheint sich ob der Multiperspektivität des Phänomens immer wieder selbst zur Unerheblichkeit zu verurteilen. Dennoch ist sie bedeutsam, markiert sie doch den Umgang mit dem je eigenen Konzept der Selbst- und Fremdwahrnehmung und ist nicht selten Ergebnis oder Instrument grober oder subtiler Ausgrenzungsversuche und Richtungskämpfe verschiedener gesellschaftlicher und kirchlicher Gruppen.

So war gerade das Begriffsduo *Kirche – Sekte* immer schon durchzogen von einer vereinseitigenden Wertung, die dem Kirchenbegriff als dem eigentlichen und letztlich biblisch gegründeten den Vorzug vor der Sekte gab. Ihre eigenen Gemeinschaft werden Gläubige deshalb in den meisten Fällen als Kirche, Abspaltungen und kleinere Gruppierungen ähnlicher Herkunft eher als Sekte bezeichnen. Bevor die Funktion des Apokalyptischen in drei der ‚klassischen Sekten', bei den Zeugen Jehovas, der Kirche Jesu Christi der Heiligen der letzten Tage (Mormonen) und der Neuapostolischen Kirche untersucht werden kann, muss also zunächst geklärt werden, inwiefern und mit welchen Gründen diese (als ‚Sekte') kritisiert werden können, inwiefern ihrer Lehre aber andererseits auch für die Großkirchen eine diagnostische, erkenntnisleitende Funktion zukommen könnte.

Um den Begriff ‚Sekte' und die mit ihm zusammenhängenden Positionierungsinteressen in den Blick zu bekommen, sollen drei Perspektiven dargestellt und auf ihre Kriteriologie hin befragt werden. Da von Seiten der akademischen Theologie keine Reflexion auf den Sektenbegriff vorliegt, kann sich unsere Darstellung auf die ‚üblichen Verdächtigen' des Streites um den Sektenbegriff in Deutschland, nämlich auf die Weltanschauungsbeauftragten der Kirchen, den Staat, vertreten von der Enquetekommission des Deutschen Bundestages und die Religionswissenschaft beschränken. Abschließend soll fußend auf Erkenntnissen der Religionssoziologie und -psychologie sowie die oben entwickelten theologisch-philosophischen Elemente einer Kritik rekapitulierend eine eigene Kriteriologie entwickelt werden.

Der Begriff ‚Sekte‘[1] wirkte – von wenigen Ausnahmen etwa bei Roger Bacon (13. Jahrhundert) oder Nikolaus von Kues (15. Jahrhundert) abgesehen – seit spätantiker Zeit als Terminus der Ausgrenzung (lat. *secta* – Räuberbande), ja in Zeiten der Inquisition und der Konfessionskriege gar als Werkzeug der blutigen Verfolgung von religiösen Separatisten. Je größer der Absolutheitsanspruch der Mutterreligion, desto schärfer fiel der Widerstand von Seiten der Sektierer aus. Anders als die monotheistischen Religionen verfahren deshalb Hinduismus und Buddhismus inklusivistisch mit ihren Sekten, was auf deren Seite zu weitaus friedvolleren und weniger gewalttätigen Relationen führte. Im heutigen kirchlichen Gebrauch immunisiert die Verwendung des Begriffs häufig gegen eine nähere Beschäftigung mit der entsprechenden Gruppierung und reproduziert damit in gewisser Weise die Weltabwehr der ‚Sekten‘ mit einer Sektenabwehr der Kirchen.

In der Neuzeit drehen Sekten zunehmend ‚den Spieß herum‘ und verbinden mit der für sie typischen *Kulturkritik* an der säkularen Welt insgesamt auch eine *Religionskritik* an den großen Kirchen.[2] Anknüpfend an antike und mittelalterliche Vorläufer (Laktanz, Tertullian, Nikolaus Cusanus) entwickelte sich so gerade auf Seiten verfolgter Minderheiten und unterstützt durch den nach der *Glorious Revolution* in England besonders früh entstandenen Religionspluralismus, aber auch durch andere historische Erfahrungen wie die Hugenottenkriege in Frankreich und die Vertreibung der Protestanten aus Salzburg 1732 und natürlich durch die Katastrophe des Dreißigjährigen Krieges die Vorstellung von *Religionsfreiheit* für alle oder doch zumindest das faktische friedliche Nebeneinander verschiedener Konfessionen. Diese Vorstellungen verbreiteten sich zwar von England ausgehend zunächst über das nachrevolutionäre Frankreich und schließlich über Österreich/Ungarn und Preußen nach und nach in ganz Europa, konnten aber etwa den Kulturkampf gegen die deutschen Katholiken durch Bismarck nicht verhindern. Eine besondere Rolle spielten hier die USA, wo nicht wie in Europa erst *nach* einer späten staatlichen Liberalisierung (Religionsfreiheit herrscht in Deutschland nominell erst seit 1919), sondern *ab ovo* die gesetzliche Trennung von Kirche und Staat und damit ‚Religionsfreiheit‘ als Verfassungsgrundsatz galt. Gleichwohl wurde hier schon früh die Religionsform der „freien Vereinigung strenger und bewußter Christen" zum Normalfall, „die als wahrhaft Wiedergeborene zusammentreten, von der Welt sich scheiden, auf kleine Kreise

---

[1] Eigentlich von *sequi*, folgen, wählen, wenngleich das lat. *secare* (abschneiden) schon früh bedeutungsprägend war. Vgl. die ausführliche etymologische und kirchengeschichtliche Darstellung bei Hartmut ZINSER: *Der Begriff Sekte und die Religionsfreiheit*. In: Löhr, Gebhard (Hg.): Die Identität der Religionswissenschaft. Beiträge zum Verständnis einer unbekannten Disziplin. Frankfurt a.M. (Lang) 2000, 219–231.
[2] Hansjörg HEMMINGER: *Was ist eine Sekte? Erkennen – Verstehen – Kritik*. Mainz/Stuttgart (Grünewald/Quell) 1995, 21f.

4. Apokalypse – dualistisch: Ihre Funktion in den Endzeitkirchen

beschränkt bleiben, statt der Gnade das Gesetz betonen und in ihrem Kreise mit größerem, oder geringerem Radikalismus die christliche Lebensordnung der Liebe aufrichten, alles zur Anbahnung und in der Erwartung des kommenden Gottesreiches."[3] Die Nachträge in der Amerikanischen Verfassung von 1791 machten also zwar die Unterscheidung zwischen Kirche und Sekte hinfällig,[4] wer die amerikanische Gesellschaft in Bezug auf das religiöse Bekenntnis jedoch deshalb für einfachhin ‚tolerant' hält, der übersieht die Eruptionen, die unter anderem europäisch-katholische, russisch-jüdische und asiatische Einwanderer im Laufe des 19. Jahrhunderts in der zunächst mehrheitlich protestantischen amerikanischen Gesellschaft auslösen konnten. Ein Umstand, der neben anderen Aspekten der Modernisierung nicht wenig zum Entstehen dessen beigetragen hat, was man Fundamentalismus nennt.

Darüber hinaus ist auch hier der gegen(groß)kirchliche (und gegenaufklärerische) Aufbruch der Erweckungsbewegungen im 19. Jahrhundert von einem emphatischen Gebrauch des Sektenbegriffs geprägt[5]. Dies gilt zumindest in den Zeiten, bevor Verfestigungs- und Institutionalisierungstendenzen die oftmals von prophetisch begabten Individuen angestoßene Bewegung kirchenähnlich organisieren und damit aus der Fremdzuweisung ‚Sekte' herauswachsen lassen, indem sie unter anderem den (Kirchen-)Austritt aus theologisch und kirchenpolitisch neu gesetzten Schranken selbst unter Strafe stellen. Besonders deutlich wird dies in der Geschichte der Neuapostolischen Kirche. Aber auch die Zeugen Jehovas und die Kirche der Heiligen der letzten Tage verdanken ihre Entstehung dieser letztlich kirchenstiftenden Euphorie einer ‚geistbegabten' Minderheit.

Die Katholische Kirche selbst bekannte sich erst im II. Vatikanischen Konzil unter dem Einfluss der *nouvelle théologie* zur Religionsfreiheit.[6] Auch wenn auf Seiten der Politik heute in den westlichen Demokratien Religionsfreiheit herrscht, bildet der Sektenbegriff nach wie vor hinreichend Zündstoff zur interkonfessionellen Polemik und zur Verweigerung des Dialogs. Sollen – wie in unserem Fall – Lehrfragmente sogenannter ‚Sekten' konstruktiv auf ihren ideengeschichtlichen Ertrag befragt werden, ist also eine Reflexion auf den Sektenbegriff sowie eine Befragung seiner Tauglichkeit für den theologischen Gebrauch vonnöten. Zunächst werden deshalb im Folgenden die in verschiedenen Disziplinen und Diskussionszusammenhängen in den letzten Jahren vorgelegten Reflexionen zum Gebrauch und zur näheren Fassung des

---

[3] Ernst TROELTSCH: *Die Soziallehren der christlichen Lehren und Gruppen*. Neudruck der Ausgabe von 1912, Tübingen (Mohr) 1994, 967.
[4] Martin RIESEBRODT: *Fundamentalismus als patriarchale Protestbewegung*. Tübingen (Mohr) 1990.
[5] Vgl. u.a.: U. GÄBLER/P. SCHRAM (Hg.): *Erweckung am Beginn des 19. Jahrhunderts*. Referate einer Tagung an der Freien Universität Amsterdam. Amsterdam (o. Verlag) 1986.
[6] Vgl. die Konzilskonstitution *Dignitatis Humanae*.

Begriffs ‚Sekte' vorgestellt und unter systematisch-theologischer Hinsicht kritisiert werden.

Hans Jörg Hemminger: Was ist eine Sekte?
1995 legte der wissenschaftliche Referent an der evangelischen Zentralstelle für Weltanschauungsfragen, Hansjörg Hemminger, mit seiner Studie *Was ist eine Sekte? Erkennen – Verstehen – Kritik* eine weitgehend akzeptierte und bis heute wirksame umfassende Darstellung und Positionsbestimmung zur Diskussion um den Sektenbegriff aus der Perspektive eines (evangelischen) Weltanschauungsexperten vor.

Hemminger zeigt auf, wie sich in Publikationen der evangelischen Landeskirchen im 19. und 20. Jahrhundert ein ursprünglich weitgefasster Sekten(kampf)begriff zunehmend auf nur noch im entfernten Sinne evangelische Gruppen wie die anthroposophische *Christengemeinschaft* oder *Christian Science* verengte. Der Verlust der Vorrangstellung der Volkskirchen führte zu einer weiteren Zuspitzung des Sektenbegriffs bis dahin, dass (auch auf katholischer Seite in Nachfolge des Konzilsdekretes *Unitatis Redintegratio*) heute von Seiten der großkirchlichen Weltanschauungsbeauftragten nur noch sechs Kriterien als Merkmal von Sektierertum gelten dürften,[7] nämlich:

1. eine christliche Wurzel
2. ein Absolutheitsanspruch auf das Heil gegenüber anderen christlichen Kirchen
3. die Verweigerung der christlichen Gemeinschaft und damit verbunden eine scharfe Kirchenkritik
4. die aggressive Mission im Bereich der Großkirchen (Proselytismus)
5. der klare Umriss der Gruppe mit deutlichen Grenzen zwischen Innenwelt und Außenwelt, sowie
6. hierarchische, häufig zentralistische Machtstrukturen, ein geschlossenes Lehrsystem und eine normierte Lebenspraxis.

Es handele sich, so führt Hemminger weiter aus, nicht um dogmatische, sondern um „Beziehungskriterien"[8]. So zutreffend und brauchbar diese Kriterien auch sein mögen, bei Hemminger lässt sich leider nicht erkennen, wie sie gewonnen wurden oder theologisch reflektiert rekonstruiert werden könnten.

Für die *Ideenwelt der Sekten* reklamiert Hemminger folgende Merkmale:
1. Ein Monopolanspruch auf die Wahrheit sowie auf Rettung, Erlösung oder Heil
2. Größenideen [gemeint ist wohl Größenwahnsinn], irreale Machbarkeitsvorstellungen und überwertige Ideen
3. eine Schwarz-Weißstruktur des Denkens

---

[7] HEMMINGER, *Sekte*, 27ff.
[8] Dass hier die Ekklesiologie stillschweigend aus der systematisch-theologischen Reflexion ausgegliedert wird, ist bemerkenswert, kann uns an dieser Stelle aber nicht weiter beschäftigen.

4. *eine Vision vom kurz bevorstehenden Weltuntergang und der Rettung in der Gruppe sowie*
5. *ein weltanschaulich begründetes magisches Denken.*

Hemminger macht also eine Identifikation der Gruppengrenzen mit der Grenze zwischen Wahrheit und Unwahrheit als wesentliches Merkmal der ‚Sekte' aus. Das heißt auch, dass die Wahrheitsfrage nicht mehr individuell gestellt wird, sondern die Unterscheidung zwischen wahr und falsch unter Überspringen eines individuellen Reflexionsprozesses willkürlich der Gruppe, ihren sozialen Interessen und normativen Zuweisungen überlassen wird.[9] Eine solche ‚Organisation von Wirklichkeit' sei – so Hemminger – vor allem für solche Menschen anziehend, die sich aufgrund persönlicher Krisen und Destabilisierungen mit einer situativ überkomplexen Realität konfrontiert sähen. Von ihnen wird das Angebot einer legalistisch organisierten Vereinfachung ihrer unmittelbar nicht mehr bewältigbaren Situation gerne angenommen.[10]

Um ausgrenzende Apologetik zu vermeiden, darf allerdings, wie Hemminger zu Recht einklagt,[11] nicht nur (religionssoziologisch) nach Beziehungen, sondern muss ebenso (theologisch) nach Inhalten, Ideen und Utopien, und (religionspsychologisch) nach präferierten bzw. hervorgebrachten psychischen Strukturen der Mitglieder gefragt werden. Diese können in allen religiösen Gemeinschaften problematisch sein. Im Falle der Endzeitorientierung als Sektenmerkmal ist es theologisch gesprochen der nicht mehr harmonisierbare *Dualismus* als *letzte* historische Größe und die eindeutige Identifizierung der eigenen Gruppe mit den Erlösten, was als ‚sektiererisch' verurteilt werden muss. Letztlich gipfelt eine theologische Fassung des Sektenbegriffs jedoch in der fehlenden Bereitschaft, eigene offenbarungspositivistisch vorgetragenen Aussagen über das Jenseits der Zeit noch einmal einer fundamentalen Vernunftkritik zu unterziehen und damit den eigenen Totalanspruch auf Wirklichkeitsdeutung selbst zu unterlaufen.

Der Bericht der Enquetekommission des Deutschen Bundestages
Es stellte einen in der Geschichte der Bundesrepublik Deutschland einmaligen Vorgang dar, als am 9. Mai 1996 mit den Stimmen der CDU/CSU, FDP und SPD Fraktionen des Deutschen Bundestages die Einsetzung einer Enquetekommission *Sogenannte Sekten und Psychogruppen* beschlossen wurde. Ursache war eine 1995 ausgesprochene Forderung des Petitionsausschusses des Deutschen Bundestages, aufgrund der „Fülle von Rechtsfragen, die be-

---

[9] Eine solche Definition betrachtet jedoch erst das Stadium, in dem die Sekte sich bereits als Gruppe formiert und eine eigene Lehre entwickelt hat. Das euphorisch charismatische Gründungsstadium muss von einer solchen Einengung ausdrücklich ausgenommen bleiben.
[10] HEMMINGER, *Sekte*, 116 ff.
[11] Ebd. 70.

sorgte Bürgerinnen und Bürger an den Petitionsausschuß an ihn herangetragen hatten, eine Enquetekommission einzusetzen."[12] Von wesentlicher Bedeutung war dabei unter anderem die offenkundige Notwendigkeit, den alltagssprachlichen Gebrauch des Begriffs Sekte, der „längst [...] nicht mehr ausschließlich religiöse Bewegungen [...], sondern auch weltanschauliche, philosophische, psychologische, pädagogische und politische Gemeinschaften umfaßte"[13], kritisch zu überprüfen. Als ihre Hauptaufgabe begriff die Enquetekommission allerdings im Sinne der weltanschaulichen Neutralität des Staates, „die Konflikt- und Problemfelder im Bereich der neuen religiösen und ideologischen Gemeinschaften und Psychogruppen zu analysieren sowie Lösungen zu finden und nicht Glaubensinhalte zu prüfen", andererseits aber „die dem Staat obliegende Aufgabe des Schutzes des Einzelnen vor Eingriffen in seine geschützten Rechte" wahrzunehmen.

Der Bericht der Enquetekommission des deutschen Bundestages versteht den *historischen* Sektenbegriff nahezu äquivok mit dem *theologischen*.[14] Paradigmatisch für dieses – letztlich als kirchenzentriert abgelehnte – Modell stehen die „idealtypischen Bestimmungen" bei Max Weber[15] und Ernst Troeltsch[16]: „In eine Kirche wird man hineingeboren, in eine Sekte muss man eintreten". Der Kirche wird von Weber/Troeltsch – historisch korrekt – ein *universaler*, der Sekte nur ein *partialer* Anspruch zugesprochen. Darüber hinaus wird das Amts-Charisma kirchlicher Amtsträger dem persönlichen Charisma der Amtsträger in Sekten gegenübergestellt. Wie wenig diese Qualifizierung allerdings für die ‚klassischen' Endzeitkirchen greift, wird im Folgenden deutlich werden.

Über diese klassischen Definitionen, die die Enquetekommission nicht grundsätzlich verwirft, aber für das eigene Anliegen für unbrauchbar hält, distanziert sie sich in einer einleitenden Begriffsdiskussion (a) von einem undifferenzierten und oft fälschlicherweise Konfliktträchtigkeit suggerierenden *umgangssprachlichen* Gebrauch des Begriffs ‚Sekte' und hält diesem (b) ein *sozialwissenschaftliches* Verständnis des Phänomens entgegen. Damit wird schließlich unter ‚Sekte' eine „kleine exklusive, religiöse oder auch politische Gruppe verstanden, die von ihren Anhängern ein totales Engagement fordert und die dabei ihre Trennung von der Umwelt und deren Zu-

---

[12] Endbericht der ENQUETEKOMMISSION *„Sogenannte Sekten und Psychogruppen"* (Deutscher Bundestag, Drucksache 13/10950) 9.6.1998 (Typoskript), 13.
[13] Ebd.
[14] Anerkennung anderer Offenbarungsschriften als der kanonischen Bibel, andere Offenbarungsformen, anderes Glaubensbekenntnis, anderes Verhältnis zur apostolischen Sukzession, Mitgliedschaft im Weltkirchenrat analog in der ACK.
[15] Max WEBER: *Gesammelte Aufsätze zur Religionssoziologie*, Tübingen (Mohr-Siebeck) 1947ff (3 Bde.) Bd. 1, 211.
[16] Vgl.: Ernst TROELTSCH, *Soziallehren der christlichen Lehren und Gruppen*. Neudr. der Ausg. Tübingen 1912. Tübingen (Mohr) 1994, 2 Bdd.

rückweisung besonders betont."[17] Diese sozialwissenschaftliche Fassung des Begriffs führt zu einer quantitativen Verminderung der in Frage kommenden Gruppen, wenn sie etwa eine gewisse Größe erreicht oder sich dem alltäglichen Lebensvollzug ihrer bürgerlichen Umwelt weitgehend angepasst haben. Die Kommission macht sich wegen ihrer eigenen staatsrechtlichen Positionierung den engen sozialwissenschaftlichen Begriff zu eigen, und konzentriert sich damit auf „die mit Gruppierungen entstehenden Konflikte"[18]. Hier stellen die Phänomene *Insulation* (Rückzug von der Außen- in eine Innenwelt), *dissidente Weltanschauungen* und *deviante Lebensformen* die entscheidenden Kriterien dar.[19] Eine „gewisse Konfliktträchtigkeit" wird ausdrücklich als „zu den Eigenschaften religiöser Orientierung und religiöser Vergesellschaftung" gehörig beschrieben. Richtig wird darüber hinaus bemerkt: „Da Religionen nach eigenem Selbstverständnis auch eine kritische Aufgabe gegenüber der Gesellschaft haben können, stehen sie unter Umständen in Spannung, bisweilen sogar in scharfem Widerspruch zu Staat und Gesellschaft."[20] Dies gelte vor allem angesichts einer fortschreitenden Modernisierung, die „gerade für traditional religiöse Lebensformen erhebliche Belastungen darstellt." Man ringt sich also schließlich (auch in Abgrenzung zur in der Forschung gebräuchlichen Bezeichnung *Neue Religiöse Bewegungen*) zu der etwas umständlichen Bezeichnung „neue religiöse und ideologische Gemeinschaften und Psychogruppen" durch und schränkt die staatsrechtlich relevanten Konflikte, die schlussendlich die Bezeichnung ‚Sekte' für eine Gruppierung jedweder Art rechtfertigen sollen, schließlich (immer noch recht vage) ein auf

1. *Verstöße gegen geltendes Recht*
2. *Machtmißbrauch bei der Ausnutzung von rechtsfreien Räumen, durch die es zu einer Rechtsgütergefährdung kommt*
3. *Verstöße gegen die sich aus der Grundwerteordnung abgeleiteten guten Sitten und sozialen Verpflichtungen.*[21]

Im Folgenden wird deutlich werden, dass ein starkes Anwachsen der Mitgliederzahl tatsächlich nicht nur die Organisationsform einer kleinen euphorischen Gruppe massiv verändert, sondern auch die Form ihrer Mitgliederbindung und die Gestaltung des Glaubenslebens. In gewisser Weise schließe ich mich also dieser sozialwissenschaftlichen Betrachtungsweise der Enquete-

---

[17] *Endbericht der Enquetekommission,* 19.
[18] Ebd. 20.
[19] Damit bleibt nur noch ein Gebrauch des Sektenbegriffs legitim, der sich auf die folgenden öffentlich durch Auto- oder Fremdaggression aufgefallenen Gruppierungen bezieht: *Peoples Temple* (Guyana), *Heavens Gate* (Kalifornien), *Sonnentempler* (Schweiz, Frankreich, Kanada) und *Aum Shinrikyo* (Japan) sowie (terroristische) islamische Fundamentalisten.
[20] *Endbericht der Enquetekommission,* 21.
[21] Ebd. 22.

kommission an. Sie muss jedoch notwendig reduktionistisch bleiben, insofern sie keine Kriteriologie bietet, um zwar Nicht-Rechtswidriges, aber doch vor dem Forum einer theologisch-philosophischen Anthropologie Nicht-Verantwortbares beschreiben und kritisieren zu können, insofern es nicht nur gelehrt, sondern auch in alltäglicher religiöser Praxis verinnerlicht wird. Es mag ja sein, dass Modernisierungsunverträglichkeit zu den Spezifika religiöser Gemeinschaften gehört. Gerade die Ereignisse in der Folge des 11. September 2001 haben jedoch gezeigt, dass wenigstens eine moderate ‚Aufklärung', das heißt die Vermeidung freiheitsbeschränkender Lehrinhalte und Praktiken, in jeder religiösen Gruppierung notwendig sein wird, um das abrupte Ausbrechen von Gewalt im Rahmen sich weltweit modernisierender Lebensverhältnisse auf lange Sicht zu begrenzen.

Neben eine *sozialwissenschaftliche* Fassung des Sektenbegriffs, die sich letztlich auf eine Beobachtung der Verletzung von Rechtsnormen engführen lässt, wie sie von der Enquetekommission vorgeschlagen wird, müssen also Elemente einer *theologisch-philosophischen Kritik* treten, wie sie im dritten Teil dieser Arbeit für das apokalyptische Denken entwickelt wurden, die – u.a. von religionspsychologischem Instrumentarium unterstützt – in der Lage sind, Ideologie von Glaube zu unterscheiden, auch wenn augenscheinlich keine Rechtsgüter verletzt werden.

Religionswissenschaftliche Zugänge

Nicht zuletzt mit der Intention, sich von den Kirchen abzusetzen und einen ‚objektiven' Blick auf religiöse Tatsachen zu werfen, vermeiden Religionswissenschaftler in der Regel den Begriff ‚Sekte' ganz, bzw. klagen – oft zu Recht – einen differenzierten Gebrauch ein.[22] So distanziert sich auch Inken Prohl[23] von der klassischen Auffassung, die Paul Tillich, Max Weber, Bernhard Wilson und andere vertreten haben, Sekten seien zunächst Protestgruppen. Prohl weist darauf hin, dass die üblicherweise als Sekten bezeichneten Gruppierungen *World Mate* und die Vertreter der *Transzendentalen Meditation,* die sie in ihren Überlegungen durchgängig als Exempel heranzieht, konform mit den Wertvorstellungen der Gesellschaft gehen. Genauso wenig wie „Abgrenzung von der Gesellschaft" träfen auf diese Gruppierungen in jedem Fall die Eigenschaft „Manipulierung der Anhänger" zu. Konsequent prägt Prohl für die Phänomene New Age und Esoterik, die gerne auch mit dem Begriff ‚Sekte' in einem weiteren Sinne belegt werden, den Begriff einer „Klientenreligion". Damit ist jedoch nur die Reichweite des Begriffs einge-

---

[22] Zum heiklen Verhältnis zwischen Theologie und Religionswissenschaft vgl.: Joachim VALENTIN: *Ein prekäres Verhältnis. Ist die Religionswissenschaft eine theologische Disziplin?* In: HerKorr 56 (2002), 82–86 (Lit.).
[23] Inken PROHL: *Kommerzialisierung von Religion und der Begriff der Sekte.* In: Löhr, Identität der Religionswissenschaft, 203–217.

schränkt, nicht jedoch seine Verwendung insgesamt in Frage gestellt, etwa im Zusammenhang der ‚klassischen Sekten', die im Folgenden untersucht werden. Prohls Forderung nach einer differenzierten Analyse ist allerdings dringend zu hören.

Nicht selbstverständlich für eine religionswissenschaftliche Untersuchung verweist Prohl am Ende auf die Frage nach „religiöser Wahrheit", die zwar nicht für die religiöse Praxis, wohl aber für „die Aufrechterhaltung religiöser Institutionen [...] von immenser Bedeutung"[24] sei. Dies ist bemerkenswert, gehört es doch zur religionswissenschaftlichen Polemik, die Wahrheitsfrage, Spezifikum des theologischen Diskurses, dem die Religionswissenschaft historisch entstammt, als Machtinstrument der Kirchen zu verunglimpfen. Gleichzeitig verweise – so Prohl – die Marktorientierung der untersuchten Gruppierungen jedoch darauf, dass „das Anhaften an der Wahrheit schlecht fürs Geschäft ist. Hält man an einer überkommenen Wahrheit fest, wird es schwierig bis unmöglich, auf die sich wandelnde Nachfrage flexibel zu reagieren." Die Religionswissenschaft muss, sofern sie sich als deskriptive Wissenschaft versteht, an dieser Stelle Halt machen, Theologie darf, ja muss nachaufklärerisch allgemeingültige Kriterien für Wahrheit nicht nur entwickeln, sondern auch auf eigene und fremde Traditionen kritisch anwenden. Im Folgenden wird eine solche Kriteriologie, angewandt unter anderem auf die auffällig hohe Anpassungsfähigkeit von Mormonen, Zeugen Jehovas und Neuapostolischer Kirche an eine gewandelte gesellschaftliche oder interne Situation, relevant werden.

Auch Hartmut Zinser[25] hält die gebräuchliche Verwendung des Sektenbegriffs in der Nachfolge von Troeltsch, Weber, Niebuhr, Wach und anderen in dem Sinne, dass „eine Kirche in Übereinstimmung mit der Gesellschaft sei und eine Sekte überwiegend in Spannung und Widerspruch zu den gesellschaftlichen Normen und Verhältnissen stehe" für fragwürdig und dem aktuellen „Markt der Religionen"[26] nicht angemessen. Aber nicht nur die schon von Prohl vorgeführte Komplexität des Marktes *Neuer Religiöser Bewegungen*, auch die Festlegung der Kirchen auf staatskonformes Handeln, das dieser traditionelle Sektenbegriff impliziert, lassen ihn heute fragwürdig werden, auch die in neueren (politischen) Theologien zu Bewusstsein gekommene prophetische Option der biblischen Tradition lassen die letztlich staatskirchliche Sektendefinition Webers und Troeltschs fragwürdig werden: „Wird die Katholische Kirche, weil sie die staatliche Zulassung des Schwangerschaftsabbruchs bekämpft, werden die Evangelischen Kirchen, weil sie soziale Ge-

---

[24] PROHL, *Kommerzialisierung*, 217.
[25] Hartmut ZINSER: *Der Begriff Sekte und die Religionsfreiheit*. In: Löhr, Identität der Religionswissenschaft, 219–231.
[26] Hartmut ZINSER: *Der Markt der Religionen*. München (Fink) 1997.

rechtigkeit einfordern und massiv in Spannung zur Gesellschaft geraten, deshalb zu Sekten?"[27] Mit der Verneinung dieser Frage schrumpft die sozialwissenschaftliche Unterscheidung zwischen Kirche und Sekte auf eine insgesamt wirksame „Verantwortung für das Allgemeine" der Kirchen und eine an Vermittlung wenig interessierte „Gesinnung fürs Besondere" auf Seiten der Sekten, die jeweils Ausnahmen zulassen. Zinser plädiert folglich (kohärent mit seiner Funktion als Mitglied der erwähnten Enquetekommission) für eine völlige Vermeidung des Sektenbegriffs im staatskirchenrechtlichen Zusammenhang, ja stellt eine Definition des Begriffs Religion, der die Voraussetzung für den Schutz einer Religionsgemeinschaft durch die im Grundgesetz, Artikel 4 garantierte Religionsfreiheit[28] der jeweiligen Gruppierung anheim, wenngleich auch die Religionswissenschaft eine klare Religionsdefinition ausweisen müsse, um ihr Forschungsobjekt umschreiben zu können. Damit folgt Zinser freilich der von den Religionskritikern der Aufklärung entwickelten und heute gesellschaftlich prekären Privatisierung, ja Intimisierung des Religiösen. Zinser bemerkt zu Recht, dass „damit alle Auffassungen, wie sie etwa der französische Soziologe Emile Durkheim vertreten hat, die Religion auch durch eine moralische und solidarische Gemeinschaft bestimmen und den obligatorischen Charakter von Glaubensvorstellungen und mit diesen verbundenen Handlungen hervorheben, zurückgesetzt" werden.[29] Damit ist auf eine Aporie verwiesen, die sich in einer Vielfalt der religiösen Rechtsstreitigkeiten der letzten Jahre vom ‚Kreuzurteil' des Bundesverfassungsgerichts bis zur Frage der Anerkennung der Zeugen Jehovas als Körperschaft öffentlichen Rechts spiegelt: Einerseits fordert die Gewährung der Religionsfreiheit im Grundgesetz eine normative, staatskirchenrechtliche Religionsdefinition, andererseits verweist der Staat Religion in die Privatsphäre und verzichtet damit notwendig auf eine solche Definition. „Wenn der Staat – in welchem Rahmen auch immer – auch nur negativ durch Ausschluß bestimmen würde, was Religion ist, würde er selber die Trennung von Religion und Staat aufheben und damit sich auf die Bahn begeben, sich selber zu theologisieren oder theokratisch zu werden."[30] Andererseits aber gilt: „Wenn er aber aus diesen Glaubenslehren Ansprüche gegen andere herleitet und etwa bestimmte aus seinem Glauben resultierende Vorstellungen über die Gestaltung des individuellen und gesellschaftlichen Lebens normativ setzen will, so ist das eigene Recht jedes anderen ebenso zu wahren."[31]

---

[27] ZINSER, Begriff Sekte, 223
[28] Vgl. dazu: Th. MAUNZ/R. HERZOG (Hg.): Kommentar zum Grundgesetz. München (Beck) 1994, 23f.
[29] ZINSER, Begriff Sekte, 227.
[30] Ebd. 229.
[31] Ebd.

Noch eine weitere Einsicht Zinsers ist in unserem Zusammenhang bedeutsam: Implizit deutet Zinser an, dass der inflationäre Gebrauch des Sekten-Begriffs auf eine tatsächlich vorhandene Definitionslücke hinweist: Es fordern zur Zeit Gruppierungen das Recht der Religionsfreiheit ein, die „den Prozeß der Ausdifferenzierung und Unterscheidung von Religion und Nicht-Religion und die Privatisierung von Religion nicht nachvollzogen haben".

Die Definition der „zahlreiche[n] Formen des Fundamentalismus, die alle Entscheidungen des öffentlichen und privaten Lebens auf der Grundlage ihrer Offenbarung treffen wollen" und für die deshalb der Grundsatz der Religionsfreiheit nicht gelten soll, bleibt Zinser dann leider schuldig. Mit der Verwendung des Begriffs ‚Fundamentalismus' statt ‚Sekte' ersetzt Zinser zudem einen nur schwer definierbaren Kampfbegriff durch einen anderen und markiert lediglich, dass die Instanz, die den Ausschluss anderer ausspricht nun nicht mehr *die großen Kirchen* sind, die ein ‚Anathema' über ‚Spalter' aussprechen, sondern *die moderne Gesellschaft*, die diejenigen nicht in ihrer Mitte duldet, welche sich der Modernisierung – die Religionswissenschaften sind eines ihrer Bestandteile – und mit dieser der Privatisierung der Religion nicht zu beugen bereit oder in der Lage sind.[32]

Eine sozialpsychologische Studie
Gerhard Schmidtchens Arbeit[33] ist eine der wenigen, wenn nicht die einzige empirische Studie zur Sektenmitgliedschaft, die sowohl eine religionssoziologische Definition des Begriffs als auch empirische Daten bietet. Im Vorwort charakterisiert Schmidtchen Sekten vor allem nach Modi der Sozialisation, Zugehörigkeit und Wahrheitsfindung, nämlich folgendermaßen:
1. *Sekten sind Einrichtungen der Schnellsozialisation*
2. *Der Zutritt zu diesen Organisationen ist leicht und wird verlockend gemacht, aber der Austritt ist schwer.*
3. *„Organisationsgrenzen sind zugleich Wahrheitsgrenzen." – Die Wahrheit ist nur drinnen und nicht draußen.*
4. *Die Zuordnung von Ursachen für eigenes Unwohlsein wird an eine externe Instanz delegiert.*[34]

Die Gefahr, mit der eine Sektenmitgliedschaft behaftet ist, kulminiert in dem Satz: „Die Attributionslehre, die jeder Sekte innewohnt, führt zur Auflö-

---

[32] Vgl. zum so undifferenzierten wie notwendigen Begriff „Fundamentalismus" und seiner Kennzeichnung als zentrales Ferment der Moderne besonders: Thomas MEYER (Hg.): *Fundamentalismus in der modernen Welt*. Frankfurt a.M. (Suhrkamp) 1989; Jozef NIEWIADOMSKY (Hg.): *Eindeutige Antworten. Fundamentalistische Versuchung in Religion und Gesellschaft*. Thaur (Österreichischer Kulturverlag) 1988, und neuerdings Martin RIESEBRODT: *Die Rückkehr der Religionen. Fundamentalismus und der ‚Kampf der Kulturen'*. München (Beck) 2000.
[33] Gerhard SCHMIDTCHEN: *Sekten und Psychokultur. Reichweite und Attraktivität von Jugendreligionen in der BRD*. Freiburg u.a. (Herder) 1987.
[34] Ebd. 10.

sung mitgebrachter Selbstverständnisse, moralischer Regeln und zu einer ethischen Neutralisierung des Handelns."[35] Im Kontext dieser Arbeit sind besonders die Punkte drei und vier interessant, da sie über eine bloß soziologische Kriteriologie hinaus in theologische Fragestellungen hineinweisen. Punkt drei beschreibt, insofern das Ziehen der Wahrheitsgrenze unabhängig von kritischer Reflexion auf die Wahrheitsfrage geschieht, wie Schmidtchen richtig bemerkt, ein Verhältnis zur Wahrheit, das hinter die Errungenschaften der Aufklärung zurückfällt.[36] Wer die Lehre der eigenen religiösen oder politischen Gemeinschaft von jeder kritischen Überprüfung ausnimmt und gleichzeitig außenstehende Institutionen global und ohne genauere Prüfung unter den Verdacht von Unverstand, Unerleuchtetsein und Unheil stellt, verweigert, was Kant in seinem bis heute bedeutsamen Text *Beantwortung der Frage: Was ist Aufklärung?*[37] definiert: *"sapere aude"*, das heißt „Sich seines Verstandes ohne fremde Anleitung zu bedienen". Obwohl Schmidtchen zunächst feststellt, dass es eine Voraussetzung für Sektenmitgliedschaft zu sein scheine, dass sich jemand „in einer problematischen Verfassung befindet" (also für direktive Welterklärungs- und Selbstlokalisierungsmechanismen offen ist) und als soziale Schicht für solche Menschen den in westlichen Industrienationen wachsenden *Dienstleistungssektor* nennt, mit seinem schwindenden Realitätsbezug und den damit verbundenen Desorientierungserscheinungen, stellt er nach Auswertung der empirischen Umfragedaten fest, dass sich (entgegen weitverbreiteter Meinungen) *kein* sozialpsychologisch typisches Profil beschreiben lasse, das eine Sektenmitgliedschaft besonders begünstigen würde. „Es ist jedenfalls nicht die klassische soziale Desintegration, die den Sekten das Publikum zuführt."[38] Allerdings ist ein höheres Interesse akademisch gebildeter Kreise für Sekten zu vermerken.[39] Schmidtchen führt dies auf die höhere Bereitschaft und Fähigkeit dieser Schichten zur Kommunikation (und damit zur Aufnahme der Sektenwerbung) und eine mit höherer Bildung einhergehende Hori-

---

[35] Ebd.
[36] „Das Zusammenlegen von Organisations- und Wahrheitsgrenzen ist ein absoluter Rückfall unter das Niveau einer aufgeklärten Gesellschaft." Ebd. 11.
[37] Immanuel KANT: *Beantwortung der Frage: Was ist Aufklärung?* In: Kant, Werke, VI, 53–61.
[38] SCHMIDTCHEN, *Sekten*, 56ff.
[39] Ebd. 59. Die kulturpessimistischen Bemerkungen, die Schmidtchen zur deutschen Gesellschaft kurz vor der epochemachenden Wende der „Wiedervereinigung" macht („Das Leben in einer offenen Gesellschaft wird in unseren Bildungsinstitutionen offensichtlich nicht wirklich gelehrt. [...] Die Chancen der Sekten liegen nicht in den Defiziten der sozialen Organisation, sondern in der schlechten geistigen Verfassung der Gesellschaft." Schmidtchen, 61), erscheinen zwar auf den ersten Blick instruktiv und weiterführend, fußen aber in keinem Fall auf den in unmittelbarer Nähe zum genannten Zitat präsentierten Umfrageergebnissen und sind deshalb wenig aussagekräftig.

zonterweiterung zurück, die nicht durch eine proportional gewachsene Orientierungs- und Stabilisierungskompetenz ergänzt werde. Schmidtchens Verdienst liegt vor allem in dieser (empirischen!) Widerlegung des weitverbreiteten und im Falle der Kirchen selbstimmunisierenden Vorurteils, die ‚klassischen Sekten' verdankten ihr starkes Wachstum nur oder doch vor allem der schamlos ausgenutzten Krisensituation einer wachsenden Gruppe von Menschen. Dass es in Deutschland dennoch eher hoch gebildete Menschen sind, die sich als besonders offen für neue religiöse Angebote erweisen (allerdings in den seltensten Fällen für die ausdrücklich antiintellektuellen Zeugen Jehovas und die Neuapostolische Kirche) verweist auf andere Problemlagen – nicht zuletzt auf einen auch in den großen christlichen Kirchen um sich greifenden antiintellektuellen Affekt einerseits und die trotz wachsender Nachfrage nicht hinreichend ausgeübte Orientierungsfunktion von Theologie und Kirche andererseits –, auf die an dieser Stelle nicht näher eingegangen werden kann.[40]

Bemerkenswert ist darüber hinaus die Thematisierung der Wahrheitsfrage, die bei Schmidtchen – wenig kompatibel mit den Überlegungen der Enquetekommission – ausdrücklich aus sozialwissenschaftlicher Perspektive geschieht und im Einklang mit den im dritten Teil dieser Arbeit entwickelten theologisch-philosophischen Elementen einer Kritik apokalyptischen Denkens steht.

Religionspsychologische Beurteilungen des Jenseitsglaubens
Die geringe Rolle, die – anders als in angelsächsischen Ländern – in Deutschland den zwar scheinbar objektiven, aber auch leicht überschätzten Ergebnissen religionspsychologischer Studien beigemessen wird, resultiert vor allem aus dem geringen Interesse an Religionspsychologie, das in Deutschland jenseits der Szene der Weltanschauungsbeauftragten herrscht. Dass bis heute kein deutscher Lehrstuhl für Religionspsychologie existiert, ist ursprünglich sicher Folge der einseitigen hiesigen Rezeption ihres Begründers Sigmund Freud im Sinne bloßer Religionskritik, neuerdings aber auch Ergebnis der Widerstände von Seiten der Religions- und anderer Geisteswissenschaften, die eine mit religionspsychologischen Forschungsergebnissen zu erwartende ‚Hitparade religiöser Überzeugungen' je nach positiven oder negativen Folgen für die Gesundheit,[41] und eine damit beinahe notwendig verbundene quasi-empirische Kriteriologie ablehnen.[42]

---

[40] Vgl. aber vorne: 3.6.
[41] Folgen, die immer wieder aus den USA berichtet werden, hier ihr Echo aber vor allem in der Boulevardpresse finden.
[42] Vgl. den zur Problematik der Religionspsychologie lesenswerten Aufsatz von Helmuth P. HUBER: *Religiosität als Thema der Psychologie und Psychotherapie.* In: H. Schmidinger (Hg.): Religiosität am Ende der Moderne. Krise oder Aufbruch? Innsbruck/Wien (Tyrolia) 1999, 93–124.

Vor dem Hintergrund der immer wieder behaupteten gesundheitsfördernden Wirkung eines religiösen Lebens kann im Folgenden wegen der aus religionspsychologischer Perspektive ausgesprochen zerklüfteten, weil hochindividuellen Sachlage nur auf den in unserem Zusammenhang relevanten Ausschnitt der Sektenproblematik – auf den Endzeitglauben – eingegangen werden.

Gerhard Schmied beschäftigt sich in einem neueren Aufsatz[43] mit einer bedeutenden sozialpsychologischen Studie, die bereits in der Mitte des 20. Jahrhunderts in den USA erstellt wurde.[44] Hier war man anhand eines empirisch untersuchten manifesten Falls von (enttäuschtem) UFO-Glauben zu folgender Dramaturgie gekommen: Wenn die folgenden Komponenten zutreffen:
1. *es herrscht in der untersuchten Gruppe die tiefe Überzeugung in naher Zukunft zu erwartender Ereignisse*
2. *Gruppenmitglieder haben in Folge dieser Annahme bereits weitreichende Maßnahmen ergriffen, (z.B. Verkauf von Hab und Gut)*
3. *das unwiderrufliche Scheitern der Voraussage ist dennoch möglich*
4. *das Scheitern tritt dann tatsächlich ein*
5. *ein Kontakt zwischen einzelnem Anhänger und Gruppe besteht (soziale Unterstützung)*

Treffen die genannten Bedingungen mehrheitlich zu, so kann auch nach Ausbleiben des erwarteten Ereignisses mit einem Fortbestehen der Gruppe auf der Basis einer Neudeutung der Geschehnisse gerechnet werden. Im untersuchten Fall wird das Ausbleiben des Untergangs der USA und einer Rettung der Anhänger via UFO der spirituellen ‚Kraft' der Gruppe zugeschrieben. Die Gruppe bleibt – gestärkt – zusammen und erwartet nun eine Erklärung der Außerirdischen zu ihrem Ausbleiben, die allerdings wiederum ausbleibt.

Eine allgemeine Gesetzmäßigkeit kann aus der verblüffenden Beobachtung, die sich auch im Blick auf die Prophezeiungen der Zeugen Jehovas und der Neuapostolischen Kirche bestätigt, allerdings nicht hergeleitet werden. In der Regel folgt vielmehr eine institutionelle Veränderung – die Kirchenbildung, die damit ebenfalls als eine Verarbeitungsform enttäuschter Endzeiterwartungen gelten kann: Schmied zeigt diverse Fälle auf, wo Ursache des Fortbestehens der Gruppierung nicht die *Umdeutung der ursprünglichen*

4.

[43] Gerhard SCHMIED: ‚*When Prophecy fails'. Ein sozialpsychologischer Ansatz und Weiterungen.* In: H. Wißmann (Hg.): Zur Erschließung von Zukunft in den Religionen. Zukunftserwartung und Gegenwartsbewältigung in der Religionsgeschichte. Würzburg (Königshausen und Neumann) 1991, 197–216.

[44] Leon FESTINGER/Henry W. RIECKEN/Stanley SCHACHTER (Eds.): *When Prophecy fails.* Minneapolis (University of Minnesota Press) 1956.

Prophezeiung bei Festigung der bisherigen Gruppenstruktur, sondern eine grundlegende *institutionelle Reform* war: Sowohl die ‚Naherwartungskrise' des frühen Christentums als auch die Entstehung der Siebenten-Tags-Adventisten aus der millenaristischen Bewegung der Milleriten zieht Schmied als einen Beleg für seine These heran: „Ein Endpunkt millenaristischer Bewegungen mit ihren lockeren Strukturen ist also die *Sekte mit organisatorischen Zügen*"[45] – eine Vorform der noch stärker institutionell geprägten Kirche.

Eine andere Situation tritt ein, wenn Fehlprognosen in das Stadium der bereits institutionalisierten Kirche fallen: Dies gilt für die unten noch näher zu betrachtenden häufigen Fehlprognosen der Watchtower Society der Zeugen Jehovas. Hier kommt es in den Jahren nach den Fehlprognosen 1914-16 und 1988 nicht zur Intensivierung der Mission, sondern zum Mitgliederschwund. Gleiches gilt für die Neuapostolische Kirche: Nach dem Tode des Stammapostels Bischoff, der die Wiederkunft Christi vor seinem Tode prophezeit hatte (er starb 1960), geriet seine Kirche zunächst in eine schwere Krise.

Warum aber beharren Menschen überhaupt auf Aussagen, die gegen allen Augenschein stehen? Schmied bietet eine systemtheoretische Interpretation: Den Menschen unterscheiden von übrigen Lebewesen nicht seine komplexeren Sinnesorgane, sondern die immense Verarbeitungskapazität seiner einen Billion Gehirnzellen – ein selbstreferentielles System, weitgehend unabhängig von der Außenwelt. Das ermöglicht innerhalb religiös erregter Gruppierungen Phänomene wie die beobachteten, das Fortbestehen von Überzeugungen also, die als reine In-Group-Phänomene beschrieben werden können, und nicht noch einmal von den Sinnen bestätigt werden müssen.[46] Schmied fasst damit Religion in Anlehnung an Niklas Luhmann als autopoietisches Phänomen: „Unsere tiefsten Hoffnungen können nur schwer enttäuscht werden, denn die Denkschemata erhalten uns enttäuschungsfest."[47] Für ein erstes *Verständnis* der im Folgenden dargestellten, nicht selten irrational anmutenden ‚Kirchengeschichten' der Zeugen Jehovas, Mormonen und der Neuapostolischen Kirche mag diese sozialpsychologische Perspektive hilfreich sein. Die Suche nach einer Kriteriologie eschatologischer Systeme profitiert dagegen nicht von Schmieds Untersuchung, die zur Beschreibung sehr wohl, nicht aber zur Beurteilung taugt.

---

[45] SCHMIED, *When Prophecy fails*, 211. Hervorh.: J.V.
[46] Ebd. 214.
[47] Ebd. 216.

Einen gleichzeitig praktisch und philosophisch – nämlich an Karl Jaspers – orientierten Ansatz bietet Johann Glatzel in seinem Beitrag *Zur Psychopathologie der Zukunftsbezogenheit*[48]: Zukunft bestimmt die Jetztzeit bzgl. Lebensgefühl und Befindlichkeit. Ist das Zukünftige vielleicht sogar als ‚Vorgefühl' gegenwärtig? Auf jeden Fall ist es als *Erwartung* zugegen. Glatzel nennt eine weitere Prämisse seiner Überlegungen, die er seiner praktischen Tätigkeit als Therapeut verdankt: Was der psychisch Kranke erlebt, findet sich abgeschwächt und der Reflexion zugänglich beim seelisch Gesunden. Ist die Annahme einer graduellen Verdichtung im Prinzip gleicher Phänomene bis hin zum Pathologischen erst einmal gemacht, lassen sich die Linien noch weiter ausziehen: „Die Idee eines Zeitstillstandes verweist auf eine Weise des Zukunftsbezugs, die im Grunde deren Aufhebung intendiert. [...] An die Stelle der Zukunftserwartung tritt eine präsentische Verfassung, tritt Stagnation der transeunten Zeit."[49] Solche Störungen des Zeitbewusstseins als Zukunftsbewusstsein finden sich laut Glatzel bei verschiedenen psychischen Erkrankungen: Beim *Zwang* als Wiederholung, in der *Melancholie* als Erwartung, in der *Paranoia* als übersteigertes Vertrauen.

Im Falle der *Zwangsneurose* kann also von der Unfähigkeit gesprochen werden, abzuschließen. Letztlich führt die unveränderte Wiederholung zum Stillstand des zeitlichen Werdens. Das Erwartete kann nicht zum Erinnerten werden, weil sich Zukunft und Vergangenheit in nichts voneinander unterscheiden. Zukunft wird so unmöglich.

Der *Melancholiker* leidet dagegen an Zukunftsverlust: Für ihn ist alles in beklemmender Weise determiniert, Erwartung gibt es aber nur, wo eine gewisse Kontingenz bezüglich des Zukünftigen möglich ist. Für den Melancholiker ist das Kommende jedoch nur als Verlängerung der Linien seiner ‚Gegenwart' gegeben, eine ins Unendliche weitergezogene Vergangenheit.

Die *Paranoia* ist dagegen geprägt vom absoluten Verweischarakter der Gegenwart in Bezug auf Zukunft und geht kein weiteres Risiko mehr ein. Sie ist der Versuch einer Ausschaltung jeder Kontingenz, die die konstellative Verschiebung der Handlungsbedingungen durch das Verstreichen von Zeit mit sich bringt oder der radikale Mangel an Vertrauen: Versteht man Vertrauen mit Luhmann als „riskante Vorleistung", als einen Mechanismus zur Komplexitätsreduktion und damit notwendiges Instrument der Lebensbewältigung, wird die Brisanz seines Ausfallens und die Notwendigkeit anderer Orientierungsmechanismen deutlich: Der Paranoiker lebt in einer unvertrauten Welt und hat damit alle Orientierung verloren. Daraus erwächst sein rastloses Bemühen, sich die Zukunft eventuell auch mit Hilfe überkonkreter

---

[48] In: WISSMANN, *Erschließung von Zukunft in den Religionen*, 217–228.
[49] Ebd. 218.

Prophezeiungen und einer engen Verbindung diesseitiger Wahrnehmungen mit Erwartungen an ein Jenseits zu sichern.

Vorausgesetzt, dass man die Ausflüge Glatzels in die Psychopathologie nicht in dem Sinne missversteht, *jeder* Glaube an ein Weiterleben nach dem Tode sei ‚krankhaft', sind seine Überlegungen hilfreich, weil er psychische Motivationen zumindest für einen reduzierten Jenseitsglauben offenlegt, der alles Risiko ausschaltet. Auf eine solche Analyse aufbauend, könnten stützende bzw. therapeutische Aspekte benannt werden, die im Folgenden genauer, das heißt empirisch beleuchtet werden sollen:

Mit dem Sammelband *Psychologie und Zukunft*[50] haben die Herausgeber Jens Möller, Bernd Strauß und Silke Jürgensen ein in Deutschland wenig erforschtes Gebiet erstmals einer vorläufigen und multiperspektivischen Kartographierung unterzogen, nämlich das weite Feld menschlicher Zukunftskonzeptionen. Einzig Christian Zwingmann und Sebastian Murken hielten es jedoch für notwendig, im letzten Beitrag des Bandes das genannte Thema auch unter Hinsicht der (christlichen) Religion und hier möglicher Endzeiterwartungen zu explorieren.[51]

Unter der basalen Voraussetzung, menschliche Existenz sei von den beiden Bedürfnissen nach Sinn sowie nach einer vorhersagbaren Kontrolle zukünftiger Ereignisse geprägt, entscheiden sie sich methodisch für die noch recht junge Coping-Theorie:[52] „Coping ist Zukunftsbewältigung in Krisensituationen, ‚a search for significance (Bedeutung) in times of stress'."[53] Die Autoren stellen sich in ihrem Beitrag der Frage, welche Rolle apokalyptische Naherwartung, verstanden als „Bezugnahme auf eine als transzendent angenommene Wirklichkeit"[54], bei der Zukunftsbewältigung im Coping-Prozess spielen kann. Gerade die oben bereits erwähnten Pauschalurteile bzgl. des Verhältnisses zwischen Religion und Gesundheit ließen sich mit dieser Methodik vermeiden, weil sie eine differentielle Betrachtung unter der Perspektive erlauben: „Wer setzt wann, wie und mit welchem Ergebnis Religiosität bei der Zukunftsbewältigung im Coping-Prozess ein?"[55]. Dabei kommen die Autoren zu dem Ergebnis „religiöse Zukunftsbewältigung erscheint [...] offenbar dann besonders attraktiv, wenn es um die *Grenzen* – und nicht um die *Möglichkeiten* – menschlicher Existenz geht."[56]

---

[50] J. MÖLLER/B. STRAUSS/S. JÜRGENSEN (Hg.): *Psychologie und Zukunft*. Göttingen/Bern/Toronto/Seattle (Hogrefe, Verlag für Psychologie) 2000.
[51] Chr. ZWINGMANN/S. MURKEN (Hg.): *Religiosität, Zukunftsbewältigung und Endzeiterwartungen*. Ebd. 256–278.
[52] Fußend v.a. auf: Kenneth I. PARGAMENT: *The Psychology of Religion and Coping. Theory, Research, Practice*. New York (Guildford Press) 1997.
[53] ZWINGMANN/MURKEN, *Zukunftsbewältigung*, 256.
[54] Ebd. 257.
[55] Ebd. 258.
[56] Ebd. Hervorh.: J.V.

Wichtig für unsere Überlegungen sind zuvörderst *vier Stile der religiösen Problemlösung*, die bereits die Forschungsgruppe um Kenneth I. Pargament entwickelt hatte: Hier wird zwischen einem *self-directing style*, gekennzeichnet durch die Annahme, dass der Mensch seine Probleme selbst lösen kann, einem *collaborative style*, bei dem der Mensch seine Probleme gemeinsam mit Gott löst, einem *petitionary style*, gekennzeichnet durch die Annahme, dass Probleme vor allem durch Gottes Eingreifen gelöst würden und schließlich einem *deferring style*, bei dem der Mensch zur Lösung seiner Lebensprobleme selbst gar nichts tun, sondern nur Gott allein ihm helfen kann. In Verbindung mit sechs Dimensionen der religiösen Coping-Aktivitäten *(spirituelle Beziehungsaufnahme, Vollbringen guter Taten, Unzufriedenheit mit der Glaubensgemeinschaft oder mit Gott, Suche nach sozialer Unterstützung im religiösen Kontext, Bitten und Verhandeln gegenüber Gott und religiöse Vermeidungsstrategien)* sowie einer Vier-Felder-Anordnung, die deutlich macht, inwiefern der Klient sich bezüglich (A) seiner Mittel und (B) seiner Zielsetzungen konservativ *(preservation)* oder zu (A) konservativ, zu (B) aber progressiv *(revaluation)*, zu (A) und (B) progressiv *(re-creation)* oder zu (A) progressiv und zu (B) konservativ *(reconstuction)* verhält, entsteht eine relativ komplexe Versuchsanordnung, die eine Vielzahl von Fällen zu erfassen und bezüglich ihrer Realitätsbezogenheit und ihres Erfolges zu beurteilen in der Lage ist.

Als Ergebnis der im Artikel zitierten US-amerikanischen Studien lässt sich nun festhalten, dass „der kooperative Coping-Stil, die Suche nach spiritueller Unterstützung durch Gott, positive Formen des religiösen Reframing [psychischer Wiederaufbau, Stabilisierung] und die Suche nach sozialer Unterstützung im religiösen Kontext als eher hilfreich bei der Belastungsbewältigung gelten", während „Unzufriedenheit mit der Glaubensgemeinschaft oder mit Gott, negative Formen des religiösen Reframing, sowie religiöse Vermeidungsstrategien"[57] hingegen eher von Nachteil für eine erfolgreiche Konfliktbewältigung zu sein scheinen. Weitere Voraussetzungen für ein erfolgreiches Coping ist die tiefe persönliche Überzeugtheit von den gewählten Strategien – Fremdsteuerung hat keine positiven Auswirkungen.

Von Zwingmann und Murken auf den Fall eines als nahe bevorstehend erwarteten Weltendes angewendet (speziell auf die auch für diese Arbeit wichtigen Zeugen Jehovas und die Neuapostolische Kirche) erbringt die beschriebene Methodik folgende Ergebnisse: Insgesamt ist der Wechsel zum in den genannten Gruppierungen vertretenen Millenarismus mit dem Ziel einer aktuellen Konfliktbewältigung als *re-creation*-Strategie, also als radikaler Wechsel sowohl bisheriger Mittel als auch der Wege einer Zielerreichung zu beschreiben: Statt wie bisher auf seine leidvolle Vergangenheit

---

[57] Ebd. 262.

blickt der Klient nun auf eine verheißungsvolle Zukunft, die zudem plötzlich als erreichbar erscheint. Persönliche Krisen der Vergangenheit waren nicht sinnlos, sondern notwendige Folge der Nicht-Übereinstimmung mit dem erforderlichen Moralkodex. Wer durch die Zugehörigkeit zu seiner neuen religiösen Gemeinschaft Zugang zu deren (nebenbiblischen) Sonderoffenbarungen erhält, erfährt eine deutliche Wertsteigerung der eigenen Person. Ein genau beschreibbarer ‚Katastrophenfahrplan' macht die – so oder so zu erwartenden – apokalyptischen ‚Wehen' auf dem Weg zum zukünftigen Heil kontrollierbar. Zudem wirken sich die neuen Sozialkontakte und die damit verbundene Bestätigung der eigenen Zukunftserwartungen im Sinne einer „konsensuellen Validisierung" ebenfalls positiv aus. Da offenbar mit Hilfe solcherlei neuer Welt- und Lebensdeutung die Sinnhaftigkeit des eigenen Lebens trotz augenscheinlicher Leid- und Absurditätserfahrung durchaus neu plausibel werden kann, ist es nicht verwunderlich, dass die wenigen vorliegenden empirischen Studien tatsächlich auf Verbesserungen des psychosozialen Befindens durch Engagement in millenaristischen Gruppierungen hindeuten.[58]

Gleichzeitig sind damit spezifische Schwierigkeiten verbunden, die Zwingmann und Murken ebenfalls zusammentragen. Sie verweisen auf die soziale Abschottung, die – dem ‚sektenhaften' Charakter der millenaristischen Gruppierungen geschuldet – oftmals zum Abbruch des Kontaktes zum bisherigen Freundeskreis und zur Familie und damit zu psychische Destabilisierung führen kann. Soziales oder politisches Engagement erscheint angesichts des nahe bevorstehenden Weltuntergangs nun irrelevant. Der institutionelle Organisationsgrad chiliastischer Gruppierungen bleibe deshalb häufig gering.[59] Vor allem die strikte Trennungslinie „zwischen religiöser und

---

[58] Ebd. 268. Diese Ausführungen werden durch eine ältere Arbeit von James A. BECKFORD zu den Zeugen Jehovas bestätigt [*New Wine in new Bottles. Departure from Church Sect Conceptual Tradition.* In: Social Compass 23 (1/1976), 71–85]. Beckford nennt vor allem drei mögliche Gründe für die Anziehungskraft millenaristischer Gruppierungen: 1. *frustration-compensation, based on the concept that either absolute or relative class and status deprivation predisposes individuals to sectarianism* (2) *worldview construction, rooted in the idea that social and moral confusion creates an interest in sectarian views* und (3) *social solidarity grounded on the notion that social isolation leads people to become involved in sectarianism.* Bezüglich einer Gewichtung der drei Eintrittsgründe bemerkt Beckford, dass Mitglieder, die nicht in die Gemeinschaft der Zeugen Jehovas hineingeboren wurden, fast durchweg eine große Erschütterung, ja Angst vor der Zukunft als Grund für ihre Konversion angaben. Zur These 3 vermerkt er, dass die Wachtturmgesellschaft Freundschaft und Gemeinschaft trotz der hierarchischen Struktur biete. Andere Gründe sind sozialer Druck durch Heirat, ein Aufwachsen bei den Zeugen Jehovas sowie die Überzeugung, im Sinne einer Komplexitätsreduktion.

[59] Dass eine solche Lähmung für kleinere Gruppierungen und die einzelnen Individuen zutrifft ist sicher richtig. Die im Folgenden zu betrachtenden Endzeitkirchen weisen jedoch eine wesentlich andere Größenordnung und eine hohe institutionelle Strukturierung auf, was die Ausführungen Zwingmann/Murkens an dieser Stelle relativiert.

säkularer Welt"[60] wird an dieser Stelle als psychisch problematisch genannt. „Erhebliche Risiken birgt es, wenn millenaristische religiöse Gruppierungen die Schwelle zur ‚world that has yet to be born'[61] als errichtet oder überschritten wahrnehmen". Zu verweisen ist hier vor allem auf die Vielzahl kleinerer apokalyptischer Gruppen, die in den letzten 20 Jahren Massenselbstmorde, Morde in den eigenen Reihen und Attentate verübt haben[62]. Als Ursache für die suizidale Gewalttätigkeit, die in unserem Zusammenhang weniger interessiert, führen Zwingmann und Murken autoritäre Führergestalten an, sowie den Glauben, das Anbrechen der Apokalypse selbst auslösen zu sollen oder sich durch eine ‚Entrückung im Selbstmord' diesen Ereignissen entziehen zu können (Prätribunationalisten), während Posttribunationalisten glauben, bereits in der Zeit des Gerichtes zu leben, was ihre Gewaltbereitschaft ebenfalls fördert. Abschließend gestehen die Autoren zu, dass trotz des vorliegenden empirischen Materials viele Fragen offen bleiben. Und tatsächlich liefert auch die Coping-Theorie nur ein relativ grobes Raster, mit dem lediglich extrem gewalttätiges Verhalten oder extreme psychische Desorientierung als problematisch beschrieben werden können. Ein verbreitetes Manko psychologischer Theorien, keine Kriteriologie für psychische Gesundheit bzw. das gute Leben vorlegen zu können, ja diesen Ausfall nicht einmal zu bemerken, teilen auch Zwingmann und Murken. Eine Fehlstelle, der sich bei der psychologischen Beurteilung von Endzeitvorstellungen besonders drastisch niederschlägt

Für die religionspsychologischen Zugänge zu unserer Fragestellung gilt, dass sie das Entstehen und bisweilen auch den individuellen Wert bestimmter auch und gerade extrem determinierter Zukunfts- und Jenseitserwartungen verstehen helfen. Hierbei wird besonders deutlich, dass diese religiösen Phä-

---

[60] ZWINGMANN/MURKEN, *Religiosität, Zukunftsbewältigung,* 269.
[61] David G. BROMLEY: *Constructing Apocalypticism. Social and Cultural Elements of Radical Organisations.* In: Th. Robbins/S.J. Palmer (Hg.): Millennium Messiahs. New York (Routledge) 1997, 31–45. Zit. ebd. Auch Zwingmann/Murken stützen sich im Wesentlichen auf die Studie *When Prophecy fails* von FESTINGER/RIECKEN/SCHACHTER (Vgl. Anm. 44), erklären jedoch das hier beschriebene Festhalten an der durch Ausbleiben des prophezeiten Weltuntergangs eigentlich desavouierten Gruppierung mit Hilfe des Coping-Ansatzes: „Da die Kosten eines Bruchs mit den derzeit wichtigen Glaubensinhalten, Beziehungen und sinnstiftenden Handlungen höher erscheinen als der mögliche Nutzen eines [...] Engagements in Realismus und Konformität, werden die chiliastischen Zielsetzungen und Zielerreichungsstrategien nach dem Muster ‚mehr desselben' *(preservation)* intensiviert." Ebd.
[62] Massenselbstmord der 912 Anhänger des *Peoples Temple Movement* 1978 in Jonestown; Massenselbstmord der Anhänger der *Branch Davidians* in Waco, Texas 1993; Massen(selbst)mord an den Anhängern des *Sonnentempler Ordens* 1994 in den Schweizer und französischen Alpen sowie in Kanada; Sarin-Gas-Attentat in der Tokioter U-Bahn durch die japanische Gruppierung *AUM-Shinrikyo* 1995, Massenselbstmord der Gruppe *Heavens Gate* 1997 in San Diego/Kalifornien; versuchter Selbstmord der neohinduistischen Gruppierung *Brahma Kumaris* 1998 auf Teneriffa.

nomene zumindest in ihrer unreflektierten Ursprünglichkeit nicht vorschnell als ‚irrational' verworfen werden dürfen, sondern als spezifische Antwort auf eine anthropologische Grundsituation verstanden werden sollten, die Tatsache nämlich, dass die Zukunft dem Menschen immer ungewiss bleibt, die Erfahrung gegenwärtigen Scheiterns jedoch die Sehnsucht nach einer zukünftigen Idealexistenz fördert. Gleichzeitig können entsprechende Spekulationen sowohl das Potential zerstörerischer Energien als auch eine hohe soziale Bindungskraft entwickeln. Gerade die Untersuchungen Glatzels und Zwingmann/Murkens bieten darüber hinaus Ansätze für eine erste Kriteriologie der Zukunftserwartung, indem sie zwanghafte, melancholische oder paranoide Strukturen erkennen (Glatzel) bzw. konstruktive von destruktiven „Coping-Strategien" zu unterscheiden helfen (Zwingmann/Murken). Insgesamt muss jedoch hier eine fehlende ‚Theorie des guten Lebens' oder genauer: eine anthropologische, das heißt: philosophisch reflektierte Kriteriologie wie auch eine eingehendere Reflexion auf den Bildgebrauch im Zusammenhang ausgeprägten Endzeitglaubens vermisst werden.

4.2.2 Fazit

Insgesamt ist festzustellen, dass ein Blick auf die neuere Diskussion des Sektenbegriffs sowie religionspsychologische Beschreibungsmodelle des Endzeitglaubens die in Teil 3 unserer Arbeit entwickelten Elemente einer Kritik einerseits bestätigen, andererseits aber auch gerade die Notwendigkeit eines dezidiert theologisch-philosophischen Zugangs zum Thema noch einmal neu vor Augen führen. Aus verschiedenen Gründen wird man einer Endzeitkirche dann nicht mehr den Stempel ‚Sekte' aufdrücken, gleichwohl aber Lehren und Organisationsformen als problematisch beurteilen und einen differenzierten Blick auf den Gebrauch apokalyptischer Bilder werfen.

Lässt man alle Stimmen zu Wort kommen, so entsteht eine relativ komplexe bisweilen paradoxe Lautmalerei, die beim momentanen Stand unserer Überlegungen noch nicht zu einer Symphonie wird oder gar auf einen Ton zusammengepresst werden kann. Im Folgenden sollen die wichtigsten Stimmen noch einmal kurz gehört werden:

In den vorhergehenden Ausführungen ist deutlich geworden, dass in einer Untersuchung mit religionswissenschaftlichem Anspruch ein unreflektierter Gebrauch des Sektenbegriffs nur wenig zielführend sein kann. Zu sehr ist er von *apologetischen Bestrebungen* geprägt, zu sehr von *Tendenzen des Zeitgeistes* abhängig. Dazu kommt, dass selbst die relativ differenzierte Definition von Weber und Troeltsch die Verwandlung einer Sekte in eine Kirche bloß durch quantitatives Wachstum und das Verstreichen von Zeit nicht berücksichtigt: Spätestens wenn eine kleine Splittergruppe einige Jahrzehnte alt ist, wird man eben doch ‚in sie hineingeboren', gleichzeitig verliert sie für ‚geborene Mitglieder' ihren Bekenntnischarakter. Nicht bewahrheitete Endzeitprophezeiungen führen mehr oder weniger zwangsläufig zur metaphorischen Ausdeutung früherer, enthusiastischer Texte. Mit dem Wachsen der Mitgliederzahl verbundene institutionelle Verfestigungen und die Ausbildung systematisierender ‚theologischer' Lehrgebäude sind weitere Entwicklungen, die den Sektenbegriff eher als ein sozialgeschichtliches Entwicklungsstadium denn als eine auf die gesamte Entwicklungsgeschichte einer Gruppierung anwendbare religionswissenschaftliche Kategorie erscheinen lassen.

Im Folgenden wird auch für die drei bearbeiteten Endzeitkirchen deutlich werden, dass ein starkes Anwachsen der Mitgliederzahl tatsächlich nicht nur die Organisationsform einer kleinen, ursprünglich euphorischen und kreativen Gruppe massiv verändert, sondern auch die Form ihrer Mitgliederbindung und die Gestaltung des Glaubenslebens. Weder die Zeugen Jehovas noch die Heiligen der Letzten Tage oder die Neuapostolische Kirche können in dieser Hinsicht heute als Sekte bezeichnet werden. Wenn Hemminger aufgrund *sozialwissenschaftlicher* Überlegungen nur die Zeugen Jehovas noch als Sekte bezeichnen will, so übergeht er damit mindestens ebenso problematische Strukturen etwa bei Mormonen oder in der Neuapostolischen Kirche. Im Folgenden wird deshalb die religionswissenschaftlich (nicht ekklesiologisch) konnotierte Etikettierung ‚Endzeitkirche' verwendet, die die starke Orientierung der Gruppierungen auf das nahe bevorstehende Ende sowie ihren hohen Organisationsgrad und ihre Größe als zentrale Charakteristika hervorhebt. Dass beide Merkmale unmittelbar mit einer starken Autoritätshörigkeit und einer starren Hierarchie eng verbunden sind, wird im Einzelfall noch deutlich werden. Eine religionswissenschaftliche Analyse muss ursprünglich einmal den Sekten zugeschriebene Eigenschaften (kritische Distanz zur Gesellschaft) genauso auch den Kirchen zuschlagen, soll der Kirchenbegriff nicht völlig in einer gesellschaftskonformen, letztlich funktionalistischen etatistischen Religionsdefinition aufgehen.

Es mag sein, dass Modernisierungsunverträglichkeit zu den Spezifika religiöser Gemeinschaften gehört, wie mit Blick auf eine ‚Ehrenrettung' der großen christlichen Kirchen immer einmal wieder betont wird (Zinser). Gerade die Ereignisse in der Folge des 11. September 2001 haben jedoch gezeigt, dass wenigstens eine moderate ‚Aufklärung', das heißt die Vermeidung letztlich freiheitsbeschränkender Lehrinhalte und Praktiken, in jeder religiösen Gruppierungen notwendig sein wird, um das abrupte Ausbrechen von Gewalt im Rahmen sich weltweit modernisierender Lebensverhältnisse auf lange Sicht zu begrenzen. Auch für die Endzeitkirchen muss daher gelten, was Wolfhart Pannenberg in einem bis heute weitgehend uneingelösten Anstoß für eine Theologie der Religionen formuliert hat: Der Absolutheitsanspruch des Christentums unter Bedingungen der Moderne ist weder ‚nur' offenbarungstheologisch zu behaupten noch relativistisch aufzugeben, sondern muss in einer kritischen vergleichenden Untersuchung erwiesen werden.[63] In diesem Sinne versteht sich auch diese Studie.

Von den *sozialwissenschaftlichen* Ergebnissen (Enquetekommission, Zinser) läßt sich staatskirchenrechtliche Toleranz und Sensibilität für Machtfragen in der Auseinandersetzung um staatliche Anerkennung (oder Verfolgung) in einer religionspolitisch pluralen Gesellschaft lernen. Gleichzeitig wird deutlich, dass in unserem Zusammenhang scheintoleranter Relativismus nicht weiterführt und bereits eine *Beschreibung* der endzeitkirchlichen Theologie behindert. Religionssoziologische und religionspsychologische Überlegungen dürfen selbstverständlich ebenfalls nicht außen vor bleiben, wenn die Phänomene richtig verstanden werden sollen. Fragt man jedoch nicht nur (religionssoziologisch) nach Beziehungen, sondern ebenso (theologisch) nach Inhalten, Ideen und Utopien, und (religionspsychologisch) nach präferierten oder von der Gruppierung selbst katalysierten psychischen Strukturen der Mitglieder, so stellen sich unter sozialwissenschaftlicher Hinsicht zunächst unproblematische Vorstellungsmodelle und Hierarchien plötzlich als durchaus problematisch dar. Genau hier liegen die Grenzen eines rein sozialwissenschaftlich orientierten Sektenbegriffs.

Der Ablehnung des Sektenbegriffs aus der Perspektive der sozialwissenschaftlichen Betrachtungsweise (Enquetekommission) kann also einerseits gefolgt werden. Diese Perspektive stellt sich jedoch andererseits selbst als reduktionistisch heraus, insofern sie keine Kriteriologie bietet, um Lehren, die zwar nicht rechtswidrig sind, aber doch vor dem Forum der historischen und philosophischen Vernunft nicht verantwortbar sind, zu beschreiben und zu kritisieren. Immerhin werden sie in alltäglicher religiöser Praxis verinnerlicht.

Bisweilen bieten sich aber auch unmittelbar erfreuliche Parallelen zwischen den oben vorgestellten Zugängen und den im dritten Teil unserer Arbeit entwickelten Elementen einer Kritik. Hemminger fordert etwa in seiner Auseinandersetzung mit den Sekten – wenn auch sehr versteckt – eine „notwendige Götzenkritik" und verweist auf das alttestamentliche Bilderverbot sowie Jes 44,9ff[64]. In diesem Zusammenhang charakterisiert er als Sekte jene Bewegung, in der Irdisches (die Lehre, der Meister etc.) vergöttlicht wird. Leider führt Hemminger seinen kryptischen Verweis auf Hamann (ohne Quellenangaben) nicht weiter aus. Wenn er im Folgenden auf die je unterschiedlichen sektiererischen Versuchungen der großen Konfessionen hinweist,[65] so wird erneut deutlich, dass die soziale Organisationsform und der

---

[63] Wolfhart PANNENBERG: *Wissenschaftstheorie und Theologie.* Frankfurt a.M. (Suhrkamp) 1973, 303–329 und 361–374.
[64] HEMMINGER, *Sekte*, 153.
[65] Ebd. 156ff.

religionshistorische Standort einer religiösen Gruppierung keine hinreichenden Kriterien bieten, um die Angemessenheit ihrer Lehre und Sozialform zu erweisen.

In Einklang mit unserer Kriteriologie machen Hemminger und Schmidtchen darüber hinaus eine starre Identifikation der Gruppengrenzen mit der Grenze zwischen Wahrheit und Unwahrheit als wesentliches Merkmal problematischer religiöser Gruppierungen aus. Wenn die Wahrheitsfrage nicht mehr individuell gestellt werden darf, sondern die Unterscheidung zwischen wahr und falsch unter Überspringen eines individuellen Reflexionsprozesses willkürlich der Gruppe, ihren sozialen Interessen und normativen Zuweisungen überlassen wird,[66] dann mag das für Menschen anziehend wirken, die sich aufgrund persönlicher Krisen und Destabilisierungen mit einer situativ überkomplexen Realität konfrontiert sehen. Von ihnen wird das Angebot einer legalistisch organisierten Vereinfachung ihrer unmittelbar nicht mehr bewältigbaren Situation gerne angenommen.[67] Gerade deshalb wird man vor solchen Gruppierungen aber warnen müssen. Die Gefahren sozialer Isolierung und eines negativen ‚Reframings' sind – gerade wenn eine endzeitliche Orientierung vorliegt – zu hoch.

Dass auch von Seiten der *Religionswissenschaft* vereinzelt der Ausfall der Wahrheitsfrage nicht mehr nur als Befreiung von kirchlichem Machtstreben, sondern als wissenschaftstheoretisches Manko wahrgenommen wird, ist aus theologischer Perspektive ebenfalls zu begrüßen. Auf jeden Fall bedarf eine theologische Arbeit des wachen Auges und phänomenologischen Instrumentariums der Religionswissenschaft, um zu einem klaren Urteil zu kommen. Hier ist vor allem die Mahnung eines differenzierten Umgangs mit dem Sektenbegriff zu hören.[68] Um so erstaunlicher, wenn in einem religionswissenschaftlichen Beitrag an die Stelle des verworfenen Sektenbegriffs – wie bei Zinser – ein mindestens ebenso unklarer Begriff tritt – der des ‚Fundamentalismus' – und sofort als Maßstab einer negativen Sanktionierung eingesetzt wird. Für unsere Untersuchung gibt er ohnehin wenig her, da wesentliche, allgemein dem Fundamentalismus zugesprochene Merkmale (vor allem die Politisierung von Religion) bei den Endzeitkirchen nicht vorkommen. Aber auch in anderem Zusammenhängen muss mit Martin Riesebrodt[69] vor einer polemischen Verwendung des Begriffs ‚Fundamentalismus' gewarnt werden – nicht zuletzt, weil sonst die zeitdiagnostische Chance, die in einer differen-

---

[66] Eine solche Definition betrachtet jedoch erst das Stadium, in dem die Sekte sich bereits als Gruppe formiert und eine eigene Lehre entwickelt hat. Das euphorisch-charismatische Gründungsstadium muss von einer solchen Einengung ausdrücklich ausgenommen bleiben.
[67] HEMMINGER, *Sekte*, 116 ff.
[68] PROHL, *Kommerzialisierung*, 217.
[69] Vgl. Martin RIESEBRODT: *Fundamentalismus als patriarchale Protestbewegung*. Tübingen (Mohr) 1990 sowie Ders.: *Die Rückkehr der Religionen*.

4. Apokalypse – dualistisch: Ihre Funktion in den Endzeitkichen

zierten Wahrnehmung des Protestes dieser Gruppierungen gegen eine einseitig vorpreschende Moderne liegt, verspielt wird.

Von der *Religionspsychologie* ist ein Ernstnehmen bildhafter Zukunfts- und Jenseitsvorstellungen als anthropologische Konstante zu lernen, aber auch die Warnung vor Störungen des Zeitbewusstseins als Zukunftsbewusstsein zu hören (Glatzel), die mit einem fehlgeleiteten Jenseitsglauben verbunden sein kann. Zwingmann und Murken zeigen darüber hinaus detailliert, dass der Beitritt zu einer Endzeitkirche auch stabilisierende Auswirkungen auf eine Persönlichkeit in der Krise haben kann. Wertsteigerung der eigenen Person, Orientierung angesichts unüberschaubarer Verhältnisse und eine neue soziale Verortung werden geboten, doch es drohen auch die Abschottung vom bisherigen Milieu, die Vermeidung politsch-sozialen Engagements und eine vermehrte Neigung zur (Auto-)Aggression.

4.3 Kirche Jesu Christi der Heiligen der letzten Tage

4.3.1 Geschichte und Lehre

Das Fehlen von kritischen Auseinandersetzungen mit der Kirche Jesu Christi der Heiligen der letzten Tage (HLT), die jenseits einer *Geschichte* dieser Kirche auch eine *Analyse der Lehre* versuchen, ist frappierend.[1] Andererseits finden sich nicht wenige Arbeiten, deren (großkirchlich-)apologetische Absicht offen zutageliegt, und die eine unvoreingenommene theologischanthropologische Beurteilung dieser Glaubensgemeinschaft vermeiden. Hier fällt dann schnell, nicht selten nach einer kurzen Rechtfertigung des Sektenbegriffs, das entsprechende Urteil. Bezüglich der theologischen Valenz bleibt es bei einer Aufreihung verschiedener Glaubensinhalte, die eine reflektierte Kriteriologie ebenfalls vermissen lassen.

Wie im Anschluss auch hinsichtlich der Zeugen Jehovas und der Neuapostolischen Kirche wird unser Anliegen im beschriebenen Zusammenhang deshalb sein, nach einer kurzen überblicksartigen Skizzierung von Geschichte, organisatorischer Struktur und Lehre, die Funktion des *mormonischen Endzeitglaubens* in Bezug auf interne Strukturen und zugrundeliegende Anthropologie zu untersuchen.

Selbstverständnis
Gründer der *Kirche Jesu Christi der Heiligen der letzten Tage (HLT)*[2] war der US-Amerikaner Joseph Smith (1805–1844). Mit 15 Jahren hatte er nach

---

[1] Im deutschsprachigen Raum sind die im Folgenden mit Vorbehalt berücksichtigten Arbeiten von Rüdiger HAUTH [*Die Mormonen. Geheimreligion oder christliche Kirche? Ein Ratgeber.* Freiburg (Herder) 1995] und Hermann VOGT (vgl. Anm. 3) brauchbar, aber eher der großkirchlichen Apologetik zuzuordnen. Das materialreiche Werk Albert MÖSSMERS [*Die Mormonen. Die Heiligen der Letzten Tage.* Solothurn (Walter) 1995] muss wegen sich häufender historisierender Sympathiebekundungen kritisch gelesen werden. Für den englischsprachigen Raum gilt auch heute noch, was Armand L. MAUSS 1989 formuliert hat: „scholarly and systematic theological literature relating to the Mormons is quite rare. There is a small official literature produced by an earlier generation of scholars among the Mormons leadership. These were not theologians, however, and while their work is articulate and persuasive, it is ultimately of an amateur nature" [*God of Gods: Some Social Consequences of Belief in God among Mormons.* In: William R. Garett (Hg.): Social Consequences of religious belief. New York (Paragon Hause Pubs.) 1989, 44–65, 45]. Letztere kritisch zu lesen und auf ihren Gehalt zu prüfen würde den Rahmen unseres Vorhabens sprengen. Bezüglich mormonischer Selbstzeugnisse stütze ich mich im Folgenden vor allem auf die *vier normativen Texte* der Kirche Jesu Christi der Heiligen der letzten Tage selbst.
[2] Weitere Informationen finden sich im Internet: Unter *http://www.mormonen.de* (11. Oktober 2004) hat ein Kritiker etliches an Informationen zusammengestellt und wurde dafür von den HLT gerichtlich verfolgt. Die offizielle Domain der Kirche Jesu Christi der Heiligen der letzten Tage (Latter Day Saints) lautet: *http://www.lds.org* (11. Oktober 2004).

der mormonischen Tradition eine Vision, in der ihm Gott Vater und Jesus Christus geboten haben, sich keiner bestehenden Kirche anzuschließen, da sie alle falsch und verworfen seien. Eines Tages soll Joseph Smith ein Engel namens Moroni erschienen sein und ihm Goldtafeln mit einem Manuskript des *Buches Mormon* übergeben haben, das bei New York vergraben gewesen sei. Es stamme von aus Israel ausgewanderten Judenstämmen, die nach Bruderzwisten im ersten Jahrtausend nach Christus ihrerseits untergegangen seien, so dass die wahre Lehre für viele Jahrhunderte verschollen gewesen sei. Joseph Smith übersetzte die später verschollenen Tafeln angeblich aus dem Altägyptischen und veröffentlichte das Buch Mormon 1830. Inhalt dieser Schrift ist eine heilsgeschichtliche Interpretation der Vergangenheit Amerikas.[3]

Massive Anfeindungen von Seiten der meist protestantischen Mitbewohner (im internen Sprachgebrauch teilweise bis heute *Gentiles* – Heiden genannt) zwangen die Vertreter der jungen Gemeinschaft schon früh, von der Ostküste in Richtung Westen zu ziehen – eine von immer neuen Offenbarung und enttäuschten Hoffnungen begleitete und durch kämpferische Auseinandersetzungen (die unter anderem zum ‚Martyrertod' des Gründers Joseph Smith durch eine Gewehrkugel 1844 in Missouri führten) bedrohte entbehrungsreiche Wanderschaft, die man später als ‚Exodus' rekonstruierte. Salt Lake City im heutigen US-amerikanischen Bundesstaat Utah wurde schließlich von der Glaubensgemeinschaft als ‚Neues Jerusalem' gegründet.

Das ‚Mormonentum' ist nach eigenem Verständnis die ‚amerikanischste' aller Religionen, mit enormen Erfolgen in Wirtschaft und Wissenschaft und für ihre Anhänger von hoher identitätsstiftender Kraft. So wie Mohammed mit einer Offenbarung in Arabisch den Arabern ihre Religion gab, so habe Joseph Smith den Amerikanern eine weitere Weltreligion und eine Offenbarungsschrift in englischer Sprache geschenkt: Die Entdeckung Amerikas durch Kolumbus wird als Offenbarungstat im Buch Mormon erwähnt (1 Nephi 13,12)[4]. Es wird ein Neues Jerusalem auf amerikanischem Boden erwartet, ja man nimmt sogar an, dass Gott Vater und Jesus Christus selbst Amerika besucht hätten (3 Nephi 11–28, mit Verweis auf die Rede von einem großen weißen Gott, von dem in indianischen Mythen die Rede ist). Der

---

[3] Die ‚*Echtheit*' des Buches Mormon im Sinne einer ‚übernatürlichen' Offenbarung ist vielfach mit guten Gründen angezweifelt worden. So zuletzt von Hermann VOGT: *Die totale Mission der Mormonen. Aufstieg und Expansion einer amerikanischen Großsekte.* In: ZkTh 112 (1990), 406–426. Mir scheint jedoch, dass die *Wahrheit* einer Offenbarung sich nicht aus dem Beweis – oder der Bestreitung – ihres ‚übernatürlichen' Ursprungs, sondern nur mit der kritischen Hinterfragung ihres *Inhalts* erweisen lässt. Folglich wird im Folgenden ganz ernsthaft nach der Selbstreflexivität der ‚Theologie' der Mormonen sowie nach der Vertretbarkeit ihres Jenseitsglaubens vor dem Forum der Verunft gefragt werden müssen.

[4] Das *Buch Mormon* gliedert sich in 15 Bücher: 1/2 Nephi, Jakob, Enos, Jarom, Omni, Worte Mormons, Mosia, Alma, Helaman, 3/4 Nephie, Mormon, Ether, Moroni.

Garten Eden wird in Jackson County, Missouri, vermutet und dort für das Ende der Zeiten wieder erwartet. Wurzel dieses Selbstbewusstseins ist die bereits im frühen 19. Jahrhundert von Richard Brothers entwickelte Vorstellung, vor dem babylonischen Exil sei ein gewisser Teil des Volkes Israel nach Amerika ausgewandert („zehn verlorene Stämme") und habe dort nach internen Kämpfen im Laufe der Zeit den wahren Glauben verloren.

Neben diesem Selbstverständnis als amerikanische Religion gehört es zur mormonischen Identität, auf die vielen Parallelen ihrer Geschichte zu der des jüdischen Volkes hinzuweisen, als dessen Nachkommen man sich versteht: Eine wichtige Rolle spielt hier der von Angriffen und Entbehrungen begleitete ‚Exodus' zu den großen Salzseen. Konsequent findet sich in der HLT kein Antisemitismus, auch keine ausgeprägte *Feindschaft* gegenüber den amerikanischen Ureinwohnern, wohl aber Juden- und Indianer*mission*, da eine Bekehrung der vom wahren Glauben Abgefallenen als Wille Gottes verstanden wird.

Die Kirche der Heiligen der letzten Tage ist *außerhalb Europas* eine der am stärksten wachsenden Religionsgemeinschaften. Zur Zeit gibt es etwa 11 Millionen Mormonen weltweit, 1963 waren es noch zwei Millionen.[5] In den USA ist die Zahl der HLT in den letzten 30 Jahren um 225 Prozent auf 5,5 Millionen gestiegen. In Deutschland bekennen sich zur Zeit (2004) circa 38.000 Menschen zur Kirche Jesu Christi der Heiligen der letzten Tage.[6]

Organisation und Hierarchie

Seit Joseph Smith gilt der ‚Präsident' der Kirche als ‚Apostel' und empfängt weitere ‚Offenbarungen'[7], durch die bisherige Aussagen der Kirche teilweise massiv verändert werden. Die Organisation der HLT ist ursprünglich hierarchisch strukturiert, hat jedoch im 20. Jahrhundert einen Demokratisierungsprozess durchlaufen[8]: Der Präsident ist lebender Prophet, seine Offenbarungen müssen jedoch einem ‚Rat der Zwölf', einem ‚Rat der Siebzig' und schließlich der ganzen Kirche vorgelegt und durch diese bestätigt werden. Eine ursprünglich unreflektierte Vorstellung fortgesetzter unmittelbarer Offenbarung als direkter Anrede Gottes an einzelne Führerpersönlichkeiten ist hier durch das Verständnis zwar *individuell inspirierter* aber doch *sozial kontrollierter* Entscheidungen abgelöst worden.

Im Jahr 1835 führte Joseph Smith aufgrund einer erbetenen Offenbarung vom 28. März 1835 ein zweistufiges Priestertum ein,[9] das formal auf die

---

[5] Laut der dem evangelikalen Milieu zuzuordnenden Zeitschrift *Idea-Spektrum* (16.9.98) sind weltweit jährlich 57.000 Missionare unterwegs.
[6] Vgl. dazu die Informationen unter www.agpf.de und www.relinfo.ch (11. Oktober 2004).
[7] Vgl. HAUTH, *Mormonen*, 40ff.
[8] MÖSSMER, *Mormonen*, 200.
[9] Vgl. *Doctrine and Covenants* [dt. Ausg.: Buch der Lehre und Bündnisse. Sorgfältig ausgewählt

Schriften des Alten Testamentes zurückgeht: Im *Aaronitischen* oder *Levitischen* Priestertum (die niedrigere bzw. weltliche Stufe) gibt es drei Ränge, denen ein Bischofskollegium vorsteht, alle Ränge sind intern kollegial organisiert: Der *Diakon* hat die Aufgaben zu warnen, die Schriften auszulegen, zu ermahnen und einzuladen; die Aufgabe des *Lehrers* ist vor allem die Kontrolle der Mitglieder; der *Priester* tauft, hält ‚Abendmahl' und predigt.

Das ‚höhere' *Priestertum des Melchisedek* ist folgendermaßen strukturiert: Die Aufgaben des *Ältesten* sind die Leitung der sogenannten *Confirmations* und der Versammlungsvorsitz. Außerdem kennt man die *Siebziger*, für deren Amt eine zweijährige Missionarstätigkeit die Voraussetzung bildet, und *Hohepriester*, die sich auf verschiedene hohe Leitungsämter – unter anderem das des Präsidenten der Kirche – vorbereiten. Diese Hierarchie wird durch einen ‚Zehnten' finanziert, der auf das Bruttoeinkommen erhoben wird. Mit dieser Finanzierung ist die HLT zu einer der reichsten Kirchen der Welt geworden.

Weltweit ist die HLT in circa 25 Regionalbezirke und darunter noch einmal in Regionen eingeteilt. Kleinste Einheit ist der sogenannte (Zelt-)Pfahl, die Gemeinde, die jeweils 2000–10.000 Personen umfasst. Sie wird von einem Bischof mit Beratern geleitet, deren Kompetenz dort, wo dies staatskirchenrechtlich möglich ist, in der Tradition des aaronitischen Priesteramtes auch weltliche Belange umfasst. In Teilen der Welt, in denen keine Organisation dieser Art besteht, gibt es „Missionen".[10]

Theologie?
Ein ursprüngliches Evangelium wurde bereits Adam, Abraham und anderen ‚Patriarchen' offenbart[11], und zwar in verschiedenen *„dispensations"* (Bekanntmachungen des Willens Gottes): in einer patriarchalischen Periode (Adam bis Noach), einer noachischen (Noach bis Abraham), einer mosaischen und in einer letzten durch Jesus Christus, der „Dispensation der Fülle der Zeiten" im Sinne einer umfassenden Offenbarung niedergelegt in der Bibel. In einer großen Apostasie fiel das Christentum jedoch bereits in den ersten Jahrhunderten von der wahren Lehre ab. Alle nachfolgenden Abspaltungen, folglich also alle heute existierenden christlichen Kirchen, haben an diesen frühen Irrtümern teil und sind nicht heilswirksam. Reaktion Gottes auf den der jeweiligen Dispensation vorhergehenden Abfall war jeweils die Wegnahme des wahren Priestertums, das im Zusammenhang der Dispensation wiederhergestellt werden musste. Erst die Entdeckung des *Buches Mor-*

---

aus den Offenbarungen Gottes und nach Daten geordnet. Verb. u. erw., neu aufgemachte Aufl. Hannover (Kirche Jesu Christi der Heiligen der letzten Tage) 1975], Abschn. 68 und 104.
[10] MÖSSMER, *Mormonen*, 207.
[11] „[...] es wurde im himmlischen Reich formuliert, bevor die Grundfesten der Erde gelegt wurden." Ebd. 88.

mon durch Joseph Smith ermöglichte eine Rückkehr zu den ursprünglichen wahren Lehren („Fülle des Evangeliums") und damit auch zum wahren allein gültigen Priestertum.

Mormonen sprechen von mehreren Göttern,[12] genauer von der tritheistisch gedachten Hauptgottheit *(Godhead)* sowie einer „göttlichen Mutter" *(Divine Mother),* die in besonderer Verbindung zur Erde steht. Von diesen werden allerdings nur drei – die männlichen – verehrt, und nur zu Gott Vater *(Elohim)* wird gebetet.[13] Dazu kommt eine „unendliche Anzahl heiliger Personen, die von zahllosen belebten Welten kommen, zur ‚Erhöhung' übergegangen und so Götter sind"[14]. Bezüglich der HLT ist also nicht ganz ohne Grund von *Polytheismus* gesprochen worden.

Die Götter werden ursprünglich menschlich und bleibend *leiblich* gedacht[15]; „Gott selbst war einst wie ein Mensch, hat sich jedoch fortentwickelt, bis er die Stufe einer Gottheit erreichte."[16] An anderer Stelle heißt es: „Wie der Mensch ist, war Gott einst: wie Gott ist, kann der Mensch einst werden."[17] Jesus Christus ist folglich nicht gezeugter Sohn Gottes, sondern wurde zu Lebzeiten als rechtschaffen lebender Mensch an Sohnes Statt angenommen und damit vergöttlicht.[18] Dieser ‚Adoptianismus' ist universal, das

---

[12] So etwa im Schöpfungsbericht der *Köstlichen Perle*, Buch Abraham, 4,25ff. Eine Zusammenstellung weiterer Belege findet sich bei A.A. HOWSEPIAN: *Are Mormons Theists?* In: Religious Studies 32 (1996), 357–370, 358, Anm. 4ff.

[13] Bruce R. MCCONKIE: *Mormon Doctrine*. Salt Lake City (Utah Bookcraft Inc.) ²1979 (1966), 577.

[14] Vgl. MÖSSMER, *Mormonen*, 95, Anm. 62.

[15] Auf den hier deutlich werdenden spiritualistischen Materialismus wird im Kontext des ‚mormonischen' Endzeitglaubens noch näher eingegangen.

[16] Vgl: *Times and Seasons* (monatliches Publikationsorgan der HLT 1839–1846, sechsbändig ediert Ende des 19. Jahrhunderts), 99, 15.8.1844, Bd. 5, 613f.

[17] Zit.: u.a. in: Kurt HUTTEN: *Seher, Grübler, Enthusiasten. Sekten und religiöse Sondergemeinschaften der Gegenwart*. Stuttgart (Quell) ⁸1962, 575. Zu Recht hat A.A. HOWSEPIAN eingewandt, dass eine solche Annahme vor der abendländisch-philosophischen Tradition, wie sie etwa in Anselm von CANTERBURYS *Monologion* zum Ausdruck kommt, keinen Bestand habe: „Given this understanding [...] God the Father is himself not an infinite Being" *(Are Mormons Theists,* 362). Dies gilt insbesondere, wenn auch für die Gottheit von einer weiterführenden inneren Entwicklung ausgegangen wird: „God himself is increasing and progressing in knowledge, power, and dominion, and will do, worlds without end" (Ebd.). W. WOODRUFF (vierter Präsident der HLT): *The Journal of Discourses by Brigham Young, His two Councellors, the Twelve Apostels, and others*. 26 volumes, reported by G.D. Watt. Liverpool (F.D. Richards) 1854–1886, volume 6, p. 120 zit. HOWSEPIAN, *Are Mormons Theists,* 362 Anm. 18. Auch der höchste Gott der HLT ist nichts, „über das Höheres nichts gedacht werden kann". Aus diesem Zurückbleiben hinter den ‚Standards' abendländischer Theologie zu schließen, die Kirche der HLT sei ein atheistischer Kult (HOWSEPIAN, *Are Mormons Theists,* 363ff) scheint mir jedoch eine zumindest religionswissenschaftlich nicht haltbare polemische Konsequenz zu sein.

[18] Im *Buch der Lehren und Bündnisse* sagt Johannes der Täufer von Jesus, dass er nicht als Gottes Sohn präexistierte, sondern „er stieg auf von Gnade zu Gnade, bis er eine Vollkommenheit erreichte" (Abschn. 90,2a).

heißt für jeden Menschen analog nachvollziehbar. Es herrscht Monolatrie, also Verehrung Gott Vaters, zu dem allerdings im Namen Jesu Christi gebetet wird. Der heilige Geist gehört als *Holy Ghost* (als einziger der Hochgottheiten unkörperlich) zur Dreiheit von Vater Sohn und Heiligem Geist, während mit *Holy Spirit* eine göttliche Kraft bezeichnet wird, die von der Dreiheit ausgeht und auch als ‚Geist Gottes', ‚Geist der Wahrheit' etc. bezeichnet werden kann.[19] Jesus (= Jehova), hat im Auftrag des Vaters die Welt geschaffen.[20] Es gibt nichts Nichtmaterielles, demnach wurde die Welt aus Geist-Stoff geschaffen. Auch die Menschen präexistieren als Geistmaterie, ihr irdischer Leib wird zur Auferstehung neu erschaffen[21].

Wenngleich hier bereits Parallelen zum herkömmlichen christlichen Glauben ins Auge fallen und mehr als 400 Übereinstimmungen des Buches Mormon mit der englischen King James Bibel diese Bibel als entscheidende Quelle der Offenbarungen für Joseph Smith erkennen lassen,[22] handelt es sich bei den HLT dennoch eindeutig um eine neue Religion, die sich aus dem Christentum entwickelt hat.[23] Dementsprechend gibt es ähnliche ‚Mutter-Tochter-Konflikte' wie zwischen Christentum und Judentum oder Buddhismus und Hinduismus: Mormonen halten sich selbst gewöhnlich für die einzig wahren Christen und sind an ökumenischen Kontakten nicht interessiert, da andere Kirchen grundsätzlich dem Apostasieverdacht anheimfallen. Insofern dürften sie also mit Schmidtchen im sozialpsychologischen Sinne eine Sekte genannt werden.

Voraussetzungen für die Rückkehr zu Gott sind für Konvertiten wie für ‚geborene Mormonen' Bußfertigkeit, Taufe und der Empfang des heiligen Geistes in einer anschließenden ‚Confirmation', die in der Regel im Alter von acht Jahren vollzogen wird.[24] Dieses ‚Initiationssakrament' kann von anderen Kirchen nicht gültig gespendet werden, weil ein Glaubensabfall jeweils als ‚Wegnahme' der Offenbarungen und des wahren Priestertums verstanden wird. Bei Kirchenaustritt erfolgt dementsprechend Taufentzug, bei Wiedereintritt muss neu getauft werden. Gleichzeitig wird die mormonische Taufe von den anderen christlichen Kirchen wegen des Polytheismus nicht als trinitarische Taufe anerkannt. Die Abendmahlsfeier, regelmäßig in jedem Sonntagsgottesdienst, wird als Gedächtnismahl Jesu gemäß der „heiligen

---

[19] HAUTH, *Mormonen*, 62.
[20] Parallelen zum gnostischen Demiurgen sind hier naheliegend; die Entwicklungslinie einer ideengeschichtlichen Beeinflussung muss allerdings vorerst im Dunkeln bleiben.
[21] MÖSSMER, *Mormonen*, 99.
[22] Ebd. 90.
[23] „Sie haben eine kulturelle Kontinuität mit dem Christentum beibehalten, aber die Mormonen sind eine neue Religion." Rodney STARK: *The Rise of a New World Faith*. In: Review of Religious Research 26 (1984), 23.
[24] Vgl. HAUTH, *Mormonen*, 71ff.

Handlung von Brot und Wein" im Buch Mormon (3 Nephi 18) gefeiert. Statt des (verbotenen) Weines wird Wasser ausgeteilt.

Es wird zwischen himmlischer und irdischer Ehe unterschieden: Ein Jahr nach der „irdischen Eheschließung" können die Eheleute im Tempel „für Zeit und Ewigkeit", das heißt über den Tod hinaus, aneinander „gesiegelt" werden. Es handelt sich hierbei jedoch um ein streng geheim gehaltenes Ritual der Kirche Jesu Christi der Heiligen der letzten Tage. Die bekannten Rituale sollen weiter unten kurz dargestellt werden.

Moral

Von lebensweltlicher Relevanz sind allgemeine Lebensregeln mormonischer Existenz, Sekundärtugenden, die eine gewisse Konvergenz mit dem aufweisen, was als Spielart des „*american way of life*" bezeichnet werden könnte: Nichtstun führe zu Verfall. Kaffee, Tee, Tabak und Alkohol sind verboten,[25] Meditation oder Andacht als religiöse Vollzüge sind weitgehend unbekannt, der Sonntag, Sabbat genannt, ist mit Gottesdienst, Sonntagsschule und anderen gemeindlichen Aktivitäten angefüllt, der Montag wird für familiäre Aktivitäten freigehalten. Alle Kirchenmitglieder sind angehalten, wegen der erwarteten ‚großen Drangsal' Vorrat für ein Jahr im Haus zu haben. Hierfür wird gerne das Gleichnis der zehn klugen bzw. törichten Jungfrauen zitiert (Mt 25,10).

Die Vermeidung von Mischehen und eine große Kinderzahl sowie Missionierung führten im letzten Jahrhundert zu eminentem Wachstum. Missionierung an der Haustür ist dabei nicht so erfolgreich wie ein geschicktes Werben im Kreis der Nachbarschaft und Bekannten oder in Fußgängerzonen, das nach einem genauen Konzept (das dem der Zeugen Jehovas nicht unähnlich ist) erfolgt – zunächst keine religiösen Themen erwähnen, Menschen auf persönliche Problemfelder ansprechen – und dabei ausdrücklich die nach Kapitel 4.2 prädestinierte Personengruppe anspricht. Die für höhere Mitglieder des Melchisedekschen Priestertums (‚Siebziger') unerlässliche zweijährige Missionszeit (meist im Ausland), die direkt nach der Schulausbildung – also von sozial noch wenig geprägten jungen Menschen – absolviert wird, bereitet man durch einen Intensivkurs vor.

Das System mormonischen Wirtschaftens profitierte lange von der bis vor kurzem noch weitgehenden Autonomie Utahs und ist als „solidarischer Kapitalismus" bezeichnet worden.[26] Sozialhilfe wird abgelehnt, statt dessen existiert ein kirchlicher Wohlfahrtsplan. Spirituelles und weltliches Wohl gehören zusammen, Wissenserwerb gilt als positiv und entsprechend wächst

---

[25] *Buch der Lehren und Bündnisse*, Abschn. 89.
[26] MÖSSMER, *Mormonen*, 236, vgl. *Buch der Lehren und Bündnisse*, Abschn. 131,6.

die Religiosität mit steigendem Bildungsgrad, während sie unter pluralistischeren Bedingungen bei Akademikern bekanntlich abnimmt. Im 19. Jahrhundert wird Zivilisation meist mit heller Hautfarbe verbunden. Auch Joseph Smith hielt dunkle Hautfarbe für ein Zeichen der Degeneration. Die Mormonen sahen ihre Aufgabe aber nicht in der *Vernichtung* oder *Ausbeutung*, sondern in der *Verbesserung* der Schwarzen, weshalb sie gegen die Sklaverei Stellung bezogen – eine der Ursachen massiver Verfolgungen (v.a. in Missouri) bei ihrem Zug nach Westen. Später (unter Brigham Young) wurde den Afroamerikanern jedoch als „Samen Kains" das Priestertum verweigert und die Missionierung unter Schwarzen vermieden. Nach der Aufhebung der Rassentrennung in den USA standen die Mormonen nun bald als Rassisten da. Eine Liberalisierung in der Rassenfrage setzte ab 1972 ein. 1978 wurde das Priestertum für Afroamerikaner und Afrikaner zum Entsetzen vieler Mormonen durch eine Offenbarung legitimiert, was anschließend zu einem starken Wachstum der HLT in afrikanischen Nationen und unter Afroamerikanern, aber auch zu einer Irritation vieler konservativer weißer Mitglieder in Utah führte.

Die bis 1896 *allgemein* und seit ihrer Abschaffung auf Druck der Amerikanischen Bundesregierung *nur noch in mormonischen Splittergruppen* praktizierte (staatlich in Utah aber kaum verfolgte) Polygamie wirkt letztlich als Ferment einer patriarchalen Hierarchie: Frauen haben keinerlei Macht und Aufstiegsmöglichkeiten in der HLT. Selbst wohlwollende Darstellungen müssen zugestehen, dass Frauen unter der Polygamie litten.[27] Mit der Verwerfung der Polygamie 1895 war der Weg zur gesellschaftlichen Integration in die Vereinigten Staaten und der Übernahme traditioneller bürgerlicher Werte geebnet. Ja, sie ermöglichte gar eine Hypostasierung der bürgerlichen Familie als soteriologischer Größe, wie sie in keiner anderen Religionsgemeinschaft zu finden ist. Zunehmend drohen die Mormonen heute zu einer Paar- und Familienkirche zu werden, die Alleinlebende an den Rand drängt.

Im 19. Jahrhundert waren Frauen wegen der Pioniersituation noch vielfältig berufstätig gewesen, mit zunehmender Konsolidierung der Kirche werden die einschlägigen Texte aus den Paulusbriefen und der Schöpfungsgeschichte jedoch ebenso prägend wie in einer Mehrzahl der christlichen Denominationen. Zunehmend wirkt sich jedoch, bestimmten Ausprägungen des kirchlichen Marienglaubens entsprechend, der mit der Zeit entwickelte Glaube an eine weibliche Gottheit[28] zur Stütze eines Rollenmodells der geduldigen Gebärerin von ‚Gotteskindern' aus, ohne jedoch zu einer sozialen Aufwertung der Frau zu führen. Frauenhilfsorganisiationen werden in der zweiten Hälfte des 20. Jahrhunderts für engagierte Frauen ein Feld der Betäti-

---

[27] MÖSSMER, *Mormonen*, 178.
[28] Ebd. 252.

gung, vielleicht auch Ersatz für das verweigerte Priesteramt. Seitdem diese jedoch Anfang der siebziger Jahre des letzten Jahrhunderts zerschlagen, die Widerständlerinnen innerhalb der Mormonen ausgeschlossen wurden und eine Initiative im US-Senat zur Einführung der Gleichberechtigung in Utah scheiterte, gibt es nurmehr schweigenden Protest: Die Geburtenrate ist in den letzten Jahrzehnten deutlich gefallen. Heute nehmen, aber, wie in anderen US-Bundesstaaten, auch in Utah Scheidungen und die Berufstätigkeit von Frauen zu.

Weihezeremonien im Tempel
Mormonische Tempel sind Wohnsitze Gottes mit strikt kontrolliertem Eintrittsverbot für alle Nicht-Mormonen und sanktionierten Mormonen ohne moralische Lebensführung. In den Tempeln werden diverse ‚heilige Handlungen' vollzogen wie Meditationen, das Empfangen von Offenbarungen, Eheversieglungen und Totentaufen. Auch die Institution der Tempel knüpft bewusst an israelische Traditionen vor 70 n.Chr. an.

Rüdiger Hauth[29] unterscheidet drei Rituale, die in diesem Tempel vollzogen werden und angeblich auf Rituale am Jerusalemer Tempel zurückgehen, in wesentlichen Teilen jedoch eher von Ritualen der Freimaurer beeinflusst sein dürften[30]: *Endowment* (Ausstattung, Begabung), *stellvertretende Totentaufe* und *Siegelungen*.

Beim Endowment werden rituelle Waschungen und Salbungen vollzogen sowie ein geheimzuhaltender heiliger Name vergeben. In Lesungen und szenischen Spielen werden zentrale Glaubensinhalte der HLT präsentiert: So die Weltschöpfung aus *materia prima* durch Jehova (später Jesus) und Michael (später Adam), Adam und Eva im Paradies. Höhepunkt des Rituals ist das Durchschreiten des (Tempel-)Vorhangs, was das Hinübertreten von der ‚terrestrialen' zur ‚celestialen' Welt, also ins ‚Reich Gottes', symbolisieren soll.

Die bereits seit 1836 praktizierte und 1842 auch durch eine Offenbarung[31] gerechtfertigte Totentaufe resultiert aus dem bereits erwähnten soteriologischen Alleinanspruch der Mormonen: Nur wer ihrer Kirche angehört, kann

---

[29] HAUTH, *Mormonen*, 100ff.
[30] J. Smith war seit 1842 Mitglied einer Freimaurer-Loge. Außerdem wurden im Rahmen einer antifreimaurerischen Kampagne in den USA des mittleren 19. Jahrhunderts Geheimrituale häufiger öffentlich vorgeführt, waren also jedermann zugänglich. Vgl. HAUTH, *Mormonen*, 130. Massimo INTROVIGNE, der sich mit dieser Thematik ebenfalls beschäftigt, zitiert außer einer eigenen Veröffentlichung [*Les Mormons*. Turnout, Belgien (Brepols) 1991] nur mormonische Literatur und arbeitet sich an dem wenig ernstzunehmenden Vorwurf evangelikaler Mormonenkritiker ab, im Tempel werde ein Hexensabbat abgehalten und der Gott der Mormonen sei Luzifer. Vgl. Massimo INTROVIGNE: *Between Religion an Magic: The Case of Mormonism*. In: M.A. Fuß (Hg.): Rethinking New Religious Movements. Rom (Pontifical Gregorian University Research Center) 1998, 81–101, 84ff.
[31] *Buch der Lehren und Bündnisse*, Abschn. 20.

als Verstorbene(r) aus dem nachtodlichen ‚Zwischenreich' erlöst werden. Folglich ist eine nachträgliche Taufe und – für die Männer – auch eine Erhebung in den obligatorischen Melchisedekschen Priesterstand notwendig.[32] Die Totentaufe wird *stellvertretend* für die Verstorbenen an erwachsenen Kirchenmitgliedern in schweren bronzenen Becken im Keller der Tempel vollzogen. Als biblische Belegstellen werden herangezogen: 1 Kor 15,29; 1 Petr 3,18f.4,6 und Mal 4,5f. Mit Bezugnahme auf 1 Petr wird argumentiert: „Es ist also klar, daß das Evangelium in der Geisterwelt verkündigt werden muß [...] Christus eröffnete dieses Werk unter den Toten in der Zeit zwischen seinem Tode und seiner Auferstehung."[33]

Aus einer totalitätskritischen Perspektive muss hier freilich angemerkt werden, dass sich eine solche Vorstellung der strukturellen Miterlöserschaft einer Kirche mit der (auch in 1 Kor nicht tangierten) christlichen Glaubenswahrheit der *alleinigen* Erlöserschaft Jesu Christi nicht vereinbaren lässt und dem menschlichen Machtmissbrauch Tür und Tor öffnet. Dies gilt ebenso wie die übrigen Tempelrituale, denen nach mormonischem Verständnis insgesamt eine unvertretbare Funktion im Erlösungswerk Gottes zukommt.[34]

In unserem Zusammenhang von besonderem Interesse sind die sogenannten Siegelungen, die sich deshalb von einer christlichen Eheschließung unterscheiden, weil sie bewusst „auf Zeit und Ewigkeit" (und nicht etwa „bis der Tod Euch scheidet") geschlossen werden, also ausdrücklich eine Aussage über das Leben in einer Welt jenseits von Raum und Zeit machen, ja sogar ebenso wie die Taufe stellvertretend für bereits verstorbene ‚Paare' vorgenommen werden können. Bemerkenswert ist auch die äußere Form dieses Vorgangs, der in vorgeschriebener Festtagskleidung in komplett verspiegelten Räumen vollzogen wird. So entsteht eine unendliche Vervielfältigung des sich gegenüber stehenden Brautpaares, was einen – allerdings vom philoso-

---

[32] HAUTH, *Mormonen*, 136.
[33] *Glaubensartikel*, 151.
[34] Die Vorstellung einer notwendigen Totentaufe ist allerdings Ursache für die vielleicht öffentlichkeitswirksamste Aktion der Mormonen: Ihre weltweit in quantitativer Hinsicht einmaligen Anstrengungen auf dem Gebiet der Ahnenforschung. Die im Internet unter http://www.familysearch.org (11. Oktober 2004) zugänglichen genealogischen Daten sind die umfänglichsten der Welt und umfassen (gelagert auf angeblich einer Milliarde Mikrofishes in einem atombombensicheren Felsen südlich von Salt-Lake-City) nicht nur die Genealogien der Mormonenfamilien, sondern nahezu den gesamten Bestand genealogischer Daten weltweit. Lediglich einige protestantische Bistümer verweigerten die Herausgabe ihrer Kirchenbücher an die „Genealogische Gesellschaft", einzelne Bistümer der katholischen Kirche haben die Zustimmung zur Archivierung ihrer Bücher bereits in den Fünfziger Jahren des letzten Jahrhunderts gegeben. Inzwischen warnt jedoch in Deutschland die Mehrheit der katholischen Bistümer vor einer solchen Freigabe von Namen der Verstorbenen für eine zweite Taufe. Auf diversen Bistumshomepages findet sich demgemäß eine Handreichung zur *Verfilmung von Kirchenbüchern durch die Mormonen*. Vgl. etwa: *www.kath.de/bistum/limburg/texte/amtsblatt/10amt02.pdf* (11.10.2004).

phisch-theologischem Standpunkt aus betrachtet zweifelhaften – Begriff von Ewigkeit als unendlicher Wiederholung des Immergleichen (oder „schlechter Unendlichkeit") rituell umsetzt. Dieser dürfte immerhin, wie anhand der Offenbarungstexte näher zu zeigen sein wird, für die Relation von Diesseits und Jenseits bei der HLT symptomatisch sein: Das Jenseits wird als unendliche Vervielfältigung des Diesseits unter Abzug irdischer Leiden gedacht. Dieses Denkmodell äußert sich auch in der Vorstellung, man könne mit dem bloßen Mittel der Vervielfältigung irdischer Macht (Priestertum) bereits hier und heute auf die Ereignisse im Jenseits Einfluss ausüben.

Entsprechend kann eine andere Weihehandlung auch ohne Weiteres für sich beanspruchen, die Auferstehung nach dem Tode zu garantieren: Um nach dem Tode aufzuerstehen, bedarf es nicht nur der Siegelung des Paares selbst, sondern – etwa bei Konvertiten mit Kindern – auch der „Siegelung der Kinder an die Eltern" und damit der Komplettierung der Familie. Diese wird damit – anders als in den christlichen Kirchen – selbst zur theologisch relevanten ‚quasisakramentalen', ja heilsbedeutsamen Größe.[35] Die Siegelung erwirkt bei Eintritt in das Reich Gottes das Vorrecht, auf ewig in derselben Familie zu leben – eine nicht nur für pubertierende Jugendliche wahrscheinlich nicht besonders attraktive Vorstellung.

Auch der sogenannten Zweiten Salbung kommt schließlich entscheidende Wirkung im Jenseits zu. Ob sie heute noch praktiziert wird, ist schwer zu sagen, da sie von jeher unter starker Geheimhaltung stand. Sie wird nur höchsten Repräsentanten der HLT gespendet, beinhaltet eine Bestätigung des ‚Priesteramtes in seiner Fülle' und bewirkt die Vergewisserung endzeitlicher Auserwählung als König und Priester, ja macht diese „den Göttern gleich" und zu „Gefährten der heiligen Engel"[36]. Wenn sie noch praktiziert wird, dürfte diese Weihe bis heute Mittel patriarchaler Hierarchiebildung sein, zumal ihr keinerlei öffentliche Funktion oder Verantwortung zukommt. Die beschriebene Vorstellung einer unmittelbaren Einwirkung auf jenseitige Entitäten und Geschehnisse hat der HLT vielfach den Vorwurf der Magie, also des „Überwältigungsversuchs der übernatürlichen Mächte"[37] eingetragen.[38]

---

[35] „Dort wird man Jesus Christus und unseren himmlischen Vater vorfinden und die einzelnen Familien, mit Ehemann, Ehefrau und Kindern, vom Priestertum zusammengefügt." (George McCUNE: *The Blessing of Temple Marriage*, 19 ohne Ort und Jahr zit. Hauth, Mormonen, 153).
[36] McCONKIE, *Mormon Doctrine*, 159.
[37] Alois DEMPF: *Religionsphilosophie*. Wien (Hegner) 1937, 153.
[38] Es hieße, die Errungenschaften der großkirchlichen Theologie vor allem auf dem Felde der Negativen Theologie verleugnen, wollte man hier den Ausführungen des italienischen Religionswissenschaftlers Massimo Introvigne folgen. Sein bedenkenswerter, letztlich aber kurzschlüssiger Versuch, den weitverbreiteten Magievorwurf gegen die HLT abzuwenden (INTROVIGNE, *Case of Mormonism*, 82f), gipfelt zunächst in der treffenden Aussage „Magic-free religion only exists in the programs of the Churches and in the books of theologians; it has never

Fazit

Dass man dem Phänomen ‚HLT' nicht mit der einfachen und undifferenzierten Qualifizierung ‚Sekte' beikommt, dürfte klar geworden sein. Eine beinahe zweihundertjährige Geschichte, die Entwicklung komplexer interner Führungs-, Ausbildungs- und Initiationsstrukturen, eine ausdrücklich nichtchristliche Theologie und Jenseitsvorstellung und ihr enormes Wachstum weltweit hat sie zumindest aus sozialwissenschaftlicher Perspektive dem Status einer Splittergruppe entwachsen lassen. Gleichzeitig stellt ihr eigener Anspruch, die „einzige wahre christliche Kirche auf Erden" zu sein, eine Provokation dar, die einem wirklichen ökumenischen Gespräch nicht standhalten würde, wie sie diesem bis dato auch faktisch im Wege steht.

Die damit einhergehende Weigerung, sich externer Kritik zu stellen und sich damit in einen selbstreflexiven Diskurs vor dem Forum der säkularen Vernunft zu begeben, wie dies in der Theologie der großen Kirchen seit der Begegnung der Lehre Jesu mit der antiken Philosophie immer wieder neu geschehen ist, hat bisher die Ausbildung einer mormonischen ‚Theologie' im eigentlichen Sinne verhindert. Zudem verblieb die mormonische Lehre auf der Stufe einer apologetischen Wiederholung der Smithschen heiligen Schriften. Zur Lösung interner Konflikte standen immer wieder nur nichtreflexive Instrumentarien – im Falle der Frauen die Unterdrückung, im Falle der Afroamerikaner die unkommentierte Offenbarungskorrektur – zur Verfügung. Für unsere Fragestellung scheint der Ertrag also mehr als dürftig auszufallen, ja Offenbarungsverständnis, Führungsstruktur, Geschlechterfrage lassen eher den Eindruck entstehen, als stelle die HLT ein weiteres funda-

---

existed at the grass-root level of the rank and file" (Ebd. 83). Gerade in der von ihm ja durchaus gesehenen Ausbildung theologischer Reflexion liegt jedoch der Unterschied zwischen (nie ohne Volksglauben auskommender) Hochreligion und einer kritische Reflexion verweigernden Endzeitkirche. Die von Introvigne ins Feld geführte katholische Heiligenverehrung war immer von einer diese kritisch reflektierenden Theologie flankiert, die volksreligiöse Riten kritisch brach und begrenzte. Dass gerade magiekritische Protestanten und areligiöse Aufklärer sich astrologischen und anderen magischen Praktiken hingaben, wie Introvigne stark vereinfachend bemerkt (Ebd.), ist dabei vielleicht ein Beweis *für* die Verführungskraft magischer Praktiken, aber gerade nicht *gegen* die Notwendigkeit und den Erfolg theologischer Reflexion, zunächst aber vor allem ein Indiz für das Auseinanderfallen von Hoch- und Volksreligion, die spätestens mit der einsetzenden Aufklärung nahezu flächendeckend (auch für weite Regionen des Katholizismus) zu konstatieren ist (Vgl. Kapitel 3.6.).

Der von Introvigne durch die Einordnung in allgemeine religionswissenschaftliche Kategorien angezielten Ehrenrettung der Mormonen gegen den Vorwurf „unechter Offenbarung" („Mormon revelation is a typical religious revelation, while magical revelations [...] come from entirely different experiences" INTROVIGNE, *Case of Mormonism*, 83) ist allerdings bedingt zuzustimmen. Insofern nämlich, als die Authentizität einer Offenbarungserfahrung mit religionswissenschaftlichem Instrumentarium tatsächlich nicht zu erweisen ist. Entscheidend bleibt aber, wie eine solche Erfahrung ‚theologisch' und ‚liturgisch' verarbeitet und tradiert wird. Hier allerdings ist sehr wohl der Vorwurf einer naiven Jenseitsvorstellung sowie eines Ausfalls negativer Theologie und damit der Totalitarismusvorwurf gegen die HLT zu erheben.

mentalistisches Refugium mitten im Herzen der USA dar, in dem man sich auf der institutionellen Ebene zwar modernster Kommunikations- und Speichermedien bedient, in dem zentrale intellektuelle Errungenschaften der Moderne wie Demokratisierung, Gleichheit oder Trennung von Staat und Kirche aber gerade nicht umgesetzt wurden. Dazu gehört auch, dass, wie Grant Underwood betont, die moderne Akzeptanz einer fundamentalen *Eingebundenheit des Menschen in nicht-mythische (also diesseitige) Geschichtsabläufe* in der HLT nicht nachvollzogen wurde.[39] Hermann Vogt weist darauf hin, wie fatal das Fehlen des Emanzipationsgedankens bei den ökonomisch gut ausgestatteten mormonischen Missionaren auf die meist ungebildeten Menschen in den Elendsgebieten der Südhalbkugel wirkt.[40]

Die bis hierher analysierten Elemente des letztlich antimodernen Selbstentwurfs mormonischer Theologie bündeln sich in gewisser Weise im Jenseitsglauben, der im Folgenden genauer untersucht werden soll.

4.3.2   Zur Funktion des Apokalyptischen

Mormonen glauben an Reinkarnation im Zusammenhang einer Präexistenz der Seelen bei Gott. „Das irdische Leben ist nur ein Akt des großen mehrere Welten und Leben umfassenden Dramas."[41]

Der Jenseitsglaube der Mormonen ist als evolutiv-prämillenaristisch zu bezeichnen: Zumindest den Mitgliedern der Kirche droht nach der ersten Auferstehung, die als Vereinigung der Geister aus dem Paradies und der Körper in den Gräbern gedacht wird, kein Gericht. Wohl aber den Nichtmitgliedern. Dabei wird eine Verbannung der Bösen in die Geisterwelt erwartet. Es folgt ein tausendjähriges Friedensreich, in dem unter den verbliebenen Nichtmormonen weiterhin missioniert und gepredigt wird. Dies bewirke eine fortschreitende „Verjüngung und Verklärung der Erde". Die Mormonische Kirche ist inzwischen herrschende Institution auch in der Geisterwelt geworden. Besiegelung und Taufe (auch von Toten) durch sie entscheidet nun über eine Existenz Einzelner im Himmel. Als Kinder Verstorbene werden erst zu Erwachsenen, im Millennium aber wieder zu Kindern, damit sie von ihren Müttern erzogen werden können. Über die Zeit nach dem Millennium werden wenig Auskünfte gegeben, außer der, dass auch hier immerwährender Fortschritt[42] herrschen wird, der letztlich in einer Allversöhnung als „Apotheosis

---

[39] Vgl. dazu Grant UNDERWOOD: *Mormons and the millennial world-view*. In: Mormon Identities in Transition. London (Cassell) 1996, 135–142, 140ff.
[40] VOGT, *Totale Mission*, 423.
[41] Bernhard LANG/Colleen MCDANNELL: *Der Himmel. Eine Kulturgeschichte des ewigen Lebens*. Frankfurt a.M. (Suhrkamp) 1990, 417.
[42] HUTTEN, *Seher*, 588.

des Menschen"[43] endet. Entgegen der im 19. Jahrhundert üblich gewordenen Spiritualisierung der Jenseitserwartung erwarten die HLT die reale irdische Herrschaft des Königs der Könige als Tag des glorreichen Sieges ihrer Kirche. Die Zahl der Verdammten ist nun allerdings nur noch so klein, dass „sie an den Fingern einer Hand aufgezählt werden können".[44]

Die Mormonen unterscheiden zwischen zwei Orten, der endzeitlichen Gottesherrschaft: *Jerusalem*, dem Ort für die Juden und *Zion*, das, von Jerusalem distinkt, gedacht wird als Ort für alle Nicht-Juden. Alle Spekulationen konzentrieren sich also auf Zion. Es wird erwartet „im gelobten Land Amerika" als diesseitiges tausendjähriges Gottesreich, dessen Ausmalung einmal vielen Sehnsüchten des 19. Jahrhunderts entgegenkam – vor allem denen der Armen, denen die Portale der großen Kirchen verschlossen blieben. Als Ideal gilt „die vereinigte Ordnung Enochs, in der es kein Arm und Reich gab."[45] Das Gericht zu Beginn des Millenniums wird zwar niemals datiert, es wird aber immer wieder davon gesprochen, dass der Herr nahe sei[46]. Es sind an dieser Stelle also immerhin die Vermeidung drastischer Höllenschilderungen und die sozialutopischen Qualitäten der Jenseitsvorstellungen herauszustellen.

Explikation an ausgewählten Texten
Entscheidende, das Jenseits betreffende Glaubensinhalte der Heiligen der letzten Tage sind weder im (frühen) *Buch Mormon* noch in der *King James Bibel* niedergelegt, die „sofern sie richtig übersetzt ist" ebenfalls als normativ gilt, sondern in zwei weiteren normativen Werken. Es handelt sich hierbei um das *Buch der Lehren und Bündnisse*[47] und *Die köstliche Perle*[48]. Die Existenz dieser ergänzenden heiligen Texte ist Ergebnis des großzügigen Offenbarungsverständnisses der Mormonen:[49] Bis heute ist ja der jeweilige Präsident in Übereinstimmung mit dem ‚Rat der Zwölf' befähigt, Offenbarungen Gottes bzw. Jesu zu empfangen. Auf diesem Wege werden Änderungen der Statuten und Glaubensinhalte unmittelbar aus Gott gerechtfertigt. Vor allem *Lehre und Bündnisse*[50] spiegelt die Situation einer sich konstituieren-

---

[43] Ebd. 589.
[44] Charles S. BRADEN: *These also Believe. A Study of Modern American Cults and Minority Religious Movements*. New York (Macmillan) 1949, 176.
[45] MÖSSMER, *Mormonen*, 85.
[46] Vgl. UNDERWOOD, *Mormons and the Millennial World View*.
[47] *Doctrine and Covenants* erschien erstmals 1835 als Neuauflage des von da an nicht mehr verlegten *Book of Commandments* und enthält 136 Offenbarung an den Propheten Joseph Smith.
[48] *Pearl of Great Price*, eine Zusammenstellung von Matth 24, den Büchern Moses und Abraham sowie der 13 mormonischen Glaubensartikel.
[49] Festgeschrieben in Artikel 9 des *Glaubensbekenntnisses* von Joseph Smith.
[50] Der Band enthält Offenbarungen außerhalb des Buches Mormon von 1828 bis zum jeweiligen Erscheinungsdatum der Ausgabe.

den Glaubensgemeinschaft mit allen Auseinandersetzungen, tastenden Lösungsversuchen, Doppelungen und personalisierten Drohreden ungeschminkt wieder. So machte etwa der Präsident J.F. Smith nach diversen Offenbarungen detaillierte Aussagen über das Verbleiben Jesu zwischen Kreuzigung und Auferstehung. Wo die Offenbarungsinhalte allzusehr am Zeitkolorit kleben, weist sie ein Kommentar als inspirierte Anweisungen[51] oder gar ausdrücklich als „keine Offenbarung"[52] aus.

Im *Buch der Lehre und Bündnisse* finden sich entscheidende Aussagen zu den mormonischen Jenseitsvorstellungen, die im Folgenden referiert und auf ihre Funktion hin untersucht werden sollen:

In Abschnitt 45 spricht Jesus. Er schildert das Gericht, das nach ersten Anzeichen (Kriege, Zeichen und Wunder, Gestirne verfinstern sich bzw. fallen vom Himmel) erwartet wird. Jesus kommt in den Wolken des Himmels. Die nach dem Bösen getrachtet haben, sollen „abgehauen und ins Feuer geworfen werden" (Diktion nach Mt 3,10). Sein Kommen hat Erschrecken (und Erlösung?) der Juden und die Erlösung der Heiden (10a: „für sie soll es erträglich sein") zur Folge.

Abschnitt 76 beschreibt, wie Joseph Smith und Sidney Rigdon 1832 „im Geiste entrückt" wurden, während sie über Joh 5,28b–30[53] nachdachten. Ihre Vision darf also als Illustration der Perikope und als Antwort auf die von der Bibellektüre aufgeworfenen Fragen verstanden werden: Sie sehen Jesus zur Rechten Gottes sowie Engelscharen. Einer, der sich empört und ausgestoßen wird – Luzifer –, führt nun Krieg gegen die Heiligen Gottes. Er wird denen gleichgesetzt, die „den Heiligen Geist, nachdem sie ihn empfangen hatten ebenso verleugnet hatten, wie den Eingeborenen Sohn des Vaters" (76,4). Sie müssen schlimmste Strafen erleiden.[54] Von den Heiligen der letzten Tage, die „getauft wurden nach der Weise seines Begräbnisses [...], die die Kirche des Erstgeborenen sind [...] welche Priester und Könige sind" heißt es: „ihnen [gehören] alle Lebenden und Toten, gegenwärtigen und kommenden Dinge. [...] Es sind diejenigen, welche er mit sich bringen wird, wenn er in den Wolken des Himmels daherkommt, um über die Erde und ihre Bewohner zu regieren." Ihnen wird die Sonne als Symbol beigestellt (76,5). Alle anderen,

---

[51] *Buch der Lehren und Bündnisse*, Abschn. 121.
[52] Ebd. Abschn. 111.
[53] „Die Stunde kommt, in der alle, die in den Gräbern sind, seine Stimme hören und herauskommen werden: Die das Gute getan haben, werden zum Leben auferstehen, die das Böse getan haben, zum Gericht. Von mir selbst aus kann ich nichts tun; ich richte, wie ich es vom Vater höre und mein Gericht ist gerecht, weil es mir nicht um meinen Willen geht, sondern um den Willen dessen, der mich gesandt hat."
[54] „Das sind die, die mit dem Teufel und seinen Engeln in den feurigen Pfuhl geworfen werden, der mit Schwefel brennt. Sie sind die einzigen, über welche der zweite Tod Gewalt haben wird, die einzigen, welche nach der von Gott bestimmten Zeit und dem Erleiden seines Zorns nicht erlöst werden sollen." (*Buch der Lehren und Bündnisse*, Abschn. 76,4e).

„die ohne Gesetz starben", das Zeugnis Jesu nicht annahmen, ehrbare Leute, aber durch Menschenlist verblendet, das Zeugnis des Sohnes, nicht aber den Segen des Vaters (mormonische Ordination) empfingen, werden in der „irdischen Welt" leben. Ihnen wird der Mond zugeordnet (76,6). Schließlich wird eine vierte Gruppe unterschieden und den Sternen zugeordnet: Die „Fernstehenden", die den heiligen Geist zwar nicht verleugnen, aber in die Hölle geworfen wurden und erst bei der zweiten Auferstehung daraus befreit werden. Selbst die Herrlichkeit dieser „fernstehenden Welt" „übersteigt alle Begriffe" (76,7).

Die Stoßrichtung dieser bibelergänzenden Offenbarung ist offensichtlich: Einer Passage, wie der des Johannesevangeliums, in der Jesus selbst eine Identifizierung der Guten und der Bösen den Jüngern verweigert und sie dem Willen des Vaters anheim gibt, wird die ‚fehlende' Identifizierung im Sinne der Mormonischen Kirche ergänzend nachgeschoben: Gut sind diejenigen, welche im engeren Sinne den HLT angehören, sie werden zum Leben auferstehen. Einen jeweils geringeren Anteil an der zukünftigen Herrlichkeit, die letztlich in abgestufter Weise allen zukommt, erhalten Nicht-Mormonen. Ein regelrechtes Strafgericht wird nur den Abtrünnigen der eigenen Kirche zuteil. Eine eindeutige Warnung an interne Abweichler, die zum Zeitpunkt der Offenbarung erstmals eine ernsthafte Gefahr für die gerade entstehende Gruppierung gewesen sein dürften.[55]

In Abschnitt 85 wiederholt sich die hierarchisch gestufte Jenseitsvorstellung noch einmal und fordert zu eifriger Arbeit und Selbstvervollkommnung auf (23a). Noch einmal wird die Heilsexklusivität der HLT betont, andere Kirchen werden nun ausdrücklich verworfen.[56] Auch eine neue Abfolge von Zeichen, orientiert an einem siebenmaligen Erschallen von Engelsposaunen findet sich hier (Erdbeben, Überflutungen, Öffnung des Himmels, Auferstehung der Toten, „die Christus gehören", und ihr unmittelbares Eingehen in den Himmel – 27c). Darauf kommen „die Geister der Menschen, die gerichtet werden sollen und die als unter Verdammnis befindlich befunden werden" – sie bleiben im Tode. In den Worten der Johannes-Apokalypse wird die Verehrung Gottes (nicht Christi) gefordert. Beim Erschallen der siebten Posaune sollen „die Engel mit der Herrlichkeit seiner Macht gekrönt und die Heiligen mit seiner Herrlichkeit erfüllt werden, ihr Erbteil bekommen und

---

[55] Auch an anderer Stelle in den Offenbarungen werden untreue Mitstreiter Smiths ausdrücklich von Gott ermahnt, ihr Haus zu bestellen etc., während Smith selbst immer wieder in seiner Führungsrolle bestärkt wird (*Buch der Lehren und Bündnisse*, Abschn. 90, 6e–12).
[56] „[...] diese große Kirche, die Mutter aller Greuel, die alle Nationen von dem Weine des Zornes ihrer Unzucht hat trinken lassen, die die Heiligen Gottes verfolgte und ihr Blut vergoß, die an den Wassern sitzt und auf den Inseln des Meeres, sehet, sie ist das Unkraut der Erde. Sie wird gebunden, und ihre Bande werden so stark sein, dass kein Mensch sie lösen kann. Und sie soll verbrannt werden." (*Buch der Lehren und Bündnisse*, Abschn. 85, 26 b–d).

ihm gleich gemacht werden" (33b). Hier findet sich ausdrücklich die schon erwähnte und letztlich unbiblische Aufhebung der Unterscheidung zwischen Schöpfer und Geschöpf.[57] Die in der Offenbarung des Johannes angelegte Vorstellung eines tausendjährigen Friedensreiches wird übernommen inklusive des anschließenden Endkampfes zwischen Luzifer und Michael. Es folgen erneute Aufforderungen zu rechter Lehre und Weisheitserwerb (36), tugendhaftem Verhalten (37), gesundem Lebenswandel, Gebet sowie eine „Hausordnung für die Präsidentschaft" (38–46), die keinen inhaltlichen Zusammenhang mit den beherrschenden apokalyptischen Passagen des Abschnittes erkennen lässt.[58]

In Abschnitt 108 findet sich schließlich eine Sammlung von verstreuten Fragmenten aus den synoptischen Apokalypsen (1–4): Gott fährt (am Tag des Gerichts?) zur Erde in roten Kleidern (vom Blut der gekelterten Opfer.) Die Weisen und Starken werden mit den anderen Kirchen identifiziert und „zuschanden gemacht", während das kleine (!) ein starkes Volk wird. Denen, „die nicht auf seine Stimme hören" wird mit ewiger Finsternis, Wehklagen, Heulen und Zähneklappern gedroht (13).

Jenseits im Diesseits
Über die vorhergehende Arbeit an bibelnahen und dezidiert apokalyptischen Texten hinaus gibt es eine allgemeine mormonische Lehre vom Jenseits, die sich nicht in den genannten Offenbarungsschriften, sondern in den Tempelritualen oder den Schriften verschiedener Präsidenten niedergeschlagen hat. Auf sie soll abschließend noch ein kurzer Blick geworfen werden.

So existiert eine mormonische Planetologie, die sich konsequent aus dem spirituellen Materialismus der HLT ergibt: Die Annahme, es gäbe nichts Immaterielles, fordert eine Lokalisierung der zukünftigen Geschehnisse im Weltraum, sie sind also in einer gewissen, dem modernen Positivismus geschuldeten Weise nicht mehr wirklich jenseitig, sondern im Hier und Jetzt lokalisiert und stehen mit dem irdisch Existenten in unmittelbarem Zusammenhang. Damit befinden sich die Mormonen in der Tradition dessen, was Carl Christian Bry „Verkappte Religionen" nannte[59]: Das Jenseits wird greifbar „hinter der Tapete". Ein quasispiritistischer Kontakt mit der Geisterwelt

---

[57] Nach Abschn. 87,4 werden am Jüngsten Tag die Priester der HLT selbst zu apokalyptischen Verkündern des Evangeliums in allen Sprachen der Menschheit, sind also *notwendiger* Teil von Gottes Heilsplan: „Denn es soll sich ergeben, dass an jenem Tage jeder Mensch von dem Segen des Evangeliums in seiner eigenen Muttersprache und in seiner eigenen Zunge durch jene hört, die durch die Sendung des heiligen Geistes, der über sie zur Offenbarung Jesu Christi ausgegossen worden ist, zu dieser Macht ordiniert worden ist."
[58] In Abschn. 86 finden sich auch die bekannten Absagen an Tabak, Wein und Branntwein.
[59] Carl Christian BRY: *Verkappte Religionen. Kritik des kollektiven Wahns.* Hg. u. m. e. Vorwort vers. von M. Gregor-Dellin. München (Ehrenwirth) 1979 (1924).

(etwa in den häufigen Offenbarungen an die Präsidenten) ist jederzeit möglich.

Dieser spirituelle Materialismus ermöglicht auch einen direkten Zugriff auf die Geschehnisse der innerweltlichen Zukunft. Das Handeln der mormonischen Kirche in der Zeit kann darüber hinaus als unmittelbar wirksam auf die Ereignisse nach Tod und Auferstehung gedacht werden.[60] Die Vorstellung einer radikalen Andersheit der Welt Gottes und seiner Souveränität, die sich menschlicher Einflussnahme letztlich entzieht, fällt diesem Materialismus zum Opfer. Sie hatte sich nicht zuletzt auf die reine Geistigkeit Gottes in der christlich abendländischen Tradition gestützt.

Gleichzeitig ermöglicht der spirituelle Materialismus das Konzept einer linearen und umfassenden Vervollkommnung des irdischen Menschen: Er wird zu einem Gott im mormonischen Pantheon und lebt dort weiter wie ein Mensch auf Erden. Konsequent kommt der Fortpflanzung eine metaphysische Qualität zu. Entscheidend ist weniger die Liebe unter Menschen als die Besiegelung durch die Kirche und die patriarchalische Ordnung. Ehen leben durch „Siegelung" über den Tod hinaus und sind im Himmel weiter fruchtbar. Der patriarchale Gedanke einer ewigen und damit immer gleichzeitigen Dynastie der eigenen in ihrer Zahl weiter wachsenden Nachkommen, der sich bereits in der inzwischen verworfenenen Idee der Polygamie gezeigt hatte, wird hier ins Unendliche fortgeschrieben.

Familienglück als metaphysische Größe
Das Wiedersehen der engsten Familienmitglieder im Jenseits gilt den HLT als zentrale Verheißung. Im Anschluss an die Erzvätererzählungen der hebräischen Bibel, in Harmonie mit US-amerikanischer Familienideologie und so unzweifelhaft patriarchal geprägt, jedoch unter Auslassung der familienskeptischen Aussagen Jesu und schwer vereinbar mit einer universalistischen Ethik heißt es sogar: „Ganz offensichtlich wird diese heilige Praxis [Polygamie] nach dem zweiten Kommen des Menschensohnes und dem Anbruch des Tausendjährigen Reiches wieder beginnen."[61]

Dass die unendliche Verlängerung eines idealisierten irdischen Familienglücks im Zentrum der mormonischen Jenseitshoffnungen steht, macht auch das folgende Zitat deutlich: „Wenn ich keine Hoffnung und Erwartung mehr hätte, meinen Vater, meine Mutter, meine Brüder, meine Schwestern und Freunde wiederzusehen, mein Herz würde sofort zerreißen und ich müßte hinab in mein Grab gehen."[62]

---

[60] So wird etwa im Endowment-Ritual ein neuer Name vergeben, der heilig und geheim gehalten werden soll. Er wird als Ausweis für den Eintritt in das Reich Gottes nach der Auferstehung verstanden. Vgl. HAUTH, *Mormonen*, 122.
[61] MCCONKIE, *Mormon Doctrine*, 578.
[62] Brigham H. ROBERTS (Hg.): *History of the Church of Jesus Christ of Latter Day Saints* –

Fazit

Im großen eschatologischen Werk des Mormonen McConkie finden sich dieselben Glaubensaussagen wie im frühen Mormonismus. Das deutet hin auf eine ausgeprägte Missachtung gegenüber den wissenschaftlichen und philosophischen Entwicklungen der letzten 150 Jahre. Dennoch ist festzuhalten, dass die Rhetorik auf Kongressen und Konferenzen der Mormonen sich seit den zwanziger Jahren des letzten Jahrhunderts stark verändert hat: Die apokalyptische Drastik hat abgenommen. Die Rede vom Ende der Zeiten hat ihre Aktualität zugunsten des Status einer Buchweisheit verloren, es werden nicht mehr alle Nicht-Mormonen als *wicked*[63] bezeichnet, man macht seinen Frieden mit der irdischen Welt. Dennoch bleibt das Mormonentum durch seinen ausgeprägten materialistischen Supranaturalismus intellektuell abgetrennt von den Entwicklungen der Moderne. Es ist jedoch strukturell nicht ausgeschlossen, dass sich die Kirche Jesu Christi der Heiligen der letzten Tage in Richtung Moderne fortentwickelt, ohne säkularisiert zu werden. Dafür bildet die Annahme fortwährender Offenbarung den Schlüssel. Der HLT in die Moderne steht also prinzipiell offen.

Gerade die mit viel Phantasie ausgestalteten jenseitigen Welten bieten zudem vielfältige Möglichkeiten des Bildgebrauchs: Die eher düsteren ‚klassischen' Bilder der Apokalyptik, konkret: Gericht und Verdammnis, spielen dabei für die Mormonen selbst keine wesentliche Rolle, zumal sie sich zu den Erlösten zählen dürfen, wenn sie ihrer Kirche nicht den Rücken kehren oder Gebote missachten. Dafür erfreut man sich an einer pazifizierenden Familienidylle, die das gegenwärtige ‚Familienglück' in die Ewigkeit fortschreibt, ja quantitativ noch potenziert, indem sowohl die Zahl der Frauen wie der Kinder weiter wächst. Überhaupt scheint die Vorstellung des Übergangs ins Jenseits eher fließend und ohne Bedrohung gedacht zu werden.

Kritisch fällt insgesamt der besonders deutliche Ausfall einer Negativen Theologie, also einer Idee der dezidierten Andersheit Gottes und der jenseitigen Welt, auf, die sie dem menschlichen Erkenntniszugriff entzöge. Von einer Relativierung oder Metaphorisierung von Aussagen über das Jenseits kann nicht die Rede sein. Ganz im Gegenteil: Auch Gott entwickelt sich ja fließend aus einem Menschen und die jenseitige Welt ist nur in einem quantitativen Sinne jenseitig. Dass hier nicht nur dem Missbrauch einer Ausmalung dieser Welten Tür und Tor geöffnet wird, sondern es sich zudem um einen getarnten Immanentismus handelt, ist offensichtlich. Darüber hinaus ist kaum einzusehen, wie es denn einem derart an seine Körperlichkeit gebundenen (Vater-)Gott möglich sein soll, die Welt zu erlösen. Solcherlei Vorstel-

---

Documents of the early church (by Joseph Smith, 7 vols. ed. by B.H. Roberts, 2nd ed., The Desert Book Co., Salt Lake City 1978) Bd. 5, 361f.
[63] Moralisch böse.

lungen erscheinen jedoch vielleicht in den USA weniger problematisch, wo bereits in der protestantischen Tradition eine Verwirklichung des ‚neuen Jerusalem' buchstäblich auf dem Boden der Vereinigten Staaten erhofft wurde (und wird), wo also „unbegrenzte Möglichkeiten" auch eine Gestaltung des Jenseits vom Diesseits her umgreifen.

Die mormonischen Jenseitsvorstellungen wurden bereits als fortschrittsorientiert und evolutiv bezeichnet.[64] Die Chance, die hier für den Bildgebrauch und die Motivation eines arbeitssamen und glücklichen irdisches Leben liegt, ist offensichtlich: Gerade der religionshistorisch entscheidende ‚Kernbestand' der jüdischen Apokalyptik, der Zeitbruch, eingeführt als ‚Zwei-Äonenlehre', wird bei den Mormonen rückgängig gemacht. Millennium und Gericht sind nur Entwicklungsstufen eines unaufhaltsamen Fortschritts zur Vervollkommnung. Idealbilder irdischer Existenz können überhöht und idealisiert in alle Ewigkeit fortgeschrieben werden. Die Tempelrituale bieten in ihrem selbstbewussten Zugriff auf jenseitige Verhältnisse dabei eine zusätzliche rituell ‚verbürgte' Sicherheit.

Dass auch die apokalyptische Bildwelt der christlichen Kunstgeschichte nicht ohne Anthropomorphismen auskam, steht außer Frage. Gleichwohl ist in der Geschichte der Theologie immer wieder die Andersheit Gottes hervorgehoben und selbst bei Augustinus die Unerkennbarkeit der Prädestination für irdische Augen betont worden.

---

[64] Bereits Arno Schmidt hatte auf die Parallelen zwischen dem Buch Mormon und der angelsächsischen Proto-Science-Fiction á la *Arthur Gordon Pym* (Edgar Allan Poe) hingewiesen. Erik DAVIES hat sie materialreich, aber unkritisch im Detail erarbeitet [*Techgnosis. Myth, Magic & Mysticism in the Age of Information*. London (Serpent's Tail) 1999]. In einem Beitrag anlässlich der olympischen Winterspiele in Salt Lake City 2002 hat Dietmar DATH am 11.2.2002 in der F.A.Z. Nr. 35 (S. 58) zudem eine Reihe von Science Fiction Autoren und Regisseuren aufgezählt, die entweder biographisch oder wenigstens ideengeschichtlich von mormonischem Gedankengut beeinflusst sein dürften: Raymond F. JONES, der Autor von *Metaluna antwortet nicht* und *Alien*, Samuel W. TAYLOR, Autor von *Flubber* und *Der zerstreute Professor,* Gerald N. LUND und B. Franklin THATCHER, Bischof der HLT und Verfasser mehrerer *Raumschiff Enterprise* Episoden. Besonders wird hier aber Orson Scott GARD hervorgehoben: „[D]er bekannteste, kommerziell erfolgreichste und wohl auch beste mormonische Schriftsteller der Gegenwart [...] unternimmt in seinem 1987 begonnenen ‚Alvin Maker'- Zyklus nichts Geringeres als eine Neuerschaffung der amerikanischen Geschichte aus dem Geist der mormonischen Gnostik." Es geht hier um die Bücher *Seventh Son* (1987), *Red Prophet* (1988), *Prentice Alvin* (1989), *Alvin Journeyman* (1995) und *Heartfire* (1999). Man muss die Schlussfolgerung Daths nicht teilen, J. Smith könnte heute „mit seinem spezifischen Talent wohl Tolkien und Rowling, aber auch seinem späten Anhänger Card zeigen, was eine bestsellerische Harke ist", um bereits bei Smith und in den mormonischen Offenbarungsschriften die entscheidende Weichenstellung in Richtung evolutionistischer Immanentismus bzw. spiritualistischer Materialismus zu bemerken. Auch auf die große Nähe zwischen schriftstellerischer und religiöser Begabung darf mit Blick auf unsere Überlegungen zu Apokalyptik und Fiktionalität in Teil 2 unserer Arbeit hingewiesen werden.

Der im großkirchlichen Christentum immer wieder virulenten Gefahr einer Abwertung der diesseitigen menschlichen Existenz können die HLT nur schwerlich verfallen. Dafür droht eine Vergötzung diesseitiger Verhältnisse auf Kosten der Idee einer universellen Gerechtigkeit, die im Gericht wiederhergestellt wird. Diese Idee ist jedoch nur mit der Annahme einer universalen, auch Familienbande sprengenden Ethik zu denken.

4.4 Zeugen Jehovas

4.4.1 Geschichte und Lehre

Selbstverständnis und Sozialstruktur
In großer Nähe zu Glauben und Struktur der Adventisten wurden die Zeugen Jehovas Ende des 19. Jahrhunderts in den USA gegründet und stehen damit in gewisser Weise zumindest an ihren Ursprüngen im Strom der breiten angloamerikanisch-protestantischen Tradition. Charles Taze Russell (1852–1916) – wie seine Frau gehörte er zunächst den Adventisten an, die bereits für 1840/44, später für 1874 den Weltuntergang prophezeit hatten – gründete 1870 die *Bible Students* (dt.: Ernste Bibelforscher) mit Blick auf den von ihm ebenfalls für 1874 prophezeiten Weltuntergang. Die 1881 gegründete *Watchtower Bible & Tract Society* (Wachtturm-Bibel- und Traktatgesellschaft, WTG) entwickelte sich durch Russells Missionsreisen vom Verlag zum schnell wachsenden Religionskonzern. Die vorhergesagten Weltuntergänge 1881, 1914, 1918 und 1920 trafen jedoch nicht ein. Russells Nachfolger J.F. Rutherford (Präsident von 1917–1942) gab in der Broschüre *Millionen jetzt lebender Menschen werden nicht sterben* ein neues Datum aus (1925) und 1931 der Bewegung ihren neuen Namen *Jehovas Witnesses*. Die Mitgliederzahl erhöhte sich in der Folgezeit trotz oder wegen seiner Tiraden gegen alle anderen Konfessionen und Religionen, die er als Kinder Satans apostrophiert. N.H. Knorr, sein Nachfolger (1943–1976), sorgte für effizientere Organisation – vor allem der Prediger-Ausbildung in sogenannten Gileadschulen –, für geschicktes finanzielles Management und damit für ein Ansteigen der Mitgliederzahl von 150.000 auf 2.224.000. Ein erneut nicht eintreffendes Weltende 1975 führt allerdings zu Abspaltungen und erheblichem Mitgliederschwund. Der vierte Präsident, F.W. Franz (1976–1992), schließlich organisierte weltweit den Bau von „Königreichssälen"[1], Länderbüros und Kongresszentren. Mit ihm stand zum ersten Mal seit Russell wieder ein Präsident mit profunden Bibelkenntnissen, ja sogar mit einem Interesse an wissenschaftlicher Exegese an der Spitze der WTG.[2] Bereits seit den vierziger Jahren war er als Autor für den Wachtturm tätig gewesen. Zur Zeit steht M.G. Hentschel den ZJ vor. Er gilt im Vergleich zu seinen Vorgängern als kühler Pragmatiker und war u.a. maßgeblich daran beteiligt, den Irrtum der WTG bezüglich des Weltuntergangs 1975 den „Brüdern" zu verschweigen sowie diverse Erleichterungen der Lebensführung

---

[1] Name der Versammlungsräume, angelehnt an die jesuanische Reich-Gottes-Predigt.
[2] Eva-Maria KAISER/Ulrich RAUSCH: *Die Zeugen Jehovas. Ein Sektenreport.* Augsburg (Pattloch) 1996, 137ff.

(Erlaubnis des Zivildienstes) zu verhindern. 1992 hatte die Organisation weltweit 4.472.787 Prediger (163.095 in Deutschland) und ca. 11 Millionen Sympathisanten. Größter Wert wird bei den Predigern auf die Erfüllung des ‚Predigtdienstes' gelegt. Nur partielle Berufstätigkeit (keinesfalls in einer kirchlichen Einrichtung), Verweigerung staatlicher und kirchlicher Feiertage, persönlicher Feste (Geburtstag) und der Teilnahme an Wehr- oder Zivildienst sowie anderen ehrenamtlichen (auch politischen) Engagements und jedes nicht unbedingt nötigen Kontaktes mit der „Welt" (etwa auch der Besuch einer höheren Schule und Hochschulstudium) sowie die verpflichtenden Versammlungen fünfmal in der Woche sollen die maximale Konzentration auf diese Aufgabe, über deren Ausführungen mit subtiler Genauigkeit gewacht wird, gewährleisten.

Bibelverständnis
Die ZJ[3] erheben den Anspruch, die einzigen Christen zu sein, die wahres Christentum lehren und leben. Uns begegnet also erneut ein problematischer Alleinvertretungsanspruch. Sie berufen sich zwar auf neue Einsichten vor allem ihres Gründers Russell, können jedoch nicht im strengen Sinne als Neuoffenbarer bezeichnet werden, da die biblische Gerichtserwartung zwar dualistisch zugespitzt, nicht aber wesentlich modifiziert wird. Die tiefe Kluft zu den meisten anderen biblisch-christlichen Gemeinschaften wird darüber hinaus darin deutlich, dass die ZJ in vielen wesentlichen Punkten nicht mit dem übereinstimmen, was im Nicäno-Konstantinopolitanischen Symbolon grundgelegt ist und von einer Mehrheit der christlichen Kirchen als Interpretationsschlüssel für die heilige Schrift geteilt wird.[4]

Diese Distanz zu einer Mehrzahl der christlichen Kirchen spiegelt sich auch in der Tatsache, dass die ZJ – wie die Mormonen – von einem Abfall der übrigen Kirchen vom wahren Christentum bereits mit der beginnenden frühkirchlichen Theologie am Ende des ersten Jahrhunderts nach Christus ausgehen.[5] Trotzdem nennen sie zur geistesgeschichtlichen Selbstverortung immerhin sieben „*messengers of the church throughout the ages*"[6]: Der

---

[3] Herbert WEBER/Friederike VALENTIN: *Die Zeugen Jehovas*. Freiburg (Herder) 1994. Andreas FINCKE: ‚*Wir sind kein Teil der Christenheit'. Jehovas Zeugen heute*. In: MD EZW 63 (2000), 138–156. Bzgl. Selbstdarstellung vgl. die (deutschsprachige) Homepage der *Jehovas Witnesses* http://www.watchtower.org/languages/deutsch/index.html. bzw. http://www.jehovaszeugen.de; kritische Informationen ehemaliger Zeugen Jehovas finden sich beim Infodienst des Netzwerks ehemaliger Zeugen Jehovas in Deutschland *http://www.xzj-infolink.de* (11.10.2004).
[4] Trinitätslehre, Eschatologie, allgemeine Morallehre etc. – s.u.
[5] *Der Wachtturm* (WT) 1959, 415; 1961, 703.
[6] WT 1.4.1919. Zit. in: M. James PENTON: *Apocalypse Delayed. The Story of Jehovah's Witnesses*. Toronto u.a. (University of Toronto Press) ²1997, 181. Bei der Arbeit von Penton handelt es sich um die theologisch wertvollste und am besten recherchierte Monographie zum Thema.

Apostel Paulus, der Evangelist Johannes, Arius, Waldo, Wycliff, Luther und Russell. Die ideengeschichtliche Inkonsistenz dieser ‚Ahnenreihe' – die Erwähnung von Waldo und Wyclif dürfte vor allem dem eigenen Minderheiten-, ja Opferstatus geschuldet sein, die von Arius ihrer Leugnung von Jesu Gottessohnschaft – findet ihre Analogie in der teilweise inkonsistenten ‚Theologie' der ZJ.

Insgesamt existiert nämlich auch hier keine in sich schlüssige und zum theologischen System geronnene Lehre wie bei den großen christlichen Kirchen.[7] Gegen die mündliche ‚Tradition' in Judentum und Katholizismus hatte man sich immer abgegrenzt und auf das Luthersche, durch die Aufklärung in die Kritik geratene Sola-Scriptura-Prinzip berufen. Weil jedoch die (protestantische) bibelwissenschaftliche Entwicklung von Anfang an ignoriert wurde, kann man gerade deshalb mit M. James Penton von „a kind of nineteenth-century, fundamentalist history" sprechen, „which ignores the last hundred years of scholarship in the field"[8].

Solcherart normativer Bibelinterpretation entspricht die hierarchische Struktur der ZJ, die ohne nennenswerte Ländervertretungen unmittelbar auf die in Brooklyn zentralisierte weltweite Leitung der ZJ zuläuft. Diese Struktur rechtfertigt ein in der Literatur[9] missverständlich „katholisch" genanntes „concept of the ‚faithful and discrete slave'" (bzw. ‚servant'). So lautet die Bezeichnung für den Präsidenten der Watchtower Society, der fordert, dass auch falsche Lehren der Watchtower Society geglaubt werden müssen, um das ewige Heil zu erlangen, wenngleich eine temporäre Irrtumsfähigkeit zugestanden wird.[10]

Trotzdem entwickelt sich die WTS zunehmend zum ersten Offenbarungsmedium noch vor der Bibel (von deren Studium außerhalb der Society

---

Sie war für die folgenden Überlegungen eine wichtige Stütze.
[7] Ebd. 159f.
[8] PENTON, *Apokalypse*, 183. Als Beispiel für Hermeneutik prophetischer und apokalyptischer biblischer Texte der ZJ sei eine längere Passage aus dem Wachtturm von 1970 (15.12., S. 752) zitiert. Hier heißt es unter der Überschrift *Die Stunde der Prüfung ist da!:* „Die Bibel ist das erstaunlichste Geschichtsbuch. Sie enthält einen Bericht über geschichtliche Ereignisse, die objektiv dargestellt werden, und schildert Einzelpersonen und Völker, indem sie sie in ihren genauen historischen Rahmen einfügt. Noch erstaunlicher ist aber, dass sie vorausgeschriebene Geschichte enthält. Ihr alles durchdringendes Licht beleuchtet unsere Zeit und zeigt, daß ‚alles, was vorzeiten geschrieben wurde, zu unserer Unterweisung' und ‚zur Warnung für uns geschrieben worden [ist], auf welche die Enden der Systeme der Dinge gekommen sind' (Röm 15,4; 1 Kor 10,11). Das nennt man Prophezeiungen, und viele dieser Prophezeiungen haben sich bereits erfüllt, ja entgegen den Behauptungen ihrer Kritiker ist die Bibel noch nie eines Irrtums überführt worden. Wenn du wirklich glaubst, daß Jehova ihr Urheber ist, dann überrascht dich dies auch nicht, denn Jehova sagte selbst: ‚Ich [bin] der Göttliche, und da ist kein anderer Gott noch irgendeiner wie ich; der Eine, der von Anfang an den Ausgang kundtut und von alters her die Dinge, die nicht getan worden sind." – Jes 46,9.10, Zitate nach der *Neue Welt Übersetzung*.
[9] PENTON, *Apokalypse*, 160.
[10] So sinngemäß im Interview mit Präsident Frederick FRANZ im *Crown Counsellor*, 1954, 105ff.

ausdrücklich abgeraten wird[11]). Dies gilt im Sinne einer ‚fortschreitenden Offenbarung' fußend auf einer eigenwilligen Deutung von Spr 4,18[12]. Sie dient den ZJ vor allem zur Selbstlegitimation nach Fehldatierungen der Apokalypse und Umdeutung der eigenen Prophezeiungen, nicht aber im Sinne einer Relativierung gegenwärtiger Lehraussagen. An anderer Stelle wird die für die Lehre zentrale Welt-Chronologie „als Fels, gegründet auf das Wort Gottes"[13] bezeichnet. Als kanonische Bibel, verbal inspiriert, fungiert der hebräische bzw. protestantische Kanon mit 66 Büchern. Die ‚Apokryphen' gelten nicht als göttlichen Ursprungs.[14] Nachdem bis in die vierziger Jahre des 20. Jahrhunderts herkömmliche Bibelübersetzungen ins Englische verwendet wurden, wie die *King James Bible* oder *Byngtons Bible in Living English*, erarbeitete das „New Worlds Translation Committee"[15] nach dem Zweiten Weltkrieg die bis heute gebräuchliche *Neue-Welt-Übersetzung*, die weitgehend auf R. Kittels griechischem und hebräischem Text fußt[16]. Allerdings wurden beispielsweise die Übersetzung von *stauros* mit ‚Marterpfahl' *(torture stake)* und *ho theos* mit ‚Jehova' – eine Assimiliation des Tetragramms – immer wieder als unsachgemäß, ja als Interpolation kritisiert[17]. Auch der namensgebenden historisch entstellenden Aussprache des unvokalisierten Tetragamms YHWH sind sich die ZJ durchaus bewusst, nicht Namen seien jedoch entscheidend, so heißt es entschuldigend, sondern Inhalte.[18]

An dieser wie an einer Vielzahl anderer problematischer Partien ist zu konstatieren, dass es sich nicht etwa um die ‚beste aller Bibelübersetzungen', sondern um eine nach den Mustern der Witnesses redigierte Bibelfassung handelt. Darüber hinaus kann die bei Russell grundgelegte Methodik kaum anders als biblizistisch genannt werden. Ungeachtet der Erkenntnisse moderner Bibelwissenschaft, deren Existenz in ZJ-Kreisen keineswegs unbekannt ist[19], wird die Bibel bis heute als großes Rätsel gelesen, was eine Hinterfragung der bekannten Doppelungen und internen Spannungen im Text im Sinne einer historischen Kritik verhindert; von der ‚rechten' Bibellektüre, die in

---

[11] WT 15.8.1981, 28f.
[12] „Doch der Pfad der Gerechten ist wie das Licht am Morgen; es wird immer heller bis zum vollen Tag."
[13] WT 15.3.1922, 187.
[14] *Equipped for every good work.* Brooklyn, NY (Watchtower Bible and Tract Society) 1946, 85–96.
[15] Die Zusammensetzung und akademische Qualifikation dieses Gremiums wird bis heute geheim gehalten.
[16] PENTON, *Apokalypse*, 173.
[17] Ebd. 175.
[18] *The Truth that leads to Eternal Life.* Brooklyn, NY (Watchtower Bible an Tract Society) 1968, 17–19.
[19] PENTON, *Apokalypse*, 176.

der Lage ist, in diesen Rätseln Verborgenes ans Tageslicht zu bringen, werden nicht nur wörtliche Antworten auf alle aktuellen Fragen erwartet, sondern auch eine Vorhersage entscheidender postbiblischer Ereignisse. Dies alles gilt unter der Bedingung, dass das Puzzle verschiedenster alt- und neutestamentlicher Schriftstellen in rechter Weise zusammengesetzt wird.

Dazu bedient sich die Watchtower Society bis heute – allerdings in äußerst unkoordinierter Weise – einer im weitesten Sinne allegorisch zu nennenden Auslegungstechnik. Dass sich dabei bisweilen zentrale Thesen im Laufe der Zeit im Sinne einer Apokalypseverzögerung massiv verändern ließen, ermöglichen eine steile Hierarchie und die hohe motivationale Bedeutung der Apokalypse für die ZJ.

Theologie?

Das Gottesbild der ZJ ist, wie bereits aus dem Gottesnamen Jehova anklingt, stark alttestamentlich geprägt. Jehova ist der eine Gott, Vater derer, die ihn verehren und Herr der Heerscharen für diejenigen, die ihn leugnen. Er ist ein Gott, der hier und heute wirkt, der den zukünftigen Verlauf von Geschichte vorhersehen kann und dies in den Prophezeiungen der wörtlich inspirierten Hl. Schrift auch kundgetan hat.

Der Christus-Messias „Jeshuah", der von ihm gesandte Retter, ersterschaffener und präexistenter Sohn Gottes (*deuteros theos* – die Trinität wird abgelehnt[20]), angekündigt von den Propheten, wird von einer jungfräulichen Mutter geboren (zur Illustration seiner übernatürlichen Herkunft), predigt das Königreich der Himmel und stirbt am 15. Nissan des Jahres 33, um sein Leben als Opfer für die Sünde Adams hinzugeben. Wenngleich offiziell das chalcedonische Dogma abgelehnt wird, trifft die Formel vom wahren Menschen und wahren Gott durchaus das Christusverständnis der ZJ. Wenn gleichzeitig erst die *Taufe* Jesu ihm seinen göttlichen Status gibt, so werden hier einmal mehr die logischen Inkonsistenzen – auch in der Christologie – deutlich.

Unsichtbar ist Jesus seitdem in der Welt zugegen, denn seine Auferstehung geschah im Geiste, nicht im Fleisch (1 Petr. 3,18). So ist es ihm auch möglich, seit 1914 (dem Jahr eines ursprünglich vorhergesagten Weltuntergangs) einen Kampf gegen Satan zu führen, den er bereits damals aus dem Himmel auf die Erde gestürzt hat, und den er im bald bevorstehenden (aber seit 1976 nicht mehr genau datierten) endzeitlichen Kampf bei Harmageddon endgültig besiegen wird. Im dann errichteten tausendjährigen Paradies auf Erden herrscht Jesus mit den Führern seiner Versammlung als Priester-König. Es leben dann nun nur noch Zeugen Jehovas, 144.000 von ihnen –

---

[20] *The Word – Who Is He According to John?* Brooklyn, NY (Watchtower Bible an Tract Society) 1962, passim.

ihre Namen stehen seit den dreißiger Jahren des 20. Jahrhunderts fest – wird sogar eine himmlische Hoffnung zugesagt.[21] Alle anderen werden in einem irdischen Paradies leben.

Der Glaube an einen Heiligen Geist in einem trinitarischen Sinne wird wie gesagt abgelehnt, dafür aber der biblische Glaube an wirkmächtige Geister und Dämonen, Engel und Teufel – vor allem den Erzengel Michael und Satan – gepredigt. Der Dämonenglaube ist dabei ein wesentliches Element ‚interner Führung', wenngleich gerade in jüngeren Veröffentlichungen die neuzeitliche Kritik am Dämonenglauben aufgegriffen und zum Beispiel bei schwerer Krankheit ausdrücklich zum Arztbesuch aufgefordert bzw. vor dem Einsatz von Amuletten etc. (mit Verweis auf 2 Kor 6,15) gewarnt wird. Von den hier unkommentiert auftauchenden Konzessionen an das moderne Weltbild wird noch zu reden sein.

Das Menschenbild der ZJ ist geprägt von einem Leib-Seele-Dualismus, der allerdings nicht von einer Unsterblichkeit der Seele ausgeht.[22] Mit Verweis auf Ez 18,4.20 wird vielmehr die Sterblichkeit der sündhaften Seele proklamiert. Folglich wird weder eine Hölle noch ein Fegefeuer geglaubt, sondern – in gewisser Weise anknüpfend an die alttestamentliche Sheol-Vorstellung, bzw. frühe alttestamentliche Auferstehungskonzeptionen – eine Annihilation der sündigen Seele im Tod angenommen[23]. Was vom Menschen bleibt, ist ein immaterielles Abbild im „Gedächtnis Gottes"[24]. Parallel zur Verweigerung des Geist-Glaubens wird die biblische Rede vom ‚Geist des

---

[21] *The Truth that leads to Eternal Life,* 46–54, 102–113. Wem genau das endzeitliche Heil zuteil wird, wurde Russell selbst erst nach einiger Zeit klar. Seine ursprüngliche Lehre hatte gemäß Gen 22, 16–18 noch die gesamte Judenheit als „Same Abrahams" samt der Mitglieder seiner *Bible Students* umfasst. Mit dem Wachstum seiner eigenen Gemeinschaft wurde die Zahl 144000 zunehmend konkret und nicht mehr metaphorisch verstanden. Jesus Christus wurde – zu Ungunsten Abrahams – zum einzigen Heilsvermittler erklärt. Eine neuere Veröffentlichung stellt die aktuelle Lehre prägnant und mit Hilfe der üblichen ‚Steinbruchexegese' dar: „Der Prophet Hosea sagte voraus, dass Gott das natürliche Israel zugunsten dieser geistigen Nation, der auch Nichtjuden angehören, verwerfen würde, indem er sagen würde: „Ich will zu denen, die nicht mein Volk sind, sprechen: ‚Du bist mein Volk'" (Hos 2,23; Röm 9,22–25). Zur bestimmten Zeit wurde Gottes Königreich von der Nation der natürlichen Juden weggenommen und einer geistigen Nation gegeben, die Königreichsfrüchte hervorbrachte (Mt 21,43). Freilich wurden auch natürliche Juden in das geistige Israel aufgenommen. Die Apostel und andere Jünger (ungefähr 120), die zu Pfingsten des Jahres 33 u. Z. den heiligen Geist empfingen, sowie alle (etwa 3000), die an jenem Tag hinzugefügt wurden, und diejenigen, durch die die Zahl später auf ungefähr 5000 anstieg, waren Juden und Proselyten (Apg 1,13–15; 2,41; 4,4). Aber es war trotzdem, wie Jesaja gesagt hatte, „nur ein Überrest", der aus der verworfenen Nation gerettet wurde (Jes 10,21.22; Röm 9,27). Art. *Israel Gottes.* In: Wachtturmgesellschaft (Hg.): Einsichten in die Heilige Schrift, Bd. I. Selters/Ts. 1989, 1246. Vgl. dazu auch PENTON, *Apokalypse,* 187.

[22] „We see then, that the human soul is the person himself, and when the person dies, it is the human soul that dies" *The Truth that leads to Eternal Life,* 37.

[23] Vgl WT 15.10.1998, 4ff.

[24] Vgl. *Einsichten in die Heilige Schrift,* 821.

Menschen' (‚ruah neshamah') auf die bloße Lebenskraft des Körpers reduziert, die der Mensch mit den Tieren gemeinsam habe.[25] Das Herrenmahl wird einmal im Jahr am 14. Nissan nach Sonnenuntergang in Anwesenheit der gesamten Gemeinde als Gedächtnismahl gehalten. Was mit der Formel „dieses bedeutet (!) mein Leib" gemeint sein soll, unterlag ebenfalls einer dogmatischen Kehrtwende: Während bis 1956 an den mystischen Leib der Kirche der 144 000 gedacht war, hieß es im Wachturm von 1956: „His body? Yes, his own body, his whole body, head and all, that he was to give for them."[26] eine Wende, die angesichts der Weigerung vieler ZJ, diese Rücknahme einer Identifizierung von Geistgesalbten und Leib Christi zu akzeptieren, im Wachturm vom 1. Juli 1959 ihrerseits zurückgenommen wurde.

Weder Taufe noch Herrenmahl werden als Sakramente, also als Zeichen einer inneren Wirklichkeit, sondern als „public demonstration, testifying, that one has made solemn dedication to Jehovah God and is presenting himself to his will"[27] verstanden. Die Taufe wird nach einer Glaubensprüfung als Wassertaufe durch Ganzeintauchen vollzogen. Die ZJ kennen auch eine Geisttaufe in den Tod Jesu hinein, die jedoch den 144000 vorbehalten ist, die (sofern vor 1914 verstorben) bereits damals, bei einer „ersten Auferweckung" im Himmel versammelt wurden, und – sofern später verstorben – inkonsequent ohne Tod ihrer Seele ‚auferstehen' werden. Die Zugehörigkeit zu „den 144 000" ergibt sich schon aus der inneren Gewissheit, vom Heiligen Geist besiegelt zu sein.[28] Da die Zahl dieser Geistgetauften bereits 1973 erreicht wurde, kann nur eine Handvoll heute lebender ZJ ernsthaft die Geisttaufe und damit eine Zugehörigkeit zu den himmlischen Scharen für sich beanspruchen, eine der zunehmend problematisch werdenden Folgen aus dem Datierungseifer der ZJ. Die Übrigen müssen sich mit der Aussicht auf ein Leben im tausendjährigen (irdischen) Paradies begnügen. Zeugen Jehovas, die dennoch die „Besiegelung" für sich beanspruchen, werden – teilweise mit psychischen Pressionen – dazu gebracht, ihre Zugehörigkeit zu den 144 000 zu widerrufen; im Falle der Weigerung werden sie ausgeschlossen.[29]

Die übrigen ZJ, „andere Schafe" oder „Jonadabs" genannt, bleiben auch in ihrem irdischen Leben ‚zweite Garnitur' und haben nicht die Chance, in Führungsämter aufzusteigen. Von ihnen wird gar gelehrt, sie seien nicht gerechtfertigt und erhielten Zugang zum ewigen Heil nur nach einer langen Phase der Prüfung während des Millenniums[30]. Hier wird bereits deutlich,

---

[25] *The Truth that leads to Eternal Life*, 38–40.
[26] WT 1956, 49.
[27] *The Truth that leads to Eternal Life*, 183f.
[28] PENTON, *Apokalypse*, 191.
[29] Ebd. 194.
[30] WATCHTOWER BIBLE AND TRACT SOCIETY (Hg.): *Life everlasting in freedom of the Sons of*

wie sehr die Orientierung der Ideologie der WTS an aktuellen Bedürfnissen zu theologischen Inkonsistenzen führt.

Allgemeine Lebensregeln
ZJ halten an der Heiligkeit des Lebens fest und verweigern deshalb den Wehrdienst (dies auch aufgrund ihrer Verachtung gegenüber allen weltlichen Institutionen wie dem Staat, die sie auch zur Wahlverweigerung führt). Inkonsequent und unter dem Einfluss der evangelikalen ‚Christian Right' in den USA wird *hier* die Todesstrafe befürwortet und werden *dort* die Feinde Gottes der ewigen Vernichtung anheimgegeben.[31] Gleichwohl ist Geburtenkontrolle (außer bei medizinischer Indikation) verboten.

Besonderes Aufsehen erregen die ZJ in Deutschland regelmäßig im Zusammenhang mit dem Verbot der Bluttransfusion, das sie aus dem alttestamentlichen Verbot, Blut zu verspeisen (Lev 3,17; 7,26; 17,10 u.ö.) herleiten – die intravenöse Zufuhr wird für eine Form des Verspeisens gehalten.[32] Diese Haltung wurde bezüglich ihrer Details (Blutprodukte in Lebensmitteln und in der Medizin) in den sechziger Jahren mehrfach revidiert[33] und in den späten neunziger Jahren auf starken inneren und äußeren Druck dem Gewissen des Einzelnen überlassen.

4.4.2 Zur Funktion des Apokalyptischen

Das ständig verschobene Zeitenende[34]
Grundlegend für die aktuelle Chronologie der ZJ ist der 1.10.646 v.Chr., der für das Datum des Falls Jerusalems unter Nebukadnezar gehalten wird, sowie die von Daniel prophezeiten „sieben Zeiten", in denen Jerusalem niedergetreten sein werde (rechnet man ein Prophetenjahr mit 360 Tagen, kommt man auf 2560 Tage/Jahre) bzw. die Prophezeiung in Offb 11,2, wo von zwei Zeugen die Rede ist, die jeweils 1280 Tage in Trauer predigen werden (= 2560 Jahre). Auf diesem Weg soll das Jahr 1914 als Jahr für das Ende der Unterdrückung Jerusalems und also die Wiederkunft Christi markiert werden können. Diverse scheinbar biblisch begründete Prophezeiungen für die Zeit dazwischen (Geburts- und Todesjahr Christi, Zerstörung Jerusalems, Beginn und Ende der „Papstherrschaft über die Christenheit" 539–1799) dienen vor

---

God. Brooklyn, NY 1966, 369, 370, 398–400.
[31] WT 15.11.1981, 10ff.
[32] Vgl. u.a.: WT 1975, 414f. Das bis heute gültige Verbot der Bluttransfusion funktioniert gerade mit Blick auf den bald (wenn auch nicht datiert) erwarteten Weltuntergang: Wer Bluttransfusionen angenommen hat, wird nicht auferstehen, sondern verworfen. So nimmt man lieber den irdischen Tod in Kauf als den ewigen zu erleiden.
[33] PENTON, *Apokalypse*, 204ff.
[34] Vgl. für die folgenden Ausführungen v.a.: BIBEL UND TRAKTATGESELLSCHAFT (Hg.): „Vergewissert Euch..." Selters/Ts. 1974.

allem dem Beweis der Richtigkeit biblischer Datierungen und stützen so das entscheidende Jahr 1914. Der ausgebliebene Weltuntergang und der Kriegsausbruch in diesem Jahr bieten dann den Ausgangspunkt für weitere Datierungen, die nacheinander die Jahre 1920, 1925, 1975 und 1976 als Termine für das Ende der irdischen Welt ausrufen.

In den Veröffentlichungen seit etwa 1976 taucht der Begriff „Chronologie" jedoch nur noch in Bezug auf vergangene nicht aber zukünftige Datierungen auf. In den meisten Fällen geht es nun um den Erweis der Richtigkeit der biblischen Datierungen, ohne dass der Anspruch erhoben wird, den Termin des Weltuntergangs zu kennen. Auch in neueren Texten über die Auferstehung ist ein allgemeiner Trend zur innerbiblisch-distanzierenden Rede und zum metaphorischen Sprechen zu beobachten. Daneben wird in jüngerer Zeit summarisch zur Hoffnung auf Auferstehung aufgefordert, ohne daran eine ausgefeiltere Lehre der zu erwartenden Geschehnisse zu knüpfen.[35] All diese Tendenzen lassen eine Entwicklung der biblisch ausgesprochen gebildeten Führungselite der ZJ im Sinne einer modernen erkenntniskritischen Position gegenüber biblischen Texten und eine Zurücknahme der meisten weitreichenden Prophezeiungen aus der eigenen Frühzeit bemerken. Bezüglich der zu glaubenden Inhalte apokalyptischer Natur kann von einer partiellen Nähe der ZJ zu den großen christlichen Kirchen gesprochen werden: Auferstehung der Toten, Gericht, gestufte Teilhabe an der Herrlichkeit Gottes, Vernichtung der Sünder. Alle weitergehenden Spekulationen werden mit dem Verweis auf das „Vertrauen in Jehova" abgelehnt.

Ob diese bisher wenig bemerkte Entwicklung auch im Sinne einer Abnahme subtiler innerer Machtausübung verstanden werden darf, muss abgewartet werden. Es bleibt aber deutlich festzuhalten, dass apokalyptische Elemente, vor allem der Glaube an ein unmittelbar bevorstehendes jüngstes

---

[35] Vgl. etwa WT 1.7.1998, 18: „„Wacht in gerechter Weise zur Nüchternheit auf, und treibt nicht Sünde, denn einige haben keine Erkenntnis Gottes. Ich sage es euch zur Beschämung' (1 Kor 15,34). Eine ablehnende Haltung zur Auferstehung bewirkte bei einigen eine geistige Benommenheit, als wären sie betrunken. Sie mußten aufwachen, nüchtern bleiben. Ebenso müssen gesalbte Christen heute in geistiger Hinsicht wach sein, sie dürfen sich nicht durch die skeptische Haltung der Welt beeinflussen lassen. Sie müssen an ihrer Hoffnung auf eine Auferstehung zu himmlischem Leben festhalten."
Im selben Heft liest man, ebenfalls in Ablehnung allzu konkreter Vorstellungen: „Es ist natürlich, sich wegen solcher Dinge Gedanken zu machen, es wäre jedoch unklug, Zeit darauf zu verwenden, Fragen beantworten zu wollen, die sich gegenwärtig nicht beantworten lassen. Wir müssen uns darauf konzentrieren, Jehova treu zu dienen und das ewige Leben zu erlangen. Gesalbte Christen setzen ihre Hoffnung auf eine herrliche Auferstehung zu himmlischem Leben (2 Petr. 1,10.11). Die ‚anderen Schafe' hoffen auf ein ewiges Erbe im irdischen Bereich des Königreiches Gottes (Joh 10,16; Mt 25,33.34). Was die vielen nicht bekannten Einzelheiten in Verbindung mit der Auferstehung angeht, vertrauen wir einfach auf Jehova. Unser künftiges Glück ruht sicher in den Händen dessen, der ‚das Begehren alles Lebenden sättigen' kann (Ps 145,16; Jer 17,7)."

Gericht, an Relevanz im Kontext der Selbstorganisation der ZJ zugunsten anderer Elemente deutlich abgenommen haben. Ähnlich wie bezüglich Blutspendeverbot und Dämonenglaube fordert der Modernisierungsdruck auch was Datierung und genauere Fassung des Jenseitsglaubens angeht seinen Tribut von den ‚Zeugen'. In gewisser Weise kann von einer subtilen Metaphorisierung des Jenseitsglaubens gesprochen werden.

‚Glücklichsein' als Ausdruck wahren Glaubens
Was für eine Mehrzahl ‚volkskirchlich' organisierter Religionsformen zutrifft, gilt auch für die Zeugen Jehovas: Die in menschlicher Existenz sich ergebende fundamentale Absurdität, das Ausgeliefertsein an die Wechselfälle des Schicksals, die Konfrontation mit Scheitern, Krankheit und Tod wird nicht ausgehalten, sondern einseitig aufgelöst. Schicksalsschläge werden folglich als Strafe von Jehova interpretiert, die Tatsache der Erlösung, die für alle Mitglieder der ZJ angenommen wird, lässt andererseits nur eine einzige Grundstimmung zu: Glück und Zufriedenheit. Eine solche Verdrängung kontingenter und absurder Lebensinhalte führt konsequent in externalisierte Gewalt, weil zumindest die Psyche jüngerer Kinder diese Verdrängung der Realität nicht hinnimmt, und in Reaktion darauf (gemäß dem Bibelwort Spr 29,15) körperliche ‚Züchtigungen' offenbar auch nicht immer ausbleiben. Dieser Zwang zum Glücklichsein führt auch bei Erwachsenen zu psychischen Erkrankungen, wie in jüngster Zeit zwei repräsentative Studien zeigen konnten.[36] Gründe dafür sind: Rigide Sexualmoral, eintönige Glaubenslehre, Verbot jeder Art von Hobby, Unterhaltung, Lektüre, Weiterqualifizierung sowie unredlicher Umgang untereinander, da gerade in der Gemeinde die Normen der Gesellschaft besonders streng eingehalten werden müssen, Denunziation an der Tagesordnung ist und ein starker Wettbewerb bzgl. der rechten Observanz herrscht. In anderer Form erleben ausstiegswillige Mitglieder diese Gewalt, die bis zur völligen Verweigerung jedes Sozialkontaktes selbst mit nächsten Familienmitgliedern führt.[37]

---

[36] Elmar KÖPPL: *Die Zeugen Jehovas. Eine psychologische Analyse.* München (Arbeitsgemeinschaft für Religions- und Weltanschauungsfragen) 1990; Jerry BERGMANN: *Jehovas Zeugen und das Problem der seelischen Gesundheit.* München (Claudius) 1994.
[37] „Der Apostel Johannes sagte über jemand, der in der Versammlung ein unverbesserlicher Widerspenstige [sic!] wird: ‚Nehmt ihn niemals in euer Haus auf, noch entbietet ihm einen Gruß' (2 Joh 10). Eltern mögen es für notwendig erachten, eine ähnliche Haltung gegenüber ihrem eigenen Kind einzunehmen, wenn es volljährig ist und durch und durch rebellisch wird. So schwierig und schmerzlich ein solcher Schritt auch sein mag, ist er doch in manchen Fällen unumgänglich, um den Rest der Familie zu schützen." *Das Geheimnis des Familienglücks.* Selters/Ts. (Wachtturm Gesellschaft) 1996, 87ff.

Hierarchische Führungsstruktur

Liberal in den frühen Jahren (auch gegenüber den Mitgliedern anderer Kirchen), wird der Person des Gründers und ersten Präsidenten Russell nach den ersten gescheiterten Prophezeiungen nun eine besondere ‚heilsgeschichtliche' Rolle zugesprochen. Nach Mt 24,45 wird er „treuer und verständiger Knecht" genannt[38]. Aber damals ging es noch darum, die Mitglieder zu überzeugen, nicht darum, Zwang auf sie auszuüben. Erst Russells Nachfolger im Präsidentenamt, Rutherford, entwickelte die theokratisch-hierarchische Struktur der Zeugen Jehovas, die keinen institutionell verankerten Rückfluss von Seiten der Gläubigen mehr zuließ. Es existiert keine Vorstellung eines ‚sensus fidelium', der einen wichtigen Bestandteil der Anpassungsfähigkeit einer religiösen Gemeinschaft an gesellschaftliche Veränderungen ermöglichen würde.[39] Wenn Veränderungen vorgenommen werden, so geschieht dies ‚von oben', also aus der obersten Führungsebene der Weltorganisation, die bis 1971 allein aus dem Präsidenten und einem von ihm abhängigen Führungszirkel bestand.[40] Seit 1971 wird die Herrschaft des Präsidenten durch die „leitende Körperschaft", ein 12-Männer-Kollegium, flankiert, eine Institution, die seit 1975 auch tatsächliche Machtbefugnisse hat.

Die Entstehung der ZJ im besonderen Klima US-amerikanischer Religionspolitik verhindert von je her eine Selbstrechtfertigung des Glaubensgebäudes vor dem Forum einer autonomen philosophischen und historischen Vernunft, die eine Anschlussfähigkeit der ZJ an die nachaufklärerische geistesgeschichtliche Entwicklung ermöglichen würde und gegen Abweichungen des Führungspersonals eingeklagt werden könnte. Die beschriebenen Kurswechsel der Führungsspitze in konstitutiven Fragen des ZJ-Glaubensgebäudes wirken damit aber nicht nur totalitär in der Außenperspektive und verhindern den überfälligen ökumenischen Dialog mit anderen Kirchen, sondern führen auch intern zu psychischen Problemen und Gewaltausbrüchen gegen die ‚unfügsamen Kinder' und bewirken immer wieder neue Plausibilitätsverluste und einen massiven Mitgliederschwund aufgrund mangelnder Rationalität der Prophezeiungen.

Fazit

Die Vermeidung von Datierung und realistischem Ausmalen jenseitiger Ereignisse in jüngeren Publikationen der Zeugen Jehovas, verursacht durch herbe Enttäuschungen bei den vergangenen Datierungen und die damit verbundene Gefahr des Mitgliederschwunds, kommt einer schrittweisen Metaphorisierung von früher getroffenen Jenseitsaussagen und damit der im drit-

---

[38] Werner COHN: *Jehovas Witnesses as a Proletarian Movement*. In: The American Scholar, 24 (1955), 288. Zit. Penton, Apokalypse, 5.
[39] Vgl. Kap. 3.6.
[40] PENTON, *Apokalypse*, 6.

ten Teil dieser Arbeit entwickelten Vorstellung einer „Negativen Theologie der Apokalypse" entgegen. Gleichzeitig werden sowohl die Reflexion auf diese Lehrveränderung und ihre Ursachen vermieden wie auch die Freigabe der individuellen Schriftinterpretation im Sinne einer nicht zentral gelenkten biblischen Theologie, die Voraussetzung einer individuellen Rezeptionsästhetik biblischer Bilder darstellen würde. Die Bilder verlieren zwar ihre ‚dogmatische' Fixierung, treten aber dadurch nach und nach in den Hintergrund, anstatt ein Eigenleben im Sinne eines freien Fingierens zu entfalten.

Die rigide Hierarchie der ZJ, die offenbar nach wie vor zuerst am Erhalt der administrativen und finanziellen Macht über die Mitglieder interessiert ist, scheint weder einen offenen Diskurs über Glaubensinhalte noch eine Veränderung der Strukturen zulassen zu können. Durch die Organisation der WTS vor allem aber durch die häufige Vermeidung einer höheren Bildung der Mitglieder und die beinahe komplette Regelung (und das heißt vor allem: Vermeidung) ihrer Außenkontakte sowie durch die drohende soziale Isolierung bei Austritt sind nach wie vor wirksame Instrumente. Insgesamt ist also festzuhalten, dass bzgl. des ehemals hyperrealistischen Umgangs mit apokalyptischen Bildern zwar Modernisierungstendenzen wahrzunehmen sind, diese Entwicklung jedoch angesichts einer erdrückenden Übermacht institutioneller und ‚pastoraler'[41] Kontrollmechanismen nicht im Sinnen einer Befreiung des Einzelnen und seiner religiösen Kreativität wirkt.

Auch die Entscheidung nach den schlechten Erfahrungen mit fehlgeschlagenen Datierungen des jüngsten Gerichtes liegt auf diese Linie. Ob der Verzicht auf ein so wesentliches Element der Mitgliederbindung – immerhin durften diese bis 1975 den Eintritt in ein irdisches Paradies noch zu Lebzeiten erwarten – langfristig ohne ‚negative' Folgen bleibt, wird man abwarten müssen. Insgesamt könnte jedoch das endgültige ‚Erkalten' der kleingruppentypischen Naherwartung und die damit verbundene institutionelle Verfestigung als ‚Kirche' hinreichende eigene Bindungskräfte entfalten. Die Großkirchen könnten hier ihre eigene spiritualisierende Haltung zur „Parousieverzögerung" bestätigt finden. Die Tradition der schon früh entwickelten präsentischen Eschatologie haben sie als Virtuosenreligion den Zeugen Jehovas voraus.

---

[41] Verstanden im Sinne Michel Foucaults wie im 3. Teil der Arbeit ausgeführt.

4.5 Neuapostolische Kirche

Die Neuapostolische Kirche (NAK) ist in Deutschland nach den beiden Großkirchen die mit Abstand größte christliche Gemeinschaft. Sie hatte 1999 in Deutschland ca. 400 000 und weltweit 7,5 Millionen Mitglieder, Tendenz: steigend. Damit ist sie in Deutschland größer als alle Freikirchen zusammen und mehr als doppelt so groß wie die Wachtturmgesellschaft der Zeugen Jehovas[1].

4.5.1 Geschichte und Lehre[2]

Geschichte und Sozialstruktur
Bereits im Gründungsdokument der Vorgängerorganistation der Neuapostolischen Kirche, der britischen *Catholic-Apostolic Church*, ist ihre millenaristische Ausrichtung deutlich sichtbar: 1826 waren über 30 Vertreter unterschiedlichster erweckter Kreise in Albury Park, dem Landsitz des Bankiers Henry Drummond, zusammengekommen, um im Gebet und durch gemeinsames Bibelstudium die sich teilweise widersprechenden zeitgenössischen Deutungen biblischer prophetischer Verheißung zu erörtern. Ulrich Linse charakterisiert diese Gruppierungen als pfingstliche „Randerscheinung der konservativ romantischen Erweckungsbewegung"[3]. Ihre Intention lebte u.a. als ‚Millerismus'[4] seit den vierziger Jahren des 19. Jahrhunderts in den USA weiter. Die Versammlung, die im Kontext vielfältiger antiaufklärerischer Aufbrüche dieser Art in England und den USA zu verstehen ist, einigte sich auf folgende grundlegenden und im Kern dispensationalistischen[5] Aussagen:
„1. Die gegenwärtige christliche Haushaltung [Epoche] wird nicht durch eine immer mehr zunehmende Kraft und Ausbreitung der Predigt des Evangeliums zuletzt unmerklich in das Gottesreich übergehen, sondern durch schwere Gerichte, die auf die Zerstörung des jetzigen Kirchen- und Staatswe-

---

[1] Vgl.: Andreas FINCKE: *Die neuapostolische Kirche im Umbruch. Zwischen Wachstum und Reformstau.* EZW Texte 146 (1999), 2.
[2] Die folgenden Ausführungen orientieren sich unter anderem an den Ausführungen bei Helmut OBST: *Neuapostolische Kirche – die exklusive Endzeitkirche.* Neukirchen/Vluyn (Friedrich Bahn Verlag) 1996.
[3] Ulrich LINSE: *Geisterseher und Wunderwirker. Heilssuche im Industriezeitalter.* Frankfurt (Fischer) 1996, 34. G.A. BENRATH/R. DEICHGRÄBER/W. HOLLENWEGER: Art. *Erweckungsbewegungen.* In: TRE X (1982), 205–227 sowie U. GÄBLER: „*Auferstehungszeit'. Erweckungsprediger des 19. Jahrhunderts.* München (Beck) 1991, hier v.a. das Kapitel: *Erweckung. Historische Einordnung und theologische Charakterisierung* (161–187).
[4] Benannt nach dem Farmer William Miller, der eine Wiederkunft Christi im Jahre 1820 und 1844 verkündet hatte.
[5] Vorstellung von in mehreren Schüben ergangenen Neuoffenbarungen an je neue Kirchen oder gar Religionen, nachdem Vorgängerkirchen der Apostasie verfielen.

sen abzielen werden, in ähnlicher Weise endigen, wie vormals die jüdische Haushaltung.
2. Im Verlaufe der auf sie herabtriefenden Gerichte werden die Juden ihrem Lande zurückgegeben und als Volk wiederhergestellt werden.
3. Die Gerichte aber beginnen bei dem Teile der Kirche, welcher bis dahin am meisten begünstigt war und darum auch der meistverantwortliche ist.
4. Auf die Gerichte wird eine Periode allgemeiner Glückseligkeit für das Menschengeschlecht, ja für alle irdische Kreatur folgen, die man kurz als das tausendjährige Reich bezeichnet.
5. Die Wiederkunft Christi geht dem tausendjährigen Reich voraus oder tritt zum Beginn desselben ein.
6. Eine große prophetische Periode von 1260 Jahren, die unter der Regierung Justinians begann,[6] ist zur Zeit der französischen Revolution abgelaufen; von da beginnen die Ereignisse, welche die Zukunft Christi unmittelbar einleiten und diese also in Bälde erwarten lassen."[7]

Schlüsselfiguren dieser Bewegung waren der Londoner Rechtsanwalt John Bate Cardale, der einen charismatischen Gebetskreis leitete und an ein neues Zeitalter des Heiligen Geistes glaubte, sowie Edward Irving, Prediger der schottisch-presbyterianischen Kirche, ebenfalls in London. Er verkündete, ein zweites Pfingsten sei angebrochen. Widerstände von Seiten der traditionell orientierten Gemeindeteile und der anglikanischen Kirche gegen die ‚Irvingianer' führten 1833 zu seiner Absetzung, denn die Verfassung der reformierten schottischen Nationalkirche, der beide angehörten, schloss ein weiteres direktes Eingreifen Gottes aus.[8]

Diese Verstoßung führte letztlich zur Gründung einer neuen Kirche, die – mit Bezug auf die Erwartung eines neuen Pfingsten – auf einer Hierarchie von nach und nach berufenen Aposteln gründen sollte. „Neben die horizontale Gliederung der Ämter (Apostel, Prophet, Evangelist, Hirte) trat die vertikale Gliederung (Engel, Bischof, Priester Diakon)."[9] Am 14. Juli 1835 wurden in London 12 ‚katholische' Apostel ausgesandt, mit dem Ziel einer ökumenischen Reform des Christentums weltweit. Gleichzeitig ergingen appellative Schreiben[10] an gekrönte Häupter und den Papst – sie blieben allerdings ohne Folgen sieht man von einer internen Neugründung mit romantisch ka-

---

[6] Bereits seit 1260, der Zeit Joachims v. Fiore, ergibt sich das Problem, dass mit Mt 1,17 nicht mehr im Sinne einer Verdopplung der Generationen *vor* Christus für die Zeit *nach* ihm ‚gerechnet' werden kann, es sei denn, man lässt die Spanne der Generationen später beginnen, z.B. wie hier unter der Regierung des byzantinischen Kaisers Justinianos I., die lange als endgültige Machtergreifung des römischen Papsttums interpretiert wurde.
[7] Ernst Adolf ROSSTEUSCHER: *Der Aufbau der Kirche Christi auf den ursprünglichen Grundlagen.* Basel (o. Verlag) ²1886, 106. Zit. Obst, Neuapostolische Kirche, 12.
[8] Vgl. LINSE, *Geisterseher und Wunderwirker*, 37f.
[9] OBST, *Neuapostolische Kirche*, 14.
[10] *Zeugnis an die geistlichen und weltlichen Häupter der Christenheit.*

tholisierter Liturgie ab: Die Katholisch-Apostolische Kirche war entstanden, die sich nun über Europa verbreiten sollte.

Für Süddeutschland und Österreich war der Apostel Valentine Woodhouse, für Norddeutschland Thomas Carlyle zuständig. Besonders letzterer sorgte dafür, dass die Katholisch-Apostolische Kirche nur noch in Deutschland mit ähnlicher Geschwindigkeit wuchs wie in England. Die vierziger Jahre des 19. Jahrhunderts waren – nach kaum verarbeiteten Industriealisierungsschüben und enttäuschten Demokratisierungserwartungen – in Deutschland von um sich greifender Verunsicherung geprägt. Deshalb könnten die Apostel hier auf besonders offene Ohren gestoßen sein. Ruhig und friedlich erwarteten die neuen Kirchenmitglieder nun die baldige Wiederkunft des Herrn. 1861 zählten die etwa 30 deutschen Gemeinden 3000 Mitglieder namentlich aus den unteren Schichten.[11] Angezogen wurden vor allem evangelische, kaum katholische Christen und Christinnen.

Die englischen Gemeinden gerieten dagegen nach dem Tod der ersten Apostel in eine regelrecht urchristliche Parousie-Krise und lösten sich nach dem Tod des letzten Apostels 1901 nach und nach auf. Die Kirchen im übrigen Europa akzeptierten dies zunächst nicht und existierten unter der Leitung von Unterdiakonen und Laienhelfern als Familienkirchen einige Jahrzehnte weiter, um sich dann ebenfalls nach und nach aufzulösen. Hier war es wegen der engen Bindung an die Autorität der ersten ‚Apostel' nicht gelungen, die Euphorie der erweckungsbewegten Kleingruppe in ein institutionell gefestigtes kirchenähnliches Stadium zu überführen.

Die deutsche Neuapostolische Kirche in ihrer heutigen Verfassung verdankt ihre Existenz dem Berliner ‚Priesterpropheten' Heinrich Geyer, der 1860, nach dem Tode der ersten beiden Apostel eine Berufung von neuen Aposteln durch den heiligen Geist verkündete und die junge Kirche damit für eine institutionelle Zukunft jenseits der ausbleibenden Erfüllung ihrer Naherwartung öffnete. Die britischen Apostel, denen die Auslegung solcher Prophetien oblag, lehnten anders als ihre deutschen ‚Kollegen' die Berufung weiterer Apostel ab. Nachdem Geyer sich in weiteren Punkten – jeweils in Form einer prophetischen Rede – von den Grundsätzen der Apostolisch-

---

[11] Eine soziale Prägung, die der Neuapostolischen Kirche bis heute und bis hinein in die höchste Führungsebene, das Stammapostelamt, erhalten blieb, und die sie u.a. mit den Zeugen Jehovas verbindet. Die Öffnung des Priester-, Propheten- und Apostelamtes für Handwerker, einfache Händler und Bauern unter Umgehung der in den großen Kirchen eingebürgerten akademischen Priesterausbildung dürfte wesentlich zur Attraktivität und Volksnähe der neuapostolischen Kirche wie anderer Endzeitkirchen der Kaiserzeit und Weimarer Republik beigetragen haben [Vgl. etwa die *Johanneische Kirche* Theodor Weißenbergs; dazu: LINSE, *Geisterseher und Wunderwirker* sowie: Joachim VALENTIN: *Josef Weißenberg: Von der Wunderheilung zur Selbstvergottung.* In: Wunder als Quelle des Glaubens? Untersuchungen zur ungebrochenen Wunderbegeisterung inner- und außerhalb der katholischen Kirche (Arbeitstexte zur religiösweltanschaulichen Information und Diskussion 10). Seelsorgeamt Freiburg 2003, 24–27].

Katholischen Kirche distanziert hatte, wurde er von seinen Ämtern in Berlin suspendiert,[12] kurz darauf aber von der ebenfalls ‚abtrünnigen' Hamburger Gemeinde unter Leitung von Friedrich Wilhelm Schwarz, den er selbst später als Apostel ‚schauen' sollte, wieder aufgenommen. Aber auch diese Gemeinde, die sich inzwischen *Allgemeine christliche apostolische Mission* nannte, verstieß Geyer schließlich.

Einen anderen konstitutiven Einschnitt für die NAK in Deutschland bildete während der wachsenden Entfremdung von der englischen Mutterkirche und nach der Ernennung weiterer deutscher Apostel die Einführung des Stamm-apostelamtes, das erst eine einheitliche Führung ermöglichte. Erster Stamm-apostel war *Friedrich Krebs* (1832–1905), der die Einheit der inzwischen zwölf deutschen Apostel in einer Zeit des Umbruchs gewährleistete, indem er wesentliche Veränderungen an der Struktur der Kirche vornahm und den Bruch mit der englischen Mutterkirche endgültig vollzog. Krebs erreichte darüber hinaus ein beträchtliches Wachstum der Kirche in kleinbürgerlichen Kreisen, indem er ihr eine „stärkere antikirchliche Protesthaltung [gab], die in Verbindung mit dem praktischen Volks- und Laienpriestertum sowie den gegebenen Heilsgarantien viele anzog".[13]

Vor allem schaffte er das zunächst (gerade im Sinne einer fiktionalen Anthropologie) ausgesprochen kreative, aber auch zunehmend schwer zu steuernde (da euphorisch-machtkritische) Prophetenamt ab, indem er es mit dem Apostelamt vereinte. Der institutionellen Schlüsselfigur des Apostels kam nun große Machtfülle zu. Durch Abschaffung der Kollegialität unter den Aposteln konnte der Stammapostel nun sogar christusgleiche Heilsvermittlung für sich proklamieren und von den Kirchenmitgliedern unbedingten Gehorsam bis in persönliche Lebensvollzüge hinein fordern. Ulrich Linse nennt Krebs den Prototypen eines wilhelminischen „Übermenschen"[14]. Krebs war der erste ‚Apostel', der nach weltweiter Verbreitung der Kirche seine Nachfolge bereits vor seinem Tode geregelt hatte. Von nun an kann also die Geschichte der NAK – analog zu der der Mormonen und der Zeugen Jehovas – als Geschichte der Persönlichkeiten ihrer Stammapostel geschrieben werden:

Krebs' Nachfolger *Hermann Niehaus* (1848–1932) führte das Werk des ersten Stammapostels fort und entwickelte die NAK zu einer internationalen Organisation mit Neugründungen vor allem in den USA. Nachdem der Erste Weltkrieg zu einer Zunahme ‚schwärmerischer' und ‚eschatologisch-apokalyptischer' Strömungen in der NAK sowie zu einer Einführung eines Abendmahles mit Hostien und (durch drei rote Punkte markierten) Wein zur

---

[12] OBST, *Neuapostolische Kirche*, 25ff.
[13] Ebd. 41.
[14] LINSE, *Geisterseher und Wunderwirker*, 44.

Betreuung der Frontsoldaten geführt hatte, bedeutete das Ende der Monarchie in Deutschland 1918 offenbar eine ernsthafte Autoritätskrise für die NAK, die sich zumal in verschiedenen Abspaltungen ausdrückte: Eine Gruppe um den Evangelisten K.W. Mütscheler wandte sich nach Protest gegen die Tatsache, „dass die Apostel genannten Männer der letzten Zeit unter allen Umständen die Autorität sind und souverän über der Bibel und ihren Lehren stehen"[15], der Pfingstbewegung zu, die als neu entstandene Erweckungsbewegung der NAK in Sachen Endzeiterwartung nahestand, gleichzeitig aber durch die allgemeine Geist-Orientierung weniger hierarchisch strukturiert war.[16] 1921 gründeten 6000 Mitglieder den *Reformiertapostolischen Gemeindebund*.

Niehaus reagiert mit einer scheinbaren Demokratisierung der Strukturen: „1922 wurden alle Bezirks- und Hilfsapostel in dem von Niehaus gegründeten Verein ‚Apostelkollegium der Neuapostolischen Gemeinden Deutschlands' zusammengeschlossen. [...] Das Apostelkollegium hatte nur eine beratende Funktion, die letzte Entscheidung lag in jedem Fall bei Niehaus."[17] Trotz der genannten Krisen sah die Weimarer Republik ein rasantes Wachstum der (seit 1930 nun auch offiziell so genannten) Neuapostolischen Kirche, das intern der straffen Führung seit Schaffung des Stammapostelamtes zugeschrieben wurde:[18] 1925 gab es in Deutschland 138000 neuapostolische Christen, 1928 1528 Gemeinden in Europa und 200 in Übersee.

Unter dem Stammapostel *Johann Gottfried Bischoff* (1871–1960) war das ‚Dritte Reich' zu durchstehen. Eine jüngere materialreiche Studie belegt die frühe Angleichung der Kirche an die von der NSDAP geforderte Linientreue.[19] Die interne straffe hierarchische Führung und das weitgehende Fehlen externer Kriterien für eine Machtkritik (Bibel, theologisch-akademische Ausbildung, geduldete Prophetie) dürften das Ihre hierzu beigetragen haben. Obwohl die Kirche 1936 selbst nur knapp dem Verbot kleinerer Religionsgemeinschaften entkam, wurde bis in die Kriegszeit hinein zum Beispiel gegenüber ausländischen neuapostolischen Gemeinden erfolgreich Werbung

---

[15] *Aufklärungsschrift Nr. 1 über die reformatorische Bewegung in den neuapostolischen Gemeinden*. O. Ort, o. Jahr, 10, zit. Obst, Neuapostolische Kirche, 47.
[16] Vgl. u.a.: Walter J. HOLLENWEGER: *Charismatisch pfingstliches Christentum. Herkunft, Situation, ökumenische Chancen*. Göttingen (Vandenhoeck & Ruprecht) 1997.
[17] Ebd.
[18] Vgl. *Geschichte der Neuapostolischen Kirche*. Überarbeitung der von G. ROCKENFELDER zusammengestellten und von J.G. Bischoff herausgegeben Fassung Frankfurt a.M. 1987, 103.
[19] „Jeder Diener und jedes Mitglied der Neuapostolischen Gemeinde ist durch die planmäßige Beeinflussung seitens der Hauptleitung in nationalsozialistischem Sinn erzogen, so daß die meisten Mitglieder der Neuapostolischen Gemeinden der Nationalsozialistischen deutschen Arbeiterpartei angehören oder ihr nahestehen. ‚Heil Hitler' gez. J.G. Bischoff." Zit. nach: Michael KÖNIG: *Die Neuapostolische Kirche in der NS-Zeit und ihre Auswirkungen bis zur Gegenwart*. Feldafing (Eigenverlag) 1993, 17.

für „Ordnung, Einigkeit und Wohlergehen des Volkes"[20] gemacht. Die Kirche wuchs im Dritten Reich anders als alle anderen Religionsgemeinschaften um fast 100 000 Mitglieder.[21] Diese Zeit wird bis heute als Blütezeit der NAK beschrieben, ein Schuldbekenntnis ist bisher m.W. nicht erfolgt.

Ein weiterer problematischer Punkt ist direkt mit der Person des dritten Stammapostels Bischoff verbunden: Er hatte 1951 verkündet und bis zu seinem Tode 1960 an einer Naherwartung festgehalten: „Ich bin persönlich davon überzeugt, daß die Zubereitung des königlichen Priestertums in der Zeit erfolgt, in der ich noch vorhanden bin und daß die Reichgottesarbeit im Weinberg des Herrn mit mir ihr Ende erreicht."[22] Er behielt nicht recht, was die NAK keineswegs in die erwartete Krise stürzte[23]. Die Richtigkeit seiner Offenbarung wurde trotzdem nie bezweifelt – Gott hatte es sich eben anders überlegt.[24]

Konsequent erfuhr sein vom Apostelkollegium gewählter Nachfolger *Walter Schmidt* (1891–1981) nicht den Segen seines Vorgängers für sein Amt, die ‚apostolische Sukzession' (Obst) brach ab. Jedoch verbreiteten sich nun weder Zweifel an der Rechtmäßigkeit der NAK, noch kam es zu größeren Austrittsbewegungen. Im Gegenteil: Als der vierte (und letzte deutsche) Stammapostel 1975 sein Amt in die Hände seines Nachfolgers legte, war eine weitere Verbreitung der Kirche (in 120 Länder) und eine Verdoppelung der Mitgliederzahl (nun 1 Million) zu verzeichnen.[25]

Ernst Streckeisen (1905–1978), wie alle anderen Präsidenten aus einfachen (neuapostolischen) Verhältnissen stammend, markiert eine weitere Öffnung und institutionelle Konsolidierung der NAK: Als Schweizer war es ihm möglich auf dem Höhepunkt des Kalten Krieges auch in den Ostblock zu reisen und dort am Kirchenaufbau zu arbeiten, außerdem brachte er die Organisation des internationalen Apostelbundes, in dem alle 57 Apostel unter der Präsidentschaft des Stammapostels verbunden sind, voran.

Wegen dessen plötzlichen Todes musste 1978 *Hans Urwyler* (1925–1994) vom Apostelkollegium zum Stammapostel gewählt werden. Er arbeitete vor allem an einer Organisation der Kinder- und Jugendunterweisung (u.a. Einführung einer „Vorsonntagsschule") und erlebte das Wachstum der Kirchenmitgliederzahl auf 4 Millionen.

---

[20] Zit. aus dem Brief einer südafrikanischen Delegation, Ebd. 6.
[21] OBST, *Neuapostolische Kirche*, 54.
[22] Unsere Familie, 12. Jg. 1952, 101 f. Zit. in: OBST, *Neuapostolische Kirche*, 58.
[23] Ein Phänomen, das wir bereits bei den Zeugen Jehovas beobachtet haben, und das – wie dort schon erwähnt – den Forschungsergebnissen der Studie *When Prophecy fails* (FESTINGER/RIECKEN/SCHACHTER) durchaus entspricht.
[24] Frappierend die unmittelbaren Vorteile einer ‚Theologie', die die abendländisch entwickelte Relationierung des Gottesbegriffes mit den Prinzipien der Logik, v.a. mit dem Satz vom zu vermeidenden Widerspruch, nicht gelten lässt.
[25] OBST, *Neuapostolische Kirche*, 71.

Auch sein Nachfolger, der heutige Stammapostel *Richard Fehr* (seit 1988, *1939) ist Schweizer. Er zeichnet sich bisher durch eine Liberalisierung der NAK und eine Öffnung für die zeitgenössische Kultur aus. Aber vor allem das nach wie vor rasante Wachstum der Kirche stellt für ihn eine große Herausforderung dar.[26]

Lehre

Die zehn Artikel des neuapostolischen Glaubensbekenntnisses beinhalten neben dem Bekenntnis zum dreifaltigen christlichen Gott und der apostolischen (!) Kirche die neuapostolischen Lehren über Apostelamt, Taufe, Abendmahl, ‚Versiegelung', die Endereignisse und das Verhältnis zur staatlichen Obrigkeit. Alles das ist festgehalten im ‚Katechismus' der NAK.[27] Grundlagentext ist die Heilige Schrift in der Luther-Übersetzung von 1912, der meist alttestamentliche Apokryphen (4 Esra!) beigegeben sind. Sie ist – ‚wörtlich' verstanden und in allen Aussagen bzgl. des Volkes Israel bzw. der jungen Kirche auf die NAK hin gedeutet – neben den „Worten der lebenden Apostel" normative Quelle der neuapostolischen Lehre.

Eine theologische Ausbildung, selbst eine Bibelschule nach dem Muster der Freikirchen ist in der NAK jedoch auch für hochrangige Kirchenführer unüblich, ja wurde lange Zeit mit Verweis auf die angebliche Lebensferne großkirchlicher Theologie regelrecht abgelehnt. Diese Tatsache, die unklare Berufungspraxis der Apostel sowie das weitgehende Fehlen einer akademisch-theologischen Lehre (von einem Dialog mit natur- und geisteswissenschaftlichen Nachbardisziplinen ganz zu schweigen) verbieten den Vergleich mit dem katholischen Nebeneinander von Schrift und Tradition und erinnern

---

[26] Nur am Rande kann hier darauf hingewiesen werden, dass die Geschichte der NAK, die wie gezeigt selbst Ergebnis einer Abspaltung ist, von einer Vielzahl weiterer Abspaltungen begleitet wurde. Die wichtigsten Gruppen sind (Zeitpunkt der Trennung von der NAK in Klammern): *Die Gemeinschaft des göttlichen Sozialismus – Apostelamt Juda* (1902), *Apostelamt Jesu Christi* (1923), *Reformierter apostolischer Gemeindebund – apostolische Gemeinschaft* (1921) – dieser Gemeindebund war auch später noch ein Sammelbecken für verschiedene Abspaltungen, v.a. nach der Prophezeiung Bischoffs 1955, *Apostolische Gemeinde* (1988) größte der neueren Abspaltungen, die sich durch eine größere Hochschätzung charismatischer Begabungen und eine Abschaffung des Stammapostelamtes zu Gunsten des Prophetenamtes auszeichnen.

[27] NEUAPOSTOLISCHE KIRCHE INTERNATIONAL (Hg.): *Fragen und Antworten über den neuapostolischen Glauben*. Zürich 1992 (1916). Andere lehrhafte Primärquellen sind die *Reichsgottesgeschichte* (Kurzgefasste Geschichte des göttlichen Heils- und Erlösungsplanes mit den Menschen. Hg. vom Apostelkollegium der Neuapostolischen Kriche. Dortmund/Frankfurt a.M. [4]1991) und die oben schon erwähnte *Geschichte der Neuapostolischen Kirche* (zusammengestellt und bearbeitet v. Johann Gottfried BISCHOFF. Frankfurt a.M. 1987). Leider sind die zuletzt genannten Texte allein zum internen Gebrauch bestimmt. Eine Tatsache, die davon Zeugnis geben mag, wie wenig der NAK am Dialog mit externen Beobachtern gelegen ist. Trotz intensiver Bemühungen kann deshalb im Folgenden nur auf *Fragen und Antworten über den neuapostolischen Glauben* als Primärquelle zurückgegriffen werden.

eher an den antiintellektuellen Affekt der Zeugen Jehovas oder der charismatischen Erneuerungsbewegung in den Pfingstkirchen.

Gleichwohl entfaltete sich mit der Zeit eine Art ‚Laientheologie' in den Äußerungen der Apostel, die sich neben wenigen regelrechten Lehrbüchern[28] primär in den Zeitschriften *Herold*, *Apostolische Rundschau* und *Unsere Familie* finden. Wie in den beiden anderen beschriebenen Gruppierungen findet sich auch in der Lehre der NAK ein ausgesprochener Heilssolipsismus. Das heißt: Nicht nur wird wahre Erlösung und das Bestehen im nahe bevorstehenden Gericht nur durch die Neuapostolische Kirche vermittelt, sie ist auch die authentische (Neu)Gründung (nicht Wiederherstellung) der Apostelkirche durch eine „Ausgießung des Heiligen Geistes mit der Wiedergabe des Apostelamtes und der Aufrichtung der apostolischen Kirche der Endzeit"[29].

Aus dieser Sichtweise resultiert die Betrachtung der gesamten Kirchengeschichte zwischen dem Tod der Apostel Jesu und dem Auftreten der ‚neuen' Apostel als Zeit des Abfalls und Verfalls. Die Kette authentischer Zeugen in dieser Geschichte ist beinahe identisch mit der der Zeugen Jehovas – es sind erneut vor allem die Randständigen und oftmals gescheiterten Reformer der abendländischen Geschichte wie Waldo, Wyclif, Hus, Savonarola; nach der Reformation werden besinders Männer der Reformorthodoxie und des Pietismus wie Zinzendorf und Bengel genannt.[30]

Wie das Papstamt wird – entgegen der Intention der Katholisch-Apostolischen Vorgängerkirche[31] – das Stammapostelamt als einheitsstiftendes aus der Sendung des Petrus durch Jesus Christus legitimiert[32]: „Der Stammapostel ist als das sichtbare Haupt der Kirche Jesu Christi in allen ihren Angelegenheiten oberste Instanz. Er wird von den Mitgliedern der Neuapostolischen Kirche als Repräsentant des Herrn auf Erden angesehen und versteht sich selbst als Gehilfe des Glaubens seiner Brüder und Geschwister."[33]

Dem Apostelamt nachgeordnet sind folgende Ämter in hierarchischer Reihenfolge (Aufgaben jeweils in Klammern):[34] *Bischof* (pflegt die priesterlichen Ämter gemeinsam mit den Aposteln), *Bezirksältester* (dient als priesterliches Vorbild unter den Ämtern, ordnet und überwacht), *Hirte* (nimmt sich der Schwachen an und geht den Verirrten nach), *Evangelist* (predigt das

---

[28] Vgl. Anm. 27.
[29] NEUAPOSTOLISCHE KIRCHE – INTERNATIONALER APOSTELBUND (Hg.): *Göttliche Verheißungen und ihre Erfüllung*. Frankfurt a.M./Zürich 1983, 17, zit. Obst: Neuapostolische Kirche, 118.
[30] Vgl. *Reichsgottesgeschichte*, 95–130.
[31] OBST, *Neuapostolischen Kirche*, 122.
[32] „*Ihm allein* erteilte Jesus in Abwesenheit der übrigen Apostel besondere Vollmachten (Mt 16,18)" Vgl. *Fragen und Antworten*, 140–142.
[33] *Fragen und Antworten*, 177.
[34] Ebd. 85–88.

Evangelium von Jesus Christus), *Priester* (verwaltet die drei Sakramente Taufe, Sündenvergebung und Abendmahl und übt Seelsorge in den Gemeinden), *Diakon* und *Unterdiakon* (haben praktische Aufgaben, und bereiten sich auf die höheren Ämter vor).

Nach der starken Ausbreitung der Kirche in den letzten Jahren und der damit verbundenen großen Zahl von neuen Amtsträgern wird ihre Ausbildung in den Gemeinden trotz fehlender Seminare und einer regelrechten Theologie nicht mehr völlig dem Zufall überlassen.

Frauen sind grundsätzlich zu den Ämtern nicht zugelassen, denen allein die Verwaltung der Sakramente[35] und des Wortes Gottes und damit der göttlichen Gnadenmittel im vollen Umfange zusteht. Frauen haben sich in der Regel als ‚Gehilfinnen' der Männer zu verstehen, also das traditionelle patriarchale Familienkonzept zu verwirklichen. Was dies zumal für die Gattinnen von Amtsträgern bedeutet, ist ausführlich dargestellt worden.[36]

Die *Taufe* erfolgt durch einen Amtsinhaber gewöhnlich im Säuglingsalter trinitarisch und mit Wasser, wird also von den Kirchen der Ökumene anerkannt. Ihre Vollform erreicht sie jedoch in der NAK erst durch die sogenannte *Versiegelung*, ein der übrigen Christenheit nicht bekanntes und höchstens der Firmung vergleichbares Sakrament, das, 1847 erstmals aufgrund von prophetischer Rede gespendet, an eine Praxis der Urapostel[37] anknüpfen soll. Erst dieses Sakrament garantiert – lebendiges Glaubensleben vorausgesetzt – die endgültige Teilhabe an der NAK als Endzeitkirche.

Das *Abendmahl* wird allsonntäglich unter Leitung eines Apostels oder bevollmächtigten Priesters vollzogen.[38] Sein Verständnis kommt dem lutherischen nahe, das heißt, es wird als Gedächtnismahl verstanden. Eine Beichte gibt es nicht, vielmehr wird die Sündenvergebung („Freisprache") durch das Sprechen des Vaterunsers vor dem *Abendmahl* vollzogen. Diese wird nur würdig empfangen, wo Einsicht in die eigene Vergebungsbedürftigkeit, aufrichtige Reue, ernstgemeinter Vorsatz und gläubiges Ergreifen der Freisprache sich vollziehen.

Über die genannten drei Sakramente hinaus kennt die NAK *Segenshandlungen*, die eine wesentliche Rolle vor allem für die neuapostolische *Frömmigkeit* spielen.[39] Auch sie sind ans Amt gebunden und werden zu folgenden Anlässen gespendet: Konfirmation, Verlobung, Trauung, Hochzeitsjubiläum.

---

[35] Sie werden in *Fragen und Antworten* auf S. 91–230 abgehandelt; diese Passagen sowie Obst, Neuapostolischen Kirche, 127–136 liegen den folgenden knappen Ausführungen zugrunde.
[36] Olaf STOFFEL: *Angeklagt – Die Neuapostolische Kirche. Erfahrungen eines Aussteigers.* Gütersloh (GTB) ²1999.
[37] Geistempfang durch Handauflegung beschrieben in Apg 8,14–19; 19,6 und 2 Tim 1,6.
[38] Statt von ‚Konsekration' wird von ‚Aussonderung' gesprochen.
[39] „Im Segen wendet sich Gott dem aufrichtig bittenden Menschen zu und schenkt ihm sein Wohlgefallen, seine Hilfe, Gnade und Barmherzigkeit (vgl. 4 Mose 6,24–26). Dazu bedient er sich der Gaben seiner Schöpfung, und der von ihm erwählten Segensträger." *Fragen und Antworten*, 104f.

Auf Wunsch der Eltern wird auch ein vorgeburtlicher Segen erteilt. Wichtigste Segenshandlung ist die *Konfirmation*, die ähnlich wie in der evangelischen Kirche den Eintritt des Kirchengliedes in die Selbstverantwortung signalisiert, jedoch zwar nicht mit der (Erst-)Zulassung zu einem der Sakramente verbunden ist, aber eine Einführung in das neuapostolische Glaubenswissen voraussetzt.[40]

4.5.2 Zur Funktion des Apokalyptischen

Neben der *Apostel- und Ämterlehre* ist die starke *Endzeitorientierung* das zweite prägende Merkmal der NAK.[41] Dies gilt zumindest seit dem Beginn des 20. Jahrhunderts, als die Schrecken des Ersten Weltkrieges nicht nur in der NAK die Erwartung einer nahe bevorstehenden Endzeit für viele wahrscheinlich werden und die millenaristische Orientierung der Katholisch-Apostolischen Mutterkirche[42] wieder in den Mittelpunkt der Verkündigung treten ließen. Sie war in den ‚satten' Jahren des Kaiserreiches in Vergessenheit geraten. Heute darf jedes Gemeindeglied, „als Glied der Brautgemeinde, die den Bräutigam unmittelbar erwartet, [...] sich ins Zentrum aller künftigen Geschehnisse gestellt"[43] sehen.

Endzeiterwartung
Bei der Endzeiterwartung der NAK handelt es sich – ähnlich wie im Konzept der Zeugen Jehovas – um eine allgemeine Naherwartung, die in Predigten und anderen Verlautbarungen immer wieder beschworen, aber seit dem Verklingen der „Bischoff-Krise" niemals mehr datiert wurde. Immerhin ist sie aber so stark im allgemeinen Bewusstsein verankert, dass es nie zur eigentlich kirchentypischen Ausbildung nennenswerter diakonischer Einrichtungen der NAK kommen konnte: „Der Kampf um soziale und politische Veränderungen erscheint in dieser endzeitlichen Welt aussichtslos und angesichts der Nähe der Wiederkunft Jesu und der Veränderungen aller Dinge von oben her auch überflüssig."[44]

Um so sinnvoller scheint aber der direkte Zugriff auf das Wohlergehen der (als in der biblischen[45] Tradition der Großkirchen „nach dem Tode weiterlebend" gedachten) Verstorbenen zu sein. Denn für sie soll nicht nur ge-

---

[40] Entscheidendes Element ist das sogenannte Konfirmationsgelübde, das eine Absage an den Satan sowie Glauben und Gehorsam gegenüber dem dreieinigen Gott beinhaltet.
[41] Die entsprechenden Passagen finden sich in *Fragen und Antworten*, Frage 251–258 bzw. auf S. 122–125.
[42] Vgl. S. 67.
[43] OBST, *Neuapostolischen Kirche*, 137.
[44] Ebd.
[45] Vgl. Lk 14,12–14 u. Offb 6,9–12.

betet werden, die Apostel haben auch die Vollmacht für einen regelrechten ‚Erlösungsdienst' an den Toten: „die Totenreiche und das Himmelreich aufzuschließen" (vgl. Mt 16,19). Sofern sie nicht der NAK angehörten, wird den Verstorbenen in einer symbolischen Handlung an drei Sonntagen im Jahr das Abendmahl gereicht, sie werden dadurch in die NAK eingegliedert und ‚erlöst'. Dies geschieht „unversiegelten" Verwandten, aber auch fremden Menschen, die Kirchenmitgliedern im Traum erscheinen oder auf andere Weise kundtun, dass sie eine solche Maßnahme wünschen.[46] Ähnlich wie die HLT ihre Totentaufe, begründet die NAK diese Tradition mit 1 Kor 15,29 und Tim 1,16–18. Es handelt sich dabei um eine Entwicklung, die unter Stammapostel Fehr eher noch forciert wurde. Anlässlich eines Gottesdienstes für die Entschlafenen formulierte er Anfang November 1995: „Wir haben Besuch aus den Bereichen der jenseitigen Welt. Seelen, die nicht mehr an Raum und Zeit gebunden, für die Distanzen nicht existent sind, umgeben heute den Altar und wollen hier, wo sich Gottes Wort offenbart, Hilfe, Licht, Kraft und Gnade empfangen."[47]

Dass die NAK in solch enger Verbundenheit mit ihren Verstorbenen lebt, ergibt sich aus der dauernden Gewissheit, dass Christus ‚bald' wiederkommen wird. Eine Naherwartung, die, zeitlich-linear verstanden, immer wieder neu versichert und kontrafaktisch zum erlebten Alltag behauptet werden muss. Hier entwickelte sich jedoch in den letzten Jahren, wahrnehmbar in den Predigten des Stammapostels Fehr, ähnlich wie bereits bei den ZJ beobachtet, eine pastorale Relativierung: Einerseits werden die Zeichen der Zeit – hier besonders entscheidend die inzwischen weltweite neuapostolische Mission gemäß Mt 24,14 – pauschal als auf eine nahe Apokalypse hindeutend ins Spiel gebracht, andererseits muss mit Verweis auf die aktuelle Zeit des ‚Spätregens' zur Geduld gemahnt werden. Einerseits wird begütigend auf die Datierungsverweigerung in Mt 24,36 verwiesen[48], andererseits ist es die Sammlung der Auserwählten, also eine von der NAK zu vollziehende *irdische* Maßnahme, die konsequent das Ende der Zeiten herbeiführen soll. Ein Rückgang der Mitgliederzahlen oder eine Beschränkung der Missionierungsmöglichkeiten würde also die seit mehr als hundert Jahren beschworene konkrete Naherwartung konterkarieren: eine zwar auf Bibelstellen gut gestützte Logik des Unplanbaren, die gleichwohl immerfort pauschal bestätigt werden muss.[49]

---

[46] Vgl. OBST, *Neuapostolischen Kirche*, 144.
[47] *Unsere Familie*, 56 (1996), 9f. Zit.: Obst, Neuapostolische Kirche, 142f.
[48] Tag und Stunde der Wiederkunft weiß allein der Vater.
[49] „Wir haben keinen einzigen Grund anzunehmen, der Herr werde in unseren Tagen noch nicht kommen. Ungezählte Gründe berechtigen uns zu dem Glauben und der frohen Erwartung, daß der Tag seiner Wiederkunft unmittelbar bevorsteht." *Göttliche Verheißungen*. Zit. Obst, Neuapostolische Kirche, 148.

Die *Lehraussagen* orientieren sich an den – wörtlich verstanden – Aussagen der Offenbarung des Johannes und sprechen in diesem Zusammenhang von „sieben zukünftigen Endereignissen". Weitergehende Spekulationen werden vermieden: „Ausgangspunkt ist (1.) die ‚Vollendung der Gemeinde Jesu Christi' im Zusammenhang mit der ‚Sammlung der Auserwählten' (Joh 10,16) und der ‚Heiligung der Kinder Gottes' (Eph 4,11–13; 1 Thess 3,12.13)." Ist sie erfolgt, kommt es (2.) zur „Ersten Auferstehung". Diese ist gleichbedeutend mit der Wiederkunft Christi.[50] Jesus wird nun die nach oben beschriebenem Ritual erlösten „Brautseelen" sowie die noch lebenden und verstorbenen „würdigen" Mitglieder der NAK als erste zur Auferstehung, und dann (3.) zur Hochzeit (Mt 25,10; Offb 19,7) führen. Sie alle „empfangen den Leib der Verklärung und werden zugleich entrückt in den Wolken, dem Herrn entgegen."[51] Auf der so die Reinen und Unschuldigen entbehrenden Erde breitet sich konsequent (4.) „das zunehmende gottfeindliche Treiben in der Herrschaft des Satans" aus. „Diese furchtbare Zeit findet ihren Abschluss dadurch, dass Christus mit seinen Auserwählten aller Welt sichtbar in das Geschehen der Welt eingreift (Offb 19,11–16), Satan und seinen Anhang überwältigt und seine Herrschaft beseitigt (Offb 19,17–21)"[52] und damit (5.) ein tausendjähriges Friedensreich auf Erden errichtet. Darauf folgen, nachdem Satan noch einmal Gelegenheit hatte, die Menschen zu verführen, (6.) zweite Auferstehung (der Seelen, die nicht an der ersten teilgenommen haben) und Endgericht. Die irdische Welt endet (7.) mit der neuen Schöpfung Gottes. „Alsdann wird der Sohn dem Vater alles übergeben, auf dass Gott sei alles in allem (1 Kor 15,28)."[53]

Bei allem Rigorismus der Lebensführung in der NAK,[54] erzwungen durch den Verweis auf diese endzeitlichen Ereignisse und die Autorität der Apostel, ist zwar herauszustreichen, dass eine letzte Bekehrungsmöglichkeit *aller* Menschen zu Christus im Gericht eingeräumt wird. ‚Bekenntnis zu Christus' bedeutet jedoch Bekenntnis zur NAK. Von einem ‚anonymen Christentum' oder einem Gericht nach allgemeinen ethischen Maßstäben, etwa der Einhaltung der zehn Gebote auch für Menschen jenseits der NAK, ist nicht die Rede. Mitgliedern, die sich im Glauben redlich bemühen, wird hier jedoch eine klare und sichere Heilsgewissheit vermittelt. Darin liegt sicher einer der wesentlichsten Gründe für die Attraktivität dieser Kirche unter den Bedingungen von Ungewissheit und Relativierung der Jenseitsaussagen, wie sie in den letzten Jahrzehnten in den großen Kirchen Platz gegriffen hat. Dies gilt zumindest für diejenigen, denen aufgrund ihrer Bildung oder anderer Bedin-

---

[50] *Fragen und Antworten*, Frage 254, S. 122.
[51] Ebd. Frage 254, S. 123.
[52] Ebd. Frage 257, S. 124.
[53] Ebd. S. 124f.
[54] ... wie er von Aussteigern immer wieder betont wird: vgl. v.a.: Olaf STOFFEL: *Angeklagt*.

gungen der Massenreligiosität die Notwendigkeit einer kritischen Rückfrage nicht plausibel sein kann, oder die gar aufgrund mehr oder weniger problematischer psychischer Strukturen[55] genau *diese* Gewissheit im Endzeitglauben suchen.

Umgang mit Kritik
Weil sie in engem Zusammenhang mit der Endzeiterwartung steht und im Rahmen unserer Kriteriologie Beachtung verdient, soll hier noch einmal ausdrücklich auf das Verhältnis der NAK zu interner oder äußerer Kritik eingegangen werden: Da die NAK sich selbst die Autorität zuspricht, mit Hilfe der Ämterstruktur und der ‚Sakramentenspendung' unmittelbaren Einfluss auf das Jenseits auszuüben, liegt es nahe, Kritikern mit der Verweigerung zukünftigen Heils zu drohen. So lautet denn auch eine typische Äußerung: „Der Kritiker empfängt nichts"[56]. Die rigide Ämterstruktur ist nicht dazu angelegt, Anregungen oder gar Kritik von außen positiv zu verarbeiten, vielmehr stellt diese eine strukturelle Bedrohung des geschlossenen Systems dar. Zu ihrer Abwendung werden dementsprchend sämtliche Autoritäten (Schrift und Apostelamt) aufgeboten: In einer Predigt des Stammapostels hieß es 1991 so konsequent wie falsch: „Ich habe in einigen Konkordanzen nachgeschaut: Das Wort Kritik steht nirgends in der Bibel. Also hat es bei uns im Werk Gottes nichts zu suchen."[57]

Nicht selten auch von der Boulevardpresse ausgeschlachtete Vorwürfe pastoraler Art (Gängelung und Kontrolle des Privatlebens der Kirchenmitglieder durch die Leitung) interessieren in unserem Zusammenhang zwar weniger, sind aber letztlich durch das Nicht-Vorhandensein eines Mediums interner Kritik bedingt.[58] Das Aufkommen neuer Medien erleichtert allerdings wie in vielen anderen Zusammenhängen auch das anonyme Äußern von Kritik durch Mitglieder und Amtsinhaber, so dass aufgrund der entstandenen Vielfalt von Diskussionsforen eine Beibehaltung der bisherigen Führungsstruktur unwahrscheinlich erscheint.

Fazit
Bei der NAK sind Differenzen der Inhalte ihres Jenseitsglaubens zur großkirchlichen Eschatologie weniger deutlich als bei Mormonen und Zeugen

---

[55] Vgl. S.21 ff.
[56] FINCKE, *Neuapostolische Kirche im Umbruch*, 11.
[57] Stammapostel R. Fehr bei einem Gottesdienst in Aarau. In: *Unsere Familie*, 51. Jg. 1991, Nr. 12, 7.
[58] „Die Leitung der NAK wird sich deshalb die Vorhaltung gefallen lassen müssen, dass manche der Abtrünnigen nur deshalb im Privatfernsehen auftreten, weil sie keine Chance haben, in hauseigenen Publikationen zu Wort zu kommen." FINCKE, *Neuapostolische Kirche im Umbruch*, 12.

Jehovas. Hier dürften die spezifischen interkonfessionellen Bedingungen im Deutschland des späten 19. und frühen 20. Jahrhunderts eine klare Beeinflussung durch zeitgenössische katholische Theologie bewirkt haben.

Allerdings sind die negativen Auswirkungen einer konkret-linear gedachten Naherwartung auch entsprechend gut zu beobachten: Ein eklatanter Ausfall diakonischen Handelns, der mögliche Machtmissbrauch durch Androhung einer Bestrafung oder Nicht-Teilhabe am jenseitigen Heil für Kritiker und Unfolgsame, das nicht etwa durch Gott allein, sondern durch die Kirchenleitung selbst wesentlich mitentschieden wird (Ausfall einer antisubjektivistischen Negativen Theologie). Die entscheidende Funktion des Jenseitsglaubens macht die Anstrengungen plausibel, mit denen gerade bei der NAK trotz offensichtlicher Inkonsistenzen an der Fortdauer der Rede vom baldigen Kommen bei gleichzeitiger ständiger Verzögerung aufrechterhalten wird. Dass es dabei letztlich um Macht geht, zeigt die Häufung der Abspaltungen im Gefolge der autoritätskritischen Wende nach dem Ersten Weltkrieg – hier greift Michel Foucaults Kritik der Pastoralmacht.

Um die totalitären Tendenzen der NAK einzugrenzen, wäre vor allem eine dezidiert theologische Priesterausbildung von Nöten, und damit verbunden die Einführung theologischer Forschung als einer Instanz der Kritik. Andererseits ist freilich zu konstatieren, dass in der NAK das tatsächliche Ernstnehmen einer durch Gottes Existenz veränderten Wirklichkeit lebendig zu sein scheint, oder doch zumindest ‚pastoral' immer wieder beschworen wird. Hier wird zumindest nicht metaphorisierend vertröstet oder abgewiegelt. Dahinter dürfte, wenn die katholische Kirche Massenreligion im Weberschen Sinne bleiben will, auch eine neue katholische Verwendung apokalyptischer Bildwelten nicht zurückbleiben.

4.6 Von der ‚Fiktion' zum ‚Dogma'. Endzeitkirchen in der theologischen Kritik

Spezifika des Endzeitglaubens
Bei den drei beschriebenen Endzeitkirchen findet sich in den Krisenzeiten zu Beginn des 20. Jahrhunderts eine Intensivierung des Jenseitsglaubens. Die bisweilen beobachtete Abschwächung apokalyptischer Momente im Sinne einer Metaphorisierung in der zweiten Jahrhunderthälfte könnte sich unter anderem auch durch eine Abnahme des individuellen Krisenbewusstseins erklären, die eine apokalyptische Zukunftsdeutung überflüssig, wenn nicht gar – angesichts erreichten Wohlstandes – als bedrohlich erscheinen lässt.

Es liegt nahe, dass die Rede vom ‚Ende der Zeiten' in diesen vergleichsweise jungen und in der Regel als gesellschaftliche Minderheiten lebenden Gemeinschaften nicht immer im Sinne eines Offenhaltens und Akzeptierens von kontingenter Welterfahrung eingesetzt wird, sondern auch zu deren Negation oder Unterdrückung. Gleichwohl kann ein solches Überspringen aktueller Absurditätserfahrung angesichts eines nahe geglaubten Endes der Zeiten aber zu einer Aufwertung des Tuns im ‚Diesseits' führen. Gleichwohl bleibt die wichtige Rolle, die der Endzeitpredigt in der jeweiligen Kirche unabhängig vom Tun ihrer Mitglieder bzgl. eines ‚Bestehens im Gericht' zukommt, entscheidend und deutet hin auf den Machterhalt als primäre Motivation für das Aufrechterhalten oder gar Intensivieren der Endzeitpredigt auch über Krisenzeiten hinaus. Dies gilt vor allem bei den Zeugen Jehovas.

Endzeitkirchen und totalitätskritische Kriteriologie
Eine genauere Lektüre der fiktionalen Anthropologie Wolfgang Isers hatte in Teil 2 dieser Arbeit für den fiktional mitbestimmten individuellen Weltzugang eine spezifische oszillierende Konstellation zwischen Dogma und Fiktion ergeben: Nach einer initialen ‚Zuschickung' von Fiktionen ist ihre Erstarrung zum Dogma Teil des internen Orientierungsprozesses, für den fiktionalen Verarbeitungsformen bei Iser eine konstituierende Funktion zukommt. Entscheidend für eine zukünftige Anpassung an veränderte Bedingungen und neue Erfahrungen ist allerdings, ob ein solches Dogma erneut zur Fiktion verflüssigt und so in neuen Zusammenhängen reformuliert werden kann.

In analoger Weise lässt sich das Verhältnis bestimmen zwischen euphorisch-kleinkirchlicher Aufbruchs- und Gründungssituation, in der Visionen und andere imaginative Prozesse an der Tagesordnung und institutionelle Strukturen schwach ausgeprägt sind, (Fiktion) und institutioneller Verdichtung, die die Institutionalisierung und relative Machtkumulation (Dogma) notwendig impliziert. Erst in folgenden Entwicklungsphasen, in denen interne Pluralisierung und Machtinteressen miteinander ringen und neue Offenbarungs- und Meinungsbildungspotentiale nach Verwirklichung drängen, entscheidet sich die Modernisierungsfähigkeit einer Institution. Es ist deutlich geworden, dass zumal in den Endzeitkirchen einem spezifischen apokalyptischen Diskurs und Bildgebrauch hier wesentliche Vermittlungs- und Legitimierungsfunktionen zukommen.

Auf den Ausfall Negativer Theologie, ja einer kritischen Theologie (‚Logos') überhaupt, ist immer wieder hingewiesen worden. Nicht nur die Einforderung der Unerkennbarkeit Gottes und seiner Ratschlüsse, sondern auch eine Rückbindung der ‚Verkündigung' an die *norma normans non normata*, die Heilige Schrift, birgt für die Führung aller drei ‚Endzeitkirchen' bereits hinreichend Konfliktstoff, dessen Bearbeitung eine neue Vermittlung der Instanzen Führung, Vernunft, Offenbarung und fiktionale Produktivität unter Bedingungen der Moderne erhoffen ließe.

Nur wenn man die Endzeitkirchen mit Max Weber[1] als Phänomen der Massen- und nicht der Intellektuellenreligiosität begreift, gelingt es andererseits über ihre offensichtlichen logischen Inkonsistenzen hinwegzusehen und ihre Valenz als Kirchen der nicht selten sozial depravierten Unterschichten zu begreifen. Dazu passt bei NAK und ZJ ein ausgesprochen antiintellektueller Affekt, der sich vor allem der Tatsache verdankt, dass die Entstehungszeit aller drei Kirchen und ihre Wurzeln in den angelsächsischen Erweckungsbewegungen einen Kulminationspunkt antirationalistischen Denkens darstellte und sich dieser Affekt bis heute weitgehend ungebrochen fortzeugt. Selbst die Hochschätzung der Wissenschaft, wie sie sich bei den Mormonen findet, richtet sich ja nicht auf die aufklärerischen Ideale der Subjektphilosophie und ihres emphatischen Freiheitsbegriffs, sondern vor allem auf eine instrumentelle Vernunft, wie sie im Kontext amerikanischer Fortschrittsideologie in das evolutive Weltbild der Kirche eingepasst werden kann.

Endzeit und Hierarchie – Herausforderung für die Großkirchen?

Fritz Stolz weist in einem religionswissenschaftlichen Beitrag[2] darauf hin, dass endzeitlich orientierte religiöse Gruppierungen häufig von ambivalenten Phänomenen begleitet sind. Während sie einerseits ein ausgesprochen autoritärer Führungsstil auszeichnet und andererseits die internen Beziehungen auffällig häufig als von intensiver Liebe geprägt beschrieben werden, wird „nach außen [...] Abgrenzung wirksam, die bis zum Haß gehen kann, aber gleichwohl auf Werbung eingestellt ist, da man neue Anhänger gewinnen möchte".[3] Eine Beobachtung, die noch einmal radikalisiert wird durch die Wahrnehmung, dass die extreme Jenseitsorientierung zu einer Abnahme der Orientierungskraft diesseitiger Phänomene führt, eine autoritäre Führung es

---

[1] Vgl. Teil 3 dieser Arbeit.
[2] Fritz STOLZ: *Rechnungen in der Endzeitökonomie.* In: ZfR 8 (2000), 71–92.
[3] Ebd. 84f.

also leicht hat, Mitglieder solcher Gruppierungen in ihrem Sinne zu beeinflussen, wenn sie nur vorgibt, ihre Leitlinien aus der normativen Endzeit- bzw. Jenseitsorientierung zu beziehen. Aus ökonomischer Perspektive ist damit nicht zuletzt oftmals die Aufgabe sämtlicher finanzieller und immobiler Ressourcen und deren Konsumption oder „Stiftung" für Gruppenzwecke verbunden (vgl. u.a. Apg 2,45f)[4].

Andererseits überdecken die ausgesprochen totalitär erscheinenden Strukturen der Endzeitkirchen vielleicht einen in ihrem Kontext bisweilen doch zumindest *möglich* erscheinenden nicht-totalitären Bildgebrauch in einer privaten Spiritualität, die der Forschung naturgemäß nur schwer zugänglich ist. Wenn das baldige Eingreifen Gottes in die Geschichte wirklich geglaubt wird, so erhalten alltägliche Handlungen doch immerhin eine Relevanz und Dringlichkeit, die in der großkirchlichen Theologie (G. Greshake) zwar eingefordert, in der großkirchlich-pastoralen Praxis aber – von lateinamerikanischen Basiskirchen vielleicht einmal abgesehen – bisher kaum umgesetzt wurde. Dies gilt vor allem, weil zumindest unter den Bedingungen westlicher Industrienationen das Problem der Gerechtigkeit im Gericht sich derzeit nicht mit der Dringlichkeit stellt, die eine tatsächliche Naherwartung zu erzeugen in der Lage wäre.

Die hierarchische und patriarchale Struktur aller hier beschriebenen Endzeitkirchen ist eher ein religionssoziologisch als theologisch beschreibbares Phänomen und von daher nur am Rande Thema dieser Arbeit. Dennoch fällt auf, wie sehr die teilweise krampfhaft behauptete hierarchische Ordnung, die kirchliche Legitimation direktiven Handelns der Führungsgremien bis in intimste Alltagsbereiche hinein zur Grundstruktur dieser Kirchen gehört. Dies und die – außer bei den Mormonen – auffällige Bildungsfeindlichkeit dürfte dem Phänomen ‚Massenreligiosität' geschuldet sein. Gerade die Ausfaltung des eigenen Profils als ‚Kirche der einfachen Leute' war wesentlicher Teil der Erfolgsgeschichte der NAK, aber auch der Zeugen Jehovas. Ein Befund, der sich auch in ihren großen Wachstumsraten in Ländern mit geringer Bildung niederschlägt. Hier konkurriert man nicht mehr mit den Großkirchen – jene entwickeln sich vielmehr entgegen dieser Klassifikation zunehmend zur *quantité négligeable* – sondern mit den charismatischen Pfingstkirchen, die ihren antiintellektuellen Affekt allerdings aus der unmittelbaren Geistbegabung aller Mitglieder (auch der weiblichen) herleiten und damit – neben ihrer Hochschätzung des Leiblichen und der Ekstase – unter Bedin-

---

[4] Die ökonomistische Sicht von Stolz ist trotz einer gewissen kritisch-heuristischen Qualität vor entsprechenden Engführungen nicht gefeit. Es dürfte dem Potential einer präsentischen Eschatologie, wie sie etwa Emmanuel Levinas entwickelt (vgl. Teil 3 dieser Arbeit), nicht gerecht werden, wenn man sie wie Stolz lediglich als Transfer jenseitiger Güter ins Diesseits und damit als kurzfristigen zum Scheitern verurteilten Enthusiasmus charakterisiert, der schon bald wieder einer konkreten Naherwartung bedarf (Ebd. 89).

gungen der Individualisierung einen nicht zu unterschätzenden Wettbewerbsvorteil mitbringen. Nicht zuletzt deshalb sind sie die mit Abstand am stärksten wachsenden Kirchen weltweit, zunehmend auch in Europa.[5]

Das Wachstum der Endzeitkirchen und Pfingstler vor allem auf der Südhalbkugel und die stolze Zahl von insgesamt knapp 30 Millionen Mitgliedern in den Endzeitkirchen sollte gemeinsam mit dem unter Kirchenmitgliedern im Westen weitverbreiteten Reinkarnationsglauben zumindest als Anfrage verstanden werden, ob die Großkirchen tatsächlich ein aktuell massenreligiös praktikables Modell des Jenseits- und Endzeitglaubens anzubieten haben.

Für die Großkirchen stellen die Endzeitkirchen darüber hinaus insofern eine Herausforderung dar[6], als sie Fehlformen der Vergesellschaftung und der unmenschlichen Zuspitzung theologischer Inhalte vor Augen führen und bei den Kirchen nicht nur eine Abgrenzung, sondern auch eine theologische Besinnung auf eigene Strukturen in analogen Problemfeldern herausfordern. Als entscheidender Unterschied zwischen Endzeitkirchen und großkirchlicher Theologie hat sich diesbezüglich das Fehlen einer Negativen Theologie bei ersteren herauskristallisiert, die das Wuchern menschlicher (Allmachts-) Phantasien unter Beibehaltung ihres utopisch-kritischen Potentials begrenzt und ihnen die strukturelle Unerkennbarkeit des Wesens Gottes und des Jenseits entgegensetzt (Anti-Subjektivismus), ohne ihre Existenz zu leugnen (Atheismus).

Vorne ist bereits die Vermutung geäußert worden, dass sich die Endzeitkirchen zu den Großkirchen verhalten wie die Massen- zur Virtuosen- bzw. zur Intellektuellenreligiosität. Dem strengen Kriterium Negativer Theologie wird vermutlich auch die Alltagspastoral der Großkirchen in den seltensten Fällen genügen. Hier existiert jedoch wenigstens eine Theologie, die im ‚Notfall' als Zeugin gegen selbstermächtigendes Sprechen aufgerufen werden kann. Eine solche Instanz fehlt in allen drei beschriebenen Endzeitkirchen, ja ihr Entstehen wird mit machtpolitischem Hintergrund konsequent verhindert. Hier liegt vielleicht der wesentlichste Kritikpunkt.

Wenn schließlich zumal die strikte Trennungslinie „zwischen religiöser und säkularer Welt"[7], die in millenaristischen Gruppierungen gelehrt wird, psychisch problematisch genannt wird, so kann dies mit Blick auf die Großkirchen als Empfehlung einer präsentischen Eschatologie und einer Anthropologie des Fiktionalen gelesen werden, wie sie von Wolfgang Iser entwickelt, im zweiten Teil dieser Arbeit mit ihren ideengeschichtlichen Wurzeln vorgestellt und zu Beginn des dritten Teils kritisiert wurde. Theologisch-

---

[5] Vgl. u.a.: Hans Dieter REIMER: *Die pfingstlerischen Bewegungen*. In: EZW Orientierung und Berichte Nr. 20, (V/1994), 1–25 sowie Peter ZIMMERLING: *Die charismatischen Bewegungen. Theologie – Spiritualität – Anstöße zum Gespräch*. Göttingen (Vandenhoeck & Ruprecht) ²2002.
[6] HEMMINGER, *Sekte*, 140ff.
[7] ZWINGMANN/MURKEN, *Zukunftsbewältigung*, 269.

4. Apokalypse – dualistisch: Ihre Funktion in den Endzeitkichen

philosophisch gesprochen ist es im Falle der Endzeitorientierung nämlich gerade der nicht mehr – etwa in der Barmherzigkeit eines auf den letzten Sünder wartenden Erlösers – harmonisierbare Dualismus als letzte historische Größe und die eindeutige Identifizierung der eigenen Gruppe mit den Erlösten, was als ‚sektiererisch' verurteilt werden müsste. Eine präsentische Eschatologie oder eine Anthropologie des Fiktionalen wäre wie gezeigt in der Lage, diesen Dualismus wenn nicht zu harmonisieren, so doch zu verflüssigen und so die Gefahr einer Selbstimmunisierung zu bannen, ohne das Potential apokalyptischer Bilder (und letztgültiger Dualismen, wie die Existenz der Hölle) aufgeben zu müssen. Hinter solchen Selbstimmunisierungen steht letztlich die fehlende Bereitschaft, eigene Aussagen über das Jenseits der Zeit noch einmal einer fundamentalen Kritik zu unterziehen und damit den eigenen Totalanspruch auf Wirklichkeitsdeutung zu unterlaufen.

Nachdem den europäischen Großkirchen und ihrer Theologie die Endzeitpredigt weitgehend ausgetrieben wurde und der Zugriff der Endzeitkirchen auf diese Thematik sich augenscheinlich nur bedingt für eine Aktualisierung des Apokalyptischen nach der Aufklärung zu eignen scheint, gilt es weiterhin nach Medien zu suchen, die es erlauben, einen neuen Übergang zwischen Fiktionalität und Dogma zu ermöglichen und so den Großkirchen Wege zu eröffnen, ein auch massenreligiös praktikables Modell des Endzeitglaubens zu gewinnen. In jüngerer Zeit scheint nämlich die noch bis zum Ende des 20. Jahrhunderts einschlägige Unterscheidung zwischen Kirche und Sekte, die sich nicht zuletzt der beschriebenen Unterschiedenheit in Sachen der Endzeitvorstellungen verdankt, zunehmend einem neuen Paradigma zu weichen, wie die jüngst erschienene Analyse einer apokalyptischen Vision unserer Tage[8] zeigt: Im Rahmen der Individualisierung und des Relevanzverlustes der theologischen Expertenkulturen wird nicht nur ‚jeder ein Einzelfall', sondern auch sein eigener Berater in Sachen Religion, und damit auch visionsfähig[9]. Die Steinbrüche für das Motivmaterial sind nun aber nicht mehr nur die biblischen Texte, sondern auch die Populärkultur, genauer: die neuesten Hollywoodkassenschlager[10].

Der Spielfilm als aktuelles Medium einer selbstreflexiven Fiktionalität, das gleichwohl ausdrücklich aus der christlichen Bildtradition schöpft, bietet sich nun, im fünften Teil unserer Arbeit, als Forschungsfeld also geradezu an.

---

[8] Bernt SCHNETTLER: *Millenniumswechsel und populare Apokalyptik. Prophetische Visionen an der Schwelle zum Jahr 2000*. In: A. Honer/R. Kurt/J. Reichertz (Hg.): Diesseitsreligion. Zur Deutung der Bedeutung moderner Kultur (FS H.G. Soeffner). Konstanz (University-Verlag) 1999, 385–414.

[9] Ebd. 407.

[10] B.J. WARNEKEN: *The alleged Hysteria. Current German Media's Handling of the Apocalyptic Year 2000*. Vortrag auf der Konferenz *Knowing the Time – Knowing of a Time*, Center for Millennium Studies at Boston University, Dezember 1998. http://www.mille.org/publications/Confpro98/warneken.pdf. (11.10.2004)

5 Jenseits im Präsens – Apokalypse im Film

> *„Film is an extraordinary popular medium today, but films do much more than simply entertain. Films, as with other cultural forms, have the potential to reinforce, to challenge, to overturn, or to crystallise religious perspectives, ideological assumptions, and fundamental values. Films bolster and challenge our society's norms, guiding narratives, and accepted truths. In short, films can and do perform religious and iconoclastic functions in American society. [...] If we want to understand American culture, we need to study Hollywood films"[1]*
>
> Joel W. Martin

> *„Was im Kino gerettet wird, wenn ihm Kunst gelingt, ist eine spontane Verbundenheit mit der gesamten Menschheit. Es ist keine Kunst der Fürsten oder der Bourgeoisie. Es ist volkstümlich und vagabundierend. Im Kinohimmel erfahren die Menschen, was sie hätten sein können, und entdecken, was über ihr einzelnes Leben hinaus ihnen gehört. Das eigentliche Thema des Kinos – in unserem Jahrhundert des Verschwindens – ist die Seele, der es eine globale Zuflucht bietet. Das, so glaube ich, ist der Schlüssel zu seiner Sehnsucht und seiner Anziehungskraft."[2]*
>
> John Berger

5.1 Filmkunst und Theologie – methodische Vorbemerkungen

5.1.1 Der Film als Medium und seine Interpretation

Film und Fernsehen gehören seit einigen Jahrzehnten zu den wesentlichen Medien[3] gesellschaftlicher Selbstverständigung und Kommunikation[4] weltweit. Das Aufnehmen und Verarbeiten eines (Film-)Bildes ist inzwischen eine der fundamentalen Kulturtechniken in modernen Gesellschaften, ja es darf davon ausgegangen werden, dass Kinder hier lernen (Film-)Bilder zu verstehen, bevor sie Worte oder gar geschriebene Texte verstehen.[5]

---

[1] Joel W. MARTIN / Conrad E. OSTWALT Jr.: *Screening the Sacred. Religion, Myth and Ideology in Popular American Film.* Colorado/Oxford (Westview Press) 1995, vii.
[2] John BERGER: *Begegnungen und Abschiede. Über Bilder und Menschen.* München (Hanser) 1993, 27.
[3] Vgl. Knut HICKETHIER: *Film- und Fernsehanalyse.* Stuttgart (Metzler) 1993. Thomas HAUSMANNINGER: Art. *Medien, Praktisch-theologisch.* In: LThK³ VII (1998), 41–43 (Lit.).
[4] Auf die diversen Debatten, die das lineare und erste weltweit rezipierte Kommunikationsmodell von Shannon und Weaver (Sender => Information /via Kommunikationsmittel/ => Empfänger) ausgelöst hat, kann (und muss) hier nicht näher eingegangen werden.
[5] Vereinzelt wird in den neunziger Jahren des vergangenen Jahrhunderts bereits von einem *pictorial* oder *iconic turn* gesprochen, der den *linguistic turn* abgelöst habe [Richard RORTY: *The Linguistic Turn. Recent Essay in Philosophical Method.* Chicago (University of Chicago Press)

Der Spielfilm kann hier, betrachtet man bloß die *Quantität* der Rezeptionszeit, allerdings nur aufgrund der im *Fernsehen* und *via Video* privat ‚wiederholt konsumierbaren' Spielfilme mitgerechnet werden[6]. Gleichwohl darf man die Intensität der Prägekraft und Auseinandersetzung, die ein im Kino betrachteter Spielfilm auslöst, gegenüber dem Fernsehen, das zunehmend als Begleitmedium des Alltags genutzt wird, sicher nicht unterschätzen. Verbunden mit den entsprechenden Zeitschriften, Merchandisingartikeln und der wechselseitigen Werbung kann dabei sicher zu Recht von einem „Supermedium Audiovision"[7] gesprochen werden.

Als Konsumprodukt verdankt sich der Spielfilm, um den es im Folgenden allein gehen soll, einem hochkomplexen, institutionell und marktwirtschaftlich verfassten Produktionssystem. *En detail* können die Produktionsbedingungen der bearbeiteten Filme nicht Thema unserer Untersuchung sein[8]. Wie weiter unten noch deutlich werden soll, ist jedoch bezüglich der Produktionsbedingungen eine Unterscheidung wesentlich, nämlich die zwischen *Autoren-* und *Mainstreamkino*, die sich – teilweise mit anderer Begrifflichkeit – inzwischen als Scheidelinie zwischen Kunst- und Unterhaltungsfilm weitgehend durchgesetzt hat.

Als das Spezifische des Films kann gegenüber der nahe verwandten Kunstform des Theaters „die Aufspaltung der zeitlichen und räumlichen Kontinuität [...] und ihre Ersetzung durch gedankliche Kontinuität"[9] innerhalb eines vom Zuschauer als fiktiv erkannten technisch simulierten Gesche-

---

1967]. So etwa für den deutschsprachigen Raum der Kunsthistoriker Gottfried BOEHM: *Die Wiederkehr der Bilder.* In: Ders. (Hg.): Was ist ein Bild? München (Fink) 1994, 11–38.

[6] Denn es gilt: „Der Bildschirm ist das dominante Medium, in dem Bilder heute zur Erscheinung gebracht werden". Hans BELTING: *Bild-Anthropologie. Entwürfe für eine Bildwissenschaft.* München (Fink) ²2002, 30. Die faktischen Rezeptions-Quantitäten, mit denen wir es dann zu tun haben, sind allerdings immens: Schon 1992 wurden in den USA für 350 Millionen Fernsehapparate über 30 Kanäle teilweise 24 Stunden pro Tag und über 27.000 Videoverleihe Spielfilme an die Konsumenten gebracht; das ergibt ca. 20 Billionen Spielfilm-Empfangsmöglichkeiten allein in den USA pro Jahr (Daten aus: Neil POSTMAN: *Wir amüsieren uns zu Tode.* In: DIE ZEIT vom 1.12.1992, 61).

[7] Siegfried ZIELINSKI: *Audiovisionen.* Reinbek b. Hamburg (Rowohlt) 1989. Zu dem erst in jüngerer Zeit ins Bewusstsein getretenen, allerdings von der Sache her bereits alten Phänomen der Intermedialität, also dem Verschwimmen der Grenzen zwischen, und dem wechselseitigen Zitieren und (ent-stellenden) Wiederholen ‚gleicher' Inhalte unter verschiedenen Bedingungen vgl. mit Fokussierung auf das Medium Film: Joachim PAECH: *Intermedialität.* In: Franz-Josef Albersmeier (Hg.): Texte zur Theorie des Films. Stuttgart (Reclam) 1998, 447–476.

[8] Vgl. zum technischen Hintergrund, zur Sprache und Geschichte des Films: James MONACO: *Film verstehen. Kunst, Technik, Sprache, Geschichte und Theorie des Films und der Medien.* Mit einer Einführung in Multimedia. Reinbek b. Hamburg (Rowohlt) 1995f sowie Thomas HAUSMANNINGER: *Kritik der medienethischen Vernunft. Die ethische Diskussion über den Film in Deutschland im 20. Jahrhundert.* München (Fink) 1992, 35–48 *(Die Existenz des Films als Ware und Industrieprodukt).*

[9] HAUSMANNINGER: *Medienethische Vernunft*, 62.

hens gelten[10]. Gegenüber den Medien Internet und Computerspiele grenzt sich der Spielfilm ab durch den Ausfall interaktiver Elemente und eine größere Nähe zu narrativen, allerdings nur im weiteren Sinne textuellen Mustern. Insgesamt schließen sich die folgenden Ausführungen allerdings nicht den nach McLuhans folgenreicher und nicht selten missverstandener Veröffentlichung[11] angeschwollenen Diskussionen über die Frage nach der nahezu vollständigen Bestimmung einer *Botschaft* durch das *Medium* ihrer Vermittlung an. Vielmehr steht im Hintergrund die medientheoretisch vielleicht naiv wirkende Einsicht, die jüngst erst Hans Belting geäußert hat: „Bilder tragen eine Zeitform [als mediale Aktualisierung] in sich, aber sie führen auch zeitlose Fragen mit sich, für welche die Menschen schon immer Bilder erfunden haben."[12]

Expressionismus versus Realismus
Entgegen einem weitverbreiteten Vorurteil, das dem Film keinen Platz unter den bildenden Künsten zugesteht, reichen Versuche einer theoretischen Fassung des Mediums und damit seine Adelung als kulturrelevant bereits bis zum Beginn der 20. Jahrhunderts zurück[13]. Während Walter Benjamin im „Zeitalter der technischen Reproduzierbarkeit" des Kunstwerkes den Verlust von dessen einzigartiger Aura beklagte und den Film in erster Linie als Medium nationalsozialistischer Propaganda betrachtete,[14] hat der deutsche Film- und Kunsttheoretiker *Rudolf Arnheim* (*1904) den (Stumm-)Film 1932 affirmativ als Kunstwerk beschrieben[15]. Arnheim hatte – ganz im Sinne des Expressionismus – den Voraussetzungsreichtum des filmischen Bildes und seine große „raum-zeitliche Selbständigkeit gegenüber der Wirklichkeit"[16] unter anderem durch die Auswahl der Kameraperspektive, der Wahl des

---

[10] Die von Hans H. Hiebel vorgeschlagene semiotisch geprägte Definition des „spezifisch Filmischen" als „Simulation menschlicher Bewegung und menschlichen Handelns bzw. des Realitätseindrucks" scheint mir in ihrer Einschränkung auf das Menschliche einerseits zu eng, in ihrer Vermischung der Begriffe *Realität, Simulation* und *Eindruck* andererseits zu unscharf, um das Phänomen Film und seine Rezeption tatsächlich zu treffen. [Hans H. HIEBEL: *Stichworte zur Filmsprache*. In: Bernd Flessner (Hg.): Die Welt im Bild. Wirklichkeit im Zeitalter der Virtualität. Freiburg i.Br. (Rombach) 1997, 141–156, 154].
[11] Marshall MCLUHAN: *The Gutenberg Galaxy. The Making of Typographic Man*. Toronto (University of Toronto Press) 1962; DERS./Q. FIORE (Hg.): *The Medium is the Message*. New York u.a. (Bantam Books) 1967.
[12] BELTING, *Bild-Anthropologie*, 55.
[13] Vgl. v.a. die Arbeiten von Dziga VERTOV, Sergei M. EISENSTEIN und Wsewolod PUDOWKIN zur Theorie der Montage.
[14] Walter BENJAMIN: *Das Kunstwerk im Zeitalter seiner technischen Reproduzierbarkeit*. Frankfurt a.M. (Suhrkamp) 1963.
[15] Rudolf ARNHEIM: *Film als Kunst*. Berlin (Rowohlt) 1932. Neu aufgelegt in: Franz-Josef Albersmeier (Hg.): Texte zur Theorie des Films. Stuttgart (Reclam) 1998, 176–201.
[16] Ebd. 191.

Bildausschnitts, der akustischen Unterlegung, der Montage einzelner Bildsequenzen etc. in den Vordergrund gestellt und damit gerade die organisierte *Distanzierung des Filmbildes von der Realität* als Ausweis seines Status als Kunstwerk prononciert.

Wie Arnheim macht auch der ungarische Filmtheoretiker *Béla Balázs* (1884–1949) die *Aufgabe des fixen Beobachterstandorts*, der ‚Theaterperspektive', zugunsten eines schnellen Perspektivenwechsels und die *Montage*, als Geburtshelferin des künstlerischen Filmes als eines eigenständigen Mediums aus. Gleichzeitig wird hier aber besonders deutlich, inwiefern der Film als Medium der Moderne teilhat an ihrer ursprünglichen Beschleunigungsbewegung. Balázs charakterisiert ihn schon früh als Medium der Überwältigung des Betrachters: „Die bewegliche Kamera nimmt mein Auge, *und damit mein Bewusstsein,* mit: mitten in das Bild, mitten in den Spielraum der Handlung hinein. Ich sehe nichts von außen. Ich sehe alles so, wie die handelnden Personen es sehen müssen. Ich bin umzingelt von den Gestalten des Films und dadurch verwickelt in seine Handlung. Ich gehe mit, ich fahre mit, ich stürze mit – obwohl ich körperlich auf demselben Platz bleibe."[17]

Während Balász als Mittel gegen die ausgreifende ökonomische Ausbeutung von Fiktionalität und Aufmerksamkeitslenkung im Film den Realismus als kommunistisches Kunstprinzip forderte, erwartet Siegfried Kracauer (1889–1966), Theoretiker des europäischen Neorealismus in den USA, vom Kino *eo ipso* den authentischsten Zugang zur Realität unter allen Künsten: „Das Kino kann als ein Medium definiert werden, das besonders dazu befähigt ist, die Errettung physischer Realität zu fördern. Seine Bilder gestatten uns zum erstenmal, die Objekte und Geschehnisse, die den Fluss des materiellen Lebens ausmachen, mit uns fortzutragen."[18]

James Monaco erkennt in diesem dialektischen Konflikt zwischen Expressionismus und Realismus den paradigmatischen und epochenunabhängigen Grundkonflikt einer Theorie der Filmproduktion und -rezeption[19], und letztlich ist die bis heute andauernde Auseinandersetzung um den Status vor allem des populären Filmes in einer Linie mit diesem bereits früh themati-

---

[17] Béla BALÁZS: *Zur Kunstphilosophie des Films* (1938). In: Albersmeier: Texte zur Theorie des Films, 201–223, 212.
[18] Siegfried KRACAUER: *Erfahrung und ihr Material* (1960). In: Albersmeier: Texte zur Theorie des Films, 234–240, 240.
[19] MONACO, *Film verstehen*, 413. In gewisser Weise wird hier der alte Streit zwischen Platon und Aristoteles ausgetragen: Versteht man Kino als platonische Höhle und den Platonismus (kunst- und kinofeindlich) als Aufforderung, aus der Höhle in die ‚wirkliche Welt' zu kommen, oder geht man mit Aristoteles davon aus, dass alles, was wir wahrnehmen, Bewusstseinsinhalt ist, so dass das Kino einen gleichberechtigten Zugang zur insgesamt interpretationsbedürftigen Wirklichkeit bietet? So Inge KIRSNER: *Erlösung im Film. Praktisch-theologische Analysen und Interpretationen*. Stuttgart u.a. (Kohlhammer) 1996, 21ff.

sierten Gegenüber von Herausforderung und Überwältigung des Betrachters zu sehen.

Kracauer ist auch der erste Filmtheoretiker, in dessen Werk sich die Frage nach einer ethischen, ja bisweilen *religiösen Dimension* des ambitionierten Spielfilms entwickelt, allerdings im Gegensatz zu Benjamin in affirmativer Weise: Das Kino erschließt dem Zuschauer die Welt, in der er lebt, „es bringt uns Auge in Auge mit Dingen, die wir fürchten. Und es nötigt uns oft, die realen Ereignisse, die es zeigt, mit den Ideen zu konfrontieren, die wir uns von ihnen gemacht haben."[20] Dies geschieht in ausdrücklicher Distinktion vom angeblichen Idealismus der herkömmlichen Künste. Kracauer zitiert zustimmend den Kunsthistoriker Panofsky und grenzt dabei implizit den Film gegen diese Künste ab, denn sie „operieren sozusagen von oben nach unten, nicht von unten nach oben; sie beginnen mit einer Idee, die in formloser Materie projiziert wird, und nicht [wie der Film] mit den Objekten, aus denen die physische Welt besteht."[21]

Autor und Rezipient[22]

Was sich schließlich dem Zuschauer als (Spiel-)Film präsentiert, ist ein den Seh- und Hörsinn, die Einbildungskraft und Vernunft in umfassender Weise beanspruchendes Gesamtwerk, eine eigenständige, nicht vollständig mit nicht-filmischen Mitteln rekonstruierbare audiovisuelle Einheit. Ein Film bedeutet „wie ein Ding bedeutet: Beide sprechen nicht mit einem abgetrennten Verstand, sondern wenden sich an unsere Fähigkeit, die Welt oder die Menschen stillschweigend zu entziffern und mit ihnen zu koexistieren. [...] Das kinematographische Drama hat gewissermaßen einen dichteren Kern als die Dramen des wirklichen Lebens, es ereignet sich in einer exakteren als der wirklichen Welt. Es ist kurz gesagt, die Wahrnehmung, die uns die Bedeutung des Kinos verstehen läßt: Der Film läßt sich nicht denken, er läßt sich wahrnehmen. [...] das Kino ist nun auf bemerkenswerte Weise fähig, die Verbindung von Geist und Körper, von Geist und Welt und den Ausdruck des einen im andern hervortreten zu lassen."[23]

---

[20] Siegfried KRACAUER: *Die Errettung der physischen Realität* (1960). In: Albersmeier: Texte zur Theorie des Films, 241–255, 247.
[21] Erwin PANOFSKY: *Style and Medium in the Motion Pictures.* In: Critique. Bd. 1, Nr. 3 (1947), 27, zit. S. Kracauer: Die Errettung der physischen Realtiät, 241–255, 253f.
[22] Für eine Darstellung der semiotischen und strukturalistischen Filmtheorie, die den Rahmen dieser Arbeit sprengen und für unser Anliegen nichts Wesentliches beitragen würde, vgl.: Christian METZ: *Semiologie des Films.* München (Fink) 1972ff; Umberto ECO: *Einführung in die Semiotik.* München (Fink) 1972, hier v.a. die Seiten 250–262 (Der kinematographische Code); André BAZIN: *Was ist Kino? Bausteine einer Theorie des Films,* hg. von Hartmut Bitomsky. Köln (DuMont) 1975 sowie James MONACO: *Film verstehen,* Kapitel: Der Film spricht und handelt: Metz und die zeitgenössische Theorie, 433–442.
[23] Maurice MERLEAU-PONTY: *Das Kino und die neue Psychologie* (1945). In: R. Konersmann

5. Jenseits im Präsens – Apokalypse im Film

In dieser Arbeit wird der Film darüber hinaus verstanden als eine Erscheinung, die vom Zuschauer „eine kognitive und emotionale Mitarbeit"[24] einfordert. Erst die neoformalistische Filmanalyse hat gleichzeitig mit dem Aufkommen rezeptionsästhetischer Theorien in der Literaturwissenschaft[25] diese konstitutive Rolle des Zuschauers entdeckt. Angesichts je singulärer Rezeptionsereignisse ersteht das Kunstwerk, das literarische Werk und so auch der Film je neu in je neuen Kontexten und Voraussetzungen der Wahrnehmung:

„Da das Werk unter ständig wechselnden Umständen fortlebt, wird es im Lauf der Zeit vom Publikum auch jeweils anders wahrgenommen. Es kann folglich nicht davon ausgegangen werden, dass die Bedeutungen und Muster, die wir bemerken und interpretieren, voll und ganz im Werk existieren, wo sie auf ewig die gleichen bleiben. Vielmehr liefern die Verfahren des jeweiligen Werkes eine Reihe von *cues*[26], die uns dazu anregen, bestimmte Wahrnehmungsaktivitäten aufzunehmen. Welche Formen diese Aktivitäten allerdings annehmen, hängt ebenso unausweichlich von der Beziehung zwischen dem Werk und seinem historischen Kontext sowie dem historischen Kontext des Zuschauers ab. [...] Als Gegenstand existiert der Film selbstverständlich in seiner Dose, auch wenn ihn niemand betrachtet, aber all diejenigen Eigenschaften, die für die Analyse von Interesse sind – seine Einheitlichkeit, seine Wiederholungen und Variationen, seine Darstellung von Handlung, Raum und Zeit, seine Bedeutungen – resultieren aus der Interaktion zwischen den formalen Strukturen des Werks und den mentalen Verarbeitungsprozessen des Zuschauers, mit denen er auf diese Strukturen antwortet."[27]

Im letztlich der Kracauerschen Emphase folgenden Neoformalismus wird also – anders als in der psychoanalytischen Filminterpretation, die von einem eher passiven Ausgeliefertsein des Rezipienten an die unbewusst wirkenden Bilder ausgeht[28] – zwischen *bewussten, unbewussten* und *vorbewussten* Wahrnehmungsprozessen unterschieden. Während etwa die Umsetzung der zweidimensionalen Projektion in räumliche Bilder, der Nachvollzug verschiedener Zeitverläufe im Film, das Wiedererkennen schon einmal aufgetauchter Personen und Orte etc. vorbewusst bleiben, entwickelt der Zuschau-

---

(Hg.): Kritik des Sehens. Leipzig (Reclam) 1997, 227–246, 243f.
[24] HICKETHIER, *Film- und Fernsehanalyse*, 6.
[25] Ähnlich wie die Arbeiten von Wolfgang ISER, die sich – wie in Teil 2 gesehen – jedoch auf die Literaturwissenschaft beschränkten.
[26] Vom Film gegebene ‚Stichworte', dem Ecoschen ‚Code' strukturanalog (s.u.).
[27] Kristin THOMPSON: *Neoformalistische Filmanalyse* (1988). In: Albersmeier: Texte zur Theorie des Films, 409–446, 423f.
[28] Vgl. u.a.: Mechthild ZEUL: *Bausteine einer psychoanalytischen Filmtheorie. Zur Verhältnisbestimmung von Psychoanalyse und Film am Beispiel des Traums*. In: Ch. Martig/L. Karrer (Hg.): Traumwelten. Der filmische Blick nach innen (Theologie und Film 4). Marburg (Schüren) 2002, 45–58.

er komplexere Sinnzusammenhänge, angestoßen von den Hinweisen des Autors und vor der Folie eigener Verstehenshintergründe ‚kongenial' selbst[29] und ist so auch in der Lage, sich zu Machart und Inhalt eines Films in kritische Distanz zu begeben. David Bordwell, auf dessen Überlegungen sich Kristin Thompson im Wesentlichen stützt, entwickelt für den Film als (Kunst-)Werk *vier Bedeutungsebenen*, die nicht zufällig eine gewisse Analogie zum vierfachen Schriftsinn der jüdischen und christlichen Auslegungstradition aufweisen:

Die *referentielle* Ebene bezieht sich auf den bloßen Nachvollzug der im Film erzählten Geschichte, die *explizite* Bedeutungsebene eines Films beinhaltet die hinter dieser Geschichte stehende, vom Film als konzeptionellem Kernpunkt intendierte Aussage *(message)*, eine weitere *implizite* Bedeutungsebene erschließt sich als eigentliches Thema des Films erst indirekt in einem Gesamtüberblick. Analog zu einer Annahme der *Autonomie* des ‚Kunstwerks Film' gegenüber den Intentionen seines Autors setzt Bordwell eine vierte Bedeutungsebene an, sie hängt eng mit dem – eventuell unreflektierten – Vorverständnis des Autors zusammen und wird unwillkürlich vom Film selbst ‚offenbart'. Bordwell nennt sie die *symptomatische* Ebene.

Thompson formuliert konsequent eine ‚Theorie des Zuschauers', die von einem fortwährenden Bilden und Verwerfen von „Hypothesen über Handlungsweisen einer Filmfigur, den Raum außerhalb des Bildes, den Ursprung eines Geräuschs"[30] etc. ausgeht. Aufgrund der Komplexität dieses Verarbeitungsprozesses glaubt sie, zwischen ‚leichten' und ‚schweren' Filmen unterscheiden zu können: Ein Film, der „den Zuschauer veranlasst, immer wieder neue Hypothesen zu bilden", ist damit als ‚schwerer' verschieden von einem Film, der die Hypothesen des Zuschauers in hohem Maß bestätigt[31], und müsste diesem bezüglich seines künstlerischen Wertes vorgezogen werden.

Die Erarbeitung eines kritischen und aktiven bzw. teilautonomen Blicks wäre dann auf Seiten des Zuschauers als Transformation der vorbewussten Wahrnehmungsprozesse zu Gunsten der bewussten zu beschreiben (durchaus im Sinne von Sigmund Freuds Diktum: „Was Es war muss Ich werden"). Ein solchermaßen kritisches Bewusstsein des Zuschauers kann durch eine Thematisierung der Medialität des Films durch dessen Autor[32], durch die Durch-

---

[29] „Meanings are not found but made." David BORDWELL: *Making Meaning*. Cambridge, Mass. (Harvard University Press) 1989, 3.
[30] THOMPSON, *Neoformalistische Filmanalyse*, 430.
[31] Eine völlige Kongruenz zwischen Hypothesen und tatsächlichem Verlauf des Films verbietet sich allerdings sogar dem Mainstreamfilm aus Gründen seiner Unterhaltsamkeit. Nicht ohne Grund ist es ein vernichtendes Urteil über einen Film, wenn wir seinen Verlauf ‚vorhersehbar' nennen.
[32] Also etwa durch eine Vermeidung des „unsichtbaren Schnitts" des klassischen Hollywood-Kinos, der dem Zuschauer den Eindruck vermitteln soll, er schaue „durch den Film unmittelbar hinein in eine andere Wirklichkeit" (HICKETHIER, *Film- und Fernsehanalyse*, 145).

kreuzung ‚gewohnter' Raum- und Zeitschemata[33] und vor allem durch eine Deutungsoffenheit des Films als Ganzem gefördert werden und führt durch ein Verstehen der verschiedenen Bedeutungsebenen eines Films im Idealfall bis zu einer kritischen Distanzierung, also zu einer Reflexion auf die *symptomatische* Bedeutungsebene des Films, die der Autorenintention entzogen ist. Thompson prägt hier für den Kontext des Neoformalismus den Begriff der „erschwerten Form"[34].

Filmverstehen, Dekonstruktion und Theologie

Dieser Begriff der „erschwerten Form" fügt sich in die Debatte um den Anteil des „Verstehens" am Rezeptionsprozess ein, der vor einiger Zeit zwischen Hans-Georg Gadamer und Jacques Derrida[35] geführt wurde. Die Debatte ist an anderer Stelle ausführlicher dargestellt worden[36]. In unserem Zusammenhang ist bedeutsam, dass der Beitrag einer allgemeinen hermeneutischen Theorie[37], will sie der dekonstruktivistischen Kritik entgehen, mindestens ebenso sehr in einer Reflexion auf die Funktion des *Nichtverstehens* im Prozess der Filmrezeption liegen muss wie auf dem Prozess der Verstehens. Letzterer läuft allerdings, fußend auf der von Derrida eingeführten anthropologischen Konstante des *vouloir dire*, dem Streben nach Bedeutung und Identität, ‚unwillkürlich' ab. Gadamer hat ihn als „hermeneutischen Zirkel" beschrieben[38]. Ein Verstehen des gezeigten Filmes wird vom Zu-

---

[33] Mehrere, nicht linear-progressiv angeordnete Zeitebenen, Horizontlosigkeit des Bildes, extreme Kameraperspektiven, Vermeidung von „Übersichtseinstellungen" etc.

[34] Ausführlich hat sich Bordwell zur in diesem Zusammenhang relevanten *Art-Cinema Narration* geäußert in: *Narration in the Fiction Film* [London/Wisconsin (University of Wisconsin Press) 1985ff., 205–233]. Hier konstatiert er für den Kunst- oder Autorenfilm „narrational gaps" und für den Zuschauer die Herausforderung einer „attention to processes of fabula construction" (212).

[35] Exemplarische Filmanalysen vor dem Hintergrund der Derridaschen Dekonstruktion bieten: Peter BRUNETTE und David WILLS (Hg.): *Screen/Play. Derrida and Film Theory*. Princeton (Princeton University Press) 1989.

[36] Phillipe FORGET (Hg.): *Text und Interpretation*. München (Fink) 1984; Joachim VALENTIN: *Atheismus in der Spur Gottes. Theologie nach Jacques Derrida*. Mainz (Grünewald) 1997, 59–65 *(Hermeneutik und Dekonstruktion)*; Toni THOLEN: *Erfahrung und Interpretation. Der Streit zwischen Hermeneutik und Dekonstruktion*. Heidelberg (Winter) 1999; Georg W. BERTRAM: *Hermeneutik und Dekonstruktion. Konturen einer Auseinandersetzung der Gegenwartsphilosophie*. München (Fink) 2002; Emil ANGEHRN: *Interpretation und Dekonstruktion. Untersuchungen zur Hermeneutik*. Weilerswist (Velbrück Wissenschaft) ²2004.

[37] Der Begriff wird hier im weitesten Sinne verstanden. Vgl. Joachim VALENTIN: *Différance und autonome Negation. Zur (Un)vereinbarkeit von Dekonstruktion und idealistischer Philosophie*. In: Ders./Saskia Wendel (Hg.): Unbedingtes Verstehen?! Fundamentaltheologie zwischen Erstphilosophie und Hermeneutik. Regensburg (Pustet) 2001, 103–114.

[38] „Wer einen Text verstehen will, vollzieht immer ein Entwerfen. Er wirft sich einen Sinn des Ganzen voraus, sobald sich ein erster Sinn im Text zeigt. Ein solcher zeigt sich wiederum nur, weil man den Text schon in gewissen Erwartungen auf einen bestimmten Sinn hin liest. Im Ausarbeiten eines solchen Vorentwurfs, der freilich beständig von dem her revidiert wird, was

schauer *selbstverständlich erwartet* und soweit irgend möglich im Rahmen seines Horizontes vollzogen. Erst wenn ein unmittelbares ‚Verstehen' der Filmhandlung, ihrer Zeitebenen, des ästhetischen Konzeptes etc. also *nicht* sofort gelingt, weil es vom Autor (oder Betrachter) des Films verweigert oder durch zu große transkulturelle Unterschiede zwischen Autor und Rezipient verhindert wird, setzt im besten Fall – evtl. nach einem Gefühl des Widerwillens und der Unlust – ein Prozess der Reflexion auf die Struktur des Gesehenen und Gehörten und auf die eigenen Muster der Rezeption ein. Ein durch solche Irritation angestoßener ‚Lernprozess' kann in der Praxis durch ein Gespräch in der Gruppe[39] oder durch nachgehende Recherche noch vertieft werden.

Es dürfte unmittelbar einleuchten, dass hier nicht mehr nur eine allgemeine *Theorie des Filmverstehens* geboten wird, sondern – in Anlehnung an Thompsons Unterscheidung zwischen ‚leichten' und ‚schweren' Filmen – auch eine *Kriteriologie* zur Unterscheidung zwischen Filmen unterschiedlicher künstlerischer Valenz, die hinreichende Strukturanalogien zur in Teil 3 entwickelten philosophisch-theologischen Kriteriologie aufweist. Neben dem unmittelbaren *Einleuchten* filmischer Geschehenszusammenhänge ist demnach eine graduell unterschiedlich stark ausgeprägte Struktur der *Infragestellung* oder gar *Zerstörung* gängiger Rezeptionsschemata ganz im Sinne der Derridaschen *Dekonstruktion*, ein Ikonoklasmus also oder eine ‚cineastische Negative Theologie', beschreibbar, die einen Film als Kunstwerk (Autorenfilm) oder eben (wenn sie fehlt) als populären oder Mainstreamfilm erscheinen lässt.

Die Geschichte des Begriffs Autorenfilm[40] reicht bis in die Anfänge des Kinos zurück. Er bezeichnet seit den fünfziger Jahren, forciert durch die Vertreter der *nouvelle vague*, des *New Hollywood Movie* und des *Oberhause-*

---

sich bei weiterem Eindringen in den Sinn ergibt, besteht das Verstehen dessen was dasteht." Hans-Georg GADAMER: *Wahrheit und Methode. Grundzüge einer philosophischen Hermeneutik* (Gesammelte Werke, Bd. 1). Tübingen (Mohr/UTB) 1990, 271.

[39] Wer wie George STEINER in *Real Presence* eine Stadt der Künstler und Kunstgenießer vorstellt, in der jedes Gespräch über Kunst, also die Interpretation, der Metadiskurs verboten sein soll, der hat noch nie den Erkenntnisgewinn und die Lust erlebt, die das anschließende Gespräch über Kunst, das Wiedererkennen von Zusammenhängen und ästhetischen Mustern im Kunstwerk vermittelt. Kunst ist und war immer auch Anstoß und Ergebnis intellektueller Auseinandersetzung und ist ohne diese selbst nicht zu denken. Steiners Versuch, reine Gegenwart zu denken, schießt damit in seinem Anliegen, einen Metadiskurs zu begrenzen, der die Unmittelbarkeit des Kunsterlebens unmöglich macht, und der Kunstbetrachtung, dem Kunstgenuss einen angeblich verlorenen Eigenwert wiederzugeben, über sein Ziel hinaus.

[40] Vgl. Art. *Autorenfilm*. In: Rainer ROTHER (Hg.): Sachlexikon Film. Reinbek b. Hamburg (Rowohlt) 1997, 25–27; Marcus STIGLEGGER (Hg.): *Splitter im Gewebe. Filmemacher zwischen Autorenfilm und Mainstreamkino.* Mainz (Theo Bender) 2000, hier v.a. (zur Begriffsgeschichte) 11–26 sowie: Jürgen FELIX: *Autorenkino.* In: Ders. (Hg.): Moderne Film Theorie (film forschung 3). Mainz (Theo Bender) 2002, 13–57.

ner *Manifestes* sowie in jüngerer Zeit des dänischen *Dogma-Manifestes* und des *Independent Cinema* in den USA ein Filmschaffen, das die Gestaltung des als künstlerisch und gesellschaftskritisch verstandenen Films ganz in die Hände des Regisseurs legt, der oftmals auch Drehbuch und Produktion zu verantworten hat. Nachfolgende Theoriedebatten – vor allem im Kontext der semiotischen und poststrukturalistischen Filmanalyse – haben freilich die Vorstellung eines Autoren-Stils, der sich weitgehend unabhängig von Entstehungs- und Rezeptionsbedingungen entwickeln kann, zu Recht in Frage gestellt. Gleichwohl darf bisweilen und selbst im ‚entfremdeten' und stark von ökonomischen Interessen bestimmten Kontext des Mainstreamfilms von der Verwirklichung einer – unweigerlich auch autobiographisch geprägten – ‚*Vision du Monde*' ausgegangen werden, die der Regisseur aufgrund seiner leitenden Funktion am Drehort und am Schneidetisch umsetzt. Die kritischen Überlegungen zur Autorschaft im klassischen Sinne, wie sie etwa von Michel Foucault und Jacques Derrida vorgebracht wurden, bleiben bei dem oben skizzierten konstitutions- und rezeptionsästhetisch gewendeten Gebrauch des Begriffs als *Reflexion auf die Entstehungsbedingungen eines solchen Ich-Bewusstseins auf Seiten des Rezipienten* und dem damit verbundenen *Zurücktreten der Autorenintention* als einzig möglichem Verstehenszugang zum Kunstwerk uneingeschränkt gültig. Wird im Folgenden der Begriff Autorenfilm verwendet, so im weiteren Sinne eines Kinos, das aufgrund eines bestimmten Grades an Selbstreflexion einer gewissen ökonomischen Autonomie bedarf, ohne in einer Bestimmtheit durch diese Bedingungen aufzugehen.

Allerdings hat eine Zunahme der Profitinteressen und -zwänge in der Kinobranche bei aller nationalen Unterschiedlichkeit weltweit zu einer ausgesprochen starken Einschränkung der Gestaltungsfreiräume des einzelnen Regisseurs etwa in den großen Hollywoodstudios oder anderen, stark von Computeranimationen geprägten Großproduktionen geführt, die nur im Team zu verwirklichen sind. Der in dieser Arbeit thematisierte Unterschied zwischen Mainstream- und Autorenfilm existiert also weder jemals rein als solcher und erst recht nicht notwendig. Er ergibt sich aber in verschiedensten Mischformen aufgrund von bestimmten Produktionsbedingungen, die es kritisch zu beschreiben gälte. Andererseits soll auch die anerkennenswerte Autorenintention, einfach ‚Unterhaltung' zu produzieren, hier nicht schlichtweg denunziert werden.

Eine weitere Reflexion auf die schon angedeutete Strukturanalogie zwischen philosophisch-theologischer und ästhetischer Theorie[41] könnte etwa zu den

---

[41] Diese Strukturanalogie wird schon bei Hegel thematisch, wie Elmar Salman treffend bemerkt: „Es entsprechen sich also bei ihm [Hegel] in frappanter Weise die beiden denkwürdigen Sätze

folgenden Ergebnissen führen: Wenn im Film nicht in einer bloßen Bestätigung des Status Quo letztlich ungerechte ökonomische, politische und soziale Verhältnisse einfach wiederholt, sondern diese in ihrer menschenverachtenden Struktur bloßgestellt, auf ihre ‚offenen Flanken' auf das Reich Gottes hin befragt und – eventuell auch gegen die Intentionen des Autors – ‚prophetisch dekonstruiert' werden sollen, muss die *Irritation* mindestens ebenso hochgeschätzt werden wie die *Bestätigung* gängiger Darstellungs- und Rezeptionsmuster. Unter den beschriebenen Produktionsbedingungen kommt dem irritierten und irritierenden Nichtverstehen sogar eine Vorrangstellung vor dem Verstehen zu. Dies kann in modifizierter Form durchaus auch im Mainstreamfilm geschehen und erreicht so weitaus größere Rezipientengruppen.[42]

Gerade der Film steht ja wie kein anderes Medium in der Gefahr, seine Fähigkeiten, den Zuschauer durch den geballten Einsatz optischer und akustischer Reize sowie einliniger Erzählstränge und den Einsatz einer ‚verblüffenden' Technik als kritischen und aktiven Teilnehmer am Rezeptionsgeschehen zu entmündigen. Dieses Potential haben Filmemacher im Dienst einer Ideologie schon früh erkannt. Sie haben den Film für sozialistische wie für kapitalistische Systeme auf je verschiedene Weise bereits zu Beginn des 20. Jahrhunderts dienstbar gemacht. Man vergleiche etwa die Entwicklung der Montage bei Sergej Eisenstein einerseits und andererseits die Entwicklung der Unterhaltung als politisches Instrument im Kino Hollywoods[43]. Um nicht selber zum Produkt zu werden, bleibt dem kritischen Zuschauer hier letztlich nur der Rückzug in eine kritische Distanz, die den Film als Produkt eines bestimmten politischen oder ökonomischen Interesses entlarvt und sich seinen Überwältigungsstrategien durch Verweigerung entzieht.

Die durch diese Definition als strukturell beschriebene hohe Komplexität des künstlerischen Films fordert konsequent, dass er auf je eigene Weise interpretiert werde. Die Singularität des Kunstwerks verlangt einen singulären Zugang, eine Analyse seiner je spezifischen Sprache. Diese fundamentale

---

von Widersinn und Auflösung einer klassischen, das Absolute vergegenwärtigenden Kunst wie derjenige vom Ende einer (orthodoxen oder aufgeklärten) Theologie, die sich Gott als jenseitig vorstellt und sein Erscheinen für einen isolierbaren Repräsentationsakt hält. [...] in beiden Fällen geschieht ein Fortgang vom abstrakten zum konkret-geschichtlichen vom statisch-symbolischen zum kenotisch-prozeßhaften, vom objektiven zum offen hermeneutischen Geschehen, in welchem der Betrachter um das Scheinhafte, Verstellte, Paradoxe und Nichtig-Nichtende jeglicher Erscheinung weiß, es im Deuten selbst erfährt und dabei gar in die Dynamik der Kunst und der Offenbarung einbezogen wird." Elmar SALMAN: *Im Bilde sein. Absolutheit des Bildes oder Bildwerdung des Absoluten?* In: Boehm, Was ist ein Bild? 209–232, 221.
[42] Dies gilt etwa für den im Folgenden besprochenen Film STRANGE DAYS, aber auch für jüngere US-amerikanische Produktionen wir AMERICAN BEAUTY oder PUNCH-DRUNK-LOVE.
[43] Vgl. etwa Lary MAY: *The Big Tomorrow. Hollywood and the Politics of the American Way.* Chicago, Ill. (University of Chicago Press) 2000 sowie Ernest GIGLIO: *Here's looking at you. Hollywood, Film and Politics* (Politics, Media & Popular Culture 3). New York u.a. (Lang) 2000.

Unterschiedenheit des Mainstream- vom Autorenfilm drückt sich in den folgenden Interpretationen u.a. durch die deutlich unterschiedliche Länge der pro Film aufzuwendenden Lesezeit aus.

5.1.2 Der Film als religiöses Medium. Theologie – seine Deutungsinstanz?

„Die Erfahrung vergangener Zeiten, der Fortschritt der Wissenschaften, die Schätze, die in den verschiedenen Formen der menschlichen Kultur verborgen liegen, durch die die Menschennatur in größerer Fülle offenbar wird und neue Wege zur Wahrheit aufgetan werden, nützen auch der Kirche. Von Beginn ihrer Geschichte an hat sie nämlich gelernt, die Botschaft Christi mit Hilfe der Begriffe und Sprachen der verschiedenen Völker auszudrücken, und hat überdies versucht, sie mit Hilfe der Weisheit der Philosophen zu verdeutlichen: zu dem Zweck nämlich, um das Evangelium sowohl dem Fassungsvermögen aller als auch den Ansprüchen der Gebildeten, soweit es angemessen war, anzupassen. [...] Zur Steigerung dieses Austauschs bedarf die Kirche vor allem in unseren Zeiten, in denen sich die Verhältnisse sehr schnell wandeln und die Denkweisen sehr vielfältig sind, in besonderer Weise der Hilfe derer, die, in der Welt lebend, die verschiedenen Institutionen und Fachgebiete kennen und die Mentalität, die ihnen innewohnt, verstehen, gleichgültig, ob es sich um Gläubige oder Ungläubige handelt." Gaudium et Spes 44

Theologie mit Bildern, Bilder gegen Theologie

Anders als radikal bilderkritische Traditionen wie das Judentum und der Islam, die erst mit großer Verspätung eine nennenswerte Kinotradition hervorgebracht haben, katalysierte die inkarnatorische Tradition des christlichen Westens seit Entscheid des Bilderstreites im neunten Jahrhundert eine Offenheit für die Darstellung von Gott, Welt und Mensch im Bild, ohne einer unkritischen Bilderverehrung anheimzufallen. Dem menschlichen Streben nach Identität in der mimetischen Abbildung gibt auch der Film als Medium zunächst nach, um ihm im künstlerischen Film durch formale und inhaltliche Durchkreuzungen partiell zu widerstehen. So wird die christliche Tradition, die ebenfalls im modifiziert aufgenommenen Bilderverbot[44] in der christlichen Ikonographie und Kunst ein angemessenes Instrumentarium entwickelt hatte, dieses grundsätzlich akzeptierte Streben nach Identität und Verstehen in hinreichender Weise zu brechen, formal auch im Film fortgeführt. Das Kino folgt also in gewisser Weise den Spuren der christlichen Ikonographie und erbt von ihr ein bestimmtes Verhältnis zur Theologie.[45]

Mit der Entwicklung der kinematographischen Technik seit dem Ende des 19. Jahrhunderts kommt die Faszination christlicher Religion als Lust am

---

[44] Vor allem in der Negativen Theologie, konkretisiert als „Alteritätsmarkierungen" in der Ikonenkunst: Vgl. Eckhardt NORDHOFEN: *Bilderverbot. Die Sichtbarkeit des Unsichtbaren*. Paderborn (Schöningh) 2001. Kurt BAUCH: *Imago*. In: Boehm, Was ist ein Bild? 275–299.
[45] Vgl. Kap. 2.2.

Staunen, später als Fähigkeit, das Heilige als Mirakulös-Extraordinäres zu imaginieren, in die säkulare Welt des Films zurück. Primitive Tricktechniken, die bereits in der Stunde Null des Kinos verfügbar waren,[46] schienen in besonderer Weise zur Darstellung des Wunderbaren geeignet. Auch die Lokalität des Kinoraumes selbst weist von Anfang an Analogien zu liturgisch-rituellen Praktiken auf: Wie in der Liturgie konzentrieren sich alle Sinne einer Gruppe von Menschen auf einen bestimmten Ort, hier: die Leinwand. Dieses Geschehen vollzieht sich in einem geheimnisvoll abgedunkelten Raum. Der Kinogang wird oft als aus dem Alltag herausgehobenes Ereignis empfunden, von dem eine Erregung der Sinne, später zunehmend auch Sinndeutung erwartet wird[47]. Zu Recht wird das Kino als Ort einer neuen Sprache gefeiert, nachdem das gesprochene und geschriebene Wort seine „beschwörende und verzaubernde Dimension" (Andrej Tarkowskij) verloren habe.[48] Hier erwachsen den Religionen einerseits Konkurrenz und andererseits neue Möglichkeiten der Kommunikation ihrer biblisch-narrativen und ethischen Inhalte.[49]

Mit Hans Urs von Balthasar, der Literatur *als solche* für theologisch relevant hält, darf man also auch für den *Film*, ja vielleicht für ihn in besonderem Maße ein „Datum der christlichen Wahrnehmungspflicht" reklamieren, wie es in 1 Thess 5,21 festgehalten wurde „Prüft alles, das Gute aber behaltet": „Auch das Gottesbild hat seinen Stil, und der Christ müßte ihn erkennen und

---

[46] So etwa der *stop trick*, mit dem man Gegenstände und Personen im Film ohne Spuren und mit geringem technischen Aufwand (nämlich durch bloßes Anhalten des Filmes, Veränderung der Szenerie und anschließendes Fortführen der Dreharbeiten) verschwinden und wieder auftauchen lassen kann.

[47] Wie ein Bilderrahmen oder eine Theaterbühne markieren diese Erscheinungsbedingungen des Kinofilmes den Status der gezeigten Filmhandlung: Es handelt sich um Fiktionales, keine Alltagsrealität, die den Zuschauer unmittelbar betrifft. Eine Vorgabe, die die sinnstiftende Kraft des Geschehens keineswegs schmälert. Auch die Rahmung eines Bildes im Museum, die Platzierung einer dramatischen Handlung auf einer Theaterbühne und der Liturgie auf der Altarbühne des Gotteshauses schmälern ja die Wirkung des Gezeigten in keiner Weise. Sie konstituieren allerdings ganz bestimmte je unterschiedliche Wahrnehmungs- und Deutungsbedingungen.

[48] O. Quellenangabe, zit. KIRSNER, *Erlösung im Film*, 37.

[49] Vgl. die ausführliche Darstellung des Verhältnisses zwischen Religion und Film bei Peter HASENBERG: *Zwischen Distanz und Akzeptanz: Religion und Massenmedien*. In: Joachim Valentin (Hg.): Weltreligionen im Film. Christentum, Islam, Judentum, Hinduismus, Buddhismus. Marburg (Schüren) 2002, 35–53. Außerdem die grundlegenden Texte der Herausgeber, Sylvain DE BLEEKERES und Frits TILMANS' in: M. Kuhn/J.G. Hahn/H. Hoekstra (Hg.): *Hinter den Augen ein eigenes Bild. Film und Spiritualität*. Einsiedeln u.a. (Benziger) 1991 sowie neuerdings Christopher DEACY: *Screen Cristologies. Redemption in the Medium of Film*. Cardiff (University of Wales Press) 2002, der anhand der Filme Martin Scorseses überzeugend aufzeigt, in welcher Weise „the depiction in many motion pictures of flawed, ‚everyman', and authentically human characters could be said to fulfill a religious function." Ebd. 14.

sich in ihm auszudrücken wissen. Und dies nicht eigentlich von außen, diplomatisch und apologetisch, sondern von innen: als Kind dieser Zeit."[50] In ähnlichem Sinne sind die diesem Kapitel vorangestellten Aussagen der Pastoralkonstitution des II. Vatikanischen Konzils zu verstehen: Theologie, die sich mit dem Film beschäftigt, stößt auf eine hochkomplexe Zeitdiagnose, auf „Zeichen der Zeit". Je nachdem ob es sich um Autorenfilme handelt, auf eher kritische Signale, die auch die Theologie selbst herausfordern, oder – im Mainstreamkino – auf einen Hohlspiegel zeitgenössischer Sehnsüchte, „Ängste und Sorgen" (GS 1).

Die in Kapitel 5.1.1 geäußerten Überlegungen zum Ikonoklasmus im (Kino-)Bild und der Eigenständigkeit des Rezipienten tragen die Möglichkeit in sich, den von Hans Belting zu Recht für die Neuzeit diagnostizierten (und beklagten) ‚gräßlichen Graben'[51] zwischen bildender Kunst und theologischer Reflexion zwar im Namen einer Eigenständigkeit der Disziplinen nicht aufzufüllen, aber doch zu überbrücken. Dies wird dann möglich, wenn Komplexität, Deutungsoffenheit und Autonomie sowohl auf Seiten des Kunstwerks als auch auf Seiten des Rezipienten nicht nur als Kriterien künstlerischen Schaffens im engeren Sinne, sondern auch als Voraussetzungen, Kernelemente der christlichen Botschaft darzustellen, angenommen werden: In der Tradition des biblischen Bilderverbotes kann der Schrei Jesu am Kreuz nur als Durchkreuzung gängiger phantasmatischer Gottesbilder, quasi als Ikonoklasmus und Nachfolge Christi als erst durch den eigenen Tod beendeter Prozess der je neuen Begegnung mit der Welt und dem anderen Menschen verstanden werden, die immer wieder eine radikale Infragestellung der eigenen Perspektive – auf Welt, Gott und andere Menschen – impliziert.

Der Film hatte sich von seinen ersten Anfängen am Ende des 19. Jahrhunderts an der Wiedergabe biblischer Erzählungen und religiöser Motive angenommen[52]. Mitte des 20. Jahrhunderts setzte jedoch eine kritische Reflexion auf die Darstellung von Erhabenheit mit den die Alltagswahrnehmung überschreitenden Mitteln des Films ein. Franz Everschor hat bereits vor einigen Jahren den „Kontrast zwischen dem dynamisch Vorwärtsdrängenden, auf Bewegung und Entwicklung Ausgerichteten[53] des Films und dem Bewegungslosen, dem unveränderlich Gültigen"[54] als Grundproblem der Darstellung des Religiösen im Film ausgemacht. Er geht so weit zu behaupten, dass

---

[50] Hans Urs von Balthasar, ohne Quellenangabe zit.: Franz EVERSCHOR: *Die Darstellung religiöser Inhalte im Film*. In: Stimmen der Zeit 100 (1975), 388–396, 388.
[51] Hans BELTING: *Bild und Kult. Eine Geschichte des Bildes vor dem Zeitalter der Kunst*. München (Beck) 1990ff.
[52] Vgl. ausführlich Peter HASENBERG: *Zwischen Distanz und Akzeptanz* sowie: DERS./W. LULEY/C. MARTIG (Hg.): *Spuren des Religiösen im Film*. Mainz/Köln (Grünewald/KIM) 1995.
[53] Erwin PANOFSKY sprach von einer „Dynamisierung des Raumes" und einer „Verräumlichung der Zeit": *Stil und Stoff des Films*. In: Filmkritik 6/1967, 343–355.
[54] EVERSCHOR, *Darstellung*, 388.

zwischen dem Unterhaltungswert eines Filmes und der Abstraktion, dem „Unfilmischen" der Theologie kaum etwas anderes als ein – fauler – Kompromiss möglich sei. Im Folgenden weist er darauf hin, dass zwar die Bibel- und Christusdarstellungen Hollywoods bis zum Ende der fünfziger Jahre diese Ungleichzeitigkeit bestätigen, ja die Angleichung der biblischen Charaktere an Figurenschemata des Hollywoodfilms für zusätzliche Entstellung der biblischen Botschaft und damit zum breiten Protest kirchlicher Medienkommissionen gegen eine Verfilmung biblischer Themen überhaupt geführt habe. Gleichzeitig stellt er aber die These auf, dass etwa Pier Paolo Pasolinis IL VANGELO SECONDO MATTEO (Italien 1964) durch seinen formalen Reduktionismus hier einen wesentlichen Gesinnungswandel ausgelöst habe – in seinen Augen bis dato der einzige Film, „der im Genre des Bibelfilms der Veräußerlichung entgeht und trotzdem den Vorwurf des Unfilmischen nur in wenigen Partien auf sich gezogen hat"[55]. Everschor kommt in seinen weiteren Überlegungen zu einer auch für unseren Zugriff auf das Thema wesentlichen Aussage. Dies gilt vor allem deshalb, weil sie die grundsätzliche Möglichkeit einer adäquaten Aufnahme christlicher Themen auch *jenseits des Bibelfilms* konstatiert: „Nicht das Vorhandensein einer biblischen Figur macht den religiösen Film aus, sondern der ernsthafte Wille und die künstlerische Fähigkeit eines Autors, die Selbstverwirklichung des Menschen und seinen Bezug zum Transzendenten darzustellen"[56].

Gerade in diesem Zusammenhang ist zu berücksichtigen, dass die im Genre des ‚biblischen' oder ‚Jesusfilms' angestrebte formale Erbaulichkeit gepaart mit der emotionalisierenden Wucht der biblischen Inhalte zwar unmittelbar überwältigend wirken kann, weil dem Betrachter kaum Deutungsalternativen verbleiben, der gewünschte Effekt aber keineswegs bei *jedem* Betrachter erzielt wird. Insbesondere der Jesusfilm ruft, wo er gezielt als Medium der Erbauung eingesetzt wird, beim kritischen Zuschauer eher Ablehnung hervor[57]. So formuliert Reinhold Zwick nicht zuletzt im Anschluss an die Überlegungen Kracauers[58]: „Dies gilt besonders dann, wenn

---

[55] Ebd. 393.
[56] Ebd. 394.
[57] Elmar Salman hat dies mit Bezug auf die Darstellung des Auferstandenen treffend schon für die gesamte Kunstgeschichte festgestellt: „jede Visualisierung [...] erweist sich als kraftlose Ausschmückung, keine kann mit der unansehnlichen Macht gegenstandsloser Erscheinung konkurrieren, jenem Ur-sprung, der sich selbst nur als Schein und Vorschein neuer Existenz zu sehen gibt, von dem her alles ein anders Antlitz gewinnt." SALMAN, *Im Bilde sein*, 226.
[58] Siegfried Kracauer schrieb zu Cecil B. De Milles TEN COMMANDMENTS, den er im Sinne W. Benjamins in einer Linie mit Propagandafilmen der Nazis sieht: „All das ist fabrizierte Evidenz. Diese Scheinbestätigungen sollen uns glauben machen, nicht sehen lassen. Manchmal enthalten sie eine stereotype Aufnahme, die ihr Wesen schlagartig erhellt: Ein Gesicht ist so gegen das Licht fotografiert, daß Haar und Wange von einer leuchtenden Linie umrahmt sind, die wie ein Heiligenschein anmutet. Die Aufnahme hat nicht eine enthüllende, vielmehr eine schmückende Funktion. Wann immer Bilder diese Funktion annehmen, können wir ziemlich sicher sein, dass

dieser Plot im Gestus historisch ‚getreuer' Rekonstruktion inszeniert ist, wenn also die ‚Wahrheit' auf der Ebene des Realgeschichtlichen zum flankierenden Beweis für die Wirklichkeit des Transzendenten herhalten soll. [...] Wer dergestalt auf die Suggestivkraft der Bilder setzt, wird selbst bei einem wohlwollenden, nur eben deshalb nicht völlig unkritischen Publikum am Ende nur ein gesteigertes Mißtrauen ernten; und das nicht nur gegenüber den Bildern, sondern leider oft auch gegenüber der Sache selbst, die man eigentlich befördern wollte."[59]

Folgt der religiöse Film angesichts seiner oftmals ‚sensationellen' und formal fiktiven Themen (Jenseits, Wunder, Apokalypse) jenem bewährten Darstellungsmuster, so kann er sich kaum der Versuchung entziehen, sich der Überwältigungsmechanismen des Mediums zu bedienen. Damit beschneidet er aber heteronom die Freiheit des Zuschauers, sich zum Gesehenen und Gehörten noch einmal zu verhalten, sich auf Distanz zu bringen und eine rationale Reflexion etwa verschiedener Deutungsebenen und -möglichkeiten zu leisten.

Anders als in der bildenden Kunst gibt es im Film zwar keine fundamentale Abwendung von der Gegenständlichkeit, wie sie für erstere seit dem 20.

---

sie dazu dienen, einen Glauben zu propagieren oder den Konformismus zu ermutigen. [...] Natürlich sind bestätigende Bilder von geringerem Interesse als solche, die unsere Vorstellungen von der physischen Welt in Frage stellen. Nur dann können Filme die Realität, wie die Kamera sie einfängt, mit den falschen Vorstellungen, die wir uns über sie machen, konfrontieren, wenn die ganze Beweislast den Bildern und allein ihnen zufällt." KRACAUER, *Die Errettung der physischen Realität*, 249f.

[59] Reinhold ZWICK: *Pfade zum Absoluten. Zur Typologie des religiösen Films*, in: W. Lesch (Hg.): Theologie und ästhetische Erfahrung. Beiträge zur Begegnung von Religion und Kunst. Darmstadt (WBG) 1994, 88–110, 108. Letztlich wäre hier für den Film die gesamte Debatte um die begrenzte Reichweite bildlicher Gottesdarstellungen und der Notwendigkeit einer Negativen Theologie des Bildes bzw. einer „Alteritätsmarkierung" auch schon in Bildern der Tradition aufzunehmen, die in den letzten Jahren eine erstaunliche Renaissance erlebt hat. Vgl. für die Kunsttheorie: NORDHOFEN, *Bilderverbot* sowie für die systematische Theologie: Eva-Maria FABER: *Negative Theologie heute. Zur kritischen Aufnahme und Weiterführung einer theologischen Tradition in neuerer systematischer Theologie.* In: ThPh 74 (1999) 481–503 (Lit.). In diesem Sinne sind auch die folgenden Ausführungen zur Irritation der Zuschauererwartung im Autorenfilm einerseits und die autoritäre Aufmerksamkeitslenkung im Mainstreamkino andererseits zu verstehen.

Werner Schneider-Quindeau hat diese Problematik schon früher gesehen. In einer lobenden Besprechung des Werkes von Derek Jarman schreibt er über die Problematik der ‚technischen Reproduzierbarkeit' des Christusbildes 1993: „Gerade die christliche Bildtradition ist zum toten Ornament trivialisiert: Ihr hoher Bekanntheitsgrad verschafft einen möglichen Zugang zu realen Leidenserfahrungen und verbaut ihn zugleich, weil die Bilder so wenig wahrgenommen werden wie die Botschaft Jesu. Vielfach reproduziert werden sie zum nichtssagenden Werbeklischee." Werner SCHNEIDER-QUINDEAU: *Hortensische Visionen und Alpträume. ‚The Garden' von Derek Jarman.* In: M. Ammon/D. Kiesel/K. Visarius (Hg.): Film als Provokation von Ethik und Moral. Arnoldsheimer Filmprotokolle, 1/1993, 61–69, 67. Vgl. mit ähnlicher Intention: André BAZIN: *La case de Ciel.* In: Ders.: Qu'est ce que le cinéma? Vol. IV. Paris (Éditions du cerf) 1958–1962, 60–64.

Jahrhundert[60] zu konstatieren ist[61]. Das heißt, dass der Film einerseits das lebensweltlich/narrative Potential, das einer an Repräsentation orientierten bildenden Kunst einmal eigen war[62], bewahrt und in neuer Weise entfaltet hat. Andererseits entwickelte der Film aber Techniken, die Undarstellbarkeit des anderen Menschen und Gottes sowie die Thematisierung des Mediums selbst – die wesentlichen Beweggründe für die Abstraktionsprozesse in der bildenden Kunst – ebenfalls ‚ins Bild zu bringen'. Sie wurden bereits unter 5.1 als formale Eigenschaften des Autorenfilms eingeführt und werden im Folgenden vor allem anhand der Filme von Andrej Tarkowskij und Derek Jarman exemplifiziert.

Abgesehen von der hier nur kurz skizzierbaren Strukturanalogie zwischen (film-)ästhetischer Theorie und Theologie sollte deutlich sein, dass eine Theologie, der es um eine adäquate *Diagnose* der Bedingungen ihrer Verkündigung zu tun ist, ein waches Auge auf jene Leinwandgeschichten haben sollte, von denen eine Mehrzahl ihrer Adressaten nicht nur Unterhaltung, sondern auch Anregungen und Deutungshilfen für die eigene Lebensgestaltung erwarten[63]. Darüber hinaus ist zu vermerken, dass eine beträchtliche Zahl zeitgenössischer Filme explizit oder implizit religiöse Fragen thematisiert und damit *von sich aus* bereits ein Dialogangebot gemacht hat. Nach dem christlichen Film müsste allerdings aus den genannten Gründen vorzüglich *jenseits* biblischer Kontexte, also jenseits des Genres des Bibel- oder Jesusfilmes gesucht werden. Hier lauert keineswegs die Wüste säkular geprägter Ignoranz für religiöse Inhalte, wie in einschlägigen Arbeiten bereits ausführlich gezeigt wurde[64]. Oftmals stößt man sogar auf ein ausgeprägtes

---

[60] Nicht zuletzt als Gegenbewegung gegen den ‚platten' Realismus der ‚neuen Medien' Photographie und Film.

[61] Sieht man einmal vom Genre des Experimentalfilms ab: Als radikales Experiment, das in der Tradition der bildenden Kunst des 20. Jahrhunderts (v.a.: Ives Klein) auf jede Gegenständlichkeit verzichtet, darf etwa der letzte Film Derek Jarmans gelten: In BLUE (UK 1993) zeigte er 79 Minuten lang eine blaue Fläche und liest dazu poetische Texte aus seinen Tagebüchern.

[62] Vgl. für das heikle Verhältnis zwischen bildender Kunst und Theologie: Reinhard HOEPS: *Das Gefühl des Erhabenen und die Herrlichkeit Gottes. Studien zur Beziehung von philosophischer und theologischer Ästhetik*. Würzburg 1989; Ders.: *Zwischen Darstellung und Gegenwart. Bildsemantische Verfahren in theologischer Perspektive*. In: A. Hölscher/R. Kampling (Hg.): Religiöse Sprache und ihre Bilder. Von der Bibel bis zur modernen Lyrik. Berlin (Morus Verlag) 1998, 54–69.

[63] Exemplarisch für die Gebildeten in Zeiten der späten Moderne spricht der amerikanische Schriftsteller John Updike und signalisiert dabei ungewollt zugleich die Gefährdung, die vom ‚Überwältigungsmedium Film' ausgeht: „Jedenfalls hat das Kino mehr für mein spirituelles Leben getan als die Kirche. Meine Vorstellungen von Ruhm, Erfolg und Schönheit stammen alle von der Leinwand. Während sich die christliche Religion überall auf dem Rückzug befindet, füllt der Film dieses Vakuum und versorgt uns mit Mythen und handlungssteuernden Bildern. Film war für mich während einer bestimmten Phase meines Lebens eine Ersatzreligion." *Interview mit John Updike* in: Focus 31/1998, 98.

[64] Vgl. dazu (Auswahl) Paul SCHRADER: *Transcendental Style in Film: Ozu, Bresson, Dreyer*.

Interesse der AutorInnen für religiös/biblische Themen und speziell für die Person Jesu, auch wenn dieses meist ‚transfigurativ', also ohne explizit biblische Konnotationen umgesetzt wird und sich damit einem unmittelbaren Zugang verweigert. Neben einem Verzicht auf den biblischen Kontext als Interpretationshilfe legt die Kunsttheorie *Umberto Ecos* eine Offenheit des Kunstwerks für verschiedene Deutungen als *notwendig* nahe. Wo die Situation des Betrachters als für die (Be-)Deutung des Kunstwerks konstitutiv verstanden wird, muss auf gewohnte Überrumpelungstaktiken verzichtet und der Betrachter als ein in seiner jeweiligen Perspektive vom Autor nicht antizipierbarer Partner ernstgenommen werden[65]. Hier ist neben der fiktionalen Anthropologie Wolfgang Isers („impliziter Leser") Umberto Ecos Konstruktion eines vom Autor vorweggenommenen „Modell-Lesers" aufzugreifen, der „einen Teil der Arbeit"[66] tut, indem er die Auswahlkriterien für bestimmte, im Werk verwendete (etwa auch biblische oder religiöse) Codes aufgreift.[67] Diese literaturwissenschaftliche Figur erlaubt ebenso wie die neoformalistische Filmtheorie Bordwells und Thompsons eine relativ genaue Umschreibung der Relation zwischen Deutungsoffenheit bzw. -verschlossenheit eines Kunstwerkes und der Rezeption, in dem Sinne, dass diese einerseits als Auslegung der im Text/Film vorgegebenen Hinweise verstanden wird, andererseits aber das Ignorieren bestimmter Passagen und vom Autor nicht unmittelbar intendierte Deutungen bis zu einem gewissen Grad toleriert werden können.

Theologie begegnet Film – eine Bestandsaufnahme
Das skizzierte Methodenverständnis dieser Arbeit bedarf noch der Abgrenzung gegen alternative zeitgenössische theologische Bestimmungen des Verhältnisses von Theologie und Film bzw. Reflexionen über den transzendenten Gehalt einzelner Spielfilme. Dies soll im Folgenden geleistet werden.

Berkeley (University of California Press) [2]1988 (1972); Walter LESCH/Matthias LORETAN (Hg.): *Das Gewicht der Gebote und die Möglichkeiten der Kunst. Krysztof Kieslowskis „Dekalog"-Filme als ethische Modelle.* Fribourg i. Ue./Freiburg i.Br. (Universitätsverlag/Herder Verlag) 1993; Reinhold ZWICK: *Die Ressourcen sind nicht erschöpft. Die Jesusfigur im zeitgenössischen Film.* In: HerrKorr 49 (1995); 616–620, Peter HASENBERG/Wolfgang LULEY/Charles MARTIG (Hg.): *Spuren des Religiösen im Film. Meilensteine aus 100 Jahren Filmgeschichte.* Mainz (Grünewald) 1995; Joel W. MARTIN/Conrad E. OSTWALT Jr. (Hg.): *Screening the Sacred. Religion, Myth and Ideology in Popular American Film.* Colorado/Oxford (Westview Press) 1995; John R. MAY (Hg.): *The New Image of Religious Film.* Kansas City (Sheed & Ward) 1997 sowie die einschlägigen Texte und Kritiken in den Zeitschriften film-dienst, epd film und ZOOM.
[65] Umberto ECO: *Das offene Kunstwerk.* Frankfurt a.M. (Suhrkamp) [6]1993.
[66] Mit ausdrücklichem Bezug zu Hollywood in: Umberto ECO: *Im Wald der Fiktionen. Sechs Streifzüge durch die Literatur.* München (Hanser) 1984, 69.
[67] Umberto ECO: *Lector in fabula. Die Mitarbeit der Interpretation in erzählenden Texten.* München (dtv) 1990, 65f.

Befragt man gängige *englischsprachige* Publikationen nach einem dezidiert theologischen Zugang zum Medium Film, so stößt man auf eher vage Aussagen[68]: Joseph Marty[69] konstatiert, zu allen anthropologischen Grundtatsachen (Geburt, Tod, Gewalt, Revolte, das Schöne, das Schreckliche etc.) fänden sich auch Filme, die diese thematisierten, und verweist auf sakramentale oder pastorale Bezugsmöglichkeiten solcher Filme für Kirche und Theologie. Hatte das Christentum in Nachfolge jüdischer Mythenkritik einerseits wesentlichen Anteil an einer Desakralisierung der Natur und damit an der Profanierung anthropologischer Phänomene, so läutete andererseits der Glaube an die Inkarnation die Vorstellung einer Anwesenheit Gottes in allen menschlichen Belangen ein. Im Christentum befördere, so Marty, der daraus erwachsene Wille, das ganze Leben zu heiligen, ein Ende der Unterteilung der Welt in heilige und profane Sphären. Eine inkarnatorische Theologie hätte also im Film nach *Spuren der Anwesenheit Gottes in der Welt* zu suchen. Ob hier die im Phänomen der Offenbarung immer mit gegebene Gleichzeitigkeit von An- und Abwesenheit hinreichend bedacht wird, ist fraglich. Auch auf die Frage nach einer Kriteriologie dieses quasiignatianischen ‚Gott-Findens in allen Filmbildern' wird man bei Marty nicht fündig. Er fordert vom Film lediglich, dass er keine Angst mache („Fürchtet Euch nicht", Mt 28,5.10), und dass er ein Kunstwerk sei, denn die Botschaft werde nicht unabhängig von der Ästhetik transportiert. Ein Kunstwerk habe aber von sich aus den *Charakter der Heiligkeit*, so Marty.[70] Er beruft sich bei dieser gewagten Aussage auf die nicht weniger gewagte und (wie gezeigt) platonistisch missverstehbare Aussage des zweiten Konzils von Nicäa: „Wer immer ein Bild verehrt, verehrt in ihm die Wirklichkeit, die hier repräsentiert ist." Die neuere Debatte um die Entfremdung zwischen moderner Kunst und Religion wird damit ebensowenig thematisiert wie die grundlegende Frage nach der Darstellung religiöser Inhalte im Film und einer Kriteriologie, nach der ein Film als Kunstwerk bezeichnet werden darf.

Michael Paul Gallagher SJ[71] fragt immerhin nach solchen christlichen Kriterien und fordert – ebenfalls gut ignatianisch – eine *„Unterscheidung der Geister"*, which „seeks to unite the revelation of God in Christ with the here

---

[68] Die jüngere Arbeit *Real Spirituality. Theology and Film in Dialogue* von Robert K. JOHNSTON [Grand Rapids, Mich. (Baker Academie) 2001], der selbst offenbar aus dem evangelikalen Milieu stammt, überspringt leider die theologische Reflexion und lässt sich zwischen der additiven Aufzählung religiös relevanter Filme nur selten (und ohne empirisches Material) zur religionssoziologischen Verortungen der zeitgenössischen US-amerikanischen Filmproduktion hinreißen.
[69] Joseph MARTY: *Toward a Theological Interpretation and Reading of Film. Incarnation of the Word of God – Relation, Image, Word*. In: May, New Image of Religious Film, 131–150.
[70] Ebd. 149.
[71] Michael Paul GALLAGHER: *Theology, Discernment and Cinema*. In: May, New Image of Religious Film, 151–160.

and now options of one's life and history"[72]. Für die theologische Filmanalyse hieße das: Jeder Film wäre danach zu befragen, wohin er das Auditorium führt – öffnet er die Herzen, führt er in spirituelle Freiheit, zur Umkehr oder eher in Selbstbezogenheit? Diese Frage lässt sich angesichts der starken Abhängigkeit einer Filmdeutung vom Kontext ihrer Rezeption sicher nicht immer völlig klar beantworten, bringt aber immerhin die ethische Dimension einer erforderlichen Kriteriologie ins Spiel. Mit Karl Rahner versteht Gallagher Poesie als eine Art des ‚Trainings', auf das Wort des Lebens zu hören – also eine Art ‚präparatio evangelii'. Sogar ein Bild ohne explizit religiösen Inhalt könne zur Religion führen, wenn es eine Sensibilität für das Transzendente hervorbringe. Mit Hans Urs von Balthasar hofft Gallagher auf eine Theologie, die in der Lage ist, sich Kunst als einen integralen Teil anzueignen.[73] Für inkompatibel mit dem Medium Film erklärt Gallagher erstaunlicherweise jedoch jede Art von Metaphysik, die behauptet, *überzeitliche Wahrheit* zu ihrem Gegenstand zu haben.

Marjeet Verbeek[74] unterscheidet zwischen Ästhetik als bloßem „Lifestyling" (also dem Mainstreamfilm) und Bildern der Wahrheit, der Tugend und Erlösung, die sie im Autorenkino von Wim Wenders und Andrej Tarkowskij findet. Verbeek verweist zur näheren Umschreibung solcher Bilder auf Aristoteles und Thomas und die in deren Kunsttheorie proklamierte Einheit von Wahrem und Schönem. Kunst wird zum Ort der Entstehung objektiver Wahrheit. Sie erwartet vom Film „liebende Offenheit", ohne diese sicher zustimmungsfähige Kategorie noch einmal genauer zu qualifizieren.

Der amerikanische Regisseur und Drehbuchautor Paul Schrader[75] hat in seinem Frühwerk *Transzendental Style in Film. Ozu, Bresson, Dreyer*[76] mit der Betonung des Stil-Begriffs eine dem Ecoschen Code kompatible Zugangsweise zum Transzendenten im Film gefunden: „Transcendental Style uses precise temporal means – camera angles, dialogue, editing – for predetermined transcendental ends. [...] Transcendental style is not a vague label like

---

[72] Ebd. 154.
[73] Das ist auch Anliegen der Arbeit von Inge KIRSNER *(Erlösung im Film)*. Sie plädiert für eine theologische Ethik, die nicht einfach die Problemstellungen, die sich aus einer Konfrontation von Ethik und Ästhetik ergeben, synthetisiert, sondern einen eigenständigen Zugang zum Kunstwerk findet.
[74] Marjeet VERBEEK: *Too Beautiful to be Untrue. Toward a Theology of Film Aesthetics.* In: May, New Image of Religious Film, 161–180.
[75] Die bekanntesten Filme, an denen er mitgewirkt hat, sind DIE LETZTE VERSUCHUNG CHRISTI, USA 1988 (Buch), DER TROST VON FREMDEN, USA 1989 (Regie), LIGHT SLEEPER, USA 1991 (Buch/Regie), TOUCH, USA 1996 (Buch/Regie) CAT PEOPLE, USA 1982 (Regie) sowie BRINGING OUT THE DEAD, USA 1999 (Buch).
[76] Paul SCHRADER: *Transzendental Style in Film. Ozu, Bresson, Dreyer.* Berkeley (Da Capo) 1972.

‚religious film' [...] it is only necessarily a style."[77] „Stil" ist für Schrader einerseits mit Heinrich Wölfflin „a general representative form", andererseits mit Raymond Durgnat „creation of a personal, a subjective, a ‚non objective' world."[78]

Als „transcendent" versteht Schrader hier im Anschluss an die (im Kern platonische) religionsphänomenologische Tradition eine Region jenseits der Immanenz, das Heilige, das sich in der Hierophanie (M. Eliade) zeige. Er bleibt sich jedoch der Unmöglichkeit einer endgültigen Darstellung dieses Jenseits und der kulturellen Bedingtheit seiner Darstellung bewusst: „art expresses the Transcendent in the human mirror"[79]. Schrader bietet also scheinbar einen Zugang, der die pseudorealistische Darstellung wunderbarer Ereignisse, wie etwa die Übergabe der zehn Gebote an Moses in Cecil B. De Milles TEN COMMANDMENTS oder die Darstellung jesuanischer Wunder in den diversen Jesusfilmen zu Recht als „ridiculous" und „not due to divine intervention"[80] charakterisieren kann.

Wenn Schrader seine Methodik auch transkulturell anwenden will, muss er sich heute – ähnlich wie die religionsphänomenologische Tradition – allerdings Fragen nach der Übertragbarkeit eines solchen im Horizont westlicher Geistesgeschichte entwickelten Verfahrens gefallen lassen. Gleichwohl gewinnt er einen völlig neuen Zugang zur filmischen Hermeneutik, wenn er schreibt: „Transcendental style, like the mass, transforms experience into a repetable ritual which can be repeatedly transcended."[81] Abgesehen von den historischen Unschärfen, die sich bereits in der Deskription einhandelt, wer von einem transkulturellen Heiligen konkret sprechen will, ist an Schraders Ansatz unter religionsgeschichtlicher und philosophischer Perspektive die Verwischung der Unterschiede zwischen den verschiedenen religionsgeschichtlichen Herkünften von Filmkünstlern zu kritisieren. Eine dezidierte Kenntnis ihres kulturellen und religiösen Umfeldes ist unerlässlich, um spezifische formale und inhaltliche Eigenschaften ihrer Filme sowie die Adäquatheit ihrer Darstellung des Heiligen zu beschreiben; erst recht, um sie dann zu beurteilen, wie Schrader dies tut.[82]

Immerhin lässt sich mit Schraders Konzept der von ihm angezielte transzendente (besser wäre: ‚ikonische') Stil vom primitiven wie vom neuzeitlich-realistischen abgrenzen. Bemerkenswert ist darüber hinaus seine im

---

[77] Ebd. 3f.
[78] Ebd. 8.
[79] Ebd. 6.
[80] Ebd. 163.
[81] Ebd. 11.
[82] Zu dieser Fragestellung vgl.: Joachim VALENTIN (Hg.): *Weltreligionen im Film. Christentum, Islam, Judentum, Hinduismus, Buddhismus.* Marburg (Schüren) 2002; Ders.: *Ein prekäres Verhältnis. Ist die Religionswissenschaft eine theologische Disziplin?* In: HerKorr 56 (2002), 82–85.

Anschluss an Jacques Maritain[83] formulierte Forderung nach einer Balance zwischen Elementen der Sparsamkeit und Askese wie des Überflusses[84]. Der oben bereits kritisierte Pseudorealismus in der Darstellung des Übernatürlichen kann vor dem Hintergrund der Schraderschen Überlegungen dieser Forderung zudem als „overabundant" und „escapistic" kritisiert werden[85].

An der Arbeit des *niederländischen* katholischen Filmtheoretikers Frits Tilmans[86] bestechen das klare Bekenntnis zur Theologie wie zugleich zur hermeneutischen Wissenschaft, sein Plädoyer für die Wiederentdeckung narrativ-fiktionaler und symbolischer Elemente für den theologischen Diskurs und – damit verbunden – seine positive Aufnahme des Textbegriffs für die Interpretation audiovisueller Phänomene im Anschluss an die wichtige filmanalytische Arbeit von Johan G. Hahn[87]. Seine Vorstellung von der „Heimkehr" von Bildwelten christlicher Herkunft via theologischer Filminterpretation wird der Relation von Film und Theologie gerecht. Mit seinem enggeführten Theologiebegriff – „Reflexion *auf der Grundlage des* Glaubens, statt *über den* Glauben", weil es „für diesen Zugang kein Publikum" gebe[88] – begibt sich Tilmans jedoch der Möglichkeit einer kritischen Reflexion auf die Bildwelten, die er in den Filmen verändert wiederfinden will, ja von denen er sich eine „Erneuerung der Tradition"[89] erhofft. Zwischen der bloßen Zitation christlicher Bildressourcen, einer adäquaten Aufnahme und einem ‚Aggiornamento' christlicher Glaubensinhalte im Film kann so eigentlich nicht mehr unterschieden werden, auch wenn gerade dies ein wesentliches Anliegen des Tilmansschen Ansatzes darstellt.[90]

In zeitgenössischen theologischen Konzepten der Filmrezeption werden oft – explizit oder implizit – weit zurückreichende Auseinandersetzungen um

---

[83] Jacques MARITAIN: *L'intuition créatrice dans l'art et dans la poésie*. Paris (De Brouwer) 1966.
[84] „The abundant means must serve to sustain the sparse means, the sparse means must yield to a spiritual awareness." SCHRADER, *Transzendental Style*, 155.
[85] „If the ‚miracle' can be seen in any humanistic tradition, psychological or sociological, the viewer will avoid a confrontation with the transcendent. [...] In cinema's unique ability to reproduce the immanent also lies its unique ability to evoke the Transcendent." Ebd. 164/166.
[86] Frits TILMANS: *Bild und Interpretation – Die theologische Deutung audiovisueller Texte*. In: M. Kuhn/J.G. Hahn/H. Hoekstra (Hg.): Hinter den Augen ein eigenes Bild. Film und Spiritualität. Einsiedeln u.a. (Benziger) 1991, 61–89.
[87] Johan G. HAHN: *Het zout in de pap. Levensbeschouving en televisie. Bouwstenen voor een analytisch-interpretatieve methode vor het onderzoek van de levensbeschouweliijke implikaties van televisieprogramma's*. Hilversum (Gooi en Sticht) 1988.
[88] TILMANS, *Bild und Interpretation*, 69.
[89] Ebd. 72.
[90] „Vor allem in der Bewertung der ‚populären' Kultur und in den ideologiekritischen Verstehensweisen der Medien zeigt sich hier ein sehr komplexes Spiel von Bedürfnis und Freiheit, von Versklavung (Entfremdung) und Befreiung vor dem Hintergrund der Beherrschung und Ordnung des menschlichen Verlangens." Ebd. 75.

die *Aisthesis* ausgetragen. Weder die Vorstellung einer einfachen Repräsentation eines nichtmaterialen (heiligen) Urbildes im (Film-)Kunstwerk noch die aristotelische Zusammenschau von Wahrem, Schönem und Gutem berücksichtigt jedoch die Autonomie des Rezipienten. Allein eine Integration des Zuschauers, der sich in einem unvertretbaren Dialog mit dem Spielfilm zu diesem noch einmal frei verhält, vermeidet letztlich einseitig heteronome Konzeptionen. Ein bruchloser Anschluss an die christliche Tradition, der diese entscheidende hermeneutische Komponente nicht berücksichtigt, wird weder den zeitgenössischen Kunstwerken, noch der neueren Theoriebildung gerecht.

Zur ‚Christlichkeit' eines Filmes

Soll explizit von *christlich* rezipierbarer (Film-)Kunst die Rede sein, so ergibt sich über die genannten allgemeinen und ästhetisch zentralen Bedingungen hinaus die Notwendigkeit, dass in einer theologischen Reflexion auf die fundamentale(n) Botschaft(en) des christlichen Glaubens Kriterien für die Darstellung christlicher Inhalte entwickelt werden. Diese Kriterienfrage wurde im dritten Teil dieser Arbeit für das Themenfeld Apokalypse grundlegend behandelt und soll im Folgenden im Blick auf einige ausgewählte Filme konkretisiert werden.

Dabei dürfte sich zeigen, dass ein Film, der augenscheinlich raumzeitliche Gegebenheiten des ursprünglichen (biblischen) Entstehungskontextes verlässt, durchaus in der Lage sein kann, die Sinnspitze des apokalyptischen Geschehens zu erfassen und unter aktuellen Bedingungen neu lesbar zu machen. Damit käme dem Film eine dem *Kommentar* analoge Funktion zu, insofern er die ursprünglichen Texte nicht ersetzt, sondern eine je einmalige Transformation wesentlicher Gehalte in zeitgenössische Verstehenszusammenhänge leistet. Nur wenn dem Kommentar die größtmögliche Eigenständigkeit gegenüber dem Urtext zugesprochen wird, kann allerdings die Autonomie des Films als Kunstwerk bewahrt und sein Verkommen zu einem didaktischen Instrumentarium verhindert werden, das trotz aller formalen Originalität in der Vermittlung eines auch anderswo identisch auffindbaren ‚Inhalts' völlig aufgeht.[91] Die zur ‚Transmission' religiöser Inhalte in andere (zeitgenössische) Kontexte aufgewandte Arbeit lässt dagegen eine Auseinandersetzung des Autors mit den Inhalten gerade wahrscheinlicher werden, weil die damit greifbar gewordenen hermeneutischen Fragen ihre kritische Reflexion zwangsläufig erfordern.

Erst vor dem Hintergrund dieser Überlegungen scheint es möglich, aufgrund bestimmter Codes bzw. eines bestimmten Stils, der vom Regisseur und

---

[91] Zur Problematik des Primates des Urtexts vgl.: VALENTIN, *Atheismus in der Spur Gottes*, Kapitel *Schriftbegriff Derridas und Torainterpretation* (119–148).

Drehbuchautor eines Filmes gewählt wird, vom *apokalyptischen* Film zu sprechen. Inwiefern tatsächlich die Mitte christlicher Botschaft getroffen wird, kann zwar erst aufgrund der im dritten Teil dieser Arbeit entwickelten Kriteriologie im einzelnen entschieden werden. Die Möglichkeiten des (Autoren-)Films, mit dramaturgischen, optischen und akustischen Elementen zu experimentieren und auf diesem Weg die innere Logik etwa der Vorstellung eines Endes der Zeiten und seiner ethischen und anthropologischen Implikationen unter den Bedingungen spätmoderner Gesellschaften auszuloten, ohne auf den Massenkonsum zu schielen, erlaubt es aber grundsätzlich, im Film einen privilegierten, wenn auch kritischen Gesprächspartner der Theologie auch hinsichtlich unserer speziellen Thematik zu suchen.

Die von Medientheoretikern häufig geäußerte Kritik an der Vereinnahmung des Films für theologische oder kirchliche Interessen ist zwar zu hören. Eine ausgearbeitete Filmtheorie, die religiöse Fragestellungen bewusst einbezieht, nicht nur narrative, sondern auch formale Aspekte des Films berücksichtigt und sich selbst durch eine klare Kriteriologie Zügel anlegt, dürfte dieser Gefahr der Vereinnahmung aber am ehesten entgehen. In manchen Fällen kann sie dem Film sogar eher gerecht werden, als unter dem selbst auferlegten Zwang zu ‚rein säkularen' Analysen stehende Interpretationen.

5.1.3 Mainstream- oder Autorenkino als Gesprächspartner der Theologie? Kritische Auseinandersetzung mit dem methodischen Zugang Jörg Herrmanns

„Künstler und Publikum konditionieren einander gegenseitig. Bleibt der Künstler sich selbst treu und unabhängig von alltäglichen Werturteilen, dann schafft und hebt er selbst das Rezeptionsniveau seines Publikums."[92] Andrej Tarkowskij

In dieser Arbeit wird die These vertreten, dass sowohl das Mainstreamkino als auch das Autorenkino vom theologischen Blick wahrgenommen werden sollte. Dies hat jedoch auf je spezifische Weise zu geschehen, die die Eigenheiten der jeweiligen Genres beachtet.

Von jeher bezieht sich die theologische Beschäftigung mit dem Film eher auf den Autoren- als auf den populären oder Mainstreamfilm. Der evangelische Theologe Jörg Herrmann plädiert gegen die bisherige Konvention in der theologischen Filmarbeit in einer neueren und für den Dialog zwischen Film und Theologie im deutschsprachigen Raum ausgesprochen bedeutsamen

---

[92] Andrej TARKOWSKIJ: *Die versiegelte Zeit.* München (Ullstein) 2000, 172. Zu Tarkowskijs Positionierung als Autorenfilmer und seiner Kritik des sog. populären Kinos vgl.: Kapitel *Von der Verantwortung des Künstlers,* ebd. 183–204.

Arbeit[93] für eine Wahrnehmung *nur des populären Kinos* im theologischen Diskurs, weil es „in vieler Hinsicht auch die Religion einer Gesellschaft widerspiegelt und produziert – deutlicher zumal als das künstlerisch ambitionierte Kino, das stärker den subjektiven Weltsichten einzelner verpflichtet ist."[94]

Die letztgenannte Einschätzung Herrmanns kann vor dem Hintergrund der bisherigen Überlegungen nur insofern geteilt werden, als das Kunstkino vielleicht nicht für eine *Analyse* allgemeiner religionsproduktiver Tendenzen in der Gesellschaft, wohl aber als *Ressource* und eigenständiger Gesprächspartner für eine nicht nur adressatenorientierte, sondern auch selbstkritische Theologie dienen könnte. Deshalb werden im Folgenden sowohl das „Mainstream-Kino" – eher aus Gründen der Analyse gegenwärtiger Endzeitvorstellungen in den westlichen Gesellschaften – als auch das Autoren- oder Kunstkino befragt werden; letzteres eher als eine Instanz der Gesellschafts- und Theologiekritik und unter genauerer Analyse der formalen Mittel. Der von Herrmann zitierten Definition der Massenkultur bei Noël Carroll kann allerdings ebenso gefolgt werden wie seiner Kritik am populärkulturkritischen Passivitäts-Argument – „die Rezeption populärer Kultur [verläuft] ebenso aktiv-partizipierend wie die Aneignung hochkultureller Artefakte".

Carroll definiert ein Werk, das der Massenkultur[95] angehört, folgendermaßen: „X is a mass artwork if and only if 1. x is a multiple instance or type artwork, 2. Produced and distributed by mass technology, 3. Which artwork is intentionally designed to gravitate in its structural choices (for example, its narrative forms, symbolism, intended affect, and even its content) toward those choices that promise accessibility with minimum effort, virtually on first contact, for the largest number of untutored (or relatively untutored) audiences."[96] Der wesentliche Unterschied zwischen Hochkultur und Populärkultur liegt jedoch nicht (nur) auf der Seite der *Rezipienten*, sondern der der *Produzenten*. Populärer Film ist nach Maßgabe seiner Produktionsbedingungen *erzählender* Film[97] (einlinig, Story-Schema etc.[98]), ist eindeutig einem *Genre* zuzuordnen, *wiedererkennbar* (von daher bedeutet die postmoderne Brechung der Genres auch einen Bruch des populären Kinos), bietet *visuelle Schauwerte* und *akustische Sensationen,* „vermeidet Sand im Getriebe der Unmittelbarkeit", stellt einfache Fragen und gibt *einfache Antworten,* kurz, er funktioniert als Medium der Überwältigung des Zuschauers: „Der

---

[93] Jörg HERRMANN: *Sinnmaschine Kino. Sinndeutung und Religion im populären Film.* Gütersloh (Chr. Kaiser/Gütersloher Verlagshaus) 2001.
[94] Ebd. 7.
[95] Im angelsächsischen Sprachraum als *mass-culture* längst ein seriöses Forschungsobjekt.
[96] Noël CARROLL: *A Philosophy of Mass Art.* Oxford (Oxford University Press) 1998, 196.
[97] HERRMANN, *Sinnmaschine Kino,* 88.
[98] BORDWELL, *Narration in the Fiction Film,* 35.

populäre Film steht in der illusionistischen Tradition. Sein Geschäft ist nicht reflexive Unterbrechung oder kritische Innovation, sondern illusionistische Kontinuität und stabilisierende Affirmation."[99] Einfache Lösungen für konstruierte, aber als bedeutsam suggerierte Probleme werden gesucht (und gefunden). Die Darstellung der tatsächlichen gesellschaftlichen Probleme und ihrer untergründigen Ursachen wird dagegen eher vermieden, denn ihr Unterhaltungswert ist gering.

Der entscheidende Kritikpunkt aus der Perspektive einer fiktionalen Anthropologie, einer rezeptionsästhetischen Filmtheorie und auch der von Herrmann selbst als zeitdiagnostische Größe herangezogenen „transversalen Vernunft" im Sinne Wolfgang Welschs ist also die im populären Kino meist nicht geachtete *Freiheit des Zuschauers*, sich noch einmal reflexiv zum Kunstwerk zu verhalten, ja *vom Kunstwerk selbst* Anstöße zu einer Vermeidung eindimensionaler Deutungskonzepte zu erhalten – eine Dimension, die in der bildenden Kunst der Moderne entwickelt wurde, aber gerade im populären Film kaum mehr wahrnehmbar ist.

Deutlich sichtbar wird der Wunsch Herrmanns, auf den populären Film unmittelbar Eigenschaften der Religion zu übertragen, wenn er das populäre Kino mit Karsten Visarius „als Ort einer modernen Mythenproduktion" bezeichnet. Zustimmend zitiert er hier die keineswegs neuen, sondern einerseits kritisch an die klassische Religionsphänomenologie, andererseits an den funktionalistischen Religionsbegriff der Soziologie anschließenden Überlegungen Niklas Luhmanns: „Will man die Welt so beschreiben, dass man ihrer Ordnung trauen und Bedrohlichkeit ausgrenzen kann, bedient man sich des Mythos."[100] Dass eine der Grundanlagen des Alten Testaments, der Predigt Jesu und der abendländisch-theologischen wie philosophischen Tradition die Mythenkritik ist, die sich auf ihrem Weg über Bilderverbot und Negative Theologie nicht zuletzt in modernen Subjekt- und Texttheorien noch einmal radikalisiert[101], gerät zudem aus dem Blick, wenn Herrmann im nächsten Absatz übergangslos Religion (welche?) mit dem Mythos (welchem?) gleichsetzt[102]. Damit beraubt sich (nicht nur) der Theologe jeder Möglichkeit, populäre Filme noch einmal mit Hilfe der skizzierten mythenkritischen bibli-

---

[99] HERRMANN, *Sinnmaschine Kino*, 92.
[100] Niklas LUHMANN: *Brauchen wir einen neuen Mythos?* In: H.J. Höhn (Hg.): Krise der Immanenz. Religion in den Grenzen der Moderne. Frankfurt a.M. (Fischer) 1996, 128–153, 129.
[101] Evtl. in der Tradition des eindimensionalen Mythosbegriffs bei Rudolf Bultmann.
[102] „Populäre Filme tragen so zur Identitätsbildung und zur weltanschaulichen Orientierung bei. Damit erfüllen sie typische Funktionen der Religion und können als moderne Religionsanaloga gelten." HERRMANN, *Sinnmaschine Kino*, 93. Eine kurze Erwähnung des „differenzerzeugenden Potentials der Religion, das besonders in ihren mythischen und prophetischen Äußerungen zum Ausdruck kommt" (95), und deshalb „nicht selten der Dramaturgie der Apokalypse folge" (!) tut wegen der bedauerlichen Irrelevanz dieses „Potentials" für die bei Herrmann folgenden Filmanalysen dieser Einseitigkeit des Religionsbegriffs keinen Abbruch.

schen wie philosophischen Tradition[103] gegenzulesen, ein Versäumnis, das sich – wie im zweiten Teil unserer Arbeit dargestellt – bereits durch eine Wahrnehmung der seit Hans Vaihinger und Frank Kermode und neuerdings in der Iserschen Rezeptionsästhetik ausgeführten Unterscheidung zwischen *Dogma* bzw. *Mythos* einerseits und *Fiktion* andererseits hätte vermeiden lassen. Hintergrund dieser Unschärfen in Herrmanns Darstellung bildet sein funktionaler Religionsbegriff, ausführlich dargestellt mit Hilfe der Arbeiten von Ulrich Barth, Thomas Luckmann, Cliffordt Geertz und Wilhelm Gräb. Er kumuliert in der Aussage „[d]ie Religion gibt symbolische Antworten auf letzte Fragen"[104], die in ihrer Allgemeinheit eine kritische Rückfrage nach der Qualität dieser Antworten, aber auch nach der Relevanz der ‚letzten' Fragen nicht mehr zulässt.

Treffend greift Herrmann auf Johann Baptist Metz' Begriff einer ‚Narrativen Theologie'[105] zurück, wenn er den *Erzählcharakter* des Spielfilms hervorheben will. Allerdings fehlt auch hier eine Kriteriologie, die es erlaubt zu unterscheiden zwischen populären Filmen, die als „Ableitungen der ‚großen Erzählungen', der fundamentalen Geschichten der Bibel [...] freiheitssuchende Geschichten"[106] erzählen und solchen, die Unterdrückung legitimieren und Fremdes ausgrenzen.

Auch Herrmann kommt unter dem Titel ‚Postmoderne' und mit Wolfgang Welsch zu dem Ergebnis, dass „Vorstellungen vom Ganzen [...] letztlich immer ästhetisch verfasst und nur ästhetisch darzustellen" seien: „Das Ganze kann man nicht als Gegenstand der Welt antreffen, das Ganze muss man entwerfen, projizieren, als Idee erzeugen."[107] Diese Vorstellung bewegt sich in großer Nähe zu Wolfgang Isers Konzept einer fiktionalen Anthropologie[108]. Die Anfrage Herrmanns, ob man (alte) religiöse ‚Symbolisierungen' ernsthaft auf diese Weise „abschwächen" dürfe, auch wenn mit einer solchen selbstreflexiven Unterbrechung der Unmittelbarkeit „Freiheitsspielräume für die individuelle Aneignung von kulturellen Mustern" eröffnet würden, liegt nahe an der zentralen Frage auch dieser Arbeit. Sie kann jedoch für eine Religion wie das Christentum ohne Rückgriff auf normative Begründungsstrukturen und Elemente der Tradition nicht angemessen beantwortet werden. Wenn die ästhetischen ‚Welterklärungsfiguren', auf die sich Herrmann stüt-

---

[103] ..., die Herrmann in den folgenden Filminterpretationen dennoch bewusst bleibt, aber ohne dass sie vorher methodisch ausgewiesen worden wäre.
[104] HERRMANN, *Sinnmaschine Kino*, 58.
[105] Vgl. Knut WENZEL: Art. *Narrative Theologie*. In: LThK³ VII (1998), 640–643 (Lit.).
[106] Georg SEESSLEN: *Das Kino und der Mythos*. In: Der Evangelische Erzieher 44 (1992), 537–549, 545. Zit. Herrmann, Sinnmaschine Kino, 96.
[107] Wolfgang WELSCH: *Vernunft. Die zeitgenössische Vernunftkritik und das Konzept der transversalen Vernunft*. Frankfurt a.M. (Suhrkamp) 1996, 516, zit. Herrmann, Sinnmaschine Kino, 65.
[108] Vgl. Teil 2 dieser Arbeit.

zen zu können meint, *selbst* keinen Anspruch auf Normativität erheben, sollte man sie auch nicht mit dieser Bürde belasten.

Trotz allem sind die konkreten Deutungen der religiösen Gehalte im populären Kino, die Herrmann bietet, von überraschender Trennschärfe – bedingt durch eine Vorauswahl, die gerade nicht von seinem verwaschenen Religionsbegriff zeugt, sondern von einem in der Arbeit nicht mehr weiter reflektierten feinen Gespür für Zentralthemen an der Schnittstelle Moderne/(christliche) Religion geleitet ist. Dies gilt für das das Verhältnis Mensch-Schöpfung (JURASSIC PARC), Liebe als Religionsersatz (PRETTY WOMAN) oder Vorsehung/Gerechtigkeit (PULP FICTION). Die Frage, ob christliche Inhalte in diesen Filmen nicht nur anklingen, sondern tatsächlich adäquat dargestellt werden, braucht Herrmann allerdings schon deshalb nicht in den Blick zu nehmen, weil über die spezifischen Inhalte der christlichen Religion in der gesamten Arbeit nicht reflektiert wird.

Herrmann findet also im populären Kino Spuren der „Liebesreligion", der „Öko-Religion" und eine „Erlebnisintensität des Erhabenen". Für das Kunstkino aber gelte: „Kunst transformiert nicht, wie die Religion, unbestimmbare Komplexität in bestimmbare, sondern sie erzeugt in ihren Werken neue unbestimmbare Komplexität.[109]" Will Herrmann diese Aussage, die doch gerade die konstitutive und religionskritische Valenz des Kunst- oder Autorenkinos beschreibt, als Indiz einer größeren Nähe des *populären* Kinos zur Religion verstanden wissen? Seine Entscheidung, nur populäre Filme zu untersuchen, legt diese Interpretation jedenfalls nahe.

Bei der Sichtung der Ergebnisse seiner Arbeit ist das Resultat für die Theologie erstaunlich mager: Schön wäre es ja, wenn die Theologie den populären Film auf die „Selbstreferentialität seiner Liebesbotschaft" und „die Eindeutigkeit und den Märchencharakter der Krisenbewältigung" hinweisen könnte, doch – würde man auf sie hören? Was die Theologie vom Film lernen soll: die eigene Erlebnisarmut zu bedenken, gilt genauso für das Kunstkino. Ein Erlernen der Überwältigungstechniken des populären Kinos kann man sich ernsthaft für die (christliche) Religion jedenfalls nicht wünschen!

Aus der kritischen Auseinandersetzung mit Herrmanns wichtiger Arbeit sollte deutlich geworden sein, dass eine Fundamentaltheologie, die ihr Verhältnis zu den modernen Medien nicht nur kulturhermeneutisch bzw. -diagnostisch definiert und diese damit zum Objekt eines theologischen ‚Blicks in die Welt' reduziert, sondern die dialogbereit von diesem ‚Außen' auch konstruktive Anregungen empfangen will, im populären Kino, von ganz wenigen Ausnahmen abgesehen, zwar ein interessantes Feld der kulturher-

---

[109] Thomas LEHNERER: *Methode der Kunst.* Würzburg (Königshausen & Neumann) 1994, 152, Anm. 133. Zit. Herrmann, Sinnmaschine Kino, 231.

5. Jenseits im Präsens – Apokalypse im Film

meneutischen Analyse, aber kaum einen echten Gesprächspartner finden wird[110]. Es ist vielmehr notwendig, sich im engeren Sinne künstlerischen Arbeiten zuzuwenden, will man drängenden Fragen begegnen, wie sie sich zeitgenössische Theologie begründet stellt.[111]

---

[110] Die Ausführungen am Ende dieses Kapitels zu apokalyptischen Motiven im amerikanischen Mainstreamkino werden diesen Befund noch einmal *en détail* bestätigen.

[111] Zu einem ähnlichen Ergebnis kommt die ausführliche *Rezension* der Arbeit Herrmanns durch Andreas MERTIN im *Magazin für Theologie und Ästhetik* (http://www.theomag.de/14/am35.htm, 1.11.2004): „Die Frage ist, ob das Kino, das populäre zumal, ebenfalls einen Beitrag zu dieser humanitären Erzählung [der christlichen Grundwahrheiten] leistet, leisten kann, der mehr ist als bloße Nach-Schöpfung." Mertin verfällt in der Zuspitzung seiner These leider einem metaphysisch reduzierten Kunstbegriff, der (sehr nahe bei George Steiner) das kreative Potential einer Rekontextualisierung (bzw. schärfer: ‚Dekonstruktion') des traditionellen narrativen und motivischen Materials verkennt, wie sie im Kino und zweifellos auch im populären Film zwangsläufig geschieht.

5.2 Apokalyptische Motive im Film?

> *„Die messianische Hoffnung basiert auf der Realität der Apokalypse. Aber sie hat heute nicht mehr Realität als der Urknall. Wir werden niemals das Recht auf diese dramatische Erleuchtung haben [...] Unsere Apokalypse ist nicht real, sie ist virtuell. Und sie kommt nicht aus der Zukunft, sie findet hier und jetzt statt [...] Wir haben dieses Ende von nun an in Satellitenform gebracht, und zwar nach dem Vorbild aller Finalitäten, die früher transzendent waren und nun schlicht und einfach orbital geworden sind. Von nun an kreist das Ende unaufhörlich um uns herum. Wir sind von unserem eigenen Ende eingekreist, und wir können es nicht landen, nicht wieder auf die Erde zurückkehren lassen."*[1]
> Jean Baudrillard

5.2.1 Zur Abgrenzung des Genres ‚apokalyptischer Film'

Eine schwer überwindbare Schwierigkeit stellt sich gleich zu Beginn der Beschäftigung mit apokalyptischen Motiven im Spielfilm: die der Kategorie ‚apokalyptisch', bezogen auf den Spielfilm.[2] Folgt man den Überlegungen Jacques Derridas, die in Teil 3 der Arbeit dargestellt wurden, so müsste das Medium Film selbst qua textuelles Medium auch als implizit *apokalyptisches* bezeichnet werden. Dies gilt insofern, als in einer Mehrzahl der Filme insgesamt eine *innerhalb einzelner Szenen*, aber auch *im Verlauf des gesamten Filmes* aufgebaute Spannung zwischen Vorahnung und vom Zuschauer euphorisch begrüßter Bestätigung zu finden ist, die in bestimmten Genres wie der *Love Story* und – etwa als *Suspense* – in den verschiedensten Genres wie *Thriller* und *Krimi* noch einmal zugespitzt vorkommt und je nach Zugehörig-

---

[1] Jean BAUDRILLARD: *Die Illusion des Endes oder der Streik der Ereignisse.* Berlin (Merve) 1994, 185.
[2] Charles P. MITCHELL [*A Guide to Apocalyptic Cinema.* London (Greenwood Press) 2001] führt sieben Kategorien des apokalyptischen Films ein: (1.) Religious or Supernatural, (2.) Celestial Collision, (3.) Solar or Orbital Disruption, (4.) Nuclear War and Radioactive Fallout, (5.) Germ Warfare or Pestilence, (6.) Alien Device or Invasion und (7.) Scientific Miscalculation, und macht damit implizit das *katastrophisch-endzeitliche Element* zur Grundlage seiner Definition. In gewisser Weise muss man ihm für das Genre Spielfilm zustimmen, denn selbst eine existentielle Auseinandersetzung mit dem göttlichen Gericht am Ende der Welt wie Tarkowskijs OFFRET kommt ohne die Fiktion eines ausbrechenden Atomkrieges nicht aus, um die universale Bedeutsamkeit der existentiellen Krise seines Protagonisten zum Ausdruck zu bringen. Mitchells Band versteht sich aber lediglich als Materialsammlung auch weniger bekannter Filme mit apokalyptischem Genre in alphabetischer Reihenfolge, zu der sich jeweils eine *Annotated Cast List*, *Synopsis* (Inhaltsangabe) eine ausführliche *Critique*, die sich allerdings auf technische Details reduziert, sowie einige wenige *Representative Quotes* gesellen. Eine theologische oder auch nur motivanalytische Reflexion des Genres „Apokalyptischer Film" als solchem darf leider in dieser ansonsten einzigartigen Materialsammlung zum Thema nicht erwartet werden.

keit des Films zu Mainstream oder Autorenkino von mehr oder weniger starker Irritation der Zuschauererwartung gekennzeichnet ist. Aber auch die grundsätzlichere Erwartung einer weitreichenden ‚Offenbarung' und ‚Sinnstiftung' im Kino, das Zulaufen vieler Filme auf die finale Lösung eines Kampfes zwischen Gut und Böse oder ein Happy End[3] dürften in diesem Sinne implizite apokalyptische Strukturen des Mediums Spielfilm genannt werden. Auch Frits Tilmans begreift den Spielfilm insgesamt als apokalyptisch im Sinne einer „Reise nach außen und nach innen"[4].

Unter gezielter Abblendung der Alltagsrealität und der Jetztzeit begibt sich der Zuschauer willentlich in einen Kommunikationszusammenhang, der zu allererst von einer nahezu umfassenden Fiktionalität geprägt ist. Er liefert sich also freiwillig einer fremden Macht aus, die in der Lage ist, ihn in nicht im engeren Sinne ‚gegenwärtige' Räume und Zeiten zu führen. Die neoformalistische Filmtheorie Thompsons und Bordwells legt nahe, dass das ‚Ansehen' eines Filmes als Aufnahme und Verarbeitung des Geschehens auf der Leinwand durch den Zuschauer genauer als eine hochkomplexe, keineswegs rein affirmative, aber letztlich doch identifikatorische und damit konstruktive Verarbeitungs- und Vernetzungstätigkeit beschrieben werden kann. Man kann also den Spielfilm selbst als Medium der säkularisierten (Himmels-) Reise, der Vision und Audition begreifen.

Umgekehrt ist auf die spezifisch kinematographische Qualität der biblischen und apokryphen Apokalypsen hingewiesen worden, „mit ihren raschen Szenenwechseln und ihren wie mit einem Kameraauge eingefangenen Schilderungen"[5]. Das Medium Spielfilm scheint also als solches bereits nicht wenige Strukturanalogien zum literarischen Genre der Apokalypse aufzuweisen, wie es im zweiten Teil der Arbeit (2.4.2) in Rückgriff auf einschlägige exegetische Literatur entwickelt wurde. Ohne die Interpretationsmöglichkeiten etwa der Offenbarung des Johannes[6] zu beschränken, darf man diesem Text gegenüber anderen eher erzählenden, historischen oder poetischen Texten der Bibel eine besondere fiktionale Qualität unterstellen: Quasi experimentell wird – dezidiert unter der Vorgabe einer Orts- und Zeitveränderung des Visionärs Johannes (Himmelsreise) – ein ihn (und den Leser) unmittelbar angehendes zukünftiges Geschehen mit großem Bilderreichtum ‚durchgespielt'. Der Bezug zur Gegenwart der als ‚implizite Leser' angeschriebenen

---

[3] Vgl. Peter HASENBERG: *Die Unvermeidbarkeit des Happy End. Grundstrukturen der romantischen Komödie dargestellt am Beispiel von NOTTING HILL.* In: S. Orth/J. Valentin/R. Zwick (Hg.): Göttliche Komödien. Religiöse Dimensionen des Komischen im Kino. Köln (KIM) 2001, 29–54.
[4] TILMANS, *Bild und Interpretation*, 80f.
[5] Reinhold ZWICK: *Jüngste Tage. Variationen der Apokalypse im Film.* In: M.N. Ebertz/Ders. (Hg.): Jüngste Tage. Die Gegenwart der Apokalyptik. Freiburg (Herder) 1999, 184–226, 186.
[6] Vgl. die Ausführungen zu ‚Sitz im Leben' und der Rezeptionsmöglichkeiten dieses Textes im ersten Teil der Arbeit.

sieben Gemeinden bleibt dabei nicht ausgeblendet. Die schmerzlich erlebte Abwesenheit des gekreuzigten und auferstandenen Christus in der bedrängenden Situation dieser Gemeinden wird durch die Vision seiner glorreichen Ankunft als Weltenrichter ebenso zum ‚Oszillieren' gebracht wie die bedrohliche Macht des römischen Staates durch seine Symbolisierung in den apokalyptischen Tieren bzw. der Hure Babylon und deren antizipiertem Untergang. Der zeitgenössische Leser dieses Textes darf also in ähnlicher Weise gleichzeitig als in seiner Situation bestärkt und in Frage gestellt gedacht werden. Er musste in ähnlicher Weise die Differenz verschiedener Zeit- und Realitätsebenen intern vermitteln, wie der Zuschauer eines der im Folgenden analysierten Filme.[7]

5.2.2 Auswahlkriterien

Welche Auswahl legt sich angesichts der Allgemeinheit der skizzierten ‚apokalyptischen' Eigenschaften des Spielfilms nahe? Dem Wunsch nach einem Wiedererkennen konsistenter, aus den biblischen Texten bekannter Motivgruppen und Handlungsfolgen kann angesichts der vorliegenden Werke nur bedingt nachgekommen werden: Eine explizite ‚Verfilmung' der Geheimen Offenbarung liegt (noch) nicht vor. Aus naheliegenden Gründen kann es in dieser Arbeit also ‚nur' um Filme gehen, die einerseits eine vom Autor inhaltlich und formal eigens gekennzeichnete apokalyptische Dimension vorweisen, andererseits aber meist durch eine Lokalisierung der Handlung unter nicht-biblischen Bedingungen stehend gekennzeichnet sind.

Auch Conrad E. Oswalt nennt als Kriterium für die Aufnahme in das Genre *apocalpse-film*[8] vor allem das *Zeigen apokalyptischer Themen und Metaphorik*. Konkret benennt er folgende wiederkehrende Themen, die allerdings auf einen bestimmten zeitgenössischen Begriff des Endes aller Zeiten bei Oswalt deuten: Der zentrale Charakter sei oft eine *Führerfigur*, die das Ende durch Kampf gegen das Böse zu verhindern oder anzukündigen hat. Den Hintergrund biete ein vertrautes Szenario, das sich zunehmend oder urplötzlich in ein erschreckendes *Harmageddon* verwandele. Meist liege der Schwerpunkt auf der *Verhinderung des Endes*. Das Ganze spiele *in dieser Welt* und unterscheide sich darin von den biblischen Apokalypsen, die ins Jenseits der Zeit und Geschichte blickten. Am Ende dieses Kapitels wird sich

---

[7] Sylvain DE BLEEKERE hebt v.a. Tarkowskijs Ocuvre zwischen IWANS KINDHEIT und OFFRET als apokalyptisch hervor, wegen seiner „Offenheit für eine Ankunft, die in Bildern nicht dargestellt werden kann" (*The Religious Dimension of Cinematic Consciousness in Postmodern Culture.* In: May, New Image of Religious Film, 95–111, 102).
[8] Conrad E. OSWALT Jr.: *Hollywood and Harmageddon: Apocalyptic Themes in Recent Cinematic Presentation.* In: Joel W. Martin/Ders.: Screening the Sacred. Religion, Myth and Ideology in Popular American Film. Colorado/Oxford (Westview Press) 1995, 55–63.

zeigen, dass und inwiefern die von Oswalt genannten Themen und Motive mit Blick auf die von ausgewählten Filme eingegrenzt oder erweitertet werden müssen.

Das Vorhaben, auf breiter Basis Filme zu untersuchen, in denen in der genannten Weise explizit, aber nicht im engeren Sinne ‚biblisch' eine apokalyptische Motivik auftaucht, sprengt aber auch unseren Rahmen einer ‚theologischen Tiefenbohrung' mit motivanalytischem Schwerpunkt: Die katholische Medienstelle der Schweiz hat schon 1999 eine Liste mit insgesamt 86 Filmen zusammengestellt, welche die ganze Fülle von Arbeiten zum Thema seit dem Bestehen des Mediums, damit aber auch das Spektrum von Möglichkeiten apokalyptischer Motive, Symbole, Handlungsfolgen, Stimmungen und Atmosphären im Spielfilm aufführt. Die hier in wertvoller Kleinarbeit zusammengetragene Menge hilft allerdings in unserem Zusammenhang nicht weiter, wie vor allem der gegen Ende dieses Kapitels zu findende Überblick über das amerikanische Mainstreamkino zeigen wird. Sollen vom Spielfilm tatsächlich ernstzunehmende Impulse für eine zeitgenössische Theologie ausgehen, so muss er ein Reflexionsniveau erreichen, das sich wenigstens entfernt auf einer Höhe befindet, wie sie unter 1.4 dargestellt wurde.

Ohne die Kategorie ‚apokalyptischer Film' extern genau abzugrenzen, unterscheidet Thomas Binotto[9] intern vier formal spezifizierte Subgenres: (1.) Den *populären Endzeitfilm*[10], (2.) die *Brechung der Endzeitvision mittels satirischer Überspitzung*[11], (3.) Filme, die vor allem mit dem Stilmittel der *symbolistischen Abstraktion* arbeiten[12] sowie (4.) Filme, die *Apokalyptik vor allem als individuelle Verinnerlichung* thematisieren[13]. Diese Kategorisierung geht, abgesehen von der Spezies ‚Satirischer Film' in unserer Einteilung in Mainstreamfilm und Autorenfilm auf. Weitergehende Differenzierungen werden im Folgenden mit dem Blick auf einzelne Filme bzw. Werkbiographien ihrer Autoren vorgenommen.

Charles Martig und Matthias Loretan destillieren in einem differenziert gearbeiteten Beitrag aus der Vielzahl der im weitesten Sinne apokalyptisch zu nennenden Filme *fünf charakteristische Grundimpulse* heraus, die jeweils an einem Werk exemplarisch vorgeführt werden. Sie unterscheiden (1.) zwischen *ideologischem Dokudrama* mit letztlich verharmlosender Wirkung wie

---

[9] Thomas BINOTTO: *Viel Vergnügen beim Weltuntergang. Apokalyptische Visionen im Kino.* http://www.binotto.ch/thomas/vortraege/filmthemen/apokalypse_im_kino.html (20.12.2004).
[10] ARMAGEDDON, DEEP IMPACT, STRANGE DAYS, INDEPENDENCE DAY.
[11] DR. STRANGELOVE, MARS ATTACKS, THE BED SITTING ROOM.
[12] OFFRET, THE GARDEN, LA JETÉ, TWELVE MONKEYS.
[13] THE LAST, WAVE, NAKED, THE NAVIGATOR. Binotto liefert hier eine einigermaßen spekulative Interpretation von Terry Gilliams THE FISHER KING vor dem Hintergrund des Begriffs des ‚Nun' bei Meister Eckhart.

THE DAY AFTER, (2.) Filme in denen die *Vernichtung des Fremden* (Aliens als apokalyptische Tiere) zu Gunsten der US-amerikanischen Weltordnung propagiert wird, wie in INDEPENDENCE DAY, (3.) Filmen, die von einer im weitesten Sinne *apokalyptischen Spannung* leben – im Falle von STRANGE DAYS die Spannung zwischen Erlebnismaximierung und Überlebenskampf, (4.) Filmen, die in hochindividuellen Bildern des Endes vor allem den eigenen Tod als Krisenerfahrungen thematisieren wie AKIRO KUROSAWAS DREAMS sowie (5.) Filmen, die als Ausdruck der sogenannten *Posthistoire* die Auflösung von Historizität als nicht mehr zeitlich verortbares Nebeneinander von Szenarien ein ganz anderes ‚Ende(n) der Zeit(en)' inszenieren, wie der Film LOST HIGHWAY von David Lynch.

Nach unserer ausdrücklich im weitesten Sinne biblisch orientierten Kriteriologie kann der letzte ‚Grundimpuls' (5.) nicht mehr apokalyptisch genannt werden, die apokalyptische Spannung (3.) kennzeichnet *alle* hier bearbeiteten Filme (wenn nicht gar alle Filme überhaupt, s.o.), ideologisches Dokudrama (1.) und Filme, die die Vernichtung des Fremden legitimieren (2.), werden in Kapitel 5.4 als ‚US-amerikanische Mainstreamfilme' bearbeitet und im einzelnen kurz analysiert. Die verbleibende Kategorie (4.) scheint für die Beschreibung der vielfältigen Äußerungen des Autorenfilms, die auch durch die übrigen Kategorien nicht oder nur unzulänglich umschrieben werden, unterbestimmt.

Im Mittelpunkt unserer Untersuchungen stehen die in Teil 2 und 3 unserer Arbeit entwickelten philosophischen, theologischen, ästhetischen und ethischen Vorgaben, die einerseits das Feld der in Frage kommenden Filme eingrenzen, andererseits eine genauere Vorabcharakterisierung einzelner Filme gerade vermeiden. Erst am Ende einer ausführlichen Analyse, die sich dem individuellen Charakter des jeweiligen Werkes zuwenden kann, soll eine Gesamtschau auf verschiedene Motivgruppen und theologierelevante Themenfelder vorgenommen werden.

Im Folgenden wird also der Blick zunächst gezielt auf das *Autorenkino der achtziger und neunziger Jahre* gerichtet werden (5.3), insofern es mit großer Sensibilität für sozioökonomische und kulturelle Entwicklungen die Herausforderung, die mit dem möglicherweise nahen Ende des eigenen Lebens und dem Ende der Welt existentiell verbunden ist, aufnimmt und experimentell oder narrativ umsetzt. Das heißt vor allem auch, dass die zu Recht in anderem Zusammenhang beklagte „kupierte Apokalyptik"[14] vermieden werden sollte, wenngleich aber – soviel sei hier vorweggenommen – *alle* im

---

[14] Im Sinne des heute nahezu alltäglichen Wortgebrauchs des Wortes ‚apokalyptisch', das gemeinhin ein Unheil bezeichnet, dem kein neuer Heilszustand mehr folgt. Vgl. dazu: Klaus VONDUNG: *Inversion der Geschichte. Zur Struktur des apokalyptischen Geschichtsdenkens*. In: D. Kamper/C. Wulf (Hg.): Das Heilige. Seine Spur in der Moderne. Frankfurt a.M. (athenäum) 1987, 600–623.

5. Jenseits im Präsens – Apokalypse im Film

Folgenden analysierten Filme untereinander eine deutliche Verbindung und gleichzeitig gegenüber der christlichen Verheißung im engeren Sinne eine Distanz aufweisen: Sie alle schildern letztlich die *Vermeidung* des jüngsten Gerichtes und einer Vernichtung unserer Welt, nicht ohne die Verheißung eines neuen Himmels und einer neuen Erde (mehr oder weniger ausdrücklich) zu thematisieren, die nicht auf ein Jenseits gerichtet ist. Letzteres gilt über den Autorenfilm hinaus auch und im Besonderen für die Filme des US-amerikanischen Mainstreamkinos (5.4), die aufgrund ihrer großen Verbreitung sowie wegen der zu erwartenden diagnostischen Wirkung nicht ausgelassen werden können.

Um einen Dialog mit der Theologie zu erleichtern und um die zugrundeliegende Kriteriologie transparent zu halten, galt als wichtigstes Kriterium der Auswahl die Verwendung eines biblisch-apokalyptischen *codes* im Ecoschen bzw. apokalyptischer *cues* im Bordwellschen Sinne. Dazu gehören folgende Elemente, von denen immer mehrere, meist aber nicht alle in den untersuchten Filmen angetroffen werden können: Eine *Katastrophe* weitreichenden Ausmaßes, ein drohendes ‚*Ende der Zeiten*' und damit eng verbunden: die Frage nach *persönlicher Verantwortung, universaler Gerechtigkeit* und *Reinigung* bzw. *Versöhnung* (Rettung der Verlorenen der Geschichte). An ‚Figuren' können vorkommen: ein *Richter/Erlöser,* die *(himmlische) Frau* bzw. die *große Hure,* der *Drache* bzw. *Antichrist*, sowie *apokalyptisches Feuer.*[15]

---

[15] Unberücksichtigt blieben sogenannte ‚postapokalyptische' Filme jüngeren Datums wie TERMINATOR I/II, TWELVE MONKEYS, MATRIX, die MAD MAX Trilogie, WATERWORLD etc. Die Kategorie ‚postapokalyptisch' macht den Grund des Ausschlusses bereits deutlich: Christlich ist die Perspektive eines ‚Nach' der Apokalypse nur als das ‚Nach' einer grundstürzenden Begegnung Gottes mit dem einzelnen Menschen und der Welt als Ganzer nach dem Ende der Zeiten (‚Gericht') zu denken. Alle genannten Filme spielen jedoch lediglich mit der Vision einer alles vernichtenden Katastrophe, die von wenigen Individuen unter extremen (TWELVE MONKEYS) oder extrem entwürdigenden (MATRIX) Bedingungen überlebt wurde. Einige entwickeln wesentliche Spannungsmomente aus der Vorstellung, mit Hilfe einer Zeitmaschine reist ein einzelner Kundschafter aus der Zukunft zurück in die Gegenwart, um die – ihm ja bereits bekannte – Katastrophe, etwa durch das gewaltsame Ausschalten der Übeltäter (TERMINATOR I) oder durch rettendes Eingreifen anderer Art (TWELVE MONKEYS) ‚*ex post*' zu verhindern. Die damit verbundenen logischen Schwierigkeiten (sog. Großvater-Paradox) werden in TERMINATOR ignoriert, in TWELVE MONKEYS in der narrativen Umsetzung verwirrender logischer Brüche thematisiert und können dann den eigentlichen Reiz des Filmes ausmachen, wenn sich schließlich herausstellt, dass die Katastrophe gar nicht eingetreten wäre, hätte nicht ein Kundschafter aus der Zukunft versucht, sie zu verhindern.

5.2.3 Zur Vorgeschichte des zeitgenössischen apokalyptischen Films

Der apokalyptische Film im weiten Sinne ist keine Erfindung der letzten Jahrzehnte, wenn auch in der Zeit unmittelbar vor dem ‚Jahrtausendwechsel' eine Vielzahl dieser Filme produziert wurde. Das Thema des Weltuntergangs etwa begleitet die Geschichte des Films von Anfang an. Besonders der expressionistische Film der zwanziger Jahre ist hier zu nennen, in dem sich der Abgrund auftut, an dessen Rand die *roaring twenties* sich von Anfang an bewegten. Titel wie DAS CABINET DES DR. CALIGARI, DER GOLEM, WIE ER IN DIE WELT KAM, aber auch Friedrich Murnaus FAUST-Film und Fritz Langs METROPOLIS[16] sind hier zu nennen. In den fünfziger und sechziger Jahren häufen sich in den USA dann Science-Fiction-Filme, in denen Außerirdische versuchen, die Welt zu vernichten: Nachwehen der Weltkriegserfahrung und Verarbeitungen des damals beginnenden Kalten Krieges. Diese zahllosen Filme – oft minderer Qualität – gipfeln meist in der Notwendigkeit, gegen die Außerirdischen die Atombombe oder andere schwere Waffen einzusetzen. Das gilt für Titel wie THE WAR OF THE WORLDS oder INVASION OF THE BODYSNATCHERS[17], die man sicher auch als Ausdruck unbewusster Ängste verstehen darf. Mit der Zuspitzung der Aufrüstung und der Friedens- und Ökologiebewegung in den frühen achtziger Jahren häufen sich Filme, in denen selbstkritisch die *Gefahren* des Atombombeneinsatzes und der Umweltbelastung in den Vordergrund treten. Die selbstgemachte Vernichtung unseres Planeten wird als apokalyptische Bedrohung erlebt. Viele erinnern sich an THE DAY AFTER[18], einen Film, den man eher als postapokalyptisch bezeichnen müsste, weil er eben den Tag nach der Atomkatastrophe beschreibt. Aber auch bereits Stanley Kubricks Meisterwerk von 1963, DR. SELTSAM ODER WIE ICH LERNTE DIE BOMBE ZU LIEBEN[19], in dem unmittelbar nach der Kuba-Krise die atomare Weltvernichtung durch einen Wahnsinnigen durchgespielt und die Politik des uneingeschränkten Wettrüstens in ihrer

---

[16] DAS CABINET DES DR. CALIGARI, R. Wiene, Deutschland 1919; DER GOLEM, WIE ER IN DIE WELT KAM, P. Wegener, Deutschland 1920; FAUST – EINE DEUTSCHE VOLKSSAGE, F.-W. Murnau, Deutschland 1925/26; METROPOLIS, F. Lang, Deutschland 1925/26.
[17] THE WAR OF THE WORLDS, B. Haskin, USA 1953; INVASION OF THE BODYSNATCHERS, D. Siegel, USA 1956.
[18] THE DAY AFTER, N. Meyer, USA 1983. Filme, die mit dem Ziel politischer Signalwirkung primär Atom- und andere ökologische Katastrophen-Szenarien ausmalen, können uns trotz ihrer Bedeutsamkeit hier ebenfalls nur am Rande beschäftigen. Geht es doch, bei aller Glaubens- und Theologierelevanz politischer und ökologischer Tatsachen hier nicht um Apokalypse im eigentlichen Sinne, sondern um die vom Menschen selbstgemachte Zerstörung seiner Lebensgrundlagen. In den meisten Fällen wird die damit verbundene Sinnfrage zugunsten einer Ermahnung zu Abrüstung, Ausstieg aus der Atomwirtschaft oder Bewahrung der Schöpfung in den Hintergrund gedrängt.
[19] DR. STRANGELOVE OR HOW I LEARNED TO STOP WORRYING AND LOVE, S. Kubrick, USA 1963.

Absurdität und Gefährlichkeit demaskiert wird, kann als apokalyptischer Film in diesem Sinne gelten.

Im Westen zunächst weniger bekannt, aber für das osteuropäische Kino bis heute eine bedeutende Inspirationsquelle sind die Filme des Russen Andrej Tarkowskij. Sie müssen in gewisser Weise als sowjetisches Pendant zur cineastischen Verarbeitung der Nuklearängste im Westen gelesen werden, ohne dass sie sich auf tagespolitische Kommentare reduzieren ließen. Im Gegenteil – vor dem Hintergrund eines symbolistischen Kunstbegriffs versucht Tarkowskij nichts weniger als eine großangelegte Kultur- und Zivilisationskritik aus den Wurzeln russisch-christlicher Spiritualität und Literatur. Dies geschieht bereits seit seinen ersten Filmen in den sechziger Jahren und in so existentieller wie künstlerisch innovativer Weise explizit in seinem letzten Film OFFRET, dem eine ausführliche Analyse gewidmet ist (5.3.3). In Tarkowskijs Nachfolge haben renommierte Regisseure wie Konstantin Lopuschanski und Alexander Sokurov die apokalyptische Motivik seiner Filme teilweise radikalisiert, teilweise manieristisch weiterentwickelt[20], nicht ohne an der Plakativität des apokalyptischen Sujets bisweilen auch zu scheitern[21].

Ein ausgesprochen bemerkenswertes Phänomen im Feld des apokalyptischen Films im engeren Sinne stellt das Werk des britischen Künstlers, politischen Aktivisten und Filmemachers Derek Jarman dar. Unter dem ökonomischen Druck der politisch regressiven Thatcher-Regierung im Großbritannien der späten achtziger und frühen neunziger Jahre entwickelt er eine Bildsprache, die sich – aus der Homosexuellenbewegung und einem arkadischen Bewusstsein altenglischer Ideale herkommend – zunehmend überzeugend christlicher Bildwelten bedient, um politischen Protest und christozentrische Apokalypse an der Grenze zwischen narrativem und experimentellem Kino zu verschmelzen.

Nach dem Ende des Kalten Krieges kam es schließlich zu einer signifikanten Häufung *explizit katastrophischer* Motive im Spielfilm der westlichen Hemisphäre. Besonders große Hollywoodproduktionen versuchten offenbar, von einem sich bereits Mitte der neunziger Jahre abzeichnenden überdimensionalen Medieninteresse am ‚Jahrtausendwechsel', der meist kalendarisch falsch, aber offenbar emotional treffend auf den 31.12.1999 datiert wurde, aber auch von einer in Hollywood seit jeher gepflegten „Angstlust am Unter-

---

[20] Von Alexander Sokurow sind hier zu nennen: TAGE DER FINSTERNIS, UdSSR 1988; KAMEN – DER STEIN, Russland 1992; von Konstantin Lopuschanski: BRIEFE EINES TOTEN, UdSSR 1986; APOKALYPTISCHE TRÄUME – EINE RUSSISCHE SYMPHONIE, Russland/Frankreich/Deutschland 1994. Vgl. dazu auch: Karsten VISARIUS: *Apokalyptischer Karneval. Zu Konstantin Lopuschanskis Russkaja Sinfonia.* In: M. Frölich/R. Middel/K. Visarius (Hg.): Nach dem Ende. Auflösung und Untergänge im Kino an der Jahrtausendwende (Arnoldshainer Filmgespräche 17). Marburg (Schüren) 2001, 163–175.
[21] DER MUSEUMSBESUCHER, K. Lopuschanski, UdSSR/BR Deutschland 1989.

gang"²² zu profitieren. In ihrer Motivik speisten sich viele Filme aus den Bildtableaus des *fin de siécle*²³ der letzten Jahrhundertwende, andere knüpften an den Science Fiction-Film an, der bereits durch seine Anlage in einem ‚anderen Äon', der mehr oder weniger fernen Zukunft nämlich, spielt²⁴. Einen Gutteil ihrer Reize beziehen sie aus den mit dem fiktiven Zeitsprung in Ausstattung und Technik gegebenen cineastischen Möglichkeiten. Weitere Filme dürfen als *quantitativ* und mit Hilfe neuerer filmtechnischer Möglichkeiten auch *qualitativ* bis an die Grenze des Vorstellbaren, nämlich bis zur Vernichtung der ganzen Erde als Lebensraum, gesteigerte Katastrophenfilme²⁵ gelten, treten aber vor allem durch eine *graduelle* Steigerung des inszenierten Flugzeugabsturzes, der Brandkatastrophe oder eines Weltkriegsszenarios in das Genre des ‚apokalyptischen Filmes' ein. Bedeutsam scheint darüber hinaus die Erzeugung eines *technischen Erhabenen* zu sein, das im Sinne einer autoaffektiven, letztlich phantasmatischen (Über-)Steigerung der eigenen (männlich-technischen) Potenz zur Popularität dieser Filme Wesentliches beiträgt. Dass in diesem Punkt Parallelen zu einer bestimmten Versuchung des apokalyptischen Genres im Allgemeinen liegen, wurde bereits in Teil 3 der Arbeit deutlich. Eine Ausnahme stellt hier der Film CONTACT²⁶ dar, dem ohne Aufbietung ultimativer finanzieller und technischer Mittel eine nachdenklich stimmende Reflexion über die Vermittelbarkeit astraler Jenseitserfahrung und eine in ihrem Minimalismus überzeugendere Darstellung der Kommunikationsmöglichkeiten mit nicht nur technisch intelligenteren

---

²² ZWICK, *Jüngste Tage*, 190.
²³ „Es herrscht eine Renaissance von décadence und gothic fiction, von Irrationalität und Schwarzer Romantik. Diese Tendenz beschränkt sich weder auf jene klassischen Genres, in denen sie latent fortlebte, wie z.b. den klassischen Horrorfilm, noch auf Phänomene der Subkultur. Tatsächlich lebt im programmatisch eingeläuteten Millennium der Geist eines neuen *fin de siècle*, der vom Mainstream diesseits und jenseits des Ozeans Besitz ergriffen hat." Marcus STIGLEGGER: *Fin de Siècle – Fin du Globe. Endzeitstimmung im Film der neunziger Jahre*. In: film-dienst 21/98, 4–8, 5. Wie Gregory Fuller markant belegen konnte, ist Endzeitstimmung überhaupt eines der sich durchhaltenden Merkmale der bildenden Kunst der Moderne: Gregory FULLER: *Endzeitstimmung. Düstere Bilder in goldener Zeit*. Köln (DuMont) 1991. Vgl. zur Apokalyptik in der Literatur auch: G.E. GRIMM/W. FAULSTICH/P. KUON (Hg.): *Apokalypse. Weltuntergangsvisionen in der Literatur des 20. Jahrhunderts*. Frankfurt a.M. (Suhrkamp) 1986; Joan Kristin BLEICHER: *Zwischen Erlösung und Apokalypse. Das Ende der Welt in der Gegenwartsliteratur*. In: C.P. Thiede (Hg.): Zu hoffen wider alle Hoffnung. Endzeiterwartung und menschliches Leid in der neueren Literatur. Paderborn (Bonifatius) 1996, 47–64. Für die bildende Kunst exemplarisch: E. HALTER/M. MÜLLER (Hg.): *Der Weltuntergang* (Ausstellungskatalog mit Lesebuch). Zürich (Offizin) 1999. Bemerkenswert ist hierbei, wie sehr sich die beschriebenen soziokulturellen Entstehungsbedingungen der endzeitlichen Motivik in den verschiedenen Epochen des zwanzigsten Jahrhunderts in Film, Literatur und bildender Kunst trotz der Verschiedenheit der Medien gleichen.
²⁴ Georg SEESSLEN: *Science Fiction*. Marburg (Schüren) 2000.
²⁵ Ein Genre das seine Blüte in den siebziger und frühen achtziger Jahren erreichte, vgl. etwa EARTHQUAKE, M. Robson, USA 1974.
²⁶ Robert Zemeckis, USA 1999.

Außerirdischen gelungen ist, und der dabei auch religiöse Töne anstimmt, ohne jedoch die explizit apokalyptischen Themenbereiche oder Motive weiter auszuarbeiten.

Nur in den seltensten Fällen wurden im populären Film allerdings tatsächliche gesellschaftliche Probleme wie die Umweltzerstörung (THE LAST WAVE[27]), soziale Ungerechtigkeit und daran anknüpfende Gewalt (STRANGE DAYS[28]) oder die naheliegende existentielle Frage nach persönlicher Verantwortung und eigenem Tod (BOOK OF LIFE[29]) und damit die präsentische Relevanz einer Konfrontation mit dem Ende der eigenen Lebenszeit und der Weltzeit im Ganzen thematisiert. Vielmehr ist es der Reiz einer phantasmatischen Projektion irrealer Bedrohungen (Meteoriteneinschlag, Angriff durch ‚Aliens') und ihre Abwendung mit den Kräften des technisch-militärischen Fortschritts, bzw. durch den heldenhaften Einsatz ‚typisch amerikanischer' Tugenden, also die *Abwendung des Weltendes*, was in den genannten Filmen narrativ und meist unter Einsatz der letzten film- und computertechnischen Möglichkeiten ins Bild gesetzt wird.

Im Folgenden soll nun das Werk Andrej Tarkowskijs (5.3.1–3) und Derek Jarmans (5.3.4) ausführlicher als Ganzes, sowie die Filme STRANGE DAYS von Kathryn Bigelow (5.3.5) und BOOK OF LIFE von Hal Hartley (5.3.6) im Einzelnen analysiert und auf ihre apokalyptischen Gehalte untersucht werden. Eine Überblicksdarstellung widmet sich apokalyptischen Motiven im US-amerikanischen Mainstreamfilm der letzten Jahre (5.4). Abschließend soll der theologische Ertrag erhoben werden (5.5).

---

[27] Peter Weir, Austr. 1977. Wenn der Film des Australiers auch im Kontext zeitgenössischer Überblicksdarstellungen zu Endzeitvisionen im Film vielfältig gewürdigt wird [vgl. etwa: Charles MARTIG: *Filmische Apokalypsen. Wie das Kino dem Ende der Zeit entgegenfiebert.* In: HerrKorr 54 (2000), 32–38], so kommt er doch für unsere Untersuchung nicht in Betracht, weil er den religionsgeschichtlichen Background für seine Erzählung ausdrücklich der Religion der Aborigines und dem naturreligiös-zyklischen Weltbild der „Traumzeit" entlehnt. Ein religiöser Code im Sinne der christlichen Vorstellung eines endgültigen Gerichtes findet sich im Film dezidiert nicht.
[28] Kathryn Bigelow, USA 1998.
[29] Hal Hartley, USA/Frankreich 1998.

5.3 Apokalyptik und Verantwortung im Autorenfilm

5.3.1 Andrej Tarkowskij – Leben und Werk

> *„Stawrogin: In der Apokalypse verkündet der Engel, daß es keine Zeit mehr geben werde.*
> *Kirillow: Ich weiß. Das steht dort sehr nachdrücklich, unmißverständlich und klar. Wenn jeder Mensch glücklich ist, dann wird es auch keine Zeit mehr geben, weil sie dann gar nicht mehr gebraucht wird. Ein sehr richtiger Gedanke.*
> *Stawrogin: Man wird sie nirgends verstecken. Die Zeit ist schließlich kein Ding, sondern eine Idee."*[1]
>
> Fjodor M. Dostojewskij

Der 1986 kurz nach der Uraufführung seines letzten Filmes DAS OPFER (OFFRET) im Alter von 54 Jahren[2] verstorbene russische Filmkünstler Andrej Tarkowskij[3] gehört zu den umstrittensten und faszinierendsten Regisseuren der letzten Jahrzehnte. Geprägt von der platonischen Ästhetik der orthodoxen Ikonenmalerei[4] wurde er in der Sowjetunion wegen seiner ungewohnten formalen Mittel und wegen der religiösen Thematik seiner Filme mehrfach Opfer der Zensur. Nach Jahren der zermürbenden Schikane von Seiten des staatlichen Komitees für das Filmwesen beim Ministerrat der UdSSR, *Goskino*[5], blieb er 1982 im Westen, nachdem er endlich für seinen vorletzten Film NOSTALGHIA, eine russisch-italienische Koproduktion, die Dreherlaubnis in Italien erhalten hatte.

Doch in Europa wurde seine Bildsprache ebenfalls von vielen abgelehnt, seine Filme trotz diverser bedeutender Auszeichnungen immer wieder als „vormodern" und er selbst als „Metaphysiker" abgestempelt.[6] Andere – im

---

[1] Fjodor M. DOSTOJEWSKIJ: *Die Dämonen*. München (dtv) [5]1982, ohne Seitenangabe zitiert: Andrej Tarkowskij: Die versiegelte Zeit. München (Ullstein) 2000, 60.
[2] Am 4. April 1932 wurde er in Zawraschje an der Wolga als Sohn des Lyrikers Arsenij Tarkowskij und der später als Korrektorin arbeitenden Maja Iwanowna Wischnjakowa geboren.
[3] Tarkowskij hatte Musik und Malerei studiert, danach orientalische Sprachen, und war als Geologe durch Sibirien gereist, bevor er 1961 an der Moskauer Filmhochschule als Schüler des berühmten Michail Romm sein Examen bestand. Seine Diplomarbeit war der Kurzfilm DIE WALZE UND DIE GEIGE.
[4] Das Werk des 1937 im Gulag umgekommenen orthodoxen Priesters, Naturwissenschaftlers und Philosophen Pavel FLORENSKIJ: *Die Ikonostase. Urbild und Grenzerlebnis im revolutionären Rußland*. Stuttgart (Urachhaus) [2]1990 bietet nach Tarkowskijs Auskunft einen wesentlichen Hintergrund seiner Arbeit. Vgl. TARKOWSKIJ, *Versiegelte Zeit*, 88f.
[5] V.a. wegen der immer wiederkehrenden religiösen Thematik und Motivik in seinen Filmen, die bereits seit seinem lange unter Verschluss gehaltenen zweiten großen Film über den Ikonenmaler ANDREJ RUBLJOW (UdSSR 1966–1969) nur als affirmativ gedeutet werden konnten.
[6] Vgl. v.a.: Klaus KREIMEIER: *Kommentierte Filmografie*. In: Andrej Tarkowskij. Reihe Film 39.

Osten wie im Westen – verehren ihn bis heute als Genie und Revolutionär des Films. Trotzdem ist bis heute die medientheoretische Literatur zu Tarkowskij ausgesprochen überschaubar geblieben[7]. Tarkowskij hat sich auch ausführlich theoretisch zu seinen Arbeiten geäußert und so eine poetisch verfasste symbolistische Theorie des Films vorgelegt. Eine derart prononcierte Äußerung kann bei der Analyse seines letzten Werkes nicht vernachlässigt werden, weshalb zunächst Tarkowskijs Filmtheorie und die Motivik und Thematik seiner ersten sechs Filme in den Blick genommen werden soll, bevor OFFRET als apokalyptischer Film untersucht wird.

Tarkowskijs formales Arbeiten

Bei Tarkowskij stehen wir vor einem Werk, das sich in unmittelbarer Konfrontation mit dem amerikanischen Filmschaffen definiert. Mehrfach betont Tarkowskij, den man nicht anders denn als ‚Autorenfilmer' bezeichnen kann[8], dass seine Auffassung vom Film von Anfang an nichts mit amerikanischen Abenteuerstreifen zu tun hatte, ja sich in ausdrücklicher Opposition zu diesen entwickelte: „Von IWANS KINDHEIT bis zu STALKER bemühte ich mich, äußerlicher Bewegtheit aus dem Weg zu gehen und die Handlung immer mehr auf die klassischen drei Einheiten Ort, Zeit und Raum hin zu konzentrieren."[9]

Tarkowskij wollte zunächst die Dinge so filmen ‚wie sie sind'. Er wollte die Landschaft Landschaft sein lassen. Die handelnden Figuren und Gegenstände sollten *als solche* und nicht *als Symbole* für etwas wahrgenommen werden. Dennoch sind seine Filme vielfach in diesem Sinne gedeutet worden: Man hat nach geheimen Botschaften gesucht und ‚metaphysische Wahrheiten' entschlüsseln wollen. Es geht Tarkowskij jedoch trotz seiner orthodoxen Herkunft weniger um eine geheimnisvolle Essenz irgendwo hinter der Wirklichkeit oder um eine rationalistische Deutung der gezeigten Film-Bilder, sondern um die sichtbaren Phänomene, die sich einer rationalen Erklärung gerade entziehen und mit ihrer ‚Unverständlichkeit' auf die Unabgeschlos-

---

München/Wien (Hanser) 1987, 81–181.
[7] Die vorliegende deutschsprachige Literatur konzentriert sich in der Mitte der achtziger Jahre. Danach folgt ein großes publizistisches Schweigen über Tarkowskij, höchstens noch unterbrochen von Texten anlässlich seines 70. Geburtstages 2002 und der Arbeit von Hans Dieter JÜNGER [*Kunst der Zeit und des Erinnerns. Andrej Tarkowskijs Konzept des Films.* Ostfildern (edition tertium) 1995], der im Vorwort Tarkowskijs Filmwerk noch neun Jahre nach dessen Tod als „kaum erschlossen" bezeichnen konnte. Eine in einer wissenschaftlichen Arbeit schwer dokumentier- und diskutierbare Ausnahme bildet allerdings die internationale und polyglotte Andrej Tarkowskij-Page www.nostalghia.com (20.12.2004), die mit einer Vielzahl von Texten und Links aufzuwarten hat.
[8] So u.a. Peter HASENBERG: *The ‚Religious' in Film: From King of Kings to The Fisher King.* In: May, New Image of Religious Film, 41–56, 53.
[9] TARKOWSKIJ, *Versiegelte Zeit*, 209.

senheit irdischer Existenz überhaupt, auf die Vergänglichkeit und Begrenztheit menschlichen Erkennens und Handelns hinweisen[10]. Insofern stand Tarkowskij der Bewegung der (russischen) Symbolisten in Literatur und bildender Kunst nahe, für die Wort und Bild Träger einer letztlich nicht rationalisierbaren ‚dynamischen Energie' waren. Sie setzten auf Gefühl und Subjektivität als nicht mehr reduzierbare Größen.[11] In diesem Sinne zitiert Tarkowskij zustimmend den Theoretiker des Symbolismus, Wjatscheslaw Iwanowitsch Iwanow (1866–1949), will jedoch anstelle von „Symbol" „(Film)-Bild" lesen: „Das Symbol ist nur dann ein wahres Symbol, wenn es in seiner Bedeutung unerschöpflich und grenzenlos ist. Wenn es in seiner geheimen (hieratischen und magischen) Sprache Andeutungen und Suggestionen auf etwas Unaussprechliches, nicht in Worte zu Fassendes ausspricht. Es ist vielgesichtig, vieldeutig und stets dunkel in seiner letzten Tiefe. [...] Symbole sind unbegreiflich und mit Worten nicht wiederzugeben".[12]

Wer Tarkowskijs Filme IWANS KINDHEIT[13], ANDREJ RUBLJOW[14], SOLARIS[15], DER SPIEGEL[16] oder STALKER[17] kennt, wird bestätigen, dass der un-

---

[10] „Das künstlerische Bild kann aber nicht einseitig sein: Um sich tatsächlich wahrhaftig nennen zu können, muß es die dialektische Widersprüchlichkeit der Erscheinungen in sich vereinigen." *Versiegelte Zeit*, 57.

[11] Rolf-Dieter KLUGE: *Der russische Symbolismus. Bibliographie, Kommentar, Texte. Eine Arbeitshilfe für Studium und Lehre.* Tübingen (Skripten des Slavischen Seminars der Universität Tübingen 24) [4]1997; Christa EBERT: *Symbolismus in Russland. Zur Romanprosa Sologubs, Remisows, Belys.* Berlin (Akademie Verlag) 1988.

[12] TARKOWSKIJ, *Versiegelte Zeit*, 111.

[13] UdSSR, 1962. Ein zwölfjähriger Waisenjunge wird im Zweiten Weltkrieg Kundschafter der Rotarmisten an der Ukrainefront und findet dabei den Tod. Der Film zeichnet sich vor allem durch grandiose Bilder und die Integration hoffnungstiftender Traumszenen in die ansonsten bedrückende Kriegsszenerie zwischen den Fronten aus. Quelle auch für die folgenden Kurzbeschreibungen: Lexikon des internationalen Films 2000/2001 (CD-ROM) teilweise leicht gekürzt.

[14] UdSSR, 1966–69. Tarkowskijs Monumentalwerk (185 min) schildert den Lebensweg des legendären Ikonenmalers Andrej Rubljow (etwa 1360–1430) in acht Kapiteln: Rubljow, an humanistisch-aufklärerischen Ideen orientiert, wird Zeuge der menschenverachtenden Machtund Kriegspolitik seiner Auftraggeber; Verantwortungsbewusstsein, Schuldgefühle und Selbstzweifel stürzen ihn in eine schöpferische Krise, bilden zugleich jedoch die Triebfeder für eine jahrelange Auseinandersetzung mit der problematischen Position des Künstlers in Politik und Gesellschaft. Der facettenreiche Film, dessen Bilder zugleich von realistischer Schärfe und poetischer Vielschichtigkeit sind, verweigert sich einer voreiligen Ideologisierung, meditiert vielmehr differenziert über die Zusammenhänge von Kreativität und Spiritualität – was dem Regisseur das Missfallen der sowjetischen Behörden einhandelte, die den Film als „künstlerisch unausgereift" bis Ende 1971 zurückhielten.

[15] UdSSR, 1972. Ein Psychologe wird zum Planeten Solaris geschickt, um unerklärlichen Vorkommnissen auf der dortigen Forschungsstation nachzuspüren. Die Konfrontation mit einer absolut fremden Lebensform (der Planet spiegelt die Erinnerungen, Ängste und Wünsche der Raumfahrer zurück) wird für die Besatzung des Raumschiffs zur Reise in die Innenwelt ihrer eigenen Kultur. Nach dem Science-Fiction-Roman von Stanislaw Lem.

[16] UdSSR, 1975. Ein Mann, Sohn geschiedener Eltern, auf der Suche nach der verlorenen Zeit und nach der eigenen Identität. Das private Schicksal ist verbunden mit den gesellschaftlichen

voreingenommene Zuschauer kaum umhinkommt, den dargestellten rätselhaften Konstellationen so ratlos wie fasziniert nachzuhängen. Ähnliches gilt für seinen vorletzten Film NOSTALGHIA[18]: Der Film ist der Zuschauerin immer einen Schritt voraus, verhüllt sich in immer neue, überraschende oder bedrohliche Metaphoriken und Handlungswendungen, wenn überhaupt von einer oder doch Bruchstücken einer linearen Handlung gesprochen werden kann. Erst wenn man es aufgibt, schlüssige Gesamtzusammenhänge abschließend verstehen zu wollen, lineare Abläufe zu suchen und klare ‚messages' zu entschlüsseln, wenn man es wagt, die eigene subjektive Sichtweise seiner Filme als kalkuliertes Element zu akzeptieren; erst wenn der Wunsch nach Analyse und Verstehen einer linearen Handlung zur Ruhe gekommen ist, zeigen sich Tarkowskijs Filme als das, was sie sind: atmosphärisch dichte Gemälde, deren Wirkung oft unter der Schwelle des Sagbaren bleibt. Sie transportieren Bilder von großer Schönheit. Gleichwohl wirken sie niemals romantizistisch oder gar kitschig. Hier werden eher Assoziationsfelder eröffnet als Gedankengänge zu Ende geführt. Klaus Kreimeier nennt dieses Verfahren in seiner kommentierten Filmographie „metaphorische Authentizität" und meint damit ein „sinnliches Interesse am Gegenstand, das Geschichte nicht im Sinne archäologischer Detailtreue rekonstruiert, sondern sie als atmosphärisch dichte Struktur erfahrbar macht."[19] Hans-Joachim Schlegel

---

Erschütterungen und Umbrüchen der Sowjetunion zwischen 1930 und den späten siebziger Jahren. Andrej Tarkowskij folgt in seinem stark autobiographisch bestimmten Film der verschlungenen Struktur eines Bewusstseins und setzt an die Stelle linearer Erzähllogik die poetische Brechung und Reflexion: So gleicht DER SPIEGEL einem komplexen System sich gegenseitig kommentierender Spiegelbilder, die mit hoher Kunstfertigkeit ineinandergefügt sind. Der Film brachte dem Regisseur in der UdSSR den Vorwurf des ‚Subjektivismus' ein.
[17] UdSSR, 1978/79. Unter der Führung des ‚Stalkers', eines Pfadfinders und Ortskundigen, der am Rande der Welt in einer vom Verfall gezeichneten Industrielandschaft lebt, begeben sich ein Wissenschaftler und ein Schriftsteller in die mysteriöse ‚Zone', wo es angeblich einen Ort geben soll, an dem die geheimsten Wünsche in Erfüllung gehen. Die Expedition wird zur Reise in die Innenwelt der Protagonisten und zum Panorama einer gottverlassenen europäischen Zivilisation. Die ablehnende Reaktion des kommunistischen Apparats auf die eigenwillige Ästhetik seiner Filmsprache, die sich jedem oberflächlichen Realismus verweigert, nötigte Tarkowskij 1982 zur Emigration aus der Sowjetunion.
[18] Italien, 1982/83. Der russische Schriftsteller Andrej reist durch Italien auf den Spuren eines russischen Komponisten des 19. Jahrhunderts, dessen Biografie er schreiben will. Das Erlebnis der fremden Landschaft und Kultur, die übermächtige Erinnerung an die Heimat und die Begegnung mit dem geisteskranken Sonderling Domenico treiben ihn in eine auswegslose Isolation und Schwermut mit tödlichem Ausgang. In seinem ersten im Ausland entstandenen Film meditiert Andrej Tarkowskij über das profunde Gefühl der „Nostalghia": die Sehnsucht nach der verlorenen geographischen wie spirituellen Heimat, der Schmerz über die Kommunikationsunfähigkeit der technokratischen Welt, die verzweifelte Suche nach dem metaphysischen Sinngehalt alltäglicher Dinge und Wahrnehmungen. Eine Traumreise durch die Bruchstellen der abendländischen Kultur – mit suggestiven Bildvisionen, die von einem dicht geflochtenen Netz religiöser und literarischer Querverweise kommentiert werden.
[19] KREIMEIER, Kommentierte Filmografie, 109; Maja Josifowna TUROWSKAJA/Felicitas

spricht von Tarkowskij als „antiavantgardistischem Avantgardisten", der sich immer wieder gegen den Formalismus und die Filmkritik gewendet und den „naiven Zuschauer" gefordert habe. Genau diese Züge aber zogen den Argwohn (und das Unverständnis) der westlichen Kritiker auf sich. Tarkowskij galt als slawophil, vormodern und antiwestlich.[20]

Fremde Stimmen über Tarkowskijs Werk
Zu Recht beschreibt die russische Filmkritikerin Maja Turowskaja die Tendenz Tarkowskijs „als fortschreitendes Abrücken von jeder äußeren Handlung unter gleichzeitiger Vermehrung des Gehalts"[21] – eine Entwicklung, die allerdings gerade von seinem letzten Film OFFRET konterkariert wird.

Der Versuch von Felicitas Allardt-Nostitz, Tarkowskijs Kino als „Nachfahre der deutschen Romantik"[22] zu verstehen, krankt dagegen an der damit verbundenen Annahme einer re-präsentierend gedachten Verbindung zwischen psychischen Vorgängen und ‚äußerer Wirklichkeit', die die Emotionen stärker anspreche als die Rationalität. Eine Umschreibung, die bereits den Grundanliegen der deutschen Romantik kaum gerecht werden dürfte, das Raum-Zeit-Konzept Tarkowskijs, seine Motivik und Formsprache aber noch weniger trifft. Allardt-Nostitz musste dann auch einräumen, dass ihr Unterfangen „mit Tarkowskijs Wohlwollen nicht rechnen"[23] dürfe.

Hartmut Böhme versucht Tarkowskij in einer ähnlichen Vereinnahmungsbewegung in der Nachfolge des abendländisch weitverbreiteten ‚Vanitas-Motivs' zu verorten, also als Abgesang auf die Vergänglichkeit aller menschlichen Existenz zu verstehen. Dieser Zugang erscheint jedoch als zu negativ angesichts verbaler und filmischer Plädoyers Tarkowskijs für den Vollzug einer erlösenden Handlung vor allem in seinen beiden letzten Filmen. In den ersten Filmen dominiert dagegen das Konzept einer rettenden Erinnerung: Der filmischen Vergegenwärtigung der Vergangenheit, etwa des unmenschlichen „großen vaterländischen Krieges" in IWANS KINDHEIT, der gewaltsamen russischen Geschichte, die doch die tiefe Spiritualität der Ikonen und die ihre Ästhetik fundierende ethisch-christliche Grundhaltung hervorgebracht hatte (ANDREJ RUBLJEW) sowie seines eigenen Lebens (DER SPIEGEL) wird eine rettende Kraft zugesprochen. Böhme übergeht also nicht nur die in Tarkowskijs Werk unübersehbare Frage nach Verantwortung, sondern auch verschiedene Andeutungen einer universalen ‚Erlösung' durch

---

ALLARDT-NOSTITZ: *Tarkowskij: Film als Poesie – Poesie als Film.* Bonn (Keil) 1981, 51.
[20] Hans-Joachim SCHLEGEL: *Der antiavantgardistische Avantgardist.* In: Andrej Tarkowskij. Reihe Film 39, 23–42, 25f.
[21] TUROWSKAJA/ALLARDT-NOSTITZ, *Film als Poesie*, 87.
[22] Felicitas ALLARDT-NOSTITZ: *Spuren der deutschen Romantik in den Filmen Andrej Tarkowskijs.* In: TUROWSKAJA/ALLARDT-NOSTITZ, *Film als Poesie,* 99–148, 101.
[23] TUROWSKAJA/ALLARDT-NOSTITZ, *Film als Poesie*, 104.

Erinnerung. Die von Böhme aufgezeigten äußerlichen Parallelen von Einstellungen in den Filmen Tarkowskijs zu Bildmotiven Caspar David Friedrichs sind jedoch bisweilen tatsächlich verblüffend[24].

Hartmut Böhme hat in seiner insgesamt lesenswerten und beziehungsreichen Untersuchung den Allegoriebegriff von Walter Benjamins *Ursprung des deutschen Trauerspiels* gegen den klassischen Symbolbegriff stark gemacht und auf Tarkowskijs Filme angewandt. Böhme spricht letzterem eine „in kontemplativer Ergebenheit geradezu versunkene Treue gegen die Dinge" zu. „Die Melancholie verrät die Welt um des Wissens willen. Aber ihre ausdauernde Versunkenheit nimmt die toten Dinge in ihre Kontemplation auf, um sie zu retten."[25] Tarkowskij, „tief in der europäischen Tradition melancholischer Geschichtsphilosophie verankert",[26] gelinge es so – etwa in seinem Science-Fiction-Film STALKER – dezidiert gegen das Marx/Hegelsche Modell die Idee einer im Sinne des Fortschritts gerichteten Geschichte mit postapokalyptischen Bildern umzukehren: Nach der Geschichte wird wieder die Natur und in ihr ein ganz Anderes herrschen, dessen theoretische Aneignung der abendländischen Geistesgeschichte nicht gelungen ist.[27]

Gleichwohl ist es für Böhme (und das Werk Tarkowskijs lässt diese Deutung bisweilen durchaus zu) auch nicht die Religion, der eine adäquate Aneignung gelingen könnte. Im Osten ist sie durch den ‚Tartarensturm' des Sowjetkommunismus vernichtet, im Westen durch die alles durchdringende Ökonomisierung. Böhme verbindet Tarkowskijs Arbeitsweise stattdessen mit der Archäologie Foucaults und der Psychoanalyse: Alle arbeiteten mit Bruchstücken, mit Ruinen, die für sich keinen Sinn mehr ergäben. Urtopos des Ruinenmotivs sei bereits der Turmbau zu Babel: Allem Menschenwerk wohne das Ruinöse inne. Bei diesen Bemerkungen Böhmes ist festzuhalten, dass sie der von Tarkowskij selbst geäußerten und von anderen Kritikern betonten Verankerung seiner Filme in einer platonischen Ästhetik, der an der Repräsentation eines bestimmbaren jenseitigen Heiligen gelegen sei, entgegenstehen.

Auch Böhme verweist auf die apokalyptische Dimension im Werk Tarkowskijs. Der Apokalypse sei jedoch in der Moderne der heilsgeschichtliche Impetus verloren gegangen.[28] So entstehe aus dem religiösen Eifern Domenicos (in NOSTALGHIA) keine neue religiöse Bewegung, sondern nur religiöser

---

[24] Vgl.: Hartmut BÖHME: *Ruinen-Landschaften. Naturgeschichte und Ästhetik der Allegorie in den späten Filmen von Andrej Tarkowskij*. In: Konkursbuch 14. Tübingen (Konkursbuchverlag) 1985, 117–157.
[25] Walter BENJAMIN: *Ursprung des deutschen Trauerspiels*. Frankfurt a.M. (Suhrkamp) 1972, 171, zit. BÖHME, *Ruinen-Landschaften*, 126.
[26] Ebd. 133.
[27] Dies gelte vor allem wegen der Aussonderung des esoterisch-kosmologischen Denkens in der späten Aufklärung: BÖHME, *Ruinen-Landschaften*, 136.
[28] Ebd. 136.

Wahn, und die in den Filmen Tarkowskijs immer wieder grandios in ihrer Eigenwirklichkeit ins Bild gesetzten vier Elemente *Feuer, Wasser, Luft* und *Erde* symbolisierten nicht mehr die wiedergebärende Natur, sondern seien das „allegorische Bild einer auf Naturgeschichte tödlich zurückfallenden Geschichte.[29]" Böhme steigert sich schließlich in eine dezidiert poststrukturalistische Lektüre[30] hinein, für die in Tarkowskijs Werk vieles, aber keineswegs alles spricht: Es ist nämlich kaum zu leugnen, dass der sich verstärkende Appell Tarkowskijs an die menschliche Verantwortung auf ein verwirklichbares Projekt richtet.[31] Besonders deutlich wird in OFFRET, dass die Perspektive einer Erlösung zumindest eine *mögliche* bleibt, wenngleich die Deutungsoffenheit auch dieses letzten und gleichzeitig eindeutigsten Filmes und das geradezu beschwörende Zitieren abendländischer Kunst- und Musikgeschichte christlicher Prägung sowie der Bibel, vor allem des Johannes-Evangeliums und der Offenbarung des Johannes, Böhmes These vom Sieg der Melancholie einige Glaubwürdigkeit verleihen. Für Böhme ist es ein Signum „authentischer kultureller Produktionen heute [...], daß sie sich jedem Schein von Versöhnung widersetzen"[32]. Hier soll jedoch Umberto Ecos Konzept[33] gefolgt werden, dass sich ‚kulturelle Produktionen' nicht zuerst und allein der schwer bestimmbaren ‚Versöhnung', sondern vielmehr *eindeutiger Interpretation* (etwa der Böhmes) widersetzen müssten, wenn sie als Kunst bezeichnet werden sollten. Und das gilt für das Werk Tarkowskijs in besonderem Maße.

So interessant literaturwissenschaftliche Deutungen der Art von Turowskaja, Allard-Nostitz und Böhme sind, sie klammern eine wesentliche Dimension aus – die religiöse – und verpassen damit einen wesentlichen Zugang zu Tarkowskijs Werk. So muss Böhme etwa den Stalker einen verrückten Sektierer nennen und verkennt die tragende Rolle, die er – anders als die beiden anderen Protagonisten: ein Wissenschaftler und ein Künstler – in diesem Film spielt, und seine dezidiert religiöse Sicht auf die Welt.[34]

---

[29] Ebd. 143.
[30] „Tarkowskij stürzt den Betrachter in einen Maelstroem des Bedeutens, das nirgends zur Ruhe kommt." BÖHME, *Ruinen-Landschaften*, 146.
[31] Besonders seinen Tagebüchern [*Martyrolog I u. II. Tagebücher 1970–1986*. Frankfurt a.M./Bern (Ullstein/Limes) 1989/1991] ist die keineswegs nur melancholische, sondern vor allem humanistisch-christliche Motivation von Tarkowskijs Leben und Werk zu entnehmen.
[32] BÖHME, *Ruinen-Landschaften*, 155.
[33] Umberto ECO: *Das offene Kunstwerk*. Frankfurt a.M. (Suhrkamp) 1973.
[34] Diese Perspektive freilich ist *gesichert* nur auf dem Hintergrund von Tarkowskijs posthum 1989 und 1991 publizierten Tagebüchern zu gewinnen, die den genannten Autoren noch nicht vorlagen.

Tarkowskijs Weltanschauung

Bei alldem ist jedoch zu beachten, dass eine genaue Lokalisierung Tarkowskijs in nur einem oder einigen überschaubaren weltanschaulichen Konzepten nicht möglich ist. Glaubt man seinen eigenen Aufzeichnungen und den Zeugnissen seiner Mitmenschen, so war er überzeugter Anthroposoph,[35] befragte Astrologen, glaubte an wunderbares Zusammentreffen (die säkulare Bezeichnung: ‚Zufall' lehnte er ab), las zustimmend Jakob Böhme, Hermann Hesse[36] und andere Esoterik, Friedrich Nietzsches *Also sprach Zarathustra*, vor allem aber Fjodor M. Dostojewskij[37] und Leo Tolstoi. Er stand dem orthodoxen Christentum, wie es von diesen beiden Schriftstellern verkörpert wird, nahe. Eine andere literarische Quelle für seine Orthodoxie stellt das sogenannte *Buch der Heiligen* dar[38]. Aber auch der jüdische Lyriker Ossip Mandelstam[39] wird von Tarkowskij gelesen.

In der hier gebotenen Kürze kann Tarkowskijs Weltanschauung gleichwohl in großer Nähe zu einem christlichen Erlösungsglauben lokalisiert werden, dem seine Gebrochenheit durch die Erfahrungen des 20. Jahrhunderts anzusehen ist. Die Konfrontation mit dem Welterklärungs- (und Weltzugriffs-) Modell der Naturwissenschaften und der darin sich vollziehenden menschlichen Selbstüberschätzung, ja Apotheose ist deutlich wahrnehmbar. Tarkowskij verweist dabei immer wieder auf die Vergangenheit: die europäische und russische Kunst, das Gebet, das Selbstopfer, die selbstlose Liebe, die Erinnerung, auch in Form eines unstillbaren geradezu metaphysischen Heimwehs, wie es besonders im Film NOSTALGHIA zum Ausdruck kommt. Im Konzept des endzeitlichen Filmes STALKER wird deutlich: Gott ist trotz einer Vielzahl religiöser Symbole abwesend, aber kein *deus absconditus*, in der Natur verborgen, aber keine *Funktion* des Menschen im Umgang mit ihr.[40]

---

[35] Es findet sich im Martyrolog II, 64 ein Zitat aus Rudolf STEINERS Werk *Wie erlangt man Erkenntnisse höherer Welten?* Tarkowskij wollte einen Film über Steiner drehen und dessen Version des Evangeliums verfilmen (*Martyrolog II*, 204).

[36] V.a. die stark esoterisch gefärbten Werke *Demian* und *Glasperlenspiel*; den *Steppenwolf* wollte er verfilmen: Martyrolog II, 204.

[37] Über die grundlegende apokalyptische Orientierung der späten Romane Dostojewskijs (im Gegensatz zum existentialistischen, teilweise nihilistischen Frühwerk) informiert: Birgit HARRESS: *Mensch und Welt in Dostoevskijs Werk. Ein Beitrag zur poetischen Anthropologie*. Köln/Weimar/Wien (Böhlau) 1993.

[38] TARKOWSKIJ, *Martyrolog II*, 52ff. Genauere bibliographische Angaben konnten leider nicht verifiziert werden. Aus diesem Buch stammt auch die bereits in IWANS KINDHEIT optisch umgesetzte und in OFFRET als Rahmung verbal und bildlich eingesetzte *Geschichte mit dem dürren Baum* (Martyrolog II, 53). Auffällig ist der nur hier, nicht aber in den Filmen zitierte Schlusssatz: „Tretet heran und kostet von den Früchten des Gehorsams".

[39] Vgl. TARKOWSKIJ, *Martyrolog*, 116.

[40] KREIMEIER, *Avantgardist*, 148.

Eine andere Gebrochenheit, nämlich eine dezidiert aufklärerische, findet sich in Tarkowskijs ethischem Konzept: Erstaunlich oft klingt die Kantsche Eudaimonismuskritik und der daran gekoppelte emphatische Freiheitsbegriff durch:
„Die Liebe als solche hat überhaupt nichts mit Glück zu tun, und dies soll auch so sein; denn sonst verwandelt sie sich sofort in ein bürgerlich verfestigtes Etwas. Liebe ist vor allem fehlendes Gleichgewicht, und eine glückliche Liebe kann einem so etwas nicht bringen –, ja es gibt sie überhaupt nicht. Und selbst wenn es sie einmal gibt, so sind das zwei erbarmungswürdige Menschen, etwa wie zwei Hälften, die man irgendwie aneinander gekuppelt hat, wie auf einem Gewinde zusammengeschraubt. Und das wirkt dann wie ein völlig totes Gebilde. Dort ist alles unmöglich, dort darf es keinen Windhauch geben, weder warm noch heiß, dort ist alles bereits erstarrt und verhärtet. Betrachtet man eine solche Beziehung, so entdeckt man darin noch am ehesten einen monströsen verborgenen Mechanismus der Gewalt. Die übliche Auffassung von der Liebe ist gerade deshalb so grandios, weil sie nicht zu verwirklichen ist."[41]

An anderer Stelle heißt es: In unserm Leben solle es kein Glück geben, „sondern lediglich ein in die Zukunft gerichtetes Streben danach, nur Leiden, in dem durch den Konflikt zwischen Gut und Böse der Geist gefestigt wird"[42]. Inmitten einer Tolstoi-Lektüre[43] schreibt Tarkowskij schließlich: „Wie kann der Mensch ohne Gott leben? Doch wohl nur, wenn er selbst zu Gott wird. Aber dies kann eben niemals sein ..."[44] Hier tritt die Selbstvergottung des Menschen, die Tarkowskij im Paradigma der Naturwissenschaften am Werk sieht, klar als religiös valente geistesgeschichtliche Kompensationsbewegung auf. Er akzeptiert sie nicht, sondern setzt ihr etwas entgegen.

An anderer Stelle finden sich mehrere Seiten mit Zitaten über die Begrenztheit der Wissenschaft und die enge Verbindung von Religion und Poesie.[45] Kunst und Religion mit ihren christlich-humanistischen Gehalten sind die beiden heilenden Kräfte der Vergangenheit (ANDREJ RUBLOJOW), Gegenwart (NOSTALGHIA, OFFRET) und Zukunft (STALKER, SOLARIS).

---

[41] TARKOWSKIJ, *Martyrolog II*, 250.
[42] Ebd., 40.
[43] Besonders wichtig scheint für ihn dessen Werk *Auferstehung* gewesen zu sein. Lew TOLSTOI: *Gesammelte Werke in 20 Bd.* hg. von Eberhard Dieckmann u.a. Band 11. Berlin (Rütten & Loening) ³1979.
[44] Die Auseinandersetzung mit Nietzsche, dessen Zarathustra in OFFRET zitiert wird, scheint hier unmittelbar greifbar zu sein. TARKOWSKIJ, *Martyrolog II*, 65 und 71.
[45] TARKOWSKIJ, *Martyrolog II*, 81–83.

Tarkowskijs Motivik

Was *Genre* und *Entstehungsbedingungen* der sieben Filme Tarkowskijs angeht, so lässt sich nur schwer eine Kontinuität oder gar Kohärenz feststellen. Augenfällig ist aber die Kontinuität bestimmter *Motive*. Wie die russische Filmkritikerin Turowskaja richtig bemerkte,[46] lässt sich die spezifische Motivpalette dieses Regisseurs besonders gut an seinen Literaturverfilmungen umreißen:

Die *Naturdarstellungen* in Iwans Träumen (IWANS KINDHEIT) sowie die konzentrierte und detailgenaue *Verfilmung typisch russischer Landschaft, Flora und Fauna* in SOLARIS fehlen in der jeweiligen literarischen Vorlage, ja konterkarieren im Falle von SOLARIS eindeutig das Genre des Science-Fiction-Filmes.

Das Motiv der *Levitation*, das erstmals in der Anfangsszene von IWANS KINDHEIT, dann zu Beginn von ANDREJ RUBLJOV (Ballonfahrt) auftaucht, findet sich in jedem der weiteren Filme. Selbst in SOLARIS, wo das Genre eher raschere Bewegungsformen vorschreibt, dominiert das erhabene Schweben als eigentliche Verwirklichung des Menschheitstraumes vom Fliegen. Im Elternhaus des Helden Kelvin finden sich Bilder von Montgolfieren, und im Raumschiff selbst wird eine erste mystische Schwerelosigkeit des Paares Kelvin und Kahri inszeniert, die viel weniger zum Science-Fiction-Film als vielmehr zu den mystischen Levitationen der Kunstgeschichte[47] passen will, wie sie in NOSTALGHIA und OFFRET – hier nun im klassischen Kontext des religiösen Wunders oder des Traumes – wieder auftauchen. In DER SPIEGEL findet sich eine Levitation des Elternpaares, das den naheliegenden Bezug zu den Levitationsszenen über russischen ‚Stetls' im Frühwerk Marc Chagalls, das eine ähnlich Mesalliance aus religiösen und familiären Motiven aufweist[48], unübersehbar macht. Hier wird gleichzeitig der Text gesprochen „Es ist so einfach – ich liebe Dich". Es scheint nicht unmöglich, den katastrophischen Lärm der Überschallbomber, die über den Ort der „heiligen Hochzeit" noch mitten in der Nacht rasen, direkt mit dem schwebenden Liebespaar Alexander und Maria in OFFRET zu kontrastieren – hier, in der religiös grundierten liebenden Hingabe, findet sich das Gegengift zur Weltzerstörung der Massenvernichtungswaffen.

Außerdem weist auch Maja Turowskaja auf die *vier Elemente* hin, die einerseits aus der Erfahrungswelt des Regisseurs, andererseits aus esoterischen Schriften stammend, in den Filmen in sehr eigenständiger Weise, oftmals

---

[46] TUROWSKAJA/ALLARDT-NOSTITZ, *Film als Poesie*, 69.
[47] Vgl. etwa die *Mystische Vision der heiligen Teresa v. Avila*, Rom, Santa Maria della Vittoria, 1646–52 sowie die schwebenden Liebespaare im Frühwerk Marc Chagalls.
[48] Vgl.: *Marc Chagall: Die russischen Jahre 1906–1922*. Ausstellungskatalog. Schirn Kunsthalle Frankfurt. Hg. von Christoph VITALI. Frankfurt/Bonn/Genf (kosmopress) 1991. Hier v.a. die Werke: *Spaziergang* (1917/18, Abb. 119) und *Über der Stadt* (1914–1918, Abb. 120).

unabhängig von der, ja *gegenläufig* zur Handlung präsent sind: Das *Wasser* ist in Form des Meeres, in den breiten russischen Flüssen, vor allem aber als plötzlich einsetzender Regen (in SOLARIS und OFFRET sogar innerhalb geschlossener Räume) vergegenwärtigt. *Feuer* begegnet als Kerzen- und Petroleumflamme, als Feuer im Schnee, aber auffallend häufig auch als (Haus und Heimat) verzehrender Brand (IWANS KINDHEIT, DER SPIEGEL, OFFRET). Die *Erde* drängt sich geradezu auf in der schon erwähnten „bodennahen" Aufnahme russischer Erde, nicht selten moos- oder schneebedeckt oder in Morast aufgelöst, *Luft* erscheint in den großzügigen Schwenks über weite Landschaften und Wasserflächen, wie sie sich allen Filmen, besonders deutlich aber in ANDREJ RUBLJOW und OFFRET finden.

Eva M.J. Schmid[49] verweist auf Motive, die *Erinnerung* symbolisieren. Zentraler Schlüssel für deren Herkunft ist dabei der Film DER SPIEGEL, in dem Tarkowskij explizit autobiographisch arbeitet. Wenigstens einige Motive seien in diesem Zusammenhang genannt, die immer wieder auftauchen und dabei die autobiographische Bedeutung behalten, gleichzeitig aber in einem neuen Kontext mit neuen Bedeutungen aufgeladen werden: Ein einzeln im Wald stehendes Holzhaus in NOSTALGHIA und OFFRET darf als Verweis auf *Tarkowskijs Elternhaus* in seiner frühen Kindheit, aber in den späten Filmen auch als Metapher für die Sehnsucht des Exilanten nach Russland, ja nach Heimat in einem endgültigen Sinne[50] verstanden werden. Wenn Alexander in OFFRET just dieses Holzhaus verbrennt[51], kann die Dimension einer persönlichen Identifikation des zu diesem Zeitpunkt schon todkranken Tarkowskij mit der Opferhandlung kaum von der Hand gewiesen werden. Er opfert – gewollt oder ungewollt – mit allem weltliche Besitz auch seine Erinnerungen und die Bindung an seine Heimat und Kindheit. Damit wird der Brand zu einer Geste des Abschieds.

In einer Mehrzahl der Filme wird *Milch* verschüttet[52] – wie sich aus den jeweiligen Handlungskontexten ergibt als Symbol für verlorene Unschuld, aber nach Tarkowskijs Auskunft auch als Wiederholung einer frühen Kindheitserinnerung. In NOSTALGHIA geschieht dies nach der Befreiung der Familie Domenicos aus sieben Jahren Dunkelhaft, in DER SPIEGEL als Zeichen für die verlorene Unschuld der Mutter, in OFFRET für die verlorene Unschuld

---

[49] Erinnerungen und Fragen. In: *Andrej Tarkowskij*. Reihe Film 39. München/Wien 1987, 43–81 (Lit.).
[50] So in der Schlussszene von SOLARIS.
[51] Tatsächlich verbrannte das Elternhaus, wie in DER SPIEGEL gezeigt, und zwang die Familie zum Verlassen ihrer Heimat im selben Jahr, als Tarkowskijs Vater die Familie verließ.
[52] „,Milch', als erstes und gehaltvollstes Nahrungsmittel in vielen Kulturen zugleich Symbol für Fruchtbarkeit wie für seelische und geistige Nahrung und für Unsterblichkeit. [...] Die christliche Kunst, die auch die Gottesmutter gerne stillend darstellt (Maria lactans), unterscheidet zwischen der guten Mutter, die die Milch der Wahrheit spendet, und der bösen, die Schlangen an ihrem Busen nährt." *Herder-Lexikon Symbole*. Freiburg (Herder) [7]1985ff., 111.

der Ehefrau Adelaide. In allen Fällen ist mit dem Motiv ‚Verlust der Unschuld' zugleich aber auch ein katastrophisches Motiv angeschlagen – Domenico sperrt seine Familie sieben Jahre im Haus der Familie ein, aus Angst vor dem kommenden Weltuntergang (NOSTALGHIA). In OFFRET zerspringt das voluminöse Milchgefäß durch den Überschallknall eines Atombombers oder durch eine ferne Explosion, auf jeden Fall macht der Vorgang Alexander die apokalyptische Dimension der Situation bewusst.

Eine weitere, eindeutig apokalyptisch konnotierte und mit der Milch in ihrer Doppeldeutigkeit eng verwandte Metapher in Tarkowskijs Filmen soll genannt werden: Die des Doppels der *unschuldigen Jungfrau* (jeweils Maria genannt) und der *Hure*[53]. Zumal in den beiden letzten Filmen spielt sie eine signifikante Rolle: Der materialistisch orientierten, stark durch erotische Interessen gekennzeichneten Italienerin Eugenia („ich kann nicht beten"), steht in NOSTALGHIA die in Russland wartende Ehefrau Maria gegenüber, verbunden mit dem Symbol der Taube, der himmlischen Liebe. Die ‚hysterische' Britin Adelaide, die ihren Ehemann Alexander mit dem befreundeten Arzt Victor betrügt, ihm aber auch das Leben durch ihre Vorwürfe schwer macht, wird durch die stille, aber lebenstiefe Magd Maria kontrastiert, deren mystische Kraft in der Vereinigung mit Alexander den Atomkrieg abzuwenden scheint[54].

Dass hier ein christliches Motiv zitiert wird, das einen ersten Höhepunkt bereits in der Offenbarung des Johannes findet, ist offensichtlich. Stehen sich in diesem letzten Buch des biblischen Kanons die ‚himmlische Frau' (Offb 12) und ‚Babylon, die Große, die Mutter aller Huren' (Offb 17) gegenüber, so späterhin Synagoge und Ecclesia, Frau Welt (bzw. Eva) und Maria, Mutter Gottes, bzw. Kirche etc. Bereits die Bibel kennt die Konfrontation der törichten und klugen Jungfrauen, sowie Marias und Marthas. Diese Verhältnisse haben allerdings immer unmittelbar *paränetische* Konnotationen, sie sind durch ein internes Verhältnis der Über- bzw. Unterordnung gekennzeichnet. Tarkowskij benutzt diese Motivik aber vor allem in *diagnostischer* Intention, nämlich um seine Vorstellung von der verderbten westlich-konsumistischen Lebenshaltung (und des davon nicht wesentlich verschiedenen korrupten Marxismus) einerseits und seiner eigenen mystisch-christlich konnotierten altslawischen Weltanschauung andererseits ins Bild zu bringen. Zumindest in OFFRET wird die Heiligkeit der Marienfigur nicht nur verbal, sondern auch optisch ins Bild gesetzt, wenngleich viele der kulturkritischen Äußerungen

---

[53] Irena BREZNA hat mehrfach auf die irreale und idealisierende Struktur von Tarkowskijs Frauenbildern, aber auch auf deren autobiographische Hintergründe hingewiesen: Interview in tip (Berlin), Nr. 3, 10.2.–23.2.1984, dies.: *Das Opfer. Zum 70. Geburtstag: Erinnerungen an den Menschen, der Andrej Tarkowskij war*. In: Frankfurter Rundschau, 4.4.2002, 19.

[54] „Die Gegenfigur Adelaides ist die demütig bescheidene, stets schüchtern und unsicher wirkende Maria [...]." TARKOWSKIJ, *Versiegelte Zeit*, 227.

des Protagonisten Alexander im Film nur relativiert stehenbleiben und er sich selbst nie direkt gegen seine ehebrecherische Frau wendet.

Raum und Zeit
„Der Film vermag es, die Zeit zu fixieren, und zwar mittels ihrer äußeren, emotional erfahrbaren Merkmale. So ist die Zeit die Basis des Kinos", sagt Tarkowskij 1979 in einem Interview.[55] Gleichwohl wird er sich im Laufe seines Filmschaffens zunehmend der Subjektivität des Zeitbewusstseins und nicht zuletzt auch der individuellen Rezeption der vorgegebenen Zeitkonzepte im Film durch Zuschauer bewusst. Spätestens seit SOLARIS, noch deutlicher aber in DER SPIEGEL und NOSTALGHIA ist von einem linearen Zeitverlauf nicht mehr zu sprechen. Die je neue Rekombination von unzusammenhängend präsentierten Zeitebenen ist gerade in diesen beiden Filmen bewusst dem Zuschauer überlassen. Auch wenn Maja Turowskaja dieses verfilmte Zeitverständnis – wohl unter dem Druck des herrschenden sowjetischen Realismus – im Sinne eines vielleicht am ehesten ‚patriotisch' zu nennenden Zeitbegriffs interpretiert,[56] so war und ist die Wirkung auf den Zuschauer nicht einfach eine beruhigende oder ‚erhebende'. Er fühlt sich nicht in der gesamten Zeit *aufgehoben*, sondern zunächst und vor allem in seiner alltäglichen Zeiterfahrung *irritiert*. Tarkowskijs Filme wirken verwirrend aufgrund der Aufgabe einer linearen Erzählweise und überschaubaren Abfolge von bekannten oder doch dem Zuschauer mit filmischen Mitteln zugänglich gemachten Räumen. In Tarkowskijs letztem Film ist diese Durchtrennung eines linearen Erzählfadens allerdings auf das Maß seiner Anfänge etwa in IWANS KINDHEIT zurückgedrängt. Gleichwohl sind die an sechs Stellen in das linear erzählte Kammerspiel eingestreuten Szenen von traumhaftem bzw. apokalyptischem Charakter in OFFRET für das Verständnis des Filmes und seine bleibende irritierende Wirkung auf den Zuschauer ausgesprochen wichtig.

Nicht zuletzt dieser souveräne Umgang mit verschiedenen Schauplätzen und Zeit-Räumen nicht nur im Filmbild, sondern auch im Ton, der nicht selten die im Bild gezeigte Handlung konterkariert, macht die spezifische Filmsprache Tarkowskijs aus, die sich zunehmend einer narrativen Rekapitulation entzieht. Man kennt seine Filme keineswegs, wenn die Handlung erzählt wurde: „In den Filmen Tarkowskijs existieren Vergangenes und Zukünftiges ebenso gleichberechtigt nebeneinander wie Phantasiertes und Reales. Alles erscheint in gleichem Grade konkret und gegenwärtig."[57] Seine

---

[55] Iskusstwo kino 1979, Nr. 3, 92, zit. TUROWSKAJA/ALLARDT-NOSTITZ, *Film als Poesie*, 77.
[56] „Die Zeit der Filmhandlung, in deren Rahmen Ereignisse aus der Geschichte einzelner und des ganzen Volkes wiedergegeben werden, verläuft stets synchron mit der gesamten Zeit, die sich sowohl in die Vergangenheit als auch in die Zukunft praktisch unbegrenzt erstreckt." Ebd. 81.
[57] Ebd. 79.

ganze verstörende Kraft[58] entwickelt dieses Grundkonzept erstaunlicherweise durch eine penible Rekonstruktion des gewählten Sujets. Tarkowskij drehte ‚reale' wie ‚Traumszenen' wo immer möglich an Originalschauplätzen und mit einer die Requisiteure bis zum Äußersten beanspruchenden Akribie. Etwa in DER SPIEGEL integriert er bewusst Fragmente aus Wochenschauberichten in die erinnerte Handlung. Man kann hier von einer ‚geliehenen Authentizität' sprechen, die wesentlich zu einer Ununterscheidbarkeit des ‚Status' der jeweiligen filmischen Aussage beiträgt und eine Hierarchisierung zwischen ‚realer' Filmhandlung und eingestreuter ‚Fiktion' bzw. ‚sekundären' Zeitebenen verhindert.

Im Anschluss an die fernöstliche Hochschätzung von Zeichen der Vergänglichkeit wie Rost, Jahresringen, toter Natur etc. nutzt Tarkowskij entsprechende Filmbilder, weil in diesen Augenblicken die Zeit sozusagen ‚versiegelt' als ganze präsent ist, gerade wenn Gegenstand oder Landschaft ihre Vergänglichkeit am deutlichsten offenbaren[59]: eine Gleichzeitigkeit von filmischem Augenblick und im gefilmten Gegenstand festgehaltener Dauer, die er ähnlich nur noch in der Musik gegeben sieht, und auf deren besonderen Einsatz in Tarkowskijs Filmen hier leider nur in knappen Strichen eingegangen werden konnte[60]. Bei alldem ist sich Tarkowskij der Autonomie des von ihm geschaffenen Kunstwerks bewusst. Er weiß, dass ein Film, in dem „die Zeit lebt, sich von seinem Autor löst und beginnt, ein eigenständiges Leben zu führen."[61]

5.3.2 Apokalypse in den Filmen Tarkowskijs

Das dargestellte implizite Konzept der Zeitlichkeit in den Filmen Tarkowskijs legt am ehesten eine präsentische Eschatologie nahe. Tatsächlich geschieht in OFFRET die Erlösung der Welt *in* der Zeit, sie wird nicht als für die Zukunft zu erwartende, sondern in der Gegenwart dringlich zu vollziehende dargestellt. Selbst im verzweifelten Ende des Filmes ist sie noch präsent als Bewusstsein der getanen erlösenden Tat.

Bereits in DER SPIEGEL findet sich aber ein bemerkenswertes Zitat aus einem Gedicht von Andrej Tarkowskijs Vater Arsenij:

---

[58] Gerade Maja Turowskaja, die Tarkowskij von seinen ersten Probevorführungen 1962 in Moskau an kannte, betont immer wieder die schockierende Wirkung seiner Filme auf das russische Publikum. Eine Phänomen, das sich später, im Westen, wiederholen sollte. Ebd. 11, 38, 84 u.ö.
[59] Tarkowskij betont die Wichtigkeit der Außendrehorte, „in deren charakteristische Merkmale sich ja auch die Folgen der einwirkenden Zeit einschreiben. Naturalismus ist eine Existenzform der Natur im Film". TARKOWSKIJ, *Versiegelte Zeit*, 214.
[60] Vgl. die weit ausgreifenden Überlegungen zu diesem Thema bei JÜNGER, *Kunst der Zeit und des Erinnerns* sowie Tarkowskijs eigene Ausführungen *(Versiegelte Zeit)* im Kapitel *Über Musik und Geräusche*. Ebd. 165–168.
[61] Ebd. 46.

„Es gibt keinen Tod in der Welt. Unsterblich sind alle, unsterblich ist alles. Man braucht den Tod nicht zu fürchten, weder mit 17 Jahren noch mit 70. Nur Leben und Licht, weder Dunkelheit noch Tod gibt es in der Welt. Wir alle sind schon an der Meeresküste, und ich gehöre zu denen, die die Netze einholen, wenn die Unsterblichkeit einzieht in Schwärmen. Lebt im Haus und das Haus wird nicht einstürzen. [...] Die Zukunft geschieht jetzt, und wenn ich die Hand hebe, leben alle fünf Strahlen bei Euch."[62]

Aus diesen Zeilen spricht eine ausdrückliche Diesseitsorientierung ebenso wie das poetisch formulierte Vertrauen in die offenbar mystisch erfahrene Gegenwart der Unendlichkeit (Meer) und Transzendenz (Unsterblichkeit in Schwärmen) zumindest an singulären Punkten der Biographie, die als Nichtexistenz des Todes ausdrücklich die scharfe Trennung in Diesseits und Jenseits leugnet.

Auch die fundamentale Krise, die stets die Merkmale und Gefahren des (apokalyptischen) Zeitbruchs und der dualistischen Weltdeutung in sich birgt, versteht Tarkowskij (in der Nachfolge Dostojewskijs) als integralen Bestandteil des Lebens: Die Krise ist „immer ein Zeichen von Gesundheit. Denn meiner Meinung nach bedeutet sie einen Versuch, zu sich selbst zu finden, einen neuen Glauben zu erlangen."[63] Konsequent wird in allen Filmen Tarkowskijs ein apokalyptischer ‚Code' im Sinne Umberto Ecos verwandt, jedoch in verblüffender Weise immer wieder anders in einem präsentischen Sinne umgesetzt, wie im Folgenden an einigen Beispielen dargestellt werden soll:

In IWANS KINDHEIT betrachtet der zwölfjährige Iwan Albrecht Dürers Holzschnitt *Die apokalyptischen Reiter* und fragt: „Sind das die Deutschen?" Dieser streng genommen anachronistischen Fehldeutung wird im folgenden Dialog eine ganze Zeitlang nicht widersprochen. Das (Sprach-)Bild erscheint offenbar als angemessene metaphorische Umsetzung der ausweglosen und unmenschlichen Kriegssituation, in der sich der mutige Junge befindet (und dem russischen Bild von den deutschen Tätern), ohne dass sich bei ihm die Vorstellung eines nahe bevorstehenden ‚Endes der Welt' oder die ganz konkrete Angst vor dem Tode nahelegt. Im Gegenteil: Die Identifikation der Deutschen mit den apokalyptischen Reitern scheint Iwans Mut, der schließlich zu seiner Hinrichtung in einem deutschen Lager für Partisanen führt, eher noch anzustacheln.

---

[62] Aus *Leben Leben* (zit. in DER SPIEGEL) von Arsenij Tarkowskij, dem Vater des Regisseurs, dessen Lyrik häufig in den Filmen seines Sohnes zitiert wird. Zwei seiner Gedichte (auch das zitierte) sind in deutscher Übersetzung zugänglich in dem Bändchen „*Gedichte an Gott sind Gebete*" Gott in der neuesten sowjetischen Poesie. Hg. von F.Ph. INGOLD/I. RAKUSA. Zürich (Arche) 1972, 21 u. 68.
[63] TARKOWSKIJ, *Versiegelte Zeit*, 199.

Die fünfte Novelle, die im episodisch aufgebauten Film ANDREJ RUBLJOW erzählt wird, heißt *Das Jüngste Gericht*. Der Ikonenmaler Andrej Rubljow weigert sich hier, anders als seine Mitarbeiter, die Uspenskij-Kathedrale völlig mit apokalyptischen Szenen auszumalen – er will „die Menschen nicht ängstigen" –, während sich sein Kollege, der verräterische Kirill, in möglichst plastischen Schilderungen des Teufels ergeht. Schließlich werden die umherziehenden Ikonenmaler in einer abstoßenden Szene von Truppen des intriganten Fürsten Wladimir grausam geblendet und so am Ausmalen der Kathedrale tatsächlich gehindert. Tarkowskij, dem eine hohe Identifikation mit seinem Helden Andrej Rubljow unterstellt werden darf – er selbst hat den Film vor allem als Reflexion auf (sein eigenes) künstlerisches Schaffen verstanden – scheint hier keine große Sympathie für die Offenbarung des Johannes und ihre Bilder zu entwickeln. Der gesamte Mittelteil der Filmes – vor allem der ausführlich dargestellte Tartareneinfall – wirkt wie die abschreckende Schilderung eines verzweifelten Kampfes am Ende der Zeiten und lässt die Erde als ein Jammertal erscheinen, die Menschen als Spielbälle der Mächtigen und einer blutrünstigen Soldateska.

In SOLARIS ist der Blick Tarkowskijs auf die Raumfahrttechnik insgesamt ein nachapokalyptischer[64]. Anders als in seinem westlichen Pendant, Stanley Kubricks Film 2001 – A SPACE ODYSSEE[65], der sich durch die perfekte Darstellung zukünftiger technischer Errungenschaften und aufwendige Trickaufnahmen auszeichnet, liefert Tarkowskij keine exotisch technikorientierte und fortschrittsoptimistische Zukunft, die von Geschichte nichts weiß. Vielmehr wirkt das im Film gezeigte Raumschiff ausgesprochen abgenutzt, ja beinahe schrottreif.[66] Ikonen, Bücher *(Don Quichote)* und Gemälde (P. Brueghel) sind in seinem Innern als die Gegenwart prägende Fermente der abendländischen Geistesgeschichte präsent. Dies gilt genauso für die ausführlichen, ästhetisch sehr ansprechenden und in Stanislaw Lems literarischer Vorlage fehlenden Naturaufnahmen zu Beginn und am Ende des Films: SOLARIS lässt sich so als Metapher auf eine durch falschen Umgang sterbende Natur (und Geschichte), auf das Lebensende, aber auch auf die subjektkonstituierende Kraft des Erinnerns in der Gegenwart der Filmhandlung verstehen. All das spiegelt sich in der Konfrontation des Helden Kelvin mit seiner eigenen Vergangenheit und der Natur. So betrachtet, übernimmt der nur scheinbar feindliche Planet

---

[64] KREIMEIER, *Avantgardist*, 119.
[65] Tarkowskijs Film SOLARIS war von Beginn an als ,Antwort der UdSSR auf Kubricks revolutionäres Werk' konzipiert und wurde auch so aufgenommen.
[66] Tarkowskij erläutert das dahinterstehende Konzept folgendermaßen: „Wenn man beispielsweise das Einsteigen der Fahrgäste in eine Straßenbahn so aufnimmt, als hätte man noch nie eine Tram gesehen und wüßte auch nichts von ihr, dann erhält man etwas Ähnliches wie Kubrick in der Episode mit der Raumschiff-Landung. Filmt man jedoch dieselbe Landung im Kosmos so wie eine Trambahn-Haltestelle in einem Gegenwartsfilm, wirkt sie ungekünstelt." TUROWSKAJA/ALLARDT-NOSTITZ, *Film als Poesie*, 58f.

Solaris eine quasi transzendente, wenn nicht göttliche Rolle, indem er den natur- und vergangenheitsvergessenen Menschen im Sinne einer dreidimensionalen Leinwand nicht mit willkürlich ausgewählten Fetzen seiner Vergangenheit, sondern mit dem am stärksten Verdrängten seiner eigenen Geschichte und damit dem Notwendig-zu-Erinnernden konfrontiert. Die auf diesem Wege aufgedrängte Erinnerung bietet eine ‚zweite Chance' nach der drohenden oder bereits geschehenen Vernichtung. Kelvin begegnet diese ‚Gerichtssituation'[67], bei der verschiedene Zeitebenen ineinanderspielen, in Gestalt seiner ehemaligen Gefährtin Kahri, die seinetwegen Suizid begangen hat. Die große Liebe, die er ihr zeigt, kann als eine ‚im Gericht' adäquate Reaktion verstanden werden, denn er darf anschließend zurückkehren in seine Heimat, wo er vor seinem Vater mit der Geste des verlorenen Sohnes auf die Knie fällt und Vergebung erlangt. Wenn sich die Kamera nach diesem Epilog, der scheinbar auf der Erde stattfindet, rückwärts bewegt, wird allerdings nach und nach deutlich, dass auch diese Szene sich dem Planeten Solaris ‚verdankt', also als die Gegenwart transzendierende ‚Fiktion' gelesen werden muss.

In STALKER wird in der ‚Zone' von einer Mädchenstimme aus der Apokalypse zitiert. Die Zone stellt eine andere, eine heile Dimension der Realität dar, deren tatsächliche Existenz jedoch während des gesamten Films in Frage steht – eine bloße Illusion? Sie erscheint als ‚Wildnis' hinter den scharf bewachten Grenzen einer sowjetischen Industrieregion – Natur in ihrem postzivilisatorischen Zustand. Sie hat über die Macht der Technik und Zivilisation gesiegt und wendet sich nun feindselig gegen alle Eindringlinge. Sie überwuchert die Reste der technisierten Gesellschaft ebenso wie deren Müll. Der Held des Films, Stalker, ist ein schwacher, wehrloser Charakter im Sinne des russischen *jurodivyj*, des guten Menschen oder heiligen Toren, der im ‚Zimmer der Wunscherfüllung', dem Herzen der ‚Zone', Hoffnung für die Menschheit vermutet und sich am Ende als Stärkster aller Menschen erweist, obwohl gerade diese utopische Hoffnung sich nicht erfüllt. Gerade im Moment seines Scheiterns erweist sich, dass er „unbesiegbar in einem spirituellen Sinn"[68] ist. Die Stärke seiner Frau besteht dagegen in ihrem Wissen darum, dass jedes Glück an Bitterkeit gebunden ist und jede Hoffnung einem Kummer entspringt, Wissen also um die Fiktionalität jenes Objektes aller

---

[67] Genau im Sinne Hansjürgen VERWEYENs, der (mit Verweis auf Sartres Drama *Geschlossene Gesellschaft*) schreibt: „Wenn man hingegen wirklich ernsthaft damit rechnet, daß ausnahmslos alle an jenem endzeitlichen Festmahle teilnehmen werden, von dem die Bibel spricht, dann sieht die Sache ganz anders aus. Dann könnte sich Gott ja den Scherz leisten, als Tischpartner zu meiner Rechten und Linken ausgerechnet jene beiden Exemplare der menschlichen Gattung zu bestimmen, die mir auf Erden am unsympathischsten gewesen sind und die ich deswegen irgendwann einmal kopfschüttelnd oder wütend aufgegeben habe. *Christologische Brennpunkte*, 120f.
[68] KREIMEIER, *Avantgardist*, 146.

Sehnsüchte, während der Stalker einem Glücks-Absolutismus anhängt, der darauf besteht, dass das Zimmer nicht nur Inbild menschlicher Sehnsüchte, sondern ein realer historischer Ort sei und das Mirakel der Wunscherfüllung ein Modell konkreter Umsetzung von Sehnsucht in Lebenspraxis, also in Geschichte. Letztlich verkörpert der Stalker also zunächst einen Messianismus, während tatsächlich – so die Botschaft des Films – „Freiheit, Glück und Menschenwürde Kategorien der Praxis [sind, die] im elenden Alltag jenseits der Zone in jedem Augenblick erkämpft oder verspielt werden können."[69] Kreimeier ordnet die drei Figuren (Stalker, Schriftsteller, Wissenschaftler) den drei (verflossenen) Stufen der Comteschen Geschichtsphilosophie zu: Religion, Kunst und Wissenschaft. Die nach vorne weisenden Elemente, mit denen Tarkowskij die Gestalt des Stalker ausstattet, werden von Kreimeier allerdings zugunsten einer dominierenden *nature morte* übersehen, die als eine um sich greifende Verzweiflung schließlich alle drei Gestalten ergreife. Dieser Ausfall in der Wahrnehmung ist wohl dadurch zu erklären, dass Kreimeier den Film vor allem in Verbindung mit Buñuel, Pasolini und anderen als Opposition gegen die Ideologie des militärisch-industriellen Fortschritts liest, ohne seine ausdrücklich religiösen Konnotationen zu beachten, die Tarkowskij doch während des gesamten Filmes gegenwärtig hält.

Als lediglich filmästhetischer und politischer Betrachter muss Kreimeier in den auf Stalker folgenden Filmen NOSTALGHIA und OFFRET den Verlust jener Ambivalenz in der Darstellung des Religiösen kritisieren, die dieser Film noch transportiert. Sind aber nicht die beiden Filme als einzige im Westen entstandene einfach in einer anderen – eindeutigeren, weil der westlichen Rezeption angepassten – Filmsprache gedreht? Bildet nicht auch die Zuspitzung religiöser Themen, die sich in Tarkowskijs Tagebuch findet (und keineswegs, wie Kreimeier vermutet, eine allgemeine Verzweiflung wegen seines Exils) ebenfalls einen hinreichenden Grund für diese Wende in seinem Werk? Wie im Folgenden deutlich werden wird, ist eine Kritik der beiden letzten Filme durchaus angebracht. Sie kann jedoch nicht darin bestehen, die sich verstärkende Entschiedenheit Tarkowskijs *als solche* an den Pranger zu stellen, sondern muss in einer ernsthaften Reflexion auf deren religiösen Code und vor dem Hintergrund einer Theorie christlicher Eschatologie geschehen.

Neben einer Verarbeitung seiner eigenen Melancholie (russ.: *Nostalgija*) thematisiert Tarkowskij in NOSTALGHIA, seinem vorletzten und dem ersten im Exil gedrehten Film, tatsächlich die von Stalker ersehnte, aber implizit von der Filmhandlung und explizit in den Worten seiner Frau konterkarierte allgemeine Errettung der Menschheit. Sie wird sogar ausdrücklich mit der als

---

[69] Ebd. 147.

‚Opfer' verstandenen Selbstverbrennung des ‚Helden' Domenico auf dem Kapitol besiegelt:

„Doch diese Hoffnung, dem Leben und Handeln eines jeden Menschen bewusste Bedeutung zu verleihen, erhöht natürlich auch die Verantwortung des Individuums gegenüber dem generellen Lauf des Lebens auf unserem Planeten ganz außerordentlich"[70], schreibt Tarkowskij über dieses Motiv, das er in OFFRET konzentriert wieder aufnehmen wird. Es ist ein Verrückter, der Mathematiker Domenico, der seine Familie aus Angst vor dem Weltende sieben Jahre in ihrem Haus eingesperrt hat, dem so ein besonderes Bewusstsein für die Verantwortung zugesprochen wird. Sein Freund, der im italienischen Exil lebende russische Dichter Andrej (!) Gortschakow ist als einziger sensibel für diese Verantwortung, während die italienische und das heißt hier ‚westliche' Gesellschaft von teilnahmslos stehenden und gaffenden Passanten auf den Treppen des Kapitols vertreten wird. Die Frage, ob die Rolle des Wahnsinnigen als Signum des apokalyptischen Menschen überhaupt, als implizite Selbstkritik des apokalyptischen Welterklärungsmodells zu interpretieren ist, wird im Zusammenhang des Filmes OFFRET noch einmal gestellt werden. Während Domenico seine Selbstverbrennung noch als Fanal und in der Hoffnung auf eine allgemeine Umkehr inszeniert, macht der Held im letzten Film Tarkowskijs, Alexander, sein Opfer mit dem Ziel der Weltrettung ganz alleine zwischen sich und Gott aus.

Dass in der Nähe von Tarkowskijs Filmen zur christlichen Ikonographie das Motiv eines aktuell als Gericht und Handlungsanweisung verstandenen Weltendes immer schon präsent war ist aus den vorangegangenen Hinweisen deutlich geworden. Ihre Zuspitzung auf eine männliche Person in OFFRET, die stellvertretend für die gesamte Menschheit selbstvergessen und scheinbar wahnsinnig handelt, soll im Folgenden näher betrachtet werden.

5.3.3 Andrej Tarkowskijs Film OFFRET

Form und Inhalt
Auch im letzten Film Tarkowskijs, OFFRET (DAS OPFER) finden sich die bekannten langen Einstellungen und langsamen Kamerafahrten, die teilweise ohne einen einzigen Schnitt auskommen. Es findet sich der Mut zu ausladenden Monologen mit existentiellen Themen und eine berückende Bildsprache: dabei kommt Spiegeln, dem Nebel, der Landschaft der schwedischen Insel Gotland und der abendländischen Ikonographie wie in den früheren Filmen Tarkowskijs eine besondere Bedeutung zu.

Alexander, der Intellektuelle und ehemalige Shakespeare-Darsteller, hat sich in die Einsamkeit zurückgezogen. Bei der Feier seines 50. Geburtstags

---

[70] TARKOWSKIJ, *Versiegelte Zeit*, 210.

wird er mitsamt seinen Gästen von den dramatischen Anzeichen eines Atomkriegs heimgesucht. Um den offensichtlich drohenden ‚Untergang der Welt' abzuwenden, bietet er sich in höchster Angst als Opfer an und gelobt in einem Dialog mit Gott, sich von Haus und Familie für immer zu trennen. Besiegelt wird dieser ‚Vertrag' durch eine mystisch inszenierte Vereinigung mit seiner Magd Maria, die auch eine ‚gute Hexe' genannt wird. Als das Unheil tatsächlich vorübergeht, macht Alexander sein Versprechen wahr, zündet sein Haus an und verstummt. Seine Familie reagiert entsetzt und verständnislos, er wird in eine psychiatrische Klinik eingewiesen. Hoffnung verkörpert am Ende sein kleiner Sohn ‚Jungchen', der einen zu Beginn des Films gepflanzten kahlen Baum gemäß der Weisung seines Vaters bewässert und dabei die Frage stellt: „Am Anfang war das Wort. Warum, Papa?!"

Insgesamt scheint die Deutungsoffenheit, die Tarkowskijs frühere Filme auszeichnete, im Blick auf Form und Inhalt dieses Filmes in geringerem Maße gewahrt. Die Monologe der Protagonisten wirken vereinzelt deklamatorisch, sie sind in die eigentliche Filmhandlung kaum integriert und scheinen sich oftmals unmittelbar an den Zuschauer zu richten.[71] Der Briefträger Otto plädiert in einer der ersten Filmszenen für eine Kultur des Warten-Könnens[72], räsoniert über Nietzsches Gedanken der ewigen Wiederkehr und erscheint zunehmend als Anwalt eines Paralleluniversums, dessen Existenz eine Vielzahl wunderbarer Ereignisse erklären soll. Der ehemalige Schauspieler Alexander übt vor dem Hintergrund seiner zunächst resignativ und kraftlos wirkenden Weltsicht[73] scharfe Kritik an der Maßlosigkeit und Desorientierung der westlichen Kultur.[74]

Auch für Andrej Tarkowskij, so scheint es, zerfiel die Welt am Ende seines Lebens in zwei Hälften. Einerseits Rationalität und Aufklärung, aber auch der Egoismus des ökonomischen Denkens – hierfür steht idealtypisch

---

[71] Besonders drastisch kritisierte K. KREIMEIER diesen letzten Film Tarkowskijs. Er verliere sich in Zitaten und Selbstzitaten, kunstaristokratisch und mit Sendungsbewusstsein vermittle Tarkowskij eine elitär rigoristische Botschaft, all das ohne filminterne Relativierung. (*Andrej Tarkowskij*, Hanser Reihe Film, 167–180). Zumindest der internen Kritiklosigkeit muss aber widersprochen werden, denn Victor, ein Arzt, Freund Alexanders und Geliebter von dessen Ehefrau Adelaide sagt zu Beginn des Films: „Seine Monologe gefallen mir nicht." Alexander selbst kommentiert einen seiner längeren Monologe mit dem Hamletzitat: „Words, words, words."
[72] „Wir warten doch alle auf irgendetwas [...] etwas Wirkliches, Wichtiges."
[73] Als ehemals erfolgreicher Shakespeare-Darsteller hat er sich vom ‚Theater der Welt' abgewandt: „Dieser kulturpessimistische Extremismus Alexanders spiegelt sich in seiner nostalgischen Vorliebe für die Rückkehr zur Natur. Dafür ist das abgelegene Landhaus dicht am Meer das sichtbare Zeichen." Sylvain DE BLEECKERE: *Nostalgie en offer. Een filmfilosofische hulde aan Andrei Tarkowskij.* In: MediaFilm. Tijdschrift voor filmcultuur en filmkunst (Leuven) 162/163, 2–20, 11.
[74] „Wir sind wie die Wilden. Jedweden wissenschaftlichen Fortschritt verwandeln wir immerfort in etwas Böses.[...] Sünde ist was nicht notwendig ist. [...] Disharmonie, Ungleichgewicht. Das ist falsch an unserer Kultur."

der Westen, aber auch der Marxismus, dessen sowjetische Realisierung er schmerzlich am eigenen Leibe erfahren hatte – und die Ästhetik des US-amerikanischen Films. Dem gegenüber steht eine geradezu antirationale Größe, die sprachlich nicht fassbare Religiosität des Ostens. Tarkowskij schreibt: „Der Westen schreit: Hier bin ich! Schaut auf mich! Hört, wie ich zu leiden und zu lieben verstehe! Wie unglücklich und glücklich ich sein kann! Ich! Ich! Ich!!! Der Osten sagt kein einziges Wort über sich selbst! Er verliert sich völlig in Gott, in der Natur, in der Zeit, und er findet sich selbst in allem wieder."[75]

Tarkowskij scheint so in seinem letzten Film mehr denn je vom Zuschauer eine grundlegende Entscheidung zu fordern für oder gegen die Annahme einer Existenz Gottes und eines wundersamen Paralleluniversums, der Unsterblichkeit der Seele und damit verbunden einer unbedingten Verantwortlichkeit.

Apokalypse

Neben der erwähnten allgemeinen Kulturkritik, die sich – wie oben dargestellt – unterschiedlichen weltanschaulichen Quellen verdankt, findet sich in OFFRET ausdrücklicher als in jedem anderen Film Tarkowskijs das drohende Weltende als entscheidende Perspektive[76]. Man geht wohl nicht zu weit, wenn man hier der biographischen Situation Tarkowskijs selbst zu begegnen meint, der zum Zeitpunkt der Dreharbeiten bereits an Lungenkrebs erkrankt war.

Durchaus analog zu ähnlichen Filmen der achtziger Jahre im Westen (THE DAY AFTER, THE LAST WAVE) ist der Weltuntergang Teil der Geschichte und tritt ein offenbar aufgrund von falschem Verhalten großer Teile der Menschheit. Tarkowskij hält sich jedoch nicht mit einer zum Scheitern verurteilten möglichst realistischen Darstellung der konkreten Folgen eines Atomkrieges auf, sondern thematisiert vor allem zwei Aspekte des Weltuntergangs: Die individuelle Verantwortung des Einzelnen am Ende seines Lebens bzw. die universale Verantwortung der Menschheit am Ende der Welt, zu der sich ein Einzelner vor Gott bekennt[77] sowie die Existenz eines

---

[75] TARKOWSKIJ, *Versiegelte Zeit*, 241.
[76] Wie nahe Tarkowskij dieses Thema in den Jahren vor der Verwirklichung seines letzten Filmes gelegen haben muss, zeigt die Tatsache, dass er nach eigener Auskunft (TARKOWSKIJ, *Martyrolog II*, 167) im Juli/August 1984 in London Vorträge über die Apokalypse hielt, die aber leider nicht erhalten sind.
[77] Alfred Jokesch hat darauf hingewiesen, dass die Arie *Erbarme Dich* aus J.S. Bachs Matthäuspassion mit der Tarkowskij seinen Film rahmt, ins Passionsgeschehen gerade dort eingefügt ist, wo Petrus seinen Verrat an Jesus bereut und sich seine Schwachheit eingesteht. Eine biblische Reminiszenz, die gemeinsam mit den vielfältigen Bezügen, die Tarkowskij zum Johannes-Prolog und zum Gemälde *Adoratio dei Magi* (Leonardo da Vinci) von Beginn des Filmes an herstellt, eine Deutung des Handelns von Alexander im Sinne einer Selbstopferung und darin

gegenüber der empirischen Wirklichkeit völlig anderen Raumes, eines Jenseits, das bildlich umzusetzen zu den irritierenden künstlerischen Leistungen dieses Films gehört:

Im Verlauf der Filmhandlung häufen sich Sequenzen, die – durch ihre Sepia-Färbung gekennzeichnet – die lineare Filmhandlung unterbrechen. Sie erscheinen einerseits als apokalyptische Visionen einer zerstörten menschenleeren Stadt bzw. in Panik fliehender Menschen (dreimal), andererseits als Begegnungen und Handlungen Alexanders in einem Jenseits, dessen genauere Lokalisierung und Verknüpfung mit der Filmhandlung bewusst offen gelassen wird. Dies gilt insbesondere für die fünfzig Minuten dauernden zentralen Sequenzen im zweiten Hauptteil des Filmes zwischen kammerspielartiger Eröffnung (ca. 68 min) und katastrophischem Ende (ca. 36 min). Sie erlauben es nicht mehr, zwischen Filmrealität und den beiden genannten anderen Ebenen zu unterscheiden. Sie umfassen ein *Gebet* Alexanders zu Gott, das mit dem stockend und bruchstückhaft vorgetragenen Vaterunser beginnt und in einer frei formulierten Opferung seines Sprachvermögens, seiner Familie und seines geliebten Hauses zur Rettung der Welt endet, eine *apokalyptische Vision*, seine *Fahrt* zum Haus der ‚Hexe' Maria[78], die dortige naturmystische *Liebesvereinigung* und die wundersame *Rückkehr* in sein Zimmer zu den Klängen der *Vier Jahreszeiten in Kyoto* von Tosha Suiho.[79]

Der Raum, in dem sich diese Szenen abspielen, entzieht sich dem einfachhin chronologisch-topographischen Zugriff. Er hat seine Vorläufer im Werk Tarkowskijs im Planeten SOLARIS, der den Menschen ihr Unterbewusstes spiegelt, in der ‚Zone' in STALKER, die angeblich geheime Wünsche der Menschheit erfüllt, in den unvermittelten Rückblenden in die Kindheit in DER SPIEGEL bzw. nach Russland in NOSTALGHIA. Es ist nicht zu entscheiden, ob es sich dabei um die Innenwelt des Helden Alexander oder einen realen Ort handelt. Entscheidend ist, dass es sich um einen Raum handelt, der zunehmend die Filmhandlung bestimmt und der sich in der abschließenden Selbstopferung schließlich Bahn in die ‚Realität' auch der anderen Akteure

---

einer Fleischwerdung des Wortes nahelegt. Vgl: Alfred JOKESCH: „... *dann muss sich die Welt verändern.*" *Perspektiven der Hoffnung am Rande der Katastrophe. Zu Andrej Tarkowskijs Opfer.* In: J. Müller/R. Zwick (Hg.): Apokalyptische Visionen. Film und Theologie im Gespräch. Veröffentlichungen der katholischen Akademie Schwerte 1999, 159–172, 161ff.

[78] Sie ist der zänkischen Ehefrau Adelaide in der oben beschriebenen Weise des weiblichen Doppels von unschuldiger heiliger Jungfrau und Hure entgegengesetzt.

[79] Offenbar hat sich Tarkowskij in seinen letzten Jahren mit östlicher Religion und Philosophie beschäftigt, eine Lektüre, die allerdings keinen Niederschlag in seinen Tagebüchern gefunden hat. Verschiedene Hinweise finden sich im Film OFFRET selbst: Alexander zieht sich zum Vollzug seines Opfers einen Kimono mit dem Yin-Yang-Zeichen auf dem Rücken an, *Die Vier Jahreszeiten in Kyoto* erklingen häufiger im Film, Adelaide äußert sich am Ende abfällig über die Japanbegeisterung Alexanders und ‚Jungchens'. Eva M.J. SCHMID hat einige weitere Belege gesammelt: *Erinnerungen und Fragen.* In: Andrej Tarkowskij. Hanser Reihe Film, 43–80, 58ff.

bricht. Tarkowskij schreibt zu diesem ‚Ort': „Der Raum, in dem sich derjenige bewegt, der bereit ist, alles zu opfern, ja sich selbst als Opfer darzubringen, stellt eine Art Gegenbild dar zu unseren empirischen Erfahrungsräumen, ist deshalb aber nicht weniger wirklich."[80] Tarkowskij hatte sich schon früher zu diesem *Jenseits* in seinen Filmen geäußert: Er strebe ein Kino an, „das sich nicht in visuellen Sequenzen erschöpft, sondern auf etwas hinweist, das außerhalb der jeweiligen Einstellung existiert", es gehe also um Filme, „die mehr sind, als sie uns direkt, als sie uns empirisch geben".[81]

Die filmische Konstruktion dieses Raumes sollte also nicht als cineastische Spielerei mißverstanden werden, die die Erzeugung des Sensationellen mit tricktechnischen Mitteln betreibt, sondern steht in engem Zusammenhang mit den existentiellen anthropologischen und filmtheoretischen Annahmen Tarkowskijs. Er stellte selbst einen engen Zusammenhang zwischen (seiner) Kunst und der existentiellen Tatsache des Todes des Menschen her, der jene andere, nicht-empirische Welt endgültig zur Realität des Menschen werden lässt: „Das Ziel der Kunst besteht vielmehr darin, den Menschen auf seinen Tod vorzubereiten, ihn in seinem Inneren betroffen zu machen. Begegnet der Mensch einem Meisterwerk, so beginnt er, in sich jene Stimme zu vernehmen, die auch den Künstler inspiriert. Im Kontakt mit einem solchen Kunstwerk erfährt der Betrachter eine tiefe und reinigende Erschütterung."[82] Vergleichbar dem Geschehen des Todes fällt in der Begegnung mit dem Kunstwerk eine Alterität in das Leben des Menschen ein, die bisherige Gewissheiten in Frage stellt und ihn mit unbedingtem Anspruch anruft, eine lebensverändernde Ent-Scheidung verlangt.[83]

Bei alldem soll nicht verschleiert werden, dass in OFFRET eine Verknüpfung zwischen (sozialem) Tod – die christliche Religion verbietet Tarkowskij die Inszenierung eines Suizides – und Weltrettung hergestellt wird, die über eine bloße Reflexion auf den existentiellen Status des Todes und seine ethischen Implikationen hinausgeht. Dies gilt insofern, als beide Geschehnisse im Sinne eines *do ut des* offenbar kausal verknüpft werden. Alfred Jokesch

---

[80] Andrej TARKOWSKIJ: *Opfer. Filmbuch*. Mit Bildern von Sven Nykvist. München (Schirmer/Mosel) 1987, 177; sowie TARKOWSKIJ, *Versiegelte Zeit* 220.
[81] Iskusstwo Kino, Nr. 3, 1979, 84 und 90, zit.: TUROWSKAJA, *Film als Poesie*, 97.
[82] TARKOWSKIJ, *Versiegelte Zeit*, 49. Jünger weist zu Recht darauf hin, dass „hier weder ein Bekenntnis zu einer tröstend erbaulichen Kunst, noch gar zu einer Lebensverneinung, sondern einzig Ausdruck dieser Sorge um das Dasein selbst, Sorge darum, ob es sich immer mehr vergißt oder seiner eigensten Möglichkeiten wiederbesinnt" zum Ausdruck komme. JÜNGER, *Kunst der Zeit und des Erinnerns*, 149.
[83] Alexander knüpft in einem Monolog am Beginn des Filmes explizit an die oben zitierten Gedichtzeilen aus DER SPIEGEL an. Er sagt zu ‚Jungchen': „Du brauchst keine Angst zu haben. Es gibt keinen Tod. Sicher gibt es die Angst vor dem Tod und das ist ein unheimlicher Schreck. Oft bringt er den Menschen dazu, Dinge zu tun, die er nicht tun soll. Aber wie anders würde alles sein, wenn wir aufhören würden, uns vor dem Tod zu fürchten?"

geht sogar soweit, aufgrund der oben genannten Indizien in OFFRET eine inszenierte Nachahmung des Selbstopfers Christi zu sehen.[84] Im Filmbuch zu OFFRET schreibt Tarkowskij zwar tatsächlich: „Es geht also um einen Mann, der sich selbst für jemand *opfert*; dem es klar ist, dass er, um *sich selbst* zu retten – auch physisch – sich selbst völlig vergessen und seinem geistigen Sein Raum geben muss. Dadurch findet er Zugang zu einer anderen Existenz. Sein Verhalten mag in unserer Welt absurd erscheinen, und die Menschen um ihn herum mögen durch ihn auf eine harte Probe gestellt werden, aber genau durch dieses Verhalten demonstriert er seine *Freiheit*."[85] Gleichzeitig weist er hier aber auf eine *Vielfalt* möglicher Deutungen hin.[86]

Die genannte einlinige Parallelisierung verbietet sich also der differenzierten (theologischen) Reflexion auf OFFRET. Denn weder wird im Film behauptet, Alexanders ‚Opfer' rette tatsächlich die Welt[87], noch lässt sich andererseits das Erlösungsgeschehen in Leben, Sterben und Auferstehung Jesu Christi auf eine quasi mechanistische Welterrettung im Sinne eines *deus ex machina* oder eines satisfaktorischen Handels *do ut des* adäquat beschreiben. Der entscheidende Unterschied zur Erlösungstat Christi (und Kritikpunkt an Tarkowskijs Konzept, versteht man es denn im Sinne Jokeschs), liegt in der Künstlichkeit des Settings in OFFRET, die mit der historisch nur unter Einsatz von Gewalt zu verhindernden Kreuzigung Jesu nur unter Voraussetzung eines ähnlich magischen Verständnisses der Tat Jesu verglichen werden kann. Nichts auf der ‚realen' oder primären Handlungsebene des Films deutet nämlich darauf hin, dass ein Selbstopfer Alexanders notwendig sei oder eine Welterrettung bewirken könne. Vielmehr sind dunkle Hinweise Ottos und hochindividuelle Überlegungen Alexanders vonnöten, um ihn zu seiner Tat zu bewegen.

Die Tat Alexanders dürfte daher als eine unter Voraussetzung seiner biographischen Situation *naheliegende*, keineswegs aber als *objektiv heilswirksame* Tat angemessen verstanden sein. Dies gilt, zumal sie jeder auch im Film objektiven sozialen oder politischen Relevanz entbehrt. Der Verdacht, ein seinem orthodoxen Glauben entsprungenes magisches Erlösungsver-

---

[84] „In Stellvertretung für alle exemplarisch das zu tun, was notwendig ist, um die Katastrophe, die über uns schwebt, vielleicht noch abzuwenden." JOKESCH, *Perspektiven*, 172.
[85] TARKOWSKIJ, *Opfer, Filmbuch*, 183. Hervorhebungen J.V.
[86] „Eine auf Eindeutigkeit angelegte Interpretation jedenfalls liefe der inneren Struktur des Filmes zuwider." TARKOWSKIJ, *Versiegelte Zeit*, 226.
[87] Es muss gleichwohl festgehalten werden, dass durch das (genauer: „nach dem") Opfer des Protagonisten die drohende Katastrophe der atomaren Weltvernichtung tatsächlich abgewendet zu sein scheint. Ob diese Katastrophe allerdings real oder nur eingebildet war, in einem umfassenden atomaren Krieg oder nur einer durch politische Intervention abgewendeten Krise bestand, lässt der Film letztlich offen. Dem Zuschauer bleibt es überlassen, sich der Deutung Alexanders anzuschließen oder seine Tat für sinnlos, ja verantwortungslos bzw. wahnsinnig und ihn für einen ‚Märtyrer ohne Lohn' (Güttkemanns) zu halten.

ständnis habe Tarkowskij an einer tieferen Durchdringung der Tat Jesu als Selbsthingabe *an den anderen Menschen* gerade unter *Verzicht* auf das Eingreifen eines paternalen Gottes gehindert, lässt sich dennoch nicht ganz ausräumen. Eine Deutung des Filmes jenseits solcherlei ‚magischen Paternalismus' und damit seine Rettung als herausragendes Kunstwerk lässt sich also nur dann bewerkstelligen, wenn eine Deutungsoffenheit der Handlung Alexanders bis zum Schluss des Filmes erwiesen werden kann. Dabei muss eine symbolistische Engführung, gegen die sich Tarkowskij für seine Filme bekanntlich gewehrt hat, ebenso vermieden werden wie eine einseitig soteriologische Deutung im Sinne Jokeschs. Nur dann ist auch der Vorwurf Kreimeiers zu entkräften, bei dieser sich hier aufgipfelnden grundlegenden Ausrichtung des Tarkowskijschen Filmschaffens handele es sich letztlich um mehr oder weniger ideologische oder missionarische Imperative, die direkt oder subtil manipulativ die Deutungsmöglichkeiten des Zuschauers einschränkten oder deformierten.

Tarkowskij versieht sein Modell einer rettenden Tat tatsächlich mit ambivalenten ‚*cues*': Es ist keineswegs nur das ‚Opfer' des Besitzes und der sozialen Stellung, das die Abwendung der Weltzerstörung herbeigeführt haben könnte (ethische Perspektive). Auch das Gebet Alexanders könnte der Auslöser sein (Perspektive des christlichen Glaubens); das Gleiche gilt für den mystischen Beischlaf mit Maria (esoterisch/naturmystische Perspektive), verstehbar auch als Rückkehr zur Mutter (psychoanalytische oder archaische Perspektive). Oder ist der Atomkrieg gar durch politische Intervention abgewendet worden und Alexanders Opfer war im Grunde sinnlos, er selbst ein Geisteskranker, der am Schluss zu Recht in der Versenkung einer Anstalt verschwindet (modern-agnostische Perspektive)? Aufgrund seines begrenzten Horizontes kann Alexander zudem nicht mit Sicherheit wissen, ob sein Gebet um Rettung der Welt erhört wurde, seine Tat also wirksam war. Er kann sich nur auf einige wenige Andeutungen aus seinem unmittelbaren Umfeld[88] verlassen. Dennoch hält er das einmal gegebene Versprechen. Schließlich markiert er in einer selbstvergessenen Tat, dass es jenseits seines Besitzes, seiner Familie und seiner eigenen gesellschaftlichen Reputation eine Dimension des Handelns gibt, die letztgültig sein Leben bestimmt. In dem Bewusstsein, vielleicht die Welt retten zu können, gibt er sich der Logik dieser Dimension hin.

Allerdings wird hier auch nicht einem Relativismus das Wort geredet. Vielmehr ist die Durchkreuzung jeder einlinigen Interpretation aus theologischen und ästhetischen Gründen notwendig, wenn man auf eine nicht kausale, nicht empirische, jenseitige Be-Deutung der Geschehnisse auf der primä-

---

[88] Elektrogeräte und Telefon funktionieren wieder, seine Familie sitzt gemütlich plaudernd am Frühstückstisch.

ren oder realen Handlungsebene hinweisen will, wie Tarkowskij. Er folgt hier in gewisser Weise einer ästhetischen Forderung an die Darstellung des Jenseits, die Analogien zur Negativen Theologie aufweist.[89]

In diesem Punkt kann der These Lukas Bormanns[90] zugestimmt werden, bei Tarkowskij finde sich ebenso wie im Werk Lars von Triers[91] der Verweis auf ein Jenseits zur erfahrbaren Welt, ein ‚ganz Anderes', das gleichwohl menschliche Existenz definiere. Anders als in Coppolas APOKALYPSE NOW und Ecos DER NAME DER ROSE, wo die Sehnsucht nach diesem ‚Außerhalb' durch Ritual oder Rationalismus stillgestellt wird, aber auch anders als im amerikanischen Mainstreamkino[92], wo dieses ‚Jenseits' auf ein sensationelles oder zu vernichtendes Außen reduziert wird, steht bei Tarkowskij die zeitlose Forderung apokalyptischen Denkens, die von einem Standpunkt außerhalb die Kraft zum Wandel bezieht. Nur der Bezug auf eine nichtempirische Macht und einen Wesenskern, der von materialen Bedingungen unabhängig gedacht wird, der aber zugleich als undarstellbarer nicht unmittelbar in die Filmhandlung eintreten kann, garantiert die Möglichkeit einer radikalen Umkehr und damit von Freiheit.

Immer wieder formuliert Tarkowskij *Verantwortlichkeit* im Sinne Domenicos oder Alexanders als *die* Alternative zum westlich-konsumistischen Leben. Apokalyptisch sind beide Filme also schon in diesem Sinne der Aufgipfelung eines existentiellen Kampfes um das ‚rechte Leben', der anstatt in den Abgrund zu führen durch ein Drittes (Tradition, Gebet, Verzicht, Keuschheit, Schweigen, Glauben an das Unwahrscheinliche, Teilnahme/Mitleid) beendet wird. Träger der Handlung sind hier wie in NOSTALGHIA zwei Männer unterschiedlicher Herkunft, Alexander und Otto, von großer innerer Übereinstimmung und einander auf merkwürdige Weise verbunden. Sie verbindet, wie Tarkowskij formuliert, „die Fähigkeit zu Handlungen [...] deren Antrieb rein spiritueller Art ist, und die Veränderungen signalisieren."[93]

Nimmt man dem Verhalten Domenicos in NOSTALGHIA und Alexanders in OFFRET den Nimbus des religiös legitimierten Erlösers, taucht auch die eingeklagte Ambivalenz in der Darstellung wieder auf: Der Heilige erscheint als Wahnsinniger, der für sich in einem Akt der Selbstermächtigung die Ret-

---

[89] Vgl. Kap. 3.5.
[90] Lucas BORMANN: *Apokalyptik im Film: Eco, Coppola, Tarkowskij, von Trier*. In: Markus Witte (Hg.): Religionskultur – Zur Beziehung von Religion und Kultur in der Gesellschaft. Beiträge des Fachbereichs Evangelische Theologie an der Universität Frankfurt am Main. Würzburg (Religion und Kultur Verlag) 2001, 21–38.
[91] Vgl. VALENTIN, *(Un)sichtbare Christologie*.
[92] „Dieser Mann läßt den Zuschauer an den Auswirkungen seines Opfers teilhaben, allerdings nicht in jenem vordergründigen Sinne, in dem viele Regisseure heute den Kinobesucher zum bloßen Augenzeugen degradieren." TARKOWSKIJ, *Opfer, Filmbuch*, 181.
[93] Ebd. 181.

tung der Welt reklamiert.[94] Er besetzt in der einen erlösenden Tat der Selbstopferung die Stelle Gottes, anstatt durch beharrliches Tun am andern Menschen, Vorbildhandeln oder Kunstschaffen wie in ANDREJ RUBLJOW seinen menschlichen Anteil an der Weltrettung zu leisten. In allen Filmen Tarkowskijs ‚opfern' sich Menschen. In den frühen für andere Menschen, in NOSTALGHIA und OFFRET ‚für die Menschheit'.

Wer sich jedoch für ‚die Menschheit' opfert und nicht nur einfach Leid erträgt, setzt sich an die Stelle Gottes und verfällt der Idolatriekritik. In seinen Überlegungen zum Film scheint Tarkowskij selbst in einem Akt der Verzweiflung dieser Tendenz zur Vereindeutigung seines Filmes nachzugeben: „gerade deshalb ist Alexander für mich die Gestalt eines Gotterwählten[95], dazu ausersehen, die uns bedrohenden lebenszerstörenden, heillos ins Verderben führenden Mechanismen des Daseins vor aller Welt zu entlarven und zur Umkehr aufzurufen – der letzten Möglichkeit der Rettung, die es für die Menschheit gibt."[96] Bei diesem Satz darf aber das Verb ‚aufrufen' nicht überlesen werden: Die Tat Alexanders hat nur hinweisenden, exemplarischen Charakter. In ihr wird die Errettung der Welt nicht vollzogen, sondern als Akt der Hingabe weist sie auf die Dringlichkeit der Abkehr aller Menschen vom kumulativen Materialismus hin. Erst diese universale, in gewissem Sinne endzeitliche Umkehr würde zur Erlösung der Welt führen.

Dass in OFFRET weder eine simple soteriologische Erfolgsstory noch universale Selbstermächtigungsphantasien bedient werden, zeigt schließlich die zu Beginn des Films von Alexander vorgetragene Erzählung über den Mönch Pamwe: Er forderte seinen Schüler auf, einen in den Bergen gepflanzten trockenen Baum zu wässern. Nach drei scheinbar vergeblichen Jahren war der Baum plötzlich übersät mit Blüten. Der trockene Stamm, den Alexander mit seinem Sohn ‚Jungchen' zu Beginn des Filmes ‚pflanzt', zeigt auch am Ende des Filmes noch keine Triebe, wohl aber beginnt Jungchen zu sprechen

---

[94] Vgl. die Analyse im Anschluss an Erhardt Güttkemanns im dritten Teil dieser Arbeit.
[95] Eine Parallele zum heiligen Narren der (literarischen) russischen Tradition: Fürst Myschkin im Idioten, Aljoscha (russ.: Alexander) in den Brüdern Karamasow u.ö.
[96] „Gotterwählte, von Gott Berufene sind bis zu einem gewissen Grad freilich auch die anderen, der Postbote Otto, vielleicht ein Instrument der göttlichen Vorsehung, der – wie er sagt – geheimnisvolle, unerklärliche Begebenheiten sammelt [...] Dann Alexanders kleiner Sohn, aber auch Maria, die Hexe; für sie alle ist das Leben voller unbegreiflicher Wunder, sie bewegen sich in einer imaginären Welt statt in der sogenannten realen, sind alles andere als Empiriker oder Pragmatiker. Niemand von ihnen glaubt dem, was er mit den Händen greifen kann, alle vertrauen vielmehr den Bildern ihrer Vorstellungswelt. Alles, was sie tun weicht auf seltsame Weise von normalen Handlungsmustern ab, und sie verfügen über Gaben, die man im alten Rußland den heiligen Narren zusprach. Diese Menschen lenkten schon durch ihre Äußeres als Pilger und zerlumpte Bettler den Blick der in ‚geordneten' Verhältnissen lebenden auf die Existenz jener von Weissagungen, Heilsopfern und Wundern erfüllten anderen Welt jenseits aller verstandes- und vernunftmäßigen Regelhaftigkeit. Allein die Kunst hat uns davon einen Rest bewahrt." TARKOWSKIJ, Opfer, Filmbuch, 184.

und nimmt die Rede seines verstummten Vaters verstehend auf[97]. Unter den Bedingungen sterblicher Existenz zählt letztlich nicht die Gewissheit der erfolgenden Erlösung. Vielmehr wird das beharrliche ‚Hegen und Pflegen' – der Natur und des heranwachsenden Kindes – als Weg zu einer Veränderung der Welt zum Guten dargestellt. Ähnlich wie sich der Leser in Dostojewskijs *Die Brüder Karamasow* zwischen den Lebens- und Glaubensentscheidungen der drei Brüder, die alle mit größter Sorgfalt und Überzeugungskraft präsentiert werden, situieren muss, verlangt auch Tarkowskij vom Zuschauer, den wesentlichen „Teil der Arbeit" (Iser/Eco/Thompson) zu erledigen. Die Schlussfrage von ‚Jungchen'*„Am Anfang war das Wort. Warum, Papa?!"* steht so am Beginn einer existentiellen Reflexion des Zuschauers. Sie verdankt sich zuerst der Irritation (Thompson/Bordwell), also dem durchgehaltenen fiktionalen Charakter (Iser) des Films und der Vermeidung bzw. Auflösung ‚mythischer' Festlegungen (Iser/Kermode) bzw. der Dogmenbildung (Vaihinger).

Tarkowskijs Film oszilliert zwischen post- und präapokalyptischer Situierung, denn einerseits zeigen die Visionen Alexanders eine Welt *nach* der geschehenen Katastrophe, andererseits könnte seine Tat das Eintreten eines atomaren Weltendes tatsächlich verhindert haben. Diese paradoxe Situierung zwischen der ultimativen Drohung und der aus ihr hervorgehenden Tat weist darauf hin, auf welcher Zeitstufe der Zuschauer den Film in seinem Leben ansetzen soll: in einer aus intensiver Reflexion auf die vertane Vergangenheit und drohende Zukunft im besten Sinne ‚apokalyptisch' aufgeladenen Gegenwart.

5.3.4 Derek Jarman

Leben und Werk

Derek Jarman stellt als Künstler ein Phänomen dar, das in Deutschland wenig bekannt ist, zumal kaum Literatur und noch weniger seine filmischen Kunstwerke auf dem deutschen ‚Markt' zugänglich sind. Im Folgenden wird Jarman gemäß der Aufgabenstellung dieses Kapitels als Filmemacher vorgestellt und sein Werk in nahezu sträflicher Weise auf die apokalyptischen und christologischen Dimensionen hin enggeführt, eine Engführung, die aber vielleicht dennoch zur angemessenen Deutung seines Werkes beitragen mag.

Jarman war allerdings mehr als Filmemacher: *Schriftsteller* – dies schlägt sich in seinen Filmen nicht zuletzt in den hochpoetischen, meist aus dem Off gesprochenen lyrischen Texten nieder; er war *Designer* und (vor allem in

---

[97] Damit wird ein werkimmanenter Spannungsbogen zwischen dem Bild eines Kindes am kahlen Baum in der Schlusseinstellung von IWANS KINDHEIT ebenso aufgenommen wie der lange Kameraschwenk in der ersten Einstellung von OFFRET über das Bild der *Adoratio dei Magi*: Auch hier liegt der Jesusknabe unter einem – allerdings blühenden – Baum.

seinen frühen Jahren vom Impressionismus beeinflusster) *Maler*, eine Begabung, die sich in den oftmals weit von jeder Gegenständlichkeit entfernten Filmbildern niederschlägt, sowie in einer Farbigkeit, die sie eher wie Gemälde denn wie Filmbilder wirken lassen.[98] Kurz vor seinem Tod wirkte er außerdem als *Landschaftsgärtner*. Dieses Werk hat er in seinem vorletzten Film[99] festgehalten. Die Intermedialität, die in Jarmans Werk überall zu beobachten ist, lässt seine Filme als Fokus seines Opus erscheinen,[100] da das Medium Film vielleicht am ehesten in der Lage ist, eine Gesamtschau der Künste Malerei, Design, Architektur und Literatur zu bieten. Dies gilt allerdings nur dann, wenn ihr Autor bereit und in der Lage ist, das Feld des narrativen Spielfilms zu verlassen und mit Formen zu experimentieren, die eben diese Multimedialität im Medium Film umzusetzen in der Lage sind.

Derek Jarman wurde 1942 in Dover geboren. Seine Mutter taucht in seinen essayistischen Kindheitserinnerungen[101] – und vielleicht in seinen Filmen – als verklärter, sanfter Engel auf. Das Verhältnis zu seinem Vater, einem Piloten der Royal Air Force und Kriegshelden mit zahlreichen Feindflügen gegen Deutschland, ist merklich distanzierter. Ihm sollte Derek 1989 mit WAR REQUIEM, einer Verfilmung von Benjamin Brittens Chorwerk, ein kritisches Denkmal setzen. Zuvor jedoch studierte er englische Literatur und Geschichte am King's College sowie 1963–1967 Malerei an der Londoner Slade School of Fine Arts, wo er die Malerkollegen David Hockney, Patrick Procktor und Ossie Clarke kennenlernte.

1970 übernahm Jarman die Ausstattung von Ken Russells Film DIE TEUFEL, der Verfilmung eines Romans von Aldous Huxley. 1972 arbeitete er als Kostüm- und Bühnenbildner für das Festival Ballett. 1976 stellte er auf dem Filmfestival in Locarno mit SEBASTIANE seinen ersten Spielfilm vor, in dem der Martyrer zum ‚Schutzpatron der Homosexuellen' stilisiert wird. Mit JUBILEE (1977), einer Punk-Vision des verrotteten und zerfallenden Englands und der eigenwilligen Shakespeare-Adaption THE TEMPEST – DER STURM (1979) folgen weitere abendfüllende Spielfilme. Spätestens mit THE TEMPEST deutet sich das Grundmuster der späten Filme Jarmans bereits an: Kluge Bild- und Klangzitationen, die Zeit- und Raumebenen sprengen und vermischen, eine Mixtur aus Erhabenem und Trivialem, die neue Blicke auf vertraut geglaubte Sujets eröffnet, eine Vorliebe für Anachronismen, die weit

---

[98] „Jarman's films work outwards from tableaux, recalling paintings or sculpture." Gray WATSON: *An Archeology of Soul*. In: Roger Wollen (Hg.): Derek Jarman. A Portrait. London (Thames and Hudson), 1996, 33–48, 34.
[99] THE GARDEN, UK 1990.
[100] Auch wenn er sich selbst eher als Maler begriff, der nebenher Filme dreht. Michael O'PRAY: *Dreams of England*. London (British Film Institute Publishing) 1996, 207.
[101] Derek JARMAN: *At Your Own Risk: A Saint's Testament*. London (Hutchinson) 1992. Dt.: Auf eigene Gefahr. Vermächtnis eines Heiligen. Wien 1996.

über Spielereien hinausgeht, und eine Farbdramaturgie, die mit warmen satten Tönen bisweilen behagliche Räume schafft, auch wenn diese Behaglichkeit ständig bedroht wirkt und sie die gezeigten Personen in einer nur vermeintlichen Sicherheit wiegt. Seit Anfang der achtziger-Jahre hat Jarman mehrere Kurzfilme und musikalische Werbefilme (Videoclips) erstellt, die ersten für Marianne Faithful, weitere für Marc Almond, The Smiths und The Pet Shop Boys. 1984 inspiriert ihn eine Reise durch die Sowjetunion kurz vor der Perestrojka zu dem Kurzfilm IMAGINING OCTOBER.

1986 erfolgte mit dem kongenialen Porträt des Renaissance-Malers CARAVAGGIO der internationale Durchbruch Jarmans auf der Berlinale wie auch in den USA. In loser, genialer Szenenfolge, deren Farben sich an den Gemälden des Malers orientieren, wird nicht nur der Künstler gefeiert, sondern gleichzeitig seiner Einsamkeit als Voraussetzung für seine Kunst gehuldigt. Im Vorspann des Films schwärzt eine Hand eine Leinwand[102], wenig später fallen die Worte: „Nichts ist schwieriger als die Einfachheit." Wenn man dies in Zusammenhang mit Jarmans strenger, karger Inszenierung setzt, dann wird deutlich, wie sehr Kunstwerk und Künstler, Bild und Bildender miteinander verwoben sind. Nicht von ungefähr stellt Jarman seinen Caravaggio in einen homosexuellen Zusammenhang, thematisiert seine Liebes- und Leidensfähigkeit.

Spätestens seit THE LAST OF ENGLAND – VERLORENE UTOPIEN (1987) weiß Derek Jarman, dass er an AIDS erkrankt ist. Es ist sein bislang persönlichster Film, der private (Familien-)Geschichten, subjektive Erinnerungen und Beobachtungen mit der Trauer um den Verlust gesellschaftlicher Utopien mischt – ein Film ohne Zukunft. Der vielleicht schönste Film gelingt Jarman mit dem wieder hoffnungsvoller gestimmten THE GARDEN (1990). Jarman, der sich in den letzten Jahren als Gärtner betätigt und dem „größten Kieshaufen" der Welt, der Gegend um den südenglischen Ort Dungeness, einen blühenden Garten abgetrotzt hat,[103] setzt auf provozierende Weise die Leiden der Homosexuellen in und an einer ihnen feindlichen Gesellschaft mit dem Leidensweg Christi in Bezug. Ein Film voller Symbole und Allegorien, dessen Ruhepunkt Jarman selbst ist. Schreibend sitzt er an seinem Tisch, gelassen schreitet er zwischen Blumen einher. Sein persönliches Credo wird bereits am Anfang des Films von einer Off-Stimme eingesprochen: „Wenn Liebe

---

[102] Analog zu Jarmans eigenen bildnerischen Werken, die in den achtziger und neunziger Jahren nicht selten aus in monochrom und mehrschichtig grundierte Leinwände eingedrückten Tableaus alltäglicher Gegenstände oder Schriftzeichen bestehen (Vgl. etwa die Abbildungen von *The Caravaggio Suite* (1986), WOLLEN, *Derek Jarman*, 24; *Silence* (1986) Ebd. 121; *Blood* (1992) Ebd. 129 oder *Ego et in Arcadia* (1992) Ebd. 157).

[103] Vgl.: *Derek Jarman's Garden*. With Photographs by Howard Sooley. London (Thames and Hudson) 1995.

und Lust vorbei sind, wenn sich auch die Kunst als trügerische Überlebensinsel dargestellt hat, dann ist der Mensch an einem Ende eingetroffen." Die Berlinale 1993, auf der seine Komödie WITTGENSTEIN aufgeführt wurde, konnte Jarman aus gesundheitlichen Gründen bereits nicht mehr besuchen, doch arbeiten konnte er noch: Ohne Wehleidigkeit beschreibt Jarman in seinem letzten Film BLUE sein Sterben, nimmt Abschied von den Freunden und der Welt, erinnert sich an die vor ihm gestorbenen Freunde David, Howard, Graham, Terry, Paul, deren Namen sich wie eine Litanei durch den Film ziehen. Doch da Kunst sich nicht der Welt verschließen dürfe und die Welt sich nicht dem Leben, schildert Jarman in BLUE auch minutiös den Verlauf seiner Krankheit – eine Litanei der Schmerzen, die Jarmans Bekenntnis zur Privatheit, ja Intimität seines künstlerischen Ausdrucks als dezidiert antiideologischen Affekt[104] noch einmal eindrücklich in Szene setzt. Derek Jarman starb 1994 an den Folgen seiner Krankheit.

Apokalypse in den Filmen Jarmans
In beinahe allen Filmen Jarmans findet sich ein markanter Zug apokalyptischer Motivik, der in der Kritik bereits früh bemerkt wurde[105]. Zunächst verdankt Jarman diese einem kritisch-politischen, und damit in den achtziger Jahren des vergangenen Jahrhunderts vor allem auch ökologischen Bewusstsein: Apokalypse ist zunächst Aufschrei und Revolution der Unterdrückten und der ausgebeuteten Natur.[106] Gleichzeitig vermittelten ihm seine Studien der englischen Literatur den dort omnipräsenten ‚Traum von Arkadien'[107] im Sinne einer melancholischen Sehnsucht nach einem als Gegenentwurf zur morbiden Gegenwart gedachten ‚Old England' Elisabeths I.[108]

---

[104] „I had no Choice, I've always hated secrets – the cancer that destroys.' Jarman im Interview in *Independent on Sunday*, 4.8.1991, 2ff., 5, zit.: WATSON, *Archeology*, 47.
[105] Bereits 1985 überschrieben die Herausgeber der englischen Avantgarde-Filmzeitschrift *Afterimage* ein Jarman gewidmetes Themenheft *Of Angels and Apokalypse* (12/85); und unter dem selben Titel wurde 1986/1987 eine Auswahl von Jarman-Filmen auf USA-Tournee geschickt. (Diesen Hinweis verdanke ich Reinhold ZWICK: „*The apokalypse is fulfilled*". *Figurationen des Endzeitlichen im Werk Derek Jarmans*. In: Ders./J. Müller, Apokalyptische Visionen, 131–150, 132.)
[106] WATSON, *Archeology*, 38f.
[107] Jarman im Gespräch mit Simon Field und Michael O'PRAY: *Imagining October, Dr. Dee and Other Matters. An Interview with Derek Jarman*. In: Afterimage 12/1985, 40–58, 49. Zit.: Zwick: „The apokalypse is fulfilled", 133. Vgl. auch Jarmans spätes Ölgemälde *Ego et in Arcadia* (1992) in: WOLLEN, *Derek Jarman*, 157.
[108] „Our culture is backward-looking and always has been. Shakespeare is backward looking. What interested me is that Elizabethan England is our cultural Arcadia, as Shakespeare is the essential pivot of our culture. It seemed really important to deal with it. [...] The whole myth of Camelot, Blake, Tennyson – you can go through all the English artists – there's a dream of Arcadia. We seem to be the only European culture which really has that dream background." O'PRAY, *Imagining October*, 49.

Vergleichbar mit Tarkowskijs Beschwörung eines nichtempirischen Paralleluniversums, bekennt sich Jarman noch allgemeiner als dieser zu einem „vorwissenschaftlichen Zugang zur physischen Welt".[109] Auf der Suche nach dieser Gegenwelt stößt er auf mystische, gnostisch-esoterische (Hermes Trismegistos) und alchimistische Quellen, *Renaissance Magi*, wie er sie nennt.[110] Vor allem die Texte John Dees[111] und die hermetisch-apokalyptischen Bildwelten des esoterischen Künstlers William Blake sind von starkem Einfluss auf seine Filme[112].

Am ausdrücklichsten gibt sich Jarman vielleicht in einem Skript zu einem Film, der (angesichts zu großer Kosten) nie gedreht wurde, einer rein apokalyptischen Motivik hin: NEUTRON[113]. Nachdem dieses ursprünglich als „the book of Revelations [of St. John] worked as science fiction [...] as a dream treatment of mass-destruction, of the world's desire to be put out of its misery, the now established place, the unthinkable gap in the popular imagination"[114] angekündigte Projekt mehrfach verändert wurde,[115] stellt es sich in seiner Endfassung dar als dualistischer Kampf zwischen zwei bandenartig organisierten Armeen und ihren Anführern in einer verwüsteten Welt. Topaz, der Revolutionär, ausgestattet mit Merkmalen Satans als ‚Nachäffer Gottes', wird schließlich vom Künstler Aeon[116] getötet, welcher die Stigmata erhält und so als Erlöser gekennzeichnet das Fanal für eine Erneuerung der Erde

---

[109] Simon DWYER: *Through a Screen, Darkly. The Derek Jarman Interview.* In: Ders. (Hg.): Rapid Eye 1. London (Creation Pub Group) 1993, 252–285, 269.
[110] Roger WOLLEN: *Facets of Derek Jarman.* In: Ders., Derek Jarman, 15–32, 21. „He drew a parallel between the alchemist's activity and that of a film-maker: Film is the wedding of light and matter – an alchemical conjunction." Ebd. 14.
[111] Vgl. dazu ausführlich: Michael KUPER: *John Dee. Auf den Spuren eines englischen Philosophen der Renaissance.* In: K. Kiesewetter (Hg.): John Dee und der Engel vom westlichen Fenster. Korrigierte Fassung der Ausg. Leipzig 1893, hg. und eingel. von Michael Kuper, Berlin 1993, 7–53.
[112] WATSON, *Archeology*, 43ff. Das Werk Blakes gab jedoch in der Gestalt des Riesen Albion, der gefallen ist und wieder auferstehen muss, auch Bildmaterial für Jarmans in der Thatcherära so erstaunlichen wie leidgeprüften Patriotismus her. England ist der historisch und geographisch eindeutig bestimmbare Ort auch für seine apokalyptischen Visionen. So blickt im Film JUBILEE (1979) Elisabeth I. in einer Art *Vaticinium ex Eventu* in die Zukunft und sieht im Großbritannien der frühen achtziger Jahre eine auf den Kopf gestellte Welt, in der bereits der apokalyptische Kampf tobt. Vgl. ZWICK, „*The apokalypse is fulfilled*", 143.
[113] Publiziert in: *Derek Jarman: Collected Film Scripts.* With an Introduction by Michael O'PRAY. London (Vintage) 1996, 145–182.
[114] Derek JARMAN: *Dancing Ledge.* London/Melbourne/New York (quartet) 1984, 209.
[115] Zwick vermutet, dass das schließlich publizierte Skript für mehrere der postapokalyptischen Weltuntergangsvisionen aus den USA, vor allem für Terry Giliams BRAZIL und TWELVE MONKEYS Pate gestanden habe. ZWICK, „*The apokalypse is fulfilled*", 137.
[116] Der Name verdankt sich wie die dualistische Konzeption einer Aufnahme von Elementen aus C.G. Jungs *Aion*, welches den Konflikt zwischen *vita contemplativa* und *vita activa* in Szene setzen wollte. [Carl G. JUNG: *Aion. Beiträge zur Symbolik des Selbst.* Olten/Freiburg i.Br. (Walter) ⁴1980 (GW Bd. 9 Halbbd. 2)].

gibt. Die abschließenden Szenen des Films lesen sich wie die Inszenierung uralter All-Einheits-Sehnsüchte und greifen Elemente der Christus-Ikonographie auf.[117] Reinhold Zwick hat bereits treffend bemerkt, dass Jarmans Werk nicht von der „Erwartung einer kurz bevorstehenden Katastrophe", sondern von einer Art „präsentischer Apokalyptik"[118] erfüllt sei. Diese Aussage kann anhand der im Folgenden genauer betrachteten Werke THE LAST OF ENGLAND und THE GARDEN verifiziert werden.[119] Zwick nennt als Beleg für seine These einer apokalyptischen Prägung der späteren Jarman-Filme die im immer wieder auftauchenden Motiv des umgestürzten brennenden Fahrzeuges aufgerufenen Elemente (a) des apokalyptischen Feuers, (b) der verrotteten und auf ihren Untergang zutreibenden Industriegesellschaft, (c) der bürgerkriegsähnlichen „Riots" im Thatcher-England der achtziger Jahre sowie weniger exakt bestimmbar – (d) der filmisch vermittelten Stimmungen Verlassenheit und Finsternis[120] und schließlich (e) einer immer wieder auftauchenden christomorphen Gestalt auf ihrem Weg nach Golgotha. Hier deutet sich bereits eine Gleichzeitigkeit von apokalyptischen und christologischen Motivgruppen an, die sich in den beiden folgenden Spielfilmen zu einem ebenso stimmigen wie irritierenden Konzept verdichten.

THE LAST OF ENGLAND und THE GARDEN
Diese beiden Filme Jarmans weisen alle Eigenschaften auf, die Knut Hickethier als „innere Montage" im experimentellen Film mit dem Ziel einer Auflösung der kontinuierlichen Bildräume des klassischen Kinos beschreibt[121]: „1.) *Beschleunigung der Schnittfrequenzen*, so daß ein Stakkato kürzester Einstellungen entsteht, 2.) *assoziatives Anspielen von konventionalisierten Bildern*, die wiedererkannt werden und deshalb in elliptischen Konstruktio-

---

[117] „92. THE WHEEL OF FORTUNE: The whole world turns scarlet, a vast waterfall and the sea, the world and a great galaxy, spin with AEON spinning with them, to an abstract blur with the music drawn out like a long lamenting sigh. Then the sound of a lark – the purest notes. 93. EXT. AEON'S COUNTRYSIDE. SUNNY DAY: We are back in time when the old house was built new. AEON is a medieval pilgrim with a palmer's wide-brimmed hat and a shepherd's staff, sets out on a brilliant sunny day. He is surrounded by white doves which flutter around him in slow motion." JARMAN, *Up in the Air*, 182.
[118] ZWICK, *„The apokalypse is fulfilled"*, 139.
[119] Auf die von Zwick ebenfalls (als Vorläufer der genannten ‚Spielfilme') herangezogenen apokalyptischen Super-8-Filme THE ANGELIC CONVERSATION und IN THE SHADOW OF THE SUN kann hier nicht näher eingegangen werden.
[120] Über Jarmans Gemälde aus dieser Zeit schreibt der Kunstkritiker John ROBERTS: „These paintings are about the *derangement of British Nationalism and patriotism*, about how Britain is the most class-divided xenophobic country in the West. [...] In a sense the reality of nuclear annihilation *has unfurled the sacred, placed it on the contemporary horizon of meaning.*" *Painting the Apokalypse*. In: Afterimage 12/1985, 37f. [Hervorh.: J.V.] Dieselbe Ästhetik scheint in THE ANGELIC CONVERSATION am Werk zu sein, gemeinsam mit einer großen religiösen Intensität.
[121] HICKETHIER, *Film- und Fernsehanalyse*, 158.

nen eingesetzt werden können, 3.) eine *Aufsplitterung, eine Graphisierung der Abläufe und Formen* sowie 4.) die *collageartigen Schichtungen von Bildelementen.*" Michael O'Pray zieht, trotz dieses in beiden Filmen durchgehaltenen Collagestils, die *Skulptur* als weniger *narrative* denn *deklamatorisch-statische* Kunstform heran, um den besonderen Charakter der beiden Filme und ihre intermediale Verwurzelung im Gesamtwerk Jarmans zu charakterisieren[122]. Damit trifft er sehr gut die geradezu monolithisch herausgearbeiteten Motivgruppen – sie sind in THE GARDEN fast durchweg biblischer Herkunft, während in The LAST OF ENGLAND nationale Zusammenhänge dominieren –, die die Machart dieser Filme wesentlich bestimmen.

Vereinzelt wurde THE LAST OF ENGLAND für Jarmans „most brilliant film" gehalten, ja er sei „one of the key British films of the 80s, if not the post-war period"[123]. Verglichen mit THE GARDEN fällt jedoch eine gewisse Monotonie der Einstellungen sowie eine Unentschiedenheit in der dramaturgischen Konstellation der einzelnen Szenerien auf. Der Titel des Films geht auf ein Gemälde des präraphaelitischen Malers Ford Madox Brown zurück, das ein Paar zeigt, welches traurig auf die entschwindenden Weißen Felsen von Dover schaut.

Bei Jarmans Film handelt es sich um ein collageartig montiertes Werk, das (von Super 8 auf Videotape und dann auf 35-mm-Material kopiert) ein im Zerfall befindliches und von Polizei und Militär beherrschtes England zeigt. Im Mittelpunkt stehen eine junge Frau und ihr Liebhaber. Die Hochzeit der beiden wird am Ende des Filmes in verstörender und gesellschaftskritischer Weise ins Bild gesetzt. Die teilweise unzusammenhängend aufeinanderfolgenden, oft depressiven Szenerien sind in den Londoner Docklands aufgenommen und atmen nicht selten eine hysterische, ja paranoide Atmosphäre. Auch Anklänge an dionysische Rituale finden sich. Gefragt, wovon sein Film handle, antwortete Derek Jarman mit einem Zitat Oliver Cromwells nach Jes 63,4ff. und situiert sich selbst damit sowohl in einer politisch-revolutionären wie utopisch-apokalyptischen Tradition: „For the day of vengeance is in my heart and the year of my redeemer is come [...] and I will tread down the people in mine anger, and make them drunk in my fury."[124] Auf einer Linie mit dieser geradezu kosmologischen Sicht auf individuelle Schicksale, die auf den ersten Blick die Leinwand zu beherrschen scheinen, liegen fließende Übergänge zwischen der von Tilda Swinton gegebenen jungen Braut und einer zunehmend symbolisch agierenden Ikone des Endzeitlich-Weiblichen,

---

[122] Michael O'PRAY: *Derek Jarman: The Art of Films/Films of Art*. In: Wollen, Derek Jarman, 65–76, 72.
[123] O'PRAY, *Dreams*, 156.
[124] Derek JARMAN: *The Last of England*. London (Constable) 1987, 264.

wenn sie etwa nach vollzogener Hochzeit unmotiviert von der Hochzeitsgesellschaft flieht und vor einem dramatischen Himmel neben einem hellauflodernden Feuer in einem „mad dance of horror and dispair" beginnt, ihr Hochzeitskleid zu zerschneiden. Dass sie zuvor mit einem Neugeborenen gezeigt wird, das von allen Seiten durch pervers wirkende bärtige Brautjungfern bedrängt wird und schließlich schreiend zwischen Tageszeitungen der Yellow Press liegt, lässt Anspielungen auf die apokalyptische Jungfrau mit dem Kinde, die vom Drachen der unersättlichen Mediengesellschaft und ihren Individualität auslöschenden Konventionen bedrängt wird, naheliegend erscheinen.[125] In der erwähnten Schlussszene wird aber auch deutlich, dass Jarman das (apokalyptische) Feuer keineswegs dualistisch nur als Metapher der Bestrafung oder des qualvollen Untergangs oder Weltenbrands einsetzt und versteht. Auch die Elemente der – allerdings schmerzlichen – Reinigung und Verwandlung durch die Einwirkung des Feuers kommen hier und deutlicher noch in der Schlussszene von THE GARDEN zum Ausdruck.

Insgesamt dominiert im Film jedoch die von C.G. Jung beeinflusste dualistische Weltsicht. Jarmans Blick wendet sich vom vergangenen Arkadien des Renaissance-England in eine sich im Heute der späten achtziger Jahre bereits ankündigende Zukunft, die hier noch vornehmlich düster daherkommt. Eher seltene Szenerien der Hoffnung und des Friedens, die entweder durch versöhnliche, teilweise regelrecht romantische Gitarrenmusik, Töne einer Panflöte oder traditionelle englische Volksmusik unterlegt sind, wurden in kräftiger Farbigkeit gedreht und spielen meist vor einem glühenden Himmel, der an die Bilder William Turners erinnert, oder am Meer – Bildarrangements, die den Blick gezielt aus der Enge der oft nur von einzelnen Fackeln erhellten Tiefgaragen, Hinterhöfe und tristen Ruinenlandschaften in die Weite lenken. „Home-Video" Ausschnitte, die eine bürgerliche Kindheit im frühen Nachkriegsengland suggerieren, sind als ironische Persiflage auf die Fiktion einer glücklichen Mittelschichtsbiographie inszeniert.

Im selben Jahr entstanden wie Tarkowskijs OFFRET, verblüffen Aussagen über den Film, die auch auf Tarkowskijs Werk passen würden. Robert Hewison etwa versteht ihn als Zurückweisung der gegebenen äußeren Welt und ihrer Grundlagen, als einen provozierenden Ausfall der Unterscheidung zwischen „fact and fiction", zwischen der Dokumentation des zeitgenössischen England und einer apokalyptischen Vision der Zukunft[126].

---

[125] Zumal die Szene mit derselben Madonnen-Darstellerin – Tilda Swinton – in THE GARDEN, diesmal mit eindeutig biblischer Konnotation wieder aufgenommen wird: Hier wird die Frau mit dem Kinde von einer Horde schwarzgekleideter Fotografen bedrängt und verletzt – die Frau auf der Flucht vor dem Drachen, Offb 12.
[126] Robert HEWISON: *Future Tense: A new Art for the Nineties*. London (Methuen) 1990, zit. O'Pray, Dreams of England, 161.

Dass Jarman in diesem und den folgenden Filmen zu einer neuen Bildsprache und einer formal überzeugenden Konstellierung von eigener Biographie, Politik und Mythologie bzw. Religion gefunden hat, ist nicht zuletzt der konzeptionellen Mitarbeit der Schauspielerin Tilda Swinton zu verdanken: „Her vibrant on-screen presence is crucial to the success of many of his later films" [...] „her ‚performance' in the final sequence of THE LAST OF ENGLAND creates a profound climax to the film's emotional trust".[127]

Nach den aufgeführten Indizien ist die apokalyptische Dimension dieses späten Jarman-Films etwa folgendermaßen zu skizzieren: Nur wenig unter der Oberfläche des zeitgenössischen England ist ein endzeitlicher Kampf zwischen der neoliberal orientierten Mehrheit, die eine Minderheit mit Mittelschichtsideologien diskriminiert, und diesen an den Rand gedrängten Minderheiten (Verarmte, Künstler, Homosexuelle), aber auch einer gequälten, ‚aufstöhnenden' Natur auszumachen – ein Kampf, den der Film in düsteren Bildern darstellt. Die Ideale einer harmonischen Vergangenheit werden nurmehr in verfremdeter Form („England, England"-Rufe einer grölenden Masse beim Fußballspiel) benutzt, nicht aber realisiert. Gleichwohl birgt dieses gewalttätige Szenario Ressourcen, die angesichts des scheinbar verlorenen Kampfes die Hoffnung auf ‚einen Blick ins Weite' und einen Gestaltungsspielraum für kreative, friedenstiftende Kräfte aufrechterhalten, ja im Verlauf des Filmes anwachsen lassen. Ein Sieg der Unterdrückten mit Waffengewalt wird trotz der Gewaltträchtigkeit vieler Film-Bilder nicht gezeigt.

Wesentliche Motive eines subtil wirksamen, nicht immer eindeutig *religiösen* Codes sind dabei *Meer und Himmel*, oftmals mit (teilweise im Zeitraffer) *ziehenden Wolken* als Verweise auf eine befreiende Weite und urgewaltige Dynamik, bildlich umgesetzte zwischenmenschliche *Solidarität*,[128] eine sich selbstbewusst und im energiegeladenen Tanz gegen gesellschaftliche Konventionen auflehnende *junge Frau mit ihrem neugeborenen Kind*, die von Medienvertretern bedroht in eine Steinwüste flüchtet (vgl. Offb 12).

Ebenso wie The LAST OF ENGLAND besticht THE GARDEN (1990) durch die mit den genannten Montagekonzepten entstandenen innovativen Bilder als Zeugnis menschenverachtender Strukturen auch in scheinbar ‚fortschrittlichen' Gesellschaften und setzt dennoch Zeichen der Hoffnung.[129] Der in

---

[127] O'PRAY, *Dreams*, 148.

[128] Beispielsweise ums Feuer sitzende Menschen, die von martialisch agierenden Polizeikräften zwar bedroht, aber nicht angegriffen werden.

[129] Der Film wurde von Nigel Andrews in der *Financial Times* als „best British film for years" bezeichnet. Geoff Brown schrieb in *The Times*, dies sei ein „cinema of astonishing beauty and elegiac force" (zit. O'PRAY, *Dreams*, 183). Er erhielt eine ‚*Special Mention*' der OCIC (Internationale katholische Filmorganisation) bei der Berlinale 1991.

diesem wie in keinem anderen Film Jarmans präsente Bezug zu biblischen Motiven, insbesondere zum Leben Jesu,[130] zeigt, wie diese auch heute als *Interpretament von zeitgenössischen Leidenswegen*, aber auch als *tröstende Metapher* fungieren kann – vor allem im ebenfalls gezeigten Kontext ‚Schöpfung und Apokalypse'.

Insgesamt ist der Film in eine Zeitschiene eingebunden, die von der *Erschaffung der Welt* zu Beginn des Films (angedeutet durch ungegenständliche Passagen, bestehend aus dem Wechsel ‚chaotisch' verrissener Neonlichter[131] und Dämmerlicht sowie von Meerwasser benetzten Steinen) über anschließende *Sündenfallszenarien* hin zu einer symbolisch vollzogenen *Himmelfahrt der Gepeinigten* in ein zumindest angedeutetes Jenseits reicht. Im narrativlinear konstruierten Fokus des Films steht dabei ein männliches Paar, dessen Liebe zueinander gezeigt wird. Durch eindeutige Anspielungen auf Geburt, Taufe, Marterung, Verurteilung und Tod Christi bzw. des Paares mittels (am Ende als Weihnachtsmänner verkleidete) Polizeitruppen sowie durch das Auftreten eines „gealterten und müden, aber dennoch hoheitsvollen endzeitlichen Christus"[132] und das Einblenden von Christusdarstellungen aus der Kunstgeschichte leistet der Regisseur einen immerhin möglichen Transfer zu einer mit surrealen Mitteln[133] verfremdet-aktualisierten Christusbotschaft. Die fragmentierte Darstellungsweise und die gleichwohl kunstvoll eingesetzte Videotechnik schlägt die Brücke zur zeitgenössischen Kunst und leistet darüber hinaus eine adäquate Darstellung der heute vielfach nur noch fragmenthaften Präsenz christlicher Symbole. Darüber hinaus gelingt auf diesem formalen Weg die Verflechtung von (mindestens) fünf Bedeutungsebenen, die sich wechselseitig deuten und rekontextualisieren, und auf denen in jeweils eigener Weise Leid und endzeitliche Erlösung sichtbar werden: 1.) Die Krankheit AIDS und das sich ankündigende Sterben des Regisseurs selbst[134], 2.) der Leidensweg des männlichen Paares, 3.) das Leben und Sterben Jesu, 4.) der Niedergang einer degenerierten und zerstörerischen Medien- und

---

[130] Jarman selbst begriff den Film ausdrücklich als christlich und stellte gerne einen Bezug zu Pasolinis IL VANGELO SECONDO MATTEO (Italien 1964) her. Vgl. Tony PEAKE: *Derek Jarman*. London (Little, Brown & Company) 1999, 467.
[131] Es handelt sich um Weihnachtsdekorationen in einer imaginären „city, where it is always Christmas", wie es in einem ersten unpublizierten *film-script* noch hieß. Peake, 444.
[132] ZWICK, „The apokalypse is fulfilled", 144. Diese Figur hat ihre Vorläufer in einem elenden jungen bärtigen Mann, der sich in THE LAST OF ENGLAND unerwartet hoheitlich in einen alten Mantel hüllt.
[133] Wenn etwa grau gekleidete Männer einen riesigen Stein mit Stöcken vor sich her schieben, so ist die Anspielung auf die Filme L'ÂGE D'OR und UN CHIEN ANDALOU von Luis Buñuel eindeutig.
[134] Anders als bei der Entstehung von THE LAST OF ENGLAND wusste Derek Jarman nun von seiner AIDS-Erkrankung und verfertigte die Postproduktion des Filmes im Krankenhaus. Gleichwohl ist die Grundstimmung des Filmes im Vergleich zu THE LAST OF ENGLAND ungleich hoffnungsvoller.

Industriegesellschaft und 5.) das ‚Stöhnen' der ausgebeuteten Schöpfung, symbolisiert im Wechsel der Tages- und Jahreszeiten in Jarmans Garten (Eden/Gethsemani) in der Nähe eines Atomkraftwerkes und an einem Meer, das zumal angesichts einiger Fischer-Szenen an das galiläische erinnert[135].

Der Film transportiert aber auch Hoffnungselemente, die er – mit den formalen Mitteln des *Independent Cinema* transformiert und aktualisiert – letztlich ausdrücklich der christlichen Tradition verdankt. Diese sind weniger apokalyptisch im engeren Sinne, als eher an einer Auferstehungsmotivik und den schon in den Evangelien am Ostermorgen eingeführten endzeitlichen Wundern orientiert.[136] Am deutlichsten wird diese bei aller Düsterkeit und Gesellschaftskritik positiv besetzte Motivkette in der Einblendung des Auferstehungsbildes Piero della Francescas aus dem toskanischen Sansepolcro.

Auch dieser Film ist wesentlich von einer Verwischung der Grenze zwischen *fact and fiction* geprägt, ja Jarman thematisiert diese Grenze im Film selbst[137]. Zunächst tritt er in einer einleitenden Szene als Autor des Films auf: In unmittelbarer zeitlicher Nähe zur initiierenden bildlichen Umsetzung der Weltschöpfung sieht man ihn schreibend und darüber einschlafend am Schreibtisch seiner Fischerhütte sitzen. Diese Einstellung wird unterbrochen von Detailaufnahmen eines Kruzifixes, auf das Wasser tropft. Er ist der leidende Held und Autor des Folgenden, ja er hat sich den Film ‚erträumt'. Dies dürfte zumindest die treffendste Interpretation auch einer anderen Szene sein, die als Leitmotiv die Filmhandlung immer wieder unterbricht. Sie zeigt in hellen freundlichen Farben (hellblau und weiß dominieren) Jarman in einem Bett schlafend, das einige Meter vom Ufer entfernt im Meer steht. Er wird

---

[135] Jarman sagte selbst über diese biblische Verortung seines Filmes in seinem Garten bei Dungeness: „Kaum hatte ich diese öde Fischergemeinde gesehen, kam mir der Gedanke, dies wäre ein großartiger Ort für das Leben Christi. Ich dachte, die Fischer und die Boote könnten das Meer von Galiläa abgeben, und so begann es. Der Garten war zugleich der Garten Eden und Gethsemane." So in einem Interview beim *Internationalen Forum des jungen Films*, Berlin 1991. Zit. in: SCHNEIDER-QUINDEAU, *Hortensische Visionen und Alpträume*, 61.

[136] Gleichwohl ist die Grundstimmung einer morbiden Gesellschaft und zu Tode erkrankten Natur vor allem in der aus dem Off gesprochenen Lyrik Jarmans präsent. Ein Beispiel (eigene Übersetzung): „Dieses Jahr kam der Winter nicht, die Sonne ging blutrot auf, zu Fastnacht wimmelte es von Fliegen, der Rosmarin blühte, Eier faulten in der Schale, der Himmel, durchstoßen und zerrissen, schützte die nackte Erde nicht mehr, die Jahreszeiten wandelten sich, Männer gruben ihre schändlichen Gifte in tiefe Verstecke, für Millionen Jahre. 30000 ungeborene Generationen, dem Andenken verbrecherischer Herrscher verhaftet, den Energiebütteln, die das Räderwerk der Hypotheken mit toten Händen ölten."

[137] Eine Selbstreferentialität, die sich auch dort bemerkbar macht, wo Regieanweisungen Jarmans nicht herausgeschnitten sind, sondern im Film hörbar bleiben – eine Vorwegnahme des Dogma-Konzeptes, die hier vor allem den Status des Sicht- und Hörbaren als artifiziell, als Kunstwerk kennzeichnet und zudem eine komplexe Verwobenheit zwischen der Realität der Dreharbeiten und der im Film gezeigten fragmentierten Narration herstellt. Die Verwobenheit der verschiedenen gesellschaftskritischen und mythologischen Ebenen, auf denen das Christusthema ‚angespielt' wird, untereinander und mit der Biographie Jarmans wird damit ebenfalls intensiviert.

umringt von einem tanzenden Reigen nur mit langen weißen Röcken bekleideter junger Männer und Frauen, die Fackeln tragen, eine Metapher, die auf die antiken Musen und damit auf die visionäre Transzendierung der Realität durch dichterische Erleuchtung zu zielen scheint. Jarman inszeniert sich selbst als Seher und stellt sich damit in die Tradition des *Visionary Film* der amerikanischen Avantgarde[138].

Damit können unwirklich erscheinende, von großer Schönheit und Leichtigkeit geprägte Szenen, die sich am Ende des Filmes verdichten und schließlich in der versöhnten Schlusseinstellung münden, welche an die sadistisch auslaufende Passionsgeschichte anschließt, als visionäre Bilder aus einem nicht näher qualifizierbaren Jenseits interpretiert werden: Zwölf Frauen (!) sitzen zusammen und erzeugen ‚Sphärenklänge' durch das Reiben von Weingläsern mit benetztem Finger[139] – hinter ihnen erscheint ein engelähnliches Wesen (Tilda Swinton). An anderer Stelle beginnt in der selben Szene eine Flamencotänzerin auf diesem Tisch zu tanzen. Danach sieht man zwölf alte Männer am selben Tisch, die (statt Feuerzungen oder Heiligenscheinen) Kerzen auf dem Kopf tragen, dazwischen Tilda Swinton mit ausgebreiteten Armen.

Hier wird aus dem Off folgender Text gesprochen: „I walk in this Garden / Holding the hands of dead friends, / Old age came quickly for my frosted generation. / Cold cold cold / They died so silently // Did the forgotten generations scream? / Or go full of resignation / Quietly protesting innocence? / Cold cold cold / They died so silently // I have no words / My shaking hand cannot express my fury / Sadness is all I have, no words / Cold cold cold / You died so silently // Linked Hands at 4:00 p.m. / Deep under the city, you slept on. / Never heard the sweet flesh song. / Cold cold cold / They died so silently // My gilly flowers, roses, violets blue / Sweet garden of vanished pleasures / Please come back next year / Cold cold cold / I die so silently // Good night boys, good night Jonny / Good night. Good night."[140]

Der Film endet quasi mit einer Coda, wenn die beiden jungen Männer, ein Junge, ein alter Mann und die von Tilda Swinton gespielte geheimnisvolle junge Frau sich erneut um diesen Tisch versammeln, kleine Papierstückchen an Kerzen verbrennen und fröhlich lächelnd den Aufstieg dieser ‚toten' Materie im Luftzug der Kerze beobachten. Die Interpretation, dass hier zwei ‚Märtyrer', die, zum Kondensationspunkt der Passion einer auf ihr Ende

---

[138] O'PRAY, *Dreams*, 178.
[139] Diese Motivik des ‚*gender-switching*', das die Geschlechtsidentität Jesu und seiner Jünger veruneindeutigt, findet ihr Pendant in einer Szene, in der die von Tilda Swinton gespielte apokalyptische Jungfrau mit einer Darstellung Jesu oszilliert. Kontrastiert werden die zwölf Frauen von Männern, die rhythmisch mit Rohrstöcken auf einen Tisch schlagen – Anspielung auf Jesu ‚Prüfungen' im Gespräch mit den Schriftgelehrten, aber auch auf das englische Schulsystem.
[140] Zit. in: SCHNEIDER-QUINDEAU, *Hortensische Visionen*, 65.

zutreibenden Welt geworden, heimgekehrt sind zu einer Trinität aus Vater, Sohn und Heiligem Geist, durch eine allgegenwärtige weibliche Figur symbolisiert wird, ist immerhin naheliegend.

Die in einem Text wie diesem nur schwer vermittelbare ästhetische Offenheit der Jarmanschen Filmkunst erlaubt sowohl ein Präsentieren der kommentarlos hintereinander geschnittenen Aussageebenen des Films wie auch die Vermeidung allzu eindeutiger Bedeutungszuweisungen. Es ist wesentlich der *Betrachter*, der ausdrücklich aufgefordert wird, sich seinen ‚eigenen Reim' auf den Film zu machen[141]. Gleichzeitig ist er durch – im guten Sinne des Wortes – pro-vozierende Rekombinationen der abendländischen Bildtradition in seinen Sehgewohnheiten gestört und in ganz spezifischer Weise zum Nachvollzug der Jarmanschen Dekonstruktion sozialer Verhältnisse, des Lebens Jesu und der christlichen Bildwelt, der Situation von gesellschaftlichen Randgruppen sowie einer sterbenden und sich erneuernden Natur aufgefordert. Damit wird auch deutlich, dass jede Interpretation – wie auch die hier vorgestellte – grundlegend vom Standpunkt des Betrachters/der Betrachterin abhängt.

Allerdings lässt sich nach THE GARDEN das Hoffnungspotential, aufgrund dessen Jarman der vor allem in THE LAST OF ENGLAND plastisch ausgemalten Apokalypse zu entkommen hofft, näher bestimmen. Eine wesentliche Interpretationshilfe ist dabei neben den beschriebenen Schlussbildern der oben zitierte Text: Sowohl in von Liebe geprägten zwischenmenschlichen Beziehungen als auch im (Jahres)Kreislauf natürlicher Prozesse, im Lauf der Gestirne und der Gezeiten erkennt Jarman eine Regelmäßigkeit des materiellen Sterbens und Wiedererstehens, die auch zeitgeschichtliche Niedergänge kosmologischen und also apokalyptischen Ausmaßes in Politik und Gesellschaft als relative erscheinen lässt, ohne ihre furchtbare Macht zu verharmlosen.[142]

Bei diesem kosmologischen Modell handelt es sich jedoch nicht um einfache Naturmystik, die sich einzig auf vegetative Abläufe verlässt, wenngleich die in diesem Sinne interpretierten Aufnahmen von Himmel, Feuer, Meer und Pflanzenwelt dem Film vor allem in seiner ersten Hälfte eine besondere Dynamik verleihen. Die Bezugnahme auf das Motiv einer trinitarischen Gottheit und der durch die Zahl Zwölf ebenfalls klar religiös codierten ‚Gemeinschaft der Apostel/Heiligen', die den gezeigten zerstörerischen Zu-

---

[141] Eine Aufforderung, der jedoch nur nach mehrmaligem Anschauen des Filmes tatsächlich nachgekommen werden kann.

[142] In seinem Tagebuch *Modern Nature* schreibt er über die spezifische Zeitlichkeit seines Gartens: „The gardener digs in another time, without past or future, beginning or end. A time that does not cleave the day with rush hours, lunch breaks, the last bus home. As you walk in the garden you pass into the time – the moment of entering can never be remembered. Around you the landscape lies transfigured. Here is the Amen beyond the prayer." Zit.: Tony PEAKE: *Derek Jarman.* London (Little, Brown & Company) 1999, 435.

sammenhängen bereits entrückt zu sein scheinen, die Reformulierung der Leidensgeschichte Christi, die Zitation der abendländischen Ikonographie und der Appell an die zwischenmenschliche Liebe – dies alles verweist auf eine zweite, vielleicht auf die entscheidende Quelle für Jarmans Hoffnung auf Erfüllung und Heimkehr, die selbst die mögliche Zerstörung der Natur und des Kosmos noch transgrediert. Dabei legt Jarmans Darstellungsweise alles Andere nahe als ein Gegeneinander-Ausspielen von Geistigkeit und Leiblichkeit, Kultur und Natur, Christentum und Mystik. Vielmehr stützen und verstärken sich die als distinkte, weiterhin wahrnehmbaren symbolischen Welten wechselweise und entwickeln ein Netz der Strukturanalogien, das die Verabsolutierung *eines* der Felder zum ‚Dogma' oder ‚Mythos' verhindert: Eine von Konsum, Krieg, Armut und der Verfolgung von Minderheiten geprägte Gesellschaft ist zugleich Teil und Fortschreibung der Passionsgeschichte Christi; die mit seiner Auferstehung verbundene Verheißung verleiblicht sich in den erhabenen Naturabläufen und in konkret vollzogener Liebe und lässt in diesen Erfahrungen wahrnehmbar ein umfassendes Heil erhoffen, in einem von der realen apokalyptisch geschilderten Zerstörung unerreichbaren (aber auch nicht näherhin spekulativ lokalisierten) ‚Jenseits'.

Wie nebenbei schüttet Jarman dabei den ‚garstigen Graben' zwischen Christologie und Eschatologie mit Hilfe seiner Montagetechnik zu: Aufgrund der in den Lieblosen und Selbstsüchtigen sich materialisierenden Abwesenheit Jesu in der Weltgeschichte wird diese apokalyptisch zugespitzt. Das dadurch drohende Unheil aber kann im Vollzug des von ihm gelehrten liebevollen Umgangs mit Mitmensch und Schöpfung auf eine kosmische Verheißung hin überstiegen werden. Die Gemeinschaft mit dem trinitarischen Gott wird nach dem Tode denjenigen zuteil, die im Sinne der Bergpredigt Frieden gestiftet, geweint und Unrecht gelitten haben. Gerichtsszenen vermeidet Jarman ebenso wie die Darstellung eines endzeitlichen Kampfes: Die kontrafaktisch gewendete Weltgeschichte ist bereits das Gericht, für dessen Ablauf keine himmlischen Heerscharen benötigt werden. Wer hier unterliegt, darf auf die verklärt-leibliche Heimkehr ins Haus des Vaters, des Sohnes und des Geistes rechnen. Die Frage nach einer tatsächlichen Versöhnung zwischen Tätern und Opfern bleibt freilich unterreflektiert, wenn man sie nicht als in den harmonischen Schlussszenen hintergründig mitgedacht sehen will.

5.3.5 STRANGE DAYS (Kathryn Bigelow)

> *"Und in der Mitte des Thrones und rings um den Thron waren vier Wesen, ganz voll Augen, vorne und hinten [...] ringsum und innen sind sie voller Augen. Und keine Ruhe haben sie bei Tag und bei Nacht."*
>
> (Offb 4, 6–8)

Ähnlich wie die beiden vorher besprochenen Regisseure überlässt auch Kathryn Bigelow dem Zuschauer das Einnehmen einer eigenen Perspektive. Diese Freiheit beginnt bei einer Regisseurin, die doch augenscheinlich dem amerikanischen Mainstreamkino angehört,[143] bereits damit, ihre Filme keinem bestimmten Genre zuzuordnen. Indem Bigelow die Grenzen der Genres in postmoderner Weise überschreitet,[144] macht sie eine solche Wahl nicht nur möglich, sondern auch notwendig und ist in der Lage, gängige Genres ironisch zu brechen: „Man kann an den Film unvorbereitet rangehen", meint sie, „wie an ein Kunstwerk von Andy Warhol. Jeder wird seine eigenen Assoziationen haben. Man kann sich davon befremdet fühlen, aber man wird doch nicht ganz unberührt bleiben. Irgend etwas kommt zurück."[145]

Diese für das Hollywoodkino ungewöhnliche Emanzipation des Rezipienten und konkret der filminternen und filmhistorischen Querbezüge im Kopf der Betracherin ergibt sich aus Bigelows intensiver Auseinandersetzung mit Theorien der Kunst und der audiovisuellen Wahrnehmung. Sie hat als Stipendiatin des Art-Institut in New York die ästhetischen Theorien des Strukturalismus und Dekonstruktivismus in ihren amerikanischen Ausprägungen bewusst mitvollzogen.[146]

„Big Bad Bigelow", die „härteste Frau Hollywoods", wie sie die amerikanische Zeitschrift Interview genannt hat,[147] war ursprünglich bildende Künstlerin, von Duchamp und Raphael fasziniert. Als Stipendiatin des Whit-

---

[143] Thomas HAUSMANNINGER nannte bereits 1992 (*Medienethische Vernunft*, 71) die damals noch kaum bekannte Kathryn Bigelow als Vertreterin einer US-amerikanischen Adaptation des europäischen Autorenkinos neben Alan Parker, Adrian Lyne und James Cameron.

[144] Vgl. die Charakterisierung eines ‚postmodernen' Film-Stils vor allem durch Selbstreferentialität (Intertextualität) und Ignorieren der Genregrenzen, sowie der Grenzen zwischen ‚ernsten' und ‚Unterhaltungs-' Genres (und für den Fall Kathryn Bigelows möchte man analog ergänzen: zwischen Mainstream- und Autorenfilm) bei Michael STAIGER: *Das Flimmern der Zeichen. The Big Lebowsky als postmoderne Spielart der Komödie*. In: S. Orth/J. Valentin/R. Zwick (Hg.): Göttliche Komödien. Religiöse Dimensionen des Komischen im Kino. Köln (KIM) 2001, 143–156.

[145] Welf KIENAST/Wolfgang STRUCK (Hg.): *Körpereinsatz – das Kino der Kathryn Bigelow*. Marburg (Schüren) 1999, 169.

[146] KIENAST/STRUCK, *Körpereinsatz*, 166.

[147] Ebd. 17.

ney Museum war sie Anfang der 70er Jahre nach New York gekommen und hatte mit verschiedenen Performance-Künstlern zusammengearbeitet. In diesem Zusammenhang hat sie auch zum ersten Mal eine Filmkamera in der Hand gehalten. In ihrer ersten Zeit als Regisseurin wurde sie stark vom außeramerikanischen (besonders europäischen) Kino beeinflusst.[148] Sie sagt von sich selbst, sie sei immer noch dabei, Hollywood für sich zu entdecken.

Gefunden hat sie es vor allem in den von Männern und ihren Phantasien dominierten Genres Horror- bzw. Vampirfilm (NEAR DARK – DIE NACHT HAT IHREN PREIS, USA 1987), im Thriller (POINT BREAK – GEFÄHRLICHE BRANDUNG, 1991) und im Cop- oder Polizistenfilm (BLUE STEEL, 1990). Dabei gelingt ihr neben der unleugbar guten Unterhaltung – sie beherrscht die Regeln der Genres, die zum Spannungsaufbau führen, grandios – jeweils und in zunehmend überzeugender Weise sowohl das Überschreiten der Genregrenzen (NEAR DARK kann als Vampirfilm aber auch als Love-Story gelesen werden) und das Vermitteln gesellschaftsrelevanter politischen Botschaft, die zum Actionfilm so gar nicht passen wollen: In BLUE STEEL etwa gelingt es ausgerechnet einer unerfahrenen Polizistin, einen gefährlichen Serienkiller zu stellen.

Diese und andere Einflüsse kann man auch in STRANGE DAYS[149] beobachten. Bigelow selbst sagt von ihrem bisher vorletzten Film aus dem Jahre 1994: „Ich habe STRANGE DAYS immer als einen film noir Thriller bezeichnet, der an der Zeitenwende, am Vorabend des neuen Jahrtausends und vielleicht auch kurz vor dem Weltuntergang spielt"[150]. Sie verknüpft also in einem Metadiskurs diesen Film, der zunächst die Merkmale sowohl des Cop-Thrillers wie des Science-Fiction-Films trägt mit einem apokalyptischen Code, der sich nicht nur aus seiner Datierung in den letzten Tagen des Jahres 1999 erschließen lässt.

Bigelow verortete die Handlung des Films also in einer Zeit, die nur wenige Jahre vom Produktionsjahr entfernt in der Zukunft lag, heute aber schon Vergangenheit ist. Damit verliert der Film jedoch nichts an Relevanz. Er gewinnt seine politische Bedeutung vor allem daraus, dass er auch heute noch aktuelle soziale und kulturelle Probleme dramatisch überhöht und provokativ vereinseitigt ‚auf den Punkt bringt': Der Held des Films, ein heruntergekommener ehemaliger Polizist, Lenny Nero, handelt mit Videoclips, die über einen Virtual-Reality-Empfänger die Erlebnisse und Empfindungen dritter

---

[148] „In dieser Zeit habe ich meines Wissens keinen einzigen Film gesehen, der nicht untertitelt war. Hollywood habe ich überhaupt nicht zur Kenntnis genommen." Ebd. 167.

[149] STRANGE DAYS, USA 1995. R: Kathryn Bigelow, Drehbuch: James Cameron, Jay Cocks, D: Angela Bassett als Mace, Ralph Fiennes als Lenny Nero, Juliette Lewis als Faith u. v. a., 139 min.

[150] KIENAST/STRUCK, Körpereinsatz, 166.

Personen ins eigene Gehirn transportieren. Eine Art hypnotischer Ganz-Auslieferung der eigenen Person also, an – wie es der ‚Markt' will – zumeist pornographische oder gewalttätige Erlebnisse anderer. Diese beziehen ihren Reiz einerseits aus ihrer umfassenden Lebensechtheit – nicht nur Bilder und Töne, sondern auch Gefühlszustände, Gerüche und taktile Informationen können ‚abgespielt' werden –, aber auch aus der Tatsache, dass es sich nicht um bloße Fiktionen, sondern um ‚authentisch' erlebte und konservierte Realität handelt. „This is not like TV only better. This is live, this is a piece of somebody's life" beschwört Lenny einen noch zögerlichen Kunden. Verständlich, dass Benutzer schnell in der Gefahr stehen, ihr eigenes Leben zugunsten der geliehenen Existenz und des damit verbundenen Kicks zu vernachlässigen, die SQUID[151]-CDs wie eine Droge zu konsumieren. Gleichzeitig verlangen die Kunden nach immer härterer, expliziterer Ware. Lenny Nero, der SQUID-Clip-Dealer stilisiert sich, obwohl selbst Abhängiger, in eine Rolle, in der die Macht des Priesters, Magiers und Arztes zusammenfallen.[152]

Gleich die erste Szene des Films gibt einen Eindruck davon, was dies bedeutet: eine in einer nahezu endlosen Einstellung mit der Handkamera gefilmte Verfolgungsjagd, in welcher der Zuschauer mit dem Verfolgten verschmilzt. Bei einem Raubüberfall überrascht, flüchten drei Männer vor der Polizei auf ein Dach, wo sie nur noch vor der Alternative stehen, sich entweder zu ergeben oder den Abgrund zur nächsten Häuserzeile durch einen Sprung zu überwinden. Der Unbekannte – die Zuschauer sehen sein Gesicht nicht, da sie ja seine Perspektive teilen – springt in den Tod, der aber selbst nicht gezeigt werden kann. Das Geschehen bricht ab. Der Schritt zum ‚Snuff-Clip', bei dessen Produktion eine reale Person sterben musste, ist damit getan. Der ‚User' konsumiert die Todesgefahr mit dem Blick des anonymen Fremden, ohne ihr selbst existentiell ausgesetzt zu sein.

Soweit das mit den Mitteln damaliger Kinotechnik möglich war, versucht Bigelow gerade in den ‚SQUID-Sequenzen' die Illusion virtueller Realität bereits für den Kinobesucher des Jahres 1995 zu schaffen. STRANGE DAYS ist einer der ersten Filme, die in Dolby-Surround-Sound gedreht wurden. Der Herausforderung, lange Sequenzen mit der Handkamera und ohne sichtbaren Schnitt zu drehen, begegnet Bigelow auf faszinierende Weise – gerade die Festlegung auf die Perspektive des jeweiligen Akteurs schafft oftmals eine bedrängende Atmosphäre. Der Entwurf einer amoralischen, gewalttätigen Welt gelingt dabei in einigen Szenen mit solcher Intensität, dass dieser Film zum ersten Mal seit BLADE RUNNER[153] für den Science-Fiction-Film neue

---

[151] Super-Conducting Quantum Interference Device.
[152] „I'm a priest, I'm your psychiatrist, I'm the Santa Claus of your subconsciousness, I'm the magic man." Mit diesen Worten führt er sich bei einem noch unerfahrenen ‚User' ein.
[153] Ridley Scott, USA 1982.

Apokalyptik und Verantwortung im Autorenfilm 375

Maßstäbe setzte. Dank vergangener, als SQUID aufgezeichneter gemeinsamer Liebesfreuden kann Lenny Nero ein Mädchen nicht vergessen, das ihn längst verlassen hat: Faith, gespielt von der hauptsächlich im Splatterfilm beheimateten Juliette Lewis, befindet sich inzwischen in den Händen des sadistischen *music-promotors* Philo. Dieser ‚managt' gleichzeitig einen RAP-Star, Jerico One, der auf dem Weg ist, sich an die Spitze der radikalen Farbigen-Bewegung zu setzen. Ein ihm zugespielter Videoclip führt Lenny vor, dass dieser charismatische Führer und ‚Prophet' von zwei Polizisten regelrecht exekutiert wurde.

Für einen Science-Fiction-Thriller ist eine solche Aufnahme konkreter ethnischer Probleme höchst ungewöhnlich. Sein Mainstream-Charakter erscheint so gebrochen durch Elemente des Autorenfilms. STRANGE DAYS ist auch ein politischer Film, dessen konkreten Hintergrund die Rassenunruhen im Los Angeles[154] der 90er Jahre bilden. Bigelow geht es um die Darstellung „eine[r] Gesellschaft im Umbruch kurz vor dem Bürgerkrieg, die Spannung, die man mit allen Sinnen spüren kann. Das ist kein unglaubwürdiges Phantasiestück. Jeder der während der Rassenunruhen in L.A. war, wird das bestätigen können. Ich habe damals bei den Aufräumarbeiten geholfen und bekam dabei viele Bildideen. Man stand an einer Straßenecke mitten zwischen den Trümmern der verwüsteten Häuser, während Panzer vorbeifuhren und die Nationalgarde patrouillierte"[155]. Politisch ist der Film STRANGE DAYS aber auch in dem Sinne, dass er Repression bis in unsere Konsumgewohnheiten hinein verfolgt und die ‚westliche' Gesellschaft als eine vor allem in ihrer Schaulust selbstreflexive zeigt. Es ist nicht egal, was und wie extensiv jemand konsumiert, wenn in seiner unmittelbaren Nachbarschaft Ungerechtigkeit herrscht: „Unsere Gesellschaft wird überwacht und beobachtet, ist aber zugleich selbst eine Gesellschaft von Überwachern und Beobachtern. Es geht hier darum, Machtstrukturen zu durchschauen."[156] Gleichwohl verarbeitet Bigelow diese ‚realen' Elemente in einer Handlung, die vor allem durch ihre Datierung in die nahe Zukunft, aber auch durch eine Vielfalt von Hinweisen als fiktionale gekennzeichnet ist.

Der beschriebene Gebrauch der SQUID-Clips, also eines Suchtverhaltens, das sich auf den Konsum fremder oder eigener, auf jeden Fall aber sekundärer Ereignisse mit ungebremster Erlebnisqualität stützt, basiert auf einer Missachtung der Grenze zwischen fact and fiction, und thematisiert dennoch in den ‚erlebten' SQUID-Sequenzen die gesellschaftlichen Ungerechtigkeiten der amerikanischen Gesellschaft heute. Diese beiden zentralen, aber impliziten Inhalte des Films werden in einem von der Regisseurin bewusst gewähl-

---

[154] Insgesamt ein beliebter Schauplatz für die Verfilmung finaler Katastrophen. Vgl. etwa: BLADE RUNNER, R. Scott, USA 1982 oder THE CROW, T. Pope, USA 1996.
[155] KIENAST/STRUCK, *Körpereinsatz*, 155.
[156] Ebd. 168.

ten und explizit apokalyptischen Setting narrativ entwickelt: Los Angeles. Die Stadt der (apokalyptischen) Engel. Über die gewählte Szenerie, Rassenunruhen am Vorabend des Jahrtausendwechsels, sagte Bigelow: „Es sollte wie eine war-zone aussehen, eine präapokalyptische Situation, die jede Sekunde in die Luft fliegen und sich in ein Armageddon verwandeln könnte. Diese Stimmung sollte Teil jedes Bildes sein, Teil der Landschaft, des Sozialen; ein Gefühl von Chaos und Unordnung, eine Negierung des Gesellschaftlichen."[157]

In der Schlussszene fällt dann auch tatsächlich ein ‚Engel' vom ‚Himmel' auf die feiernde Masse: Der ehemalige Polizist Max, Freund, ja Blutsbruder Lennys, hat sich als Absender der perversen Snuff-Clips geoffenbart und wird in einem finalen Kampf von Lenny in den Tod gestürzt. Aber auch andere Hinweise deuten auf die bewusste Zitation eines biblischen Codes im Kontext des Themenkreises Schuld, Vergebung und Gericht: Zu Beginn des Filmes preist Lenny seine Clips als ‚verbotene Frucht' an. Jerico One, der liquidierte RAP-Sänger, kann als Repräsentant der sieben Posaunen von Jericho verstanden werden, die kurz vor dem Einsturz der Stadtmauern tagelang ertönten. In einer Ansprache ruft er den schwarzen Massen zu: „Ein neuer Tag wird kommen. Der Tag der Abrechnung ist nah. Die Geschichte endet und beginnt neu." Im Verlauf des Films, der eine Unter-Scheidung zwischen Gut und Böse auf mehreren Ebenen nachvollzieht, werden sich die Posaunen von Jericho in apokalyptische Posaunen verwandeln. Jericos Band heißt Prophets of Light und hat damit deutlich markiert, auf welcher Seite sie bei diesem Neuanfang stehen wird. Was sich auf der Bühne des Science-Fiction-Thrillers als drohender Endkampf zwischen Gut und Böse verdichtet, spielt sich auch im Innern Lennys ab, der zentralen Identifikationsfigur für den Zuschauer: Am Ende des Filmes kann er sowohl von seiner Sucht nach den SQUID-Clips als auch von der verflossenen, zur Hure gewordenen Geliebten ablassen.

Die SQUID-Clips, die als konsequente Fortentwicklung aktueller technischer Möglichkeiten den gesamten Film bestimmen, erinnern an die Rede von Wesen ganz voller Augen in der Offenbarung des Johannes. Sie stellen den medientechnisch kritisch gewendeten Bezug her zur ursprünglichen Bedeutung des Wortes ‚Apokalypse' – Offenbarung/Enthüllung: Enthüllt werden einerseits politische Machenschaften und Ungerechtigkeit. Entblößt werden aber auch die letzten Refugien menschlicher Individualität im Set der Gefühlsregungen und Traumbilder, die durch das in den SQUID-Clips in Nullen und Einsen zerlegte menschliche Empfinden konsumierbar werden und so dem ökonomischen Kalkül und dem Voyeurismus anheimfallen. Sie

---

[157] Peter KÖRTE: *Neujahr in Armageddon. Über die amerikanische Regisseurin Kathryn Bigelow und deren neuen Film STRANGE DAYS.* In: Frankfurter Rundschau, 6.2.1996.

treten damit zunehmend an die Stelle eigener Erinnerung, löschen eigene Erinnerung aus,[158] verunmöglichen aber auch das heilsame Vergessen und den biographischen Neuanfang wie im Falle Lennys. Authentizität und damit menschliche Würde und Verantwortlichkeit werden mit Lustgewinn zerstört.

„Gerade die Archivierung und Verfügbarmachung sequentiellen Erlebens in der Simulation bringt die Erinnerung als Reminiszenz eines Prozesses, den man Leben oder Geschichte nennen kann, zum Verschwinden."[159] Lenny erscheint also zunächst als Herold der ‚Posthistoire' – „es war bereits alles schon mal da – wie sollen wir weitere 1000 Jahre überstehen?", so sagt er verzweifelt zu Beginn des Filmes. Und das ‚apokalyptische' Medium der SQUID-Clips materialisiert genau dieses Ende der Geschichte: „Die Momente des Glücks oder der Faszination haben in ihrer unendlichen Reproduzierbarkeit ihr Geheimnis verloren. Und vor allem ihr Subjekt. Das Träumen und die Sehnsucht. Auch die Macht der Illusion. Das Bewegtsein und die Bewegung. Das, was zu sehen und zu hören ist, was gegeben wird, kann nicht zurückgegeben werden oder eine Spur hinterlassen, nicht einmal als Heimweh nach einem Vorher."[160]

Doch auch die 0 des Jahres 2000 signalisiert: Anfang und Ende fallen zusammen. Es gibt die Chance für einen neuen Anfang, indem das Ende konsequent vollzogen wird. Apokalypse wirkt in diesem Film also nicht als Selbstzweck, Einfall eines blinden Schicksals, einer sinnlosen Katastrophe oder eines gerechten Gottes, sondern vollzieht sich als ‚Offenbarung' ungerechter, ja mörderischer gesellschaftlicher Verhältnisse auf verschiedenen Ebenen und ihre Überwindung. Sucht und Gewalt erscheinen für Bigelow als Quellen immer neuer menschlicher Qualen, die Menschen dicht an ihren persönlichen und kollektiven Untergang heranführen. Dies zeigt sie in bestürzenden Bildern des Action-Kinos, die aber auch nicht unwidersprochen stehenbleiben. Die Botschaft des Filmes setzt – für das Genre eher ungewöhnlich – dem Untergang die rettende Kraft der Gerechtigkeit, des Maßes und der Liebe entgegen.

Diese Perspektive entwickelt sich jedoch erst am Ende der längeren, zweiten Hälfte des Films. Hier dreht sich alles um eine finale Verfolgungsjagd, die einsetzt, weil korrupte Polizisten, Mörder des prophetischen RAP-

---

[158] Erst kürzlich hat der Film MEMENTO (Christopher Nolan, USA 2000), der in der Kritik vor allem durch sein eigenwilliges Zeitkonzept auffiel (er stellte die Vorgeschichte eines Mordes in verkehrter Reihenfolge dar), im Kino gezeigt, dass der Verlust des Langzeitgedächtnisses auch die Schuldfähigkeit auslöscht – wer sich nicht mehr an vergangene Taten (eigene und fremde) erinnert, verliert die Fähigkeit adäquat zu reagieren und kann kaum für das Getane verantwortlich gemacht werden. Er wird zum Spielball fremder Auftraggeber und falscher Freunde.
[159] Ronald DÜKER: *Apokalyptische Trips. Kathryn Bigelows* STRANGE DAYS *und das Ende der Geschichte*. In: Frölich/Middel/Visarius, Nach dem Ende, 129–137, 137.
[160] Marion STRUNK: *Die Lücke und das Glück. Vom Remake der Gefühle.* TITANIC + STRANGE DAYS. In: Dies. (Hg.): Vom angenehmen Leben. Zürich (Edition Howeg) 1999, 104–146, 127.

Stars, versuchen, den verräterischen Clip, der wie das Auge Gottes alles ‚gesehen' hat, obwohl es ‚in dunkler Nacht geschah', und alle menschlichen Zeugen aus der Welt zu schaffen. Lenny bewegt sich dabei einerseits wie ein Traumwandler zwischen verbrecherischer Staatsgewalt und vom Clipkonsum angefixten Männern. Andererseits aber steht er auch zwischen zwei antitypisch angelegten Frauengestalten: der schon erwähnten Faith, seiner Ex-Geliebten und der integren Mace, die immer wieder wie ein Schutzengel (oder eine himmlische Frau?) ihre Hand über ihn hält. Sie vertritt angesichts einer Welt, die in Rausch und Gewalt unterzugehen droht, das Realitätsprinzip und trägt zum unvermeidlichen *happy end* nicht unwesentlich bei.

Bereits in ihren früheren Filmen hatte Bigelow in einer für das Genre des Horror- und Actionfilmes ungewöhnlichen Weise die Frau als wesentliche Akteurin eingeführt. Sie ist nicht mehr schmückendes Beiwerk, sondern diejenige, welche die Handlung wesentlich bestimmt und vorantreibt. Ohne Mace könnte STRANGE DAYS kein gutes Ende nehmen. In POINT BREAK, ihrem frühen Surfer-Film, traut Bigelow der Surferin Tylor als einziger einen eigenständigen Charakter zu und in BLUE STEEL, ihrem formal vielleicht vollkommensten Film, ist es die – auch Männer zur Identifikation einladende – junge Polizistin Megan Turner, die den psychopathischen Serienmörder schließlich im ‚Showdown' zur Strecke bringt.

Während Mace sich also den SQUID-Clips konsequent verweigert und Lenny immer wieder auf die ‚eigentliche' Realität hinweist, ist Faith fast gänzlich zum Objekt männlichen Begehrens degradiert worden. Sie bildet den Antityp der selbstbestimmten Frau, passiv ganz dem männlichen Blick ergeben. Nicht von ungefähr taucht sie im Film zuerst als Akteurin in Lennys SQUID-Clips auf, in jenem neuen Medium also, das „das Andere unmittelbar zu Eigenem macht und den Blick als Akt des Inbesitznehmens bezeichnet"[161]. Faith konstituiert sich willentlich über den männlichen Blick auf ihren Körper.[162] Im Balzkampf der Männer erscheint sie als freiwilliges Opfer und wird doch am Ende des Films als Komplizin des psychopathischen Mörders verhaftet. Mace hingegen hat eine Stimme und nicht nur einen Körper, sie ist

---

[161] Ebd. 122.
[162] Eine Zuspitzung dieses Konzeptes von Weiblichkeit bildet die zentrale Mordszene in der Mitte des Filmes: Chris, eine Prostituierte, die als lästige Zeugin aus dem Weg geschafft werden muss, wird nicht nur von einem maskierten Täter in ihrem Zimmer vergewaltigt und dann erwürgt, sondern via SQUID-Set auch mit den Wahrnehmungen ihres Folterers ‚kurzgeschlossen'. Damit wird sie noch in ihrer Identität als Opfer durch die des Täters ‚ausgelöscht'. Bereits hier wird die bis an die Grenzen technischer Möglichkeiten ausgereizte Medialität der SQUID-Clips im Sinne einer vom ‚User' froh bejahten Angleichung an konservierte fremde Individualität in zerstörerischer Grundstruktur offengelegt. Wer sich hier bestürzt abwendet, bekennt mit der Regisseurin: Der Mensch ist mehr als seine medial konservierbaren Emotionen und Sinneseindrücke.

selbst Sprechende[163] und Offenbarende in einem eigentlichen, das heißt nicht voyeuristischen, sondern souveränen Sinne und vertritt damit auch den Blick der Regisseurin, die sich nie dem Genre hingibt, sondern es kritisch bricht und seine blinden Flecken thematisiert. Und: Mace hat ein Gedächtnis, sie weiß, warum sie Lenny liebt – er hat einst ihren Sohn vor einer schweren Traumatisierung durch seinen gewalttätigen Vater bewahrt.

Die Dramaturgie des gesamten Filmes, der die Themenfelder Medienkritik und soziale Gerechtigkeit unter Einschreibung der Geschlechterrollenthematik apokalyptisch konnotiert, gipfelt in einer individuell in der Person Lennys präfigurierten Vision der Umkehr auf allen Handlungsebenen. Die Erde wird neu in der Umsetzung sozialer Gerechtigkeit – die Mörder Jerico Ones werden unter Vermeidung eines finalen Endkampfes gleichwohl aber im Rahmen einer Silvester-‚Mega-Party‘, also vor den Augen der gesamten (Welt-) Öffentlichkeit, enttarnt und vor Gericht gestellt. Dabei erscheint ein altersweiser Polizeipräsident im wahrsten Sinne des Wortes als lösender *deus ex machina* in scheinbar ausweglover Situation. Die Medienkritik wird auf elegante Weise mit einer Umkehrung der Geschlechterrollen verbunden: Der männliche Blick Lennys, der während des gesamten Films (aufgegipfelt im Sado-Masochismus seines *alter ego* Max) in der Auslöschung des weiblichen Opfers hinein in gänzliche Passivität bis zur Tötung bestand, wird gebrochen (oder besser: umfangen) von Mace' starker Weiblichkeit, die sich – dem Genre entsprechend *bildlich* in Actionszenen umgesetzt – ihrer Stillstellung in vorgegebenen (erotischen) Rollenklischees verweigert und statt dessen selbst die Initiative ergreift: Mace erkennt Lenny in ihrer Liebe und Verweigerung einer Überblendung der eigenen Realität durch SQUID-Clips als schwachen und hilfsbedürftigen Mann an, und er kann sich nach längerem Zögern ebenfalls für diese Liebe und damit gegen seine Verfallenheit an die ‚Hure' Faith entscheiden. Der im Stile des ‚Classical Hollywood Cinema' inszenierte Kuss dieses neuen Paares signalisiert folglich nicht bloße Happy-End-Harmonie im Sinne einer Wiederherstellung des Urzustandes, sondern ist Ergebnis eines harten individuellen, bildmetaphorisch wie dramaturgisch universalisierten Ringens zwischen Heteronomie und Autonomie.

Der dramaturgisch naheliegenden kathartischen Wirkung der Vernichtung des Bösen und Korrupten in Gestalt der beiden Polizisten erliegt Bigelow (und der Zuschauer) schließlich doch. Einer der beiden erschießt sich, der andere, vom Blut seines Kumpanen ganz in satanisches Rot getaucht, verfolgt sein Opfer Mace so lange, bis er selbst buchstäblich in den letzten Sekunden des alten Millenniums von Scharfschützen erschossen wird. Den parallel entwickelten Kampf zwischen Lenny und Max, seinem alter ego, inszeniert

---

[163] Die erste Einstellung zeigt ihren Mund im Gespräch mit Lenny Nero.

Bigelow als „blutige und rituelle Abspaltung eigener perverser und verbrecherischer Anteile".[164] Gleichzeitig wirkt das Zerschneiden seiner Armani Krawatte, mit deren oberer Hälfte der satanische Engel Max nun in die Tiefe stürzt, als de-fetischisierender Akt – Lenny verabschiedet sich von seinem multiplen Suchtcharakter.

Auch im Film Kathryn Bigelows erscheint die Apokalypse als historisches Geschehen. Das sensationsträchtige Datum dient dabei als Aufhänger, um zentrale Konflikte als individuelle und gesamtgesellschaftliche zu thematisieren und einer reflektierten ethischen Entscheidung zuzuführen. Dieser wird mit filmästhetischen Mitteln, vor allem auch der Musik, der in dieser Analyse nicht genug Raum gegeben werden konnte, der Charakter einer endgültigen Erlösung unter Vermeidung eines finalen Kampfes, aber nicht ohne den intelligenten Einsatz von körperlicher Gewalt gegeben. Die zentralen Normen, nach denen schließlich ‚Gericht' gehalten wird, sind *Übernahme von Verantwortung für das eigene Handeln* oder das *Realitätsprinzip* bzw. die *Vermeidung von Passivität* und die *Herstellung gerechter Lebensverhältnisse für alle*, im Fall der USA für die afroamerikanischen Mitglieder der Gesellschaft und die zu Objekten des männlichen Blicks degradierten Frauen.

Die bildästhetische und dramaturgische Irritation, die oben als wesentliches Merkmal des Autorenfilmes gekennzeichnet wurde und die sich im Werk Tarkowskijs und Jarmans als wesentliches Gestaltungsmerkmal erwiesen hat, tritt bei Bigelow in den Hintergrund. Diese Tatsache markiert Bigelows Verortung im amerikanischen Mainstreamkino. Gleichwohl ist ein Drehbuch, das einer schwarzen Frau die wichtigste Nebenrolle mit handlungswendender Funktion zugesteht, in einem US-amerikanischen Actionfilm etwas Ungewöhnliches. Die Kulmination spannungserzeugender Elemente im Film, die ebenfalls dem Mainstreamkino geschuldet ist, läuft allerdings wie das gesamte dramaturgische Konzept Gefahr, im Sinne der bloßen Unterhaltung missverstanden zu werden. Allzu leicht gerät in Vergessenheit, dass eine wesentliche Intention Mace' darin besteht, die auch vom Genre her naheliegende Aufgipfelung der Handlung in einem finalen Kampf zwischen Schwarzen und Weißen gegenläufig zum Gehalt der biblischen und apokryphen Apokalypsen gerade zu *verhindern*. Auch die in der Figur der Mace konzentrierte implizite Medienkritik droht angesichts der mit großem Aufwand inszenierten Faszination der SQUID-Clips und ihrer Möglichkeiten in den Hintergrund zu treten oder doch bloß noch ‚nachzuklappen', nachdem der Zuschauer selbst längst eben jener Faszination erlegen ist.[165]

---

[164] KIENAST/STRUCK, *Körpereinsatz*, 149.
[165] Wie nahe ein solches (Miss-)Verständnis liegt, zeigt nicht zuletzt die kritische Rezension des Films von Franz Everschor (film-dienst 3/1996, 20f.).

5.3.6 Hal Hartleys THE BOOK OF LIFE

Der dreiundsechzigminütige Film THE BOOK OF LIFE (USA/Frankreich 1998) von Hal Hartley (*1959)[166] ist der siebte Film des jungen Regisseurs, der dem US-amerikanischen *Independent Cinema* der Ostküste zugerechnet wird. Hartley studierte zunächst an der Kunstakademie in Boston Malerei und dann bei Aram Avagian an der Filmhochschule von Pourchase, New York, Regie und Schnitt. Eine Kameraassistenz bei Yuri Neyman und Laurie Anderson (HOME OF THE BRAVE) ging seiner ersten eigenen Produktion THE UNBELIEVABLE TRUTH voraus. Alle folgenden Filme wurden auf internationalen Festivals gezeigt, HENRY FOOL gewann 1998 in Cannes die goldene Palme für das beste Drehbuch. Wie Bigelow distanziert sich Hartley vom Kinobetrieb Hollywoods und nennt seine Filme „idiosynkratisch"[167] wie das europäische Kino.

Was seine Filme[168] bisher auszeichnete, war die gemeinsame Prägung von der Vorort-Tristesse der amerikanischen Ostküste (alle drei genannten Filme spielen in seinem Geburtsort Lindenhurst, Long Island) und ihrer unauffälligen Bewohner, die gleichwohl in seinen Filmen exemplarisch und überzeugend ihrer Suche nach Liebe und dem (nicht selten gewaltsamen und letztlich erfolglosen) Ausbruch aus den sozialen und emotionalen Begrenztheiten ihres Umfeldes überzeugend Ausdruck verleihen konnten. Hal Hartley selbst hält die zwischenmenschliche Liebe für das einzige Gegengift gegen die die Individualität massiv begrenzende Institution Familie und den kleinstädtischer Moralkodex.[169] Konsequent ist es in seinen Filmen vor allem die Liebe, bisweilen auch das sexuelle Begehren zwischen den Geschlechtern, die dem nicht selten ziellosen Suchen seiner Protagonisten nach einem Ausweg die Richtung und notwendige Energie zu geben scheint. Im selben Jahr wie BOOK OF LIFE und vor dem Hintergrund der Selbstauslöschung der Davidianer in Waco unter apokalyptischen Vorzeichen 1993 schuf Hartley ein Musik- und Tanztheaterstück mit dem Titel *Soon*, in dem er sich erstmals am apokalyptischen Thema versuchte. Die Gewaltsamkeit und der christliche

---

[166] Der Film entstand im Rahmen der mehrteiligen ambitionierten Reihe *2000 vu par ... des Senders arte*, mit der sich Filmemacher aus aller Welt zur Jahrtausendwende äußerten.

[167] Margret KÖHLER: *Liebe ist unvermeidbar. Portrait Hal Hartley*, film-dienst 2/1993, 14–16, 15.

[168] THE UNBELIEVABLE TRUTH/VERDACHT AUF LIEBE, USA 1989; TRUST/TRUST – BLINDES VERTRAUEN, USA 1991; SIMPLE MEN, USA 1992; AMATEUR, Frankreich/USA 1993; FLIRT, USA/Deutschland/Japan 1993–95; HENRY FOOL, USA 1998.

[169] „Ich finde es phantastisch, wenn zwei Menschen sich zusammenschließen, sich lieben, dem andern vorbehaltlos einen Teil von sich geben. Ich weiß das klingt kitschig, aber dieses Ideal hält doch die Welt am Leben, ohne diese Vorstellung würde sich nichts mehr bewegen. [...] Wir alle lernen in unserem Leben die Begierde kennen. Sie ist eine der Urkräfte, die uns antreibt, neue Herausforderungen anzunehmen." Hal Hartley im Interview, zit. KÖHLER, *Liebe ist unvermeidbar*, 16.

Hintergrund der zugrundeliegenden realen Tragödie erklärt vielleicht die Schroffheit, mit der Jesus in THE BOOK OF LIFE die Interpretation des Jüngsten Gerichtes in ‚christlichen' Endzeitkirchen wie jener der Mormonen ablehnt.

Gleichwohl schien es nicht gerade naheliegend, dass der ursprünglich am kleinstädtischen Kammerspiel mit hoch individuellem Gepräge orientierte Regisseur sich an die einzige vorliegende zeitgenössische Verfilmung der Offenbarung des Johannes mit ihren verwickelten theologischen Fragestellungen kosmologischer Tragweite wagen würde. Dass dies nach Anfrage des Senders *arte* nur mit vielfältigen Brechungen und unter Beibehaltung des Interesses an den Charakteren ‚kleiner Leute', also quasi als ‚Kammerspiel' geschehen konnte, lässt sich bereits im Vorfeld vermuten.

Wie gestaltet sich das Geschehen? Am letzten Tag des Jahrhunderts landet Jesus zusammen mit seiner Assistentin Maria Magdalena in New York. Sein Vater hat ihn gesandt, wie prophezeit das Jüngste Gericht abzuhalten.[170] Im Laufe des Tages wird er hier unter anderem mit dem Satan konfrontiert, der bereits durch die Bars zieht, um ein letztes Mal um die Seelen der Menschen zu ringen. Dass Jesus – gewandet in einen hellgrauen Maßanzug – nach langer Abwesenheit die Menschen und ihr Leben ‚auf der Erde' wieder näher kennenlernt, führt schließlich dazu, dass er sich nicht mehr in der Lage sieht, das befohlene Gericht zu vollziehen. In der letzten Sequenz des Filmes spricht Jesus aus dem ‚Off' die programmatischen Worte: „Und das neue Jahr kam, das neue Jahrtausend, in der Gestalt eines schlichten Tages in einem langen Leben voller sich ähnelnder Tage. Aber jeder einzelne von ihnen war bis zum Rande gefüllt mit Möglichkeiten. Mit der Möglichkeit von Verhängnis und Not und mit der Möglichkeit von Vollkommenheit. – Es war gut, wieder unter ihnen zu sein. Unter den Unschuldigen und Schuldigen. Alle gleichermaßen hilflos und vollkommen verloren. – Und, so beängstigend es auch war, sich das einzugestehen: Sie alle verdienten Vergebung."

Die für den Film gewählten ungebrochenen Rollenidentitäten (Satan, Christus, Maria Magdalena, Sünder, reine Seele) sowie die scheinbar naive Deklamation von Texten aus der Offenbarung des Johannes erinnern einerseits an mittelalterliche oder frühneuzeitliche Lehrstücke. Andererseits wird diese filmästhetisch zunächst naiv wirkende Rekapitulation der prophezeiten Ereignisse[171] gebrochenen durch die Konfrontation mit der Realität New

---

[170] Jesus: „Mein Vater ist ein zorniger Gott. Er hält sogar heute noch außerordentlich viel von Anwälten." Gesprochener Text auch im Folgenden nach der deutschen Synchronfassung.
[171] Satan zum Sünder Dave: „Das war's – Gottes Geduld mit euch stupiden Menschen ist zu Ende." Anschließend zitiert er Offb 12,12: „Weh aber Euch, Land und Meer! Denn der Teufel ist zu euch hinabgekommen, seine Wut ist groß, weil er weiß, dass ihm nur noch eine kurze Frist bleibt."

Yorks 1999,[172] durch ironische Kommentare[173] und hintergründig-burleske Details der Inszenierung,[174] vor allem aber durch die zentrale Wende im Geschehen, das *Ausbleiben des Gerichtes*. Gleichzeitig mit dem Zurücktreten der kosmologisch-apokalyptischen Dimension, eines universalen Gerichtes, tritt die Ernsthaftigkeit der individuellen Suche nach einem geglückten Leben in Liebe zu den Menschen, wie es beinahe überdeutlich von der Asiatin Eddie gelebt wird, in den Vordergrund[175]. Vor allem *ihre* Figur bewahrt den Film vor einem Abgleiten ins Beliebige, das nach Aufgabe einer metaphysischen Lösung der Frage nach der Bedeutsamkeit menschlichen Handelns durch Jesus und der scharfen Abkanzelung der Erwählungsgewissheit der Endzeitkirchen (exemplarisch: der Mormonen, die ihre eigene Erlösung gar mit Waffengewalt erzwingen wollen) durchaus droht.

Hartley nutzt die indirekte Darstellungsweise seines Filmes, um eine Vielzahl anthropologischer und theologischer Fragestellungen und Positionen zur Sprache zu bringen: Satan überzeugt den Sünder Dave mit Blick auf die unverdiente Liebe seiner ihn im mehrfachen Wortsinn ‚aushaltenden' Freundin Eddie von der Gültigkeit eines metaphysischen Weltbildes und damit davon, dass der Mensch eine Seele haben müsse. Gleichzeitig vertritt Satan in diesem ‚theologischen' Gespräch die heilsgeschichtlich nicht nur integrierte, sondern in seinen Augen geradezu *notwendige* Position der Höllendrohung, die jedoch nun, durch das Nahen der Apokalypse, überflüssig zu werden scheint: „Ich hielt das Tauziehen zwischen Himmel und Hölle einfach für ein gutes System – dadurch blieben die Menschen ehrlich."

Als sich Jesus entschließt, das fünfte Siegel am *Book of Life* nicht zu öffnen[176] wird er logisch konsequent mit jenen konfrontiert, „die hingemordet

---

[172] Das Buch des Lebens, in dem die Namen der 144.000 Geretteten verzeichnet sein sollen, ist ein Mac-Power-Book, das Jesus in einem Bankschließfach findet. Geöffnet legt es ihm die Frage vor „Do you wish to open the fifth seal?" und bietet die Optionen „Yes", „No" und „Cancel". Er kommt mit Maria Magdalena am Kennedy-Airport an – woher? Alle Männer tragen Sakkos in gedeckten Farben, der Teufel allerdings mit auffälligem rotem Hemd darunter. Gottes Angelegenheiten auf Erden werden von einer Anwaltskanzlei mit dem Namen *Armageddon, Armageddon and Jehosaphat* vertreten.
[173] Satan, der um eine Zusammenarbeit mit dem wankelmütigen Jesus buhlt: „Wir könnten eine neue Religion gründen. Jesus: „Ich glaube, das ist das Letzte, was sie jetzt brauchen."
[174] Zu Beginn erhält Maria Magdalena einen Telefonanruf aus Rom, den sie mit den Worten: „Nein bedaure, sie sind falsch verbunden!" beendet. Den Satan, als er sie in ihrem Hotelzimmer überrascht, kanzelt sie mit den Worten ab: „Leg dich nicht den Schuhen aufs Bett ... Aber wenn Du schon mal hier bist, mach dich wenigstens nützlich und öffne den Champagner." Gleich darauf begegnet die ‚gute Seele' Eddie, die mit dem durch Satan vermittelten Lottogewinn eine Suppenküche eröffnet, eben diesem. Sie fragt: „Sind sie wirklich der Satan?" und fährt als dieser bejaht fort: „Möchten sie eine warme Suppe?" Ihr sündiger Freund Dave kommentiert diese Szene entschuldigend mit den Worten: „Sie ist Buddhistin."
[175] Jesus sagt am Ende des Filmes: „Ich veränderte mich. Ich wurde süchtig nach Menschen."
[176] Anders als in dem in einigen Aspekten der Handlung vergleichbaren Film DAS SIEBTE SIEGEL (C. Schultz, USA 1987), wo der Messias ‚David' eine Plage nach der anderen auslöst, ohne sich

waren um des Wortes Gottes willen", für die Vergeltung, sei es als Rache, sei es als Versöhnung mit den Tätern, nun nicht mehr vollzogen werden kann.[177] Die im Film ungelöste Frage bleibt also immerhin präsent, wenngleich Jesus sie durch einen anschließenden inneren Monolog als bloße Rachsucht zu charakterisieren und damit zu verdrängen sucht: „Wie konnte ich nur unangebrachte Dankbarkeit für Ehrfurcht halten? Wie konnte ich diese Seelen nur in dem Glauben lassen, dass sie für ihre Opfer belohnt würden? Warum hatte man ihnen Trost verschafft, indem man sie von Vergeltung träumen ließ?"

Die theologisch valente Frage nach der Gleichzeitigkeit von Barmherzigkeit und – in einem sehr irdischen Sinne gezeigter – Gerechtigkeit in Gott wird durch die letztlich dualistische Aufspaltung zwischen dem zornigen („gerechten") Vater-*Gott* und dem barmherzigen *Menschen* Jesus (nicht) gelöst. Denn die im Jenseits verbleibende Person des Vater bleibt allzusehr in alttestamentlichen (und damit latent antijudaistischen) Klischees verhaftet, der ‚wahre Mensch' Jesus dagegen überzeugt zwar mit seiner großen Zuneigung zu den Menschen und ihrem irdischen Leben, verzichtet aber mit seiner Absage des Gerichtes auch auf endzeitliche Gerechtigkeit und damit auf Erlösung im eigentlichen Sinne, oder vertagt diese wenigstens auf einen Zeitpunkt in ferner Zukunft.

Die am Ende des Films mit Blick auf die Skyline Manhattans aus dem Off gesprochenen Fragen Jesu an die nun wieder offene Zukunft der Menschen drohen, das in einem bei aller Einfachheit doch hinreichend komplexen Handlungsaufbau erreichte Niveau der Auseinandersetzung mit ‚letzten Fragen' wieder zu verlassen. Die Geschichte der Menschheit wird nämlich auf Probleme rein technischer Weiterentwicklungen reduziert, die im Film deutlich präsente Frage nach der Notwendigkeit ethisch richtigen Verhaltens wird wieder klein geredet: „Was wird aus ihnen? Werden sie in hundert Jahren alle aus Reagenzgläsern geboren oder entwickeln sie sich zu intelligenten Maschinen? Erinnern sie sich dann noch an mich, an das, was ich gesagt habe? Ist das dann noch wichtig? Leben sie auf einem andern Planeten?" Immerhin handelt es sich um ein tastendes Fragen, das gleichzeitig die Aktualität wie auch das mögliche radikale Ende eines apokalyptischen (und damit geschichtlichen?) Denkens formuliert.

Auch BOOK OF LIFE führt allerdings wie nahezu sämtliche apokalyptischen Filme der Gegenwart die Rettung der Welt in letzter Sekunde und damit die *Verhinderung* eines göttlichen Gerichtes vor. Anders als in den im

---

von den damit verbundenen Qualen anrühren zu lassen. Erst buchstäblich in letzter Sekunde wird ein Auslöschen der Welt durch die Lebenshingabe einer jungen Frau verhindert, all das in einem Film, in dem millenaristische und jüdisch-messianische Spekulationen auf offenkundig effekthascherische Weise kombiniert werden.
[177] „Oh allmächtiger Herr, heilig und groß, sag uns wie lang wird es dauern, bis du unser Blut richtest und rächst an denen, die auf der Erde wohnen?"

Folgenden analysierten Filmen des amerikanischen Mainstreamkinos ist es in Hal Hartleys kleiner Fingerübung aber nicht das Heldentum US-amerikanischer Superguys und IT-Spezialisten, das ohne Reflexion auf Gott die Katastrophe verhindert, sondern Jesus Christus selbst, der am Jahresende 1999 im Auftrag seines Vaters auf die Erde kommt und auf die in den USA zur Zeit hochattraktive Ausübung einer überirdischen Macht gerade verzichtet. Er kehrt anschließend offenbar nicht in den Himmel zurück, sondern bleibt unter den von ihm geliebten Menschen; geliebt trotz aller – auch im Film vorgeführten – Schwächen, Fehler und ihrer Schuld. Jesus selbst ist Hartleys Kronzeuge gegen den schlichten Dualismus (unter anderem) der mormonischen Fundamentalisten, die sich im Besitz der Definitionshoheit über das göttliche Gericht wähnen und es deshalb herbeisehnen. Hartleys Jesus steht für die Option einer *Verweigerung* des Gerichts aus Menschenliebe und damit für ein Offenhalten der Zukunft als Raum vielfältiger Möglichkeiten.

Damit verweigert er freilich gleichzeitig die mit dem apokalyptischen Modell gegebene Chance eines Ausgleichs der Ungerechtigkeiten der Geschichte. Haben die unschuldig Gestorbenen vergeblich gehofft? Wird den Opfern von Gewalt und Massenmord keine Gerechtigkeit zuteil, nur weil Jesus Christus in letzter Minute, vielleicht aus falsch verstandener Menschenliebe zaudert? Hartley weist immerhin auf die Spannung zwischen der Barmherzigkeit Gottes und den brutalen Vorstellungen der Offenbarung des Johannes hin. Und er verweigert zu Recht die allzu einfache Zuweisung fundamentalistischer Lobbyisten, die ihren Schäfchen vorgaukeln, mit der Mitgliedschaft im richtigen ‚Verein' sei ihre Zukunft im Himmel gesichert, weil sie die Offenbarung des Johannes als antizipierende Endzeitreportage gelesen haben. Im Kontrast zu dieser apokalyptischen Vereinsmeierei erlebt der Zuschauer anhand einer bescheidenen Buddhistin, Eddie, wie konkret gelebte Barmherzigkeit dem Bösen widerstehen und die Welt ihrer Vervollkommnung näher bringen kann. Nur als konkrete umfassende Versöhnung in dieser Welt und als radikale Entäußerung aller menschlichen (und meist dualistischen) Phantasien von Allmacht ist das Gericht Jesu heute – nach der Aufklärung – für Hartley offenbar noch zu denken.

5.4 US-Amerikaner als Erlöser: Funktionen des Weltuntergangs im Mainstreamkino der USA

In den USA der neunziger Jahre, also nach dem Ende einer bipolaren auf Abschreckung basierenden *balance of power* zwischen Ost und West, etablierte sich eine neue und die bis dato letzte Form des apokalyptischen Films: Die nun allein nach weltweiter Dominanz strebenden USA nehmen trotz des beendeten Kalten Krieges eine unspezifische Bedrohung von außen wahr und thematisieren sie im Kino als weltbedrohende Gefahr, in der sie vor allem den eigenen Wohlstand und Frieden wähnen, obwohl oder vielleicht gerade *weil* die USA bis zum 11. September 2001 nie auf ihrem eigenen Terrain angegriffen wurden. Dies geschieht allerdings im Film der späten neunziger Jahre zu Genüge: durch imaginierte Aliens, einen weltweit sich ausbreitenden Killervirus, durch Asteroiden auf Kollisionskurs oder andere universale Katastrophen. Der bis zur apokalyptischen Übersättigung des Genres gesteigerte US-amerikanische Katastrophenfilm darf somit als imaginative Thematisierung einer bereits *vor* dem 11. September 2001 wahrgenommenen Bedrohung und ihrer phantasmatischen Überwindung durch cineastisch gezeigte (Waffen-)Gewalt verstanden werden.

Gleichzeitig fußt dieses neue Genre auf einer im US-amerikanischen Bewusstsein tief verwurzelten Vorstellung von den USA als *God's own Country*, ja als Neuem Jerusalem.[1] Wie in Teil 4 dieser Arbeit deutlich wurde, hat apokalyptisches Denken einen festen Sitz in der Religionsgeschichte der USA, ausgeprägt als Prä- oder Postmillenarismus, während die jüngste Religionsgeschichte Europas vor allem von den am eigenen Leibe erlebten katastrophischen Brüchen des 20. Jahrhunderts geprägt ist, Menschen in Europa der Apokalypse also – wenn überhaupt – dann weniger erwartungsvoll und wohl kaum in der Hoffnung auf Bestärkung der eigenen Identität entgegensehen.

In den USA ist bereits einige Jahre nach dem Ende des Zweiten Weltkrieges ein Aufschwung fundamentalistischer Gesinnung zu beobachten, der die Auseinandersetzung mit der UdSSR als apokalyptischen Endkampf interpretierte. Es ist letztlich aber entscheidend, ob die Apokalypse aus der Perspektive der Ohnmächtigen irdisch nicht machbare Gerechtigkeit durch Gott wiederherstellt, oder ob sie mit Hilfe eines irdischen Gewaltpotentials künstlich erzeugt und damit ein zum Antichristen hochstilisierter Gegner vernichtet werden soll.[2] Das Ende des Kalten Krieges 1989 und die Wahl des Demo-

---

[1] Vgl. die Ausführungen über die Mormonen und andere Endzeitkirchen im vierten Teil dieser Arbeit sowie Joachim VALENTIN: *Apokalyptik statt Politik. In den USA boomen Endzeit-Romane*. In: HerKorr 59 (2005), 30–34.
[2] Christian AUFFARTH: *Rettung von außen, Rettung von innen. Perspektiven vom Ende her auf die Apokalypse als Botschaft für das 20. Jahrhundert*. In: Fröhlich/Middel/Visarius, Nach dem

kraten Clinton 1992 initiierte für die konservativen *Christian Right* eine Irritation der bis dato festgefügt erscheinenden Weltordnung. Die gegen die totalitären ‚bösen' Systeme des Nationalsozialismus und Kommunismus siegreiche bzw. standhafte amerikanische Nation wurde nun zunehmend gezwungen, ihr positives moralisches Selbstbild in Frage zu stellen. Diese Zweifel zunächst drastisch anzuschärfen und dann zu zerstreuen sind die im Folgenden analysierten Filme ebenso angetreten wie dazu, eine auf Unilateralismus ausgerichtete Außenpolitik cineastisch zu legitimieren. Ob die Wurzeln dieses festgefügten Weltbildes, das in jüngerer Zeit immer wieder simplifizierend als manichäisch bezeichnet wurde, nicht noch tiefer reichen, kann hier nicht näher untersucht werden. Immerhin aber wäre zu bedenken, dass die bisher weitgehend unwidersprochen gebliebene These Max Webers[3] vom Entstehen des Kapitalismus aus dem Geist des (calvinistischen) Protestantismus in einer Innenperspektive auch als ‚göttliche Legitimation' des Kapitalismus gelesen werden kann.

Warum man solche Filme nur noch schwerlich Science-Fiction-Filme nennen kann, sondern sie *apokalyptisch* im Sinne einer demnächst drohenden totalen Weltvernichtung nennen muss, wird auf dem bisherigen Höhepunkt dieser Entwicklung deutlich: im Film INDEPENDENCE DAY[4]. Wie die meisten apokalyptischen Filme der neunziger Jahre zeigt er die Zerstörung der Symbole amerikanischer Freiheit und Macht und spielt so mit der Angstlust einer äußersten Bedrohung, die als negatives Spiegelbild des patriotischen Stolzes auf die eigenen Leistungen gelesen werden kann. Gerade angesichts der furchtbaren Ereignisse des 11. September wirkt es verstörend und erschreckend, dass amerikanische Filmemacher die Vernichtung der nationalen Statussymbole im Film (Weißes Haus, Skyscraper in New York, Freiheitsstatue, Kapitol etc.) und den geradezu selbstverständlich als erfolgreich zu erwartenden Gegenschlag gegen den äußeren Feind in frappierender Perfektion vorweggenommen haben. Die Frage, ob solcherlei Filme bei den Attentaten selbst Pate gestanden haben, wird man wohl nicht endgültig beantworten können. Erstaunlich sind sie als Vorahnungen im ‚cineastischen Unterbewussten'. Mit Blick auf die nachfolgende Propaganda und ‚Politik' der weltweiten Terrorismusbekämpfung darf man sie unfreiwillig prophetisch nennen.

Ende.
[3] Max WEBER: *Die Protestantische Ethik und der ‚Geist' des Kapitalismus*. Hg. und eingel. von Klaus Lichtblau und Johannes Weiß. Weinheim (Beltz/Athenäum) ³2000. Analog formulierte kürzlich der US-amerikanische Publizist und Fellow am *New York Institute for the Humanities* David RIEFF: „[...] viele [Mitglieder der Administration George W. Bushs] sind ganz im Sinne von Max Webers ‚Protestantischer Ethik' der Ansicht, man dürfe, wenn man schon die Geschäfte des Herrn erledige, dabei auch seinen eigenen Vorteil haben." (*Luxus oder Krieg. Die Neokonservativen vor dem Abstieg*. In: SZ 102 (5. Mai) 2003, 13.
[4] Ronald Emmerich, USA 1996.

5.4.1 Exemplarische Analysen

Der Film ARMAGEDDON – DAS JÜNGSTE GERICHT[5] kann insgesamt nur im weiteren Sinne apokalyptisch genannt werden. Nicht das Gericht Gottes, wie der deutsche Verleih fälschlich titelte, sondern ein bewusstseinsloser Materieklotz, ein Asteroid, rast in diesem Film auf die Erde zu und droht beim Aufprall alles Leben auf dem Planeten zu vernichten. Bereits in den ersten Minuten des Filmes zerstört ein ‚Vorauskommando' aus kleineren Gesteinsbrocken nicht nur ganz Paris, sondern vor allem die bedeutenden Wolkenkratzer Manhattans, die beiden Türme des World-Trade-Center inklusive. Eine vom Actionstar Bruce Willis geführte Truppe von Bohrspezialisten wird daraufhin rasch zu Astronauten ausgebildet und mit einem Shuttle auf die Oberfläche des heranrasenden Kometen geschickt, um ihn mittels Nukleartechnik zu atomisieren. Die mit emotionalisierenden Elementen, romantischer Liebe und ergebnisverzögernden Missgeschicken reichlich ausgestattete Aktion lässt sich schließlich nur zu Ende bringen, indem Bruce Willis selbst auf dem Asteroiden zurückbleibt, um die Bombe von Hand zu zünden. Sein Selbstopfer in letzter Minute wird auf der ganzen Welt als Großtat der amerikanischen Nation bejubelt.

Der Film besticht durch grandiose *special effects*. Gleichzeitig gelingt dem Werk, das für alle Generationen einen Unterhaltungswert zu erreichen bestrebt ist, das Changieren zwischen den verschiedenen angeschnittenen Genres mehr schlecht als recht:[6] Vor allem eher komödiantisch angelegte Elemente in der gut gecasteten Bohrspezialistentruppe geraten zunehmend in Kollision mit der Dramatik der bedrohlichen Situation und der wachsenden Spannung. In unserem Zusammenhang interessiert das Motiv des sich selbst buchstäblich für das Heil der ganzen Welt opfernden Helden, das eher christologische denn apokalyptische Motive anschlägt. Die Hingabe des eigenen

---

[5] ARMAGEDDON (M. Bay, USA 1998). Andere Filme der neunziger Jahre, die in abgemilderter und weniger dezidiert apokalyptischer Weise die Übersteigerung des Katastrophenfilms betreiben sind VOLCANO (M. Jackson, USA 1997) und DANTE'S PEAK (R. Donaldson, USA 1996), die jeweils einen gigantischen Vulkanausbruch beschrieben sowie GODZILLA des INDEPENDENCE DAY-Regisseurs Roland Emmerich (USA 1998) und die JURASSIC PARK-Trilogie (S. Spielberg, USA 1993, THE LOST WORLD, ders., USA 1996/97, JURASSIC PARK 3, J. Johnston, USA 2001). Alles Filme, welche die Bedrohung der Menschheit durch die Herrschaft irdischer Monster auf der Erde und deren heldenhafte Vernichtung thematisieren. Die Filme END OF DAYS (P. Hyams, USA 1998/99) und STIGMATA (R. Wainwright, USA 1999) verlassen sich eher auf die Ästhetisierung von endzeitlich-dämonischen Ressourcen einer imaginierten katholischen Tradition, ohne diese tatsächlich zu treffen: END OF DAYS wird heillos vom Kult um den Actionstar Arnold Schwarzenegger dominiert und STIGMATA verliert sich im ästhetisierten Sadomasochismus von Besessenheitsglauben und Exorzismus.

[6] Die grundlegende Filmidee dürfte sich in einer Mischung aus METEOR (R. Neam, USA 1977) und THE DIRTY DOZEN (R. Aldrich, USA/Spanien/UK 1966) erschöpfen.

Lebens im Kampf gegen das in dem Meteoriten regelrecht personifizierte Böse *verhindert* unmittelbar die endzeitliche Katastrophe

Der Film DEEP IMPACT[7] kam einige Monate früher in die Kinos und war – weniger auf Effekte bedacht – auch weniger erfolgreich[8] als ARMAGEDDON. Er wartet mit einer ähnlichen Grundsituation auf, die allerdings im Detail anders entwickelt wird: Die Ankunft des Kometen ist der amerikanischen Regierung weitaus früher bekannt als in ARMAGEDDON, so dass die Evakuierung einer Elite sowie der wichtigsten Tier- und Pflanzenarten in ein Höhlenssytem für den Fall möglich wird, dass auf der Erdoberfläche ein auf mehrere Monate veranschlagter Winter ausbricht. Die Evakuierungsszenen erinnern an die Sintfluterzählung, die Situation der Auswahl – allerdings bezeichnenderweise nach Kriterien des Alters und der Leistungsfähigkeit – an die Wahl der 144.000 Gerechten in der Offenbarung des Johannes. Eine Sprengung des Kometen gelingt schließlich nur, indem sich die gesamte Crew mitsamt ihrem Raumschiff und seinen Atombomben ins Innere des Kometen stürzt und diesen durch Selbstvernichtung in zwei Teile spaltet. Das Leben auf der Erde wird so vor seiner vollständigen Vernichtung gerettet. Der größere Teil des Asteroiden fliegt an der Erde vorbei, der kleinere stürzt vor der Ostküste Amerikas ins Meer (vgl. Offb 8,8) und erzeugt eine riesige Flutwelle, die zuerst die Insignien amerikanischen Stolzes in New York vernichtet, danach aber auch schwere Verwüstungen bis weit ins Innere der benachbarten Kontinente anrichtet. Die prekäre Lage nach der Katastrophe wird genutzt für eine Ansprache des amerikanischen Präsidenten am Ende des Filmes, in der alle Menschen der Welt zum Wiederaufbau aufgerufen werden – der gemeinsam überstandene Schrecken ermöglicht die Beilegung internationaler Konflikte und den Beginn eines (tausendjährigen?) Friedensreiches unter der Führung der USA.

Anders als in den beiden genannten Filmen wird das von außen nahende Unheil in INDEPENDENCE DAY personalisiert: Aliens (im Englischen ‚Außerirdische' oder ‚Einwanderer' – kurz: ‚Fremde') sind es, die das menschliche Leben auf der ganzen Erde bedrohen, die sie als intergalaktischer ‚Heuschreckenschwarm' mit überlegener Raumfahrt- und Vernichtungstechnik durch das Weltall vagabundierend just zwei Tage vor dem 4. Juli, dem Unabhängigkeitstag der USA eben, heimsuchen. Nachdem erste Millionenstädte von den Aliens mittels einer perfiden Technik vollständig vernichtet wurden, sammelt sich in der Wüste Nevadas um den überlebenden Präsidenten eine im Filmverlauf klug eingeführte Elite, um den Aliens die Stirn zu bieten, was

---

[7] M. Leder, USA 1998.
[8] Charles P. MITCHELL (*Guide to Apocalyptic Cinema*) weist darauf hin, dass vor allem eine Reihe junger Kinogänger von den im Film dominierenden Szenen zwischenmenschlicher Dramen angesichts des drohenden Weltuntergangs gelangweilt war – sie warteten auf die dann allerdings tatsächlich hervorragenden *special-effects*.

schließlich in einer bemerkenswerten Mischung aus IT-Kompetenz, Opfermut (von Vietnamveteranen) und Virtuosität (von jungen Bomberpiloten) auch gelingt. Die *special effects* sind so grandios wie die eingesetzten militärischen Mittel auf beiden Seiten im letzten grausam und megalomanisch. Da die Faszination des ersteren über eine Präsenz des zweiten obsiegt, muss man den Film als Meilenstein in der emotionalen Abstumpfung und unkritischen Militärbegeisterung der jugendlichen Zielgruppe weltweit bezeichnen.[9] Das Grauen der Millionen Toten in den zerstörten Metropolen wird im Film ebensowenig Wirklichkeit, wie die Aliens als leidensfähige Subjekte erscheinen.

Jörg Herrmann hat darauf hingewiesen, dass in diesem Film konventionelle patriarchale Biographien als Krisenbewältigungsmittel vorgeführt werden.[10] Die einzige emanzipiert zu nennende Frau – sie hat als Beraterin des Präsidenten Karriere gemacht – kehrt nach der Erschütterung durch den ‚Alien-Einfall' reumütig zu ihrem Mann, dem Computerspezialisten und Helden zurück. Das Freund-Feind-Schema wird im Sinne einer interkulturellen amerikanischen Solidarität gegen die Eindringlinge aus dem All radikalisiert. (‚Gerechte') Kriege werden verbunden mit dem Einsatz von Atomsprengköpfen wieder als führbar, ja als überlebensnotwendig dargestellt.

Der Film ist insgesamt wie auch ARMAGEDDON und DEEP IMPACT durch ein einfaches Dreier-Schema gegliedert: Erster Akt: Die Bedrohung taucht auf und breitet sich aus, zweiter Akt: ein Gegenschlag der Menschen bleibt erfolglos, dritter Akt: amerikanische Helden, in diesem Fall ein ungleiches gemischtrassiges Bruderpaar, das Intelligenz und Kampfgeist vereint, dringt in das Herz des Bösen vor und vernichtet den Feind völlig. Ansonsten lebt der Film vor allem von Schaueffekten des Technisch-Erhabenen.

Unter der Hinsicht apokalyptischer Motivik bietet der Film allerdings mehr als nur das endzeitliche Katastrophenszenario von ARMAGEDDON und DEEP IMPACT[11]: Die plötzlich einsetzende Endzeit erscheint für die gesamte Menschheit, aber auch für die exemplarisch vorgeführten Personen als Zeit der Entscheidung für den richtigen Weg. Bei den Frauen wird die Liebe zu

---

[9] Laut HERRMANN (*Sinnmaschine Kino*, 178–191) hatte INDEPENDENCE DAY in Deutschland 9,2 Millionen Zuschauer und erreichte damit hier Platz sechs, weltweit Platz drei der sogenannten *Top Grossing List* der meistgesehenen Filme. Er wurde in Deutschland ausführlich und meist kritisch besprochen. Kritisiert wurde v.a. die nicht zugegebene Plünderung von Motiven des Genres *Science-Fiction-Film* durch R. Emmerich. Als Vorbilder dürfen v.a. die Filme MAROONED (J. Struges, USA 1969) und DELUGE (F.E. Feist, USA 1933) gelten. Vgl. für die deutsche Rezeption u.a.: Verena LUEKEN: *Washington zerstört, Vaterland ungebrochen. Überlebendes Grinsen: Roland Emmerichs Film ‚Independence Day' füllt die Kinos auch nach dem Unabhängigkeitstag*. FAZ, 11.7.1996. Und Andreas KILB: *Lautstark im Weltraum. Der späte Film zum Jubiläum: Roland Emmerichs ‚Independence Day' verheizt lustvoll 100 Jahre Kinogeschichte*. DIE ZEIT Nr. 39 vom 20. September 1996.
[10] HERRMANN, *Sinnmaschine Kino*, 184.
[11] Anders: BINOTTO: *Viel Vergnügen beim Weltuntergang*.

ihrem Mann über ursprüngliche Ziele der Selbstverwirklichung gestellt. Die Männer sind (teilweise vor dem Hintergrund ihrer Erfahrungen im Vietnam-Krieg) bereit, buchstäblich für das ‚Heil der Welt' ihr Leben zu opfern. Wie in der uralten kleinkirchlichen Version der Apokalyptik, im Millenarismus, mobilisiert die unausweichlich-finale Konfrontation mit dem Bösen in den besprochenen Filmen also die letzten Kräfte im Menschen. Er sieht sich zum radikalen Selbstopfer für die Anderen, zur mitmenschlichen Solidarität und zum Aufgeben ‚luxuriöser' Selbstverwirklichungsideale aufgefordert. *Neutestamentlich* geschieht Apokalypse aber nicht im Angesicht des Bösen, sondern im Angesicht Christi, was die unendliche Versöhnungsbereitschaft und die Konfrontation mit dem eigenen und nicht mit dem fremden Bösen ermöglichen und eine erwachsene Auseinandersetzung mit den eigenen Abgründen katalysieren soll.

Darüber hinaus zitieren das heuschreckenartige Aussehen der Aliens, ihr unerbittlicher Tötungsdrang und die von ihrem Raumschiffen erzeugten Feuerwolken, der durch die Einblendung der Daten vom 2.–4. Juli inszenierte Count-Down, der grundlegende Dualismus zwischen Gut und Böse apokalyptische Motive. Dennoch haben grundlegende Rollenwechsel stattgefunden: Der Mensch kämpft an Stelle Gottes ohne eigenes Sündenbewusstsein für die Besitzstandwahrung, nicht für eine wirklich erneuerte Erde – eine Neuauflage des westlichen Materialismus unter apokalyptischen Vorzeichen.

Jörg Herrmann beschreibt diese Verschiebung apokalyptischen Sinns zu Recht als Wohlstandsphänomen. Nur die Armen und Unterprivilegierten, denen die Gattung Apokalyptik ideengeschichtlich letztlich zu verdanken ist, haben ein Interesse an der radikalen Änderung der Verhältnisse. Unter Bedingungen der Wohlstandsgesellschaften kann das Böse aber nur eine Bedrohung von außen sein, die zum Erhalt des Status Quo abgewehrt werden muss. Die eingeforderte Pluralitätskompetenz wird durch ein zugespitztes ‚Die-oder-Wir-Schema' verhindert.

Wo in der insgesamt eher düsteren biblischen Gattung apokalyptischer Texte noch das Erstehen eines neuen Himmels und einer neuen Erde aus der Hand Gottes erwartet wird und der Trost einer bedrängten oder verwirrten Gemeinde als der eigentliche Kern dieses literarischen Genres festgestellt werden kann, ist der Zuschauer im ‚Hollywoodkino' mit einer anderen Schwerpunktsetzung konfrontiert: Hier wird aus der Perspektive der Mächtigen auf eine fiktive Bedrohung von Außen geblickt, die solche Ausmaße annimmt, dass sie einem ‚Ende der Welt' gleichkommt.[12] Dieses Ende zu *verhindern*, also die angenehmen irdischen Verhältnisse so lange wie mög-

---

[12] „Der Heilsoptimismus der biblischen Apokalyptik ist dabei allerdings säkularisiert und gedrosselt. An die Stelle des alles überbietenden neuen Zeitalters des himmlischen Jerusalem tritt in den amerikanischen Apokalypsen eine Erde, die nochmals eine Chance erhält." ZWICK, *Jüngste Tage*, 193.

lich aufrechtzuerhalten (oder wieder neu herzustellen) und das Hereinbrechen einer fremden Welt gerade zu *vermeiden*, ist denn auch das heimliche Ziel so gut wie aller Mainstreamfilme des Genres. Mächtige haben es dabei nicht mehr nötig, auf ein Eingreifen Gottes zu hoffen, auf sein Gericht und seine Gerechtigkeit. Mächtige nehmen die Sache selbst in die Hand und beweisen durch ihren Sieg über die Mächte der Finsternis, dass sie ‚die Guten' sind. Wer handelt und siegt, ist bereits gerettet, so lautet in Abwandlung eines Paulus-Wortes die Logik jener Politik, die sich in einer Mehrzahl der Hollywoodproduktionen der letzten Jahre vor dem Jahrhundertwechsel niederschlug.[13]

Amerikanische Megaseller wie INDEPENDENCE DAY oder END OF DAYS haben mit der biblischen Apokalypse auf den ersten Blick zwar die reinigende und erhebende Wirkung gemein, die der Zuschauer verspürt, wenn er einen finalen Kampf zwischen Gut und Böse auf der Seite der Guten in der Fiktion durchlebt. Diese emotional äußerst starke, historisch aber belastete Wirkung eines fiktionalen Kampfes zwischen Gut und Böse wird jedoch in den meisten der genannten Filme missbraucht: Der Zuschauer erwacht aus seinem Kinotraum als Vasall der Supermacht USA, nachdem er mit ihren Helden gemeinsam das Böse, das von Außen eindringen will, bekämpft und vernichtet hat – sei es ein überdimensionaler Meteor wie in ARMAGEDDON und DEEP IMPACT oder seien es leidensunfähige *Aliens* in INDEPENDENCE DAY.[14]

Diese auf das Motiv des entscheidenden und entscheidungskatalysierenden Endkampfes reduzierte apokalyptische Grundstimmung ist neben der Betonung eines harmonischen Familienlebens vielleicht der typischste Grundzug des amerikanischen Mainstreamkinos, der sich aus der starken Prägung durch Endzeitkirchen, Puritanismus und evangelikalen Fundamentalismus, aber auch aus der Notwendigkeit erklärt, den Bewohnern eines Staatenbundes, die aus allen Nationen der Welt kommen, eine Identität zu geben und die Pluralität und internen Konflikte der US-amerikanischen Gesellschaft mit Hilfe eines gemeinsamen Feindes oder einer grandiosen gemeinsamen Aufgabe zu bewältigen. So offenbarte sich also bereits vor der

---

[13] „Gott als Souverän der Geschichte ist abgelöst. So wie die Menschen unseren Planeten zerstören können, können sie ihn auch retten." ZWICK, *Jüngste Tage*, 193.
[14] Die Mechanik der Militarisierung wird in dem blutrünstigen postapokalyptischen Science-Fiction-Film STARSHIP TROOPERS (P. Verhoeven, USA 1997) zu einer perfiden Perfektion gesteigert: Nicht nur die Erde, sondern ein ganzes, inzwischen von den Menschen besiedeltes Sonnensystem wird von grausamen spinnenartigen Aliens bedroht, deren uneingeschränkte präventive (!) Vernichtung im blutigen Nahkampf ‚Mann gegen Mann' zur zentralen Aufgabe einer umfassend militarisierten Jugend wird. Einzelne, im vietnamtraumatisierten Akademikermilieu verbliebene Pazifisten werden – gemeinsam mit ähnlich uneinsichtigen Zuschauern – durch brutale Feindberührung bald eines Besseren belehrt; das intergalaktische Morden kann nun ungehindert weitergehen.

Anti-Terror-Politik nach dem 11. September der ungebrochene Anspruch der amerikanischen Nation auf die Rolle des Weltretters und Weltbeherrschers: „God has given America the mission to save mankind. [...] America is destined to establish peace, liberty, and the most perfect world order."[15]

5.4.2 Kino des Erhabenen

Ästhetisch wird diese Botschaft durch eine auf dem Boden des Science-Fiction-Films entstandene, im apokalyptischen Katastrophenfilm jedoch mit quasireligiösen Weihen versehene Darstellung der (Weltraum- und Kriegs-) Technik und ihres Vernichtungspotentials mit dem Nimbus der Erhabenheit erlebnisintensivierend gesteigert.[16] Die mit der Kategorie des Erhabenen in der Kunst ursprünglich verbundene Initiation einer kritischen Selbstreflexion des Subjektes in der Kunst, auf die etwa Christine Pries im Rückgriff auf die Überlegungen Immanuel Kants in der *Kritik der Urteilskraft* hingewiesen hatte,[17] wird dabei durch die beschriebene Bestätigung des Status Quo im Happy End relativiert: „Es [das Erhabene] erscheint nicht als Chance der Wahrnehmung von Komplexität, sondern als vereinfachende Antwort auf sie."[18] In der *großkirchlichen Tradition* hingegen konnte der in der Gattung Apokalypse angezielte Trost wegen des ihr eingeschriebenen eschatologischen Vorbehaltes nie den Charakter ungebrochener Positivität annehmen. Während das großkirchliche Christentum (und der apokalyptische Autorenfilm) also das Erschütterungspotential des Übermächtigen in der Außenwelt im Hinblick auf eine Anschärfung der ethischen Herausforderung zähmt, wird es im apokalyptischen Katastrophenfilm – durchaus strukturanalog zum Gebrauch der Motive in den Endzeitkirchen – zunächst ästhetisch verstärkt, um dann zur finalen Befriedigung des Zuschauers über das im gemeinsamen Kampf gegen ein imaginäres ‚Außen' wiedergewonnene Eigene destilliert werden zu können.

5.4.3   Biblisches ‚namedropping'

Die Rolle Gottes und der christlichen Tradition ist auf die des Stichwortgebers reduziert. Die Tradition liefert die Bilder und Namen und steigert bei

---

[15] Gustav H. BLANKE: *Das amerikanische Sendungsbewusstsein. Zur Kontinuität rhetorischer Grundmuster im öffentlichen Leben der USA.* In: K.M. Kodalle (Hg.): Gott und Politik in den USA. Über den Einfluss des Religiösen. Eine Bestandsaufnahme. Frankfurt a.M. (Athenäum) 1988, 186–215, 188. Zit. Zwick, Jüngste Tage, 197.
[16] Vgl. dazu ausführlicher und in Auseinandersetzung mit den Ansätzen Immanuel Kants und Jean-François Lyotards: HERRMANN, *Sinnmaschine Kino*, 221–230.
[17] Christine PRIES (Hg.): *Das Erhabene. Zwischen Grenzerfahrung und Größenwahn.* Weinheim (VCH Acta Humaniora) 1989.
[18] HERRMANN, *Sinnmaschine Kino*, 229.

den in der Regel bibelfesten US-amerikanischen Zuschauern die spektakuläre Wirkung und die Identifikation mit den Helden. So ist der Name des Raumschiffes, das im Film DEEP IMPACT die Erde vor einer drohenden Meteoriten-Kollision retten soll *The Messiah*, der von Arnold Schwarzenegger gegebene Held von END OF DAYS, der das Abwenden der Herrschaft Satans über die Welt in letzter Sekunde vor dem Jahrtausendwechsel mit seinem Leben bezahlt, heißt *Jericho Cane*, trägt also die Initialen Jesu Christi. Der Megastar Bruce Willis wird in Armageddon von ‚12 Jüngern' begleitet, die auf den Werbeplakaten sogar mit Heiligenschein versehen wurden.[19] Im Film THE MATRIX, der *nach* der bereits eingetretenen ‚Apokalypse' – hier unter der Herrschaft seelenloser Computer und ihrer perfekten Simulation einer angenehmen Wirklichkeit auf der Erde – spielt, hat man besonders dick aufgetragen, was die religiösen Bezüge angeht: Wenn der verheißene Erlöser *Neo*, von der Vaterfigur *Morpheus* und der Untergrundkämpferin *Trinity* unterstützt, bisherige Weltsichten durchbricht und letztlich durch spirituelle Leistung zur ‚eigentlichen' Offline-Realität durchdringt, sind die Anspielungen auf die christliche Tradition eindeutig. Auch die Operation vom Partisanen-Mutterschiff *Zion* aus dürfte noch der christlichen Grundierung des amerikanischen Publikums geschuldet sein. Gleichwohl ist der gesamte erste Film der Trilogie eher von einer neobuddhistischen Mentalität getragen: Die erreichte Erlösung geschieht dem einzelnen Subjekt Neo und nicht der Menschheit als ganzer, von einem Leidensweg ist weit und breit keine Spur, stattdessen werden fernöstliche Kampftechniken als Weg zur Erleuchtung vorgeführt.

5.4.4 Das Weltall als Jenseits

Waren die oben analysierten Autorenfilme alle auf je eigene Weise um die filmästhetisch vermittelte Darstellung eines ‚Jenseits im Diesseits'[20] bemüht, reduzieren sich die hochkomplexen Modelle, die nicht selten an traditionelle Jenseitsvorstellungen anknüpfen, im amerikanischen Mainstreamkino auf den immanenten Dualismus *(bedrohte) Menschenwelt* versus *bedrohendes Außen*.

---

[19] Reinhold ZWICK weist auch für die Filme TERMINATOR, PALE RIDER und THE RAPTURE auf die Bedeutung einer christomorphen Erlöserfigur hin (*Jüngste Tage*, 198ff.).
[20] Der reizvolle Versuch, diese filmästhetische Figur zu zeitgenössischen philosophischen Ansätzen in Beziehung zu setzen, muss an dieser Stelle leider unterbleiben. Vgl. etwa: Emmanuel LEVINAS: *Autrement qu'être ou au-delà de l'essence*. Paris (La Haye) 1974 (dt. 1992). Vgl. auch Slavoj Žižeks Begriff der *Nahtstelle* – er preist im Zusammenhang des Werkes Krzysztof Kieslowskis die Kunst, Äußeres und Inneres zu vernähen, nicht mit ‚Gothic-Effekten', sondern als Teil der Alltagsrealität. Die Nahtstellen künden vom Einbruch des traumatischen Realen in die alltägliche Welt. Das Dokumentarische und das Fiktionale sind hier komplementäre Größen. Slavoj ŽIŽEK: *Die Angst vor echten Tränen. Krzysztof Kieslowski und die Nahtstelle*. Berlin (Volk und Welt) 2001.

Das All, das einer säkularen ‚Himmelsreise' durchaus zugänglich erscheint, ist der einzige vom Jenseits gebliebene Rest. Auf der Erde ist es durch die Omnipräsenz technischer Machbarkeit ausgelöscht. Anders gesagt: „Unter Übernahme etlicher Motive und Strukturen hat so Science Fiction als literarisches und filmisches Genre die Religion abgelöst."[21]

Eine differenziertere Darstellung würde auf beiden Seiten den angezielten ‚Krieg der Welten' und seinen Erfolg schließlich verunmöglichen, denn eine interne Ambivalenz auf Seiten der ‚Guten' müsste die Existenz des Bösen auch in der Welt der Menschen und damit eine Revisionsbedürftigkeit (und Unkalkulierbarkeit) des *American Empire* implizieren. Eine höhere Komplexität auf Seiten der Aliens würde die (in INDEPENDENCE DAY gezielt lächerlich gemachte) Dialogbereitschaft der Pazifisten unterstützen und die rückhaltlose Vernichtung des Feindes aus dem All mit störenden Fragen nach seinem Existenzrecht belasten.

Vor diesem Hintergrund stellt die ALIEN-Tetralogie[22] ebenso eine Ausnahme dar wie Robert Zemeckis vergleichsweise subtiler, aber wenig erfolgreicher Film CONTACT[23]. Im ersten Fall werden die Männer der Crew von der Heldin Ellen Ripley in schöner Regelmäßigkeit der Zusammenarbeit mit dem Bösen aus Unachtsamkeit oder Profitgier überführt und mit dem selbstverschuldeten grausamen Tod durch die Aliens bestraft, diese hingegen können wegen ihrer menschlichen Kollaborateure niemals endgültig besiegt werden. Der Film Robert Zemeckis bietet dagegen, fußend auf einer Idee des Astrophysikers Carl Sagan, die Beschreibung eines möglichen ‚contact' mit Außerirdischen, der weder in einer finalen Katastrophe noch mit euphorischen Phantasien, sondern vor allem als fiktional-biographische Selbstvergewisserung der Protagonistin Ellie Arroway (Jodie Foster) endet. Die Kontaktaufnahme der friedlichen Außerirdischen und ihre Aufforderung an die Menschen, ein Raumschiff zu bauen, das einer ideengeschichtlich eindeutig *religiös* kodierten Schaukel mehr gleicht als den riesenhaften Raumkreuzern und Shuttles der bisher besprochenen Filme, provoziert gesellschaftsdiagnostisch interessante differente Reaktionen in der Menschenwelt. Am Ende findet sich die Heldin mit einer transkosmischen Vaterfigur am Ufer eines fernen Meeres und mit einem ozeanisches Gefühl der Geborgenheit wieder, das als innere Jenseitsschau der den ‚contact' begierig beobachtenden Menschenmenge jedoch keinesfalls vermittelt werden kann und deshalb der Heldin mehr schadet als nutzt. Als Enttäuschung sowohl der Sehnsucht nach bestätigender Erhabenheitserfahrung im Happy End als auch der Erwartung grandioser

---

[21] ZWICK, *Jüngste Tage*, 195.
[22] ALIEN, R. Scott, USA 1979; ALIENS, J. Cameron, USA 1986, ALIEN 3, D. Fincher, USA 1991, ALIEN: RESURRECTION, J.-P. Jeunet, USA 1997.
[23] USA 1997.

special-effects bewegt sich der Film nahe an den intrapsychischen Spekulationen von Tarkowskijs SOLARIS und bietet damit eine weitere Darstellung des Jenseits im Diesseits, die trotz der eindeutigen Herkunft des Films aus dem amerikanischen Mainstream-Kino eher an die Tradition der Autorenfilme anschließt.

5.5 Die theologische Brisanz apokalyptischer Filme

Der fünfte Teil dieser Arbeit gründet auf einer Entscheidung für eine im weitesten Sinne rezeptionsästhetisch orientierte Filmtheorie. Die hier besprochenen Spielfilme wurden begriffen als Instrumente einer organisierten Fiktionalität, die sich vornehmlich in jenen Themenfeldern menschlicher Existenz gruppieren, die sich einem empirischen Zugriff entziehen, wie Beginn und Ende des individuellen Lebens oder der menschlichen Welt als ganzer. Mit den spezifisch filmischen Gestaltungsmitteln und nicht selten in Rückgriff auf Fragmente christlicher, teilweise jüdischer heiliger Texte und Traditionen, so die These, werden hier jenseits kirchlicher Diskurszusammenhänge, aber nicht ohne Verbindung zu ihnen, experimentell die ‚letzten Dinge' neu verhandelt. Eine *Mythenbildung* – in den besprochenen Mainstreamfilmen mehr oder weniger explizit angestrebt – wird dabei im Autorenkino zu Gunsten einer offenen, fiktionalen, nicht selten gängige Wahrnehmungsschemen irritierenden Struktur gerade vermieden.

Gesamtwerke und einzelne Filme des Autoren- und des Mainstreamkinos wurden im Kontext ihres unterschiedlichen, ja teilweise gegensätzlichen nationalen und kulturellen Entstehungszusammenhangs lokalisiert und mit Blick auf die bewusste oder unbewusste Zitation apokalyptischer Motive und Handlungszusammenhänge kritisch auf ihre Theo-Logik befragt. Dies konnte nicht ohne die Beachtung spezifisch filmischer Stilmittel geschehen, die niemals als bloße ‚Form' von einem zu übermittelnden und in unserem Text restlos aufgehenden ‚Inhalt' getrennt werden dürfen. In Ergänzung der bereits erbrachten Gesamtanalysen soll im Folgenden mit Hilfe von (A) eher am Medium Film orientierten *Motivgruppen* wie dem Doppel der sündigen und heiligen (Jung-)Frau, dem Motiv des Erlösers und des Antichristen und (B) eher theologisch konnotierten *Themenfeldern* wie der Frage nach einer Gerechtigkeit für die Opfer der Geschichte oder der Darstellung eines Jenseits im Diesseits ein abschließender Überblick versucht werden, der dezidiert theologische Schwerpunktsetzungen erlaubt.

5.5.1 Motivgruppen

Männerrollen – Frauenrollen
Vor allem in seinen letzten beiden Filmen verwendet Andrej Tarkowskij mit dem Doppel der ‚unschuldigen Jungfrau' und der ‚Hure' ein nicht erst in seinem Dualismus apokalyptisches Motiv: Einer eher materialistisch orientierten, stark durch erotische Interessen gekennzeichneten Figur wie der Eugenia in NOSTALGHIA und der ‚hysterischen' Adelaide in OFFRET steht jeweils eine ‚Maria' genannte (russische) Frau gegenüber. Diese wird verbunden mit Symbolen der himmlischen Liebe und des tiefen Glaubens. Der my-

stischen Vereinigung mit dieser Frau wird kosmologisch erlösende Wirkung zugetraut. Wie gezeigt steht diese Konfrontation in heilsgeschichtlich-christlicher Bildtradition. Allerdings hat gerade die auch im Westen starke Tradition des alternativlosen Doppels von Hure und Heiliger, Eva und Maria, Synagoge und Ekklesia, in den letzten Jahrzehnten vielfältige, (feminstisch) theologisch gut begründete Kritik auf sich gezogen.

Diese Konstellation allein als Kritik Tarkowskijs an den materialistischen Systemen in Ost und West zu verstehen, reduziert ihre Wirksamkeit auf den Betrachter. In OFFRET wird die Heiligkeit der Marienfigur zwar auch optisch ins Bild gesetzt, doch dies geschieht in einer Traumszene, deren Bezug zur Haupthandlung des Filmes letztlich nicht ermittelt werden kann. Viele der kulturkritischen Äußerungen des Protagonisten Alexander im Film bleiben nur relativiert stehen, und er wendet sich selbst nie direkt gegen seine Ehefrau. Gleichwohl darf die genannte patriarchatverdächtige Konstellation als problematisches Konzept gelingenden Lebens verstanden werden. Es ist die treu verheiratete bzw. die demütig dienende und glaubende, nicht die ehebrecherische bzw. säkulare Frau („Ich kann nicht beten"), nach der sich der jeweilige Protagonist sehnt (NOSTALGHIA), ja von der in einer mystisch-geschlechtlichen Vereinigung buchstäblich die ‚Rettung der Welt' erwartet werden darf (OFFRET). Alexander, der existentiell reflektierende und schließlich auch handelnde Held, bewegt sich zunehmend aus der Gesellschaft hinaus (seine Absage an die Theaterkarriere darf als erster Teil eines weitreichenden ‚Opfers' verstanden werden). Indem er sich zwischen diesen beiden Frauen entscheidet, handelt er in der russischen Tradition des heiligen Narren. Die universale Bedeutsamkeit seines Handelns bleibt in dessen scheinbarer Vergeblichkeit verborgen, und wird doch gerade so, nach dem Vorbild des Kreuzestodes Jesu, zumindest angedeutet.

Auch Kathryn Bigelow bedient sich in STRANGE DAYS der eingängigen Figur der zwei gegensätzlichen Frauen mit wertendem Interesse, jedoch gänzlich ohne Tarkowskijs Kulturpessimismus, sondern mit einem emanzipatorischen Impuls. Bereits in ihren früheren Filmen hatte sie in einer für das Genre des Horror- und Actionfilms untypischen Weise die Frau als wesentliche Akteurin eingeführt. Sie ist nicht mehr schmückendes Beiwerk, sondern diejenige, welche die Handlung wesentlich bestimmt und vorantreibt.

Die Konnotation Hure – himmlische Frau/Heilige bleibt gleichwohl in Ansätzen erhalten. Während Faith, die ‚Hure', sich über den männlichen Blick auf ihren Körper konstituiert und so zum Opfer einer von Fetischismus und Geldgier beherrschten (Männer)Gesellschaft wird, ist Mace selbst Sprechende und Offenbarende in einem eigentlichen, das heißt nicht voyeuristischen, sondern souveränen Sinne. Sie vertritt auf diese Weise den Blick der Regisseurin, bietet sich zugleich aber auch der Zuschauerin zur Identifikation an. Mace trägt zudem die Kategorie des kritischen Erinnerns und des Realitätsprinzips in den Film hinein. Sie wirkt schließlich durch Kampfeskraft und indem sie Lenny von der ‚Entwöhnung' überzeugt, in mehrfachem und eindeutig christlichem Sinne ‚erlösend'. Dass der Antiheld Lenny und die ‚Heilige' Mace schließlich ein Paar werden, ist *Ergebnis*, nicht wie in OFFRET *Entstehungsbedingung* der Abwendung einer apokalyptischen Katastrophe und bereits Teil eines angedeuteten Neuanfangs für eine Gesellschaft, in der Korruption, Sucht, Primat des Medialen und Verlust der Erinnerung überwunden zu sein scheinen.

Der existentialistische Held Alexander dagegen scheint nach vollzogenem ‚Opfer' im gesellschaftlichen ‚Aus' zu verschwinden, ohne dass die von ihm gewünschte Umkehr der verderbten Gesellschaft(en) tatsächlich vollzogen wurde. Klingt in dieser Figur vielleicht ein Anteil eines ‚Vorläufers' Jesu bzw. dessen ebenfalls verstummenden Vaters an, des Zacharias? In dezidiert feministischer Manier präsentiert Kathryn Bigelow dagegen eine ethisch qualifizierte weibliche Erlöserin, während in den übrigen besprochenen Filmen den Frauen in der Regel bestenfalls assistierende (OFFRET, BOOK OF LIFE) bzw. dezidiert marginalisierte Rollen im patriarchalen Kontext (ARMAGEDDON, DEEP IMPACT, INDEPENDENCE DAY) zukommen.

Einzelne andere Filme treffen allerdings eine ähnliche Option: Auch Robert Zemeckis stellt in CONTACT eine Frau in den Mittelpunkt des Geschehens. Sie erkennt als einzige die epochale Dimension des Kontaktes zu den Außerirdischen, sie setzt ihren Plan durch und nimmt Kontakt mit einem kosmischen Schöpferwesen auf, verliert dabei aber – wie Tarkowskijs Alexander – die Reputation in der menschlichen Gesellschaft. Die Heldin der ALIEN-Tetralogie, Ellen Ripley, darf ebenfalls als unkonventionell handelnde Frau mit apokalyptischen Konnotationen verstanden werden. Sie schlüpft allerdings bruchlos in die Rolle des klassischen männlichen Helden, wenn sie – von ihrer Umgebung unverstanden und ganz auf sich allein gestellt – die Verbreitung der Monstren via Raumschiff auf menschliche Zivilisationen und damit den Untergang der Menschheit verhindern kann. Anders als den Helden in ARMAGEDDON, INDEPENDENCE DAY etc. wird ihr dabei kein Ruhm zuteil. Im Gegenteil: Als verkannte und geächtete Erlöserin ist sie allein ihrer eigenen Überzeugung verpflichtet, eine Konsequenz, die sie im Verlauf der verschiedenen Folgen immer wieder selbst mit dem Leben bedroht, wenngleich ihre schließlich buchstäblich zur eigenen Natur gewordene Kenntnis der Aliens für die wirtschaftlich Mächtigen ein unverzichtbares Gut darstellt.

INDEPENDENCE DAY dagegen bezieht nicht nur was den Außenkontakt als Vernichtung des Fremden angeht eindeutig Position im Sinne einer US-amerikanischen Option für die *Moral Majority*: Die gezeigten Mann-Frau Beziehungen sind nicht nur allesamt traditionell organisiert, der Kampf mit den feindlichen Aliens führt auch bei den Frauen der beiden Helden zu einer Umkehr von der Emanzipation bzw. einem anrüchigen Beruf als Nachtclubtänzerin zurück in die Arme des Ehemanns, der *selbst* freilich *keiner* Metanoia bedarf. Die Helden kommen vielmehr im Vollbringen der Tat bruchlos zu sich selbst. Sie tragen – besonders deutlich zu sehen in ARMAGEDDON und INDEPENDENCE DAY – sowohl konzeptionell als auch in der Ausführung der rettenden Tat das gesamte Potential im Sinne von technischem Know How, Handlungsstärke und (Selbst-)Opfermut immer schon in sich und bedürfen höchstens der assistierenden Unterstützung einer in ARMAGEDDON als zwölfköpfige Jüngerschar inszenierten Crew.

Derek Jarman bietet dagegen eine (allerdings nicht-dualistisch eingebundene) ‚starke' Frauenfigur, die apokalyptisch-kosmologische Konnotationen anklingen lässt: Die Schauspielerin Tilda Swinton tritt mehrfach als apokalyptische Jungfrau mit dem Kinde auf und wird jeweils vom ‚apokalyptischen Tier' der unersättlichen Mediengesellschaft und ihren Individualität auslöschenden Konventionen bedrängt. Ihre erlösende Dimension bezieht diese Figur anders als bei Bigelow nicht aus in der Filmhandlung entwickelten intellektuellen und ethischen Qualitäten, sondern aus motivgeschichtlich eindeutig konnotierten und statisch platzierten ‚Insignien': In THE GARDEN trägt sie als Mutter des königlichen Kindes einen goldbestickten Mantel und eine reichverzierte Königskrone, in THE LAST OF ENGLAND erscheint sie als geschmückte Braut vor der Weite eines dramatischen Himmels und einem lodernden (apokalyptischen) Feuer. Die Christus- bzw. Erlösergestalten in Jarmans Filmen bieten ein ausgesprochen plurales Bild und lassen sich wegen seines wenig narrativen Stils nur schwer in einen Handlungszusammenhang bringen. Soviel kann jedoch gesagt werden: Seine Erlösergestalten, die (wie bei Tarkowskij und Bigelow) oftmals mit der Figur des Autors identifikatorisch verschwimmen, sind primär als *Leidens*männer gekennzeichnet, ihnen kommt die Erlösungsfunktion darüber hinaus aufgrund ihrer diagnostisch-prophetischen Kompetenz zu. Fremd stehen sie in einer schnellen, konsum- und erfolgsorientierten Umwelt und werden zu deren Opfer. Konsequent entspringt die ‚Erlösung' in den Schlussszenen von THE GARDEN weder einem Sich-Aufwerfen männlicher Omnipotenz noch der Wahrnehmung eines Richteramtes, sondern der zurückgenommen fröhlichen Beteiligung an einem jenseitigen Gruppengeschehen. Das männliche Paar nimmt daran teil, weil und insofern es geliebt und keine Gewalt angewendet hat und damit ausdrücklich in der Nachfolge Jesu Christi steht.

Während Jarman trotz seines stark ikonographischen Arbeitens Erlösung ähnlich wie Bigelow als ethische Qualifikation quasi aus der Personmitte heraus entwickelt, hat Hartley Schwierigkeiten, unter dem starken Diktat einer textnahen und biblisch-typologisch gearbeiteten Verfilmung der Apokalypse diese überhaupt als Erlösungsgeschehen in den Blick zu bekommen. Erlösung heißt bei ihm Vermeidung der (ungerechten) Vernichtung aller

Menschen bis auf 144.000 ‚Gerechte'. So wird das Richteramt des endzeitlichen Erlösers ‚nur' ins Bild gebracht, um es als ganzes zu dekonstruieren. Gleichwohl wird ethisches Handeln als gottgefälliger Weg zur Glückseligkeit in der Figur der ‚guten' Eddie im Film typologisch umgesetzt. Der Eindruck einer gewissen Willkürlichkeit des Sohnes Gottes kann gleichwohl nicht vermieden werden – er hätte sich schließlich auch anders entscheiden und die Erde vernichten können.

Der finale Kampf

Die dualistische Darstellung des Bösen mit ihrer großen Nähe zur Aufgipfelung in einem Endkampf des Guten gegen das radikal Böse hat im Film trotz (oder vielleicht gerade wegen) seiner theologischen Entschärfung in jüngerer Zeit nicht nur überlebt, sondern scheint im Mainstreamkino der siebziger, achtziger und neunziger Jahre des letzten Jahrhunderts vor endzeitfreudigem US-amerikanischem Hintergrund in immer neuen Variationen geradezu ein sicheres Residuum gefunden zu haben.[1] Es gibt offenbar eine Lust an der endgültigen ‚Schlacht' zwischen Gut und Böse, die sich im Mainstreamkino vor allem aus dem angenehmen Gefühl speist, einer universalen Vernichtungsbedrohung entronnen zu sein und dabei auf der Seite übermenschlicher Helden gestanden zu haben, die – wenn auch mit kleinen Lastern behaftet – zur Identifikation einladen. Dass sich dieser Kampf bereits jetzt, real auf dieser Erde abspielen und unmittelbar Entscheidungen fordern könnte, bringen jedoch nur die Autorenfilme STRANGE DAYS, OFFRET, die Filme Derek Jarmans und – bedingt – THE BOOK OF LIFE ins Bild. Für die übrigen analysierten Filme scheint das Science-Fiction-Genre vor allem deshalb willkommen, weil hier der Illusionismus eines kosmischen oder doch zukünftigen Kampfes jede Assoziation an konkrete gesellschaftliche Konflikte vermeidet, gleichzeitig aber eine unterschwellig wirkende und politisch ausmünzbare Bedrohungsszenerie geschaffen werden kann.

Im Autorenkino taucht der finale Kampf gegen den Antichristen bevorzugt auf als hochindividuelle innere Auseinandersetzung und schlussendliche Befreiungstat, deren gesellschaftliche Konnotation nicht zu übersehen ist. Diese erscheint in OFFRET als allgemeiner Kulturverfall und dessen Aufgipfelung in der atomaren Katastrophe, in STRANGE DAYS als Suchtverfallenheit und Rassen- bzw. Geschlechterungerechtigkeit einer ganzen Gesellschaft sowie bei Derek Jarman als Naturzerstörung, Homophobie und soziale Kälte der *New Economy*. Während Kathryn Bigelow eine *Vermeidung* des finalen Kampfes zum Ziel der Handlung erklärt und als eigentliche Erlösungstat ins Bild setzt, bewältigt Tarkowskij den Kampf zwischen Gut und Böse als *exi-*

---

[1] Vgl.: Reinhold ZWICK: *The Problem of Evil in Contemporary Film*. In: John R. May: New Image of religious Film a.a.O., 72–91.

stentiellen Konflikt und mythosverdächtige *(Opfer-)Tat eines einsamen Helden*. Derek Jarman bettet seine Inszenierung einer *grandiosen Passivität* in die abendländische Christus-Ikonographie ein, die zusätzlich von den Regenerationskräften der *Natur und der Kunst* gespeist wird. Dabei gelingen ihm großartige Bilder gesellschaftlich indizierter Bösartigkeit und Brutalität, die sich letztlich nie ganz ihres Opfers bemächtigen kann.

In Hal Hartleys THE BOOK OF LIFE wird Jesus selbst zum Kronzeugen gegen den schlichten Dualismus (unter anderem) der mormonischen Fundamentalisten, die sich im Besitz der Definitionshoheit über das göttliche Gericht wähnen und es deshalb herbeisehnen. Mit dem Teufel wird verhandelt und ein wenig Verstecken gespielt, nicht eigentlich gekämpft, er tritt zudem als konstitutiver Teil der Heilsgeschichte auf und nicht als bipolar angelegter Gegenspieler. Hartleys Jesus steht für die Option einer Verweigerung des Gerichts aus Menschenliebe und damit für ein Offenhalten der Zukunft als Raum vielfältiger Möglichkeiten, in dem auch der Teufel weiterhin im Sinne Gottes agieren kann.

Die Vernichtung dieser Welt im Feuer[2]

Auf die problematische Kupierung der apokalyptischen Inhalte auf eine sich zuspitzende Vernichtungsdrohung und deren Abwendung im neueren (Mainstream-)Spielfilm wurde bereits mehrfach hingewiesen.[3] Ebenso ist in einzelnen Fällen das Aufscheinen von Hoffnungsmomenten beschrieben worden. Gleichwohl kann das sich deutlich aufdrängende Motiv der Vernichtung in apokalyptischem Feuer nicht übergangen werden. Im Text der Offenbarung des Johannes ist dieses Feuer in vielfacher Weise präsent. Die Sterne fallen vom Himmel (Offb 6,13), der Engel des siebten Siegels wirft glühende Kohlen auf die Erde, anschließend regnet es Feuer (Offb 8,7), etwas wie ein brennender Berg fällt ins Meer (Offb 8,8), ein Drittel der Menschen wird durch Feuer, Rauch und Schwefel getötet, die aus dem Maul heranstürmender Pferde dringen (Offb 9,17ff). Darüber hinaus erscheint das Feuer als Folterin-

---

[2] Für die Wichtigkeit dieses Motivs vgl.: Hans Urs von BALTHASAR: *Unter dem Zeichen der Apokalypse*. In: Theodramatik III. Einsiedeln (Johannes) 1980, 13–64, v.a. 56–60: Das Motiv des Feuers ist neben dem „Wettlauf" das einzige, dem Balthasar eine eigene ausführlichere Deutung widmet. Es erhält seine Brisanz vom Erlöser selbst her: „Jesus ist der von Gottes Feuer brennende Mensch" (57). Feuer kennzeichnet aber auch insgesamt jene *dramatische* Atmosphäre des Zueinanders von trinitarischem Gott und dem Menschen, die weder in Spiritualität noch in Theologie ganz aufgelöst werden kann. Feuer lodert schließlich unüberbietbar dort auf, wo Erlösung und sie störrisch verweigernde Sündhaftigkeit in ihrem Widerspruch bis zum Äußersten gehen (ebd. 60).

[3] Reinhold ZWICK (*Jüngste Tage*, 192f) verweist auf Christopher Sharret, und die in seinem Band vertretene Ansicht eines im zeitgenössischen Film vorherrschenden ‚Dystopia': Christopher SHARRET: *Crisis Cinema. The Apocalyptic Idea in Postmodern Narrative Film* (Post ModernPositions, Bd. 6). Washington D.C. (Maisonneuve Press) 1993.

strument: wer das Tier und sein Standbild angebetet hat, wird mit Feuer und Schwefel gequält (Offb 14,10), die Verworfenen brennen im Feuersee. Vor dem Hintergrund dieses ideengeschichtlich freilich noch weiter zurückreichenden Motivs erscheint die Präsenz des Feuers in apokalyptischen Filmen allgemein und speziell in den genauer analysierten als besonders zentrale Chiffre. Es kann hier nur kurz auf einen je unterschiedlichen Gebrauch hingewiesen werden. Dabei fällt auf, dass im Mainstreamkino die bloße Zitation überwiegt – das Herabstürzen des ‚brennenden Berges' wird verhindert. Bei Bigelow begegnet das Feuer dagegen vor allem in gesellschaftlicher Konnotation: In leeren Öltonnen brennendes Feuer zwischen patrouillierenden Polizei- und Armeekräften signalisiert die Armut, aber auch die Kampfbereitschaft der marginalisierten Schwarzen – ein Feuer, das sich jederzeit zum Flächenbrand ausweiten kann. Derek Jarman beschwört das Feuer als Urelement und in großer motivgeschichtlicher Bedeutungsvielfalt: Die Fackel, mit der aus dem Paradies vertrieben wurde, taucht ebenso auf wie das Feuer der Verklärung am Berg Tabor, Fackeln signalisieren auch die Inspiration des träumenden Autors. Als Waffen verwendet, signalisieren Fackeln die Alarmbereitschaft und drohende Zerstörung in einer aufgewühlten Gesellschaft. Am Ende von THE GARDEN fungiert das Feuer der Kerzen jedoch auf den Häuptern der Zwölf als Signum der Heiligkeit und als Medium der Entmaterialisierung und Reinigung, ja der Vergeistigung – eine Funktion des apokalyptischen Feuers, die im Film sonst kaum in den Blick gerät, obwohl sie in der lukanischen Umdeutung des apokalyptischen Feuers zu „Zungen wie aus Feuer" in Apg 2 einen prominenten Vorläufer hat. Genannt werden muss in diesem Zusammenhang sicher auch die lodernd rot unter- und aufgehende Sonne hinter der Silhouette eines Atomkraftwerkes direkt am Meer. Eine Anspielung auf Offb 8,10f.[4] (und die Katastrophe von Tschernobyl) ist kaum von der Hand zu weisen.

Im Werk Tarkowskijs schließlich kann das Feuer zunächst als eines der vier Elemente, also im Kontext einer mythischen, naturphilosophischen bzw. esoterischen Kosmologie gelesen werden. Darüber hinaus ist das brennende Holzhaus als Teil seiner eigenen Erinnerung und hier als Signum existentieller Verlusterfahrung konnotiert. Wenn Alexander am Ende von OFFRET sein geliebtes Haus anzündet und damit auch die Lebensgrundlage seiner Familie vernichtet, ist dieses obschon eindrücklich lodernde Feuer der (bis dato) ‚längsten Einstellung der Filmgeschichte' nur bedingt im apokalyptischen Kontext zu verstehen. Wenn überhaupt, so ist es die dematerialisierende, reinigende Funktion des Feuers, die hier aufgerufen wird. Nach einer ersten

---

[4] „Der dritte Engel blies seine Posaune, da fiel ein großer Stern vom Himmel; er loderte wie eine Fackel und fiel auf ein Drittel aller Flüsse und auf die Quellen. Der Name des Sternes ist Wermut [russ.: ‚Tschernobyl']. Ein Drittel der Menschen starben durch das Wasser, weil es bitter geworden war."

,Initialzündung' gibt es keinen Weg mehr zurück in die trügerische Geborgenheit des besitzenden Schöngeistes und Kulturpessimisten. Mit seinem Besitz vernichtet das Feuer die gesellschaftliche Reputation des verstummten Alexander, aber auch seine Verstrickung in schädlichen Materialismus unwiderruflich.

Es sollte deutlich geworden sein, dass es im Medium Film durchaus gelingen kann, intellektuell zunächst anachronistisch erscheinende apokalyptische Bildwelten sinnerschließend einzusetzen. Der Spielfilm zeigt eine sehr andere, ‚moderne' Verwendung der apokalyptischen Motivik als die Predigt der Endzeitkirchen. Mindestens für die Frage, welche Form und Bedeutung heute die Rede von der Apokalyptik haben kann, findet Theologie hier inhaltliche Inspiration.

5.5.2 Themenfelder

Zur Frage, warum die analysierten Filme und andere, wie dargestellt, die Dramatisierung der Apokalypse zwar einerseits suchen,[5] die Thematisierung eines ausdrücklich ‚göttlichen' Handelns aber durchweg vermeiden, liegt vor allem ein Antwortversuch vor: Die Attraktivität des Genres ergebe sich aus der Krisenstimmung (Globalisierung!) am Ende des 20. Jahrhunderts. Die Vermeidung seiner positiven Besetzung gehe dagegen auf den apokalyptischen Horror des Holocaust und der Weltkriege zurück: Unter zeitgenössischen Bedingungen, die allgemein als chaotisch erlebt werden, wird zwar Sinnstiftung vom Ende her erhofft, dieses aber nicht als Vernichtung befürchtet, etwa im Sinne eines notwendigen Endes des mit der Schöpfung begonnenen zeitlichen Prozesses oder eines Gerichtes zwischen Guten und Bösen. Deshalb greife man auch so gern auf nichtchristliche Traditionen zurück, die eher die Erneuerung, ein ‚Heilen' oder doch zumindest ‚Reparieren' erwarten – etwa das *tikkun olam* in der kabbalistischen Tradition – als Zerstörung der Welt und Gericht. Allenfalls wird *das Böse* vernichtet, durch Menschen, die ja immerhin auch in der Lage waren, apokalyptische Szenarios selbst zu erzeugen. Hollywood arbeitet so mit an einer Säkularisierung der Apokalypse[6], der Autorenfilm dagegen an ihrer Modernisierung.

Während die vorangehende motivanalytische Betrachtung des neueren Spielfilms nur eine begrenzte, aber letztlich bei aller Unterschiedlichkeit der nationalen, gesellschaftlichen und filmästhetischen Situierung der Autoren doch bemerkenswert strukturanaloge Bezugnahme auf apokalyptische Motive

---

[5] Martig und Loretan sprechen von einer erhöhten Sensibilität für das Thema Apokalypse, ja von einer regelrechten „Apokalypse-Geilheit". M. LORETAN/C. MARTIG: *Weltuntergang im Film: Zwischen Spektakel und Vision.* In: ComSoz 32 (1999), 115–148.
[6] Vgl. BINOTTO, *Viel Vergnügen beim Weltuntergang.*

erkennen ließen, zielt die nun zu stellende Frage nach dezidert theologischen Themenfeldern eine wenigstens punktuelle Anschlussfähigkeit an den theologischen Diskurs an.

Jenseits im Diesseits und präsentische Eschatologie
Die theologischen Überlegungen im ersten Teil dieser Arbeit hatten ergeben, dass wesentliche Neuansätze in der Eschatologie um die Frage nach einer futurischen oder präsentischen Ausrichtung kreisen. In den filmtheoretischen Überlegungen zu Beginn dieses Kapitels war nun deutlich geworden, dass die *differentia specifica* des Mediums Film in seiner Vergleichzeitigung verschiedener Zeitebenen zu liegen scheint, die eine kritische Haltung des Zuschauers zur gezeigten Filmhandlung unter Einbeziehung seines Rezeptionshorizontes ermöglicht. Dieses Spezifikum wird im Autorenfilm ausdrücklich reflektiert und je unterschiedlich umgesetzt. Damit kann speziell dem Film als Kunstwerk die Thematisierung des Menschen als einem Wesen gelingen, das sich von einem Außen her bestimmt sieht (irdische, je spezifische Lebensbedingungen, Sterblichkeit, Transzendenz), zu dessen konkreter Rezeption und Reflexion er sich aber noch einmal frei verhalten kann. Wird die Deutungsoffenheit dieses Außen im Kunstwerk erreicht, dann begegnet sie als Alterität: Das Aufscheinen eines Anderen führt die eigene Existenz in eine Oszillation zwischen Ich und Anderem, Gegenwart und Zukunft bzw. Vergangenheit, Materialität und Geist, Autonomie und Heteronomie, Verborgenheit und Offenbarung.

Die Alternative zwischen futurischer und präsentischer Apokalypse tritt dabei insofern in den Hintergrund, als im Moment der Rezeption eines Films beim Rezipienten weder einfach eine fiktional vermittelte Präsenz des Zukünftigen, noch die völlige Auflösung des Geschehens einer anderen Zeitebene durch die Gegenwart des Betrachters, sondern ein ‚Hin- und Herlaufen' des Bewusstseins zwischen Filmgeschehen und eigener Vorstellungswelt angenommen werden darf. Es ist ebenfalls deutlich geworden, dass gerade dieses Oszillieren als bildlich bzw. narrativ umgesetzte Differentialität sich in besonderer Weise bereits in der *literarischen* Gattung Apokalyptik niedergeschlagen hatte. Erstaunlicherweise ist es in den analysierten Autorenfilmen gerade die film-ästhetische Umsetzung des Einbruchs einer fremden Welt, eines Jenseits oder ‚Paralleluniversums', die formal besonders auffällt und oftmals dezidiert als schockhafte ‚Unterbrechung' der Wahrnehmungsgewohnheiten des Zuschauers konzipiert ist.

Im gesamten Werk Tarkowskijs etwa dominiert eine solche Thematisierung der Zeit als (erinnerter) Lebenszeit und Filmzeit, die die Vorstellung einer idealen Linearität des Zeitablaufs im Film geradezu zerstört. Dies geschieht einmal in einer Aufwertung der Erinnerung als Hervortreten des Vergangenen, andererseits aber auch durch den Einbruch einer postapokalyptischen oder postkatastrophalen Zukunft in die bei Tarkowskij außer in DER SPIEGEL immer identifizierbare Haupthandlung des Filmes. Aufgrund seiner kulturkritischen Haltung konnte Tarkowskij offenbar seine eigene Gegenwart, geprägt von der fortschreitenden Naturzerstörung in der UdSSR (STALKER) und dem drohenden Atomkrieg (OFFRET), aber auch durch den westlichen Konsumismus und die Schrecken des ‚großen vaterländischen Krieges' nur als apokalyptisch aufgeladen erleben. Seine Frage kreist deshalb in OFFRET zwar auch um die Verhinderung einer endgültigen Weltvernichtung; den eigentlichen Mittelpunkt seiner Filme bildet aber das Drohen eines historisch sich vollziehenden Gerichtes als Unterbrechung der Gegenwart. Dabei wird die Frage nach einem ‚Bestehen' des einzelnen Menschen in diesem Gericht durch Eingeständnis seiner Schuld, Realisierung von Freiheit und Menschenwürde im elenden Alltag und nötigenfalls durch ein antihedonistisch zu deutendes Selbstopfer herausfordert. Die Irritation des Zuschauers durch das Hereinbrechen anderer Zeitebenen in die gegenwärtige Filmhandlung und die abrupte Konfrontation mit den Themen Schuld und Vergebung hat insofern einen apokalyptischen Kern – selbst wenn ‚eigentlich apokalyptische Motive' nur sparsam zum Einsatz gebracht werden.

Diese Apokalyptik ist nicht ‚kupiert' zu nennen.[7] Vor allem in IWANS KINDHEIT und SOLARIS, aber genau besehen auch in STALKER, NOSTALGHIA und OFFRET bricht nicht die Gerichtssituation in eine scheinbar heile Welt, sondern umgekehrt die Vision einer erlösten Welt in die von Kriegs- und Umweltkatastrophen geprägte Gegenwart ein. Was „ein neuer Himmel und eine neue Erde" heißen könnte, wird mit den Mitteln des Filmes vor allem in IWANS KINDHEIT und SOLARIS hochindividuell umgesetzt. Auch Tarkowskijs eigene Äußerungen deuten darauf hin, dass sich dieser Einbruch einer anderen Zeit und eines anderen Raumes nicht einfach apokalyptisch engführen lässt. Nicht erst im vorgestellten apokalyptischen Geschehen, sondern bereits in der Begegnung mit dem Kunstwerk und vor allem mit dessen Verweis auf das Heilige an sich bricht eine Alterität in das Leben des Menschen ein, die bisherige Gewissheiten in Frage stellt und ihn mit unbedingtem Anspruch anruft, eine lebensverändernde Ent-Scheidung verlangt.

Sehr viel unabhängiger von einem zentralen narrativen Plot, aber ähnlich stark in der abendländischen Motivgeschichte verwurzelt, erzeugen die beiden analysierten Filme Derek Jarmans beim Zuschauer ein Bewusstsein für die wechselseitige Durchdringung verschiedener Kultur- und Zeitebenen. Erstaunlich sind die Parallelen zu Tarkowskijs Arbeiten, was die Rolle der Natur und die Vorstellung eines sich in der Geschichte vollziehenden Gerichtes angeht. Auch Jarman zeichnet sich dadurch aus, dass er für eine erlö-

---

[7] Vgl. VONDUNG, *Inversion der Geschichte*.

ste Welt hochindividuelle Bilder findet, die allesamt vor allem von einer erlösten Leiblichkeit gekennzeichnet sind. Insgesamt kann jedoch weniger von einem Einbrechen fremder Zeitebenen in eine Haupthandlung des Filmes (die es nicht gibt) als von einer in der Schwebe gehaltenen Gleichzeitigkeit verschiedenster subtil miteinander verschlungener und leitmotivisch wiederkehrender Motiv- und Zeitebenen gesprochen werden, deren individuelle Rekonstruktion von einem als ausgesprochen autonom antizipierten und damit stark geforderten, wenn nicht überforderten Zuschauer vorgenommen werden muss. Tarkowskij und Jarman verbindet die Fähigkeit, Natur in zwischenmenschliche und ikonographische Zusammenhänge einmal einfallen zu lassen, sie aber ein andermal auch harmonisch zu integrieren. Sie lassen auf diese Weise schmerzlich den Verlust einer Kosmologie erahnen, welche die Welt als *creatio continua*, unmittelbar als vom Geist Gottes durchströmt und damit ‚heil' zu beschreiben und zu achten in der Lage war. Nicht ohne Grund suchten beide Autoren dezidiert ‚esoterische' Quellen auf, um dieses Verständnis wiederzuerlangen. Hier schreit eine Sphäre, die spätestens seit Descartes als jenseitiges, bei Francis Bacon sogar feindliches Gegenüber wahrgenommen wurde,[8] danach, als eschatologische Hoffnungsträgerin wiederentdeckt zu werden, als Vorschein eines neuen Himmels und einer neuen Erde, oder doch zumindest als stöhnende und in Geburtswehen liegende Kreatur, die mit der Menschheit darauf wartet, in der leiblichen Auferstehung als Kinder Gottes offenbar zu werden (vgl. Röm 8,22–27).

Hal Hartleys Film THE BOOK OF LIFE inszeniert schließlich seine Handlung durchgängig mit verwackelter, verkanteter Handkamera, mit verwischten, rasend schnellen Bildern und unterlegt sie – teilweise gegenläufig zur im Bild gezeigten Handlung – mit klassischer Choral- und zeitgenössischer (‚underground') Musik. Gerade mit Hilfe der verwischten Bilder gelingt Hartley filmästhetisch eine Verundeutlichung der Gegenstände und handelnden Personen, die durchaus als gelungener Versuch einer Darstellung von Jenseitigkeit im Film gelten kann. Eine Orientierung des Zuschauers im Film-Raum wird gezielt verhindert. Die unklare Verbindung der verschiedenen im Film gezeigten Räumlichkeiten bewirkt eine Konzentration auf die bisweilen schwebend wirkenden Personen, deren himmlische Herkunft auch im zeitgenössischen New York so noch plausibel wirkt. Die explizite Datierung und Verankerung der Handlung im biblischen Text behindert einerseits die freie Identifikation des Zuschauers, fordert andererseits aber auch seine Auseinandersetzung mit den in ausführlichen Monologen dargelegten theologischen Problemstellungen.

---

[8] Vgl. Carolyn MERCHANT: *Der Tod der Natur. Ökologie, Frauen und neuzeitliche Naturwissenschaft*. München (Beck) ²1994.

Gerade die *Vermeidung* solcher Stilelemente ist kennzeichnend für das Mainstreamkino. Dies gilt auch in seiner sozialvisionär gebrochenen Form bei Kathryn Bigelow. Von jeder optisch-metaphysischen Spekulation befreit, beschränkt sich ein Jenseits zur gezeigten Filmhandlung hier auf die in den Songs Jerico Ones repräsentierte Vision einer gerechten Gesellschaft und eines gleichberechtigten Zusammenlebens der Geschlechter im Happy End. Der Traum von einer Verinnerlichung erlebter Andersheit im Konsum der SQUID-Clips wird als handlungslähmende Realitätsverweigerung entlarvt. Hier begegnet nicht Alterität, sondern die parasitäre Vernutzung (und im Extremfall Vernichtung) fremden Lebens. Der Film ist also im ganzen geprägt von einer wachsenden Sehnsucht nach gerechten Verhältnissen, die sich bis zu den letzten Minuten im Gegenüber zu den unmenschlichen Lebensbedingungen einer nachmodernen Mediengesellschaft als apokalyptische Spannung aufbaut und sich in grandiosen Bildern der friedlich den Jahreswechsel feiernden Menschenmassen und des ‚vereinten Paares' schließlich auflöst.

In beinahe allen anderen analysierten US-amerikanischen Mainstreamfilmen muss der technisch zugängliche Weltraum oder aber eine letztlich unbegreiflich-feindliche Natur als Jenseits herhalten. Hier wartet jedoch auf den Zuschauer nichts, was ihn wirklich aufrüttelt, sondern bestenfalls eine entsubjektivierte Bedrohung, die den ‚thrill' steigert und damit die Befriedigung, wenn der zur phantasmatischen Identifikation einladende männliche Held sie mit technischen Mitteln bewältigt hat. Auf Erden ist das Jenseits bereits verwirklicht. Ausgehend von den USA herrschen ideale Verhältnisse. Der ‚alte Planet Erde' hat sich durch (über)menschliche Heldentaten im Happy End bereits dem neuen Jerusalem anverwandelt.

Schuld und Verblendung, Umkehr und Erlösung der Protagonisten
Eng verbunden mit dem Hereinbrechen einer anderen Wirklichkeit ist die bei den Protagonisten des Films bzw. beim Zuschauer ausgelöste Selbstreflexion und Reaktion. Wenn Andrej Tarkowskij auch wahrscheinlich richtig feststellt, dass das Betrachten von Filmen die Zuschauer nicht zu besseren Menschen mache,[9] so ist doch auch in seinen Augen das Axiom menschlicher Handlungsfreiheit unbedingt aufrechtzuerhalten.[10] Gerade die Konfrontation mit der völligen Vernichtung der Lebensgrundlagen im Film handelnder Personen und die Offenlegung der eigenen Verstrickung mit deren Ursachen könnte also einen Reflexionsprozess des Zuschauers auf die eigene Verantwortung und den Raum freien Handelns, der sittlichen Autonomie als ‚Paralleluniversum' neben einer durch Utilitarismus und ökonomische bzw. politische Zwänge bestimmten Welt katalysieren.

---

[9] TARKOWSKIJ, *Versiegelte Zeit*.
[10] Ebd.

Aus den Überlegungen einer erstphilosophisch grundierten Fundamentaltheologie, aber nicht nur daraus[11] hatte sich ergeben, dass Theologie unter Bedingungen der Moderne höchstens noch als radikale Subjektreflexion, auf keinen Fall aber unabhängig von hochindividuellen Rezeptionsprozessen zu vermitteln ist. Das bedeutet für das Feld der Apokalyptik, dass sie kaum anders als narrativ exemplifizierte Reflexion auf die Situation der menschlichen Endlichkeit und göttlichen Absolutheit intersubjektiv gedacht und vollzogen werden kann. In diesem Sinne ließe sich ein Plädoyer für die intersubjektive Darstellung im Film und gegen eine kosmologische Fassung der Thematik treffen.

Wenn die konstruktive Gestaltungskraft des Filmes in der Unterscheidung zwischen tatsächlich drohender Apokalypse und ihrer fiktionalen, auf einen bestimmten Raum und eine bestimmte Zeit begrenzten Verarbeitung im Film besteht, darf gleichwohl gerade vom Oszillieren zwischen fiktionaler und lebensweltlicher Realität die Affizierung des Zuschauers in einem ethischen Sinne erwartet werden. Gerade *weil* der Kinofilm der Realität in einer neuen Körperlichkeit immer näherkommt,[12] könnte darüber hinaus gelten: „Je mehr Ängste der Film wachruft, desto mehr kann er auch entsorgen."[13] Im Gegensatz zum populären Kino, das die Bedrohung in weite Ferne rückt und die Gegenwart davon unberührt lässt, lenkt das Autorenkino den Blick auf die Gegenwart und damit auf heutige Strukturen und Konstellationen, die geeignet sind, katastrophische Folgen nach sich zu ziehen, und will so als uneigentliche Vergegenwärtigung der Bedrohung wie ein Impfstoff die notwendigen Gegenmaßnahmen auf den Plan rufen.

In den Filmen Andrej Tarkowskijs sind die Felder, auf denen die Menschen schuldig werden, vor allem das der zwischenmenschlichen Liebe und das seines Verhältnisses zur Natur. Verfehlungen, die zwar ‚nur' als universale katastrophische Wirkung entfalten, von denen aber selbst der bereits in vielfacher Hinsicht ‚alternativ' lebende Protagonist Alexander sich gezwungen sieht, seinen Teil zu übernehmen. Einem allgemeinen Bemächtigungsstreben entsagt er durch die Aufgabe seines gesamten Besitzes einschließlich seiner gesellschaftlichen Reputation, die zwischenmenschlichen Gehässigkeiten lässt er hinter sich, indem er einen reinen Akt der Liebe zur (natur-)mystischen ‚Hexe' Maria vollzieht. Hier wird eine Erlösungstat in Szene gesetzt, die im Kontext eines platonistisch geprägten westlichen Christentums als solche nur schwer einleuchten will und gerade deshalb provoziert: In

---

[11] Vgl. u.a.: Wilhelm GRÄB: *Religion in der Moderne*. In: M. Knapp/Th. Kobusch (Hg.): Religion – Metaphysik(kritik). Theologie im Kontext der Moderne, Postmoderne. Berlin u.a. (de Gruyter) 2001, 104–113.

[12] Marcus STIGLEGGER: *Zum Sehen zwingen. Die neue Körperlichkeit des Films*. In: film-dienst 5/1999, 6–9.

[13] ZWICK, *Jüngste Tage*, 224.

der religiös grundierten liebenden Hingabe Alexanders und Marias findet sich schließlich das Gegengift nicht nur zur versäumten Nächstenliebe, sondern auch zur Weltzerstörung durch Massenvernichtungswaffen. Die Darstellungen einer nicht inszenierten Natur, der Schöpfung, bilden darüber hinaus eines der Refugien in Tarkowskijs Filmen, denen insofern eschatologische Qualität zukommt, als sie – vom endzeitlichen Zerstörungswerk der Menschen scheinbar unberührt und doch mit ihnen leidend – für die Präsenz einer übermenschlichen sinnstiftenden Instanz begriffen werden können: Sie sind Ziel menschlicher Sehnsucht unter den Bedingungen eigener Todverfallenheit.

Wie sehr auch in den Filmen Derek Jarmans die Natur und die zwischenmenschliche Liebe ähnliche Funktionen übernehmen, ist oben gezeigt worden. Kathryn Bigelow gelingt es, existentielle Konflikte als individuelle und gesamtgesellschaftliche zu thematisieren und einer reflektierten ethischen Entscheidung zuzuführen. Dieser wird mit filmästhetischen Mitteln der Charakter einer endgültigen Erlösung unter Vermeidung eines finalen Kampfes, aber nicht ohne den intelligenten Einsatz von körperlicher Gewalt gegeben. Die zentralen Normen, nach denen schließlich brutal ‚Gericht' gehalten wird, sind die Übernahme von Verantwortung für das eigene Handeln (Realitätsprinzip) und die Herstellung gerechter Lebensverhältnisse für alle: im Fall der USA für die afroamerikanischen Mitglieder der Gesellschaft und die zu Objekten des männlichen Blicks degradierten Frauen.

Gleichzeitig mit dem Zurücktreten der kosmologisch-apokalyptischen Dimension eines universalen Gerichtes tritt in THE BOOK OF LIFE die Ernsthaftigkeit der Suche nach einem geglückten Leben in Liebe zu den Menschen, wie es beinahe überdeutlich von der Asiatin Eddie gelebt wird, in den Vordergrund. Selbst der mit großer Schuld beladene Dave, der noch in letzter Minute bereit war, die Seele seiner Freundin Eddie dem Teufel zu verkaufen, ist es wert, gerettet und auf einen Weg der frei gewählten Liebe zum Nächsten geführt zu werden.

Im Angesicht des Endes der Zeiten vollzieht sich beim Zuschauer des apokalyptischen Autorenfilms also im besseren Fall eine Radikalisierung der eigenen ethischen Herausforderung. Er/Sie ist aufgefordert, das eigene Handeln im Hinblick auf das mögliche Hereinbrechen einer anderen Realität in sein/ihr Leben zu vervollkommnen. Das fiktional vorweggenommene Ende der Welt (eine Möglichkeit, diese andere Realität zu thematisieren) kann als Stärkung des Realitätsprinzips, als Motivation zum Engagement für gerechtere Verhältnisse auf der Erde durch Verzicht auf überflüssigen Besitz, und – allgemeiner – zur Infragestellung und Änderung des eigenen Lebens führen. Sich diesen Fragen zu stellen ist notwendig, denn der eigene Tod, und damit eine endgültige Infragestellung des Status Quo ist unabwendbar.

Das amerikanische Mainstreamkino – besonders deutlich in INDEPENDENCE DAY – dagegen liefert eine *Bestätigung* statt einer *Infragestellung* des eigenen Lebens und des (zwischenmenschlichen) Status Quo, vorgestellt vor allem als patriarchale Familienverhältnisse und der Rolle der USA als unilaterale Führungsmacht. *Schuld* bedeutet zunächst und vor allem, auf der falschen Seite zu stehen, also als Amerikaner nicht den gemeinsamen Kampf gegen den Feind kompromisslos aufzunehmen oder das Selbstopfer zu verweigern. Wer hier falsche Solidarität mit den Eindringlingen zeigt, spürt die Strafe ‚auf dem Fuße'. Umkehr geschieht zur gemeinsamen Sache der Nation, die zugleich die des ganzen Planeten Erde ist und führt also an die Seite der Helden und in die als sittlich gut anerkannten Lebensverhältnisse.

Die Rettung der ‚Verlorenen der Geschichte'

Jüngere Untersuchungen im Kontext einer ‚Theologie nach Auschwitz' haben gezeigt, dass ein zentrales Ferment der christlichen apokalyptischen Tradition, die im zwanzigsten Jahrhundert gegen eine vollständige Säkularisierung der Geschichtsphilosophie zuerst von Walter Benjamin und Max Horkheimer eingeklagte ‚Rettung der Verlorenen der Geschichte'[14], der erschütternden Katastrophenerfahrung zum Opfer zu fallen droht. Gleichwohl ist dringlich an die Notwendigkeit einer solchen Vorstellung erinnert worden, soll die Hoffnung auf ein Gelingen des Projektes ‚Schöpfung' nicht aufgegeben werden[15]. Erste zaghafte Ansätze erkunden die Möglichkeit einer solchen Versuchung unter Vermeidung eines unsachgemäßen Idealismus, der die absurden Bedingungen menschlicher Existenz nicht einfach überspringt. Analog bleiben diejenigen der analysierten Filme, welche die Frage nach einer Rettung der Verlorenen der Geschichte überhaupt thematisieren, in diesem Punkt ausgesprochen pessimistisch:

Wie besonders in den als Auferstehungsbilder lesbaren Schlussszenen von IWANS KINDHEIT deutlich wird, scheint für Andrej Tarkowskij die Errettung der Ermordeten ungebrochen in der Allmacht Gottes zu liegen. Die Deutung, dass das Auf-sich-Nehmen der persönlichen Schuld für *jeden* ‚Täter' unumgängliche Notwendigkeit bleibt, das Filmgeschehen in OFFRET also nicht die Rettung der Welt als ganzer, sondern ‚nur' der Welt des Protagonisten Alexander zeigt, bleibt bis zum Ende offen, ja ist, wie gezeigt, die einzig mögliche, wenn Tarkowskij nicht eines letztlich magischen Opferdenkens überführt werden soll. Die Notwendigkeit einer Versöhnung zwischen Opfern und Tätern kommt allerdings nicht in den Blick. Dies vielleicht auch,

---

[14] Helmut PEUKERT: *Wissenschaftstheorie – Handlungstheorie – Fundamentale Theologie.* Frankfurt a.M. (Suhrkamp) ²1988.
[15] TÜCK, *Versöhnung zwischen Tätern und Opfern?*

weil Tarkowskij als Rezipienten allein ‚Täter' im Sinne einer Partizipation am allgemeinen Materialismus, seine Zeitgenossen nämlich, im Blick hat.

Derek Jarman versteht Apokalypse zunächst als Aufschrei und Revolution der Unterdrückten und der ausgebeuteten Natur. Dass sie nicht vergeblich hoffen, wird mit starken Bildern beschworen, die sowohl die Regenerationskraft der Natur als auch der zwischenmenschlichen Liebe aufrufen. Die brutalen Mörder tauchen jedoch im Jenseits nicht mehr auf – müssen sie in der Hölle vermutet werden?

Die einzig im Film THE BOOK OF LIFE explizit ausgesprochene verzweifelte Frage der Märtyrer: „Wie lang wird es dauern, bis du unser Blut richtest und rächst an denen, die auf der Erde wohnen" überfordert Jesus, und bringt ihn dazu, sie durch einen anschließenden inneren Monolog als bloße Rachsucht zu charakterisieren und zu verdrängen. Gleichwohl wird der Schmerz, deutlich den die vom Regisseur postulierte Unmöglichkeit, das gegebene Versprechen einzulösen, hier bewirkt: „Es war die dunkelste Stunde einer langen dunklen Nacht der Seele. Der kälteste Punkt der göttlichen Gefühllosigkeit. In was für ein verworrenes Märchen hatte ich mich da verstricken lassen [...] Warum hatte ich nicht stärker eingegriffen und sie eines Besseren belehrt? Gefragt? Revoltiert? Ihre berechtigten und gleichzeitig so hoffnungslosen Tränen versetzten mich in Panik." Hier deutet sich immerhin die Möglichkeit eines Mitleidens mit den Opfern an, die sich in der Weigerung Jesu, in den ‚sicheren' Himmel zurückzukehren, schließlich in gewisser Weise auch verwirklicht. Eine Verwirklichung, die gleichwohl nicht konkretisiert wird.

Schluss

Ziel dieser Arbeit war es, einen sowohl *methodologisch* als auch *inhaltlich* pluralen Beitrag zur Frage nach einer angemessenen Hermeneutik apokalyptischer Motivkonstellationen und Texte jenseits des großkirchlichen Christentums zu liefern. Neben einer multiperspektivischen Reflexion auf das ‚klassische' apokalyptische Genre selbst (exegetisch, systematisch-theologisch, literaturwissenschaftlich, religionswissenschaftlich) war vor allem eine Beschreibung und Bewertung der endzeitkirchlichen und medialen, also traditionell gesprochen ‚uneigentlichen' Rezeptionsgeschichte der hier einmal entwickelten Motive und ihrer Konstellationen angezielt.

Auf systematischer Ebene entpuppte sich das bei Wolfgang Iser *korrelativ* und *nicht ausschließend* gedachte Zueinander von Fiktion und Realität als entscheidender Schlüssel, der es erlaubt, die für Iser anthropologisch konstitutive Funktion des Fiktionalen in ihrem Gegenüber zur ‚dogmatischen' Erstarrung hervorzuheben. Das platonistische Repräsentationsmodell, das Bilder immer nur als Darstellung von *etwas* (real Existierendem) denken kann, also im Falle der Apokalyptik die Deutungsmodelle entweder des Endzeitreports oder der Geschichtsphilosophie nahelegt, erwies sich dabei als wenig hilfreich. Dass der Rückgriff auf das literaturwissenschaftlich zwar prominente, systematisch-theologisch aber kaum rezipierte Theoriegebäude Wolfgang Isers für die Theologie keinen Fremdkörper darstellen muss, zeigte die ausführliche, letztlich aber doch nicht mehr als ‚pointilistisch' zu nennende ideengeschichtliche Hinführung in Teil 2. In deren Rahmen wurden aber immerhin recht weitgehende historische Analogien zu Isers Modell offengelegt, nicht nur in Konzepten *philosophischer* und *literaturtheoretischer* Natur, wie bei Aristoteles, Kant, Marcuse und Schiller, sondern eben auch bei solchen *theologischer* Provenienz, wie bei Origenes und Johannes Damascenus, punktuell in jesuitischen Dramenkonzepten sowie – wenn auch in der Durchführung oft defizient – in der jüngeren Bildtheologie.

Subjektivität muss allerdings – die bei Iser vorausgesetzte Unterscheidungsmöglichkeit zwischen Fiktion und Dogma aufnehmend – stärker gedacht werden denn bloß als Funktion des fiktionalen Diskurses. Die über ein bloß konstatierendes ‚Dass' der eigenen Existenz ebenso wie über die letztlich subjektivistische Kategorie der ‚Erlebnisechtheit apokalyptischer Bilder' (O. Böcher) hinausgehende Notwendigkeit normativer Aussagen, die Foucault, Levinas, Derrida und andere in ihrer dezidierten Kritik des Apokalyptischen implizit voraussetzen, kann offenbar nur *situativ* aus einer Bewegung der bestimmten Negation gewonnen werden, wie sie unter anderem beim δαιμόνιον des Sokrates und in Gadamers Erfahrungsbegriff vorliegt:

Der ‚Seher' ist als Visionär eben einerseits nur dann glaubwürdig, wenn er sich selbst ‚entrückt', also ‚exzentriertes Subjekt" ist. Als Subjekt kann er nun gewiss nicht mehr im kartesischen Sinne, wohl aber insofern bezeichnet werden, als er für das von ihm Mitgeteilte verantwortlich ist, vor allem vor der Instanz, die ihn aus seinem alltäglichen Wirklichkeitsbezug herausgerissen hat, nicht weniger aber vor den Adressaten, für die seine Offenbarung heilsrelevant sein soll. Sie dürfen nicht zu einer Blindheit gegenüber der Realität verleitet, sondern sollen zu einem ‚vertieften' Sehen befreit werden.

Eine Annäherung an das Phänomen *Endzeitkirchen* auf dem Weg, den das aus affirmativen und normativ-kritischen Elementen entwickelte Instrumentarium ebnet, gestaltete sich erwartungsgemäß komplex: In einer gewissen Analogie zu dem schier unauflöslichen Gewebe von Schrift und Tradition, wie wir es aus der Geschichte der Großkirchen kennen, galt es, den historisch sich fortschreibenden Text in seiner Verflechtung mit hierarchischen Strukturen erst einmal zu stellen. In allen Fällen ist hier dann einerseits eine erhöhte Aktivität des Fingierens in den Textproduktionen der Gründungsjahrzehnte festzustellen, andererseits aber die je spezifische dogmatische Erstarrung des Umgangs mit ihnen bei fortschreitender institutioneller Formation der ‚Kirchen'. Allein der Druck enttäuschter, allzu konkreter Naherwartung (Jehovas Zeugen) oder aber die fortgesetzte Freiheit des Fingierens im Rahmen – nicht selten privatistisch-exklusiver – mormonischer Jenseitsspekulationen eröffnen vereinzelt den eigentlich notwendigen ‚Spielraum' für zeitgenössische Aneignungen der apokalyptischen Motivik. Vieles verfällt der Foucaultschen oder Derridaschen Kritik, insofern entweder geistliche Führer mit ihrer Inanspruchnahme eines magisch-machtvollen Zugriffs auf die Verhältnisse im Jenseits ihr autoritatives Regime über die Gläubigen im Diesseits auszuweisen suchen oder aber Idealbilder irdischer Existenz überhöht und in alle Ewigkeit fortgeschrieben werden. Die Neuapostolische Kirche lässt gar das von Levinas jüngst eingeschärfte, aber auch schon urchristliche Engagement für den Nächsten vermissen, das anders als von Christus in Mt 26 gerade unter Bedingungen der Naherwartung nicht als besonders brennend, sondern vielmehr als aussichtslos und überflüssig empfunden wird.

Während also auf dem Feld der Endzeitkirchen eher der kritische Teil der entwickelten Hermeneutik greift, erschließt diese auf dem noch schwerer überschaubaren Feld des *Spielfilms* das Ineinander von Religiosität und Säkularität, wie es heute für das Selbst- und Weltverhältnis der Menschen der westlichen Hemisphäre kennzeichnend ist. Gleichwohl gilt es auch hier, sich den Produktionsprinzipien massenkultureller „Sinnmaschinen" nicht einfach anzuschmiegen. Die Orientierung an einer *Hermeneutik des Nichtverstehens* bzw. der *Irritation* ermöglicht – erneut vor dem Hintergrund rezeptionsästhetischer Theoriekonzepte – den Eintrag spezifisch formaler theologischer Kategorien. Dies gilt über den formal wie inhaltlich bestimmbaren, dezidiert apokalyptischen Film hinaus im Sinne einer allgemeinen theologischen Hermeneutik des Spielfilms, die hier in Ansätzen entwickelt werden sollte. Von besonderer Inspirationskraft für die gegenwärtige theologische Reflexion erwies sich hierbei das mit den Augen Emmanuel Levinas' gelesene Werk Andrej Tarkowskijs: Nicht erst im vorgestellten apokalyptischen Geschehen, sondern bereits in dem im Kunstwerk begegnenden Verweis auf das Heilige an sich, bricht eine Alterität in das Leben des Menschen ein, die bisherige Gewissheiten in Frage stellt und ihn mit unbedingtem Anspruch anruft, eine lebensverändernde Entscheidung verlangt. Im Mainstreamkino lässt sich hingegen nicht selten eine erstaunliche Nähe zur Verwendung des Apokalyptischen in den Endzeitkirchen beobachten: Durch die Betonung von Feindbildern wird ein kritisches Hinterfragen des Eigenen gerade verhindert. Die in pluralen Gesellschaften offenbar zunehmend attraktiven identitätsstiftenden Funktionen religiöser Überhöhung des säkular-politischen Aktes werden mit filmischen Mitteln fortgesetzt und so fiktional legitimiert.

Damit weitet sich der Blick vom immerhin noch überschaubaren Feld des Apokalyptischen auf die unumgängliche theologische Analyse aktueller medialer Sinnstiftungskonzepte: Durch welche Mediatisierungen des zu verkündenden ‚Heils' – so müsste weiterhin gefragt werden – lassen sich Menschen der westlichen Welt heute erreichen? Menschen, die mit Versatzstücken christlich-abendländischer Bildung im Gedächtnis aus einem vom erbarmungslos profanen Zugriff auf verbleibende Ressourcen der Natur und des Sozialen geprägten Alltag kaum noch herausfinden. Müsste man demnach in der jüngsten Begeisterung für STAR WARS, MATRIX, HARRY POTTER oder den HERRN DER RINGE, also für das künstlerische Figurieren eines je spezifischen Aufeinandertreffens grundverschiedener Regionen der Realität nicht eine neue Variante uralter Versuche zur Sinnfindung im anscheinend unüberbrückbaren Gegensatz verschiedener (kultureller) Welten sehen?[1]

---

[1] Eine konkretere Durchführung der hier entwickelten Hermeneutik zur Deutung der MATRIX-Trilogie als *Praeparatio Evangelii* habe ich kürzlich vorgeschlagen: *Zwischen Matrix und Christus. Fundamentaltheologie als kritische Religions- und Kulturtheorie.* In: Orien 68 (2004), 178-181 u. 194-197.

Literatur

Abkürzungen folgen dem Abkürzungsverzeichnis des Lexikons für Theologie und Kirche, 3., völlig neu bearbeitete Auflage, begr. v. M. Buchberger, hg. v. W. Kasper. Freiburg i.Br. (Herder) 11 Bde., 1993-2001. Für die Literaturhinweise im Anmerkungsapparat wurden sinnige Kurztitel verwandt. Die Zitation von Internetadressen (URL) erfolgt im Anmerkungsapparat jeweils mit Datumsangabe der letzten erfolgreichen Abfrage.

ADORNO, THEODOR W./HORKHEIMER, MAX: Dialektik der Aufklärung. Frankfurt a.M. (Fischer) 1971 (1944).

ADORNO, THEODOR W.: Ästhetische Theorie. Frankfurt a.M. (Suhrkamp) 1973ff.

ADVENTISTEN: http://www.adventisten.de.

ALBERSMEIER, FRANZ-JOSEF (HG.): Texte zur Theorie des Films. Stuttgart (Reclam) 1998.

ALSHEIMER, RAINER: Apokalypse now? Eschatologisches im Internet und anderswo. In: Schweizerisches Archiv für Volkskunde 95 (1999), 47–59.

ALTHAUS, HANS: Apokalyptik und Eschatologie. Sinn und Ziel der Geschichte. Freiburg i.Br. u.a. (Herder) 1987.

Andrej Tarkowskij – URL: www.nostalghia.com.

Andrej Tarkowskij. Reihe Film 39, München/Wien (Hanser) 1987.

ANGLET, KURT: Der eschatologische Vorbehalt. Eine Denkfigur Erik Petersons. Paderborn (Schöningh) 2001.

ANTES, PETER/UHDE, BERNHARD: Das Jenseits der Anderen. Erlösung im Hinduismus, Buddhismus und Islam. Stuttgart (Katholisches Bibelwerk) 1972.

APOSTELKOLLEGIUM DER NEUAPOSTOLISCHEN KIRCHE (HG.): Reichsgottesgeschichte. Kurzgefasste Geschichte des göttlichen Heils- und Erlösungsplanes mit den Menschen. Dortmund/Frankfurt a.M. (NAK) [4]1991.

APPUHN-RADTKE, SIBYLLE: Visuelle Medien im Dienst der Gesellschaft Jesu. Johann Christoph Storer (1620–1671) als Maler der Katholischen Reform (Jesuitica. Quellen und Studien zu Geschichte, Kunst und Literatur der Gesellschaft Jesu im deutschsprachigen Raum 3). Regensburg (Schnell & Steiner) 2000.

ARISTOTELES: De Anima. Von der Seele. Darmstadt (WBG) 1994.

ARNHEIM, RUDOLF: Film als Kunst. Berlin (Rowohlt) 1932.

AUGUSTINUS, AURELIUS: De Civitate Dei. Vom Gottesstaat. Zürich/München (Artemis) [2]1978.

AVIS, PAUL: God and the Creative Imagination. Metaphor, Symbol, and Myth in Religion and Theology. London (Routledge) 1999.

BACHL, GOTTFRIED: Eschatologie I/II (Texte zur Theologie – Dogmatik, hg. von Wolfgang Beinert). Graz/Wien/Köln (Styria) 1999.

BACHL, GOTTFRIED: Faszination des Schreckens. Die Hölle im christlichen System. In: Kunst und Kirche 1983, 187–191.

BACHL, GOTTFRIED: Über den Tod und das Leben danach. Graz (Styria) 1980.

BALTHASAR, HANS URS VON: Apokatastasis. In: TThZ 97 (1988), 169–182.

BALTHASAR, HANS URS VON: Das Ganze im Fragment. Aspekte der Geschichtstheologie. Einsiedeln (Johannes) 1963.

BALTHASAR, HANS URS VON: Die Apokalypse. In: „Ja, ich komme bald." Die Endzeit im Licht der Apokalypse. Hg. v. Informationszentrum Berufe der Kirche, Freiburg. Stuttgart (Kath. Bibelanstalt) 1985, 105–143.

BALTHASAR, HANS URS VON: Eschatologie im Umriss. In: Pneuma und Institution (SkTh IV). Einsiedeln (Johannes) 1974, 410–455.

BALTHASAR, HANS URS VON: Eschatologie. In: J. Feiner/J. Trütsch/F. Böckle (Hg.): Fragen der Theologie heute. Einsiedeln u.a. (Johannes) 1957, 403–421.

BALTHASAR, HANS URS VON: Herrlichkeit. Eine theologische Ästhetik. Bd. I. Einsiedeln (Johannes) ³1988 (1961).

BALTHASAR, HANS URS VON: Kleiner Diskurs über die Hölle. Ostfildern (Schwaben) ²1987.

BALTHASAR, HANS URS VON: Theodramatik I – Prolegomena. Einsiedeln (Johannes) 1973.

BALTHASAR, HANS URS VON: Theodramatik III – Die Handlung. Einsiedeln (Johannes) 1980.

BALTHASAR, HANS URS VON: Theodramatik IV – Das Endspiel. Einsiedeln (Johannes) 1983.

BALTHASAR, HANS URS VON: Unser Auftrag. Bericht und Entwurf. Einsiedeln (Johannes) 1984.

BALTHASAR, HANS URS VON: Was dürfen wir hoffen? (Kriterien 75). Einsiedeln (Johannes) ²1989.

BARR, DAVID L.: Tales of the End: A Narrative Commentary on the Books of Revelation. The Storyteller Bible, 1. Santa Rosa (Polebridge) 1998.

BARR, DAVID L.: The Apocalypse as a Symbolic Transformation of the World. A Literaly Analysis. In: Interpretation: A Journal of Bible and Theology 38 (1984), 39–50.

BARTH, KARL: Der Römerbrief. München (Kaiser) ²1922.

BATAILLE, GEORGES: L'expérience intérieure (dt. als Atheologische Summe I. 1999). Paris (Gallimard) 1978.

BAUCH, KURT: Imago. In: Gottfried Boehm (Hg.): Was ist ein Bild? München (Fink) 1994, 275–299.

BAUDELAIRE, CHARLES: Sämtliche Werke/Briefe. Hg. v. F. Kemp/C. Pichois. München 1983.

BAUDRILLARD, JEAN: Das Jahr 2000 findet nicht statt. Berlin (Merve) 1990.

BAUDRILLARD, JEAN: Die Illusion des Endes oder der Streik der Ereignisse. Berlin (Merve) 1994.

BAUDRILLARD, JEAN: Simulacres et simulation. Paris (Galilée) 1981.

BAUDY, GERHARD J.: Die Brände Roms. Ein apokalyptisches Motiv in der antiken Historiographie. Hildesheim (Olms) 1991.

BAUER, CHRISTIAN/HÖLZL, MICHAEL (HG.): Gottes und des Menschen Tod? Die Theologie vor der Herausforderung Michel Foucaults. Mainz (Grünewald) 2003.

BAUER, J.B.: Art. Apokalyptik/Apokalypsen. II. Apokryphe A. des NT. In: LThK³ I (1993) 810–814.

BAUMANN, ZYGMUNT: Unbehagen in der Postmoderne. Hamburg (Hamburger Edition) 1999.

BAZIN, ANDRÉ: Was ist Kino? Bausteine einer Theorie des Films. Hg. von Hartmut Bitomsky. Köln (DuMont) 1975.

BELTING, HANS: Bild und Kult. Eine Geschichte des Bildes vor dem Zeitalter der Kunst. München (Beck) 1990.

BELTING, HANS: Bild-Anthropologie. Entwürfe für eine Bildwissenschaft. München (Fink) ²2002.

BENJAMIN, WALTER: Das Kunstwerk im Zeitalter seiner technischen Reproduzierbarkeit. Frankfurt a.M. (Suhrkamp) 1963.

BENJAMIN, WALTER: Geschichtsphilosophische Thesen. In: Ders.: Zur Kritik der Gewalt und andere Aufsätze. Frankfurt a.M. (Suhrkamp) 1965.

BENRATH, G.A./DEICHGRÄBER, R./HOLLENWEGER, W.: Art. Erweckungsbewegungen. In: TRE X (1982), 205–227.

BENZ, ERNST: Paulus als Visionär. Eine vergleichende Untersuchung der Visionsberichte des Paulus in der Apostelgeschichte und in den paulinischen Briefen. Mainz/Wiesbaden (Akad. d. Wiss. u. d. Lit.) 1952.

BERGER, JOHN: Begegnungen und Abschiede. Über Bilder und Menschen. München (Hanser) 1993.

BERGER, PETER L.: Sehnsucht nach Sinn. Frankfurt a.M. (Campus) 1994.

BERGMANN, JERRY: Jehovas Zeugen und das Problem der seelischen Gesundheit. München (Claudius) 1994.

BEYRICH, TILMAN: Ist Glauben wiederholbar? Derrida liest Kierkegaard (Kierkegaard Studies. Monograph Series 6). Berlin/New York (De Gruyter) 2001.

BIESINGER, ALBERT/HÄNDE, JOACHIM: Zwischen Horror und Erlösung. Gerichtsvorstellungen Jugendlicher als Herausforderung an religionspädagogische Theorie und Praxis. In: ThQ 178 (1998), 209–228.

BINOTTO, THOMAS: Viel Vergnügen beim Weltuntergang. Apokalyptische Visionen im Kino. http://www.binotto.ch/thomas/vortraege/filmthemen/apokalypse_im_kino.html.

BIRKELBACH, ALBRECHT: Subjekt und Macht. Eine Konfrontation der Politischen Theologie von Johann Baptist Metz und des philosophischen Werks Michel Foucaults. Unveröffentlichte Zulassungsarbeit, Freiburg 1992.

BISCHOFF, JOHANN GOTTFRIED (HG.): Geschichte der Neuapostolischen Kirche. Frankfurt a.M. (NAK) 1987.

BLANKE, GUSTAV H.: Das amerikanische Sendungsbewusstsein. Zur Kontinuität rhetorischer Grundmuster im öffentlichen Leben der USA. In: K.M. Kodalle

(Hg.): Gott und Politik in den USA. Über den Einfluss des Religiösen. Eine Bestandsaufnahme. Frankfurt a.M. (Fischer) 1988, 186–215.

BLEECKERE, SYLVAIN DE: Nostalgie en offer. Een filmfilosofische hulde aan Andrei Tarkowskij. In: MediaFilm. Tijdschrift voor filmcultuur en filmkunst (Leuven) 162/163, 2–20.

BLEICHER, JOAN KRISTIN: Zwischen Erlösung und Apokalypse. Das Ende der Welt in der Gegenwartsliteratur. In: Thiede, C. P. (Hg.): Zu hoffen wider alle Hoffnung. Endzeiterwartung und menschliches Leid in der neueren Literatur. Paderborn (Bonifatius) 1996, 47–64.

BLOOM, HAROLD: Omens of Millennium. The gnosis of Angels Dreams and Resurrection. London (Fourth Estate) 1996.

BLUMENBERG, HANS: Arbeit am Mythos. Frankfurt a.M. (Suhrkamp) 1990.

BLUMENBERG, HANS: Ausblick auf eine Theorie der Unbegrifflichkeit. In: Haverkamp, Theorie der Metapher, 438–454.

BLUMENBERG, HANS: Paradigmen zu einer Metaphorologie. In: Haverkamp, Theorie der Metapher, 285–315.

BÖCHER, OTTO: Die Bildwelt der Apokalypse des Johannes. In: I. Baldermann (Hg.): Die Macht der Bilder (JBTh 13). Neukirchen–Vluyn (Neukirchner) 1998, 77–106.

BÖCHER, OTTO: Die Johannesapokalypse. Darmstadt (WBG) 1998.

BOEHM, GOTTFRIED (HG.): Was ist ein Bild? München (Fink) 1994.

BOFF, LEONARDO: Was kommt nachher? Das Leben nach dem Tode. Salzburg (Otto Müller) 1982.

BÖHME, HARTMUT/BÖHME, GERNOT: Das Andere der Vernunft. Frankfurt a.M. (Suhrkamp) 1985.

BÖHME, HARTMUT: Ruinen–Landschaften. Naturgeschichte und Ästhetik der Allegorie in den späten Filmen von Andrej Tarkowskij. In: Konkursbuch 14. Tübingen (Konkursbuch) 1985, 117–157.

BÖHME, HARTMUT: Vergangenheit und Gegenwart der Apokalypse. In: Ders.: Natur und Subjekt. Frankfurt a.M. (Suhrkamp) 1988, 380–398.

BORDWELL, DAVID: Making Meaning. Cambridge, Mass. (Harvard University Press) 1989.

BORDWELL, DAVID: Narration in the Fiction Film. London/Wisconsin (University of Wisconsin Press) 1985.

BORMANN, LUKAS: Apokalyptik im Film: Eco, Coppola, Tarkowskij, von Trier. In: M. Witte (Hg.): Religionskultur. Zur Beziehung von Religion und Kultur in der Gesellschaft. Beiträge des Fachbereichs Evangelische Theologie an der Universität Frankfurt am Main. Würzburg (Religion-und-Kultur-Verlag) 2001, 21–38.

BOURDIEU, PIERRE: Das religiöse Feld. Konstanz (Universitätsverlag) 2000.

BRAML JOSEF: Die religiöse Rechte in den USA. Basis der Bush-Administration? Stiftung Wissenschaft und Politik. Berlin, September 2004.

BRÄUNLEIN, JÜRGEN: „Bilde Künstler, rede nicht!" Der Dichter als homo pictor oder Warum Literalität auch Visualität ist. In: B. Flessner (Hg.): Die Welt im Bild. Wirklichkeit im Zeitalter der Virtualität. Freiburg i.Br. u.a. (Rombach) 1997.

BRENK, B.: Art. Weltgericht. In: Lexikon der christlichen Ikonographie, hg. von E. Kirschbaum SJ. Freiburg i.Br. u.a. (Herder) 1968ff., 513–523.

BREUNING, WILHELM (HG.): Seele. Problembegriff christlicher Eschatologie (QD 106). Freiburg i.Br. u.a. (Herder) 1985.

BREZNA, IRENA: Das Opfer. Zum 70. Geburtstag: Erinnerungen an den Menschen der Andrej Tarkowskij war. In: Frankfurter Rundschau, 4.4.2002, 19.

BRODY, FAWN: No Man knows my History. The Life of Joseph Smith. New York (Knopf) 1971.

BROKOFF, JÜRGEN: Die apokalyptische Vernichtung des Rechts. Zur politischen Theologie Walter Benjamins. In: Ders./J. Jacob (Hg.): Apokalypse und Erinnerung (Formen der Erinnerung, 13). Göttingen (Vandenhoeck & Ruprecht) 2002, 39–57.

BROX, NORBERT: Der einfache Glaube und die Theologie. Zur altkirchlichen Geschichte eines Dauerproblems. In: Kairos. Zeitschrift für Religionswissenschaft und Theologie 14 (1972), 161–187.

BRUNETTE, PETER/WILLS, DAVID: Screen/Play. Derrida and Film Theory. Princeton (Princeton University Press) 1989.

BUBNER, RÜDIGER: Geschichtsverstehen in Abschlußformen. In: K. Stierle (Hg.): Das Ende. Figuren einer Denkform (Poetik und Hermeneutik XVI). München (Fink) 2001, 80–94.

Buch der Lehre und Bündnisse (Doctrine and Covenants). Sorgfältig ausgewählt aus den Offenbarungen Gottes und nach Daten geordnet. Verb. u. erw., neu aufgemachte Aufl. Hannover (Kirche Jesu Christi der Heiligen der letzten Tage) 1975.

BUCHHOLZ, RENÉ: Erlösung und Destruktion. Zur Dialektik des Messianischen bei Gershom Scholem. In: Lebendiges Zeugnis 52 (1997) 183–211.

BULTMANN, RUDOLF U.A.: Die christliche Hoffnung und das Problem der Entmythologisierung. Stuttgart (Evangelisches Verlags-Werk) 1954.

BULTMANN, RUDOLF: Geschichte und Eschatologie. Tübingen (Mohr-Siebeck) 1958.

BURSCHEL, PETER: Paradiese der Gewalt. Martyrium, Imagination und die Metamorphosen des nachtridentinischen Heiligenhimmels. In: Jahrbuch des Historischen Kollegs 2001, 139–181.

CARRETTE, JEREMY R.: Foucault and Religion. Spiritual corporality and political spirituality. London/NewYork (Routledge) 2000.

CARROLL, NOËL: A Philosophy of Mass Art. Oxford (Oxford University Press) 1998.

CERTEAU, MICHEL DE: Die Kunst des Handelns. Berlin (Merve) 1988.

CERTEAU, MICHEL DE: La fable mystique,1. Paris (Gallimard) 1982.

CHADRABA, R.: Art. Apokalypse des Johannes. In: Lexikon der christlichen Ikonographie, hg. von E. Kirschbau SJ Freiburg i.Br. u.a. (Herder) 1968ff., 124–142.

CHALIER, CATHÉRINE: La présérance du mal. Paris 1987.

CHENU, MARIE DOMINIQUE: Imaginatio. Note de lexicographie philosophique. Miscellanea Mercati 2 (1946), 593–602.

COHN, NORMANN: Die Erwartung der Endzeit. Vom Ursprung der Apokalypse. Frankfurt a.M. (Insel) 1997.

COLLINS, JOHN J. (HG.): The Encyclopedia of Apocalypticism, Volume 1–3. New York (The Continuum Publishing Company) 1998.

COLLINS, JOHN J.: The Apocalyptic Imagination. An Introduction to the Jewish Matrix of Christianity. New York (Crossroad) 1984.

CURRY, MELVIN D.: Jehovas Witnesses. The Millenarian World of the Watch Tower. New York/London (Garland Publishing) 1992.

DALFERTH, INGOLF U.: Was Gott ist, bestimme ich. Theologie im Zeitalter der „Cafeteria-Religion". In: Theologische Literaturzeitung 121 (1996), 415–430.

DAVIDIANER: http://home.maine.rr.com/waco/lastword.html.

DEACY, CHRISTOPHER: Screen Christologies. Redemption in the Medium of Film. Cardiff (University of Wales Press) 2002.

Derek Jarman im Gespräch mit Simon Field und Michael O'Pray: Imagining October, Dr. Dee and Other Matters. An Interview with Derek Jarman. In: Afterimage 12/1985, 40–58.

Derek Jarman's Garden. With Photographs by Howard Sooley. London (Thames and Hudson) 1995.

DERRIDA, JACQUES: Apokalypse (Von einem neuerdings erhobenen apokalyptischen Ton in der Philosophie; No Apocalypse, not now). Wien (Passagen) 1985.

DERRIDA, JACQUES: Das Wort vom Empfang. In: Ders.: Adieu. Nachruf auf Emmanuel Levinas. München (Hanser) 1998, 31–170.

DERRIDA, JACQUES: Den Tod geben. In: A. Haverkamp (Hg.): Gewalt und Gerechtigkeit. Derrida – Benjamin. Frankfurt a.M. (Suhrkamp) 1994, 331–445.

DERRIDA, JACQUES: Der Entzug der Metapher. In: V. Bohn (Hg.): Romantik, Literatur und Philosophie. Frankfurt a.M. (Suhrkamp) 1987, 317–355.

DERRIDA, JACQUES: Die Struktur, das Zeichen und das Spiel im Diskurs der Wissenschaften vom Menschen. In: Ders.: Die Schrift und die Differenz. Frankfurt a.M. (Suhrkamp) 1972, 422–442.

DERRIDA, JACQUES: Glaube und Wissen. Die beiden Quellen der Religion an den Grenzen der bloßen Vernunft. In: Ders./G. Vattimo (Hg.): Die Religion. Frankfurt a.M. (Suhrkamp) 2001, 9–106.

DERRIDA, JACQUES: Marx' Gespenster. Frankfurt a.M. (S. Fischer) 1995.

DERRIDA, JACQUES: Nombre de Oui. In: Psychè. Inventions de l'autre. Paris (La philosophie en effet) 1987, 639–650.

DERRIDA, JACQUES: Gewalt und Metphysik. In: Ders.: Die Schrift und die Differenz. Frankfurt a.M. (Suhrkamp) 1972, 121–235.

DERRIDA, JACQUES: Weiße Mythologie. In: Ders.: Randgänge der Philosophie. München (Fink) 1999, 229–290.

DICKMANN, ULRICH: Subjektivität als Verantwortung. Die Ambivalenz des Humanum bei Emmanuel Levinas und ihre Bedeutung für die theologische Anthropologie. Tübingen/Basel (Francke) 1999.

DINZELBACHER, PETER: Angst im Mittelalter: Teufels-, Gottes- und Todeserfahrungen: Mentalitätsgeschichte und Ikonographie. Paderborn u.a. (Schöningh) 1996.

DIRSCHERL, ERWIN: Die Bedeutung der Nähe Gottes. Ein Gespräch mit Karl Rahner und Emmanuel Levinas. Würzburg (Echter) 1996.

DOSTOJEWSKIJ, FJODOR M.: Die Dämonen. München (dtv) [5]1982.

DREWERMANN, EUGEN: Eschatologien und Apokalypsen. In: Ders.: Tiefenpsychologie und Exegese Bd. II. Olten/Freiburg i.Br. (Walter) 1985ff., 436–591.

DÜKER, RONALD: Apokalyptische Trips. Kathryn Bigelows STRANGE DAYS und das Ende der Geschichte. In: Nach dem Ende a.a.O., Auflösung und Untergänge im Kino an der Jahrtausendwende. Arnoldshainer Filmgespräche 17. Marburg (Schüren) 2001, 129–137.

DWYER, SIMON: Through a Screen, Darkly. The Derek Jarman Interview. In: Ders. (Hg.): Rapid Eye 1. London (Creation Pub Group) 1993, 252–285.

EBERT, CHRISTA: Symbolismus in Russland. Zur Romanprosa Sologubs, Remisows, Belys. Berlin (Akademie) 1988.

EBERTZ, MICHAEL N./SCHULTHEIS, FRANZ (HG.): Volksfrömmigkeit in Europa. Beiträge zur Soziologie populärer Religiosität aus 14 Ländern. München (Chr. Kaiser) 1986.

EBERTZ, MICHAEL N./ZWICK, REINHOLD (HG.): Jüngste Tage. Die Gegenwart der Apokalyptik. Freiburg i.Br. u.a. (Herder) 1999.

EBERTZ, MICHAEL N.: Anfällig für apokalyptische Rufer. Soziologische Aspekte. In: Gasper/Valentin a.a.O. 1997, 192–217.

EBERTZ, MICHAEL N.: Die Organisierung von Massenreligiosität im 19. Jahrhundert. Soziologische Aspekte zur Frömmigkeitsforschung. In: Jahrbuch für Volkskunde. Neue Folge 2 (1979), 38–72.

EBERTZ, MICHAEL N.: Die Zivilisierung Gottes und die Deinstitutionalisierung der ‚Gnadenanstalt'. Befunde einer Analyse von eschatologischen Predigten. In: Religion und Kultur (Kölner Zeitschrift für Soziologie und Sozialpsychologie, Sonderheft 33) 1993. Hg. von Jörg Bergmann, 92–125 (Lit.!).

EBERTZ, MICHAEL N.: Erosion der Gnadenanstalt? Zum Wandel der Sozialgestalt der Kirche. Frankfurt a.M. (Knecht) 1998.

EBERTZ, MICHAEL N.: Heilige Reste und ihre Eigensinn. Protestantische und katholische Apokalyptiker. In: Ders./R. Zwick (Hg.): Jüngste Tage. Die Gegenwart der Apokalyptik. Freiburg i.Br. u.a. (Herder) 1999, 120–149.

EBERTZ, MICHAEL N.: Von der ‚Religion des Pöbels' zur ‚populären Religiosität'. In: Jahrbuch für Volkskunde. Neue Folge 19 (1996), 169–183

ECO, UMBERTO: Das offene Kunstwerk. Frankfurt a.M. (Suhrkamp) [6]1993.

ECO, UMBERTO: Einführung in die Semiotik. München (Fink) 1972.

ECO, UMBERTO: Il Problema estetico in Tommaso d'Aquino. Milano (Fabbri, Bompiani, Sonzogo) 1970; engl. Übers.: The Aesthetics of Thomas Aquinas. Transl. by Hugh Bredin.Cambridge (Harvard University Press) 1988.

ECO, UMBERTO: Im Wald der Fiktionen. Sechs Streifzüge durch die Literatur. Harvard-Vorlesungen 1992–93. München (Hanser) 1994.

ECO, UMBERTO: Lector in fabula. Die Mitarbeit der Interpretation in erzählenden Texten. München (dtv) 1990.

EICH, GÜNTER: Festianus, Märtyrer. In: Ders.: Fünfzehn Hörspiele. Frankfurt a.M. (Suhrkamp) 1966, 524–563.

EIMUTH, K.-H./LEMHÖFER, L. (HG.): Endzeitphantasien/Zwischen Angst und Hoffnung. Reihe: Forum – Streifzüge durch die Welt der Religionen, Bd. 15. Frankfurt a.m. (Gemeinschaftswerk der Evangelischen Publizistik e.V.) 1999.

EKSTRAND, TOMAS: Max Weber in a Theological Perpective. Leuven u.a. (Peeters) 2000.

ELLUL, JACQUES: Apokalypse. Die Offenbarung des Johannes – Enthüllung der Wirklichkeit. Neukirchen/Vluyn (Neukirchner) 1981.

ENGELHARD, DANIELA: Im Angesicht des Erlöser-Richters. Hans Urs von Balthasars Neuinterpretation des Gerichtsgedankens. Mainz (Grünewald) 1999.

ERBELE-KÜSTER, DOROTHEA: Lesen als Akt des Betens. Eine Rezeptionsästhetik der Psalmen. Neukirchen/Vluyn (Neukirchner) 2001.

Evangelische Informationsstelle: Kirchen – Sekten – Religionen (Schweiz): http://www.relinfo.ch.

Evangelische Zentrale für Weltanschauungsfragen (EZW), Berlin: http://www.ekd.de/ezw/ezw_index.html.

EVERSCHOR, FRANZ: Die Darstellung religiöser Inhalte im Film. In: Stimmen der Zeit 100 (1975), 388–396.

FAIVRE, ANTOINE: Esoterik im Überblick. Geheime Geschichte des abendländischen Denkens. Freiburg i.Br. u.a. (Herder) 2001.

FASTENRATH, ELMAR: ‚In Vitam Aeternam'. Grundzüge christlicher Eschatologie in der ersten Hälfte des 20. Jahrhunderts (MThS.S 43). St. Ottilien (Eos) 1982.

FEGER, HANS: Die Macht der Einbildungskraft in der Ästhetik Kants und Schillers (Probleme der Dichtung. Studien zur deutschen Literaturgeschichte. Begründet von Hans Pyritz, Bd. 25). Heidelberg (Universitätsverlag) 1995.

FEIL, ERNST (HG.): Streitfall ‚Religion'. Diskussionen zur Bestimmung und Abgrenzung des Religionsbegriffs. Münster (LIT) 2000.

FELIX, JÜRGEN (HG.): Moderne Film Theorie (film forschung 3). Mainz (Theo Bender) 2002.

FICHTE, JOHANN GOTTLIEB: Gesamtausgabe der Bayrischen Akademie der Wissenschaften. Hg. von R. Lauth und H. Jacob. Stuttgart/Bad Cannstatt (fromann holzboog) 1962ff., I/2, (Grundlage der gesamten Wissenschaftslehre 1794).

FINCKE, ANDREAS: ‚Wir sind kein Teil der Christenheit'. Jehovas Zeugen heute. Materialdienst EZW 63 (2000), 138–156.

FINCKE, ANDREAS: Die neuapostolische Kirche im Umbruch. Zwischen Wachstum und Reformstau. EZW Texte 146 (1999).

FLIETHMANN, THOMAS: Radical Orthodoxy. Zu einer neuen Bewegung in der angloamerikanischen Theologie. In: HerKorr 56 (2002), 407–411.

FLORENSKIJ, PAVEL: Die Ikonostase. Urbild und Grenzerlebnis im revolutionären Rußland. Stuttgart (Urachhaus) ²1990.

FONROBERT, J.: Art. Apokalyptisches Weib. In: Lexikon der christlichen Ikonographie, hg. von E. Kirschbaum SJ. Freiburg i.Br. u.a. (Herder) 1968ff., 146–150.

FOUCAULT, MICHEL: Archäologie des Wissens. Frankfurt a.M. (Suhrkamp) 1981.

FOUCAULT, MICHEL: Der Mensch ist ein Erfahrungstier. Frankfurt a.M. (Suhrkamp) ²1997.

FOUCAULT, MICHEL: Der Wille zum Wissen. Frankfurt a.M. (Suhrkamp) ²1988.

FOUCAULT, MICHEL: Die Geburt der Klinik. Eine Archäologie des ärztlichen Blicks. Frankfurt a.M. (Fischer) 1993.

FOUCAULT, MICHEL: Die Geburt des Gefängnisses. Frankfurt a.M. (Suhrkamp) 1976.

FOUCAULT, MICHEL: Omnes et singulatim. Zu einer Kritik der politischen Vernunft. In: J. Vogl (Hg.): Gemeinschaften. Positionen zu einer Philosophie des Politischen. Frankfurt a.M. (Suhrkamp) 1994, 65–93.

FOUCAULT, MICHEL: On Religion. In: Religion and Culture by Michel Foucault, Selected and edited by J. R. Carrette (Manchester Studies in Religion, Culture and Gender). Manchester (Manchester University Press) 1999, 106–109.

FOUCAULT, MICHEL: Schriften I. Frankfurt a.M. (Suhrkamp) 2001.

FOUCAULT, MICHEL: Überwachen und Strafen. Die Geburt des Gefängnisses. Frankfurt a.M. (Suhrkamp) 1994.

FOUCAULT, MICHEL: Wahnsinn und Gesellschaft. Eine Geschichte des Wahns im Zeitalter der Vernunft. Frankfurt a.M. (Suhrkamp) 1973ff.

FOUCAULT, MICHEL: Was ist Aufklärung. In: E. Erdmann/R. Forst/A. Honneth (Hg.): Ethos der Moderne. Foucaults Kritik der Aufklärung. Frankfurt/New York (Campus) 1990, 35–54.

FOUCAULT, MICHEL: Was ist Kritik. Berlin (Merve) 1992.

FREUD, SIGMUND: Der Dichter und das Phantasieren (1908). In: Ders.: Studienausgabe X, 169–180.

FREY, JÖRG: Die Bildersprache der Johannnesapokalypse. In: ZThK 98 (2001), 161–185.

FREYER, THOMAS (HG.): Emmanuel Levinas – Fragen an die Moderne. Wien (Passagen) 1996.

FRÖLICH, MARGIT/MIDDEL, REINHARD/VISARIUS, KARSTEN (HG.): Nach dem Ende. Auflösung und Untergänge im Kino an der Jahrtausendwende. Arnoldshainer Filmgespräche 17. Marburg (Schüren) 2001.

FUCHS, GOTTHARD: Gerichtsverlust. Von der christlichen Kunst, sich recht ängstigen zu lernen. In: KatBl 120 (1995), 160–168.

FUCHS, OTTMAR: Deus semper maior: auch im Gericht. Von der Pastoralmacht zur Pastoralgnade. In: ThPQ 144 (1996) 131–144.

FUCHS, OTTMAR: Die Klage als Gebet. Eine theologische Besinnung am Beispiel des Psalms 22. München (Kösel) 1982

FUCHS, OTTMAR: Gerechtigkeit im Gericht. Zum 90. Geburtstag von Hans Urs von Balthasar. In: Anzeiger für die Seelsorge 104 (1995), 554–561.

FUCHS, OTTMAR: Neue Wege einer eschatologischen Pastoral. In: ThQ 180 (2000), 260–288.

FUCHS, OTTMAR: Unerhörte Klage über den Tod hinaus. Überlegungen zur Eschatologie der Klage. In: M. Ebner u.a. (Hg.): Klage (JBTh 16). Neukirchen/Vluyn (Neukirchner Verlag) 2001, 347–380.

FULLER, GREGORY: Das Ende. Zürich (Amann) 1993.

FULLER, GREGORY: Endzeitstimmung. Düstere Bilder in goldener Zeit. Köln (DuMont) 1991.

FÜRST, ALFONS: Identität und Toleranz im frühen Christentum. In: Orientierung 66 (2002), 26–31.

FÜRST, ALFONS: Laßt uns erwachsen werden! Ethische Aspekte der Eschatologie des Origenes. In: ThPh 75 (2000), 321–338.

GÄBLER, ULRICH: ‚Auferstehungszeit'. Erweckungsprediger des 19. Jahrhunderts. München (Beck) 1991.

GADAMER, HANS-GEORG: Wahrheit und Methode. Grundzüge einer philosophischen Hermeneutik (GW I). Tübingen (Mohr-Siebeck) 1960ff.

GARHAMMER, ERICH: Erzählen statt zählen. Eine kleine Apologie der Fiktionalität. In: Bibel und Liturgie 75 (2002), 13–19.

GASPER, HANS/VALENTIN, FRIEDERIKE (HG.): Endzeitfieber. Apokalyptiker. Untergangspropheten. Endzeitsekten. Freiburg i.Br. u.a. (Herder) 1997.

GENETTE, GÉRARD: Die Erzählung. München (Fink) ²1998.

GENETTE, GÉRARD: Figures III. Paris (Seuil) 1972.

GERHARDS, ALBERT: Die größere Hoffnung der Christen. Eschatologische Vorstellungen im Wandel (QD 127). Freiburg i.Br. u.a. (Herder) 1990.

GIBELLINI, ROSINO: Handbuch der Theologie im 20. Jahrhundert. Regensburg (Pustet) 1995.

GIESEN HEINZ: Die Offenbarung des Johannes. Endzeitbilder von gestern oder Botschaft für heute? In: M.N. Ebertz/R. Zwick (Hg.): Jüngste Tage. Freiburg i.B. u.a. (Herder) 1999, 50–81.

GIESEN, HEINZ: Die Offenbarung des Johannes (Regensburger Neues Testament). Regensburg (Pustet) 1997.

GIESEN, HEINZ: Stuttgarter Kleiner Kommentar, Neues Testament. Bd. 18: JohannesApokalypse. Stuttgart (Katholisches Bibelwerk) 1996.

GIGLIO, ERNEST: Here's looking at you. Hollywood, Film and Politics (Politics, Media & Popular Culture 3). Frankfurt a.M. u.a. (Lang) 2000.

GLATZEL, JOHANN: Zur Psychopathologie der Zukunftsbezogenheit. In: H. Wißmann (Hg.): Zur Erschließung von Zukunft in den Religionen. Zukunftserwartung und Gegenwartsbewältigung in der Religionsgeschichte. Würzburg (Königshausen und Neumann) 1991, 217–228.

GOODMAN, NELSON: Fact, Fiction, and Forecast. Indianapolis (Bobbs-Merrill) 1965.

GRESHAKE, GISBERT/KREMER, JAKOB: Ressurectio Mortuorum. Darmstadt (WBG) ²1991.

GRESHAKE, GISBERT/LOHFINK, NORBERT: Naherwartung, Auferstehung, Unsterblichkeit (QD 71). Freiburg i.Br u.a. (Herder) ⁵1986.

GRESHAKE, GISBERT: Art. Eschatologie, II. Die Geschichte des Traktates. In: LThK³ III (1995), 860–863.

GRESHAKE, GISBERT: Art. Eschatologie, III. Gegenwärtige Diskussion. In: LThK³ III (1995) 864f.

GRESHAKE, GISBERT: Auferstehung im Tod. Ein ‚parteiischer' Rückblick auf eine theologische Diskussion. In: ThPh 73 (1998), 538–557.

GRIMM, GUNTER E./FAULSTICH, WERNER/KUON, PETER (HG.): Apokalypse. Weltuntergangsvisionen in der Literatur des 20. Jahrhunderts. Frankfurt a.M. (Suhrkamp) 1986.

GRÜNSCHLOSS, ANDREAS: Religionswissenschaft und Theologie. Überschneidungen, Annäherungen und Differenzen. In: G. Löhr (Hg.): Die Identität der Religionswissenschaft. Beiträge zum Verständnis einer unbekannten Disziplin. Frankfurt a.M. u.a. (Lang) 2000, 123–160.

GUARDINI, ROMANO: Der Tod des Sokrates. Eine Interpretation der platonischen Schriften Eutyphron, Kriton und Phaidon. Reinbek bei Hamburg (Rowohlt) 1956ff.

GUNKEL, HERMANN: Schöpfung und Chaos in Urzeit und Endzeit. Eine religionsgeschichtliche Untersuchung über Gen 1 und ApJoh 12. Göttingen (Vandenhoeck & Ruprecht) 1985.

GÜTTKEMANNS, ERHARDT: Die Semiotik des Traums in apokalyptischen Texten am Beispiel von Apokalypse Johannis. In: Lingusitica Biblica, Bonn 1987, 7–54.

HAAS, ALOIS M.: Hans Urs von Balthasars ‚Apokalypse der deutschen Seele'. Im Spannungsbereich von Germanistik, Philosophie und Theologie. In: IkaZ Communio 18 (1989), 382–395.

HAAS, ALOIS M.: Religions- und kulturgeschichtliche Bemerkungen zum Weltuntergangsthema. In: E. Halter/M. Müller (Hg.): Der Weltuntergang. Ausstellungskatalog. Zürich (Offizin) 1999, 17–31.

HABERMAS, JÜRGEN: Israel und Athen oder: Wem gehört die anamnetische Vernunft? Zur Einheit der multikulturellen Vielfalt. In: Diagnosen zur Zeit. Mit Beiträgen von J.B. Metz, G.B. Ginzel, P. Glotz, J. Habermas, D. Sölle. Düsseldorf (Patmos) 1994, 51–64.

HABERMAS, JÜRGEN: Vernunftkritische Entlarvung der Humanwissenschaften: Foucault. In: Ders.: Der philosophische Diskurs der Moderne. Frankfurt a.M. (Suhrkamp) 1985ff., 279–312.

HAHN, FERDINAND: Frühjüdische und urchristliche Apokalyptik. Eine Einführung. Neukirchen/Vluyn (Neukirchner) 1998.

HAHN, JOHAN G.: Het zout in de pap. Levensbeschouving en televisie. Bouwstenen voor een analytisch-interpretatieve methode vor het onderzoek van de levensbeschouweliijke implikaties van televisieprogramma's. Hilversum (Gooi en Sticht) 1988.

HALTER, ERNST/MÜLLER, MARTIN (HG.): Der Weltuntergang (Ausstellungskatalog mit Lesebuch). Zürich (Offizin) 1999.

HANAUER, JOSEF: Wunder oder Wundersucht? Erscheinungen, Prophezeiungen, Visionen, Besessenheit. Aachen (K. Fischer) [2]1992.

HANEWALD, CHRISTIAN: Apperzeption und Einbildungskraft. Die Auseinandersetzung mit der theoretischen Philosophie Kants in Fichtes früher Wissenschaftslehre. Berlin/New York (de Gruyter) 2001.

HARNACK, ADOLF VON: Das Wesen des Christentums (Neuaufl. zum 50. Jahrestag des ersten Erscheinens m.e. Geleitwort v. R. Bultmann). Stuttgart (E. Klotz) 1950.

HARRESS, BIRGIT: Mensch und Welt in Dostoevskijs Werk. Ein Beitrag zur poetischen Anthropologie. Köln/Weimar/Wien (Böhlau) 1993.

HARTMANN, MAREIKE: HÖLLEN-Szenarien. Eine Analyse des Höllenverständnisses verschiedener Epochen anhand von Höllendarstellungen. Münster (LIT) 2004. (im Erscheinen).

HASENBERG, PETER/LULEY, WOLFGANG/MARTIG, CHARLES (HG.): Spuren des Religiösen im Film. Mainz/Köln (Grünewald/KIM) 1995.

HASENBERG, PETER: Die Unvermeidbarkeit des Happy End. Grundstrukturen der romantischen Komödie dargestellt am Beispiel von NOTTING HILL. In: S. Orth/J. Valentin/R. Zwick (Hg.): Göttliche Komödien. Religiöse Dimensionen des Komischen im Kino. Köln (KIM) 2001, 29–54.

HAUSER, LINUS: „Möge die Macht mit Dir sein!" Science-Fiction und Religion (Forum – Streifzüge durch die Welt der Religionen 14). Frankfurt a.M. (Gemeinschaftswerk der Evangelischen Publizistik e.V.) 1998.

HAUSMANNINGER, THOMAS: Art. Medien, V. Praktisch-theologisch. In: LThK[3] VII (1998), 41–43.

HAUSMANNINGER, THOMAS: Kritik der medienethischen Vernunft. Die ethische Diskussion über den Film in Deutschland im 20. Jahrhundert. München (Fink) 1992.

HAUSSIG, HANS-MICHAEL: Der Religionsbegriff in den Religionen. Studien zum Selbst- und Religionsverständnis in Hinduismus, Buddhismus, Judentum und Islam. Bodenheim/Berlin (Philo) 1999.

HEAVENS GATE: www.heavensgatetoo.com.

HEGEL, GEORG WILHELM FRIEDRICH: Enzyklopädie der philosophischen Wissenschaften im Grundrisse (1830). Hg. v. Friedhelm Nicolin u. Otto Pöggeler. Nachdr. der 3. Ausg. Heidelberg (Osswald) 1830. Hamburg (F. Meiner) [8]1991.

HEGEL, GEORG WILHELM FRIEDRICH: Phänomenologie des Geistes. Neu hg. v. H.-F. Wessels u. H. Clairmont m. e. Einl. v. W. Bonsiepen. Hamburg (F. Meiner) 1988.

HEIDEGGER, MARTIN: Der Ursprung des Kunstwerks (1935/36). In: Holzwege. Frankfurt a.M. (Klostermann) 1950f., 1–72.

HEIDEGGER, MARTIN: Einführung in die Metaphysik. Gesamtausgabe, Bd. 40. Frankfurt a.M. (Klostermann) 1983.

HEIDEGGER, MARTIN: Sein und Zeit (1927). Tübingen (Niemeyer) [16]1986.

HEININGER, BERNHARD: Paulus als Visionär. Eine religionsgeschichtliche Studie. Freiburg i.Br. u.a. (Herder) 1996.

HEINZE, ANDRE: Johannesapokalypse und johanneische Schriften. Forschungs- und traditionsgeschichtliche Untersuchungen. Stuttgart (Kohlhammer) 1998.

HEMMINGER, HANSJÖRG: Was ist eine Sekte? Erkennen – Verstehen – Kritik. Mainz/Stuttgart (Grünewald/Quell) 1995.

HENRICH, DIETER/ISER, WOLFGANG (HG.): Funktionen des Fiktiven (Poetik und Hermeneutik X). München (Fink) 1983.

HENRICH, DIETER: Versuch über Fiktion und Wahrheit. In: W. Iser/Ders. (Hg.): Funktionen des Fiktiven, 511–520.

HERDER, JOHANN GOTTFRIED: Vom Geist der Ebräischen Poesie. Hg. durch Johann Georg Mueller 1827.

HERRMANN, CHRISTIAN: Unsterblichkeit der Seele durch Auferstehung. Studien zu den anthropologischen Implikationen der Eschatologie. Göttingen (Vandenhoeck & Ruprecht) 1997.

HERRMANN, JÖRG: Sinnmaschine Kino. Sinndeutung und Religion im populären Film. Gütersloh (Chr. Kaiser/Gütersloher) 2001.

HERTEL, PETER: Glaubenswächter. Katholische Traditionalisten im deutschsprachigen Raum. Würzburg (Echter) 2000.

HERZOG, REINHARD: Vom Aufhören. Darstellungsformen menschlicher Trauer im Ende. In: K. Stierle (Hg.): Das Ende. Figuren einer Denkform (Poetik und Hermeneutik XVI). München (Fink) 2001, 281–329.

HEWISON, ROBERT: Future Tense: A new Art for the Nineties. London (Methuen) 1990.

HICKETHIER, KNUT: Film- und Fernsehanalyse. Stuttgart (Metzler) 1993.

HOCHSCHILD, MICHAEL: Was leisten religiöse Bewegungen? In: ZfR 6 (1998), 65–78.

HOEPS, REINHARD: Das Gefühl des Erhabenen und die Herrlichkeit Gottes. Studien zur Beziehung von philosophischer und theologischer Ästhetik. Würzburg (Echter) 1989.

HOEPS, REINHARD: Zwischen Darstellung und Gegenwart. Bildsematische Verfahren in theologischer Perspektive. In: A. Hölscher/R. Kampling (Hg.): Religiöse Sprache und ihre Bilder. Von der Bibel bis zur modernen Lyrik. Berlin (Morus) 1998.

HOFF, JOHANNES: Fundamentaltheologische Implikationen der Apokalyptik. Annäherung an den Begriff der Offenbarung, ausgehend von Derridas dekonstruktiver Lektüre der Apokalypse des Johannes. In: ThGl 45 (2002), 42–51.

HOFF, JOHANNES: Spiritualität und Sprachverlust. Theologie nach Foucault und Derrida. Paderborn u.a. (Schöningh) 1999.

HOLLANDER, DANA: Messianische Gespenster. In: Die Philosophin 11 (2000), 22–42.

HÖLSCHER, LUCIAN: Jenseits der letzten Grenze. Der Jahrtausendmythos: Vom Verlust eines christlichen Symbols und seinen geschichtlichen Folgen. In: FAZ, 301 (27.12.) 1999, 43.

HONNETH, AXEL/SAAR, MARTIN (HG.): Michel Foucault. Zwischenbilanz einer Rezeption. Frankfurter Foucault-Konferenz 2001. Frankfurt a.M. (Suhrkamp) 2003.

HUBER, HELMUTH P.: Religiosität als Thema der Psychologie und Psychotherapie. In: H. Schmidinger (Hg.): Religiosität am Ende der Moderne. Krise oder Aufbruch? Innsbruck/Wien (Tyrolia) 1999, 93–123.

HUIZING, KLAAS: Ästhetische Theologie (Bd. 1: Der erlesene Mensch, 2000, Bd. 2: Der inszenierte Mensch, 2002). Stuttgart/Zürich (Kreuz).

HUMBOLDT, WILHELM VON: Schriften. Hg. v.d. königlich Preußischen Akademie der Wissenschaft (1903–36).

HUTTER, KURT: Seher, Grübler, Enthusiasten. Sekten und religiöse Sondergemeinschaften der Gegenwart. Stuttgart (Quell) [8]1962.

Interview mit Andrej Tarkowskij. In: Iskusstwo Kino 1979, Nr. 3, 92.

Interview mit Derek Jarman. In: Independent on Sunday, 4.8.1991, 2ff.

INTROVIGNE, MASSIMO: Between Religion and Magic: The Case of Mormonism. In: M. A. Fuss. (Hg.): Rethinking New Religious Movements. Rom (Pontifical Gregorian University) 1998, 81–101.

ISER, WOLFGANG: Das Fiktive im Horizont seiner Möglichkeiten. In: Ders./Dieter Henrich (Hg.): Funktionen des Fiktiven (Poetik und Hermeneutik X). München (Fink) 1983, 553f.

ISER, WOLFGANG: Das Fiktive und das Imaginäre. Perspektiven literarischer Anthropologie. Frankfurt a.M. (Suhrkamp) 1991.

ISER, WOLFGANG: Der Akt des Lesens. München (Fink) 1976.

ISER, WOLFGANG: Der implizite Leser. München (Fink/UTB 163) 1972.

ISER, WOLFGANG: Die Appellstruktur des Textes. Unbestimmtheit als Wirkungsbedingung literarischer Prosa. In: R. Warning (Hg.): Rezeptionsästhetik. Theorie und Praxis (UTB 303). München (Fink) 1085, 228–252.

JAESCHKE, WALTER: Die Suche nach den eschatologischen Wurzeln der Geschichtsphilosophie. Eine historische Kritik der Säkularisierungsthese. München (Kaiser) 1976.

JARMAN, DEREK: At Your Own Risk: A Saints Testament. London (Hutchinson) 1992.

JARMAN, DEREK: Dancing Ledge. London/Melbourne/New York (quartet) 1984.

JARMAN, DEREK: The Last of England. London (Constable) 1987.

JARMAN, DEREK: Up in the Air. Collected Film Scripts. With an Introduction by Michael O'Pray. London (Vintage) 1996.

JASZAI, G.: Art. Jerusalem, himmlisches. In: Lexikon der christlichen Ikonographie, hg. von E. Kirschbaum SJ. Freiburg i.Br. u.a. (Herder) 1968ff., 394–399.

JEDIN, HUBERT: Handbuch der Kirchengeschichte (aktualisierte Neubearbeitung). Freiburg i.Br. u.a. (Herder) 1985.

JOHANNES VON DAMASKOS: Die Schriften III. Contra imaginum caluminatores orationes tres. Hg. v. Byzantinistischen Institut der Abtei Scheyern. Besorgt von Bonifatius Kotter. Berlin/New York (de Gruyter) 1975.

JOHANNES VON DAMASKOS: Drei Verteidigungsschriften gegen diejenigen, welche die heiligen Bilder verwerfen. Hg. Wolfgang Hradsky. Leipzig (St. Benno) [2]1996.

JOHNSTON, ROBERT K.: Reel Spirituality. Theology and Film in Dialogue. Grand Rapids, Mich. (Baker Academie) 2001.

JOKESCH, ALFRED: „... dann muss sich die Welt verändern" Perspektiven der Hoffnung am Rande der Katastrophe. Zu Andrej Tarkowskijs Opfer. In: J. Müller/R. Zwick (Hg.): Apokalyptische Visionen. Film und Theologie im Gespräch. Schwerte (Veröffentlichungen der katholischen Akademie) 1999, 159–172.

JÜNGER, HANS DIETER: Kunst der Zeit und des Erinnerns. Andrej Tarkowskijs Konzept des Films. Ostfildern (edition tertium) 1995.

KAISER, EVA MARIA/RAUSCH, ULRICH: Die Zeugen Jehovas. Ein Sektenreport. Augsburg (Pattloch) 1996.

KALBERG, STEPHEN: Ideen und Interessen: Max Weber über de Ursprung außerweltlicher Erlösungsreligionen. In: ZfR 8 (2000), 45–70.

KAMLAH, WOLFGANG: Utopie, Eschatologie, Geschichtsteleologie. Kritische Untersuchungen zum Ursprung und zum futurischen Denken der Neuzeit. Mannheim u.a. (Bibliographisches Institut) 1969.

KANT, IMMANUEL: Werke in sechs Bänden. Hg. von W. Weischedel. Darmstadt (WBG) 1964ff.

KÄSEMANN, ERNST: Die Anfänge christlicher Theologie. In: ZThK 57 (1960).

KEHL, MEDARD: Eschatologie. Würzburg (Echter) 1986.

KEHL, MEDARD: Was kommt nach dem Ende? Von Weltuntergang und Vollendung, Wiedergeburt und Auferstehung. Freiburg i.Br. u.a. (Herder) 1999.

KEILBACH, W./STROBEL, A./MAAG, V.: Art. Vision. In: RGG³ (1962), VI, 1408–1412.

KELLER, ERWIN: Eucharistie und Parusie. Liturgie – und theologiegeschichtliche Untersuchungen zur eschatologischen Dimension der Eucharistie anhand ausgewählter Zeugnisse aus frühchristlicher und patristischer Zeit. Freiburg i.Ue. (Universitätsverlag) 1989.

KERMODE, FRANK: The Sense of an Ending. Studies in the Theorie of Fiction. London (Oxford University Press) 1967ff.

KERTELGE, KARL: Metaphorik und Mythos im Neuen Testament (QD 126). Freiburg i.Br. u.a. (Herder) 1990.

KIENAST, WELF/STRUCK, WOLFGANG: Körpereinsatz – Das Kino der Kathryn Bigelow. Marburg (Schüren) 1999.

KIERMEIER-DEBRE, JOSEPH: Das Ende der Welt mit anschließender Diskussion oder: die raunende Beschwörung der vollendeten Zukunft in der literarischen Apokalyptik. In: E. Halter/M. Müller (Hg.): Der Weltuntergang (Ausstellungskatalog mit Lesebuch). Zürich (Offizin) 1999.

KIPPENBERG, HANS G.: Art.: Apokalyptik/Messianismus/Chiliasmus. In: Handbuch religionswissenschaftlicher Grundbegriffe. Hg. von Hubert Cancik u.a. Stuttgart/Berlin/Köln (Kohlhammer) Bd. II (1990), 9–27.

KIPPENBERG, HANS G.: Die Entdeckung der Religionsgeschichte. Religionswissenschaft und Moderne. München (C.H. Beck) 1997.

Kirche Jesu Christi der Heiligen der letzten Tage (Mormonen): www.lds.org.

KIRSNER, INGE: Erlösung im Film. Praktisch-theologische Analysen und Interpretationen. Stuttgart u.a. (Kohlhammer) 1996.

KLEINE, CHRISTOPH: Die Wissenschaft und das Wunder. Überlegungen zum Umgang der Religionswissenschaft mit dem ‚Paranormalen'. In: ZfR 7 (1999), 121–144.

KLUGE, ROLF-DIETER: Der russische Symbolismus. Bibliographie, Kommentar, Texte. Eine Arbeitshilfe für Studium und Lehre (Skripten des Slavischen Seminars der Universität Tübingen 24). Tübingen ^{4}1997.

KNAUSS, STEFANIE: Drachenfrau und Geistfeuer. Neue Metaphern für Gott in der jüdischen feministischen Theologie und Praxis (PONTES Philosophisch Theologische Brückenschläge 11). Münster (Lit) 2002.

KOHLE, HUBERT: Gottes Zorn gegen Verstockte. Apokalyptische Vorstellungen in katholischen Randgruppen. In: H. Gasper/F. Valentin (Hg.): Endzeitfieber. Apokalyptiker, Untergangspropheten, Endzeitsekten. Freiburg i.Br. u.a. (Herder) 1997, 70–87.

KONGREGATION FÜR DEN GOTTESDIENST UND DIE SAKRAMENTENORDNUNG: Direktorium über die Volksfrömmigkeit und die Liturgie. Grundsätze und Orientierungen. 17. Dezember 2001 (Verlautbarungen des Apostolischen Stuhls 160).

KÖHLER, MARGRET: Liebe ist unvermeidbar. Portrait Hal Hartley, film-dienst 2/1993, 14–16.

KONERSMANN, RALF: Kritik des Sehens. Leipzig (Reclam) 1997.

KÖPPL, ELMAR: Die Zeugen Jehovas. Eine psychologische Analyse. München (Selbst) 1990.

KÖRBEL, THOMAS/LAMPE, ALBERT/VALENTIN, JOACHIM (HG.): Heilssuche und Erlösungssehnsucht. Esoterische und christliche Landschaften exemplifiziert am Raum Freiburg. Münster (LIT) 2000.

KÖRTE, PETER: Neujahr in Armageddon. Über die amerikanische Regisseurin Kathryn Bigelow und deren neuen Film STRANGE DAYS. In: Frankfurter Rundschau, 6.2.1996.

KÖRTNER, ULRICH H.J.: Der inspirierte Leser. Zentrale Aspekte biblischer Hermeneutik. Göttingen (Vandenhoeck & Ruprecht) 1994.

KÖRTNER, ULRICH H.J.: Theologia messianica. Zur Kategorie des Messianischen in der gegenwärtigen dogmatischen Diskussion. In: Jahrbuch für biblische Theologie 8 (1993), 347–370.

KÖRTNER, ULRICH H.J.: Weltangst und Weltende. Eine theologische Interpretation der Apokalyptik. Göttingen (Vandenhoeck & Ruprecht) 1988.

KOSELLEK, RAINER: Art. Krise. In: Geschichtliche Grundbegriffe 3 (hg. v. O. Brunner u.a.). Stuttgart (Klett) 1982.

R. KOSELLEK/N. TSOUPOULKOS/U. SCHÖNPFLUG: Art. Krise. In: HWP IV (1976), 1235–1245.

KOVACH, FRANCIS J.: Die Ästhetik Thomas von Aquins. Eine genetische und systematische Analyse. Berlin (de Gruyter) 1961.

KRAKAUER, JON: Mord im Auftrag Gottes. Eine Reportage über religiösen Fundamentalismus in den USA. Übers. v. Thomas Gunkel. München (Piper) 2003.

KUHN, MICHAEL/HAHN, JOHAN G./HOEKSTRA, HENK (HG.): Hinter den Augen ein eigenes Bild. Film und Spiritualität. Einsiedeln u.a. (Benziger) 1991.

KUHN, THOMAS S.: Die Struktur wissenschaftlicher Revolutionen. Frankfurt a.M. (Suhrkamp) 1973.

KUPER, MICHAEL: John Dee. Auf den Spuren eines englischen Philosophen der Renaissance. In: Karl Kiesewetter: John Dee und der Engel vom westlichen Fenster. Korrigierte Fassung der Ausg. Leipzig 1893; hg. und eingel. v. Michael Kuper, Berlin (Zerling) 1993, 7–53.

KURZ, GERHARD: Metapher, Allegorie, Symbol. Göttingen (Vandenhoeck & Ruprecht) ^{4}1997.

LACOSTE, JEAN-YVES: Presence and Parousia. In: G. Ward (Hg.): The Blackwell Companion to Postmodern Theology. Oxford (University Press) 2001, 395–398.

LÄMMLIN, GEORG: Die Lust am Wort und der Widerstand der Schrift. Homiletische Re-Lektüre des Psalters (Heidelberger Studien zur Praktischen Theologie 4). Münster (LIT) 2002.

LANCKOWSKI, GÜNTER: Art. Apokalypse, I. Religionsgeschichtlich. In: TRE III (1978), 189–191.

LANG, BERNHARD/MCDANNELL, COLLEEN: Der Himmel. Eine Kulturgeschichte des ewigen Lebens. Frankfurt a.M. (Suhrkamp) 1990.

LANGENBERG, HEINRICH: Die prophetische Bildsprache der Apokalypse. Erklärung sämtlicher Bilder der Offenbarung. Metz (Franz u. Sternberg) 1992.

LARCHER, GERHARD: Bruch und Innovation. Thesen und Fragen zum hermeneutischen Problem. In: Ders. (Hg.): Gott-Bild. Gebrochen durch die Moderne? Graz (Styria) 1997, 47–56.

LARCHER, GERHARD: Brüche und Wandlungen. Zu einer Hermeneutik theologischer Kunstbegegnung in der Moderne. In: T. Kölbl/G. Larcher/J. Rauchenberger: ENTGEGEN. ReligionGedächtnisKörper in Gegenwartskunst. Ostfildern (Ruit) 1997, 21–25.

LARCHER, GERHARD: Fundamentaltheologie und Kunst im Kontext der Mediengesellschaft. Neue Herausforderungen für eine alte Beziehung. In: J. Valentin/S. Wendel (Hg.): Unbedingtes Verstehen?! Fundamentaltheologie zwischen Erstphilosophie und Hermeneutik. Regensburg (Pustet) 2001, 161–181.

LARCHER, GERHARD: Gewalt. Opfer. Stellvertretung. Ästhetisch-theologische Spiegelungen im zeitgenössischen Film. In: J. Niewiadomski/W. Palaver (Hg.): Vom Fluch und Segen der Sündenböcke. Innsbruck (Thaur) 1995, 179–198.

LARCHER, GERHARD: Subjekt – Kunst – Geschichte. Chancen einer Annäherung von Fundamentaltheologie und Ästhetik. In: K. Müller (Hg.): Fundamentaltheologie. Fluchtlinien und gegenwärtige Herausforderungen. Regensburg (Pustet) 1998, 299–322.

LARCHER, GERHARD: Vom Hörer des Wortes als ‚homo aestheticus'. Thesen zu einem vernachlässigten Thema heutiger Fundamentaltheologie. In: K. Müller/Th. Pröpper/G. Larcher: Hoffnung, die Gründe nennt. Regensburg (Pustet) 1996, 99–111.

LE GOFF, JACQUES: Die Geburt des Fegefeuers. Vom Wandel des Weltbildes des Mittelalters. Übers. v. A. Forkel. Stuttgart (Klett-Cotta) 1984.

LEARY, STEPHEN O.: Arguing the Apokalypse: A Theorie of Millennial Rhetoric. New York (Oxford) 1994.

LEBRAM, JÜRGEN: Art. Apokalypse, II. Altes Testament. TRE III (1978), 192–201.

LEHNERER, THOMAS: Methode der Kunst. Würzburg (Königshausen & Neumann) 1994.

LEPPIN, RALF: Die postnukleare Endzeitvision im Film der 80er Jahre. Köln (Teiresias) 1997.

LESCH, WALTER/LORETAN, MATTHIAS (HG.): Das Gewicht der Gebote und die Möglichkeiten der Kunst. Krzysztof Kieslowskis ‚Dekalog'-Filme als ethische Modelle. Freiburg i.Br. (Herder) 1993.

LESCH, WALTER: ‚Du sollst Dir kein Bild machen ...' Zum Verhältnis negativer Theologie und theologischer Ethik. In: K. Arntz/P. Schallenberg (Hg.): Ethik zwischen Anspruch und Zuspruch (FS K. Demmer). Freiburg i.Ue./Freiburg i.Br. (Universitätsverlag Freiburg i.Ue./Herder) 1996, 13–34.

LEVINAS, EMMANUEL: Anders als Sein und anders als Sein geschieht. Freiburg/München (Alber) 1992.

LEVINAS, EMMANUEL: Die Spur des Anderen. Untersuchungen zur Phänomenologie und Sozialphilosophie. Freiburg/München (Alber) ³1998.

LEVINAS, EMMANUEL: Humanismus des anderen Menschen. Übersetzt und mit einer Einleitung versehen von L. Wenzler. Hamburg (Meiner) 1989.

LEVINAS, EMMANUEL: Jenseits des Buchstabens I. Talmud-Lesungen. Übersetzt von F. Miething. Frankfurt (Neue Kritik) 1996.

LEVINAS, EMMANUEL: Judaisme et Kénose. In: Archivio di Filosofia 53 (1985), 13–28.

LEVINAS, EMMANUEL: Messianische Texte. In: Ders.: Schwierige Freiheit. Versuch über das Judentum. Frankfurt a.M. (Jüdischer Verlag) 1992, 58–103.

LEVINAS, EMMANUEL: Totalität und Unendlichkeit. Versuch über die Exteriorität (Totalité et Infini. Essai sur l'Extériorité. La Haye 1961). Freiburg/München (Alber) 1987.

LEVINAS, EMMANUEL: Wenn Gott ins Denken einfällt. Übersetzt von T. Wiemer. Mit einem Vorwort von B. Casper. Freiburg u.a. (Alber) ²1988.

LEY, MICHAEL: Apokalypse und Moderne. Aufsätze zu politischen Religionen. Wien (Sonderzahl) 1997.

LIBÂNIO, JOÂO B./LUCCHETTI BINGEMER, MARIA C.: Christliche Eschatologie. Die Befreiung in der Geschichte. Düsseldorf (Patmos) 1987.

LIENKAMP, CHRISTOPH: Aufhalten der Krisis oder Aufschub des Gerichts. Zwei Denkfiguren apokalyptischer Zeiterfahrung. In: ZRGG 53 (2001), 319–329.

LINSE, ULRICH: Geisterseher und Wunderwirker. Heilssuche im Industriezeitalter. Frankfurt a.M. (Fischer) 1996.

LOHSE, EDUARD: Die Offenbarung des Johannes (NTD Bd. 11). Göttingen (Vandenhoeck & Ruprecht) ¹⁵1993.

LORETAN, MATTHIAS/MARTIG, CHARLES: Weltuntergang im Film: Zwischen Spektakel und Vision. In: ComSoz 32 (1999), 115–148 (Lit.!).

LOTMAN, JURIJ M.: Die Struktur literarischer Texte. Stuttgart (UTB) 1993.

LÖTZSCH, F.: Art. Fiktion. In: HWP II (1972), 951–954.

LÖWITH, KARL: Weltgeschichte und Heilsgeschehen. Stuttgart/Berlin (Kohlhammer) 1973.

LUBAC, HENRI DE: „Du hast mich betrogen, Herr!" Der Origenes-Kommentar über Jeremia 20,7. Einsiedeln (Johannes) 1984.

LUBAC, HENRI DE: Glauben aus der Liebe. Einsiedeln (Johannes) 1970.

LUEKEN, VERENA: Washington zerstört, Vaterland ungebrochen. Überlebendes Grinsen: Roland Emmerichs Film ‚Independence Day' füllt die Kinos auch nach dem Unabhängigkeitstag. FAZ, 11.7.1996.

LUHMANN, NIKLAS: Brauchen wir einen neuen Mythos? In: H.J. Höhn (Hg.): Krise der Immanenz. Religion in den Grenzen der Moderne. Frankfurt a.M. (Fischer) 1996, 128–153.

LUHMANN, NIKLAS: Die Religion der Gesellschaft. Frankfurt a.M. (Suhrkamp) 2000.

Magazin für Theologie und Ästhetik: http://www.theomag.de.

MALINA, BRUCE J.: Die Offenbarung des Johannes. Sternvisionen und Himmelsreisen. Stuttgart (Kohlhammer) 2001.

MAN, PAUL DE: Epistemologie der Metapher (1978). In: A. Haverkamp (Hg.): Theorie der Metapher (Wege der Forschung 384). Darmstadt (WBG) 1983, 414–437.

MANN, THOMAS: Josef und seine Brüder. Frankfurt a.M. (S. Fischer) 1971ff.

MARCUSE, LUDWIG: Triebstruktur und Gesellschaft. Frankfurt a.M. (Suhrkamp) 1957ff.

MARION, JEAN-LUC: Idol und Bild. In: B. Casper (Hg.): Phänomenologie des Idols. Freiburg/München (Alber) 1981, 107–132.

MARITAIN, JACQUES: L'intuition créatrice dans l'art et dans la poésie. Paris (De Brouwer) 1966.

MARQUARDT, ODO: Frage nach der Frage, auf die die Hermeneutik eine Antwort ist. In: Ders.: Abschied vom Prinzipiellen. Stuttgart (Reclam) 1991, 117–146.

MARQUARDT, ODO: Lob des Polytheismus. Über Polymythie und Monomythie. In: Ders.: Abschied vom Prinzipiellen. Stuttgart (Reclam) 1981, 91–117.

MARTIG, CHARLES: Filmische Apokalypsen. Wie das Kino dem Ende der Zeit entgegenfiebert. In: HerKorr 54 (2000), 32–38.

MARTIN, GERHARD M.: Weltuntergang. Gefahr und Sinn apokalyptischer Visionen. Stuttgart (Kreuz) 1984.

MARTIN, JOEL W./OSTWALT, CONRAD E. JR. (HG.): Screening the Sacred. Religion, Myth and Ideology in Popular American Film. Colorado/Oxford (Westview Press) 1995.

MAY, JOHN R. (HG.): The New Image of Religious Film. Kansas City (Sheed & Ward) 1997.

MAY, LARY: The Big Tomorrow. Hollywood and the Politics of the American Way. Chicago, Ill. (University of Chicago Press) 2000.

MAYR, ERASMUS: Fiktionale Terme. In: Philosophisches Jahrbuch 110 (2003), 287–310.

MCKNIGHT, EDGAR V.: Der hermeneutische Gewinn der neuen literarischen Zugänge in der neutestamentlichen Bibelinterpretation. In: BiblZS 41 (1997), 161–173.

MCLUHAN, MARSHALL: The Gutenberg Galaxy. The Making of Typographic Man. Toronto (University of Toronto Press) 1962.

MERKLEIN, HUBERT: Jesus, Künder des Reiches Gottes. In: W. Kern/H.J. Pottmeyer/M. Seckler (Hg.): Handbuch der Fundamentaltheologie (4 Bdd.). Verbesserte und aktualisierte Ausgabe Tübingen (Mohr-Siebeck) 2000, Bd. 2, 145–174.

MERLEAU PONTY, MAURICE: Das Kino und die neue Psychologie. In: R. Konersman (Hg.): Kritik des Sehens. Leipzig (Reclam) ²1999, 227–246.

MERLEAU PONTY, MAURICE: Phänomenologie der Wahrnehmung. Berlin (de Gruyter) 1966.

METZ, CHRISTIAN: Semiologie des Films. München (Fink) 1972ff.

METZ, JOHANN BAPTIST: Hoffnung als Naherwartung oder der Kampf um die verlorene Zeit. Unzeitgemäße Thesen zur Apokalyptik. In: Ders.: Glaube in Geschichte und Gesellschaft. Mainz (Grünewald) ⁴1984, 149–158.

METZ, JOHANN BAPTIST: Zur Theologie der Welt. Mainz/München (Grünewald/Kaiser) 1968.

METZ, WILHELM: Kategoriendeduktion und produktive Einbildungskraft in der theoretischen Philosophie Kants und Fichtes. Stuttgart/Bad Cannstatt (fromann holzboog) 1991.

MILBANK, JOHN/PICKSTOCK CATHERINE (HG.): Truth in Aquinas. London (Routledge) 2001.

MILBANK, JOHN/PICKSTOCK, CATHERINE/WARD, GRAHAM (HG.): Radical Orthodoxy. A New Theology. London (Routledge) 1999.

MINOIS, GEORGES: Die Hölle. Zur Geschichte einer Fiktion. München (Diederichs) 1994.

MITCHELL, CHARLES P.: A Guide to Apocalyptic Cinema. London (Greenwood Press) 2001.

MOLTMANN, JÜRGEN: Fortschritt und Abgrund. Erinnerungen an die Zukunft der Modernen Welt. In: Orientierung 65 (2001), 6–9 u. 17–20.

MOLTMANN, JÜRGEN: Theologie der Hoffnung. München (Chr. Kaiser) 1969ff.

MONACO, JAMES: Film verstehen. Kunst, Technik, Sprache, Geschichte und Theorie des Films und der Medien. Mit einer Einführung in Multimedia. Reinbek b. Hamburg (Rowohlt) 1995ff.

MOOSBRUGGER, HELFRIED/ZWINGMANN, CHRISTIAN/FRANK, DIRK (HG.): Religiosität, Persönlichkeit und Verhalten. Beiträge zur Religionspsychologie. Münster (Waxmann) 1996.

MÖSSMER, ALBERT: Die Mormonen. Die Heiligen der Letzten Tage. Solothurn (Walter) 1995.

MOUNCE, ROBERT H.: The Book of Revelation (The new international commentary on the New Testament). Grand Rapids, Mich. (Eerdman) 1998.

MÜHLEN, ILSE VON ZUR: Imaginibus honos – Ehre sei dem Bild. Die Jesuiten und die Bilderfrage. In: Rom in Bayern. Kunst und Spiritualität der ersten Jesuiten. Katalog zur Ausstellung des Bayrischen Nationalmuseums München 30.4.– 20.7.1997. Hg. v. R. Baumstark. München (Hirmer) 1997, 161–170.

MÜLLER, HANS-PETER: Ursprünge und Strukturen alttestamentlicher Eschatologie (BZAW 109). Berlin (Toepelmann)1969.

MÜLLER, JOACHIM: Endzeitbewegungen und Apokalyptik. In: O. Bischofberger (Hg.): Apokalyptische Ängste – christliche Hoffnung (Weltanschauungen im Gespräch 9). Freiburg i.Ue. (Paulus) 1991.

MÜLLER, KARLHEINZ: Art. Apokalyptik, III. Jüdische Apokalyptik In: TRE III (1978), 202–251.

MÜLLER, KLAUS: Das etwas andere Subjekt. Der blinde Fleck der Postmoderne. In: ZKTh 129 (1998), 137–163.

MÜLLER, KLAUS: Subjektivität und Theologie. Eine hartnäckige Rückfrage. In: ThPh 70 (1995), 161–186.

MÜLLER, KLAUS: Theologiestudium unter Reformdruck. Ein wissenschaftstheoretischer Zwischenruf. In: Stimmen der Zeit 128 (2003), 463–472.

MÜLLER, KLAUS: Wenn ich „ich" sage: Studien zur fundamentaltheologischen Relevanz selbstbewußter Subjektivität (Regensburger Studien zur Theologie 46). Frankfurt a.M. u.a. (Lang) 1994.

MÜLLER, MATTHIAS: „Gemeinsames Warten" – Fundamentaltheologie im Angesicht des Judentums. Diss. Masch. 2004.

MÜLLER-VOLLMER, KURT: Poesie und Einbildungskraft. Zur Dichtungstheorie Wilhelm von Humboldts. Stuttgart (Metzler) 1967.

MUSSNER, FRANZ: Was lehrt Jesus über das Ende der Welt? Freiburg i.Br. u.a. (Herder) 1987.

NANDKISORE, ROBERT: Hoffnung auf Erlösung. Die Eschatologie im Werk Hans Urs von Balthasars (Tesi Gregoriana, Serie Teologia, 22). Roma 1997.

NERI, MARCELLO: La testimonianza in Hans Urs von Balthasar. Evento originario di Dio e mediazione storica della fede. Bologna (EDB) 2001.

NEUAPOSTOLISCHE KIRCHE INTERNATIONAL (HG.): Fragen und Antworten über den neuapostolischen Glauben. Zürich 1992 (1916).

NIEBUHR, REINHOLD: Moral Man and Immoral Society. New York (Scribner's Sons) 1960.

NOCKE, FRANZ–JOSEF: Art. Eschatologie. In: Th. Schneider (Hg.): Handbuch der Dogmatik. Düsseldorf (Patmos) Bd. 2, 377–478.

NOPPEN, JEAN-PIERRE VAN (HG.): Erinnern um Neues zu sagen. Die Bedeutung der Metapher für die religiöse Sprache. Frankfurt a.M. (athäneum) 1988.

NORDHOFEN, ECKHARDT: Bilderverbot. Die Sichtbarkeit des Unsichtbaren. Paderborn (Schöningh) 2001.

O'PRAY, MICHAEL: Dreams of England. London (British Film Institute Publishing) 1996.

OBST, HELMUT: Apostel und Propheten der Neuzeit. Gründer christlicher Religionsgemeinschaften des 19. und 20. Jahrhunderts. Göttingen (Vandenhoeck & Ruprecht) ⁴2000.

OBST, HELMUT: Neuapostolische Kirche – die exklusive Endzeitkirche. Neukirchen/Vluyn (Friedrich Bahn) 1996.

OEGEMA, GERBERN S.: Zwischen Hoffnung und Gericht. Untersuchungen zur Rezeption der Apokalyptik im frühen Christentum und Judentum. Neukirchen/Vluyn (Neukirchner Verlag) 1999

ORIGENIS in Leviticum Homilia VII 2, (SC 286) ed. M. Borret, Paris 1981.

ORTH, STEFAN: Bilderschatz der Tradition. Alex Stocks Poetische Dogmatik. In: HerKorr 56 (2002), 141–146.

PANNENBERG, WOLFHART: Fortschritt und Vollendung der Geschichte, Weiterleben nach dem Tode und Auferstehung des Menschen im Christentum. In: P. Koslowski (Hg.): Fortschritt, Apokalyptik und Vollendung der Geschichte und Weiterleben des Menschen nach dem Tode in den Weltreligionen. München (Fink) 2002, 103–114.

PANNENBERG, WOLFHART: Systematische Theologie III. Göttingen (Vandenhoeck & Ruprecht) 1993.

PANOFSKI, ERWIN: Gotische Architektur und Scholastik. Zur Analogie von Kunst, Philosophie und Theologie im Mittelalter. Köln (duMont) 1989 (1951).

PATOČKA, JAN: Ist die technische Zivilisation zum Verfall bestimmt? In: Ders.: Ketzerische Essays zur Philosophie der Geschichte und ergänzende Schriften. Stuttgart (Klett-Cotta) 1988, 121–145.

PEAKE, TONY: Derek Jarman. London (Little, Brown & Company) 1999.

PENTON, M. JAMES: Apocalypse Delayed. The Story of Jehovah's Witnesses. Toronto u.a. (University of Toronto Press) ²1997.

PEZZOLI-OLGIATI, DARIA: Täuschung und Klarheit. Zur Wechselwirkung zwischen Vision und Geschichte in der Joahnnesoffenbarung. Göttingen (Vandenhoeck & Ruprecht) 1997.

PEZZOLI-OLGIATI, DARIA: Zukunft unter Zeitdruck. Auf den Spuren der Apokalypse. Zürich (Theologischer Verlag) 1998.

PIEPER, JOSEF: Über das Ende der Zeit. Eine geschichtsphilosophische Betrachtung. München (Kösel) ³1980.

PINOMAA, L./DIERSE, U.: Art. Gericht (Gottes). In: HWP III (1974), 338–343.

PLÜSS, DAVID: Das Messianische – Judentum und Philosophie im Werk Emmanuel Lévinas. Stuttgart (Kohlhammer) 2001.

PÖGGELER, OTTO: Der Denkweg Martin Heideggers. Pfullingen (Neske) ³1990.

POLANYI, MICHAEL: Implizites Wissen. Frankfurt a.M. (Suhrkamp) 1985.

POLLACK, DETLEV: Der Begriff Religion. Probleme der Definition. In: ZfR 3/1995, 163–190.

POLLMANN, KARLA: Moulding the Present. Apocalyptic as Hermeneutics in City of God 21–22. In: Augustinian Studies 30 (1999), 165–181.

POPITZ, HEINRICH: Wege der Kreativität. Tübingen (Mohr/Siebeck) ²1997.

PRIES, CHRISTINE (HG.): Das Erhabene. Zwischen Grenzerfahrung und Größenwahn. Weinheim (VCH, Acta humaniora) 1989.

PRÖPPER, THOMAS/STRIET, MAGNUS: Art. Theodizee. In: LThK³ IX (2000), 1396–1398.

QUINN, D. MICHAEL: The Mormon Hierarchy: Extensions of Power. Salt Lake City (Signature Books) 1997.

RABERGER, W.: Die ‚letzten Dinge'. Anmerkungen zu einigen Versuchen in der ‚Eschatologie' In: W. Achleitner/U.Winkler (Hg.): Gottesgeschichten (FS G. Bachl). Freiburg i.Br. u.a. (Herder) 1992, 171–191.

RABINOW, PAUL (HG.): The Foucault Reader. New York (Pantheon) 1984.

RAD, GERHARD VON: Theologie des Alten Testaments. München (Chr. Kaiser) 1960ff.

RAGUSE, HARTMUT: Das Zeitenende im Lichte der Offenbarung des Johannes. Versuch einer psychoanalytischen Interpretation. In: M.N. Ebertz/R. Zwick (Hg.): Jüngste Tage. Freiburg i.Br. u.a. (Herder) 1999, 340–378.

RAGUSE, HARTMUT: Psychoanalyse und biblische Interpretation. Eine Auseinandersetzung mit Eugen Drewermanns Auslegung der Johannesapokalypse. Stuttgart/Berlin/Köln (Kohlhammer) 1993.

RAHNER, KARL: Einleitende Überlegungen zum Verhältnis von Theologie und Volksreligion. In: Ders. u.a. (Hg.): Volksreligion, Religion des Volkes. Stuttgart u.a. (Kohlhammer) 1979, 9–16.

RAHNER, KARL: Theologische Prinzipien der Hermeneutik eschatologischer Aussagen. In: Ders.: Schriften zur Theologie IV. Einsiedeln u.a. (Benziger) 1960, 401–428.

RAHNER, KARL: Visionen und Prophezeiungen. Zur Mystik und Transzendenzerfahrung. Freiburg i.Br. u.a. (Herder) Neuausg. d. 2. Aufl. 1989 (1952).

RAHNER, KARL: Zur Theologie des Todes. Mit einem Exkurs über das Martyrium (QD 2). Freiburg i.Br. u.a. (Herder) 1958.

RATZINGER, JOSEPH: Eschatologie – Tod und das ewige Leben. Regensburg (Pustet) ²1978.

RAUCHENBERGER, JOHANNES: Biblische Bildlichkeit. Kunst – Raum theologischer Erkenntnis. Paderborn u.a. (Schöningh) 1999.

REISER, MARIUS: Die Gerichtspredigt Jesu. Eine Untersuchung zur eschatologischen Verkündigung Jesu und ihrem frühjüdischen Hintergrund. Münster (Aschendorff) 1990.

RICKLEFS, ULFERT: Art. ‚Bildlichkeit'. In: Ders. (Hg.): Fischer Lexikon Literatur. Frankfurt a.M. (Fischer) ²2002, I, 260–320.

RICOEUR, PAUL: Die Interpretation. Ein Versuch über Freud. Frankfurt a.M. (Suhrkamp) 1969.

ROBBINS, THOMAS: Cults, Converts and Charisma. The Sociology of New Religious Movements (Current Sociology. The Journal of the International Sociological Association). 36, 1 (1988).

ROLOFF, D.: Art. Eidolon, Eikon, Bild. In: HWP II (1972), 330–332.

RORTY, RICHARD: The Linguistic Turn. Recent Essays in Philosophical Method. Chicago (University of Chicago Press) 1967.

ROSENZWEIG, FRANZ: Der Mensch und sein Werk. Gesammelte Schriften. Haag (Nijhoff) 1979.

RUHSTORFER, KARLHEINZ: Konversionen. Eine Archäologie der Bestimmung des Menschen bei Foucault, Nietzsche, Augustinus und Paulus. Paderborn u.a. (Schöningh) 2004.

SACHAU, RÜDIGER: Weiterleben nach dem Tod? Warum immer mehr Menschen an Reinkarnation glauben. Gütersloh (Gütersloher Verlag) 1998.

SACHS-HOMBACH, KLAUS/REHKÄMPER, KLAUS (HG.): Bildgrammatik. Interdisziplinäre Forschungen zur Syntax bildlicher Darstellungsformen. Magdeburg (Scriptum) 1998.

SANDHERR, SUSANNE: Die heimliche Geburt des Subjekts. Das Subjekt und sein Werden im Denken Emmanuel Lévinas'. Stuttgart (Kohlhammer) 1998.

SAUTER, GERHARD: Eschatologische Rationalität. In: J.B. Bauer (Hg.): Entwürfe der Theologie. Graz u.a. (Styria) 1985, 259–290.

SCHELLING, FRIEDRICH WILHELM JOSEPH: Philosophie und Kunst §22 (1802). In: Werke. Hg v. M. Schröter. München (Beck) 1965.

SCHILLEBEECKX, EDWARD: Einige hermeneutische Überlegungen zur Eschatologie. In: Concilium 5 (1969), 18–25.

SCHILLER, FRIEDRICH: Nationalausgabe. Unter Mitwirkung von H. Koopmann hg. von B. v. Wiese. Weimar (Hermann Böhlau) 1962.

SCHLEGEL, AUGUST WILHELM: Vorlesungen über schöne Literatur und Kunst. Stuttgart 1804.

SCHLEGEL, FRIEDRICH: Gespräch über die Poesie. Krit. F. Schlegel Ausg. hg. v. E. Behler. Paderborn u.a. (Schöningh) 1967, Bd. 2.

SCHLETTE, HEINZ ROBERT (HG.): Religionskritik in interkultureller und interreligiöser Sicht. Dokumentation des Symposiums des Graduiertenkollegs „Interkulturelle religiöse bzw. religionsgeschichtliche Studien" vom 20. – 23.11.1996 an der Universität Bonn. Bonn (Borengässer) 1998.

SCHLÖGL, RUDOLF: Glaube und Religion in der Säkularisierung. Die katholische Stadt. Köln, Aachen, Münster 1700–1840. München (Oldenbourg) 1995.

SCHLÖR, VERONIKA: Hermeneutik der Mimesis. Phänomene, begriffliche Entwicklungen, schöpferische Verdichtung in der Lyrik Christine Lavants. Düsseldorf (Parerga) 1998.

SCHMIDT, MARKUS: Zwischen Endzeitangst und Endzeithoffnung. In: Sekten, religiöse Sondergemeinschaften, Weltanschauung. Wien, Referat für Weltanschauungsfragen, Nr. 80/1999.

SCHMIDT, THOMAS: Das Ende der Zeit. Mythos und Metaphorik als Zugangsweisen zu apokalyptischen Texten. Bonn (Philo) 1997.

SCHMIDTCHEN, GERHARD: Sekten und Psychokultur. Reichweite und Attraktivität von Jugendreligionen in der BRD. Freiburg i.Br. u.a. (Herder) 1987.

SCHMIED, GERHARD: ‚When Prophecy fails'. Ein sozialpsychologischer Ansatz und Weiterungen. In: H. Wißmann (Hg.): Zur Erschließung von Zukunft in den Religionen. Zukunftserwartung und Gegenwartsbewältigung in der Religionsgeschichte. Würzburg (Königshausen & Neumann) 1991, 197–216.

SCHNABEL, ULRICH: Fantasie als Vehikel. In: DIE ZEIT 14/2000.

SCHNEIDER, INGE: Countdown Apokalypse. Hintergründe der Sektendramen. Bern (Jupiter) 1995.

SCHNEIDER-QUINDEAU, WERNER: Hortensische Visionen und Albträume. ‚The Garden' von Derek Jarman. In: M. Ammon/D. Kiesel/K. Visarius (Hg.): Film als Provokation von Ethik und Moral. Arnoldsheimer Filmprotokolle, 1/1993, 61–69.

SCHNETTLER, BERNT: Millenniumswechsel und populare Apokalyptik. Prophetische Visionen an der Schwelle zum Jahr 2000. In: A. Honer/R. Kurt/J. Reichertz (Hg.): Diesseitsreligion. Zur Deutung der Bedeutung moderner Kultur (FS H.G. Soeffner). Konstanz (Universitätsverlag) 1999, 385–414.

SCHNURR, GÜNTER: Art. Krise. In: TRE XX (1990), 61–65.

SCHOCKENHOFF, EBERHARD: Zum Fest der Freiheit. Theologie des christlichen Handelns bei Origenes. Mainz (Grünewald) 1990.

SCHOLEM, GERSHOM: Zum Verständnis der messianischen Idee im Judentum. In: Ders.: Über einige Grundbegriffe des Judentums. Frankfurt a.M. (Suhrkamp) 1970ff., 121–167.

SCHOLTZ, G.: Art. Geschichte. In: HWP III (1974), 344–398.

SCHÖNE, WOLFGANG: Die Bildgeschichte der christlichen Gottesgestalten in der abendländischen Kunst. In: Das Gottesbild im Abendland. Witten/Berlin (Ekkart) [2]1959, 7–55.

SCHRADER, PAUL: Transcendental Style in Film: Ozu, Bresson, Dreyer. Berkeley (University of California Press) [2]1988 (1972).

SCHÜSSLER FIORENZA, ELISABETH: Das Buch der Offenbarung. Vision einer gerechten Welt. Stuttgart u.a. (Kohlhammer) 1994.

SCHWARTE, KARL-HEINZ: Art. Apokalyptik/Apokalypsen V. Alte Kirche. In: TRE III (1978), 257–274.

SCHWARZSCHILD, STEVEN: On Jewish Eschatology. In: E.N. Dorff/L.E. Newman (Hg.): Contemporary Jewish Theology. New York/Oxford (Oxford University Press) 1999, 199–220.

SCHWEITZER, ALBERT: Das Messianitäts- und Leidensgeheimnis. Eine Skizze des Lebens Jesu. Tübingen (Mohr) 1901.

SCHWEITZER, ALBERT: Von Reimarus zu Wrede. Tübingen (Mohr) 1906.

SCHWIND, GEORG: Das Andere und das Unbedingte. Anstöße von Maurice Blondel und Emmanuel Levinas für die gegenwärtige theologische Diskussion (ratio fidei 3). Regensburg (Pustet) 2000.

SEESSLEN, GEORG: Das Kino und der Mythos. In: Der Evangelische Erzieher 44 (1992), 537–549.

SEESSLEN, GEORG: Science Fiction. Marburg (Schüren) 2000.

SEIP, JÖRG: Die Wahrheit erfinden? Eine Skizze zum fruchtbaren Spannungsverhältnis von Offenbarung und Fiktionalität. In: ZKTh 124 (2002), 190–200.

SEIP, JÖRG: Zehn provokante Thesen zum Verhältnis von Fiktionalität und Offenbarung. In: P. Tschuggnall (Hg.): Religion – Literatur – Künste III. Perspektiven einer Begegnung am Beginn des neuen Millenniums. Mit einem Vorwort von Paul Kardinal Poubard und dem Brief an die Künstler von Johannes Paul II. Salzburg (Anif) 2001, 50–55.

SILBERMAN, L.: The Human Deed in a Time of Despair. The Ethics of Apocalyptic. In: J.L. Crenshaw/J.T.Willis (Hg.): Essays in Old Testaments Ethics (FS J. Philip Hyatt). New York 1974 (KTAV Publ. House), 191–202.

SMITH, JONATHAN Z.: Imagining Religion. From Babylon to Jonestown (Chicago Studies in the History of Judaism). Chicago, Ill. (Univ. of Chicago Press) 1982.

SÖDING, THOMAS: Die Gleichnisse Jesu als metaphorische Erzählungen. Hermeneutische und exegetische Überlegungen. In: B. Janowski/N. Zchomelidse (Hg.): Die Sichtbarkeit des Unsichtbaren. Zur Korrelation von Text und Bild im Wirkungskreis der Bibel (AGWB 3). Stuttgart (Deutsche Bibelgesellschaft) 2003, 81–119.

SÖDING, THOMAS: Heilig, heilig, heilig. Zur politischen Theologie der Johannes-Apokalypse. In: ZThK 96 (1999), 49–76.

SOMMER, WOLFGANG: Zeitenwende, Zeitenende. Beiträge zur Apokalyptik und Eschatologie. Stuttgart (Kohlhammer) 1997.

SOSKICE, JANET MARTIN: Metaphor and Religious Language. Oxford (Clarendon Press) 1985.

SOSKICE, JANET MARTIN: The Ends of Man and the Future of God. In: The Blackwell Companion to Postmodern Theology. Ed. by Graham Ward. Oxford (Blackwell) 2001, 69–78.

STAIGER, MICHAEL: Das Flimmern der Zeichen. The Big Lebowsky als postmoderne Spielart der Komödie. In: S. Orth/J. Valentin/R. Zwick (Hg.): Göttliche Komödien. Religiöse Dimensionen des Komischen im Kino. Köln (KIM) 2001, 143–156.

STAMM, HUGO: Im Bann der Apokalypse. Zürich (Pendo) 1998.

STEGEMANN, HARTMUT: Jüdische Apokalyptik. Anfang und ursprüngliche Bedeutung. M.N. Ebertz/R. Zwick (Hg.): Jüngste Tage. Freiburg i.Br. u.a. (Herder) 1999, 30–49.

STEINER, GEORGE: Real Presence. London (Faber & Faber) 1989.

STEINKAMP, HERMANN: Die sanfte Macht der Hirten. Die Bedeutung Michel Foucaults für die praktische Theologie. Mainz (Grünewald) 1999.

STEMBERGER, GÜNTER: Das Fortleben der Apokalyptik in der rabbinischen Literatur. In: A. Vivian (Hg.): Biblische und judaistische Studien (FS Paulo Sacchi). Frankfurt a.M. u.a. (Lang) 1990, 335–347.

STERNBERG, THOMAS: Bilderverbot für Gott, den Vater. In: E. Nordhofen (Hg.): Bilderverbot: Die Sichtbarkeit des Unsichtbaren. Paderborn u.a. (Schöningh) 2001, 59–116.

STIERLE, KARLHEINZ: Was heißt Rezeption in fiktionalen Texten. In: Poetica 7 (1975), 345–387.

STIGLEGGER, MARCUS (HG.): Splitter im Gewebe. Filmemacher zwischen Autorenfilm und Mainstreamkino. Mainz (Bender) 2000.

STIGLEGGER, MARCUS: Fin de Siecle – Fin du Globe. Endzeitstimmung im Film der neunziger Jahre. In: film-dienst 21/98, 4–8.

STIGLEGGER, MARCUS: Zum Sehen zwingen. Die neue Körperlichkeit des Films. In: film-dienst 5/1999, 6–9.

STOCK, ALEX (HG.): Wozu Bilder im Christentum? Beiträge zur theologischen Kunsttheorie. St. Ottilien (Eos) 1990.

STOCK, ALEX: Bildtheologie und Bilddidaktik. Studien zur religiösen Bildwelt. Düsseldorf (Patmos) 1981.

STOCK, ALEX: Die Ehre der Bilder. Thomas von Aquin – Johannes von Damaskus. In: J. Wohlmuth (Hg.): Streit um das Bild. Das Zweite Konzil von Nizäa (787) in ökumenischer Perspektive. Bonn (Bouvier) 1989, 67–78.

STOCK, ALEX: Gesicht, bekannt und fremd. Neue Wege zu Christus durch Bilder des 19. und 20. Jahrhunderts. München (Kösel) 1990.

STOCK, ALEX: Keine Kunst. Aspekte der Bildtheologie. Paderborn u.a. (Schöningh) 1996.

STOCK, ALEX: Poetische Dogmatik. [Christologie, 1. Namen (Paderborn 1995); Christologie, 2. Schrift und Gesicht (Paderborn 1996); Christologie, 3. Leib und Leben (Paderborn 1998); Christologie, 4. Figuren (Paderborn 2001)].

STOCK, ALEX: Tempel der Toleranz. Zur Musealisierung der Religion. In: Ders. (Hg.): Keine Kunst. Aspekte der Bildtheologie. Paderborn (Schönigh) 1996, 123–128.

STOCK, ALEX: Über die Idee einer poetischen Dogmatik. In: K.M. Woschitz/G. Larcher (Hg.): Gott-Bild. Gebrochen durch die Moderne? Graz/Wien/Köln (Styria) 1997, 118–128.

STOCK, ALEX: Wozu Bilder im Christentum? St. Ottilien (Eos) 1990.

STOCK, ALEX: Zwischen Tempel und Museum. Theologische Kunstkritik, Positionen der Moderne. Paderborn u.a. (Schöningh) 1991.

STOFFEL, OLAF: Angeklagt – Die Neuapostolische Kirche. Erfahrungen eines Aussteigers. Gütersloh (GTB) ²1999.

STOLZ, FRITZ (HG.): Homo naturaliter religiosus. Gehört Religion notwendig zum Mensch-Sein? Frankfurt a.M. u.a. (Lang) 1997.

STOLZ, Fritz: Rechnungen in der Endzeitökonomie. In: ZfR 8 (2000), 71–92.

STRACK, HERMANN L./BILLERBECK, PAUL: Kommentar zum Neuen Testament aus Talmud und Midrasch Bd. 3. Die Briefe des Neuen Testaments und die Offenbarung Johannis. München (Beck) ⁴1965.

STRANGE DAYS. Rezension des Films von Franz Everschor. In: film-dienst 3/1996, 20f.

STRIET, MAGNUS: Streitfall Apokatastasis. Dogmatische Anmerkungen mit einem ökumenischen Seitenblick. In: ThQ 184 (2004) 185-201.

STRIET, MAGNUS: Versuch über die Auflehnung. Philosophisch-theologische Überlegungen zur Theodizeefrage. In: H. Wagner (Hg.): Mit Gott streiten. Neue Zugänge zum Theodizee-Problem (QD 169). Freiburg i.Br. u.a. (Herder) 1998, 48–89.

STROBEL, AUGUST: Apokalyptik, Christusoffenbarung und Utopie. Theologisches Zeugnis im Umbruch eines Zeitalters: Das Mandat der Theologen und die Zukunft des Glaubens. München (Kösel) 1971.

STROBEL, AUGUST: Art. Apokalyptik/Apokalypsen, IV. Neues Testament, 4. Evangelien. In: TRE III (1978), 251–257.

STROWICK, ELISABETH: Passagen der Wiederholung. Kierkegaard – Lacan – Freud. Stuttgart u.a. (Metzler) 1999.

STRUNK, MARION: Die Lücke und das Glück. Vom Remake der Gefühle. TITANIC + STRANGE DAYS. In: Dies. (Hg.): Vom angenehmen Leben. Zürich (Edition Howeg) 1999, 104–146.

SUDBRACK, JOSEF: ‚Die Anwendung der Sinne' als Angelpunkt der Exerzitien. In: M. Sievernich/G. Switek (Hg.): Ignatianisch. Eigenart und Methode der Gesellschaft Jesu. Freiburg i.Br. u.a. (Herder) 1990, 96–119.

SUNDERMEIER, THEO: Was ist Religion? Religionswissenschaft im theologischen Kontext. Gütersloh (Kaiser/Gütersloher) 1999.

TARKOWSKIJ, ANDREJ: Die versiegelte Zeit. Gedanken zur Kunst, zur Ästhetik und Poetik des Films. Frankfurt a.M./Bern (Ullstein) 2000.

TARKOWSKIJ, ANDREJ: Martyrolog I. Tagebücher 1970–1981. Frankfurt a.M./Bern (Ullstein/Limes) 1989.

TARKOWSKIJ, ANDREJ: Martyrolog II. Tagebücher 1981–1986. Frankfurt a.M./Bern (Ullstein/Limes) 1991.

TARKOWSKIJ, ANDREJ: Opfer. Filmbuch. Mit Bildern von Sven Nykvist. München (Schirmer/Mosel) 1987.

TATE, W. RANDOLPH: Reading Mark from the Outside. Eco and Iser leave their Marks (International Scholars Publications). San Francisco (Christian Universities Press) 1994.

TAUBES, JACOB: Abendländische Eschatologie. Mit einem Anhang von Jacob Taubes. München (Matthes u. Seitz) 1991.

TAUBES, JACOB: Die Politische Theologie des Paulus. München (Fink) 1993.

TAXACHER, GREGOR: Nicht endende Endzeit. Nach Auschwitz Gott in der Geschichte denken. München (Kaiser) 1998.

THIEDE, C.P: Zu hoffen wider die Hoffnung. Endzeiterwartungen und menschliches Leid in der Literatur. Paderborn (Bonifatius) 1996.

THIEDE, WERNER: Auferstehung der Toten – Hoffnung ohne Attraktivität? Grundstrukturen christlicher Heilserwartung und ihre verkannte religionspädagogische Relevanz. Göttingen (Vandenhoeck & Ruprecht) 1991.

THOMPSON, DAMIAN: Das Ende der Zeiten. Hildesheim (Claasen) 1997.

THÜMMEL, HANS GEORG: Bilderlehre und Bilderstreit. Arbeiten zur Auseinandersetzung über die Ikone und ihre Begründung vornehmlich im 8. und 9. Jahrhundert. Würzburg (Augustinus) 1991.

TODOROV, TZVETAN: Einführung in die phantastische Literatur. München (Hanser) 1972.

TOLSTOI, LEW: Auferstehung. Gesammelte Werke in 20 Bd. Hg. v. Eberhard Dieckmann u.a. Bd. 11. Berlin (Rütten & Loening) ³1979.

TREDE, J.H.: Art. Einbildung, Einbildungskraft. In: HWP II (1972), 346–358.

TRIGG, JOSEPH W.: Divine Deception and the Truthfullness of Scripture. In: Ch. Kannengiesser/W. Petersen (Hg.): Origen of Alexandria. His World and His Legacy. Notre Dame (University Press) 1988.

TRUMMER, PETER: Einige Aspekte zur Bildersprache der Johannesapokalypse. In: K. Kertelge (Hg.): Metaphorik und Mythos im Neuen Testament (QD 126). Freiburg i.Br. u.a. (Herder) 1990, 278–290.

TRUMMER, PETER: Offenbarung in Bildern – Die Bilder der Offenbarung. In: G. Larcher (Hg.): Gott-Bild. Gebrochen durch die Moderne (FS Karl Matthäus Woschitz). Graz/Wien/Köln (Styria) 1997, 384–393.

TÜCK, JAN-HEINER: Theodizee und Christologie bei Johann Baptist Metz. Ambivalenz der Neuzeit im Licht de Gottesfrage. Paderborn u.a. (Schöningh) ²2001.

TÜCK, JAN-HEINER: Versöhnung zwischen Tätern und Opfern? Ein soteriologischer Versuch angesichts der Shoa. In: ThGl 89 (1999), 364–381.

TUROWSKAJA, MAJA/ALLARDT-NOSTITZ, FELICITAS: Tarkowskij: Film als Poesie – Poesie als Film. Bonn (Keil) 1981.

UHDE, BERNHARD: Es wird, was sein soll. Religionsgeschichtliche Überlegungen zur Eschatologie. In: M.N. Ebertz/R. Zwick (Hg.): Jüngste Tage. Freiburg i.B. u.a. (Herder) 1999, 104–119.

UHDE, BERNHARD: Gegenwart und Einheit. Versuch über Religion. Unveröffentlichte Habilitationsschrift. Freiburg i.Br. 1982.

VAIHINGER, HANS: Die Philosophie des Als-Ob. System der theoretischen, praktischen und religiösen Fiktionen der Menschheit aufgrund eines idealistischen Positivismus. Mit einem Anhang über Kant und Nietzsche. Berlin (Reuther & Reichard) 1911.

VALENTIN, JOACHIM (HG.): Weltreligionen im Film. Christentum, Islam, Judentum, Hinduismus, Buddhismus. Marburg (Schüren) 2002.

VALENTIN, JOACHIM: (Un)sichtbare Christologie. Möglichkeiten einer theologischen Deutung des Films BREAKING THE WAVES von Lars von Trier. In: Orientierung 63 (1999), 124–127.

VALENTIN, JOACHIM: Art. Geschichte/Historie. In: A. Franz/W. Baum/K. Kreutzer (Hg.): Lexikon philosophischer Grundbegriffe der Theologie. Freiburg i.Br. u.a. (Herder) 2003, 164–167.

VALENTIN, JOACHIM: Apokalyptik statt Politik. In den USA boomen Endzeit-Romane. In: HerKorr 59 (2005), 30–34.

VALENTIN, JOACHIM: Atheismus in der Spur Gottes. Theologie nach Jacques Derrida. Mainz (Grünewald) 1997.

VALENTIN, JOACHIM: Das Komische als Dekonstruktion des Schreckens. In: S. Orth/J. Valentin/R. Zwick (Hg.): Göttliche Komödien. Köln/Marburg (KIM/Schüren) 2001, 125–143.

VALENTIN, JOACHIM: Différance und autonome Negation. Zur (Un)vereinbarkeit von Dekonstruktion und idealistischer Philosophie. In: Ders./S. Wendel (Hg.): Unbedingtes Verstehen?! Fundamentaltheologie zwischen Erstphilosophie und Hermeneutik. Regensburg (Pustet) 2001, 103–114.

VALENTIN, JOACHIM: Ein prekäres Verhältnis. Ist die Religionswissenschaft eine theologische Disziplin? In: HerKorr 56 (2002), 82–85.

VALENTIN, JOACHIM: Fortschreitende Säkularisierung und Spiritualisierung. Joachim v. Fiore und Emanuel Swedenborg als Vorläufer zeitgenössischer Endzeitvorstellungen. In: Ders. (Hg.): Weltuntergang oder Neue Kirche? Apokalyptisches Denken am Rande und jenseits der Großkirchen (Arbeitstexte zur religiösweltanschaulichen Information und Diskussion 9). Freiburg (Seelsorgeamt) 2001, 27–38.

VALENTIN, JOACHIM: Relative Gotteskrise. Fundamentaltheologische Anmerkungen zur Diskussion um Theologien nach Auschwitz. In: H. Hoping/J.-H. Tück (Hg.): Streitfall Christologie. Theologische Vergewisserungen nach der Shoa (QD). Freiburgi.Br. u.a. (Herder) 2005.

VALENTIN, JOACHIM: Schreiben aufgrund eines Mangels. Zu Leben und Werk von Michel de Certeau SJ. In: Orien 61 (1997), 123–129.

VALENTIN, JOACHIM: Unerlässliche dialogische Kompetenz. Horizont und aktuelle Fragestellungen der Fundamentaltheologie. In: HerKorr 57 (2003), 237–242.

VALENTIN, JOACHIM: Wunder als Quelle des Glaubens? Untersuchungen zur ungebrochenen Wunderbegeisterung inner- und außerhalb der katholischen Kirche (Arbeitstexte zur religiös-weltanschaulichen Information und Diskussion). Freiburg (Seelsorgeamt) 2003.

VALERY, PAUL: Eupaulinos oder der Architekt. Frankfurt a.M. (Suhrkamp) 1990.

VATTIMO, GIANNI: Die christliche Botschaft und die Auflösung der Metaphysik. In: K. Dethloff/L. Nagl/F. Wolfram (Hg.): Religion, Moderne, Postmoderne. Philosophisch-theologische Erkundungen (Schriften der Österreichischen Gesellschaft für Religionsphilosophie 3). Berlin (Parerga) 2002, 219–228.

VATTIMO, GIANNI: Die Grenzen der Wirklichkeitsauflösung. In: Ders./W. Welsch (Hg.): Medien-Welten, Wirklichkeiten. München (Fink) 1998, 15–26.

VATTIMO, GIANNI: Glauben-Philosophieren. Stuttgart (Reclam) 1997.

VERWEYEN, HANSJÜRGEN: Botschaft eines Toten. Den Glauben rational verantworten. Regensburg (Pustet) 1997.

VERWEYEN, HANSJÜRGEN: Christologische Brennpunkte. Essen (Ludgerus) ²1985.

VERWEYEN, HANSJÜRGEN: Eschatologie heute. In: ThRv 79 (1983), 1–12.

VERWEYEN, HANSJÜRGEN: Gottes letztes Wort. Grundriß der Fundamentaltheologie. Regensburg (Pustet) ³2002.

VERWEYEN, HANSJÜRGEN: Sinn und Wirklichkeit der Wunder Jesu. In: IkaZ Communio 18 (1989), 222-228.

VERWEYEN, HANSJÜRGEN: Theologische Hermeneutik heute. In: K. Müller (Hg.): Fundamentaltheologie – Fluchtlinien und gegenwärtige Herausforderungen. Regensburg (Pustet) 1998, 177–191.

VERWEYEN, HANSJÜRGEN: Warum Sakramente? Regensburg (Pustet) 2001.

VISARIUS, KARSTEN: Apokalyptischer Karneval. Zu Konstantin Lopuschanskis Russkaja Sinfonia. In: M. Frölich/R. Middel/K. Visarius (Hg.): Nach dem Ende. Auflösung und Untergänge im Kino an der Jahrtausendwende (Arnoldshainer Filmgespräche 17). Marburg (Schüren) 2001, 163–175.

VOGT, HERMANN: Die totale Mission der Mormonen. Aufstieg und Expansion einer amerikanischen Großsekte. In: ZkTh 112 (1990), 406–426.

VONDUNG, KLAUS: Inversion der Geschichte. Zur Struktur des apokalyptischen Geschichtsdenkens. In: D. Kamper /Chr. Wulf (Hg.): Das Heilige. Seine Spur in der Moderne. Frankfurt a.M., 600–623.

VORGRIMLER, HERBERT: Geschichte der Hölle. München (Fink) ²1994.

VORGRIMLER, HERBERT: Hoffnung auf Vollendung. Aufriß der Eschatologie. Freiburg i.Br. u.a. (Herder) ³1997.

WEBER, HERBERT/VALENTIN, FRIEDERIKE: Die Zeugen Jehovas. Freiburg i.Br. u.a. (Herder) 1994.

WEBER, MAX: Die protestantische Ethik und der Geist des Kapitalismus. In: Ders.: Gesammelte Aufsätze zur Religionssoziologie Bd. I. Tübingen (Mohr-Siebeck) 1972 (1920).

WEBER, MAX: Wirtschaft und Gesellschaft. Grundriß der verstehenden Soziologie. Tübingen (Mohr-Siebeck) ⁶1972.

WEISS, JOHANN: Die Predigt Jesu vom Reiche Gottes, 1892.

WELS, ANDREA: Die Fiktion des Begreifens und das Begreifen der Fiktion. Dimensionen und Defizite der Theorie der Fiktionen in Hans Vaihingers Philosophie des Als Ob. Frankfurt a.M. u.a. (Lang) 1997.

WELSCH, WOLFGANG: Vernunft. Die zeitgenössische Vernunftkritik und das Konzept der transversalen Vernunft. Frankfurt a.M. (Suhrkamp) 1995.

WENDEL, SASKIA: Leibliches Selbst – geschlechtliches Selbst?! In: AG genus (Hg.): Kultur – Geschlecht – Körper. Münster (Agenda 1999), 77–100.

WENDEL, SASKIA: Foucault und/oder Theologie? Chancen und Gefahren einer theologischen Rezeption der Philosophie Michel Foucaults. In: Chr. Bauer/M. Hölzl: Gottes und des Menschen Tod? A.a.O. 51–64.

WENZEL, KNUT: Art. Narrative Theologie. In: LThK³ VII (1998), 640–643.

WESSELY, CHRISTIAN: Theologie und kommerzielle Kultur. Eine fundamentaltheologische Sichtung kommerzieller Spielfilme und Computerrollenspiele. In: Communicatio Socialis 30 (1997), 101–127.

WISSMANN, HANS: Art. Vision, Religionswissenschaftlich. In: LThK³ X (2001), 811.

WISSMANN, HANS: Zur Erschließung von Zukunft in den Religionen. Zukunftserwartung und Gegenwartsbewältigung in der Religionsgeschichte. Würzburg (Königshausen & Neumann) 1991.

WITTGENSTEIN, LUDWIG: Tractatus logico-philosophicus. Wittgenstein-Werkausgabe. Frankfurt a.M. (Suhrkamp) 1989, Bd. 1.

WITTGENSTEIN, LUDWIG: Vorlesungen und Gespräche über Ästhetik, Psychologie und Religion. Hg. v. Cyril Barret. Göttingen (Vandenhoeck & Ruprecht) ²1971.

WOHLMUTH, JOSEF (HG.): Emmanuel Levinas – eine Herausforderung für die christliche Theologie. Paderborn u.a. (Schönigh) 1998.

WOHLMUTH, JOSEF: Im Gedächtnis einander nah. Theologische Aufsätze zum Verhältnis von Judentum und Christentum. Paderborn u.a. (Schönigh) 1997.

WOLLEN, ROGER (HG.): Derek Jarman. A Portrait. London (Thames and Hudson) 1996.

ZAMORA, JOSÉ A.: Krise – Kritik – Erinnerung. Ein politisch-theologischer Versuch über das Denken Adornos im Horizont der Krise der Moderne (Fundamentaltheologische Studien Bd. 3). Münster (LIT) 1995.

ZANDER, HELMUT: Reinkarnation und Christentum. Rudolf Steiners Theorie der Wiederverkörperung im Dialog mit der Theologie. Paderborn (Schöningh) 1995.

ZEILLINGER, PETER: Nachträgliches Denken. Skizze eines philosophisch-theologischen Aufbruchs im Ausgang von Jacques Derrida. Mit einer genealogischen Bibliographie der Werke von Jacques Derrida (Religion – Geschichte – Gesellschaft, Fundamentaltheologische Studien, Bd. 29). Münster (LIT) 2002.

ZEUGEN JEHOVAS: www.watchtower.org.

ZIELINSKI, SIEGFRIED: Audiovisionen. Reinbek b. Hamburg (Rowohlt) 1989.

ZIMMERLING, PETER: Die charismatischen Bewegungen. Theologie – Spiritualität – Anstöße zum Gespräch. Göttingen (Vandenhoeck & Ruprecht) ²2002.

ZIMMERMANN, ALBERT: Der Begriff der Repraesentatio im Mittelalter. Stellvertretung, Symbol, Zeichen, Bild (Miscellanea Mediaevalia). Berlin u.a. (de Gruyter) 1971.

ZIPFEL, FRANZ: Fiktion, Fiktivität, Fiktionalität. Analysen zur Fiktion in der Literatur und zum Fiktionsbegriff in der Literaturwissenschaft. Berlin (Erich Schmidt) 1999.

ŽIŽEK, SLAVOJ: Die Angst vor echten Tränen. Krzysztof Kieslowski und die Nahtstelle. Berlin (Volk und Welt) 2001.

ZWICK, REINHOLD: „The apokalypse is fulfilled". Figurationen des Endzeitlichen im Werk Derek Jarmans. In: J. Müller/Ders. (Hg.): Apokalyptische Visionen. Film und Theologie im Gespräch. Schwerte (Veröffentlichungen der katholischen Akademie) 1999, 131–150.

ZWICK, REINHOLD: Die Ressourcen sind nicht erschöpft. Die Jesusfigur im zeitgenössischen Film. In: HerKorr 49 (1995), 616–620.

ZWICK, REINHOLD: Jüngste Tage. Variationen der Apokalypse im Film. In: M.N. Ebertz/Ders. (Hg.): Jüngste Tage. Freiburg i.Br. u.a. (Herder) 1999, 184–226.

ZWICK, REINHOLD: Pfade zum Absoluten. Zur Typologie des religiösen Films. In: W. Lesch (Hg.): Theologie und ästhetische Erfahrung. Beiträge zur Begegnung von Religion und Kunst. Darmstadt (WBG) 1994, 88–110.

ZWINGMANN, CHRISTIAN/MURKEN, SEBASTIAN: Religiosität, Zukunftsbewältigung und Endzeiterwartungen. In: J. Möller/B. Straaß/S. Jürgensen (Hg.): Psychologie der Zukunft. Göttingen (Hogreve) 2000.

Zwischen Endzeitangst und Endzeithoffnung (Wiener Schriften, Heft Nr. 80). 1998.